KB093281

신新 중화주의

Neo
Sinocentrism

신 新 중화주의 中華主義

'중화민족 대가정' 만들기와 한반도

윤 휘 탁 지음

푸른역사

책을 펴내며

중국!

한반도 통일을 가로막는 위협적인 존재인가 아니면 한반도 통일과 부흥의 후원자인가? 중국은 미국의 강대한 영향력 하에 놓여 있는 한국 혹은 한반도를 강대국의 간섭과 통제로부터 벗어나게 해줄 수 있는 새로운 대안적 존재가 될 수 있을까? 남북 통일을 실현시키고 동북아의 평화와 연대를 구현해야 할 사명을 짊어지고 있는 우리는 미국을 동반자로 삼아야 할 것인가 아니면 중국을 동반자로 삼아야 할 것인가?

이 땅에 사는 사람이라면 한 번쯤은 이 문제에 대해 막연히 고민해봤을 것이다. 중국 현대사를 공부하고 있는 저자 역시 예외일 수 없었다. 그렇지만 이 문제들은 '동북공정' 문제가 우리 사회에 충격을 주기까지 중국의 정치·군사나 한반도 문제를 연구하는 일부 전문가들의 전유물로 여겨졌다. 그런데 중국이 2002년부터 '동북공정'의 일환으로 "향후 한반도 정세 변화가 중국 동북 지구(만주) 및 한반도를 둘러싼 동북아 국제 질서에 미칠 영향을 사전에 예측하는 동시에 그 변화가 중국에 유리하도록 이끌기 위한 각종 대비책을 마련하고 있다"는 분석 결과가 알려지면서, 중국과 한반도의 상관성 문제는 우리 사회의 비상한 관심사가 되었다.

2000년부터 중국의 국가 이데올로기나 문화대혁명 등에 관한 글을 발표하면서 조금씩 당대當代 중국 문제에 발을 들여놓기 시작한 저자는, 2003년 겨울 《역사비평》에 처음으로 〈현대 중국의 변강邊疆·민족 인식과 '동북공정'〉이라는 글을 발표했다. 이 글은 당시의 사회 분위기에 편승해서 많은 반향을 불러일으켰다. 이 과정에서 저자는 각종 언론 매체와 해당 잡지사들로부터 동북공정에 관한 인터뷰 요청과 글쓰기 청탁을 받았고, 각종 방송의 좌담회에도 여러 차례 나가게 되었다. 그러자 저자는 뜻하지 않게 '동북공정의 전문가(?)'로 알려지기 시작했다. 더욱이 2004년 5월 동아대학교에서 고구려연구재단으로 자리를 옮기게 된 이후부터는 업무 관계상 동북공정 연구에 몰두해야 했다. 이렇게 변화된 주변 상황은 저자의 어깨를 더욱 무겁게 만들었고, 역사학자인 저자로 하여금 사회과학의 영역으로 간주되던 중국의 정치·군사·전략 문제에까지 발을 들여놓게 만드는 계기로 작용했다. 왜냐하면 '동북공정' 자체가 고조선사·부여사·고구려사·발해사를 중심으로 한 역사학 연구와, 향후 한반도 정세 변화와 중국 동북 지구의 상관성 문제를 핵심으로 한 사회과학 연구가 접목되어야만 온전하게 해명될 수 있는 '학과 영역의 중첩 지대'에 놓여 있는 문제이기 때문이다.

이 책을 출판하기로 결심하게 된 데는 몇 가지 이유가 있었다.

우선 중국의 중·고교 역사 교과서에서는 임진왜란 때의 명조明朝, 동학농민운동 때의 청조淸朝, 한국전쟁 때의 중화인민공화국의 각각의 출병出兵 논리가 모두 '조선 정부의 요청에 따른 것'이라 하여, 중국 군대의 한반도 출병을 역사적으로 정당화하고 있다는 점이다. 그렇지만 중국의 한반도 역사 인식에는 "조선 정부가 출병을 요청했다"는 표면적인 이유 이외에, "종번宗藩(종주국-속국) 관계, 순망치한脣亡齒寒(입술이 없으면 이가 시리다) 관계에 있는 한반도(특히 북한)가 외부 세력에게 침략을 당할 경우, 중화제국의 질서 및 조선에 대한 종주권을 유지하기 위해서 혹은 중국 변경의 안전이 위험해질 것이므로 군대를 파견해서 이를 막아야 한다"는 중국 나름의 중화주의적 논리가 일관되게 작용하고 있었다. 중국의 한반도 관련 역사 서술에서는 바로 이러한 논리가 은폐되어 있다.

그런데 문제는 향후 한반도 정세 변화(특히 북한 정권의 붕괴나 북한 지역에서의 돌발 사태 발생 등) 때문에 한·미 연합군이 북한 지역에 진입할 때도, 중국은 교과서 서술 논리처럼, 조선 정부(즉 북한)가 중국군의 파병을 요청했다는 이유로 북한 지역에 군대를 보내려고 하면서 그것을 정당화시킬 가능성이 있다는 것을 완전히 배제할 수 없다는 점이다.

다음으로 동북공정의 핵심 목표는 '향후 한반도 정세 변화에 대한 예측과 대비책 마련'이라는 정치·전략 문제에 있고, 고구려사를 비롯한 학술 문제는 이를 역사적으로 정당화하기 위한 수단적 성격을 띠고 있다. 또한 향후 한반도 정세 변화 과정에서 중국군이 개입(출병)할 것인지의 여부는 우리의 미래와 직결된 중차대한 문제로서, 현재 중국 정부에 의해 동북공정의 일환으로 심층적으로 연구되고 있다. 그런데도 우리 사회에서는 아직도 동북공정을 마치 '중국의 고구려사 빼앗기' 정도의 학술 문제로만 인식하는 경향이 농후하다는 점이다. 따라서 저자는 동북공정이 내포하고 있는 중국의 한반도 전략 혹은 동북아 전략의 실태를 밝혀냄으로써, 동북공정에 대한 우리 사회의 잘못된 인식을 바로잡는 동시에, 향후 한반도 정세 변화에 대한 중국의 예측과 대비책이 우리(한반도)의 운명과 직결된다는 점에 우리가 좀 더 주목했으면 하는 소망에서 이 책을 쓰게 되었다.

그 다음으로 저자는 동북공정이 중국의 거시적인 국가 전략의 하나인 '중화민족 대가정大家庭 만들기'에서 비롯되었으므로, 동북공정을 근원적으로 이해하려면, '중화민족 대가정 만들기'의 의도와 실체 그리고 한반도와의 상관성 문제를 파악해야 한다는 생각을 하게 되었다. 여기에서 말하는 '중화민족 대가정 만들기'란 "중화민족의 부흥을 실현하고 중화민족의 대단결을 굳게 하고 중화민족의 정신을 드높이며, 국가의 주권과 영토의 완결성을 유지하고 양안兩岸(대륙과 대만)의 통일을 추진"하려는 중국의 국가 전략을 말한다. 한마디로 '중화민족 대가정 만들기'는 중화주의 전통을 비판적으로 계승하면서 청 제국이 옹유하고 있던 민족과 영토를 온전하게 통합해서 과거에 화려했던 중화민족 국가의 새로운 부흥을 시도하면서 주변 민족 국가의 역사를 침해하고 있다는 점에서 중국의 '신중화주의新中華主義'라고도 할 수 있다.

이때의 '신중화주의'란, 반제反帝 반봉건半封建의 신민주주의 혁명과 사회주의 건설 시기를 거치면서 비판받았던 전통적 중화 문화 패권주의로서의 '중화주의'를 개혁 개방 정책 속에서 새로운 형태로 계승한 중국의 '팽창적 문화주의'를 의미한다. 전통적 '중화주의'에서 '신중화주의'로의 전환은 중국 사회의 이완과 민족 분열 양상을 극복하고 중화민족의 단결과 부흥을 추구하려는 중국의 국가 이데올로기와 민족 통합 정책에서 비롯되었다.

동북공정은 이미 1990년대 중반부터 싹트기 시작했고, 현재 중국이 직면하고 있는 여러 가지 문제점들과 복잡하게 얽힌 속에서 출현했다. 우리가 잘 알고 있는 '서부대개발'이 '중화민족 대가정 만들기'의 서북판西北版이라면, 2002년부터 동북 지구의 경제 부흥을 주요 목표로 추진되고 있는 '동북진흥전략東北振興戰略'과 동북아 전략인 동북공정은 '중화민족 대가정 만들기'의 동북판東北版이라고 할 수 있다. 서북부 지구를 대상으로 한 서부대개발, 동북 지구를 대상으로 한 동북진흥전략과 동북공정은 동남 연해沿海 선진 지구의 발전 전략과 상호 경쟁하면서도 보완성을 띠고 있다. 그러한 지역별 개발 전략의 이면에는 중국의 최대 당면 과제인 '국민적(민족적) 통합'과 '영토적 통합'을 위한 거시적인 전략이 작동하고 있다. 그리고 지역별 발전 전략인 서부대개발, 동북진흥전략, 동북공정은 중국의 국가 이데올로기(사회주의 정신 문명 건설론, 애국주의, 통일적 다민족 국가론 등)와 맞물려 국민적·영토적 통합과 중화민족의 부흥을 목표로 유기적으로 추진되고 있다.

따라서 우리가 관심을 기울이고 있는 동북공정과 동북진흥전략을 깊이 이해하려면, 중국의 거시적인 국가 전략의 하나이자 '신중화주의'라고 할 수 있는 '중화민족 대가정 만들기'의 의도와 실체를 파악하는 동시에, 동북공정과 동북진흥전략이 '중화민족 대가정 만들기'에서 어떤 위상을 차지하고 있는지를 파악해야 한다. 이와 아울러 '중화민족 대가정 만들기', 즉 '신중화주의'에서 표출되고 있는 한반도 전략이 무엇인지, 다시 말해 '중화민족 대가정 만들기'는 한반도와 어떤 상관성을 띠고 있는지를 밝혀야 한다. 이것은 중국과 한반도의 관계를 포괄적으로 이해하는 지름길이 될 수 있다.

그런데 저자는 '중화민족 대가정 만들기'와 한반도 사이의 연결 고리라고 할 수 있는 '중국의 한반도 인식과 전략'에 관한 문건들을 입수하는 데 많은 어려움을 겪었다. 왜냐하면 동북공정의 일환인 '응용 연구(향후 한반도 정세 변화에 대한 예측과 대비책 마련을 위한 연구)'의 내용이 비밀로 분류되어 공개되지 않을 뿐만 아니라, 중국에서는 자신들의 한반도 인식과 전략의 속내를 솔직하게 드러낸 적도, 학술지에 공간한 적도 거의 없기 때문이다. 이 문제를 해결하기 위해 많은 노력을 기울인 결과 다행히도 중국 전문가들의 한반도 관련 글들을 입수할 수 있었다. 이 글들을 통해 중국 전문가들의 한반도 인식과 전략의 실상을 접하게 된 저자는 충격과 아울러 연구 상의 공백을 메울 수 있다는 안도감을 느꼈다. 중국 전문가들이 솔직 담백하게 써내려간 이 글들은 국내의 일부 한반도 전문가들과의 비공개 세미나 과정에서도 신선한 반향을 불러일으켰다.

끝으로 이 책을 출판하게 된 또 다른 동기에는 동북공정처럼 '역사학과 사회과학이 중첩된 지대'에 누군가가 발을 들여놓아야 한다는 저자 자신의 오기와 주변 분들의 격려가 작용했는지도 모른다. 저자는 책을 엮어내는 과정에서 많은 분들의 질정과 아낌없는 도움을 받았다. 우선 현대 중국을 바라보는 거시적인 시각에 관해서는 서강대학교 조병한 선생님의 글에서 많은 영감을 얻었다. 동북아역사재단의 배성준·임상선·장세윤 선생님, 부경대학교의 조세현 교수, 한신대학교의 박장배 교수, 광운대학교의 김석우 선생 등은 책의 편제나 구성, 내용 등에 대해 잘못을 일일이 지적해 주셨다. 이 분들께 지면을 통해 깊은 감사의 말씀을 전하고 싶다. 또한 이 책은 고구려연구재단의 김정배 이사장님을 비롯한 재단 관계자 분들의 후원의 결과물이기도 하다. 이 분들의 은혜는 잊지 못할 것이다. 끝으로 책을 선뜻 출판해 주신 푸른역사의 관계자 분들께도 깊은 감사를 드린다.

비록 이 책이 많은 분들의 도움으로 출간되었지만 저자의 무지와 편견 그리고 태생적인 능력의 한계 속에서 엮어졌기 때문에 많은 부분에서 학문적인 오류를 극복하지 못했을 것이다. 이 점에 대해서는 여러 선학들의 따가운 질책과 가르침을 바란다.

2006년 9월
서소문로에서 저자

차례 | 신 新 중화주의

Neo - Sinocentrism

Sinocentrism

제1부

서설: 중국과 한반도,
어떻게 이해할 것인가?

문제 의식의 소재

주변 강대국들의 간섭과 영향력으로부터 자유로운 통일 한반도!

이는 어쩌면 역사적·지정학적으로 주변 강대국들의 간섭에 시달려온 우리 민족이 오래전부터 꿈꾸어온 미래의 자화상自畫像인지도 모른다. 특히 한국전쟁과 냉전의 영향으로 미국의 동북아 전략 속에 갇힌 채 자신의 존재를 마음껏 드러내지 못했던 우리로서는, 그러한 자화상을 더욱 더 고대했는지도 모른다. 게다가 동유럽 및 소련의 붕괴로 냉전이 종식되고 중국과의 국교가 수립되면서 미국이 드리운 그늘 틈새 사이로 중국을 바라보게 된 우리는, 그러한 자화상이 현실화될지도 모른다는 설렘을 갖고 있는 것도 사실이다. 더욱이 2000년 남북정상회담을 계기로 남북 간의 인적·물적 교류가 활발해진 것을 계기로 우리 민족의 운명은 우리 스스로 결정할 수 있을지도 모른다는 생각을 갖게 되면서, 그러한 자화상에 대한 우리의 기대감이 더욱 증폭되어 왔던 것도 사실이다.

이러한 상황에서 우리 사회 일각에서는 어쩌면 중국이 미국의 새로운 대안代案이 될 수도 있다는 속내를 내비치기도 했다. 즉 중국과의 관계 발전을 통해 미국 의존적인 대외 관계의 물꼬를 중국 쪽으로 틀어 미국의 입김으로부터 자유로워지자는 움직임이 그것이다.

그런데 중국 정부가 2002년부터 '동북공정東北工程'[1]을 추진하고 있다는 사실이 알려지면서, 미국 중심에서 중국 쪽으로 기울어지고 있던 우리의 친중親中 분위기에 변화가 나타나기 시작했다. 즉 중국이 과연 미국의 대안이 될 수 있는지에 대해 회의감을 표출하는 사람들이 늘기 시작한 것이다. 어쩌면 중국 역시 '자유로운 통일 한반도'로 향해가려는 우리의 앞길을 가로막는 장애물이 될지도 모른다는 의구심이 확산되었던 것이다.

상술한 현상을 보면, 중국의 '동북공정'이 우리로 하여금 고대 역사에 대한 관심뿐만 아니라 향후 우리의 국제 관계 및 미래의 앞날, 특히 한반도의 통일 과정에서 중국이 어떠한 역할을 할 것이고 중국의 한반도 및 동북아 전략이 무엇인지에 대해서도 고민하도록 해준 계기가 되었음을 알 수 있다. 실제로도 중국의 '동북공정'은, 후술하겠지만, 단순히 역사 문제나 학술 문제에만 국한되어 있지 않고 정치 문제 및 전략 문제와도 결부되어 있다. 즉 '동북공정'은 한마디로 만주 및 한반도 그리고 이 양자를 포괄한 중국의 '동북아 전략'이라고 할 수 있다.

그런데 중국의 한반도 인식 및 한반도 전략 그리고 동북아 전략에 관해서는 관련 학계에서 여전히 속 시원한 해답을 던져주지 못하고 있는 것이 사실이다. 그 이유는 중국 당국이 자신들의 한반도 인식과 전략에 관한 글을 공개적으로 솔직하게 밝힌 적이 없을 뿐만 아니라, 자국 내 관련 학자들이 그것을 공개적으로 발표하지 못하도록 철저하게 통제를 하고 있기 때문이다. 게다가 중국의 만주 및 한반도 전략을 포괄한 동북아 전략이라고 할 수 있는 '동북공정'에 대한 우리 사회의 이해도 역시 '단순한 학술 문제' 혹은 '중국의 고구려사 빼앗기 프로젝트' 정도에 그쳐 있는 느낌이 든다.

'동북공정' 내에서 학술 문제는 정치 문제나 전략 문제를 정당화하거나 합리화하기 위한 수단적 위상을 지니고 있다. '동북공정'의 핵심은 학술 문제에 있기보다는 정치 문제 및 전략 문제에 있다. 더욱이 '동북공정'은 중국 정부가 우리의 고구려사를 빼앗기 위해 갑자기 추진한 프로젝트가 아니다. '동북공정'은, 개혁 개방 이후 사회주의 체제가 이완되어 가는 상황에서 중국의 역사관·민족관·영토관·국가관이 서서히 응축되어 도출된 결과이다. 또한 '동북공정'이 포괄하고 있는 주요 범주는 '동아시아 질서 변동의 시발점(혹은 진원지)' 역할을 했던 만주(중국 동북 변강邊疆 borderland)[2]뿐만 아니라 만주와 맞물려 있는 한반도이다.

이렇듯 중국의 국부적局部的 국가 전략인 '동북공정'을 올바르게 이해하기 위해서는, 중국의 국가관과 국가 이데올로기, 역사관, 영토관, 민족관과 민족 정책, 중국의 한반도 인식과 전략 등을 제대로 파악해야 한다. 그런데 중국의 국가관·역사관·민족관·영토관은 중국의 거시적인 국가 전략이자 국가 이데올로기인 '중화민족中華民族Chinese Nation 대가정大家庭 만들기'에서 잘 집약되어 드러난다. 따라서 '동북공정'을 올바르게 이해하려면, 다시 말해 '한국 고대사 지키기'라는 학술적 대응 차원을 넘어 향후 한반도 정세 변화와 중국 동북 변강의 상관성, 향후 한반도의 정세 변화와 그에 따른 동북아 질서의 변화상, 이에 수반된 중국의 만주 및 한반도 전략과 동북아 전략, 그 한가운데에 휘말려 있을 한반도의 운명, 그리고 '동북공정'을 배태시킨 중국 의 국내적·체제적 모순 등을 파악하고 예측해보려면, 중국의 거시적·총체 적 국가 전략인 '중화민족 대가정 만들기'의 논리와 그에 수반된 중국의 국 부적·미시적 정책과 전략 등을 이해할 필요가 있다.

그런데 국내 학계에서는 중국의 '중화민족 대가정 만들기'의 일부인 '동북 공정'의 의도나 역사 논리를 간략하게 분석하고 그 논리의 맹점을 분석한 글 들[3]이나, 중국 정부의 국부적 변강 민족 통합 정책인 '서부대개발'[4]에 대해서 는 부분적인 연구 성과를 거두고 있다. 그렇지만 '중화민족 대가정 만들기' 라는 주제 자체에 대해 본격적으로 분석한 글은 전무全無할 뿐만 아니라, '중 화민족 대가정 만들기'의 논리를 형성하는 '사회주의 정신 문명 건설론'[5]이 나 '애국주의(교육론)',[6] '통일적 다민족 국가론'의 전모全貌, '동북진흥전략 東北振興戰略Northeast Development Strategy'[7] 등에 관한 연구 역시 거의 없 다. 따라서 중국의 '중화민족 대가정 만들기'의 논리와 관련 정책 및 전략 그 리고 '중화민족 대가정 만들기'와 한반도의 상관성을 분석하는 작업은, 향후 우리의 미래를 예측하고 거기에 합당한 국가 전략을 수립하는 데 시급하게 요구되는 일이라고 할 수 있다. 이러한 학계 현실을 고려해본다면, 나름대로 이 책의 출판 가치를 조금이나마 부여할 수 있지 않을까 감히 생각해 본다.

'중화민족 대가정'이란 말은 오늘날 중국 정부나 홍보 매체에서 자주 사용되고 있다. 중국학자의 해석에 의하면, '중화민족 대가정'은 역사적 곡절과 전진 속에서 형성되었다. 중화민족의 주체 민족이자 한족漢族의 전신前身인 화하족華夏族은 황하 유역에서 중화민족의 선진적인 주체 문화를 창조하고 후에 대단한 포용력·흡인력·친화력을 갖추고 유가儒家 문화를 골간으로 하는 중화 문화를 형성했다. 그리고 역사적인 '합合-분分-합合'의 대순환 속에서, 선진적인 한족은 다양한 방식으로 주변의 낙후한 민족들을 융합시켰다. 거대한 중국은 장기간의 문화 융합과 민족 융합 속에서 형성되었다. 중화민족의 응집력은 사회적 유기체의 기본 구성 요소로서, 지리 환경·혈연 관계·생산 방식·경제 정치 관계·민족 문화를 포괄한 종합적인 산물이다.[8] 이 설명에 따르면, '중화민족 대가정'은 주체 민족인 한족(전신인 화하족 포함)이 비非한족과의 장기간에 걸친 문화적·민족적 융합을 토대로, 역사적인 통일과 분열의 대순환 속에서 형성된 거대한 '중화민족의 유사類似 가족' 또는 '중화민족의 공동체', 즉 '통일적 다민족 국가統一的 多民族國家unified multi-ethnic nation-state'인 '중국'을 의미한다.

'중화민족 대가정'이란 말은, 후술하겠지만, 오늘날 중국이 자신의 정체성을 일컬어 부르는 '통일적 다민족 국가'와 맥을 같이 한다. '통일적 다민족 국가'의 논리에 따르면, 중국은 한족과 비한족 간의 생존 경쟁 속에서 분열되기도 했지만, 기본적으로는 대일통大一統의 오랜 전통에 따라 통일적인 다민족의 국가를 형성해왔다는 것이다. 이때 중화인민공화국의 영토 내에 역사적으로 존재했거나 존재하는 모든 민족은 상호 교류·이주·융합 등의 과정을 거치면서 점차 중화민족으로 잉태되었을 뿐만 아니라, 중국이라는 통일적 다민족 국가를 형성하는 데 기여해왔다는 것이다. 따라서 그들은 모두 중화민족(중국민족)이고 그들의 역사적 활동(왕조를 포함)은 모두 중국 역사의 일부이며, 역사 속의 각 왕조가 관할하던 강역疆域의 총합이 '중국 강역'이라는 것이다.

이처럼 민족관·영토관·역사관·국가관이 응결되어 도출된 '통일적 다민족 국가론'에서 국가의 주체는 중화민족이다. 즉 중화민족의 국가가 오늘날 중국이라는 '통일적 다민족 국가'인 셈이다. 중화민족이 교류와 융합, 분열과 통일의 오랜 역사적 순환 과정 속에서 잉태되었듯이, 중국 학계에서 말하는 '통일적 다민족 국가' 역시 중화민족의 형성 과정과 마찬가지의 과정을 거쳤다. 중국에서 주창하는 중화민족의 '대가정'이란 중화민족에 의해 형성된 '통일적 다민족 국가'를 의미한다.

아래의 인용문들을 들여다보면, 중국 정부가 주창하는 '중화민족 대가정'의 개념 속에는 많은 함의들이 있음을 알 수 있다.

"한족·만주족·몽골족·회족, 기타 민족은 모두 각자의 방식으로 '중화민족 대가정'을 지키기 위한 정의로운 투쟁에 참여하였다. ……항일 민족 통일 전선의 형성은……중화민족 단결의 위대한 상징이며, 일본 제국주의를 패퇴시킨 결정적인 요소였다."[9]

"중화민족은 우리나라 56개 민족이 서로 의존하고 공동으로 발전시키고 응집함으로써 형성된 것이다. 각 민족은 모두 중화민족의 구성 부분이고 '중화민족 대가정'의 일원이며, 이 대가정의 혈육으로서 같이 기뻐하고 같이 고민해왔다. ……각 인민 군중은 애국주의를 핵심으로 하는 민족 정신과 개혁·창조를 핵심으로 하는 시대 정신을 발휘하고 사회주의 공민公民의 사상 도덕, (즉) 집체주의集體主義·사회주의 사상을 드높여서 인민 군중이 사회 발전의 법칙과 국가 민족의 미래와 운명을 인식하게 해야 한다."[10]

"㉠ 중화민족의 위대한 부흥을 실현하기 위해 노력해야 한다. ㉡ 평화·발전·합작의 기치 하에 평화의 길로 가야 한다. ㉢ 중화민족의 대단결을 굳게 하고 위대한 민족 정신을 드높여야 한다. 국가의 주권과 영토의 완결성을 유지하고 조국의 평화 통일의 대업을 추진해야 한다. ……대륙의 동포, 홍콩·마카오·대만·해외 동포를 막론하고 이들은 모두 '중화민족 대가정'의 형제 자매이다. 5천 년 전부터 우리들의 조상은 찬란한 문명을 창조하였고 우리 민족은 온갖

역경 속에서도 자부심을 잃지 않았다. 우리들은 이러한 공동의 대가정을 꾸리기 위해 자부심을 느껴야 하고 그것을 더욱더 잘 만들어나가기 위해 공동의 책임 의식을 지녀야 한다."[11]

'중화민족 대가정' 논리나 '통일적 다민족 국가' 논리나 모두 융합과 단결을 바라는 현재적 목적에서 도출된, '상상의 민족'인 중화민족을 구성원으로 하고 있다. 그 논리들의 형성 과정도 장기간에 걸친 문화적 · 민족적 상호 융합을 근간으로 하고 있으며, 중국 역사의 오랜 전통의 산물인 통일이라는 공통점도 지니고 있다. 또한 양자 논리 모두 소수 민족[12] 문제로 야기된 민족적 · 사회적 이완 현상에 직면한 중국 정부의 민족 통합 혹은 국가 통합의 정치적 의도에서 배태된 국가 이데올로기라는 점에서도 공통성을 띠고 있다.

다만 '중화민족 대가정' 논리가 중국을 커다란 '가정'으로 비유하여, 대가정의 혈육으로서 동고동락한 형제 자매의 태생적胎生的 친목과 우애 · 혈연적 동질성을 강조하고 있는데 비해, '통일적 다민족 국가론'은 다민족의 교류와 융합 이외에 역사적 통일성의 유지와 각 민족의 단결을 강조하고 있다. 이러한 점에서 양자 간의 강조점이 다름을 엿볼 수 있다. 또한 상상의 공동체인 중화민족의 대가정론이 가정적 포근함과 부드러움, 안식처 등의 이미지를 드러내려는데 비해, '통일적 다민족 국가론'은 목적성이 개재된 통합성의 논리가 강조되는 속에서 역사적 당위성과 관제화官製化된 강제성의 이미지를 풍긴다. 이러한 점에서도 양자의 차이를 느낄 수 있다.

그렇지만 '중화민족 대가정론'이 '중화민족의 우애 · 친목 · 화합 · 단결을 바탕으로 큰 가정을 이루자'는 중국 정부의 거시적인 국가 목표를 내포하고 있다면, '통일적 다민족 국가론'은 '중화민족 대가정론'을 역사적 · 이론적으로 뒷받침하는 논리적 근거로서 작용하고 있다. 또한 '통일적 다민족 국가론'이 국가적 규범성과 역사적 당위성을 바탕으로 냉철함을 풍긴다면, '중화민족 대가정론'은 차가운 '국가'적 이미지를 '가정'이라는 따뜻한 이미지로 포장해주고 있다. 이러한 점에서 양자는 상보성相補性과 정합성整合性을 띠고 있다.

오늘날 중국의 보편화된 국가 인식으로 자리잡아가고 있는 '통일적 다민족 국가론'은 중국의 국가적 정체성을 규정하는 논리이자 국가관이다. 그렇지만 '통일적 다민족 국가론'은 중국의 국가관 이외에 민족관·영토관·역사관이 상호 응집되어 형성된, 다분히 현재적 의미를 띠고 있는 국가 이데올로기이다. 여기에서 말하는 현재적 의미란 중국 정부가 직면하고 있는 현실적 문제들을 역사 논리적으로 해결하려는 의도가 '통일적 다민족 국가론'에 반영되었다는 것을 말한다.

이러한 중국 정부의 의도는 앞에서 제시된 인용문에서 잘 드러나고 있다. 즉 중국 정부는 현재 중국에 있는 55개 소수 민족 모두가 "중화민족의 구성 부분이고 '중화민족 대가정'의 일원이며, 이 대가정의 혈육으로서 같이 기뻐하고 같이 고민해왔다"는 점, 또한 중국의 소수 민족 모두가 "'중화민족의 대가정'을 지키기 위한 정의로운 항일 투쟁에 참여하였다"는 점을 강조한다. 이와 동시에 홍콩·마카오·대만 및 해외의 화교들도 모두 '중화민족 대가정'의 형제 자매로 규정한다. 이를 전제로 중국 지도자는 "중화민족의 위대한 부흥을 실현하고, 중화민족의 대단결을 굳게 하고 위대한 민족 정신을 드높이고, 국가의 주권과 영토의 완결성을 유지하고 조국의 평화 통일을 추진해야 한다"는 민족적·국가적 사명을 역설하고 있다.

어쩌면 '중화민족 대가정 만들기'의 구체적인 목표는 위에서 중국 지도자가 언급한 중화민족의 부흥과 단결, 중화민족 국가의 주권과 영토의 완결성 유지, 양안兩岸(대륙과 대만)의 통일로 집약될 수 있다. 이 점을 고려해 보면, 중국 정부가 '중화민족 대가정'이라는 말을 자주 사용하는 이면에는 '중화민족의 대가정'을 만들어 민족적 단결을 바탕으로 중화민족의 부흥, 국가 주권의 확립과 영토 보전, 양안의 통일이라는 국가적 당면 과제를 실현하겠다는 정치적 의도가 작용하고 있다고 볼 수 있다. 따라서 한마디로 '중화민족 대가정 만들기'는 중화주의 전통을 비판적으로 계승하면서 과거에 화려했던 중화민족 국가의 새로운 부흥을 시도한다는 점에서 '신중화주의新中華主義Neo-Sinocentrism'의 서곡이라고 할 수 있다.

이때의 '신중화주의'란 반제 반봉건의 신민주주의 혁명과 사회주의 건설 시기를 거치면서 비판받았던 전통적 중화 문화 패권주의로서의 '중화주의'가 개혁 개방 정책시기를 거치면서 새로운 형태로 변화·계승된 중국의 '팽창적 문화주의'를 의미한다. 전통적 '중화주의'에서 '신중화주의'로의 전환은 중국 사회의 이완과 민족 분열 양상을 극복하고 중화민족의 단결과 부흥을 추구하려는 중국의 국가 이데올로기와 민족 통합 정책에서 비롯되었다.

팽창적 문화주의로서의 '신중화주의'가 중국 사회에 등장하면서 국내적으로는 전통 시기 이민족으로 인식되었던 소수 민족을 중화민족(혹은 중국 국민)으로 융화시키고, 소수 민족 집거 지구로 대규모의 한족을 이주시켜 이 지구를 중국의 온전한 영토로 전화시키려는 국가 이데올로기와 민족 통합 정책들이 출현하고 있다. 이 과정에서 과거 이민족의 활동 공간이었던 '변지邊地'는 대규모 한족의 이주와 개발·통합 정책으로 점차 '내지화內地化'의 양상을 띠어가고 있다. 국제적으로는 '통일적 다민족 국가론'이나 '동북공정'에서 잘 알 수 있듯이, '신중화주의'가 주변 민족 국가의 역사·문화·역사상의 영토 귀속권을 침해하면서 주변 민족 국가와의 갈등을 야기하고 있다. 그 대표적인 사례가 남북한을 비롯하여 몽골·중앙 아시아 국가들·베트남과의 역사분쟁들이다. 즉 중국은 우리와는 고조선사·부여사·고구려사·발해사를, 몽골과는 흉노사匈奴史와 원사元史를, 중앙 아시아 국가들과는 서역사西域史를, 베트남과는 남월사南越史를 둘러싸고 역사 분쟁을 야기하고 있다. 중국은 '팽창적 문화주의'의 속성을 띤 '통일적 다민족 국가론'이나 '중화민족 형성론'을 근간으로 중국사의 역사적 범주를 자의적으로 해석·규정함으로써, 주변 민족 국가의 역사상의 민족이나 영토의 귀속권을 침해하고 있는 셈이다. 중화민족 국가의 부흥 노력이 중국 내적으로는 소수 민족의 역사를 왜곡하고, 외적으로는 주변 민족 국가의 역사를 침탈하는 결과를 낳고 있는 것이다. 팽창적 문화주의인 '신중화주의'가 대두하고 있는 것이다.

'중화민족 대가정 만들기'의 실체를 분석하는 작업은 중국 정부가 직면하고 있는 현실적인 문제가 무엇이고, 그것들을 해결하기 위해 취하고 있는 각종 사상 공작과 정책의 실체가 무엇이며, 그 과정에서 드러나고 있는 중국 정부의 국가적 목표가 무엇인지를 밝혀줄 수 있을 것이다. 게다가 '중화민족 대가정 만들기'의 일환으로 도출된 중국의 '동북공정'이 '중화민족 대가정 만들기'와 어떠한 상관성을 띠고 있고 그 공정이 의도하는 목표가 무엇이며, 한민족의 미래 혹은 한반도의 정세 변화와 구체적으로 어떤 관계를 맺고 있는지도 밝혀줄 수 있을 것이다.

그런데 여러 가지 현실적인 제약, 특히 자료 입수의 곤란 때문에 현재까지 입수 가능한 '동북공정' 관련 문건들만을 분석해서는 중국의 '중화민족 대가정 만들기'와 한반도 정세 사이의 상관성을 거시적이고 구체적으로 파악할 수가 없다. 따라서 이 책에서는 서설에서 중국 전문가들이 스스로 솔직하게 털어놓은 한반도 인식과 전략을 소개하고, 책의 뒷부분에서 별도의 부록으로 중국 전문가들의 한반도 인식과 전략에 관한 글들을 완역해 보여줌으로써, 자료상의 한계를 극복하려고 한다.

책의 구성과 연구의 특징

필자는 중국의 '중화민족 대가정 만들기'의 실체를 파헤치기 위해 다음과 같은 순서와 방식으로 접근해 보려고 한다. 먼저 제1부 서설에 이어 제2부에서는 중국 정부가 '중화민족 대가정 만들기'에 필요한 국가 이데올로기로서, 1990년을 전후로 추진하고 있는 '사회주의 정신 문명 건설론'과 '애국주의(교육론)'를 다룬다.

구체적으로 제2부에서는 중국의 국가 좌표인 '사회주의 현대화'에서 '사회주의 정신 문명' 건설이 차지하고 있는 위상과 그것의 목표 및 개념 체계를 분석하고, '사회주의 정신 문명'의 요체를 이루고 있는 '사회주의 도덕' 속에 투영된 유가적儒家的 전통 문화의 요소들, 특히 '사회주의 도덕'의 수립이라는 시대적 과제를 수행하기 위해 중국학자들이 유가적 전통 문화를 어떻게 해석하고 있고, 그 가운데 어떠한 유교 덕목들을 비판적으로 수용하고 있는지를 살펴보고자 한다. 더 나아가 '사회주의 정신 문명' 건설의 전략적 지위를 가늠해 보고자 한다.

또한 유가적 전통이 현대 중국의 당면 과제 중에 하나인 '사회주의 정신 문명' 건설의 중추라고 할 수 있는 '사회주의 도덕'의 수립 작업에 어떻게 활용되고 있고 그 의도는 무엇이고, 그 과정에서 표출되고 있는 현대 중국의 국가적 전략 혹은 지향성이 무엇인지 그리고 그 한계가 무엇인지도 알아보려고 한다. 이와 아울러 중국 정부가 표방하고 있는 '사회주의 도덕'의 수립과 유교적 전통의 상관성이라는 프리즘을 통해, 현재 중국에서 모색되고 있는 '21세기 중국인상中國人像' 즉 '사회주의 공민公民'의 실체와 더불어 그것이 내포하고 있는 문제점과 한계도 밝혀보려고 한다. 특히 유가와 관련하여, 문화대혁명 때까지 유가 전통을 그토록 배척했던 중국이 "왜 이제 와서 유가적 전통을 비판적으로 계승하려고 하는가?"라는 의문에 대해 해명하려고 한다.

'사회주의 정신 문명'의 핵심적 가치는 고상한 도덕, 사회주의, 애국심, 현대 과학 문화 지식 등이다. 이 가치 가운데 하나인 애국심, 즉 '애국주의'는 사회적 이완 현상을 저지하고 민족적 단결을 통해 국가의 정체성을 확립하려는 중국 정부의 절실한 필요성 때문에 끊임없이 강조되고 있다. 중국 정부가 강조하는 애국주의는 중국 청소년의 민족 의식이나 세계관 형성에 지대한 영향을 미칠 교과서에도 적극적으로 반영되어 있다. '사회주의 정신 문명 건설론'은 개혁 개방 이후 사회적 효용성과 시대적 당위성을 상실해가는 사회주의 체제의 약점을 보완해서 체제에 대한 중국 인민의 신뢰를 회복시키려는 국가 이데올로기이다. 이에 비해 '애국주의'는 중화민족의 단결과 통일을 유도하는 정신적 촉매제로서, 세계적으로 사회적 설득력을 상실해가는 사회주의 이념을 대체한 중화민족의 민족주의인 동시에 중국의 민족적·영토적 통합을 공고히 하기 위한 또 다른 국가 이데올로기라고 할 수 있다. '애국주의'는 '사회주의 정신 문명 건설론'의 논리 구조상 그것의 핵심 가치로서 '사회주의 정신 문명'을 형성하는 하위적 개념이지만, 중국 사회에 대한 현실적인 파급력이나 중국 국가 전략상의 비중을 염두에 둘 때, '사회주의 정신 문명'을 뛰어넘는 개념이라고 할 수 있다.

오늘날의 중국 사회에서 애국주의가 차지하는 위상을 고려해볼 때, 애국주의의 출현 배경과 함의, 애국주의 교육의 추진 상황과 추이, 애국주의 교육이 중국의 중·고교 역사 교과서에 어떻게 반영되고 있는지를 밝히는 작업은, 중국 정부가 애국주의 교육을 통해 추구하고자 하는 의도, 애국주의 교육이 중국의 최대 당면 과제인 사회주의 현대화 건설, 특히 사상 정치 공작의 일환으로 추진되는 '사회주의 정신 문명' 건설에서 차지하는 위상, 중국 정부의 역사 교육의 지향점, 역으로 현재 중국 정부가 당면하고 있는 고민과 문제점 그리고 애국주의가 중국 사회에서 지니고 있는 담론과 현실적 효용성 등도 가늠하게 해 줄 것이다.

　이와 아울러 중국 정부가 표방하는 애국주의의 고취와 교육이 지닌 문제점들을 파악하는 작업은, 현재 중국이 내포하고 있는 국가적 차원의 모순이 무엇이고 그 모순이 파생시킬 위험성, 특히 동북아의 역사 분쟁이 점점 격화되어가는 오늘의 현실에서 애국주의가 동북아 주변 국가에 미칠 잠재적인 영향 등에 관해서도 많은 시사점을 던져줄 것이다.

　제3부에서는 '사회주의 정신 문명 건설론'이나 '애국주의'처럼, 현실적 필요에 의해 단기간 내에 도출된 정치 사상적 이데올로기의 차원을 넘어, 중국·중화민족·중국 영토·중국 역사를 포괄한 중국의 역사적 정체성과 직결된 국가 이데올로기— '통일적 다민족 국가론'—를 다룬다. 여기에서의 논의의 초점은 '통일적 다민족 국가론'이 '중화민족 대가정 만들기'와 어떠한 상관성을 지니고 있는지에 있다. 이를 위해 제3부에서는 주로 '통일적 다민족 국가'의 형성에 관한 각종 이론, 주변 민족(정권)이 '통일적 다민족 국가'에 귀속되었는지 여부를 판단하는 기준이나 방식, '통일적 다민족 국가'를 구성하고 있는 '중화민족'의 형성 과정과 개념 등에 관한 다양한 견해 그리고 '통일적 다민족 국가'의 물적 기반인 중국 영토(강역)의 형성과 범주에 관한 다양한 견해들을 분석한다.

　중화민족과 그것을 모태로 하고 있는 '통일적 다민족 국가'의 형성 과정이나 역사적 범주·함의를 이해하려면, 그와 관련된 중국 내의 다양한 논의들,

중국 학계에서는 '통일적 다민족 국가'의 기원과 형성을 어떻게 설명하고 있는지, 중국 역사상의 이민족이 중국이라는 '통일적 다민족 국가'에 어떤 형태와 과정으로 귀속되었다고 판단하는지, 귀속의 기점을 어떻게 잡고 있는지, 귀속의 판단 기준을 무엇으로 설정하고 있는지도 분석해야 한다. 더 나아가 중국 내 각 민족 간의 이주와 융합이 중화민족 형성의 근원이라는 견해, '중화민족다원일체격국론多元一體格局論', 다원적인 산업 공간(농업 지구·목축 지구·어업 수렵 지구) 사이의 교류와 융합으로 '통일적 다민족 국가'의 형성을 파악하는 견해, 화이관華夷觀에서 드러나는 '화華'와 '이夷'의 대립·통일 과정에서 중화민족이 추출되었다는 이론 등에 대한 이해도 필수적이다. 더 나아가 '통일적 다민족 국가'의 물적 기반인 영토, 즉 '중국'·'중국 강역疆域'의 개념과 범주, 그 강역 속에 존재했던 민족(중화민족)이 역사 속에서 설립한 각 왕조의 관할 구역, 그것들을 바탕으로 한 중국 강역의 범주 그리고 강역의 일부로서 주변 민족(왕조)과 경계를 이루면서 교류·융합·갈등·대립 속에서 독특한 역사적 영역을 구축한 '변강邊疆'의 개념과 범주, 그 형성의 추이, 강역과 변강의 역사적 상호 작용 등에 대한 분석도 필요하다.

특히 중국의 강역 문제는 "민족의 귀속 문제와 더불어 중국 변강 역사 지리의 중요한 내용을 이루고 있다. 중국의 역사가 오래고 민족의 소장消長·천사遷徙·융합도 복잡하고 다변적이어서 중원 왕조나 구역성區域性 지방 정권 그리고 각 민족이 활동한 강역의 소장·변화 역시 해당 민족이나 정권의 귀속과 강역의 경계를 획정하는 데 매우 복잡한 양상을 드러내고 있다."[13] 이 점 역시 고려해야 할 과제이다. 더 나아가 '통일적 다민족 국가'의 형성과 관련된 다양한 견해들, 특히 중국 내 '화이관' 속에서 '중국'의 개념이 어떻게 변천되어 왔고 그 과정에서 중화민족이 어떻게 형성되어 왔으며, 거기에서 도출된 중화민족의 개념이 무엇인지를 밝혀야 한다. 또한 중화민족으로 범주화된 각각의 이민족들이 세운 왕조의 관할 범위 혹은 영토 인식이 어떻게 변천되어 왔고, 그러한 역사 과정을 통해 형성된 '중국'이 함유하고 있는 '국가'

의 범주, 그 범주 내에 귀속된 중국 민족, 중국 민족의 주권이 미치는 공간적 범위, 이들 요소 상호간의 작용으로 빚어진 중국 '국가' 의 역사적 의미 등도 규명되어야 할 것 같다.

이 글은 그와 같은 시각에서 '통일적 다민족 국가론', 특히 통일적 다민족 국가의 형성 과정과 이민족(왕조)이 통일적 다민족 국가로 귀속되는 기준과 판단 논리, 다민족의 이주·융합과 '화華' 와 '이夷' 의 대립·통일 과정에서 도출된 '중화민족' 의 형성론, '화' 와 '이' 의 대립·통일 과정에서 빚어진 '중국 강역' 과 '변강' 의 개념과 범주, 강역과 변강의 형성 과정 등을 분석함으로써, 현대 중국의 영토·민족·국가 인식이 무엇이고 이것들의 상호 관계는 어떻게 짜여져 있는지를 파악하려고 한다. 이와 아울러 역사 인식의 기본 틀이 무엇인지, '통일적 다민족 국가론' 의 한계[14]가 무엇인지도 지적하려고 한다.

제4부에서는 중국 정부가 2000년 전후부터 추진하고 있는 '서부대개발' 과 '동북진흥전략' 을 다룬다. 일부 소수 민족의 분리 독립 운동에서 살필 수 있듯이, 중국 정부는 계몽적·상부적上部的 이데올로기만으로는 중화민족의 단결과 국민 통합에 한계를 느끼고 있다. 따라서 중국 정부는 '중화민족 대가정' 만들기를 위한 민족 통합 정책의 일환으로 경제 개발을 통해 상대적으로 낙후된 변강 민족 지구의 생활 수준을 제고시켜 지역적 균형 발전을 이룩하려고 하고 있다. 이를 통해 중국 정부는 변강 민족의 소외감을 해소시켜 중화민족의 단결을 추구하는 동시에, 변강 민족과 주변 민족 국가와의 연계성을 차단해서 변강 민족의 정체성을 확립하려고도 하고 있다. 중국 정부는 그러한 정책을 통해 민족적 통합과 영토적 통합을 강화하려고 하고 있다.

중국의 변강 문제 가운데 서장(티벳)자치구 및 신강위구르자치구의 분리 독립 운동은 오랜 기간 중국 당국을 괴롭히고 있는 소수 민족 문제인 동시에 국제 문제이기도 하다.[15] 서장자치구와 신강위구르자치구는 매우 낙후된 지역으로 중국의 민족 정책이나 경제 개발, 국가 전략 이외에, 변강 지구의 민족 및 비非변강 지구 소수 민족의 정체성과 거취에도 많은 영향을 미치고 있다. 따라서 이들 지구의 변강 민족을 '온전한 중화민족' 으로 융합해내느냐는 중국 민족 정책의 성패 및 사회주의 체제의 존망 그리고 통일적 다민족 국가로서의 중국의 역사적 정체성 확립과도 관련된 중대한 과제이다. 이 점을 고려해볼 때 서장자치구 및 신강위구르자치구를 핵심으로 하는 서부 변강 지구와 민족을 온전한 중화민족으로 만들고 그 지역을 '온전한 내지內地'로 만들어 국민 국가를 '완성'하려는 중국의 '서부대개발'을 연구하는 작업은, 중국의 민족 통합 정책을 이해하는 지름길이 될 수 있을 것이다.

한편 동남 연해 지구에 이어 서북부 지구를 대상으로 '서부대개발'이 추진되자, 개발 정책의 손길이 미치지 못한 동북 지구의 거주민들은 소외감을 느낄 수밖에 없었다. 그 결과 중국의 지역적 균형 발전 원칙에 따라 동북 지구에서도 '동북진흥전략東北振興戰略'이라는 이름으로 개발의 손길이 미치기 시작했다. '동북공정'과 더불어 동북 변강滿洲에서도 추진되고 있는 '동북진흥전략'에 대한 연구 역시 중국의 지역적 균형 발전 및 이를 통한 소수 민족이나 지역민의 소외감 해소를 통한 국가적 통합 노력을 파악하는 데 중요하다. 더욱이 북한의 핵 문제 및 탈북자 문제로 야기된 동북아의 긴장 문제나 향후 전개될 한반도 정세 변화가 동북 변강에 미칠 영향 등과 관련지어볼 때, '동북진흥전략' 연구는 중국의 민족 통합 정책과 국가 전략을 이해하는 데 시급성을 요구한다. 게다가 '서부대개발'과 '동북진흥전략'을 동시에 다루면서 비교·검토하는 작업은, 중국의 국가 개발 전략의 전체적 윤곽, 변강 민족 정책의 지역적 특성과 차이, 각 지역 개발 정책이 지닌 상호 보완성 여부, 각 지역 변강 민족의 실태, 이들 변강 민족 정책에 대한 변강 민족과 관련 주변 국가들의 반응, 지역별 변강 민족 정책의 문제점과 한계 등도 엿볼 수 있게 해줄 것이다. 궁극적으로 그러한 분석 작업을 통해 중국의 변강 민족 문제 해소 노력이 '중화민족 대가정' 만들기와 어떤 상관성을 지니고 있는지도 가늠해볼 수 있을 것이다.

제5부에서는 '중화민족 대가정' 만들기의 '동북판東北版'이라고 할 수 있는 '동북공정'의 내용, 추진 배경, 의도 및 향후 한반도 정세 변화와 '동북공정'의 상관성 문제, '동북공정'의 일환으로 중국 학계에서 주장하고 있는 한

국사(특히 고구려사 및 발해사) 관련 역사 논리의 실체와 문제점, 한반도 문제와 관련된 '동북공정'의 성격과 문제점 등을 분석한다. '동북공정'은 전술한 '동북진흥전략'과 더불어 중국의 동북 변강 정책이다. 또한 '동북공정'은 동북 지구에 거주하는 조선족으로 하여금 중화민족으로서의 정체성을 확고히 하도록 해서 이들이 한반도로 기울어지거나 이탈하는 것을 막아 국민적 통합과 지역적 통합을 완성하려는 중국의 '만주 및 한반도 전략'이자 '동북아 전략'이기도 하다. 이러한 의미에서 '동북공정' 역시 중국의 '중화민족 대가정 만들기'의 일각을 형성하면서 중화민족의 단결과 통일을 위한 지역적 촉매제 역할을 하고 있는 셈이다.

따라서 중국의 '동북공정' 추진 배경과 내용을 분석하는 작업은 중국의 '중화민족 대가정 만들기'가 동북 변강 지구에서 어떻게 투영되고 있는지, '중화민족 대가정 만들기' 속에서 '동북공정'이 차지하고 있는 위상과 특징이 무엇인지, '동북공정'이 중국의 다른 변강 지구에서 시행되고 있는 변강 민족 정책과 어떻게 다른지, '동북공정'이 중국의 조선족·탈북자·북한 사람·남한 사람 그리고 한반도의 정세 변화 및 운명과 어떤 관련성을 지니고 있는지 등을 엿볼 수 있게 해줄 것이다. 또한 그 작업은 '동북공정'에 대한 우리의 대처 방향, 중국 및 조선족에 관한 전략 그리고 한반도 통일에 관한 전략을 수립하는 데 필요한 일차적인 정보를 제공할 수도 있을 것이다.

마지막으로 이 책에서는 특별 부록의 형태로 중국의 한반도 전문가나 군사 전문가들의 글들을 완역·소개함으로써 독자들로 하여금 중국 전문가들의 한반도 인식과 전략을 직접 확인하게 하려고 한다. 이는 '중화민족 대가정 만들기'가 한반도 전략에 구체적으로 어떻게 투영되고 있는지를 살펴보기 위해서이다.

그런데 '동북공정'의 중요한 과제 가운데 하나인 '응용 연구'(향후 한반도의 정세 변화에 대한 예측과 대비를 위한 연구)의 결과물들은 중국의 비밀 사항이라서 중국 정부의 철저한 통제를 받고 있기 때문에 입수하기가 매우 곤란한 실정이다.[16] 이 문제와 관련하여, 중국의 공식 잡지에 발표된 국제 관계 논문들만을 가지고는 중국의 솔직한 한반도 전략 및 동북아 전략을 파악하기가 쉽지 않다. 또한 국내 학계에서 분석한 중국의 한반도 전략에 관한 논문들[17] 역시 중국의 한반도 인식과 전략을 명확하게 드러내지 못하고 추측성 글의 성격에서 벗어나지 못하고 있는 인상을 주고 있다. 따라서 이 책에서는 '중국의 한반도 인식 및 전략'과 관련하여 중국의 한반도 전문가들이 스스로 작성한 글들을 분석·소개함으로써, 제5부에서 다루지 못한, '중화민족 대가정' 만들기와 한반도의 상관성을 보완하였다.

중국 전문가들이 스스로 털어놓은 한반도 인식과 전략

한편 '중화민족 대가정 만들기'는 중국의 동북 변강 및 한반도 그리고 동북아 전략과 불가분의 관계 속에서 추진되고 있다. '동북공정' 역시 '중화민족 대가정 만들기'의 일환으로 추진되고 있다. 이처럼 '중화민족 대가정'(즉 중국)과 한반도의 관계는 우리의 현재 및 미래와 직결되어 있다는 점에서, 양자의 상관성을 분석하는 일의 중요성은 굳이 재론할 필요가 없을 것 같다. 이 문제와 관련하여 우리의 주목을 끄는 신문 기사가 하나 있다. 그 내용을 소개하면 다음과 같다.

미국과 중국이 한반도의 미래에 대해 깊은 대화를 나누고 있다. 로버트 졸릭 미 국무부 부장관은 최근 기자들과 만나 "콘돌리자 라이스 장관과 나는 중국 지도자들과 한반도의 경제·정치적 미래를 모색하기 시작했다"고 말했다고 워싱턴포스트가 7일 보도했다.

졸릭 부장관은 중국 측에 미국이 한반도의 현상 유지를 용인하지 않을 것이란 의지를 전하는 동시에 "미국과 중국 양측에 우호적인 한반도 미래 시나리오를 검토할 것을 촉구했다"면서, "미국은 항상 남북 통일을 지지해왔고 북한이 중국의 경제 발전 모델을 따르면 좋을 것으로 생각한다는 점을 강조했다"고 말했다. 졸릭 부장관은 한반도 현상 유지가 더 이상 지속되지 못할 이유에 대해 "북한 핵 문제뿐만 아니라 위조 지폐 제조 유통 등 다른 범죄 행위에 대해 다양한 방어적 대응책을 취하지 않을 수 없기 때문"이라고 밝혔다.

워싱턴포스트는 라이스 장관과 졸릭 부장관의 이 같은 중국 접근 노력이 남 · 북한 통일 가능성에 대한 중국의 우려를 감소시키기 위한 것으로 보인다고 분석했다. 졸릭 부장관은 이어 6자 회담을 동북 아시아의 다자간 안보 틀 마련을 위한 발판으로 이용하는 데 관심을 갖고 있음을 시사했다고 워싱턴포스트는 전했다.

졸릭 부장관의 발언은 미국과 중국이 우리의 등 뒤에서 뭔가 '일을 꾸미는' 것 아니냐는 본능적인 우려를 불러일으킨다. 또 북한으로선 체제 위협의 압박감을 느낄 가능성이 적지 않고 나아가 장기적으로 북한 붕괴 및 한반도 통일을 염두에 둔 측면이 강하다. 그러나 주미 대사관 고위 관계자는 한국이 강대국들간의 이해 관계에 휘둘렸던 19세기와는 상황이 다르고 우리의 국력도 다르다면서 "전혀 우려할 필요가 없다"고 잘라 말했다. 우선 미 · 중 간의 한반도 관련 논의에 우리 측이 충분히 참여하고 있다는 것이다.[18]

위의 신문 기사를 살펴보면, 한반도 문제에 큰 영향력을 행사하고 있는 미국과 중국이 이제 한반도의 장래에 대해 진지하게 논의하기 시작했음을 알 수 있다. 이는 한반도의 통일 문제가 점점 동아시아의 현실 문제로 자리 잡기 시작했음을 의미한다.

그런데 이 글에서 논의하고자 하는 한반도 통일 문제를 포함한 한반도에 대한 중국의 전략이 구체적으로 무엇인지를 분석하는 작업은 상당히 어렵다. 왜냐하면 중국이라는 사회주의 체제에서는 국가나 민족의 이익에 관한 것이라고 판단되면, 관련 자료의 공개나 글쓰기에 대해 엄격한 통제가 가해지기 때문이다. 따라서 국내의 국제 관계학, 특히 중국 정치나 중국 국제 관계학을 연구하는 전문가들도 중국 정부의 한반도 전략에 관한 비밀 자료나 관련 문건을 입수하는 데 큰 어려움을 겪고 있는 것이 사실이다. 그 결과 국내에서는 중국의 한반도 전략에 관한 연구가 미국이나 일본의 한반도 전략에 대한 연구보다 훨씬 적다. 그리고 연구 내용도 중국의 한반도 전략에 관한 구체적이고 실증적인 자료를 바탕으로 이루어졌다기보다는, 다분히 예상되는 중국의 한반도 전략에 대한 다양한 시나리오 설정을 바탕으로 한 나름대로의 추측과 개인적인 판단에 의존하는 경향이 농후하다. 게다가 중국 측에서 발간되는 잡지에 실린 관련 논문들도 중국 자신의 한반도 인식과 전략에 관한 것은 거의 없고, 한반도 주변 강대국의 역학 관계나 한반도 정책에 관한 것들이 절대 다수를 차지하고 있다. 다시 말해 내용의 비밀성과 민감성, 파장을 염려해서인지 중국 자신의 솔직한 속내를 드러내는 논문은 사실상 거의 없다. 그로 인해 중국인 자신이 한반도를 어떻게 인식하고 있고, 그에 따른 한반도 전략을 어떻게 설정하고 있는지를 파악하기가 매우 곤란한 실정이다.

따라서 이 책에서는 중국의 저명한 국제 관계학 전문가나 군사 전략가들의 글들을 직접 소개하면서, 거기에서 공통적으로 추출되는 중국 전문가의 한반도 인식과 전략의 특징들을 정리하는 방식으로, 중국인이 인식하고 있는 한반도, 그들이 설정하고자 하는 한반도 전략의 개략적인 윤곽을 드러내고자 한다. 왜냐하면 필자는 중국 내 일부 한반도 전문가들의 글 전문을 그대로 번역해서 소개하는 방식이 독자들의 가슴에 더욱더 실감 있게 전달될 수 있을 것으로 판단했기 때문이다. 이에 따라 앞부분에서는 중국의 한반도 전문가들의 글들이 지닌 특징들을 필자가 먼저 정리하고, 뒷부분에서는 별도의 부록 형태로 각 전문가들의 글들을 번역해서 소개한다.

1) 한반도의 전략적 가치

중국 전문가들의 글에서 나타나고 있는 중국의 전통적인 한반도 인식은 다음의 말로 요약된다. "천조 예치 체계天朝禮治體系의 중심국인 중국은 한반도를 왕조 이익의 중요한 부분으로 간주했고, 한반도에서 중국은 무시할 수 없는 광범위한 이익을 갖고 있으므로 쉽게 물러설 수 없는 책임과 의무를 짊어지고 있다."[19] "청일전쟁까지만 해도 조선은 중국과의 관계가 어떻든 간에, 중국의 주변 정치상의 예속 국가였다."[20] "한반도가 중국의 안전에 중요하다는 것은 거의 상식적인 문제이다."[21] "한반도의 지정학적 가치는 말할 필요가 없으며, 사람들은 습관적으로 한반도와 중국의 관계를 순망치한脣亡齒寒으로 표현해왔다."[22] 이러한 언급들을 살펴보면, 중국은 전통 시대부터 현재까지 한반도를 자국의 국익에 매우 중요한 지역으로 간주하고 있었음을 알 수 있다. 그리고 중국인들이 대체로 1894년 청일전쟁 발발 이전까지의 조선을 중국의 '예속 국가'로 인식하고 있었음도 알 수 있다.

그렇다면 중국 전문가들이 생각하고 있는 한반도의 전략적 가치는 구체적으로 무엇일까? 전반적으로 한반도가 동북아의 현상을 유지하고 미국의 패권주의를 견제하는 동시에, 미국과 중국을 격리할 수 있는 완충 지대로서 중국에 유리하다는 것이다. 즉 중국인의 눈에 비친 한반도 전략의 기본적 가치는 미국과의 세력 다툼 속에서 미국의 패권을 견제하거나 미·중 간의 완충 지대 역할에서 찾아지고 있는 셈이다.

한반도의 (평화) 통일이나 통일 한반도는 중국에 어떠한 전략적 이익을 가져다줄까? ㉠ 중국의 현대화 건설에 필요한 안정적인 평화 환경을 제공하고, ㉡ 중국과 한반도 사이의 쌍방 간 혹은 다변적인 경제 교류와 합작을 촉진하고, ㉢ 대만 문제의 자주적 해결과 미·중 관계의 조정·개선에 도움을 주고, ㉣ 대만의 독립에 심각한 타격을 줄 것이고, ㉤ 동북아 안전의 제공, 중국에 대한 군사적 압력의 완화, 중국 동북부에 가해지고 있는 압력을 동남 연해 지역으로 분산시켜 대만 문제 해결에 보탬이 될 것이고, ㉥ 동북아 지역 합작의 중요한 파트너가 될 것으로 중국 전문가들은 인식하고 있다.[23]

중국이 파악하고 있는 한반도의 지정학적·전술적 가치는 다음과 같다. ㉠ 한반도의 평화와 안정이 중국에 유리하다는 전제 하에, 지정학적으로 한반도의 분열 상황은 중국의 실력이 충분하지 못한 상태에서 중국이 작전을 펼칠 때 유리하다. ㉡ 전략적 충돌이 일어날 경우 충돌 지점이 중국 땅이 아닌 한반도이므로 중국의 작전 활동 공간이 더욱 커질 수 있고 더욱더 탄력성을 지닐 수 있다. ㉢ 유럽과 중앙아시아에서 커다란 압력을 받고 있는 러시아가 북한에 대해 커다란 도움을 줄 수 없는 상황에서, 한·미 간의 양호한 관계는 북한으로 하여금 더욱더 중국에 의존하도록 만들고 있는데, 이 상황 역시 중국에 유리하다. ② 한반도의 존재는 중국과 미국 쌍방의 경쟁 초점을 분산시키는 데 유리하여, 어떠한 경쟁 초점이든 모두 미·중 쌍방의 전면 전쟁을 촉진시키기 어렵게 만들 것이다.[24] 한마디로 한반도의 분단 상황은 중국에게 전략적으로 유리하다는 것이다. 그렇기 때문에 중국에서는 기본적으로 한반도의 (현 분단) 상황과 안정을 선호하는 셈이다.

2) 한반도 통일이 중국에 불리하거나 위협적일까?

한반도 통일을 긍정적으로 바라보는 관점과 달리, 어느 전문가는 다음과 같은 부정적인 점들도 거론하고 있다. 즉 ⑦ 통일 후 한국(북한이 아니라)은 동북 영토와 황해(서해) 경제 구역에 대해 요구를 할 가능성이 있다는 점, ⓛ 한반도의 통일이 중국의 동북 변경 안정에 심각한 영향을 미칠 것이라는 점, 이로 인해 ⓒ 원래의 중국의 전략적 배치를 혼란스럽게 만들 것이라는 점[25] 등이다. 이렇게 우려하면서도 그는 한반도 통일 과정에서 자그마한 마찰은 좀 있을지언정 전쟁을 야기할 만큼 심각한 상황은 일어나지 않을 것이므로, 통일 한반도가 중국에 위협이 되지는 못할 것이라는 점을 강조한다. 오히려 그는 통일 후의 강대해지고 부유해진 한반도는 중국에 도움이 될 것이라고 주장한다. 다시 말해 한반도가 통일되면 한반도에서 미국과 일본의 이용 가치는 떨어질 것이고 그들 사이의 모순도 점점 분명해질 것이고 통일 한국과 중국이 하나의 맹우盟友가 될 가능성이 있으므로, 통일되고 강대해진 한반도가 김정일 정권보다 중국에 더 보탬이 될 것이라고 한다.[26] 이 전문가는 한반도 통일이 중국에 가져다줄 부정적인 측면을 지적하면서도 기본적으로는 한반도의 통일이 중국에 유리할 것이라고 결론짓고 있음을 알 수 있다.

그런데 중국의 통일 한반도에 대한 인식이 마냥 긍정적인 것만은 아니다. 일부 중국 전문가는 기본적으로 한반도의 통일을 부정적으로 보거나 반대하는 입장을 숨기지 않는다. ② 중국 한족이 한국 민족을 대할 때 약간의 우월감을 가지고 있고, 한국 민족도 한족에 대해 경계심을 가지고 있으므로, 통일 한반도가 일단 강대해지면 중국도 통일 한반도의 역량에 대해 위협감을 느낄 것이라고 예측한다.[27] 게다가 ㉲ 한반도 통일 문제에 대해 중국이 여전히 우려하고 있는 것은 통일 후에도 미군이 계속 한반도에 주둔할지도 모른다는 점이다. 이것은 중국의 입장에서 볼 때 통일 후에도 한반도에 미군이 존재한다면 중국은 한반도 통일에 반대할 수밖에 없다는 것을 간접적으로 시사해준다. 일부 전문가는 ㉳ 한반도 통일 후 초래될 수 있는 전략적 이익의 분배를 놓고 미·중 간에 갈등이 불거져 양국의 합작 가능성을 저하시키거나 상실하게 할 가능성을 우려하여 한반도의 분단 상황을 유지하는 것이 가장 합리적인 선택이라고 주장하기도 한다.[28] 또한 ㉴ 북한과 한국이 통일에 매진하는 과정에서 중국은 서독이 동독을 합병하는 방식이 북한과 한국 간에 출현하는 것, 즉 한국이 북한을 합병하는 것을 막아야 한다고 주장한다. 북한의 심각한 굶주림과 경제적 곤경 속에서 그러한 상황이 발생하지 말란 법이 없다는 것이다. 만일 한국이 북한을 합병한다면, 결국 주한 미군이 압록강 변으로 이동하는 상황이 초래될 것이고, 그렇다면, 중국은 한국전쟁에 참여해서 엄청난 대가를 치르고 취득한 동북 국경의 안전이 모두 수포로 돌아가게 된다는 것이다.[29]

이 책에서 소개하고 있는 중국 전문가의 글 가운데 한반도 통일을 부정적으로 파악하는 것은 상대적으로 소수이다. 그렇지만 상술한 내용은 중국 전문가 중에 여전히 한반도의 통일이 중국에 불리할 것이라고 인식하는 사람들이 존재한다는 사실을 보여준다. 한반도 통일에 대해 부정적으로 인식하는 사람들이 중국 내에서 어느 정도의 비중을 차지하고 있는지를 파악하는 작업은 향후 우리의 대對중국 전략을 수립할 때 매우 중요할 것 같다.

3) 한반도 통일의 전망

적어도 이 책에서 소개하고 있는 글들만을 가지고 판단해보면, 한반도 통일에 대해 부정적으로 인식하는 사람들도 일부 있지만, 기본적으로 대다수 중국 전문가들은 한반도의 통일을 역사적 조류로 받아들이고 있음을 알 수 있다. 이와 동시에 한반도의 통일을 일시적으로는 늦춰질 수 있지만 궁극적으로는 피할 수 없는, '불가항력의 역사적 필연'으로 인식[30]하고 있음도 엿볼 수 있다. 중국 전문가들은 기본적으로 한반도 통일에 대해 대단히 낙관하고 있고 그 가능성이 매우 크다고 인식하고[31] 있다. 그렇게 인식하는 근거로 ㉠ 한반도의 남·북한에는 강렬한 민족주의 이념과 감정이 자리 잡고 있고, ㉡ 남·북한 모두 통일을 국가의 최고 목표로 삼고 있는 점, ㉢ 북한이 한국 민중 속에서 여전히 호감을 얻고 있다는 점,[32] ㉣ 김대중 정권부터 노무현 정권까지 북한에 대한 한국의 우호 선린적 태도는 줄곧 변화가 없고, 북한에 대한 한국의 경제 원조도 줄곧 변화가 없다는 점, ㉤ 남·북한은 같은 글과 언어를 사용하고 있고 같은 민족이라는 자연스러운 관계를 유지하고 있다는 점[33] 등이 제시되고 있다.

그러면 중국 전문가들은 통일 한반도의 위상을 어떻게 전망하고 있을까? 그들에 의하면 통일 한반도는 ㉠ 동아시아의 중요한 세력으로서 동아시아 및 아시아·태평양의 불가결한 일극—極이 될 것이고, 동아시아의 핵심 국가 역할을 할 것이고, 동북아의 정세와 중국의 주변 환경에 중대한 영향을 미칠 것이다. ㉡ 과거에 강대국에 의해 이용·쟁탈·각축의 대상이 되었던 상황을 바꾸어, 미래의 동아시아 및 아시아·태평양 국제 관계 역할에서 상당한 작용을 할 것이다. ㉢ 자신의 안전과 국가 이익을 위해 각 강대국과 등거리의 평화 중립 외교 정책을 취할 것이다. ㉣ 자주적인 평화 중립 정책을 추진해서 각국과의 관계 발전을 추구하면서 어느 한 나라에 의존하는 방식에서 벗어날 것이다. ㉤ 통일 한반도의 외교 정책은 완전히 강대국에 의존하던 종래의 정책에서 강대국을 이용하는 정책으로 바뀔 것이다. ㉥ 미국의 새로운 아시아 전략 속에서 차지하는 한반도의 위상은 더욱 커질 것이고 아시아 태평양 지구에서 미국의 극히 중요한 전략 거점이 될 것이다.[34] 기본적으로 중국 전문가들은 통일 한반도가 중립적인 정책을 취하면서 미국 일변도에서 벗어나 등거리 외교 정책을 추진하는 동아시아의 핵심 국가가 될 것으로 전망하고 있다. 이 전망에는 통일 한반도가 그러한 방향으로 나가주었으면 하는 그들의 강렬한 소망도 반영되었다고 볼 수 있다.

한반도의 통일 주체와 관련하여, 중국 전문가들은 이구동성으로 한반도의 통일이 '한국'에 의해 주도될 것으로 파악하고 있다. 그 이유로 ㉠ 전반적으로 한국이 한반도에서 주도적인 위치를 차지하고 있는 점, ㉡ 한국이 경제적으로 북한에 비해 절대 우세에 놓여있는 점, ㉢ 북한의 외교 정책이 지나치게 기세등등해서 세계 정치에서 북한의 지위를 저하시키고 있는데 비해, 한국은 경제를 앞세워 경제적 연계를 통해 양호한 국제 지위를 확보하고 있는 점, ㉣ 군사적으로 장비 수준이나 훈련 수준, 전쟁 수행의 잠재력 모두 한국이 북한보다 훨씬 앞서 있는 점, ㉤ 한국의 인구가 북한의 거의 두 배라는 점,[35] ㉥ 북한 정권에 대한 민심 이반[36] 등을 제시하고 있다.

결국 중국 전문가들이 강력하게 요구하는 통일 한반도의 모습은, ㉠ 중국 및 동북아의 평화와 안정에 유리한, '독립 자주적이고 중립적인 한반도'[37]이자 ㉡ '비핵화非核化된 국가'[38]이다.

4) 한반도 통일과 조선족의 동태 예측

어느 중국 전문가는 한국과 북한이 통일되면 무시할 수 없는 강국이 중국의 동북 변경에 출현하는 상황으로 받아들인다. 그에 의하면, 한국 민족은 상당히 강한 응집력을 가지고 있고, 한국 민족에게는 양호한 의사 소통과 묵계가 있는데, 이러한 요소가 조선족으로 하여금 한국 민족과 한데 뭉치도록 할 것이란다. 일단 한국과 북한이 통일되면, 새로 탄생한 통일 한반도는 중국의 조선족에게 강대한 흡인력을 발휘할 것이고, 조선족 대다수는 모두 중국 동북의 중·한 국경선 부근에 거주하고 있어서, 그들이 '자치' 혹은 '독립'을 요구할 가능성이 있다는 것이다. 중국 전문가는 조선족의 최종 목적이 자신의 동포들과 합병해서 하나의 국가를 이루는 것일지도 모른다고 우려한다. 한국 민족의 고대 국가로 인식되는 고구려가 일찍이 당조에 의해 멸망되었다는 사정 역시 조선족의 자치나 독립 요구에 대한 이유가 될 수 있다는 것이다. 이러한 상황이 일단 발생하면 중국 동북은 혼란 속에 빠져들 것이라고 우려한다.[39] 이것은 중국이 추진하고 있는 '동북공정'의 배경과도 맞물리는 인식이다. 앞에서 서술했듯이, 실제로 한반도의 통일과 향후 조선족의 동태 사이의 상관성에 관해서는 '동북공정'에서 '응용 연구' 형태로 이루어지고 있다.

그렇지만 상술한 중국 전문가의 전망은 지나치게 과장된 것 같다. 왜냐하면 중국이 세계의 강대국으로 남아 있고 한국보다 월등한 국제적 위상을 유지하는 한, 중국 내에서 소수 민족에 대한 두드러진 차별이 존재하지 않는한, 조선족의 통일 한반도로의 이동이나 연계에 대해 중국 당국이 지나치게통제하지 않는 한, 한국 내에서 조선족에 대한 차별과 경멸이 존재하는 한,조선족이 통일 한반도와 곧바로 손을 잡고 그들의 '자치'나 '독립'을 요구할가능성은 많지 않기 때문이다. 그렇지만 조선족이 통일 한반도로 자유롭게왕래할 수 있고 통일 한반도에서 일자리를 구하기가 쉽고 임금 조건이 중국보다 월등하게 좋다면, 그들에 대한 한반도의 영향력이 점증하면서 그들 대다수가 서서히 한반도로 기울어지면서 자신들의 정체성 문제에 대해 다시 한번 고민하기 시작할 가능성은 크다.

5) 중국의 부흥과 한반도

중국의 부흥은 한반도에 어떤 영향을 미칠까? 중국 전문가들은 대체로 긍정적인 영향을 미칠 것으로 본다. 그들은 ㉠ 중국의 부흥이 한반도의 평화와안녕을 회복시켜줄 것이라고 인식한다. 그 이유는 근대 이후 중국이 쇠락하고 열강의 분할 점령 목표로 되면서 한반도의 전략적 지위가 갑자기 커졌고,조선은 각국의 쟁탈 대상지로 바뀌었지만, 중국이 다시 강대해지면서 중국을 넘보려는 열강의 기도는 사라졌고 중국 및 중국 주변 지역도 서방 강대국의 간섭과 쟁탈로부터 벗어나게 되었다는 것이다. 이와 아울러 한반도도 다시는 중국 대륙을 침공하기 위한 전진 기지로서의 전략적 지위를 갖지 못하게 되었다는 것이다. 그 결과 한반도는 강대국 세력의 각축장에서 벗어나 자주·평화·안녕을 회복하게 되었다는 것이다. 이 견해에서는 한반도를 철저하게 중국 중심으로 파악하면서, 마치 중국이 한반도의 자주·평화·안녕을보장해주는 후원자인 양 자처하고 있음을 알 수 있다. 즉 전통 시대 중국이한국 왕조를 자신의 '속국' 정도로 인식하던 것과 유사한 뉘앙스를 풍겨주고 있다. 중국이 부흥하지 않으면 마치 한반도는 자주와 평화적 안정을 확보할 수 없는 것처럼 인식하고 있으니 말이다.

또한 중국 전문가들은 ⓛ 중국의 부흥이 한반도의 자주와 평화 통일을 적극적으로 추진하도록 해줄 것으로 본다. 왜냐하면 한반도에서의 대치와 대항, 충돌은 중국의 평화 건설을 위한 외부 환경을 매우 악화시킬 것이므로, 중국의 현대화 건설에 유리하도록 하기 위해 중국은 진정으로 한반도의 자주 평화 통일을 바라고 있기 때문이란다. 그리고 그들은 ⓒ 중국의 부흥은 한반도의 경제 발전과 번영에 도움이 될 것으로 인식한다. 왜냐하면 중국의 '화평굴기和平崛起(평화적인 부흥)'는 한국을 포함한 세계 대다수 국가에 이로울 것이기 때문이란다. 실제로 이것은 한·중 수교 이후 양국의 경제 교역이 신속하게 발전했다는 사실에서도 증명되고 있단다.[40]

반면에 그들은 ⓔ "중국의 부흥이 한반도에 대한 중국의 영향력을 더욱 확대시켜 중·한 관계를 자칫 주종 관계로 변질시킬지도 모른다"고 우려하는 일부 사람들(주로 한국 민족)의 생각이 시대착오적이라는 점을 들어 부정적인 견해에 대해 반론을 제기한다. 오늘날의 중국이나 한국은 역사상의 종번宗藩 관계를 맺어온 중국이나 조선이 아니며, 중국은 평화 공존 5원칙을 엄수하고 있기 때문에, 중국이 부흥한다고 해도 한국과 다시 주종 관계를 맺을 가능성은 거의 없다는 이야기다. 또한 ⓜ "중국의 경제 발전이 한국과의 경쟁을 격화시키고 한국의 시장을 빼앗아 한국의 발전에 불리하다"는 견해에 대해서도 반박한다. 즉 국가 간의 경쟁은 국제 관계의 일반적인 현상으로 경쟁이 있어야만 국가의 활력을 충만케 해준다는 것이다. 또 앞으로 수십 년간 중국과 한국의 경제 사이에는 매우 강한 상보성相補性이 존재할 것이란다.[41]

기본적으로 중국의 전문가들은 중국의 부흥이 한반도에 악영향을 미치기보다는 긍정적으로 작용할 것이라고 인식한다. 물론 중국의 부흥은 정치적·국제적으로 한반도에 대한 미국의 영향력을 감소시켜주고 미국을 견제하는 작용을 할 것이고, 한반도도 미국의 과도한 영향력으로부터 벗어나 자신의 입지를 넓혀나갈 여지를 찾을 수 있을 것이다.

그렇지만 한국이 미국과 중국을 상호 견제하도록 하거나 미·중의 역학 관계에 일정한 영향력을 행사할 수 있는 충분한 국력을 확보하지 못한 상황에서, 중국의 부흥은 한반도에 대한 영향력 확대로 이어질 것이고, 한국(혹은 통일 한반도)의 대對중국 의존도를 점점 심화시켜 한·미 관계의 갈등을 야기하는 반작용을 초래할 수도 있다. 이와 관련하여 " '도광양회韜光養晦(빛을 감추고 밖으로 드러내지 않은 채 힘을 키움)' 의 국가 전략 속에서 미국과의 충돌을 최대한 자제하면서 '화평굴기' 를 꿈꾸는 중국의 입장에서, 한·미 관계의 악화 및 한국의 중국 경사傾斜는 중국에게 또 하나의 부담으로 작용할 수 있다"는 어느 중국 전문가의 말에 귀 기울일 필요가 있다. 더욱이 중국이 부흥하면서 한반도에 대한 상당한 영향력을 확보할 경우, 한반도의 현상 유지 차원에서 미국과의 밀약을 통해 한반도의 영구 분단화 혹은 중립적인 새로운 북한 정권의 영속화永續化를 시도할지도 모른다. 경제적으로도 중국의 경제적 부흥은 중국 시장의 확대와 구매력 증가를 가져와 한·중 교역을 확대시키면서도 그 이면에서는 한국의 기존 시장을 빼앗고 한국 경제의 공동화空洞化를 심화시킬 수도 있다. 결국 중국의 부흥은 한반도에 긍정적인 작용과 부정적인 작용을 하게 될 것이다. 긍정적인 요소를 최대화하고 부정적인 요소를 최소화하는 것은 우리의 몫일 수밖에 없다.

6) 동북아 국제 관계 인식

중국 전문가들에 의하면, 먼저 미국의 동북아 전략은 ㉠ 중국을 미국의 주적主敵으로 설정하고 중국을 포위하는 것으로, 일본을 움켜쥐고 미·일 군사 동맹을 전면적으로 강화하는 동시에 한반도를 통제하는 것이며, 한반도에 위협이 존재한다는 구실로 미사일 방어 체계를 더욱 발전시켜나가는 것이란다.[42] 또 ㉡ 한반도 문제에서 미국이 가장 관심을 갖는 것은 한반도가 평화 통일을 할 수 있느냐 없느냐가 아니라, 주한 미군을 어떻게 유지해서 중국과 러시아를 방어하고 그 전략적 우세를 유지할 수 있느냐의 문제란다. 반대로 만일 한반도의 통일이 미군의 철수를 의미한다면, 미국은 전력을 다해 한반도의 통일 과정을 지연시키거나 저지할 것이란다.[43] 즉 ⓒ 미국의 최고 전략 목표는 한반도가 분열되었든 통일되었든 상관없이 한반도에 계속 주둔하는 데 있다는 것이다. 그것은 중국 · 일본 · 러시아 3국이 연합해서 동북아에서 미국의 존재를 배제시키는 것을 막기 위한 것이기도 하단다. 결국 미국의 전략적 목적은 일본 · 한반도 · 중국이 철저한 민족주의 외교 노선으로 나아가는 것을 방지하고 러시아가 그 속에서 손쉽게 이익을 얻는 것을 막기 위한 것이란다.[44]

다음으로 중국 전문가들에 의하면, 일본의 전략은 ㉠ 일본이 한국에 비해 훨씬 강대한 정세를 유지하거나, 일 · 한 연합 체제를 촉진해서 자신의 전략적 지위를 강화시키는 것에 있다고 한다. ㉡ 만일 한반도의 정세가 바뀌면, 일본의 근본 이익은 일본과 통일 한반도 사이에 프랑스 · 독일 양국과 유사한 연합을 통해, 미국 · 유럽 공동체 · 중국에 비해 열세 혹은 고립에 놓인 상황을 개선하는 데 두어질 것이란다. ㉢ 그런데 일본은 북한의 급작스런 붕괴와 한국 주도의 남북 통일이 한국의 급격한 국력 신장으로 이어지는 것을 꺼려 한다는 것이다. 그 때문에 한반도 통일에 대한 최대의 간섭과 방해는 틀림없이 일본 쪽에서 나올 것이라고 진단한다. 일본이 모든 논쟁을 접어두고 북한과 적극적으로 국교 담판을 벌이는 것도 한반도의 통일이 한국의 주도 하에 완성되는 것을 방지하기 위함이란다. 일본은 강대한 경제력을 통해 북한이 경제적 · 정치적 · 군사적으로 갑자기 붕괴되는 것을 막으려고 하고 있다는 것이다. 일본 수상 고이즈미 준이치로가 국내외의 모든 방해를 무릅쓰고 갑자기 북한을 방문한 것은, 프랑스 대통령 미테랑이 동 · 서독 통일 전 갑자기 동독을 방문한 것과 대동소이한 행태라는 것이다.[45]

그런데 상술한 진단에서는 최근 일본의 전략적 행태를 간과하고 있다. 즉 상술한 전문가 견해에서는 일본이 미국과의 동맹 강화를 통해 중국을 직접적으로 견제하거나 대만 문제에 개입할 여지를 남기고 미국의 세계 전략에 편승해서 '보통 국가화' 혹은 우경화右傾化를 지향하면서 자국의 이익을 극대화하려는 거시적 전략이 빠져 있다.

끝으로 중국 전문가들이 파악하는 동북아에서의 러시아의 위상과 전략은 다음과 같다. 즉 ㉠ 전략적 중심이 유럽에 있는 러시아는 한반도 정세와는 직접적인 이해 관계를 가지고 있지 않아서 상대적으로 초탈한 입장에 놓여 있다는 것이다. 이 때문에 러시아는 한반도의 혼란한 정세를 야기하고 조종하고 이용해서 어부지리를 가장 잘 할 수 있다는 것이다. 러시아와 북한의 접근, 일본과 러시아의 접근은 러시아가 이 방면에서의 노력을 결코 포기하려고 하지 않는다는 것을 말해준다고 한다. ㉡ 앞으로 러시아는 점차 북한 외교에 대한 조종 능력을 강화해서 중국 외교, 중·미 관계 및 동북아 강대국 사이의 각축에 대해 중요한 영향을 미칠 가능성이 매우 크다고 한다.[46]

실제로 러시아는 천연 가스나 석유 등의 자원을 무기로 삼아 동북아의 한·중·일 세 나라에 대한 영향력을 확대해나가고 있다. 최근 친親서방적인 우크라이나에 대한 러시아의 천연 가스 공급 중단 조치에서도 잘 드러나듯이, 부존 자원이 점점 고갈되어가고 있는 동북아 3국에 대한 러시아의 영향력 증대는 현실화될 가능성이 점점 농후하다.

7) 북·중 관계 및 북한 인식

중국 전문가들은 대체로 "냉전 시대 북한과 중국 관계는 비록 중·소 관계처럼 충돌하지는 않았지만, 중국으로 하여금 불필요한 부담을 짊어지게 만들었고 국가 이익에 따라 이루어지는 국가의 행위를 방해했다"[47]고 하여 냉전 시대의 북·중 관계를 부정적으로 평가한다. 심지어 김정일 정권을 김가金家 정권으로 부르면서 중국 국민 대다수가 김정일 정권이 "역사의 쓰레기더미 속에 처넣어지기를 희망한다"는 말까지 하고 있다. 그리고 김가 정권을 위해 중국이 전쟁에 휘말려드는 것은 가치 없는 짓이라고 단언한다.[48] 즉 이념에 기초한 북·중 관계는 필연적으로 중국으로 하여금 외교적 대가를 치르게 만들었으므로 더 이상 그런 관계를 지속하는 것은 국익에 부합하지 않는다는 것이다. 따라서 향후 중국의 외교는 국가 이익의 원칙에 부합하는 방향으로 추구되어야 한다는 것이다.[49] 다시 말해 중국 정부가 이념에 치우친 종래의 대對북한 외교 노선을 국가 이익에 부합하는 방향으로 수정해 나가야 한다는 말이다.

중국 전문가들이 바라보는 북한 정권의 전망은 다음과 같다. 즉 북한 정권의 근본 이익은 각 강대국 사이에서 독립적인 위치를 확보해서 최대한도로 행동의 자유를 유지하는 데 있다고 한다. 이를 위해서라면 북한은 모든 대가를 무릅쓰고 국제 원칙과 내부 문제를 무시할 수 있다는 것이다. 냉전이 끝나고 이념적 연맹의 유효성이 크게 감소하고 그에 따라 특수한 경제 무역의 틀이 끝나면, 북한 정권의 행동도 걷잡을 수 없이 바뀔 것이고, 북한 정권은 극도의 불안감과 고립감에 빠질 것이라고 본다. 북한이 직면한 외교적 곤경은 절대적인 승리를 얻을 것인지, 철저한 실패를 맞볼 것인지의 양자택일이 있을 뿐 중간 노선의 선택이 없다는 점이란다. 따라서 강대국 사이의 양해와 타협, 주변 정세의 긴장 완화, 북한과 외부 세계의 타협과 합작은 곧 북한 체제의 붕괴 개시를 의미한다[50]는 것이다. 중국 전문가들은 기본적으로 북한의 전망을 어둡게 바라본다.

상술한 상황에서 북한이 추구하는 외교 전략은, 최선을 다해 생존 공간과 경제 원조를 쟁취하고 중국과의 관계를 유지하는 동시에, 적극적으로 러시아·일본·유럽의 각국과의 관계를 발전시키는 것이란다. 중국 전문가는 ㉠ 실질적으로 한반도에 두 개의 정권이 병존하는 상황을 유지하고 북한이라는 특수한 국가 체제를 유지하려는 데 북한이 온힘을 쏟고 있다고 본다. 그러면서 북한이 미국과의 특수한 외교 관계를 맺어 미국의 졸卒로서 중국을 희생 대상으로 삼으려 한다고 북한을 비판한다. 그들에 의하면, 북한의 그러한 태도 표출은 중국에 대해 압력을 가하는 것이고 중국으로부터 더욱 많은 지지를 획득하려는 것이란다. 결국 북한은 중·미 간의 충돌을 자국의 이익에 보탬이 되도록 최대한 이용하려고 한다는 것이다. 특히 ㉡ 북한 지도자 김정일은 "중국이 미국의 지지 하에 한국의 북한 흡수를 묵인하고, 대신에 미국으로 하여금 중국의 대만 통일을 묵인케 하는 상황"을 극도로 피하려 하고 있다고 진단한다. 이 때문에 북한은 가능한 한 중국의 지정학적 처지상의 최대 곤경을 이용하여 중·미 관계의 최대 요소인 대만 문제에 영향을 가하여 자국이 희생물이 되는 것을 방지하려고 노력하고 있다고 인식한다.[51]

또한 그들은 ⓒ 북한이 적극적으로 일본과 정식 외교 관계를 맺어 일본의 실력과 일본의 한반도 통일에 대한 두려움을 이용하여 한국 주도의 한반도 통일 진전 과정을 제압하려는 욕망을 가지고 있다고 본다. 즉 북한은 반일 적개심을 드러내면서도 일본의 전략적 가치를 충분히 인식하고 있다는 말이다. ⓓ 북한은 또한 러시아와 유효한 전략적 관계를 맺어 중국과 소원한 틈새 속에서 또 다른 보장을 얻으려고 하는 동시에, 중국·러시아·미국의 삼각 관계를 이용하여 자신의 독립과 안전을 유지하려고 하고 있다는 것이다. 그 외에 북한은 ⓔ 적극적으로 유럽 공동체와의 관계를 발전시켜 경제 원조의 또 다른 통로뿐만 아니라, 미국의 일방주의 패권 행동을 견제하는 수단도 얻으려고 하고 있다는 것이다.[52]

그렇다고 중국 전문가들이 북한과 중국 관계의 중요성을 간과하는 것은 아니다. 그들은 기본적으로 북한과의 관계를 유지하고 북한을 존속시켜야 한다고 생각한다. 그들은 ㉠ 북한의 김정일 정권으로 하여금 미국과 일본의 주의를 끌게 해서 중국의 발전을 위해 더 많은 완충 시간을 벌기 위해 북한 정권을 유지해야 한다고 주장한다.[53] 또한 ㉡ 북한은 미국의 영향력을 완충하거나 영향력 확장을 저지할 수 있는 동반자가 될 수 있고,[54] ㉢ 북한의 존재가 중국 동북의 공업 지구에 충분한 안전을 보장해줄 수 있다는 점을 강조한다. 적어도 북한은 ㉣ 국력이 쇠약해서 진공 역량을 갖추지 못하고 있더라도 (미국의 진격을) 방어하는 데는 상당한 효과를 가지고 있다[55]는 것이다. 더욱이 중국 전문가는 ㉤ 중국의 역량이 뻗어나갈 수 있는 곳이 바로 북한이라는 점[56]에서 북·중 관계의 전략적 효용성을 강조하고 있다.

결국 상술한 분석 결과 때문에 중국은 현재로서 북한을 결코 포기해서는 안 된다는 것이다. 한마디로 말해 '북한'이라는 나라가 존재해야만 중국이 전술적으로 완충 지대를 확보할 수 있고, 상술한 전략적 효용성을 발휘할 수 있다는 것이다.[57] 중국 전문가들은 북한의 전망을 부정적으로 파악하면서도 동아시아 전략상 미국의 견제 세력으로서, 중·미 간 세력 각축의 완충 지대로서 혹은 중국에 대한 미국의 압력을 일부 분담하거나 분산시켜주는 실체로서 북한의 존속이 필요하다는 공감대를 형성하고 있는 것이다.

8) 한·중 관계 인식

중국 전문가들은 한국과의 관계 설정 문제와 관련하여, 기본적으로 한국과의 교류를 강화하고 쌍방의 관계를 더욱 발전시켜야 한다고 주장한다. 그 이유로 ㉠ 한국과의 경제 교류에 따른 실제 이익이 북한을 도와주는 데서 얻어지는 명분보다 훨씬 클 뿐만 아니라, 한국과 중국 사이에 이념적인 문제가 없다는 점, ㉡ 북한의 바람 잘날 없는 외교적 경향 속에서 만일 중국이 한국과 양호한 관계를 맺지 못하면, 북한의 그러한 경향으로 인해 안정이 파괴될 수 있다는 점, ㉢ 한국은 한반도의 평화와 안정을 더욱 희망하고 있고, 한국인은 문제를 만들려고 하지 않기 때문에, 그러한 한국인의 심리 상태를 이용하면 한국으로 하여금 미국을 잘 견제하도록 할 수 있다는 점, ㉣ 한국은 이미 중국과의 관계를 점점 중시하고 있고, 특히 과거에 한국의 국방부는 심지어 중국과 군사 교류를 강화해야 하고 일본 관계만큼 중국과의 관계를 끌어올려야 한다고 제기한 적이 있는 점, ㉤ 한국은 중국과 마찬가지로 일본의 국제연합 상임이사국 가입 문제에 반대 입장을 견지하고 있으므로 한·중 관계를 발전시켜 양호한 기초를 닦으면, 중국은 한국을 어느 정도 끌어들여 일본을 견제하는 데 이용할 수 있다는 점, ㉥ 중국의 실력이 급속하게 커지는 상황에서 실력 정치에 기초하고 있는 한국 외교가 중국과 반대되는 방향으로 내달릴 가능성이 없다는 점, ㉦ 한국과의 관계를 강화하는 것 자체가 북한에 대해 매우 큰 견제 작용을 해서 북한으로 하여금 중국에 더욱더 순종적이게 만들 수 있다는 점 등을 제시하고 있다.[58]

더 나아가 어느 전문가는 ㉧ 한·중 간의 정치 관계가 이른 시일 내에 미국과의 관계를 초월할 가능성이 있다고 본다. 패권주의에 반대한다는 각도에서 볼 때, 한국은 중국이 쟁취하고 단결해야 할 최고 좋은 맹우라고까지 평가한다. 이 때문에 한국과의 경제 무역 및 문화 교류의 강화 이외에, 정치 외교적인 우호 관계를 주동적으로 계속 제고시켜 나가야 한다고 주장한다. 그에 의하면 한·중 관계의 강화는 틀림없이 미국의 패권 정책에 대한 또 다른 타격

이 될 것이므로 절대로 포기하거나 잘못을 범해서는 안 된다는 것이다.[59]

결국 한국은 중국에게 경제적 이익을 가져다주는 것 이외에 북한과 미국 그리고 일본을 견제하는 데 유용한 존재로 비쳐지고 있는 것이다. 한국에 대한 중국의 기본적인 전략은 중국 전통의 '이이제이以夷制夷', 즉 이민족을 이용해서 이민족을 견제하는 이민족 정책을 연상시켜준다.

하여튼 상술한 상황에서 일부 중국 전문가는 중국이 한반도의 평화 통일을 더욱 적극적으로 추진해야 한다고 주장한다. 왜냐하면 ㉠ 한반도가 통일되면 주한 미군의 주둔 명분이 사라지면서 미군을 한반도에서 철수시킬 수 있을 것이고, ㉡ 한반도의 통일은 인구나 실력 면에서 북한보다 훨씬 우월한 한국에 의해 이루어질 것이고, 온화한 한국이 충동적인 북한보다 중국의 이익에 더 부합할 것이기 때문이란다. 대체로 중국 전문가들은 한반도의 분단 상황 유지와 안정을 최선의 상태로 인식하면서도 장기적으로 혹은 궁극적으로 한국에 의한 한반도 통일의 불가피성과 필요성을 인식하고 있음을 알 수 있다.

9) 중국의 한반도 전략

단기적인 전략과 관련하여, 중국 전문가들은 6자 회담을 계속 추진해야 한다는 입장을 견지하고 있다. 그 이유로 6자 회담은 ㉠ 한반도 문제에 대한 중국의 발언권을 높여줄 수 있고, 궁극적으로 주변 정치에서 중국의 유연한 실력을 제고시켜줄 수 있고, 향후 한반도에 대한 중국의 영향력을 증대시켜줄 것이라는 점, ㉡ 중국과 미국의 교류를 강화시켰고 세계 두 강대국으로 하여금 더 광범위한 합작을 촉진시킬 것이며, 중·미 관계의 화해에도 중대한 현실적 의의를 지니게 될 것이라는 점[60] 등을 제시한다. 따라서 중국은 ㉢ 6자 회담을 통해 북한에 대해 주동적으로 공동 성장 전략을 추진해서 북한 경제의 변화 과정을 적극적으로 지지하고 거기에 개입해야 한다는 것이다. 다시 말해 중국은 북한과의 우의를 공고히 하고 상호 신뢰를 증진하고 평등·호리互利·호혜의 원칙 하에 가능한 한 쌍방의 경제 교류를 활성화해야 한다는 것이다. 다만 초기 개입의 위험성을 피하고 불필요한 손실을 줄이기 위해서는 중국·북한·한국 3국의 공동 협조를 바탕으로 각자의 장점을 발휘해서 적극적으로 상호 간의 경제적 공동 성장을 촉진해야 한다는 것이다.

장기적인 전략으로, 중국은 ㉠ 해양 방면에서는 중국을 둘러싸고 있는 한국·일본·대만으로 이어지는―(인용자) 섬의 사슬을 끊고 포위망을 벗어나는 것이고, ㉡ 육지 방면에서는 한반도의 적대 세력을 육지에서 완전히 제압하는 것이다. ㉢ 한반도 통일 과정에서의 각종 장애 요소를 제거하고 남·북 쌍방이 자주적으로 평화 통일을 촉진하는 정황에서, 통일 후의 한반도가 반드시 '비핵화' 되고 '중립화' 된 국가로 나아가도록 하는 것이다.[61] 중국이 한반도의 비핵화를 주장하는 이유는, 북한이 핵무기를 가지고 있지 않는 것이 중국에 대한 외부 세력의 압력을 감소시킬 수 있고 한반도와 중국 사이의 안정에도 유리할 것이기 때문이란다. ㉣ 중국 자신의 실력을 발전시켜서 동아시아의 균형을 타파하여 동북아 국제 관계에서 일본의 작용을 최소화하고 통일 한반도의 역할을 제고시키는 것이다. 이와 아울러 통일 한반도를 통해 일본을 견제해서 중국이 직접 대처해야 할 전략 방향이나 부담을 줄이고 중국에 대한 일본의 견제를 감소시키는 대신, 중국의 역량을 더 필요한 다른 곳으로 투입하는 것이다. ㉤ 중국과 한반도의 경제 무역 관계를 제고시켜 일본 경제를 주변화하고 일본의 대對중국 역량을 약화시켜 궁극적으로 중국과 일본 민족의 세력 경쟁 속에서 중국이 완전히 승리하는 것이다.[62]

장기적인 측면에서 ㉥ 중국의 근본 이익은 한반도의 현존 상황을 유지하는 데 있고, 중국의 전략적 변강이 외국군(미군)에게 통제되지 않도록 보호하며, 비교적 안정적인 주변 정세 속에서 중국이 가능하면 일찍 대만을 수복하도록 노력하는 데 있다고 전문가들은 본다. 그 때문에 중국은 북한이 극단적인 길로 나아가 중국이 뜻하지 않게 전쟁 속에 휘말리게 되지 않도록 해야 하는 동시에, 북한에 대한 타국의 어떠한 침략의 가능성도 저지해야 한다는 것이다.[63] ㉦ 만일 통일 후의 한반도가 어딘가 두려워 중국과의 (친밀한 관계를 맺지 못하고) 선의의 중립 정책만을 취하는데 그칠지라도, 그 자체는 중국 해군이 두터운 포위망을 뚫고 대양으로 나가는 혈로를 타개하는 데 유리할 것이라고 판단한다.[64] 그런데 중국의 전략과 관련하여 주목되는 점은 궁극적으로 ◎ 중국은 미국을 아시아에서 배척하기보다는 상호 협조와 합작의 전략을 통해 다변화된 안전 틀을 구축하고 싶다는 것을 희망함으로써, 동아시아에서 서로 다른 이익을 지닌 강대국 사이에 초래될 충돌의 가능성을 해소하는 데 전략 목표를 두고 있다는 것이다.[65]

그렇다면 중국이 쓸 수 있는 전략적 방안들에는 어떤 것들이 있을까? ㉠ 중국은 한국 및 미국과의 사이에서 다음과 같은 문제에 타협과 묵계를 할 수 있다는 것이다. 즉 중국은 미국과 한국 주도의 한반도 통일을 승인하고, 대신에 미국은 중국의 대만 통일을 승인한다는 것이다. 중국은 미국이 계속 한반도나 한반도 '남부'에 주둔하는데 동의하고 대만에 중국 군대를 주둔시키지 않는다는 것을 승인하며, 군사적으로 미국에 대해 도전하거나 견제하는 정책을 포기한다는 것이다.[66]

베트남전쟁에서의 중국의 역사적 경험 및 최근의 중국의 정치적·경제적·군사적 발전 추세에서 볼 때, 이러한 외교 전략은 매우 가능성이 있다. 하지만 이 방안은 북한 지도자에게 최대의 악몽이 될 수 있을 것이다. 반면에 한국에게는 한반도 통일을 앞당길 수 있는 전략적 방안이 될 수 있다. 이른 시일 내에 한반도의 통일을 실현시키려면, 우리는 이 방안을 우리의 통일 전략의 하나로 적극 고려해서 중국과 미국의 동의를 이끌어내도록 외교적 역량을 집중해야 할 것이다. 이를 위해서는 한·미 관계의 소원함이나 한·중 관계의 악화를 초래해서는 안 될 것이다.

10) 동북아 당사국들의 역할

중국 전문가들이 전망하는 바람직한 동북아 당사국들의 역할은 무엇일까? ㉠ 중국·미국·일본과 러시아는 반드시 가능한 한 일찍이 지역적으로 장기간의 평화와 안정을 가져올 수 있는 전략적 합작의 틀을 만들어내어 한반도가 다시 강대국의 힘의 각축장으로 되는 것을 피해야 한다는 것이다. 다시 말해 4대 강국, 특히 중국과 미국은 하나의 '중립적이고 통일된 한반도'의

도래를 목표로 장기간 안정적이고 유효한, 합작에 기초한 안전 틀을 만들어야 한다는 것이다. ○ 중·미 양국은 (한반도에 대한) 심리적인 압력을 포기하고 책임 있는 태도로서 주변 강대국이 지지·접수·보증할 수 있는 중립적이고 통일된 한반도를 위해, 모든 지역에 영구적인 평화를 가져올 가능성을 진지하게 고려해야 한다는 것이다. 만일 미국이 계속 한국 민족의 희생을 최고의 이익으로 삼아 미국의 전 세계 및 지역적 전략 이익을 만족시키려는 생각을 고수한다면, 결국 필연적으로 한국의 지지를 상실할 것이고, 이것은 본질적으로 아시아에서의 미국의 존재와 건설적 작용을 하는 데 불리할 것이란다. 중국 역시 하나의 중립적이고 통일된 한반도에 대한 지지를 통해, 미국에 대해 중국이 지역적 안정과 발전에 기초하되 새롭게 (중국의) 세력 범위를 구축하지 않는다는 시각에서 지역적으로 다변화된 안전 틀을 만들려고 노력하고 있음을 효과적으로 표명해야 한다는 것이다.[67]

또한 © 중국은 예방성豫防性 전략의 차원에서 관방 외교, 민간 외교, 정당 외교, 의회 외교, 군사 외교 등을 통해 한반도 쌍방 및 기타 관련국 사이의 정기 회담과 빈번한 교류를 유지한다는 전제 하에, 북한의 개방을 촉진해서 가능한 한 한반도 평화의 틀을 만들 기회를 얻을 수 있는 발판을 제공해야 한다는 것이다. 이와 동시에 중국은 건설적인 작용을 바탕으로 실행 가능한 건의·구상·방안을 제출해서 국제 사회가 선택하도록 해야 한다는 것이다.[68]

다음에 남·북한의 경우, ㉠ 하나의 중립적이고 통일된 국가 수립을 목표로 중·미 양국을 설득해서 그들의 의구심이나 우려를 해소하고 한반도의 자주 평화 통일을 지지하고 촉성하도록 해야 한다는 것이다.[69] ㉡ 남·북한 쌍방은 한반도의 운명을 결정하는 것은 자신들뿐이라는 인식을 가져야 한다는 것이다. 그리고 한반도의 통일 과정은 남·북이 주도하는 틀 속에 맞추어져야지 강대국이 주도하는 늪 속에 빠져서는 안 된다는 것이다.[70]

위에서 살펴본 것처럼, 중국 전문가들이 동북아 당사국들에게 주문하고 있는 내용들은, 한반도 주변 4대 강국들이 지역적으로 장기간의 평화와 안정을 가져올 수 있는 전략적 합작의 틀을 만들어내어야 한다는 기본 전제를 제시하는 동시에, 각국이 실천에 옮겨야 할 구체적인 방향과 역할도 제시하고 있다는 점에서 좀 더 긍정적인 평가를 받을 만하다.

결국 앞에서 논의된 중국과 한반도의 상관성 문제 및 중국의 한반도 인식과 전략 등을 고려해보면, 이 책에서는 '중화민족 대가정 만들기'로 집약되는 중국의 거시적인 국가 전략이 한반도와 어떤 상관성을 가지고 있고, 그 속에서 드러나고 있는 중국의 한반도 인식과 전략이 어떠한 역사적·지정학적 배경과 논리 속에서 도출되었는지를 어느 정도 밝혀줄 수 있을 것이다. 이 것의 일환으로 이 책에서는 중국 정부가 '중화민족 대가정 만들기'를 위해 유포하고 있는 각종 국가 이데올로기의 실체뿐만 아니라, 중국의 역사관·민족관·영토관·국가관의 특징들도 엿볼 수 있게 해줄 것이다. 이와 동시에 국가 이데올로기가 응집되어 도출된 '통일적 다민족 국가론'의 논리 구조, 이 논리와의 상호 작용 속에서 파생된 민족 통합 정책의 실태와 문제점 등을 이해하는 데도 도움이 될 것이다. 그리고 '동북공정'이 도출된 배경, 그것이 한반도와 어떠한 상관성을 띠고 있는지 뿐만 아니라, '중화민족 대가정 만들기'가 한반도와 어떤 관련을 갖고 있는지도 엿볼 수 있게 해줄 것이다.

게다가 이 책은 앞으로 고구려사를 비롯한 우리 역사의 정체성 확립 문제뿐만 아니라, 조선족이나 탈북자 문제를 둘러싼 한·중 및 북·중 관계의 추이, 중국의 만주 및 한반도 전략과 동북아 전략, 특히 한반도 통일과 중국 사이의 변수들을 예측하고 대비하는 데 조금이나마 보탬이 될 수 있지 않을까 생각해본다.

한편 이 책은 중화제국이 직면한 민족·영토 문제의 토대 위에서 출발한 중화인민공화국이 과거의 유산을 '현대적인 국민 국가'로 리모델링해서 온전한 '중화민족의 대가정'을 이루려고 하는 과정에서 드러나고 있는 모순과 문제점, 그리고 현대 중국이 직면하고 있는 고뇌의 본질이 무엇인지도 엿볼 수 있게 해줄 것이다. 이는 역으로 중화제국이 중화인민공화국으로 전화되면서 내포된 역사적 문제점들이 무엇인지에 대해서도 추측할 수 있게 해줄 것이다.

제2부

'중화민족 대가정'을 만들기 위한 국가 이데올로기

●●●

'사회주의 정신 문명' 건설론

1) '사회주의 정신 문명' 건설의 위상과 개념 체계

원래 유가적儒家的 전통 문화는 서양 제국주의 열강들이 동아시아 사회에 침략해 오기까지 동아시아인들의 정신 세계를 지배해온 강력한 통치 이데올로기로 군림해왔다. 그러나 그것은 아편전쟁을 계기로 동·서양 간의 힘의 우열이 드러나면서 그 위상을 점차 상실하게 되었다. 당시 유가적 전통 문화는 화이관華夷觀에 입각한 중화주의 우월감과 사회 내적인 차별 질서를 그 근저에 깔고 있어서 주변 민족 혹은 이질적인 다른 사회에 대해 근원적인 경멸감을 배태하고 있었다. 그 결과 유가적 전통 문화 속에 침잠해 있던 중국인들('소小중화주의'를 자처하며 중국 문화 속에 매몰된 조선인들을 포함해서)은, 주변 민족이나 서양 사회에 대해 적극적으로 알려고 하지 않았거나 혹은 그들로부터 배우려고 하지 않았다. 따라서 유가적 전통 문화는 서양 세력의 침략에 직면해서도 서양의 본질과 그들의 객관적인 세계적 위상을 적극적으로 파악하고 그에 대처할 수 있도록 효율적인 정신적 무기로써 작용하지 못하고, 오히려 격변하는 국제 정세에 능동적으로 대처하는 데 장애물로 작용할 수밖에 없게 되었다.

약육강식의 논리가 위력을 떨치던 근대 사회에서 동아시아 종주국인 중국이 아편전쟁에서 영국에 패배한 것을 계기로, 동아시아 사회에서는 서양의 우월성을 인식하기 시작했고 서양 문화가 급속하게 유입하거나 범람하기 시작했다. 서양의 동아시아 침입과 주도권 장악은 서양인들에게 문화적 우월감을 심어주었고, 서구적으로 탈바꿈하는 데 성공한 일본인들에게는 '탈아입구脫亞入歐'를 무한한 긍지로 여길 수 있게 해주었다. 이 당시 동아시아 사회의 근대화는 사실상 서구화를 의미하게 되었다. 이러한 상황에서 중국인들은 서양에 대한 패배감과 열등감·분노를 품게 되었다. 이 과정에서 형성되기 시작한 동·서양 간의 문화적 우열감은 급기야 양 지역의 종족적 우열을 고착화시키는 양상으로까지 비화되기 시작하였다.

더욱이 동아시아 전통 문화의 종주국이던 중국이 서구적 가치관에서 잉태된 맑시즘으로 무장한 채 사회주의 국가 건설을 표방하고 동아시아 전통 문화의 정수인 유학을 배척하게 되자, 유학은 세계의 문화 무대에서 빛을 상실하고 말았다. 이처럼 중국이 전통적인 문화인상文化人像을 배척하고 프롤레타리아 '혁명가상革命家像'을 새롭게 표방하면서 '유학=시대 착오적인 반동 사상'이라는 의식이 굳어져 갔다. 결국 동양 사상이란 합리적인 사상이나 과학적인 정신도 발달시킬 수 없는 근대 이전의 낙후된 사상에 불과한 것으로 간주되고 말았다.

게다가 중화인민공화국의 등장과 더불어 대약진운동·문화대혁명 등이 추진되면서 야기된 집체화集體化는 종래의 중국 전통 사회에 엄청난 변화를 초래하였다. 특히 중국 농민의 주요한 사적 영역이라고 할 수 있는 향촌 사회에서, 조상 숭배는 가족 이기주의의 원천으로, 각종 의례·민속·민간 종교 등은 봉건 잔재 혹은 미신으로 매도되었다. 향촌 사회에서의 각종 변혁 운동은 상부에서 파견되어 온 당 간부에 의해 진행되었다. 이들 '낯선' 사람들은 마을의 전통적인 촌장이나 종족 지도자의 권위를 대체한 채 마을 사람들로 하여금 스스로의 역사와 전통을 허구 의식의 산물로 인식하도록 교육시켰다. 이 과정에서 국가 권력은 확산된 반면에 개인의 사적 영역은 점점 축소되어 갔다. 결국 이 시기에 추진된 집체화 과정은 국가와 인민 사이의 괴리를 넓혀갔고 인민들을 그들 자신의 세계로부터 소외시켰다.[1]

문화대혁명은 전통 문화를 대대적으로 파괴했을 뿐 무산 계급의 신문화는 창조하지도 못하고 문화적 공백만을 만들어냈다. 이 기간 동안 공자와 유학은 모종의 현실 투쟁과 정치적 수요에 따라 희생양이 되었다. 유학은 엄청난 액운을 만났다. 유학 관련 책들은 불태워졌고 유학은 전면적으로 부정되었으며 공자는 추악하게 묘사되었다.[2] 문화대혁명은 중화인민공화국의 건국 이후 단속적斷續的으로 표출되었던 '문화 및 역사 영역에서의 허무주의'와 밀접한 관계가 있었다. 즉 이 허무주의는 중화민족의 모든 역사와 문화를 부정하고 전면적인 서구화를 주장하는 민족 허무주의와, 중국 정부의 단기 목표와 합치되는 관점만 긍정하고 기타 관점은 배척하는 역사적 허무주의로 표현되었다.[3]

그러나 1960년대 이후 일본을 비롯한 아시아의 신흥 공업국들뿐만 아니라, 개혁·개방 이후 중국이 눈부시게 경제를 발전시키면서 유교에 대한 평가는 달라지기 시작했다. 이와 더불어 아시아에서는 종래와 같은 '서양=우월, 동양=열등'이라는 허위 의식도 서서히 깨져 나가기 시작했다. 즉 종래에 동양을 분석하는 중요한 척도로 작용하고 있던 '오리엔탈리즘Orientalism'은, "동양을 지배하고 재구성하고 위압하기 위한 서양의 양식"[4]이라는 비판이 확산되기 시작한 것이다. 이제 서구적 가치관에 의해 주조된 오리엔탈리즘은, 서구인의 비뚤어진 동양관東洋觀일 뿐 더 이상 동양 사회를 통찰할 수 있는 유일한 투시경으로 작용하지 못하게 된 것이다.

이럴 즈음 '10년 동란動亂'으로 중국의 국민 경제는 빈사 상태에 빠져 있었다. 반면에 일본은 이미 경제 대국으로 성장했고 아시아의 네 마리 작은 용들도 신흥 공업국으로 발돋움하고 있었다. 중국이 악몽을 꿈꾸고 있는 동안 주변에서는 믿기 어려운 변화가 발생했던 것이다. 이 사실을 발견한 중국인들은 자신들이 낭비한 시간과 손실에 대해 뼈저린 아픔을 느끼기 시작했다.[5] 더욱이 사회주의를 인류가 구현해낸 체제 가운데 가장 선진적인 사회 형태로 규정해온 중국이 여전히 개발도상 국가에 속한다는 자각은, 중국인들을 깊은 고뇌 속에 빠뜨렸다. 그 고민은 체제의 개혁과 개방 정책 속에서 돌파구를 모색해야 했다. 이처럼 중국이 대내외적으로 체제 개혁에 대한 거센 비판에 직면하고 있던 상황에서, '동아시아 가치론'이나 '유교 자본주의론'은 중국 지도자들에게는 그야말로 복음처럼 들렸던 것이다. 중국 지도자들은 유교에 관한 새로운 평가 이론을 사회주의 체제 유지·강화 및 국민 통합을 위한 국가 이데올로기에 접속시킬 필요성을 공감하기 시작한 것이다.

결국 1978년 덩샤오핑鄧小平은 "사상의 해방과 실사구시實事求是의 견지 하에 모든 것을 실제實際로부터 출발하고 이론을 실제와 연계시켜야 '사회주의 현대화' 과업이 순조롭게 진행될 수"[6] 있음을 역설하였다. 그는 1980년 12월의 중공 중앙 공작 회의[7]에 이어 1982년에 '중국적 특색을 지닌 사회주의' 건설과 '사회주의 정신 문명' 건설의 필요성을 제기하였다.[8] 결국 동년 12월 제5기 전국인민대표대회 5차 회의에서 통과된 헌법에서는 '사회주의 정신 문명' 건설의 필요성이 조문으로 첨가되었고,[9] 1986년 9월 28일 중국 공산당은 〈사회주의 정신 문명 건설 지도 방침에 관한 중공 중앙 결의〉[10](이하에서는 〈지도 방침〉이라 약칭)를 통해 '사회주의 정신 문명' 건설의 역사적 당위성·함의·방향성을 제시하였다.

그렇지만 중국에서는 개혁·개방과 더불어 자본주의 문화 유입에 따른 각종 불건전한 사회 현상이 출현하고 사회주의의 미래에 대한 회의감이 확산되기 시작하였다. 따라서 중국 정부는 체제를 유지·강화하기 위한 사상 통제 및 도덕적 자질의 제고, 사회주의 신념과 애국심을 고취시킬 필요성을 절감하게 되었다. 이와 같은 사회적 변화는 종래의 정신 문명 건설 작업에 대한 반성과 아울러 그것의 갱신을 요구하기에 이르렀다. 이리하여 1996년 10월 10일 중국 공산당은 제14계届 중앙위원회 제6차 전체 회의를 개최하고 〈사회주의 정신 문명 건설 강화에 필요한 약간의 중요 문제에 관한 중공 중앙의 결의〉[11](이하에서는 〈문제 결의〉라 약칭)를 새로 작성·공포하였다.

그것의 실천 기구로 중앙 정부에 '중앙정신문명건설지도위원회' 가 조직된 것을 시작으로 각 성省·자치구自治區·직할시 및 산하 지역에도 거기에 상응하는 조직들이 만들어졌다. 또한 중국인민해방군과 중국인민무장경찰부대에도 정신 문명 건설과 관련된 부서들이 만들어졌고, 세부 실천 지침도 마련되었다. 예를 들면 북경시에서는 '수도정신문명건설영도소조首都精神文明建設領導小組'를 만들고 〈수도시민문명공약首都市民文明公約〉과 〈수도시민문명수칙首

都市民文明守則〉·〈문명시민독본文明市民讀本〉등을 제정·배포하였다.

상술한 〈지도 방침〉과 〈문제 결의〉, 각종 〈공약〉·〈수칙〉·〈독본〉 등은 '사회주의 정신 문명' 건설의 함의 및 그 지향성, 중국 정부가 모색하고 있는 '21세기 중국인상中國人像'을 보여주는 공식 문건들이다. 따라서 위의 문건들은 중국 정부가 의도하고 있는 '사회주의 정신 문명' 건설의 위상·목표·함의·개념 체계, 유가적 전통 문화와의 상관성 그리고 그것의 향후 전망을 가능케 해주는 전략적 지위 등을 집약해서 보여주고 있다.

그렇다면 오늘날 중국 정부의 궁극적인 목표라고 할 수 있는 '사회주의 현대화' 과업에서 '사회주의 정신 문명' 건설이 차지하고 있는 위상, 그것의 목표 및 개념 체계에 관해 살펴보자. 상술한 〈지도 방침〉에 의하면, 중국적 특색을 지닌 사회주의 건설의 궁극적인 이상은 고도로 문명화되고 민주적이며 '부강한' 사회주의 현대화 국가의 건설에 있다.[12] 이때 물질 문명 건설과 정신 문명 건설을 두 축으로 하는 '사회주의 현대화' 과업에서, 전자는 후자의 발전을 위해 물질적 조건과 실천적 경험을 제공하고, 후자는 전자의 발전을 위해 정신력과 지력智力을 제공해서 전자를 사상적으로 보증하는 역할을 한다. '사회주의 현대화' 건설의 총체적인 계통 체계를 보면, 경제 건설을 중심으로 경제 체제 개혁, 정치 체제 개혁, 정신 문명 건설을 굳건히 추진함과 동시에 이것들을 상호 배합하고 촉진시키는 것이다.[13] 게다가 장쩌민江澤民의 말처럼, 사회주의의 근본 임무 역시 사회 생산력을 해방하고 발전시키는 것이다. 경제 건설은 중국의 모든 사회 사업 발전의 기초로서 현대화 건설에서 시종 중심적 지위를 차지하고 있다. 그래서 정신 문명 건설 공작은 반드시 경제 건설과 현대화 건설을 위해 일하도록 요구받는다.[14]

그런데 〈문제 결의〉 및 관련 자료에서는 '사회주의 현대화' 과업에서 물질 문명이 기초이고 경제 건설이 중심일지라도, 정신 문명을 잘 하지 못하면 물질 문명도 파괴될 것이고 심지어 사회도 변질될 것[15]이라는 점을 강조하고 있다. 이 사실은 '사회주의 현대화'가 물질 문명 건설을 '주主'로 하고 정신 문명 건설을 '보補'로 하면서도 이 양자의 변증법적 작용을 기본 속성으로 하고 있음을 보여준다. 또한 '사회주의 현대화'는, 후술하겠지만, 생산력의 발전뿐만 아니라 인민의 각오·소질·도덕 수준의 제고, 전 민족의 과학 문화 수준의 제고까지도 포괄하고 있다.[16]

그렇다면 '사회주의 정신 문명' 건설의 근본 목표는 무엇인가? 〈지도 방침〉에서는 '사회주의 정신 문명' 건설의 근본 임무를, "사회주의 현대화 과업에 필요한 이상·도덕·문화·기율이 있는 사회주의 공민公民을 배양해서 중화 민족의 사상적·도덕적·교육적·과학적·문화적 소질을 제고시키는 동시에 '사회주의 현대화'와 개혁·개방에 유리한 여론·가치관·문화 조건·사회 환경 등을 형성하는 것"[17]으로 규정하고 있다. 〈문제 결의〉에서는 정신 문명 건설의 총 지도 사상을, "사상·도덕 건설의 강화, 교육·과학·문화의 발전을 통해 이상·도덕·문화·기율을 지닌 사회주의 공민[18]을 배양함으로써 부강하고 민주적이고 문명적인 사회주의 현대화 국가를 건설하는 것"[19]으로 규정하고 있다. 결국 상술한 두 가지 공식 문건에 의하면, '사회주의 정신 문명' 건설의 근본 목표는 부강하고 민주적이고 문명적인 '사회주의 현대화' 국가를 건설하는 데 필요한 이상·도덕·문화·기율을 지닌 '사회주의 공민'을 배양하는 데 있음을 알 수 있다.

'사회주의 정신 문명' 건설의 구체적인 실천 방향과 관련해서, 〈지도 방침〉에서는 "중국 인민을 동원·단결시키고 사회주의 도덕과 기풍을 수립·발양하며, 사회주의 민주·법제·기율 교육을 강화하고 교육·과학·문화를 보급·제고시켜야 한다"[20]는 점을 거론하고 있다. 〈문제 결의〉에서는 "전 민족으로 하여금 중국 특색을 지닌 사회주의의 건설이라는 공동 이상과 당黨의 기본 노선을 견지하겠다는 굳은 신념을 가지게 하고, 사상 도덕의 수양, 과학 교육 수준의 향상, 민주 법제 관념의 강화를 주요 내용으로 하는 공민 소질公民素質의 현저한 제고를 실현하며, 건강·풍요·인민을 위한 봉사를 주요 요구로 하는 문화 생활 수준의 현저한 제고를 실현하고, 사회 기풍·공공 질서·생활 환경을 주요 지표로 하는 성향城鄕(즉 都農) 문명 수준의 현저한 제고를 실현하는 것"[21]으로 설정하고 있다.

결국 상술한 내용들에 의하면, '사회주의 공민'을 배양하기 위한 실천 과제는 크게 ① 사회주의 도덕의 수립·발양, ② 사회주의 민주·법제·기율 교육의 강화, ③ 교육·과학·문화의 보급·제고라는 세 분야로 집약시킬 수 있다. 좀 더 구체적으로 말하면, 일차적인 목표는 ① 사회주의 및 당의 노선에 대한 굳은 신념의 배양과 사상 도덕의 수양, ② 민주 법제 관념의 강화, ③ 과학 교육의 수준 향상을 통한 공민 소질의 제고이다. 그에 따른 부차적인 목표는 문화 생활 수준의 제고, 도시와 농촌 문명 수준의 제고이다. 한 마디로 '사회주의 정신 문명' 건설의 핵심은 고상한 도덕적 자질의 함양, 사회주의 신념 및 애국심의 고무, 현대 과학 문화 지식의 습득이라고 할 수 있다.[22]

2) '사회주의 도덕'과 유가적 전통 문화

그렇다면 '사회주의 정신 문명' 건설의 실천 과제 가운데 하나이자 핵심인 '사회주의 도덕'의 수립과 발양이 무엇을 의미하는지 구체적으로 살펴보자. 〈지도 방침〉에서는 수립·발양해야 할 도덕 덕목으로서, "㉠ 인민 내부의 모든 관계에서 평등·단결·우애·호조互助하는 사회주의 유형의 새로운 관계를 확립·발전시키는 것, ㉡ 사회주의 집체주의集體主義 정신, ㉢ 성실하게 믿음을 가지고 서로 우애하고 빈곤한 자를 돕는 정신, ㉣ 인민의 이익과 행복 그리고 공산주의 이상을 위해 시대 조류의 전면에 서서 '분력개척奮力開拓', '공이망사公而忘私'하거나 때로는 자신의 생명을 바치는 것까지도 마다하지 않는 숭고한 공산주의 도덕, ㉤ 공정 청렴·충성·인민을 위한 성실한 봉사, ㉥ 관료주의·사기·속임수·직권을 이용한 사리私利 도모의 척결, ㉦ 직업 도덕, ㉧ 타인에 대한 존중과 관심 특히 아동 보호 및 부녀자 존중, 노인 및 선열先烈 군인 가족과 영예로운 군인에 대한 존경, 홀아비·과부·고아·늙어서 자식이 없는 사람·장애인에 대한 배려와 관심, ㉨ 공공 질서의 준수와 예절 교육, 공공 재물의 애호, 환경과 자원의 보호, ㉩ 국가와 사회에 대한 의무의 이행, 국가의 안전이 위협을 받거나 사회 공공 안전이 위해를 받을 때 용감히 투쟁할 것, ㉫ 관혼상제 중의 고루한 폐습의 개선, 봉건적 미신의 타파를 통한 과학적이고 건전한 생활 방식의 창출"[23] 등이 제시되고 있다.

다음에 〈문제 결의〉에서는 도덕 건설의 기본 임무로서 "애국주의 · 집체주의 · 사회주의 교육의 견지 하에, ㉠ 사회 질서와 예절, 사회적 봉사, 공공 기물과 환경의 보호, 준법을 내용으로 하는 사회적 공공 도덕, ㉡ 맡은 바 일을 사랑하는 것, 성실하게 신의를 지키는 것, 민중을 위해 일하고 사회에 봉헌하는 것을 내용으로 하는 직업 윤리 도덕, ㉢ 노인을 존경하고 어린애를 사랑하는 것, 남녀 평등, 부부의 화목, 근검 절약, 이웃간의 단결을 내용으로 하는 가정 미덕" 등을 제시하고 있다. 이와 아울러 "인민들에게 남을 존중하거나 관심을 갖고 집체와 공익을 우선시하며 빈곤한 자를 돕는 반면에, 배금주의 · 향락주의 · 개인주의에 반대하도록 제창해야 한다"[24]는 점이 특별히 강조되고 있다.

결국 상술한 두 가지 공식 문건에서 표방하고 있는 '사회주의 도덕'의 함의들을 집약하면, 그것은 사회주의에 대한 사랑, 사회주의 정신에 입각한 새로운 인간 관계의 확립 · 발전을 기본 전제로, 애국심, 당黨 혹은 집체에 대한 충성심, '선공후사先公後私' · '대공무사大公無私'적인 집체주의 정신, 이기주의 · 개인주의 · 배금주의 · 향락주의 · 관료주의 · 불법적이거나 지나친 사리 도모 행위의 배척, 공정 청렴, 봉사 정신, 인도주의 정신, 사회 공공 도덕, 직업 윤리 도덕, 가정 미덕 등으로 요약될 수 있다. 그리고 이것들은 1996년 3월 '수도정신문명건설위원회'에서 수정 · 공포한 북경시의 〈수도시민문명공약〉에서도 잘 집약되어 있다.[25] 특히 사회 공중 도덕의 준수와 관련된 세부 사항은 1996년 3월 '수도정신문명판공실首都精神文明辦公室'에서 제정한 〈수도시민문명수칙〉에 잘 수록되어 있다.

그런데 '사회주의 도덕'의 확립과 관련하여 주목되는 것은, 〈지도 방침〉에서 "인류 역사상의 우량한 도덕과 전통을 비판적으로 계승해야 하는 동시에, 각종 부패하고 낡은 도덕 · 사상과 투쟁해야 한다"[26]는 점을 특별히 강조하고 있다는 점이다. 이처럼 중국 정부가 공식 문건을 통해 전통 문화가 '사회주의 정신 문명' 건설, 특히 '사회주의 도덕'의 수립에 필요 불가결함을 천명하게 되자, 중국에서는 유학[27] 연구가 열기를 띠게 되었다. 이와 아울러 "유가적 도덕 전통이 지닌 합리적인 요소에 대해서는 비판적으로 계승해서 중화 도덕 정신을 발양하고 중국 인민의 도덕적 소질을 제고시키며, 민족 자존심을 확립하고 애국심을 강화시켜서 헌신적인 사업 열정을 이끌어 내어 민족의 신 문화 및 사회주의 정신 문명 건설에 중요한 작용을 발휘하도록 해야 한다"[28]는 주장들이 제기되기 시작하였다. 이것은 비록 유가적 도덕 전통이 봉건적인 자연 경제 및 군주 전제 제도와 상관된 차별 관념·종법 관념·보수 사상 등 사상적 찌꺼기를 지니고 있지만, 그렇다고 계발성·보편성을 띤 도덕 전통의 합리적인 요소까지도 부정해서는 안 된다는 것을 의미한다. 이제 계승해야 할 유학 덕목(알맹이)과 버려야 할 낡은 사상(찌꺼기)[29]을 구별한 뒤 알맹이를 계승·발양해서 물질 문명 및 정신 문명의 건설뿐만 아니라 중화 정신을 진흥하는 데 적극적인 작용을 하게 해야 하는 것[30]이 시대적 과제로 된 것이다.

그렇다면 중국의 지식인들은 유가적 전통 문화 가운데 어느 부분을 알맹이로 분류하여 '사회주의 도덕' 수립을 위한 사상적 원천으로 삼으려고 하는지를 살펴보자. 이 부분에 대한 고찰은 '사회주의 정신 문명' 건설, 특히 '사회주의 도덕'의 수립과 유가적 전통 문화의 관계뿐만 아니라, 유가 전통이 어떻게 다시 발현되고 있는지를 명확히 해줄 것이다.

'사회주의 도덕' 수립에 필요한 정신적 자양분으로 분류되고 있는 부분들을 열거하면 다음과 같다. 첫째는 '인仁'·'예禮'·'극기복례克己復禮' 등 '인'학仁學을 핵심으로 하는 공자의 인도주의 사상 혹은 '덕치德治' 사상이 거론되고 있다. 유가의 恭공·관寬·신信·민敏·혜惠, '충서지도忠恕之道'는 사람들의 예절 행위를 배양하고 인도주의 정신을 발휘하여 개인의 주관적인 욕망(私欲과 私念)을 극복하고 원대한 이상과 고상한 품격을 세우고 개인주의를 극복하며 타인을 먼저 생각하는 고상한 품격을 이룩했다는 것이다. 이것은 물질 생활의 곤란을 극복하고 '사회주의 현대화' 과업을 수행하는 데 이로울 것이라는 점이다.[31] 특히 유가의 '인정仁政' 학설, '인애仁愛' 사상은 사람들의 양지良智와 양심良心을 깨우쳐 악을 고치고 선을 따르게 함으로써 그리고 '덕치'는 사람들의 진실한 복종을 이끌어 내어 법을 지키게 함으로써 사회 범죄 행위를 감소시켜 사회 질서를 안정시키는 데 이롭다는 것이다.[32]

둘째는 유가의 '견리사의見利思義', '의연후취義然後取', '사신취의舍身取義', '불발불의지재不發不義之財'의 '의리관義利觀'과 '이리절욕以理節欲'의 정신이 거론되고 있다. '의리관'은 '의義'와 '이利'의 변증법적 관계에 입각해서 사회 생활을 조화롭고 안정시키며[33] 금전 지상주의 가치관과 인생관을 극복하는 데, '이리절욕'의 정신은 통치자로 하여금 탐욕을 절제하고 민력民力을 아끼게 하고 '덕치'를 하게 함으로써 백성의 부담을 경감시켜주고 민생을 안정시키는 데 각각 긍정적인 작용을 하였다는 것이다.[34] 인의도덕仁義道德에 기초한 '의리관' 혹은 '이욕지변理欲之辨'은 방종적放縱的인 개인의 사욕에 반대하고 도道를 통해 욕망을 절제하도록 요구함으로써 사람들의 합리적인 욕망으로 하여금 보편적인 만족을 얻게 해주었다는 것이다. 또한 그것은 인간 행위의 출발점은 개인의 이익이 아니라 천하의 대의大義 혹은 공리公利여야 한다는 것, 그리고 만일 이 양자 사이에 모순이 발생할 때 전자는 후자에 복종해야 사람들의 정당한 이익을 보편적으로 만족시킬 수 있다는 사실을 일깨워주었다는 것이다. 이렇게 본다면 '대공무사'와 인민을 위해 일하는 사상은 유가적 도덕 정신의 비판적인 계승이자 발전으로서 중화를 진흥시키는 중요한 정신적 무기가 되는 것이다. 따라서 물질 생활을 발전시킬수록 정신 생활을 발전시켜야 하며 경제적 효율과 이익을 강조할수록 원대한 이상과 도덕을 강조해야 한다는 것이다. 이것이 바로 '의'와 '리'의 대립 통일의 변증법적 요구라는 것이다. 따라서 '의'와 '리'의 변증법적 요구를 따라야만 인간의 경쟁 의식을 사회와 개인에게 유리한 정도正道로 이끌 수 있고 개인과 집체에게 발전적인 정신 동력을 줄 수 있다는 것이다.[35]

이와 같은 '의리관'은 1996년 중공이 결의한 〈문제 결의〉에서도 '사회주의 의리관'으로 규정되어 '사회주의 정신 문명' 건설의 중요한 정신적 가치로 주창되고 있다. 이처럼 '대공무사'의 유가적 문화 전통이 다시 강조되는 한,

사私는 전체성의 이탈이며 질서義를 방해하고 사리私利를 추구하는 것으로 인식될 수밖에 없다. 이러한 전통적 사유를 바탕으로 개인의 자유를 이해하게 되면 자유는 인간이 추구해야 할 선이 아닌 악으로 규정될 수밖에 없다.[36]

셋째는 유가가 제창한 '살신성인殺身成仁', "군자의이위상君子義以爲上', '사생취의舍生取義', "부귀불능음, 빈천불능이, 위무불능굴富貴不能淫, 貧賤不能移, 威武不能屈", '견인불발堅忍不拔', '자강불식'의 애국 정신과 '민위방본民爲邦本', '민시민청民視民聽', '민귀군경民貴君輕' 등의 민본 사상이 거론되고 있다. 이러한 정신은 민족적 위기와 계급 투쟁이 격렬한 역사적 조건에서 '우국우민憂國憂民', '애국위민愛國衛民'의 우환憂患 의식과 견강불굴堅强不屈의 민족 정기로 전화되어 중국의 사인士人과 애국자의 중요한 심리 상태로 되었을 뿐만 아니라,[37] 봉국공인奉國公認의 '애국'과 '투항', '정의'와 '반역' 등 대시대비大是大非의 객관적인 표준이 되어 수많은 선열·지사들과 영웅들을 탄생시켰다는 것이다.[38] 또한 '자강불식', '살신성인' 정신은 불굴의 개척 정신과 '간고분투艱苦奮鬪'의 민족 정신으로 승화되어 청년들이 진리를 위해 헌신하고 정의를 위해 희생하는 정신을 배양하며 민족 관념과 애국주의 정서를 배양하는 데 중요한 지표로 작용했으므로, 공산당의 사상 건설, 작풍作風 건설을 강화하고 고대의 정신 문명 유산을 비판적으로 계승하는 데도 모범적인 정신으로 작용할 수 있다고 한다. 이와 아울러 민본 사상은 인민의 이익을 보호해서 당시의 사회 생산력과 사회 발전의 근본 이익을 보호하는 작용을 하였다고 한다.[39]

그러므로 "천하의 근심거리를 앞세워서 근심하고, 천하의 즐거움을 뒤로 미루어 즐긴다先天下之憂而憂, 後天下之樂而樂"(范仲淹의《岳陽樓記》)는 정신을 모든 공산당원, 국가 공무원이 자기 수양을 강화하기 위한 내용으로 뿐만 아니라 깨끗한 정치 실현을 위한 기본적인 요구로 삼아야 하며, 더 나아가 '사회주의 정신 문명' 건설의 중요한 사상적 토대로 삼아서 당黨과 군중 관계, 간부와 군중 관계, 국가 정부와 인민 군중의 관계를 더욱 좋게 만들어야 한다는 것이다.[40] 특히 애국 정신의 함양과 관련하여, 최근 중국에서는 애국주의 교

육의 필요성과 맞물려 전 사회적으로 애국심의 고취, 즉 국가에 대한 충성 요구가 쏟아지고 있다.[41]

사회주의 혁명 이전에 가족 생활에서 '효'가 강조되었던 것과 마찬가지로, 이제는 당이나 국가(혹은 그것을 규정짓고 있는 체제)에 대한 '충성'이 강조되고 있는 것이다. 과거의 집체화 과정에서부터 벌어지기 시작했던 국가와 인민 사이의 괴리를 메우기 위한 방도로서 유교의 윤리 체계가 적극적으로 활용되고 있는 것이다.

넷째는 '존사중도尊師重道', '경로애유敬老愛幼', '존로경현尊老敬賢', '조인위락助人爲樂', '검박儉朴', 충忠·효孝·성성誠·신信·인仁·애愛·예禮·의義·염廉·치恥 등 전통적인 미덕이 거론되고 있다. 이러한 미덕은 전통적인 중화 윤리 정신을 함양하여 민족 자존심과 자신감을 체현할 수 있다는 것이다.[42] 특히 '존사중도' 사상은 학문의 장려, 유능한 인재의 배양, 양호한 사회 기풍의 형성을 가능케 함으로 '사회주의 정신 문명' 교육을 하려면 그 사상을 제창해야 한다는 것이다. 또한 '부자자효父慈子孝'에서 파생된 '경로애유' 사상은 사회의 공익과 도덕성을 띠고 있고 사회 조직의 권력을 초월하는 특징이 있으며 전 사회에서 승인되고 받아들여질 수 있다는 것이다. 따라서 그것은 사회의 안정·단결을 촉진하고 사회주의 도덕 사상을 풍부히 하며 사회주의 정신 문명을 건설하는 데 현실적인 의미를 지니고 있다는 것이다. 그러므로 사회주의 정신 문명을 건설할 때 이러한 사상들을 비판적으로 계승하고 흡수해야 한다는 것이다.[43]

다섯째는 변증법적 사유 방식과 관련하여 유가가 제기한 '중용지도中庸之道'가 거론되고 있다. 이에 관한 논의들을 살펴보면, '중中'이란 '지나침過'과 '모자람不及'이 없는 것이고 '용庸'이란 '평상平常'을 의미하는 것으로, '중용'이란 '중'과 '평상'을 취하는 최고의 도덕 기준이라고 한다. 이때 '중中'과 '불중不中'을 판정하는 기준은 '예禮'였다고 한다. 이처럼 '중'을 가늠하는 기준을 '예'로 삼았다는 점에서, 공자의 '중용지도'는 계급적 한계를 지니기는 했지만, 극단에 반대하는 사상으로서 중국 철학에 큰 공헌을 하였다는 것이다.[44] 그리고 '중용지도'는 '인의仁義'를 선양宣揚하고 '조화'를 제창하고 '인성'을 고양하는 동시에 고집·편면片面·극단을 반대하는 기본 방법론으로서, 사상이 극단으로 치닫는 것을 피하게 할 수 있었고 모순된 쌍방의 단결과 합작을 쉽게 이끌어냄으로써[45] 사회적 안정을 가져왔다는 것이다.

유가적 전통 문화의 비판적 계승을 통한 '사회주의 도덕'의 확립 의도는 부분적으로 '전통의 회귀'를 의미한다. 전통으로의 회귀는 중국만의 현상은 아니다. 이 현상은 냉전 체제의 붕괴 후 서구식의 사회주의나 보편적인 이데올로기가 후퇴하면서 세계 각지에서 높아가고 있는 자기 재발견 풍조의 일환이라고 할 수 있다.[46]

그런데 상술한 유가적 전통 문화의 비판과 관련하여 주목해야 할 것은 유학 자체가 논리적인 완결성과 정합성整合性을 지니고 있어서 어느 일면만을 가지고 가치 판단을 하기가 어렵다는 점이다. 따라서 유가적 전통 문화가 '사회주의 현대화' 과업에 적합한지 부적합한지, 발전적인 동력이 될 수 있는지 없는지의 문제는 유가적 전통 문화가 지니고 있는 모순 내지 양면성에 대한 정확한 분석이 요구된다.[47] 그리고 유가적 전통 문화의 절대성과 상대성의 변증법적인 통일을 전제로 해야만 그것의 긍정적인 측면과 부정적인 측면을 볼 수 있다.[48] 따라서 유가적 전통 문화의 비판적 계승이 정당성을 확보하려면 유학 자체의 정합성 내지 완결성을 충분히 고려해야만 할 것이다. 이러한 측면에서 볼 때, 양면성·정합성을 띤 유가적 전통 문화를 어떻게 수용하고 계승해 나갈 것이냐의 문제는, '사회주의 정신 문명' 건설 과정에서 해결해야 될 커다란 숙제로 남게 될 것 같다.

하여튼 오늘날 중국은 '전통으로의 회귀'라는 대세 속에서 "비림비공批林批孔(중국 국가 부주석이었던 린뱌오林彪와 공자의 유가를 비판하는 것)"식의 문화대혁명의 과오를 청산하는 작업과 아울러 체제의 개혁·개방과 더불어 '상상의 공동체'인 중화민족의 구심력을 점점 강화[49]하면서 전통 시대 동아시아의 맹주 위상을 되찾으려 하고 있다. 중국의 새로운 위상 확보 시도는 '전 세계의 미국화'를 지향하는 미국의 세계 전략과 마찰을 빚고 있다. 이러한 정세를 고찰해 볼 때 '사회주의 정신 문명' 건설론에서는 유가적 전통 문화의 현대적 해석을 통해 서구 문화의 세계화 혹은 서구의 문화적 헤게모니에 맞설 수 있는 정신적 토대를 구축해서 민족 단결을 고양하고 중국의 위상을 제고시키려는 중국 정부의 의도가 드러난다.

3) '사회주의 정신 문명' 건설의 전략적 지위

한편 '사회주의 정신 문명' 건설에서 '전통의 회귀'가 곧 배외적인 전통의 고수 혹은 '반反 서구'를 의미하는 것은 아니다. 앞의 〈지도 방침〉에서는 "폐관자수閉關自守하면 정체·낙후할 뿐이기 때문에, 세계 각국의 선진적인 과학 기술, 보편적으로 적용되고 있는 경제·행정 관리 경험과 기타 유익한 문화를 배워서 이것들을 실천 과정에서 검증하고 발전시켜야 한다"[50]는 점을 분명히 밝히고 있다. 이것을 보면 '사회주의 정신 문명' 건설 작업이 이른바 '서구적인 근대화' 혹은 자본주의적 요소의 철저한 배격을 전제로 한 것이 아님을 알 수 있다. 그것은 중국의 우수한 전통 문화를 계승·발양하는 동시에 외래의 선진 문화를 흡수하고 때로는 본보기로 삼는 것을 전제로 한다. 게다가 그것은 시대적 발전에 따른 부단한 자기 혁신을 요한다. 이 사실을 고려해 볼 때, '사회주의 정신 문명' 건설 역시 문화 형성의 보편성과 특수성, 문화 형성의 내재적 요소와 외래적 요소 사이의 보편적 원리에서 벗어나지 않았음을 알 수 있다.

그렇다면 '사회주의 정신 문명' 건설의 전략적 지위—외래 문화와 전통 문화의 관계, 자본주의적 요소와 사회주의적 요소의 관계, 개체와 집체의 관계, '예體'와 '용用'의 관계, 서양과 동양의 관계 등—가 어떻게 규정되어 있고 또 그것을 어떻게 해석해야 할 것인가. 이에 따른 그것의 전망은 어떠한가.

앞의 제2장에서 밝힌 것처럼, '사회주의 정신 문명' 건설의 주요 목표이자 실천 과제는, 결국 ① 사회주의 도덕의 수립·발양, ② 사회주의 민주·법제·기율 교육의 강화, ③ 교육·과학·문화의 보급·제고로 집약될 수 있다. 이것들 가운데, ①을 제외한 ②, ③은 상호간에 미묘한 관계에 있다고 할 수 있다. 즉 이미 언급했듯이, ②는 사회주의 체제의 유지·강화를 암묵적인 목표로 하고 있는데 비해, ③은 세계 각국의 선진적인 과학 기술·문화의 보급·제고를 통해 물질 문명 건설의 지력智力 제공을 목표로 하고 있다. 이때 만일 ③을 강조한다면 서구적인 자본주의 문화의 유입이 심화될 것이고, 그 것은 사회주의 체제를 위협할 것이다. 반대로 ②를 강조하여 사회주의 체제의 신념만을 고취시킨다면, 그것은 상대적으로 ③의 효율성을 저하시켜서 물질 문명 건설에 악영향을 미칠 수 있다. 이러한 의미에서 ①은 ②와 ③ 사이의 상호 마찰을 완화시키기 위한 윤활유 역할 내지 그 양자의 모순을 해소하는 사명을 지니고 있다고 볼 수 있다.

상술한 문제와 관련하여, 〈문제 결의〉에서는 사회주의 시장 경제 체제를 확립하려면 사회주의 법제를 건전하게 하고 정신 문명 건설을 강화해서, 사람들이 경쟁과 협조, 자율과 감독, 효율과 공평, 선부先富(발전 조건이 갖추어진 일부 지역과 그 지역민이 먼저 부유해지는 것)와 공부共富(중국 전역과 모든 계층이 다같이 부유해지는 것), 개인적 이익과 사회적 이익의 모든 관계를 정확하게 처리해야 함을 강조한다. 이와 동시에 이들 각각의 대립적인 관계를 해결하기 위한 방책으로 국가와 인민의 이익을 최우선 순위에 놓으면서도 개인의 합법적인 이익도 고려하는 '사회주의 의리관' 의 형성을 역설하고 있다.[51]

〈문제 결의〉에서도 경제 건설을 중심으로 삼는다는 전제 하에 물질 문명과 정신 문명을 상호 촉진하고 협조·발전시켜야 한다는 점, '사회주의 현대화' 건설에 유리한 공동 이상·가치관·도덕 규범을 형성해야 하는 동시에 부패한 사상과 추악한 사회 현상의 만연을 방지해야 한다는 점, 외국의 우수한 문명 성과를 흡수하고 중국 전통 문화의 정수精髓를 발양하는 동시에 문화적 찌꺼기의 전파를 막아야 한다는 점 그리고 적대 세력(즉 서구 세력)이 중국을 '서구화' 하거나 '분화' 하려는 시도를 막아야 한다는 점을 역설하고 있다.[52]

결국 〈문제 결의〉에서는 개혁·개방에 따라 파생되는 자본주의적 경쟁·자율·효율·빈부 격차·개인적 이익의 중시라는 측면과, 그것들에 대한 견제 요소로서의 사회주의적 협조·감독·공평·공부共富·사회적 공익이라는 측면 사이의 조화를 강조하면서도 그 해결책으로서 개인의 이익보다 국가와 인민의 이익을 앞세우는 '사회주의 의리관'을 제시하고 있는 것이다. 이 문건에서는, 〈지도 방침〉에서처럼, 외국의 우수한 문명의 흡수, 전통 문화의 비판적 계승을 강조하면서도 적대 세력의 '서구화' 내지 '분화'를 극구 경계하고 있으며 '사회주의 공민'의 배양을 강조하고 있다. 즉 자본주의 문화의 유입에 따른 이질적인 사회 현상의 확산 방지와 사회주의 신념 고취를 더욱 강조하고 있는 셈이다. 이것은 '사회주의 정신 문명' 건설이 사회주의 체제의 유지 · 강화 차원에서 인민에 대한 사회주의 사상의 고취와 자본주의 사상의 무분별한 유입 방지를 암묵적인 목표로 삼고 있음을 시사해준다.

이처럼 '사회주의 정신 문명' 건설 과정에서 발표된 공식 문건들을 살펴보면, 중국 정부가 세계 각국의 선진 과학 기술과 문화의 도입을 당연하게 인식하면서도, 그것으로 인한 사회주의 체제의 동요 내지 와해 방지에 극도의 경계를 하면서 애국주의와 사회주의 신념을 강조하고 있음을 알 수 있다. 그 이면에는 '중국적 옥시덴탈리즘occidentalism'이 풍겨 나오고 있다. 즉 중국 정부가 중국 인민을 억압하고 내셔널리즘을 뒷받침하는 수단으로서 자신이 상상하는 것에 의해 형성된, 관官 주도의 중국적 옥시덴탈리즘을 이용[53]하고 있는 것이다.

결국 중국 정부는 선진적인 과학 기술 · 문화의 도입을 통한 생산력 제고의 필요성과 그로 인해 파생될 체제 위기 극복과 체제 유지 · 강화의 당위성 사이의 모순을 해소하거나 완화하기 위한 차원에서 사회주의 민주 · 법제 · 기율 교육의 강화 및 '사회주의 의리관' 혹은 '집체주의 정신'을 외치고 있다.

선진적인 과학 기술 · 문화의 도입과 관련하여, 중국 정부는 자국이 성숙한 자본주의 단계를 거치지 못해서 근대 과학 전통과 민주 · 법제 전통이 부족하다는 판단을 하고 있다. 그래서 중국 정부는 서구 문화를 통해 부족한 면을 채우려고 한다. 그러나 중국 정부가 들여오려고 하는 것은 결코 자본주의 사회의 민주 체제가 아니라 자본주의가 수백 년 쌓아온 효율적인 경제 · 행정의 관리 경험과 법제적 전통이다. 그리고 정신 문명 건설에서 강조하는 민주 ·

법제 · 기율 교육 역시 자본주의 사회의 것이 아니라 사회주의 체제를 전제로 한 것이다. 따라서 '사회주의 정신 문명' 건설에서 차지하고 있는 서구적 요소 혹은 자본주의적 가치관의 입지가 매우 제한적임을 알 수 있다. 이러한 점에 비추어 볼 때, '사회주의 현대화'의 목표는 '국부적인 근대화'인 동시에 '사회주의화'에 두어지고 있음을 알 수 있다.[54]

그리고 집체(혹은 집단)와 개체(혹은 개인)의 관계에서도 전자와 후자는 주종 관계를 이루고 있다. 전술한 문건들에서 여러 번 언급되었듯이, '집체주의 정신'에 입각한 '사회주의 도덕'은 중국 전통의 대일통大一統 관념에 연원을 둔 위로부터의 공동체주의, 개체성의 순종으로 이루어지는 전체성全體性적 공동체주의, 가족 원리에 기초한 혈연적 공동체주의[55]의 틀을 크게 벗어나지 못한 채, 개체보다도 집체를, 개인보다도 국가를 우선시하고 있다. 또한 그것은 국가와 인민의 공익을 최우선 순위에 놓으면서도 개인의 합법적인 사익도 존중해주는 '사회주의 의리관'을 강조하고 있다. 여기에서는 국가와 사회, 전체와 개인의 문제를 시민 사회적 관점의 '구분'으로 파악하는 것이 아니라, 코포라티즘coporatism적 관점의 '협동'과 '연계'로 풀어나가려는 의도가 엿보인다.

결국 '사회주의 정신 문명' 건설에서는 '서구적 근대', 즉 서구 문화에서 유래된 개인주의 · 자유주의 등의 서양적 가치관이나 그것에 입각한 서구적인 정치 제도 및 사회 시스템의 도입 가능성은 역시 희박해 보인다. 이 점은 '사회주의 정신 문명' 건설의 의도와 관련하여, 《중국공산당대사전大辭典》에서 규정한 내용을 들여다보면 쉽게 이해될 수 있을 것이다. 즉 '사회주의 정신 문명'은 과거 인류의 정신 문명의 모든 우수한 성과를 비판적으로 계승하고 마르크스주의를 지도 사상으로 하고 사회주의 공유제公有制를 기초로 하여 사회주의를 위해 일하는 것"[56]이다.

하여튼 선악의 가치 판단을 떠나서 새로운 문화를 창조한다는 것은, 반드시 어떤 개인의 개별적인 '독창적' 발견을 의미하는 것이 아니라, 이미 발견된 비판적 형태의 진리가 확산되고 사회화되고 역동적 행위 및 통합의 기초가 되고 지적·도덕적 질서가 된다는 것을 의미한다.[57] 이 점을 고려해보면, '전통'과 '근대', '서학西學'과 '중학中學', 자본주의 요소와 사회주의 요소가 혼재된 '중국적 특색을 지닌 사회주의', 그것의 구체적인 목표인 '사회주의 현대화'는, 그람시A. Gramsci의 표현을 빌리자면, 분명 새로운 문화의 창조라고 할 수 있을 것 같다. 그리고 그것의 구성 인자이자 구체적인 실천 과제인 '사회주의 정신 문명' 건설이 자본주의적 민주나 법제가 아닌 사회주의적 특성을 고집하고 있다는 점을 고려해 본다면, '사회주의 정신 문명 건설론'은 서구의 문화적 헤게모니의 결과로서 파생된 오리엔탈리즘에 대한 새로운 도전이자 체제 이완을 방지하고 국민을 통합시키기 위한 이데올로기라고도 할 수 있다.

그렇다면 '사회주의 정신 문명' 건설의 전략적 지위를 어떻게 규정해야 할까? 앞에서도 언급했듯이, '사회주의 현대화' 건설은 중국적 특성을 지닌 사회주의 물질 문명과 정신 문명을 내용으로 하는 '사회주의 신문화' 건설을 목표로 하고 있다. 그런데 '사회주의 현대화' 건설이 물질 문명과 정신 문명 가운데 어느 것을 본질로 삼고 있느냐에 따라 그것이 지향하는 방향성과 성격이 달라질 수 있다. 전통 문화의 비판적 계승, 전통적인 소생산적 기반에 입각하고 있는 사회주의적 생산 관계 위에 서구의 선진적인 과학·교육·문화의 흡수라는 측면에서 본다면, '사회주의 현대화' 건설은 자칫 '중체서용中體西用'의 사회주의적 변형으로 오해할 수도 있다.

그런데 '사회주의 정신 문명' 건설의 전망은 어떻게 될까. '사회주의 현대화'는 결코 사회주의적으로 변형된 '중체서용'으로 볼 수는 없을 것 같다. '사회주의 현대화' 건설은 '경제 건설이 중심'이다. 이처럼 '사회주의 현대화' 과업에서 경제 건설을 중심으로 한 물질 문명 건설이 '주'가 되는 한, 그리고 물질 문명에 의해 정신 문명이 좌우된다는 변증법적 유물론이 중국 지도자들의 사유 방식을 지배하는 한, '서체西體'의 비중은 나날이 커질 것이다. 게다가 현재의 중국을 사회주의 초급 단계로 규정하고 있는 중국 공산당은, 중국 사회의 기본 모순을 "나날이 증가하는 인민의 물질적·문화적 요구와 이것을 충족시켜주지 못하는 낙후된 사회 생산력 사이의 모순"[58]이라고 규정하고 있다. 따라서 생산력을 높이는 것을 우선으로 개혁·개방을 진행하고 있다. 그러므로 기존 생산 관계와 상부 구조 가운데 현 단계 중국의 생산력 발전 수준에 맞지 않고 오히려 생산력 발전을 저해하는 것들을 과감하게 바꾸려는 입장에 있다.[59]

결국 상술한 정황 속에서 서구 자본주의 선진국이 수백 년 쌓아온 효율적인 경제·행정의 관리 경험과 법제적 전통에 입각한 물질 문명 건설이 중심 과제가 되어 계속 추진되고, 물질 문명이 정신 문명을 규정한다는 변증법적 유물론이 적용된다면, 정신 문명 건설은 끊임없이 물질 문명의 수요에 부응해 나갈 것이고 그렇게 될 경우 '사회주의 현대화' 과업 속에서 차지하고 있는 '사회주의 정신 문명' 건설과 그것의 중요한 사상적 토대인 유가적 전통 문화의 위상은 점점 저하되지 않을까 여겨진다. 또한 인류의 생활 수준은 사회주의 체제에서보다는 자본주의 체제 하에서의 제 요소의 적절한 배합과 활용 속에서 효과적으로 제고되었다는 점을 고려해 본다면, '사회주의 현대화' 건설의 기본 방향은, 리저허우李澤厚가 표현한 '서체중용西體中用'의 방향에서 크게 벗어나기 힘들 것이다.

결국 '사회주의 현대화'가 지향하는 종착점, 그 속에서 차지하는 '사회주의 정신 문명' 건설의 위상이 어떻게 달라지든, 사회주의 체제를 고수하는 동시에 중화민족의 정체성을 유지해 나가는 일은, 중국인들에게는 이제 피할 수 없는 사명으로 되어 버린 것이다. 그리고 중화민족의 정체성 확립 문제는 필연적으로 중화 문화의 중핵인 유가 문화의 재해석을 통해 실현될 수밖에 없게 된 것이다.

4) '사회주의 정신 문명 건설론'의 한계

중국의 '중화민족 대가정'을 만들기 위한 국가 이데올로기로서의 '사회주의 정신 문명 건설론'이 등장하고 그것의 핵심 가치가 유가적 전통 문화 속에서 비판적으로 계승된 데는 다음과 같은 배경이 작용하였다. 즉 동아시아의 일본·한국·대만·싱가포르·홍콩 등이 비약적으로 경제 발전을 이룩하게된 원인이 '동아시아의 유교 문명' 혹은 '동아시아의 유교 문화권' 속에 있다는 믿음의 확산이 바로 그것이다. 유가에 대한 재평가 분위기와 맞물려 중국에서는 문화대혁명이 끝난 뒤 개혁·개방 정책을 추진하는 과정에서 중국의 빈궁·낙후함을 절감하면서 인성론·과학·민주 등 5·4시기의 낡은 화제들에 대해 재해석을 가하기 시작하였다. 그 결과 중국에서는 전통 문화를 연구하는 열기[60]가 일어났다. 그런데 이것은 단순히 일시적인 학문적 유행에그치는 것이 아니라, 유가 사상에 대한 재평가 및 중국 문화의 궁극적인 지향성, '21세기 중국인상'의 정립 문제로까지 이어지고 있다.[61] 이에 따라 제기된 주장들을 내용별로 분류하면, 중국문화본위론中國文化本位論·유학부흥론儒學復興論·비판계승론批判繼承論·서체중용론西體中用論·철저재건론徹底再建論·중서호위체용론中西互爲體用論[62] 등이 있다.[63]

중국 국내외적으로 유가적 전통 문화에 대한 재해석과 새로운 인식의 확산은 분명 중국 정부에게 새로운 영감을 불어넣어주는 결과를 초래했다. 즉중국 사회의 주요 모순을, 인민의 날로 증가하는 물질 문화 수요와 낙후한사회 생산 사이의 모순으로 인식[64]하면서 그 모순을 해소하기 위해 고민하고있던 중국 정부는, 유가적 전통 문화에서 새로운 희망을 보았던 것이다. 중국 정부는 '전면적인 서구화의 길'도 아니고 '복고 수구復古守舊의 길'도 아닌, 중국 전통 문화의 긍정적인 유산과 현대 서구 문화의 유용한 성과를 비판적으로 계승해서 중국인 '자신의 길'을 모색했던 것이다. 이 길이 바로'중국적 특색을 지닌 사회주의 현대화'의 길이다. 이 길의 궁극적인 도달점은 고도로 문명화되고 민주적이며 현대화된 사회주의 국가이다.[65] 중국 정부는 국가적 좌표이자 당면한 최고 과제로 '사회주의 현대화'를 내세우면서 세부적인 실천 과제로 '사회주의 물질 문명' 건설과 '사회주의 정신 문명' 건설을 제기하였다.

'사회주의 정신 문명' 건설 과정에서 최대의 문제로 떠오르게 된 것은, '주류主流 문화상의 단층斷層'의 출현과 더불어 사회 심리상의 조절 능력이 상실되면서 출현한 갖가지 규범 위반 행위나[66] '문화 구조의 해체 내지 취약화가 가져온 위기'였다. 문화 구조의 해체는 각 개인들의 심리적 마지노선을 무너뜨려 엄청난 욕망의 분출을 초래하게 되었고 그로 인해 기본적인 사회적 정합整合이 결여되면서 과거의 도덕적 구속력이 제 기능을 발휘하지 못하게 된 상황에서 각종 위선적이고 타락하고 교활하고 부랑자와 같은 행위가 사회에 만연되기 시작했다.[67] 이와 더불어 국가 관념의 해이, 사회주의 앞날에 대한 곤혹감과 동요가 표출되기 시작하였다.[68]

이와 같은 개혁·개방 정책의 진전에 따른 자본주의 문화의 유입과 그로 인해 야기되는 서구적인 여러 가치관(개인주의·자유주의·민주주의) 등의 확산과 그에 따른 체제의 위기감이 고조되면서, '사회주의 정신 문명' 건설의 필요성은 점점 배가되었다. 이에 따라 중국 정부가 의도하는 '사회주의 정신 문명' 건설은 서구 문화의 유입을 방지하고 중국에 대한 서방 세계의 '분화'의 도에 대처하며, 배금주의·향락주의·개인주의·이기주의 등에서 파생된 사회적 부패·부조리·퇴폐 행위를 불식시키고, 사회주의에 대한 신념과 애국심을 고취시켜서 체제를 유지·강화하려는 정치적 목적과 맞물리게 되었다.

'사회주의 정신 문명' 건설 과정에서 도출되고 있는 이상적인 사회주의 인간형은 '사회주의 현대화 과업에 적합한 사회주의 신념·이상·애국심·도덕·기율 및 현대 과학 문화 지식을 습득한 사회주의 공민'으로 집약될 수 있다. 이를 구체적으로 밝히면, '사회주의 공민'은 ㉠ 사회주의에 대한 굳은 신념과 '견인불발'·'살신성인'적인 애국심, '인'학·'민위방본'적인 인본주의 사상, '경로애유'·'존로경현'·'충서지도'적인 예의 범절, ㉡ '의연후취'·'선의후리先義後利'·'견리사의'·'이리절욕'·'사생취의'·'천하위공天下爲公'적인 '사회주의 의리관', ㉢ '극기위공'·'대공무사'·'선공후사'적인 집체주의 정신 등에 입각해서, 인간애를 바탕으로 남을 배려하고 인민에게 봉사하며, ㉣ 개인의 주관적인 욕망을 극복해서 국가·집체의 공익을 개인의 사익보다 앞세우고 국가와 사회에 대한 의무를 이행하며, ㉤ 원대한 이상과 고상한 품격을 세워 개인주의·배금주의·향락주의·이기주의·관료주의·

부정부패 등을 극복하여 공정함과 청렴함을 유지하는 동시에, ㉣ 사회 공공 질서의 준수, 공공 재물 및 자연 환경의 애호 등의 사회 공공 도덕과 성실 · 신의 등의 직업 윤리 도덕, ㉤ 그리고 경로애유, 남녀 평등, 부부의 화목, 근검 절약 등의 가정 미덕을 창도唱導하는 사람이라고 할 수 있다.

'사회주의 정신 문명' 건설에서는 개혁 · 개방에 따라 파생되는 자본주의적 경쟁 · 자율 · 효율 · 빈부 격차 · 개인적 이익의 중시라는 측면과, 그것들에 대한 견제 요소로서의 사회주의적 협조 · 감독 · 공평 · 공동의 부共富 · 사회적 공익 사이의 조화를 강조하면서도 그 해결책으로서 개인의 이익보다 국가와 인민의 이익을 앞세우는 '사회주의 의리관' 혹은 '집체주의 정신'을 강조하고 있다. 이와 아울러 자본주의 문화의 유입에 따른 이질적인 사회 현상의 확산 방지와 사회주의 신념 고취를 더욱 강조하고 있다. 이것은 '사회주의 정신 문명' 건설이 사회주의 체제의 유지 · 강화 차원에서 인민에 대한 사회주의 사상의 고취와 자본주의 사상의 유입 방지라는 사상 통제를 암묵적인 목표로 삼고 있음을 시사해준다.

'사회주의 정신 문명' 건설과 그에 따른 '전통'의 고양과 현대적 전환은, 중국 민족주의의 강화를 통한 민족 단결뿐만 아니라, 개혁 · 개방에 따른 서구 부르주아적 자유화 경향의 차단으로 작용하는 측면이 있다. 이것은 현실적으로 화교 자본의 유도, 유교 문화의 종주국으로서의 자기 확인 작업[69] 그리고 '전 세계의 미국화' 혹은 중국의 '분화'를 지향하는 미국(혹은 서구 자본주의 세력)의 세계 전략에 맞서기 위한 '중화 문화적' 전략으로서의 의미도 지니고 있다.

따라서 '사회주의 정신 문명'의 함의들에는 개혁 · 개방 이후 대내외적으로 직면하게 된 여러 방면의 문제점들과 그것들을 해소하려는 중국 정부의 고뇌의 흔적이 짙게 서려 있다. 이를 구체적으로 말하면, 그 함의들에는 현대 중국이 직면하고 있는 제반 문제, 특히 중국 사회의 발전 방향, 거기에 수반되는 전통과의 단절 혹은 계승 문제, 서구 문화의 수용 여부와 그 한계 설정 문제, 자본주의 요소와 사회주의 요소의 관계 설정 문제, 집체(혹은 집체

이익)와 개인(혹은 개인 이익)의 관계 설정 문제, 공산당과 인민의 관계, 국가와 인민의 관계, 각종 사회 부조리의 척결 문제, 민족의 단결 문제, 사회주의체제의 유지·강화 문제 등이 집약되어 투영되고 있다. 이러한 의미에서 중국 정부가 제기하고 있는 '사회주의 정신 문명' 건설의 함의들은, 현대 중국사회가 직면하고 있는 모순의 결절점結節點과도 같다.

그런데 '사회주의 정신 문명' 건설의 전략적 지위와 관련하여, 만일 '선공후사', '중의경리重義輕利', '중도경기重道輕器' 등의 가치관이 '사회주의 도덕'으로 포장되어 '사회주의 정신 문명' 건설에서 적극성을 발휘한다면, 유가적 전통 문화에서 상당한 자양분을 섭취하고 있는 정신 문명 건설은 고상한인격의 소유자들을 배양하여 사회적 부패를 줄이고 사회를 안정시켜 사회주의 체제를 유지하는 데 이바지 할 수 있을 것이다. 그러나 당대 중국의 최대과제인 '사회주의 현대화' 과업이 사회 생산력 발전을 최우선 과제로 설정하고 '사회주의 물질 문명' 건설을 중심으로 삼고 있는 점을 고려해 본다면, 상술한 고상한 인격의 소유자, 즉 '사회주의 도덕'의 소유자는 물질 문명 건설에 별다른 역할을 하지 못할 것이다. 왜냐하면 '사회주의 도덕' 관념에서는사익·경쟁·이윤 추구 등의 의식, 개인의 창의성 그리고 그것들을 뒷받침해주는 개인주의·자유주의·민주주의 가치관 등이 미약해서 그러한 도덕 관념의 소유자는 생산력 제고에 효용성을 발휘하지 못할 것이기 때문이다.

더욱이 사회 생산력의 제고와 그에 따른 자본주의적 사회 현상의 출현은마치 동전의 양면과도 같아서, 사회 생산력 발전의 기치 하에 자본주의적 경영 기법과 기술이 적극 도입되면 될수록 물질적 이익 추구를 신조로 하는 배금주의, 향락주의, 사회적 이익보다 개인적 이익을 도모하는 이기주의, 집단보다도 개인을 앞세우는 개인주의, 서양 전통의 자유주의 등의 제 가치관과아울러 파생되는 사회적 부패와 소외 등이 만연될 것이다. 그렇게 될 경우'사회주의 도덕'은 공허한 메아리로 남게 될 것이고 사회적 불안도 증폭될것이며, 심지어 체제 자체를 위협하는 사태로 이어질 개연성도 없지 않다.

그렇기 때문에 현재 중국 정부가 모색하고 있는 '사회주의 공민'의 가치

덕목에는 앞에서 언급한 개인주의·자유주의·민주주의 등의 가치관이 배제되어 있고 그 대신에 사회주의에 대한 굳은 신념과 집체주의 정신 그리고 애국심으로 채워져 있다. 이처럼 자본주의 사상의 유입을 경계하면서 사회주의에 대한 신념과 애국심을 강조하는 부분에서는, 중국 인민의 사상 통제와 내셔널리즘의 강화 수단으로써 중국 정부가 상상한 것에 의해 형성된, '중국적 옥시덴탈리즘'마저 작용하고 있는 듯하다. 더욱이 '선공후사'적으로 사익보다 공익을, 개체보다 집체를 우선시하면서 집체의 정점인 당이나 국가에 대한 충성을 강조하는 이면에는, 이전의 집체화 과정에서 파생된 국가와 인민 사이의 괴리를 그와 같은 유교 윤리를 매개로 메워보려는 중국 정부의 의도도 엿보인다. 이는 전통의 재해석과 비판적 계승을 의미한다. 최근 중국에서는 '사회주의 정신 문명' 건설을 뒷받침하기 위해 사상 정치 공작을 활발하게 추진하고 있다.

한편 인간 자신의 인식이 인간 활동을 보장하는 유일한 근거가 된다는 공산주의의 기본 원리를 염두에 둔다면, 공산주의 이념은 미래에 설정되어 있는 것이 아니라, 실재하는 일체의 도그마·빈곤·무지·폭력·금기禁忌 및 인간을 소외시키는 구조를 극복하는 실천성에 있다고 할 수 있다.[70] 그런데 '사회주의 공민'은 중국 인민 개개인의 자발적인 의지의 표상이라기보다는 중국 공산당 자체의 훈육성訓育性과 당위성에서 석출된 관제적官製的 인간형이라고 할 수 있다. 이것은 현실적으로 사회주의 혁명 이념을 실천할 주체로서의 인민이, 오히려 물질 문명을 건설하는 데 도덕적으로 통제되어야 할 객체로 전락되었음을 의미한다. 따라서 자유주의적 관점에서 볼 때, 중국의 '사회주의 정신 문명' 건설과 그 과정에서 도출되고 있는 '사회주의 공민'의 배양 작업은, 정권 혹은 체제 이데올로기의 확립이라는 관제적 성격을 띠고 있어서 개인의 창의성이나 개성을 제한하고 심지어 말살할 수 있다는 비판에서 자유로울 수가 없을 것이다.

하여튼 여기에서 우리가 주목해야 할 점은, '사회주의 정신 문명' 건설 운동이 중국 인민에게 어떻게 받아들여지고 있고 그에 따른 사회적 반향이 어떠하냐의 문제이다. 이와 관련하여 중국의 관영 신문인 《인민일보》에 의하면, 문명적인 언행, 근무 태도, 교통 질서, 환경 위생 관련 공작 등 4개 방면에서의 정신 문명 건설 공작은 전국에서 강렬한 반향을 일으켜 사회 환경의 바람직한 변화를 초래했고 수많은 인민의 지지와 보편적인 환영을 받았다고 한다.[71] 또한 중국 인민들의 민족적 자신감과 자존심을 고양시켰고 애국 열정이 높아졌으며 일부 청년들의 이상도 회복되고 있다는 것이다.[72]

그런데 또 한 가지 주목해야 할 것은, '사회주의 공민'의 배양 작업이 사회 구성원들의 내재적인 의식의 발로로서 시작된 것이 아니라, 중국 정부의 통치 이데올로기에서 비롯되었다는 점이다. 대개의 경우 도덕의 속성은, 그람시의 지적처럼, 지배 권력에 의해 인간과 통치자의 차단된 통로를 위장하는 '지적 기반'으로써 대중에게 제시되는 데 있다.[73] 도덕은 '결의'로써 성취되는 것이 아니다. 도덕의 체현은 도덕 수립에 대한 사회 구성원들의 공감대 형성과 그에 따른 자발적인 의식 개혁 그리고 이를 뒷받침할 수 있는 제도 혹은 사회 시스템의 개조 내지 부응이 전제될 때 가능하다. 이 점을 고려해 볼 때, 설령 상술한 관영 신문의 보도 내용이 절대적인 신빙성을 띠고 있더라도, 중국 정부가 '사회주의 정신 문명' 건설 작업을 통해 중국 인민 속에서 '사회주의 공민'을 얼마나 많이 배출해 낼 수 있을지, 그리고 거기에서 배출된 '사회주의 공민'이 얼마만큼의 선도력을 발휘할 수 있을지에 대해서는 자못 회의적이다.

더욱이 '사회주의 도덕'이 개체보다도 집체를, 사익보다도 공익을 우선한다는 것은, 사람의 개체적 가치보다도 집체적 가치를 중요시한 유가적인 사유 전통의 틀을 거의 벗어나지 못하고 있음을 시사해준다. 이처럼 반反 전통의 혁명을 거친 사회주의 중국에서까지 유가적 사유 구조가 그 생명력을 지속하는 한, 국가는 시민 사회적 관점의 개인과는 사실상 무관하게 존재하면서 개인을 억압하는 기제機制로써 작용할 개연성을 다분히 내포할 수밖에 없다. 그 상황에서 국가의 전단專斷과 독주를 견제할 개인들의 입지는 당연히 취약할 수밖에 없을 것이다. 그렇게 될 때 시민 사회의 출현 역시 어려울 것이라는 점은 쉽게 짐작할 수 있다. 특히 '선공후사'적인 '사회주의 의리관'을 강조하는 이면에는 국가와 사회, 전체와 개인의 문제를 시민 사회적 관점의 '구분'으로 파악하는 것이 아니라, 코포라티즘coporatism적인 관점의 '협동'과 '연계'로 풀어나가려는 의도마저 엿보인다.

또한 중국의 역대 제왕들이 정권 유지를 위한 통치 이데올로기로 유가 이론을 활용해 왔고, 위엔스카이袁世凱가 유교의 국교화國敎化를 추진했고 장졔쓰蔣介石의 국민 정부가 신생활운동新生活運動과 민족 부흥의 기치 하에 고대의 윤리 도덕을 통해 국민의 사상과 행동을 통제하고 공산주의에 반대하는 운동을 전개했듯이,[74] 중국 공산당도 '사회주의 정신 문명' 건설의 기치 하에 유가적 윤리 도덕의 상당 부분을 모태로 한 '사회주의 도덕'을 주창함으로써 인민을 통제하고 서구적인 자유·민주를 배격하면서 사회주의 체제를 유지하려고 하고 있다.[75] 중국 정부의 그러한 태도는 "혁명이라는 것도 그 내적 구조에서는 전통에 기초하여 진행된다"[76]는 말을 연상시키고 있다.

이처럼 중국에서는 역사적으로 수많은 우여곡절을 겪었지만, 각 시기의 왕조나 정권 주체들의 '전통 문화 활용을 통한 통치 이데올로기 구축'이라는 정치 행태는 커다란 변화 없이 전통적인 맥을 이어오고 있다. 특히 문화대혁명 시기에 민족 허무주의에 편승한 반反 전통적인 사회 문화 운동이 격렬하게 전개되었지만(이것 역시 표면적으로는 "타도공가점打倒孔家店"의 양상을 띠지만 실질적으로는 유가적 전통 문화를 현실 정치에 철저하게 이용한 것이다), 유가적인 전통 문화는 여전히 중국의 정치·경제·사회·문화의 '정신적 저수지'로서 중화 민족혼의 유지에 필요한 수자원을 줄기차게 제공해주는 역할을 하고 있는 것이다. 그리고 유학의 창시자인 공자 역시, 때로는 중국 인민으로부터 돌팔매를 당하기도 했지만, 여전히 중국 인민의 '정신적 스승'으로서 그들의 가슴에 자리하고 있는 것이다. 이처럼 유가적 전통 문화는 시대적 변천에 따른 가치 판단의 다양성과 그에 따른 수많은 우여곡절에도 불구하고 중국인들의 사유 구조의 저변에 면면히 흐르고 있다. 이것은 '사회주의 현대화' 역시 전통의 범주에서 벗어난 것이 아니며 '전통의 부정'이 곧바로

'근대화' 혹은 '현대화'로 이어지지 않는다는 것을 간접적으로 시사해준다.

다른 한편 "중국적 특색을 지닌 사회주의" 건설의 일환으로 추진되고 있는 '사회주의 정신 문명' 건설이 사회주의 가치관, 우량한 전통 문화, 서구 사회의 우수한 과학 기술과 경영 기법 등을 아우르고 있는 점에서 볼 때, '사회주의 정신 문명' 건설은 거기에 대한 옳고 그름의 가치 판단을 떠나서, 그람시의 표현을 빌리자면, 분명 새로운 문화를 창조하는 행위라고 할 수 있다. 그리고 '사회주의 정신 문명' 건설이 자본주의적 민주·법제가 아니라 사회주의적 민주·법제를 고집하고 서구적 개인주의·자유주의 사상 등을 거부하고 중국식 사회주의의 길을 고수하고 있는 점을 고려해 본다면, 그것은 서구의 문화적 헤게모니의 결과로서 파생된 오리엔탈리즘에 맞서기 위한 국가적 차원의 '사상적 실험'이라고도 할 수 있다. 그러나 그 실험 과정에는 "상상의 공동체로서의 국가"[77]의 관제적 유도와 중국 인민의 자본주의적 사회 경험 사이의 불일치에서 비롯된 갈등이 속출할 것이다.

하여튼 '사회주의 정신 문명' 건설의 기치 하에 '사회주의 공민'을 배양하려는 작업은, 자유주의적 관점보다는 공동체주의적 관점에서 더 많은 의미를 부여할 수 있다. 즉 대부분의 국가마다 구성원들의 귀속성·동질성을 고양시키기 위해 '건국 신화'를 지니고 있는 점, 전통적인 국왕(혹은 여왕)의 존재를 용인하고 있는 점, 심지어 각 가정·학교·기업·관공서·집단마다 나름대로의 가훈·교훈·사훈이나 공통의 지표를 가지고 있는 점 등을 염두에 둔다면, 공동체 구성원 전체를 인자로 한 공통의 정신적 구심점 내지 지표의 설정을 배척하는 것만이 합당하다고는 할 수 없을 것 같다. 어차피 인간은 사회적 존재이기 때문에 사회의 틀을 벗어나서 고립적인 개체로서는 존재할 수 없기 때문이다. 집체에 귀속되지 않는 개체의 존재는 이미 현실적 존재가 아니라 허구적 가상 공간에 존재하는 4차원적인 허상에 불과하다.

이렇게 본다면 어떠한 사회·민족·국가를 막론하고 자체의 생존·유지를 위해 각자의 공통적 지향점을 설정해야 한다는 것은 시대적 당위라고 할 수 있다. 다만 그러한 공동체가 국가나 민족·종교 등을 불문하고 자신들이 표방하는 정신적 지표를 절대적 기준으로 과신한 나머지 각 구성원들로 하여금 절대적 복종을 강제하는 것에 대해서는 철저하게 경계해야 할 것이다. 왜냐하면 공동체의 정신적 지표는 그 자체의 완결성 내지 도달점을 뜻하는 것이 아니라, 어디까지나 과도기적 지향성 내지 가변성을 전제로 하는 것이기 때문이다. 후자가 전제될 때만 그것은 생명력을 담보할 수 있는 것이다. 또한 공동체의 정신적 지표가 각 개체들의 공통적인 심리 상태나 원망願望을 반영하지 않고 일부 특정 이익 집단이나 지배 세력의 의도만을 집약해서 강제성을 수반한다면, 그것 또한 지속력을 담보하지 못하고 각 개체들의 반발에 부딪혀 형해화形骸化할 것이다. 즉 집체는 개체들의 본질을 훼손하지 않을 때 비로소 존재 가치를 확보할 수 있는 것이고 개체 역시 집체의 공동 이상 속에서만 존재 가치를 인정받을 수 있는 것이다.

어쨌든 '사회주의 정신 문명' 건설의 궁극적인 의도는 대내적인 측면과 대외적인 측면으로 나누어 볼 수 있다. 대내적으로 '사회주의 정신 문명' 건설은 '사회주의 도덕'으로 포장된 유교 윤리를 매개로, 사회주의 혁명과 집체화에 따른 국가 권력의 확대와 그에 따른 사적 영역의 축소에서 빚어진 국가와 인민 사이의 괴리를 메우려는 데 있다. 양자의 괴리를 좁히려는 것은 결국 인민에 대한 국가의 통제력 강화를 의미한다. 또한 개혁·개방 이후 '사회주의 시장 경제 체제'라는 말에서 알 수 있듯이, 자본주의적 요소와 사회주의적 요소가 교직된 '중국적 특색을 지닌 사회주의'의 현대화 과업에서 야기된 자본주의 요소들의 이입 및 자본주의적 경험에 따른 인민의 체제에 대한 동요감의 확산을 차단하려는 데 있다고 할 수 있다. 이때 사회주의 체제에 대한 신념과 애국심의 고취는 그러한 동요감의 확산을 차단하는 동시에 체제의 유지·강화를 의도하고 있다.

대외적으로 '사회주의 정신 문명' 건설은 유가적 전통 문화의 비판적 계승을 통해 중화민족의 자긍심을 고양시켜 사회주의 혁명으로 이탈된 화교 세력과 중국 정부 사이의 괴리를 메우는 동시에, 이를 통해 서구 자본주의 세력의 중국의 '서구화' 및 '분화' 의도를 차단하고 서구 문화에 필적할 수 있는 중국 문화를 현대적으로 발굴·승화시키려는 데 있다.

그런데 '사회주의 정신 문명 건설론'의 핵심인 '사회주의 도덕'의 핵심이 중화 문화의 근간을 이루고 있는 전통적인 유가 문화의 가치를 비판적으로 계승하고 있다는 점에서, '사회주의 정신 문명 건설론'은 중화민족 문화를 핵심으로 하고 있는 '중화주의'가 사회주의 건설 시기를 거치면서 변형된 형태로 새롭게 도출된 '신중화주의'의 특성을 지니고 있다고 할 수 있다. 결국 '사회주의 정신 문명 건설론'은 중국 인민으로부터 신뢰감을 상실해가는 사회주의 체제를 유지·강화하기 위해 중국 인민으로 하여금 개인의 이익을 떠나 집체·공산당·국가 등의 이익을 우선시 하도록 함으로써, 민족·계층·지역·남녀노소·성별을 떠나 중국 인민 모두를 사회주의 틀 속에 강고하게 묶어두려는 중국의 국가 이데올로기인 셈이다.

한편 '사회주의 정신 문명' 건설론의 핵심을 이루고 있는 '애국주의 (교육론)'는 사회주의 체제의 이완 현상이 심화되는 속에서 사회주의 이데올로기를 대신할 새로운 국가 이데올로기로 잡아가고 있다. 중국 정부가 목청을 높여 외쳐대는 '애국주의'는 중화민족의 자긍심 제고를 바탕으로 중화민족의 민족주의를 고양시켜 민족적·국민적 통합을 강화하기 위한 중국 정부의 전략의 일환으로 활용되고 있다. 다시 말해 '사회주의 정신 문명' 건설은 사회주의 체제 유지를 위한 정신적 보호막 역할을 기본 임무로 하고 있는 것이다. 애국주의는 비록 사회주의 가치관에 대한 신념을 내포하고 있지만, '중화민족의 민족주의'를 핵심적 근간으로 하고 있다. 개혁 개방 이후, 특히 1990년 전후 동유럽 및 소련의 붕괴 이후 사회주의 체제에 대한 회의감이 확산되면서 애국주의는 중국 민족을 단결시키기 위한 중국의 국가 이데올로기로서 중요성을 더해가고 있다.

●●●●

'애국주의' (교육론)

1999년 5월 13일 밤. 중국 심천深圳의 '세계의 창' 노천 광장에서는 대규모 행사가 벌어졌다. 주저친朱哲琴·장밍민張明敏 등 범汎 중화권 연예인 1,000여 명이 동원됐다. 홍콩 평황鳳凰TV가 위성으로 생중계하는 가운데 사회자가 외쳤다. "중궈런진톈쉬부!"(中國人今天說不! 중국인은 오늘 No라고 말한다!). 이어 1,000여 명의 합창곡이 밤하늘에 울려 퍼졌다. 이날 처음 선보인 '중국인은 오늘 No라고 말한다'는 노래였다. 관중들도 "No, No, No"하며 따라 불렀다. 유고 주재 중국 대사관이 오폭誤爆을 당한 지 6일 후였다. 그 무렵 중국 관영 CCTV도 "중국은 분노한다!"고 연일 외쳤다. 간간이 중국 국가 '의용군 행진곡'이 배경 음악으로 깔렸다. "중국은 가장 위험한 시기를 맞았네⋯⋯일어서라! 일어서라!⋯⋯."

1999년 정부 수립 50주년을 맞은 중국은 애국주의를 고양시키려는 새로운 프로젝트를 시작했다. 그것은 동년 6월부터 사회과학원을 중심으로 전개된 '화하 문명 유대華夏文明紐帶 프로젝트'이다. 당시 첸치천錢其琛 부총리는 이를 소개하면서 "피는 물보다 진하다는 사실을 밝힐 것"이라고 말했다. 프로젝트에 참여한 한 연구원은 "당이 이념보다는 애국주의, 즉 민족주의를 통해 사회 통합을 시도한다는 점에서 주목할 만한 변화"[78]라고 말했다. 물론 여기에서 언급한 민족주의는 어느 특정 소수 민족의 정서를 바탕으로 형성된 집단적인 의식을 지칭하지는 않는다. 그것은 중화 문명을 형성하고 공유해 온 중화민족 전체의 집단적인 의식을 지칭한다.

1) 애국주의의 등장 배경과 추이

중국에서 애국주의가 등장하게 된 배경은 무엇인가? 우선 애국주의 등장의 배경으로 지적할 수 있는 것은 '사회주의 정신 문명 건설론'의 주창이다. 왜냐하면 앞에서 살펴본 것처럼, 애국주의는 사회주의 정신 문명의 핵심적 가치 가운데 하나이기 때문이다. '사회주의 정신 문명' 건설을 주창하면 자연스럽게 애국주의도 강조될 수밖에 없는 이데올로기적 구조를 가지고 있는 셈이다.

그러면 구체적으로 중국 정부가 애국주의 교육의 기치를 내건 배경과 의도는 무엇인가? 이와 관련해서 주목할 점은 1996년 10월 10일 중국 국가 주석 장쩌민이 행한 연설 내용이다. 이 연설문에는 중국 정부가 애국주의 교육을 주창하는 배경과 의도가 잘 드러나 있다.

㉠ 강권 정치, 패권주의가 도전하는 상황에서 수많은 간부와 인민에게 국가의 주권과 안전을 가장 중요시하고 국가의 통일, 민족의 단결, 인민의 이익을 자발적으로 지키도록 시종 주의 깊게 교육시켜야 한다. ㉡ 현재 어떤 사람은 우리나라와 서방의 발달된 국가 사이에 물질 생산과 생활 수준에 차이가 있다는 것을 알고 외국 것이 모두 좋다면서 맹목적으로 외국을 숭배하는 반면, 조국에 대해서는 멋대로 비하하고 있다. 어떤 사람은 심지어 개인의 사사로운 이익을 위해 국가의 품격이나 인격이 상실되거나 국가와 민족의 이익이 훼손되는 것을 괘념치 않고 있다.……결론적으로 여러 가지 탄력적인 형식을 통해 광범위하고 심도 있고 지속적으로 애국주의 교육과 선전을 강화해서 전국 인민의 민족 자존심과 자부심을 제고시키려면, 모든 사회에서 조국을 열렬히 사랑하고 모든 힘을 조국의 건설에 바치는 것을 최대의 영광으로 여기는 반면에, 조국의 이익과 존엄에 손해를 끼치는 것을 최대의 수치로 여기는 훌륭한 기풍을 드높여야 한다. ㉢ 또한 우리 인민으로 하여금 각국 인민과의 우의와 협력을 바라고 몇 대에 걸쳐 이룩한 민족의 독립과 국가의 주권을 지키도록 해야 한다. 우리 청년들로 하여금 조국의 유구한 역사와 찬란한 문화, 우리 당과 인민의 빛

나는 업적과 훌륭한 전통을 이해시켜야 하고, 믿음을 가지고 조국 사회주의 현대화 건설 사업의 거대한 흐름에 동참하도록 해야 한다. ……한마디로 말해 전국 각 민족 인민의 애국주의 열기를 개혁 개방과 사회주의 현대화 건설의 추진 그리고 중화민족의 강대한 역량을 진흥시키는 데로 전화시켜야 한다.[79]

우선 중국 정부가 애국주의 교육을 주창하게 된 대외적인 배경은 위의 연설문 가운데 ㉠ 부분에서 나타나고 있다. 즉 그것은 애국심을 고취시켜 강권 정치, 패권주의에 맞서 중국의 주권과 안전을 지키고 중국의 통일, 중화민족의 단결을 이룩하는 데 있다. 이때 강권 정치, 패권주의의 주체는, 최근 중국의 대외관에 비추어 볼 때, 미국을 필두로 하는 세력으로 규정할 수 있다. 여기에서 주목되는 것은 애국주의 교육이 중국의 통일 문제와도 연계되어 있다는 점이다.

다음에 애국주의 교육을 주창하게 된 대내적인 배경을 살펴보면, 위의 연설문 가운데 ㉡ 부분에서 잘 나타나고 있다. 즉 그것은 개혁 개방이 심화되면서 중국 인민들이 중국의 객관적인 세계적 위상, 열악한 중국인의 생활 수준, 선진국들의 월등한 생활 수준·사회 복지·사회 인프라·정치적 자유 등에 대해 자각하면서 파생된 상대적인 비교 관념, 그에 수반된 그들의 자기 비하 의식을 해소하려는 데 있음을 간접적으로 시사한다.

이 문제와 관련하여 중국 국가체개위國家體改委 산하 연구소와 중공중앙당교中共中央黨校 산하 경제연구센터가 편찬한 책자를 살펴보면, 중국 정부가 애국주의 교육을 주창하게 된 내부 배경과 고뇌를 엿볼 수 있다. 즉 문화대혁명 과정에서 중국인들은 사회주의에 대한 믿음을 우롱 당했고 그 결과 사회주의에 대한 회의감을 품게 되었다는 것이다. 게다가 적지 않은 중국인들은 생산력 수준, 생활 수준, 문화 사업 등 종합 국력에서의 중국과 선진 자본주의 국가 사이의 엄청난 차이를 인식한 이후 국외의 높은 생활 수준을 흠모하는 동시에, 서구 자본주의 국가의 정치·경제·사회·문화 등의 제반 상황을 찬양하고 서구 자본주의 국가의 가치관과 도덕 관념을 적극적으로 전파하고 있다고 한다. 또한 그들은 중화의 전통 문화를 폄훼하거나 사회주의 제도를 추악하게 묘사하고 있다고 한다. 더욱이 상당수의 청년들은 자신의 조국에 대한 정감이나 미련을 상실한 채 너도나도 국외의 월등한 생활 조건을 찾아 출국 대열에 끼어들어 '출국 열풍'을 일으키고 있다고 한다.[80]

끝으로 ⓒ 부분에서는 중국 정부가 애국주의 교육을 주창함으로써 실현시키고자 하는 궁극적인 목표가 제시되고 있다. 즉 애국주의 교육의 목표는 중국 민족의 독립과 주권 수호를 바탕으로 인민으로 하여금 중국의 찬란한 역사와 문화, 공산당과 인민 자신의 업적과 전통을 이해시킴으로써 중화민족(혹은 문명)이나 사회주의 조국에 대한 믿음을 가지고 사회주의 현대화 건설에 적극 동참하도록 하려는 데 있다. 그리고 애국주의 교육의 의도는 중국 인민 사이에 애국 열기를 불러 일으켜 개혁 개방을 견지하면서 사회주의 현대화 과업을 추진하여 중화민족을 부흥시키는 데 있다. 또한 그것은 중국인으로 하여금 사익보다는 공익을 우선시하고 민족 자존심과 자부심을 갖게 하는 동시에 애국심을 함양하려는 데 있음을 보여주고 있다. 이 부분에서는 사회주의 체제 이완에 대한 국민 정신의 강화와 국민적 단결을 고취시키려는 의도가 표출되고 있다. 그러한 의미에서 애국주의(교육)는 중국 국민의 애국심을 고취시켜 사회주의 현대화 사업에 적극 참여케 하고 중화민족을 부흥시켜서 국민적·민족적 통합을 강고히 하려는 중국의 국가 이데올로기라고 할 수 있다.

그렇다면 애국주의 교육의 필요성이 본격적으로 대두되기 시작한 것은 언제인가? 그 시기는 1990년이라고 할 수 있다. 1990년 5월 3일 장쩌민은 '수도 청년기념오사보고회首都青年紀念五四報告會'에서 수많은 청년들에게 애국주의 전통의 계승과 발양을 호소하였다. 그는 이 대회에서 애국주의는 국가의 독립과 인민의 근본 이익을 수호하는 것과 연계시켜야 한다는 점, 애국주의는 사회주의 및 인민 민주주의와 본질상 통일적이라는 점, 애국주의 교육을 통해 전국의 인민, 특히 청소년에게 조국의 역사(특히 근대 이래의 역사)를 학습하고 이해하게 하는 동시에 그것을 실천에 옮기도록 해야 한다는 점, 애국주의는 협애한 민족주의가 아니라는 점, 그것은 중국의 실제에 입각해서 중화민족의 자력 갱생 능력을 증강시키고 세계 인민의 우수한 문명 성과를 배우고 흡수해야 하는 동시에 세계의 평화와 발전에 기여하는 것이라는 점을 역설했다.[81] 그의 연설에서는 향후에 야기될 수 있는 대외적 비난을 의식해서인지 애국주의가 중국 내부의 민족주의 고양에만 머무는 것이 아니라 세계 평화에도 기여하려는 것임을 밝히고 있음을 알 수 있다.

1994년 8월이 되면 중국 정부는 〈애국주의교육실시강요愛國主義敎育實施綱要〉(이하에서는 〈綱要〉라 약칭함)를 공포하여 애국주의 교육을 사회 건설의 전략적 차원으로 끌어올려 애국주의 교육에 관한 이론·교재·조직·기지基地 선정 작업 방면에서 구체적인 사업을 벌였다. 중국 정부는 이 문건에서 애국주의는 중국의 오랜 역사 발전 과정에서 중국 인민을 동원하고 고무시켜 단결·분투하도록 한 기치旗幟로써 사회 역사 발전을 추진한 거대한 동력이자 중국 인민의 정신적 지주임을 명기하였다. 이와 아울러 중국 정부는 애국주의 교육을 강화하고 애국주의 전통을 계승·발양하는 것이 민족 정신을 드높이고 민족의 응집력을 증강시키고 중국 인민을 단결시켜 자력 갱생케 하고 "중국적 특색을 지닌 사회주의"[82] 사업을 건설하기 위해 분투하는 데 중요한 현실적·역사적 의의를 지니고 있음을 밝혔다. 또한 〈강요〉에서는 애국주의가 집체주의·사회주의와 더불어 사상 교육의 삼위일체로서 중국적 특색을 지닌 사회주의 건설 과정에 유기적으로 통일되어 있음[83]을 명확히 함과 아울러, 그것을 제일 앞부분에 놓음으로써 애국주의 교육이 사회주의 교육보다도 중요함을 간접적으로 시사하고 있다. 이것은 동구 사회주의 체제가 붕괴된 이후 중국 내에서 사회주의 체제에 대한 회의감이 확산된 데 따른 중국 정부의 사상 정치 공작의 전략적 수정으로 보인다. 이는 사회주의 선전 논리에 한계가 있음을 말해 준다.

1996년 10월에 접어들어 중국 정부는 사상 정치 공작의 핵심 과제로 사회주의 정신 문명 건설을 본격화했는데, 이와 관련된 당 문건(〈문제 결의〉[84])에서는, 애국주의 혹은 애국심이 '사회주의 정신 문명' 건설 과정에서 도출하고자 하는 '사회주의 공민'[85]이 습득해야 할 덕목—사회주의 신념·이상·애국심·

도덕 · 기율 및 현대 과학 문화 지식—가운데 하나임을 분명히 했다.[86] 같은 문건에서는 "애국주의 교육을 심도 있고 지속적으로 전개하여 인민들이 사회주의가 있어야 중국을 구할 수 있고, 사회주의가 있어야 자존 · 자신 · 자강의 민족 정신을 드높일 수 있음을 인식하도록 해야 한다"[87]고 하여, 애국주의 교육이 사회주의 체제의 유지 · 강화를 위한 이데올로기임을 분명히 했다.

동년 10월 10일 〈문제 결의〉와는 별도로, 국가 주석 장쩌민은 연설문을 통해 애국주의 교육의 중요성과 강화의 필요성을 다시 역설했다. 특히 그는 "중국 인민이 침략자 앞에서 머리를 조아린 적이 없었고 자유를 열렬히 사랑했고 진보를 추구해 왔으며 민족의 존엄과 국가의 주권을 지켜온 빛나는 전통을 지녀왔다"[88]고 하여, 애국주의를 중화민족의 오랜 전통의 산물로 간주했다. 중국 정부는 애국주의가 역사적 전통에 뿌리를 둔 중화민족 고유의 산물이라는 점을 역설함으로써 애국주의를 주창할 수 있는 역사적 정당성을 극대화하고 있는 것이다.

1990년대 중반에 접어들어 애국주의 교육은 '사회주의 정신 문명 건설'의 중요한 사상적 덕목으로 자리 잡게 되었다. 이것은 1996년 10월 행해진 장쩌민의 연설 내용[89]에서도 알 수 있다. 특히 애국주의는 1999년에 접어들어 중국의 교육 목표 가운데 중심적인 위치를 차지하기 시작했으며, 집체주의 · 사회주의와 더불어 중국 교육의 가장 근본적인 정신으로 굳어져 가고 있다. 이것은 동년 6월 15일 북경에서 열린 '전국교육공작회의'에서 행해진 장쩌민의 연설 내용에 의해 뒷받침되고 있다.[90]

2) 애국주의의 함의

애국주의 교육의 다양한 함의, 즉 기본 원칙 · 목적 · 시대적 특징 · 주요 내용들은 전술한 중공 중앙의 〈강요〉에 잘 정리되어 있다. 이 〈강요〉에 의하면 애국주의 교육의 기본 원칙은 ㉠ 덩샤오핑이 창안한 중국적 특색을 지닌 사회주의 건설 이론과 공산당의 기본 노선을 지침으로 삼아 사회주의 현대화 건설, 개혁 개방의 촉진, 국가와 민족의 명예 · 존엄 · 단결 · 이익의 수호, 조국 통일 사업의 촉진에 이로워야 한다. ⓛ 애국주의는 편협한 민족주의가 아니기 때문에 그 교육은 대외 개방의 원칙 속에서 중화민족의 우수한 성과를 계승하고 드높여야 하는 동시에 자본주의 선진국을 포함한 세계 모든 국가의 문명 성과를 배우고 흡수해야 한다. ⓒ 애국주의와 사회주의는 본질적으로 일치하므로 중국적 특색을 지닌 사회주의를 건설하는 것이 애국주의의 주제이다.[91] 〈강요〉에서 천명한 애국주의의 기본 특징을 살펴보면, 애국주의 교육은 사회주의 현대화 건설, 중국의 주권과 중화민족의 자존, 중국의 통일과 이론적으로 밀접하게 연관되어 있고 사회주의와 동질시되고 있다.

ⓐ의 원칙에서 애국주의가 중국의 통일 사업에 이로워야 한다는 것은, "애국주의 열정으로 중국의 각 민족이 일심으로 사회주의 현대화를 건설하고 민족 분열을 반대하고 각 민족 간의 평등과 단합을 강화하며 중국 대륙과 대만 등이 통일되어 중화민족의 통일 대업을 이룩하는 것"[92]을 의미하기도 한다. ⓛ의 원칙은 "진정한 애국주의는 기타 민족의 평등을 존중하는 동시에 세계 인류의 우수한 이상이 자기 국가 내에서 실현되기를 희망하며 각국 인민들의 친선과 단합을 주장한다"[93]는 류싸오치劉少奇의 말과도 일맥상통한다. 즉 중국 정부가 표방하는 애국주의는 배타적인 민족주의가 아니라 다른 민족과의 평등·호혜·친선을 전제로 한 국제주의를 원칙으로 삼고 있음을 시사한다. 그렇지만 애국주의와 국제주의는 상호 모순적이다. 애국주의의 강조는 국제주의에 배치되기 때문이다. ⓒ의 원칙, 애국주의가 곧 사회주의이고 중국적 특색을 지닌 사회주의를 건설하는 것이 애국주의의 핵심이라면, 이것은 민족주의를 기저에 깔고 있는 민족 국가 차원에서의 애국주의(즉 자산 계급 및 모든 착취 계급의 사상이 민족 관계에 반영된 결과)와는 이질적이다. 즉 중국의 애국주의는 체제의 유지·강화를 위한 이데올로기의 성격을 지니고 있다.

그렇다고 중국의 애국주의가 사회주의 체제의 유지·강화를 위한 이데올로기로만 활용되는 것은 아니다. 〈강요〉에서 제시하고 있는 애국주의 교육의 목적을 살펴보면, "민족 정신을 드높이고 민족 응집력을 증강시켜 중화민족의 자존심과 자부심을 확립함과 아울러 광범위한 애국 통일 전선을 확고히 하고 발전시켜 중국적 특색을 지닌 사회주의 건설 사업과 중국의 통일·번영·부강을 위해 헌신하는 데로 중국 인민의 애국 열정을 결집시켜 이상·도덕·문화·기율이 있는 '사회주의 공민'을 배양함으로써 4개四個 현대화(농업·공업·과학 기술·국방의 현대화)와 중화의 진흥이라는 공동의 이상을 위해 단결·분투하도록 하는 데 있음"[94]을 명시하고 있기 때문이다. 이에 따르면 애국주의 교육의 궁극적인 목적은 중국 인민의 애국 열정을 고취시켜 사회주의 현대화(구체적으로 말하면 사개 현대화)를 실현하는 동시에 중화민족 국가의 진흥을 위해 중국 인민을 단결·분투·통일하도록 하는 데 있다. 이 점을 고려해볼 때 중국 정부가 주창하는 애국주의에서 '애愛'의 대상, 즉 '국國'의 실체는 체제로서의 사회주의 국가(중국 측 표현에 따르면 '조국')이자 민족 공동체로서의 중화민족 국가를 의미한다. 이처럼 중국 정부가 표방하는 애국주의는 민족주의와 사회주의의 가치관을 모두 공유하고 있는 것이다.

그런데 중국 정부의 애국주의 주창에서는 그들이 직면한 고뇌의 일단이 엿보인다. 우선 중국 정부는 자본주의 국민 국가 일반이 표방하고 있는 '민족주의'라는 용어보다도 '애국주의'라는 용어를 표방하고 있다는 점이다. 그 배경으로는 두 가지를 지적할 수 있을 것이다. 첫째 단일 민족 국가가 아니고 다민족 국가인 중국의 입장에서 볼 때, 민족주의의 제창은 자칫 중국 내 소수민족끼리 혹은 대민족(즉 한족)과 소수 민족 사이의 갈등·분열을 야기할 수가 있기 때문이다. 이러한 예로는 신강新疆위구르자치구 및 서장西藏(티벳)자치구에서의 분리 독립 운동을 들 수 있다. 둘째 동구 사회주의 체제의 붕괴로 체제 위기에 직면한 중국의 입장에서 볼 때, 주로 민족 구성원의 안위나 정서에서 비롯된 민족주의에 호소하기보다는, 애국주의의 기치 하에 그것을 사회주의와 일치시킴으로써 체제에 대한 신념과 중화민족에 대한 열정을 동시에 고취시켜 중국 내 다수 민족을 사회주의 틀 속에 결집·단결시키는 것이 다각도로 유리하기 때문이다. 결국 중국의 애국주의는 사회주의 체제의 유지·강화와 중화민족의 단결과 통일·번영을 위한 국가주의 통치 이데올로기인 셈이다.

한편 앞의 〈강요〉에서는 애국주의 교육의 내용들을 구체적으로 적시하고 있다. ㉠ 중화민족의 역사에 관한 교육이다. 애국주의 정신이 중화민족의 유구한 역사 과정에서 형성·발전되어 왔다는 전제 하에 중국 역사, 특히 중국 근·현대사를 통해 중화민족의 '자강불식'·'백절불굴百折不屈'의 역정, 인류 문명에 대한 중국 인민의 탁월한 공헌, 역사상의 저명한 사건이나 인물, 외부의 침략·압박과 부패한 통치에 저항하고 민족의 독립과 해방을 쟁취해 온 정신과 업적, 특히 중국 공산당이 중국 인민을 이끌고 중화인민공화국을 세우기 위해 용감하게 분투한 숭고한 정신과 빛나는 업적 등을 교육시켜 중국 인민이 그것들을 이해하도록 해야 한다는 것이다. ㉡ 중화민족의 우수한 전통 문화에 관한 교육이다. ㉢ 공산당의 기본 노선과 사회주의 현대화 건설의 성취에 관한 교육인데, 중국의 현 실정, 사회주의 현대화 건설의 목표와 전망, 중국과 세계 각국 사이의 대비를 통한 중국의 장·단점 및 유리한 조건과 불리한 조건 등을 파악하게 하여 사명감과 사회적 책임감을 증강시켜 창업 정신을 드높여야 한다는 것이다. ㉣ 사회주의의 민주와 법제, 즉 사회주의 체제에 대한 교육인데, 이를 통해 중국 인민의 국가관과 책임감을 증강시키고 법규를 준수하는 습관을 길러 공민의 의무를 이행케 하고 국가의 이익을 수호하도록 해야 한다는 것이다. ㉤ 국방 및 국가의 안전에 관한 교육인데, 이를 통해 군軍·정政·민民의 단결을 강화하고 조국의 독립과 국가의 주권·영토를 지키겠다는 인민의 경각심을 불러일으켜야 한다는 것이다. ㉥ 중화민족이 다민족의 '대가정'이라는 전제 하에 마르크스주의의 민족관·종교관, 공산당의 민족 정책과 종교 정책에 관한 교육인데, 이를 통해 중국 내의 각 민족이 중화민족의 단결과 조국의 통일을 위해 바친 노력과 공헌을 대대적으로 선전해야 한다는 것이다. ㉦ 평화 통일, '일국양제一國兩制'에 관한 교육인데, 이를 통해 공산당과 중국 정부의 통일 원칙과 정책을 선전하되, 홍콩·마카오·대만 동포들이 조국 통일을 위해 바친 공헌뿐만 아니라, 해외 교포들의 애국·애향愛鄉 활동을 널리 선전해야 한다는 것이다.[95]

앞의 〈강요〉 내용을 보면 애국주의 교육의 내용[96]은 특징별로 크게 중국의 역사(특히 근·현대사)와 공산당사와 혁명·문화 전통(㉠, ㉡), 중국 공산당의 역사적 업적과 공산당 지도 하에 이룩된 사회주의 현대화(혹은 사회주의 체제)의 성과(㉡, ㉢, ㉣), 국방 및 국가의 안전, 민족의 평등과 단결을 중시한 공산당의 민족·종교·통일 정책(㉤, ㉥, ㉦)의 세 분야로 분류될 수 있다.

역사 교육 분야에서 주목되는 부분은 교육 대상 시기가 중국의 전 역사라기보다는 근·현대사로 국한되어 있다는 점이다. 이것은 다민족 국가인 중국이 전통 시대(혹은 전 근대)에 빚어진 각 소수 민족끼리의, 혹은 한족과 소수 민족 간의 싸움 가운데 어느 쪽을 편들 수 없는 데서 비롯된 궁여지책이라고 할 수 있다. 이와 관련하여 중국 측 이론가의 말을 옮기면, 중국의 기나긴 역사 과정에서 각 민족(혹은 종족)마다 영웅과 애국자들을 배출시켰지만, 그들은 그 당시에 속한 조대朝代와 민족의 영웅 또는 애국자일 뿐이기 때문에, 현재 중국에서 말하는 전체적인 중국사에서의 중화민족의 영웅이나 애국자가 될 수 없다는 것이다. 그 때문에 중국의 거국적인 민족 영웅 또는 애국자는 근·현대에 와서 외래 자본주의 및 제국주의의 침략과 압박에 반대하는 과정에서 처음으로 나타날 수밖에 없었다는 것이다.[97] 이 말을 음미해보면, 오늘날 중국 정부가 표방하는 애국주의 혹은 애국자의 범주는 중국 내 각 민족의 평등을 전제로 모든 민족을 아우르는 중화민족이라는 개념이 도출되기 시작한 근대 이후의 시기나 인물로 국한되고 있음을 알 수 있다.

그러면 중국 역사에서 진정한 애국자는 누구인가? 1996년 10월에 행해진 장쩌민 주석의 다음 연설 내용을 살펴보면 중국 인민이 본받아야 할 애국주의의 전형이 누구인지가 분명해진다. "중국 공산당은 마르크스주의를 운용해서 국가와 민족의 운명을 직시해왔고 민족의 부흥, 국가의 부강을 위한 올바른 방향과 길을 가리켜 왔으며, 모든 애국자를 단결시키고 끌어들여 공동으로 분투해왔다. 중국 공산당은 중화민족의 우수한 전통을 계승하고 드높였으며 민족의 독립을 쟁취하고 국가의 주권을 지키려는 투쟁 속에서 최대의 희생과 공헌을 하였으며, 모든 각 민족 인민으로부터 충심의 사랑과 지지를 받아왔다. 중국 공산당원은 가장 굳건하고 가장 철저한 애국자이다. 중국 공산당의 애국주의는 중화민족, 중국 인민에게 애국주의의 최고의 모범이다."[98] 궁극적으로 중국 정부가 주창하는 애국주의의 최고 모범은 공산당이고 가장 철저한 애국자는 공산당원인 셈이다. 이것은 공산당의 기본 노선을 따르고 공산당원이 될 때 진정한 애국이고 애국자가 될 수 있다는 정부 차원의 메시지라고 할 수 있다.

애국주의 이론에서 사회주의 체제를 이끌어온 공산당을 애국주의의 전형으로 내세우고 있는 점을 볼 때, 애국주의 이론에도 '사회주의 정신 문명 건설론'과 마찬가지로 사회주의 체제의 이완 방지와 공산당에 대한 충성을 유도하려는 의도가 저변에 깔려있음을 엿볼 수 있다.

애국주의 교육 내용 가운데 공산당 및 사회주의 관련 분야에서 주목되는 또 다른 부분은 ㉣의 내용으로, "준법 습관을 길러 공민의 의무를 이행케 하고 국가의 이익을 수호하도록 해야 한다"는 점이다. 이것은 상술한 〈문제 결의〉에서 표방한 사상 도덕 건설의 기본 임무 — "㉠ 애국주의·집체주의·사회주의 교육을 견지하고 사회 질서와 예절, 사회적 봉사, 공공 기물과 환경의 보호, 준법을 내용으로 하는 사회적 공공 도덕, ㉡ 맡은 바 일을 사랑하는 것, 성실하게 신의를 지키는 것, 민중을 위해 일하고 사회에 봉헌하는 것을 내용으로 하는 직업 윤리 도덕, ㉢ 노인을 존경하고 어린애를 사랑하는 것, 남녀 평등, 부부의 화목, 근검 절약, 이웃 간의 단결을 내용으로 하는 가정 미덕을 건설"[99]해서 사람들로 하여금 중국적 특색을 지닌 사회주의를 건설하는 데 필요한 정확한 세계관·인생관·가치관을 수립하도록 인도하는 것 — 와도 일맥상통하는 내용이다. 또한 사회 질서의 유지와 준법은 최근 2008년 올림픽 개최권을 따낸 중국 정부가 더욱 강조하고 있는 분야이기도 하다.

끝으로 주목되는 부분은 중국 정부가 국방과 국가 안전 교육을 통한 군·정·민의 단결을 촉진하는 동시에, 홍콩·마카오·대만 동포들을 포함한 소위 중화민족의 애국·애향 활동을 널리 선전하거나 유도하여 그들의 애국 열정을 불러일으킴으로써 중국의 통일을 촉진하려고 한다는 점이다. 즉 애국주의는 중국 통일의 정신적 촉매제 역할도 하고 있는 셈이다.

3) 애국주의 교육의 추진 실태

한편 중국 정부에서는 다양한 방식을 통해 애국주의 교육을 실천하려고 노력하고 있다. 〈강요〉를 살펴보면, 중국의 애국주의 교육은 전체 인민(학교·군부대·향촌·도회지·정부 기관·기업체 등을 포함하여)을 대상으로 하고 있음을 알 수 있다. 각 기관·기업·향촌 등에서는 '사회주의 정신 문명' 건설에서 도출하고자 하는 '이상적인 중국인상', 즉 이상·도덕·규율·문화를 지닌 '사회주의 신인新人(公民)의 배양 책임을 지도록 요구받고 있다. 특히 청년 간부·직공·농민에 대한 애국주의 교육을 중시하고 문명 단위單位·문명 촌진村鎭의 건설 활동이 강조되고 있다. 도회지의 가도거민위원회街道居民委員會, 농촌의 촌민위원회村民委員會, 각급 공회工會·공산주의청년단·부녀연합회 등에서는 청소년 교육에서 차지하는 가정의 영향을 중시하여 애국을 좋은 가정과 문명적인 시(촌)민 교육의 중요한 내용으로 삼도록[100] 요구받고 있다.

애국주의 교육과 관련하여 주목해야 할 점은 교육의 중점이 대학교·중고등학교·소학교 및 공산주의청년단·소년대 등의 청소년에게 집중되어 있다는 것이다. 이것은 청소년이 장차 중국을 이끌어나갈 중추적인 계층이기 때문이다. 현재 청소년에 대한 애국주의 교육의 중요한 장소로 주목받는 곳은 학교이다. 중국 국가교육위원회에서는 〈중학·소학의 중국 근현대사 및 국정 교육 강화를 위한 총체적 강요中小學加强中國近代, 現代史及國情教育的總體綱要〉와 〈중학의 사상 정치, 중소학의 어문, 역사, 지리, 학과 교육 강요中學思想政治, 中小學語文, 歷史, 地理, 學科教育綱要〉를 반포하여 중국의 각 성·자치구·직할시의 교육 관련 기관으로 하여금 각 학과의 애국주의 교육의 분과 계획을 작성케 하고 애국주의 교육의 내용을 분류하여 이것을 관련 학과의 교실 수업 과정에 철저하게 반영하도록[101] 지시를 내렸다. 더 나아가 학교 교육은 《인민일보》에서도 지적하고 있듯이,[102] '사회주의 정신 문명' 건설의 기초 작업으로 중요시되고 있고, 애국주의 정신의 배양은 학교 정신 문명 건설의 중요한 목표로 자리 잡아 가고 있다.

애국주의 교육의 구체적인 실천 방안과 관련하여, 〈강요〉에서는 명절·기념일 등을 이용하여 참관·청소·정리 활동을 하게 하거나 애국주의 교육 기지基地를 이용하여 당黨·단團의 조직 생활과 소년대의 활동을 벌이고, 교육 기지의 환경 미화 및 시설 보호를 위한 의무 노동을 벌이며, 참관·사찰 활동에 맞추어 백일장·강연회·강좌·퀴즈 등의 교육 활동을 벌이도록[103] 지시하고 있다. 또한 〈강요〉에서는 각종 박물관·기념관·열사 기념 건축물·혁명 전쟁의 중요 싸움터·전투 기념 시설·문물 보호 지역·역사 유적·명승지·전시관 등을 애국주의 교육 기지로 적극 활용하도록 했다.[104] 그밖에 〈문제 결의〉에서는 대중 전달 매체·서적·잡지·영화·TV·각종 예술 활동·교실 수업뿐만 아니라, 중요한 기념일, 중대한 역사 사건이나 사회 활동, 국기나 국휘國徽의 게양, 국가 제창 등의 의식을 통해 애국주의 정신을 대대적으로 드높여야 한다는 점, 각 지역에서는 애국주의 교육 기지[105] 건설을 강화하고 국가는 몇몇 중요 애국주의 교육 기지를 확정해야 한다는 점[106]을 강조하였다. 여기에서 주목되는 점은 국기 게양이나 국가 제창 의식을 통한 애국주의의 고취 방식이다. 이 방식은 얼마 전 일본에서도 실시되었는데, 그때 중국 정부에서는 그러한 일본의 행태를 군국주의의 부활이라고 비난한 적이 있다. 그런데도 중국 정부 역시 그러한 방식을 통해 국가주의적 국민 통합을 시도하고 있는 것이다.

현재 각종 기념일을 활용한 애국주의 교육의 대표적인 사례로는 '5·4운동' 관련 각종 행사를 들 수 있다. 후진타오胡錦濤의 연설 내용에서도 알 수 있듯이, 5·4운동은 오늘날 "철저하고 비타협적으로 반제 반봉건의 애국 주제를 분명하게 관철시키고, 사상 해방을 적극적으로 추진한 신문화 운동으로서, 몇 천 년 동안 이어져 온 봉건적인 낡은 예교禮敎·낡은 도덕·낡은 사상·낡은 문화들에 충격을 가하고 씻어냄으로써 신문화가 중국에서 광범위하게 전파될 수 있는 길을 열어놓은"[107] 애국 계몽 운동으로 평가받고 있다. 이러한 평가에 입각하여 중국 정부는 공산당의 신민주주의 혁명 과정을

"5·4운동의 애국·진보·민주·과학 정신이 끊임없이 드높여진 과정"[108]으로 등치시키고 자신들이 5·4운동의 전통을 계승하고 드높여왔음을 피력함으로써 공산당의 혁명을 정당화하고 사회주의 노선 추구가 역사적 전통에 바탕을 둔 것임을 분명히 하고 있다.

그런데 여기에서 주목되는 점은 5·4운동이 지닌 두 가지 측면—반제 반봉건의 애국 운동과 사상의 계몽·해방을 위한 신문화 운동—가운데 애국 운동에 중점을 두고 있다는 것이다. 그 결과 5·4운동이 지닌 계몽 운동, 특히 자유 민주주의 사상의 실현이라는 측면은 애국 운동의 그늘에 가려져 있다. 이것은 후술하겠지만, 리저허우李澤厚가 지적한 것처럼 '구망救亡'의 논리 속에 '계몽'이 매몰되어온 중국의 역사적 현실이 반영된 결과로서, 애국주의가 지닌 한계의 일면을 보여준다.

그렇다면 몇몇 사례들을 통해 최근 중국에서 애국주의 교육이 실제로 어떻게 이루어지고 있는지를 알아보자. 먼저 애국주의 교육 기지를 활용한 교육 사례로서, 1992년 북경시 정부는 청소년의 애국주 열정을 촉발시키기 위해 중국인민항일전쟁기념관(노구교盧溝橋 부근 완평 성내宛平城內에 소재)을 '북경 청소년애국주의교육기지'로 정하였다. 이 기념관에서는 영향력을 확대하고 기념관의 선전 교육 기능을 발휘하기 위해 주도적으로 북경시, 중앙 기관, 군부대, 기업체, 학교 등지에 기념관의 소개 책자를 발송했고 연락 팀을 만들어 각 전문학교, 대규모 공장, 광산, 기관에 가서 기념관의 업무 사항 등을 소개했다. 그 결과 최근 수백 개의 북경시·중앙 기관·군부대·교육 기관·공산주의청년단·공회·부녀연합회·민병·기업체가 정기적으로 이 기념관에 와서 각종 형식의 입당·입단 선서 의식, 신병 입대 의식, 노병老兵 제대 의식 등을 거행했다.[109] 특히 영국과 프랑스 연합군 및 8국 연합군에 의해 훼손되고 불태워진 웬밍웬圓明園은 제국주의 열강의 침략 만행을 상징하는 애국주의 교육의 산실로 활용되고 있다.[110] 또한 1996년 호북성 홍호洪湖시에서는 애국주의 교육을 '사회주의 정신 문명' 건설을 강화하는 중요한 내용으로 삼아 10여 년 간에 걸쳐 대중들을 상대로 애국주의 교육을 실시하였다. 이 과정에서

15만 명의 청소년들에게 사료 조사, 사적지 답사, 혁명가革命歌 30수, 혁명 열사의 유언遺言 500여 개, 혁명 이야기 1,000여 편 등을 수집·정리하게 했다. 또한 홍호시에서는 애국주의 교육을 일상화하기 위해 '시급市級 문명 단위' 330개, '쌍문명호雙文明[111]戶' 170호, '십성문명농가十星文明農家' 5,000여 호, '지방급 문명 단위' 23개, '성급 문명 단위' 3개를 지정하여"[112] 이들을 애국의 실천 본보기로 삼아 애국주의 열정을 고취시키고 있다.

다음에 학교에서의 애국주의 교육 사례로서, 하남성의 실험 소학교의 경우 학생들의 연령이나 수준에 따라 다양한 형식의 애국주의 교육을 펼쳤다. 저학년의 경우 수도·국기·국휘를 인식시키는 것에 중점을 두었고, 중간급 학생에게는 조국의 풍부한 물산, 명승 고적 등을 이해하게 했다. 고학년에게는 교실 수업을 통해 학생들로 하여금 조국의 판도版圖, 고금古今의 과학자의 업적과 민족 영웅의 애국 활동 등을 이해하게 했다.[113] 또한 1996년 11월 국가 교육위원회와 관련 기관은 중·소학교에 100편의 애국주의 관련 영화 필름, 100곡의 애국주의 관련 가곡, 100종의 애국주의 교육 도서 등을 추천해서[114] 이것들을 애국주의 교육의 중요한 자료로 활용하도록 했다.

끝으로 〈강요〉에서도 지시하고 있듯이, 애국적인 인물의 발굴과 선전을 통한 애국주의 교육의 확산 방식은 중국 정부에 의해 자주 활용되는 방식이다. 특히 각급 당·정 지도 선전 부문에서는 개혁 개방 이래 각 분야에서 애국심을 가지고 특출한 공헌을 한 모범 인물들을 배양·발굴·선전해서 사회의 견본으로 삼도록 하는 동시에 청소년들의 숭배 대상 혹은 학습의 본보기로 삼도록 지시했다. 그밖에 대학·중고등학교·소학교의 교실·도서관·강당에는 중화민족의 발전을 위해 공헌을 한 지도자·선열·유명 인사의 초상화·시詩·격언格言 등을, 기업체나 도회지 농촌의 공동 장소에는 해당 지구·업체·기관·부문별로 모범적인 노동자의 초상화나 사진을 걸어두게 함으로써 애국자의 활동을 추종하도록 했다.[115]

중국에서의 애국주의 열풍은 홍콩 반환을 계기로 더욱더 고양되기 시작했는데, 이때는 애국주의를 주제로 한 연극·가무·교향악·영화·TV·경극京劇·

월극越劇·전람회·영어 연설 대회 등이 활발하게 전개되었으며,[116] 애국주의 교육의 시범 기지에서도 각종의 보고 대회가 열리기도 했다.[117] 1999년에는 마카오의 반환과 유고슬라비아 주재 중국 대사관에 대한 미국의 오폭 사건이나 해남도에서의 미군 정찰기 불시착 사건을 계기로 중국 내에서의 애국 열풍이 고조된 적이 있다. 이제 '애국'이라는 '상상의 공동체 정서'가 중국에서 고양되고 있는 것이다. 이것은 최근에 불거진 동북아 역사 논쟁을 격화시키는 잠재적 요소로 작용하고 있기도 하다.

4) 중·고교 역사 교과서와 애국주의

그렇다면 전술한 것처럼 중국의 애국주의(혹은 민족 영웅이나 애국자)가 근·현대 시기만을 적용 대상으로 삼고 있다는 점을 염두에 두고, 중국의 근·현대 중·고교 역사 교과서와 애국주의의 상관성을 고찰해 보자. 다만 본고에서는 5·4운동 이후의 현대사 시기는 배제하고 근대 시기의 역사 교과서 내용만을 분석 대상으로 삼으려고 한다. 왜냐하면 5·4운동과 공산당사에 관한 중국 정부의 공식적인 평가는 전술한 대로 교과서에 그대로 반영되어 있기 때문이다. 그리고 5·4운동 이후의 현대사 시기는 중국 공산당과 직접 관련된 부분인 만큼, 중국의 국정 교과서에서는 신민주주의 혁명이 역사적인 필연이었고 그것을 달성하기 위해 중국 공산당은 가장 철저하고 영웅적으로 투쟁해 왔다고 하여 공산당을 애국주의의 전형으로 묘사하고 있다. 따라서 애국주의가 역사 교과서의 현대사 부분에 어떻게 투영되고 있는지는 불문가지이다. 단지 현대사 분야에서 언급하고 싶은 부분은 《고교 근·현대사》[118]에서 1982년 중국 공산당이 애국 통일 전선의 결성을 제기한 뒤, 조국 통일을 지지하는 대만·홍콩·마카오 동포와 해외의 화교들 대다수가 조국 통일, 중화의 진흥이라는 애국주의 깃발을 높이 치켜들고 조국의 통일과 건설을 위하여 노력하고 있다는 점을 부각시키고 있다는 점이다(142쪽).

아편전쟁과 관련해서 《중학 역사》[119]에서는 아편 소각 행위를 금연禁煙 투쟁에서의 중국 인민의 위대한 승리이자 외국의 침략에 반대한 중화민족의 굳건한 의지를 과시한 것으로, 그리고 이 투쟁을 이끈 린저쉬林則徐를 중화민족의 영웅으로 평가하고 있다(31쪽).《고교 근·현대사》역시 비슷한 평가를 내리고 있다(4쪽). 특히《중학 역사》에서는 삼원리三元里에서의 중국 인민의 항영抗英 투쟁 사실이, 그들의 깃발·무기, 영국군으로부터 노획한 군복·무기에 관한 사진과 더불어 자세히 기술되어 있고, 흑수당黑水黨의 항영 투쟁 과정과 이 전쟁에서 전사한 거윈페이葛雲飛 및 강남제독 천화청陳化成의 투쟁 상황이 지나치다 싶을 정도로 길고도(반쪽 가량) 상세하게 묘사되어 있다. 이와 아울러 영국군의 야만성과 부도덕성, 남경조약의 내용 등이 상세하게 기술되어 있다(34~36쪽). 교사용《교학서敎學書》[120]에서는 중국 군민軍民의 완강한 저항과 청조의 타협적이고 투항적인 자세를 대조시킨 가운데, 아편전쟁은 중국 군민이 침략에 반대한 굳건한 의지와 애국주의의 숭고한 정신을 표현한 것이라는 점을 학생들에게 인식시키도록 강조하고 있다(52쪽).

제2차 아편전쟁과 관련해서《중학 역사》에서는 남해현南海縣과 반우현番禺縣 인민의 투쟁 상황이 약 반쪽에 걸쳐 상세하게 소개되어 있고,《고교 근·현대사》(15~16쪽)와 마찬가지로, 영·불 연합군의 만행과 약탈 행위, 이 전쟁 결과 체결된 각종 조약의 내용과 제정 러시아의 중국 영토 침탈 현황 및 판도 등이 상세하게 기술되어 있다(52~55쪽). 또한《고교 근·현대사》에서는 아편전쟁 과정에서 순직한 청조의 애국 장령들의 일람표를 적시함으로써 애국자들을 일일이 밝힌 반면, 영·불 양국에 의해 순무로 임명되어 4년간 광동을 식민 통치한 바이꾸이柏貴 정권을 중국 근대사상 최초로 출현한 지방 괴뢰 정권으로 평가하여(13쪽) 애국과 매국을 극명하게 대조시키고 있다. 교사용《교학서》에서는 웬밍웬을 불태운 것은 침략자의 만행이고 중화민족의 국치라는 점, 그것이 영원히 중화민족의 분발과 진흥을 자극하고 있다는 점을 부각시키도록 지시하고 있다(81쪽).

《중학 역사》에서는 태평천국운동을 "중국 근대사에서 가장 위대한 반봉건 반침략의 농민 운동으로써 중외中外의 반동 세력에게 심각한 타격을 준 중국 농민 전쟁의 최고봉"으로 평가하고 있다(49쪽). 교사용《교학서》에서는〈천조 전묘제도天朝田畝制度)가 토지 혁명 강령으로서 수많은 농민들의 토지 획득 열망이 반영된 것이라는 점, 태평천국 영웅들의 불굴의 투쟁 정신을 배우고 계승하고 드높여야 한다는 점을 학생들에게 인식시키도록 명시하고 있다(63쪽).

양무운동에 관해서 《중학 역사》에서는 중국을 부강한 길로 이끌지는 못했지만 중국 자본주의의 발전을 자극하고 외국 경제 세력의 확장을 저지하는 데 일정한 작용을 한 것이라 하여 경제적 측면에서의 애국성을 평가하고 있다(61쪽).

변강의 위기와 관련하여, 《중학 역사》에서는 영국군의 티벳 침략에 맞서 싸워 이곳을 탈환한 쭤종탕左宗棠의 투쟁 사실과 그의 초상화가 관련 지도와 더불어 근 한쪽에 걸쳐 서술되어 있다(63~64쪽). 청불전쟁中法戰爭과 관련해서는 리훙장李鴻章의 매판성이 부각됨과 아울러 훵쯔차이馮子材의 영웅적인 투쟁 사실이 그림과 더불어 3분의 2쪽에 걸쳐 상세하게 기술되어 있다(66~67쪽). 교사용 《교학서》에서는 그 위기 과정에서 중국 군민이 벌인 투쟁이 침략에 반대하고 조국의 변강을 보위하려는 정의의 투쟁이라는 점, 청 정부의 유약성柔弱性, 특히 청불전쟁에서 승리했음에도 침략자와 매국賣國 조약을 체결하여 중국을 반半식민지 반봉건 사회로 전락시킨 행위를 부각시키도록 명시하고 있다(101쪽). 이 부분에서도 애국과 매국의 극명한 대조를 통해 학생들에게 앞으로 취해야 할 방향이나 각오가 무엇이어야 하는지를 명확하게 제시해 주고 있다.

청일전쟁中日甲午戰爭과 관련해서 《중학 역사》에서는 회족回族 출신의 청나라 장군 쭤빠오꾸이左寶貴의 항일 투쟁 상황과, 덩쓰창鄧世昌이 이끈 북양함대北洋艦隊의 장렬한 죽음, 정루창丁汝昌의 자살 상황 등이 연극 대본처럼 상세하게 기술되어 있다(69~71쪽). 교사용 《교학서》에서도 그들이 민족의 영웅이라는 점과 그들의 투쟁 상황을 학생들에게 주입시키도록 지시하고 있다(110쪽). 이와는 달리 《중학 역사》에서는 일본군의 만행, 이 전쟁의 결과 맺어진 조약 내용과 각국 열강의 제국주의적 침탈 상황을 그림·도표·지도와 함께 몇 쪽에 걸쳐 기술함으로써 외래 침략자의 침략성을 폭로하고 그들의 행위에 대해 적개심을 품도록 유도하고 있다(72~74쪽).

무술변법維新變法運動과 관련해서 《중학 역사》에서는 츠시태후慈禧太后와 위엔스카이袁世凱의 매국성을 부각시킨 반면에, 변법 과정에서 목숨을 잃은 무술6군자戊戌六君子, 특히 탄쓰퉁譚嗣同을 애국적인 인물로 평가하고 있고 그가 장렬하게 죽어가는 상황을 자세히 묘사하고 있다(84~85쪽).

의화단운동義和團運動과 관련해서 《중학 역사》에서는 의화단이 8국 연합군과 용감하게 싸운 내용과 과정, 8국 연합군의 만행과 조약 내용 등이 그림 · 지도 등과 같이 상세하게 기술되어 있고, 침략군의 만행이 상세하게 기술되어 있다(88~91쪽). 교사용 《교학서》에서는 그들의 무자비한 침략과 약탈 · 만행을 알리는 동시에 중국 인민은 1900년 그 해의 국치와 국난을 잊어서는 안 된다는 점, 의화단과 애국적인 청나라 군대의 굳센 투쟁은 중국 인민의 불요불굴의 투쟁 정신이었다는 점을 부각시키도록 지시하고 있다(137쪽).

신해혁명辛亥革命과 관련해서 《중학 역사》에서는 혁명파들의 활동과 이상, 각종 무장 봉기 상황 등을 높이 평가한 반면에, 위엔스카이의 반동성 · 매국성 등을 상세하게 기술하여 이 양자의 극명한 대조를 유도하고 있다(94~98쪽). 교사용 《교학서》에는 신해혁명이 중국 근대사상 가장 위대한 반제 반봉건의 자산 계급 민주혁명으로서 위대한 역사적 의미를 지니고 있다는 점을 학생들에게 인식시키도록 명시하고 있다(169쪽).

상술한 근 · 현대 중국의 중 · 고교 역사 교과서 내용의 특징들을 살펴보면 다음과 같다. 첫 번째 특징은 애국자(혹은 애국 행위)와 매국자(혹은 매국 행위)를 극명하게 대조시켜 학생들로 하여금 애국자에 대해서는 찬사와 칭송을, 매국자에 대해서는 비난과 분노를 퍼붓도록 자연스럽게 유도함으로써 그들이 앞으로 취해야 할 행동이 어떤 것이어야 하는지를 분명하게 제시하고 있다는 점이다. 두 번째 특징은 중국의 애국 인사나 군민들의 굳건한 반反 침략 투쟁 사실과 제국주의 열강의 침략 및 각종 만행 등을 마치 영화의 시나리오처럼 지나칠 정도로 상세하게(때로는 장렬하게, 때로는 잔인하게) 그리고 대조적으로 묘사함으로써, 중국 인민의 애국주의가 역사적인 전통에 기반을 두고 있다는 점, 제국주의 열강의 잔학성과 침략성을 부각시킴으로써 학생들로 하여금 조국과 민족의 주권을 수호해야 하고 그렇게 하기 위해서는 단결해야 한다는 점을 은연중에 암시하고 있다는 점이다. 마지막 특징은 근·현대 시기의 최대 과제가 반제 반봉건의 신민주주의 혁명으로서 이것은 공산당의 영도 하에 실현되었으므로, 공산당은 가장 애국적인 영웅이라는 것을 학생들에게 자연스럽게 부각시키고 있다는 점이다. 이와 아울러 근·현대 중국의 모든 모순은 공산당과 사회주의 조국에 의해 해소되었다는 것을 학생들에게 각인시키고 있다는 점이다.

이처럼 근·현대 중국의 중·고교 역사 교과서에는 침략(혹은 수탈) ↔ 반反 침략(혹은 저항), 매국 ↔ 애국이라는 선악의 이분법적인 역사관이 관철되고 있다. 또한 거기에는 제국주의 침략에 대한 강한 적개심과 반발 혹은 민족적 배타성이 강하게 분출되고 있다. 분명 중국은 근대 이후 다른 어떤 민족이나 국가보다도 장기간 그리고 무자비한 외국의 침략을 경험했고 그에 맞서 지난한 투쟁을 전개해 왔다. 그렇기 때문에 중국인이 그러한 역사 인식이나 민족 정서를 지니고 있다는 점은 쉽게 이해할 수 있다. 또한 중국의 근·현대 역사 속에서 침략(혹은 수탈) ↔ 반침략(혹은 저항)의 충돌 국면이 많은 비중을 차지한 것도 사실이다. 그리고 애국주의를 체제 이데올로기보다 앞에 내세운 채 민족적 정서에 호소해서 민족의 단결과 통일을 실현하려는 중국식의 애국주의 교육은, 지역 간·계층 간 갈등의 골이 점점 깊어지고 남북 분단 현실에 직면해 있는 우리나라에게도 필요한 국가적 과제일지도 모른다.

그러나 이제 미국에 대해 'NO!' 라고 할 수 있는 유일한 강대국임을 자처하는 중국이, 여전히 식민지 시기의 저항 이데올로기인 배타적 민족주의(중국에서는 '민족주의' 라는 표현을 쓰지 않고 있지만)를 지나칠 정도로 어린 학생들에게 주입시키고 있다는 사실은, 세계화 시대에 걸맞은 중국의 능동적인 역할을 기대하는 우리에게는 '구원舊怨에 사로잡힌 속 좁은 거인'을 연상시켜 주고 있다. 더욱이 중국의 근·현대사가 침략 ↔ 반침략의 민족 대결 양상이 빈번했다는 점을 충분히 인정한다고 해도, 인간의 생활 양식이나 심리 구조를 상술한 두 범주로만 나누는 역사관 속에서는, 자칫 이 양자의 어느 쪽에도 있지 않은, 동물적인 생존 자체에 매달릴 수밖에 없었던 당시의 보통 인간들(적어도 이런 범주의 사람들이 가장 많았으리라고 추측되지만)은 배제될 수밖에 없고, 그들은 중국인의 역사 의식 구조 속에 자리 잡지 못하는 '역사적 미아' 혹은 '비非 국민'으로 남게 될 것이다. 중국의 역사 교과서에서는 '침략(혹은 수탈) ↔ 반침략(혹은 저항) 사이의 회색지대' 혹은 거기에서 살아간 보통 사람들의 이야기를 찾아볼 수가 없다. 그러한 역사관이 주입된 중국 청소년들의 눈에는 자칫 적과 아군이라는 단순한 적대적 세계 질서만이 비쳐질지도 모른다. 이미 역사적 경험이 말해주듯이, 침략 ↔ 반침략의 이분법적 역사 구도 속에서 저항 이데올로기가 지배(혹은 억압) 이데올로기로 전화될 개연성이 충분하다는 점을 염두에 둔다면, 중국에서 불고 있는 애국주의 열풍은 자칫 주변국에 대한 잠재적 위협으로 비쳐질 수도 있다. "식민화의 과정은 저항 민족주의의 형성과 함께 식민주의·제국주의의 이미지를 식민지인에게 내면화시켰다. 그래서 민족주의와 근대의 이면에는 식민주의와 제국주의라는 또 하나의 얼굴이 있다"[121]는 지적이 새삼 뇌리를 스친다.

5) 애국주의(교육)의 한계

주지하듯이, 다민족 국가인 중국에서는 근대 이후 뿌리 깊은 대한족주의大漢族主義와 이에 맞선 소수 민족의 지방 민족주의가 복잡하게 얽혀서 갈등·대립·충돌하고 있었다. 중국에서의 민족주의의 대두는 자칫 중국 내 각 민족 간의 분열을 야기할 여지가 많았다. 그래서 민족주의를 '자산 계급 및 모든 착취 계급의 사상이 민족 관계에 반영된 것'으로 인식하고 있던 중국 공산당으로서는 자연히 민족주의에 대해 부정적인 태도를 지니게 되었다. 그 결과 중화인민공화국 수립 이후 중국에서는 '민족주의'라는 용어가 거의 사용되지 않았다. 다민족 국가인 중국에서는 개개 민족의 민족주의 대신에 중화인민공화국을 형성하고 있는 모든 민족을 아우르는 중화민족의 애국 정신, 즉 '애국주의'를 함양시키려고 노력해 왔다.

특히 개혁 개방 이후 애국주의는 중국 사회에서 빈번하게 주창되기 시작했다. 개혁 개방이 심화되면서 사회주의 체제에 대한 중국 인민의 회의감이 확산되고 사회적 이완 현상이 격화되는 속에서 일부 변강 민족의 분리 독립 운동이 일어나자 애국주의는 더욱 더 주목을 받기 시작한 것이다. 그 결과 일개 민족의 민족주의가 아닌, 중화민족에 속한 모든 민족의 민족주의의 총합이라고도 할 수 있는 애국주의는, 사회적 설득력을 상실해가는 '사회주의' 이념을 대신할 수 있는 새로운 국가 이데올로기로서 확고하게 자리를 잡아가고 있다. 이것은 '사회주의 정신 문명 건설론'이 최근에 중국 사회에서 잠복해버린 데 비해, 애국주의가 여전히 중·일 간의 갈등과 겹쳐져 사회적 위력을 발휘하고 있는 데서도 알 수 있다.

중국의 애국주의 교육은 대내적으로는 개혁 개방과 더불어 중국 인민 사이에 서구 열강에 대한 동경심과 아울러 자국에 대한 회의감·비하감이 확산되면서 야기된 사회적 이완을 저지하고 중화민족의 단결과 통일을 고취하여 중화민족을 부흥시키려는 국가 이데올로기이다. 대외적으로는 동구 사회주의 체제의 붕괴로 사회주의 체제에 대한 회의감이 확산되는 가운데 미국을 필두로 하는 서구 열강들의 중국 견제와 체제 붕괴 의도에 맞서, 인민의 애국 열정을 사회주의에 대한 신념 고취로 유도하여 체제를 유지·강화시키려는 국가 이데올로기이다.

이러한 교육 목표에 따라 중국 정부에서는 1990년대에 접어들어 국가적 차원에서 전국적으로 그리고 전체 인민을 대상으로 다양한 방식을 동원하여 애국주의를 고취하는 동시에 그 교육을 강화하고 있는 실정이다. 특히 애국주의 교육의 중점은 청소년 학생들에게 두어지고 있으며, 국정國定의 역사 교과서에는 침략(혹은 수탈) ↔ 반침략(혹은 저항), 매국 ↔ 애국이라는 선악의 이분법적인 역사관이 관철되어 있고 애국주의가 강렬하게 반영되어 있다.

최근의 동북아, 특히 중·일 간에 전개되는 민족주의적 갈등 양상을 보면, 중국의 애국주의는 일본의 우경화 흐름에 대한 안티테제이자 중국민의 반일적 적개심을 고취시키는 동시에, 대내적으로는 중화민족의 단결을 강화시키는 촉매제로 작용하고 있다. 대외적으로 애국주의는 중화민족의 자긍심뿐만 아니라 대외적 배척심도 부분적으로 표출하고 있는 양상이다. 이러한 기류에 편승하여 중국 정부 역시 끊임없이 애국주의를 고취시켜 중화민족의 단결을 촉구함으로써 사회주의 체제의 이완에 따른 계층 간·지역 간·민족 간·도농都農 간의 갈등을 해소하는 데 주력하고 있다.

　결론적으로 '사회주의 정신 문명' 건설론이 사회적 설득력을 상실해가는 사회주의 이념을 보완하고 그 이념의 정당성을 회복시키는 데 중점을 두었다면, '애국주의'는 사회주의 이념의 틀을 넘어서 그것을 대체할 수 있는 새로운 국가 이데올로기로서 중화민족의 자긍심 고취와 단결을 위한 이념적 동력으로 작용하고 있다. 궁극적으로 '사회주의 정신 문명' 건설론이나 애국주의(교육론)는 중국의 국가 이데올로기로서 중화민족의 단결을 고취해서 '중화민족의 대가정'을 만들기 위한 정치 사상 이론의 핵심을 이루고 있다.

　그런데 중국의 애국주의 교육은 다음과 같은 점에서 문제점을 안고 있다. 우선 중국 정부의 최대 당면 과제인 사회주의 현대화 건설의 중요한 사상적 토대가 애국주의·집체주의·사회주의라는 데서 말해 주듯이, 그리고 이제까지 살펴본 것처럼 애국주의에서 '애'의 대상(즉 '국')이 중화민족의 국가, 사회주의 조국을 의미하듯이, 애국주의(교육)에는 민족·국가·조국·집체·사회에 대한 충성·사랑·배려 등이 최우선적인 가치로 여겨지고 있다는 점이다. 그 결과 인민에게는 과거의 전통 왕조에서 백성들에게 그랬던 것처럼 수직적으로 바쳐져야 할 충성만이 요구되고 있다. 거기에서 수평화된 자유와 개성·인권·민주주의가 자리 잡을 수 있는 공간을 찾아보기는 어렵다. 〈공산당 선언〉에 "각 개인의 자유로운 발전이 모든 인간의 자유로운 발전의 조건"이라는 기본 명제가 포함되어 있음에도 불구하고, 사회주의 중국 정부가 주창하는 애국주의에는 민족·국가·조국·집체는 있을지언정 개인은 묻혀져 있다. 이처럼 중국 정부가 인민들에게 중화민족과 사회주의 조국에 대한 무조건적인 사랑과 충성을 고취함으로써 중국 내 소수 민족·계급·성·세대·종교 등 인간의 다양하고 복합적인 정체성을 '애국' 하나로 환원시키려고 한다면, 결과적으로 애국주의는 인민 개개인의 개성·자유·욕망 등을 억압하거나 '집체 지상주의'가 지닌 사회적 병폐를 은폐하는 기능을 하게 될지도 모른다. 또한 인민의 자발성에 입각한 것이 아니라 통치 집단의 의도에 따라 윤색된 애국주의는, 애초에 중국 정부가 의도한 통합의 기능을 벗어나 배제와 억압의 도구로 작용할 여지도 충분히 있다.

이처럼 집체적 가치만이 난무하고 개체적 가치가 도외시되는 '국가주의적 민족 의식'으로서의 애국주의는 개인의 이성이나 개성 혹은 합리적 가치 판단 속에서 자연스럽게 도출되어 집약된 상향적 집단 의식이 아니다. 애국주의는 사회주의 체제의 붕괴 위기에 직면한 중국 정부(구체적으로 말하면 중국 공산당)가 그들만이 느끼는 구망救亡의 절박감 속에서 체제의 유지·강화, 민족의 단결과 그것을 바탕으로 한 중국의 통일 실현을 위해 위로부터 과장하고 유포시킨 관제적인 통치 이데올로기이다. 이 점을 고려해 본다면, 중국의 애국주의는 자칫 허위 의식false consciousness으로 그쳐버릴 수도 있다. 이러한 측면은 이미 중국의 저명한 철학자 리저허우李澤厚가 냉철하게 꿰뚫어 보고 있다.

"1949년 중국 혁명의 성공은……진부한 습속들을 얼마간 제거하였다. ……하지만 사회 발전사의 필연적 법칙과 마르크스주의의 집단주의적 세계관과 행위 규범이 전통적인 낡은 이데올로기를 대신하던 당시에, 봉건주의적 '집단주의'가 이미 상당히 뒤바뀐 모습으로 유유히 여기에 침투하기 시작하였다. 차이를 부정하고 개성을 말살하는 평균주의, ……서구 자본주의 문화에 대한 배척 등은 '실질적으로는 농민 혁명'의 거대한 승리에 수반하여 마르크스주의적 사회주의나 프롤레타리아트 집단주의라는 명목으로 의식적·무의식적으로 전체 사회 및 지식인 사이에서 만연하기 시작하였으며 사람들의 생활과 의식을 다스리게 되었다. '부르주아지·소부르주아지의 개인주의를 비판'하는 것을 특징으로 하는 정풍 운동이나 사상 개조 운동은 혁명 전쟁 시기에 큰 효과를 거두었지만 평화적 건설 시기에 다시 진행되자 오히려 자본주의보다 더 낙후된 봉건주의에 대한 경계와 반대를 가로막거나 아니면 느슨하게 만들었다. 특히 1950년대 중·후기에서 문화대혁명에 이르기까지 봉건주의는 사회주의의 명의를 빌려 더욱더 기승을 떨치면서 자본주의를 반대하고⋯⋯이 것은 마침내 중국의 의식을 봉건적인 전통의 전면적인 부활이라는 경지로까지 몰아넣었다."[122]

결국 개인주의·서구적 민주주의가 배제된 채 집단주의적 사회주의 원리만을 사회적 진리로 받아들이도록 요구되는 상황 속에서, 사회주의 체제에 반대하고 회의감을 표명하거나 중국 정부의 국책에 따르지 않는 사람들은 비非 공민(중국에서는 국민이라는 용어를 거의 사용하지 않고 있다)으로 매도될 여지가 많다. 이것은 국민 국가가 지닌 해방의 기능보다도 억압의 기능이 강화될 수 있음을 의미한다. 니시카와 나가오西川長夫가 지적한 것처럼, 국민(중국 측 표현을 빌린다면 인민)은 또 다시 국가에 의해 만들어지고 강제된 조국애에 의해 강요당하고 있는 것이다.[123] 리저허우의 지적처럼, 근대 이후의 중국 역사에서 계몽 차원에서의 자유와 개성·민주의 실현이 번번이 '구망'과 '혁명'의 기치 하에 좌절되었듯이,[124] 사회주의·집단주의·민족주의·국가주의를 가치의 근간으로 삼은 '중국적' 애국주의의 주창은 근대적 자유 민주주의와 개인주의의 실현을 또 다시 요원한 과제로 남길지도 모른다.

한편 중국에서는 일찍이 "진정한 애국주의는 기타 민족의 평등을 존중하고 동시에 세계 인류의 우수한 이상이 자기 국가 내에서 실현되기를 희망하며 각국 인민들의 친선과 단합을 주장한다"[125]고 하여 중국의 애국주의가 국제주의에 입각하고 있음을 분명히 하였다. 또한 최근 장쩌민도 중국의 애국주의가 '협애한 민족주의'와 근본적으로 다르다는 전제 하에 대외 개방을 견지하고 세계 각 민족의 장점을 배우고 선진적인 과학 기술과 경영 관리 경험을 적극적으로 받아들일 것을 역설했다.[126]

그러나 어느 민족 어떠한 형태의 민족 국가이든지 민족주의는 다른 민족 혹은 다른 국가와의 '구별'을 전제로 한 민족 감정을 바탕으로 형성되었다는 점을 고려해 볼 때, 그리고 중국의 애국주의 역시 기본적으로 다민족의 국민 국가를 토대로 한 민족주의를 한 축으로 삼고 있다는 점을 염두에 둘 때, 그 것이 배타성을 띠고 있다는 점을 부정할 수는 없다. 비록 다른 민족, 다른 국 가와의 호혜 평등을 전제로 하고 있다고 할지라도, 민족적 배타성과 차별적 의식이 완전히 극복되지 못한 민족적 애국 열정이 원래의 틀을 벗어나 솟구 칠 때, 그 열정에서 비롯된 애국주의는 단순한 저항 이데올로기를 넘어서 패 권적이고 지배적인 억압 이데올로기로 전화될 개연성마저 띠게 된다. 즉 획 일화되고 정치적으로 정제整齊된 중화민족의 민족주의로서의 애국주의가 중 국 내 소수 민족의 역사적·문화적 특수성과 그것에 입각한 민족 정체성과는 상관없이, 소수 민족이 중화민족이라는 전제 하에 소수 민족이라면 누구나 지녀야 할 신념으로서 강제되고 있다. 그 결과 중국의 애국주의는 중국 내 소 수 민족과 역사적·문화적·혈통적으로 궤를 같이 하고 있는 중국 주변 국가 와의 갈등까지 야기하고 있다. 이처럼 중국의 애국주의는 '팽창적 문화주의' 의 속성을 지니고 있기 때문에 '신중화주의'의 특성을 지니고 있다고 할 수 있다. 이와 관련하여, "식민지 지배에서 해방된 신흥 국가가 국민 국가를 만 들면서 과거에 비판을 가했던 지배적인 열강의 국민 국가와 동일한 기능을 수행하는 국가로 변질되어 버렸다"[127]는 니시카와 나가오의 지적은 깊이 음 미해 볼 필요가 있다.

한편 중국 정부의 국민 통합을 위한 이데올로기는 정치 사상 분야에만 국 한된 것은 아니다. 정치 사상 분야보다 더 폭넓은 분야이자 중국 국가의 정체 성과도 관련된 작업으로서, 중국 역사 자체를 현재의 필요에 따라 재해석하 려는 노력이 개혁 개방 이후 활발하게 전개되어 왔다. 그 결과가 '통일적 다 민족 국가론'이다. 제1부에서 살펴본 '사회주의 정신 문명 건설론'은 체제 유지를 위한 국민 윤리 교육의 성격을 띤 이데올로기라고 할 수 있다. '애국 주의(교육론)'는 사회주의 체제 논리를 대신할 중화민족의 민족주의로서 체 제 이완 현상을 불식하고 민족 단결을 고취시키려는 국가 이데올로기라고 할 수 있다. 이에 비해 '통일적 다민족 국가론'은, 역사적으로 다수 민족이 세운 다양한 왕조들이나 민족들이 병존·충돌·통일·융합·분열하여 복잡하게 얽혀버린 상황에서, 이들 민족이나 왕조들을 중국 민족이나 역사에 귀속시킬 수 있는지를 둘러싼 갈등을 잠재우고, 중국 역사의 정체성을 확립해서 중화민족의 당위성과 일체감을 증폭시켜 중국의 국가적 정체성과 중화민족의 단결을 고양시키려는 역사 방면의 국가 이데올로기라고 할 수 있다.

제3부

'중화민족 대가정'을
만들기 위한 역사 이론

●●●●
'통일적 다민족 국가'의 형성론

오늘날 중국에서 '중화민족 대가정 만들기'의 역사 이론으로 창안된 것이 '통일적 다민족 국가론'이다. '통일적 다민족 국가론'에 의하면, 중국은 한족과 다수의 비非 한족이 서로 경쟁하면서 분열되기도 했지만 기본적으로는 대일통大一統의 오랜 전통에 의해 여러 민족이 단결·융합하면서 통일적인 국가, 즉 '통일적 다민족 국가'를 형성해왔다는 것이다. 이 논리에 따르면 오늘날 중국의 영토 안에 존재했거나 존재하는 모든 민족은 '중국'이라는 역사 공동체를 형성하는 데 일정한 역할을 해왔다는 것이다. 그래서 중화인민공화국 영토 내에 존재했거나 존재하는 모든 민족은 모두 중국을 구성하는 중화민족(중국민족)이고, 그들이 역사 속에서 행해왔던 모든 역사적인 활동이나 그들이 세운 왕조들은 모두 중국의 역사적 내용이고 중국의 왕조이며, 각각의 왕조들이 관할하고 있던 각각의 강역(영토)들의 총합이 역사상 중국의 강역이라는 것이다.

'통일적 다민족 국가론'에서 국가의 구성원은 '중화민족'이고 국가의 운영 주체 역시 중화민족이다. 이 이론에서 제기되는 '중화민족'이란 다원일체A Single Multiethnic Chinese Nation의 틀 속에서 다민족 상호 간의 이주와 융합을 거쳐 각 민족이 다른 민족의 문화 전통을 받아들여 축적하고 변강邊疆(borderland)을 개발하고 중국 문화를 풍부하게 하고 외적의 침입에 공동으로 대적하면서 생겨난 민족 응집력의 결과이다. 따라서 중화민족은 현재 중국의 영토 내에 존재하고 있는 한족 및 소수 민족뿐만 아니라 과거 중국 강역 내에 살아왔던 고대의 모든 민족 집단까지를 포괄하는 민족 개념이다.[1] 또한 중화민족은 역사적 실체로서 존재했다기보다는 근대 이후, 특히 현대 중국의 현재적 필요에 따라 만들어진 '상상의 공동체'로서 '형상화된 가공의 중국 민족'을 의미한다.[2] 그리고 중화민족을 국가의 구성원으로 삼고 있는 것이 중국이다.

상술한 특징을 지닌 '통일적 다민족 국가론', 다시 말해 '중국은 통일적 다민족 국가이다'라는 인식은 건국 직후인 1954년 헌법에 반영된 이후 지금까지 중국 정부의 민족 관계 처리의 기본 틀로 작용해왔다.[3] '통일적 다민족 국가론'의 대체적인 윤곽은 1960년대 초반 변강 민족, 특히 국경을 가로질러 존재하는 과계 민족跨界民族의 분리주의적 움직임을 통제하려는 이데올로기적 차원에서 마련되기 시작했다.[4] 이때까지만 해도 '통일적 다민족 국가론'에 대한 반대 의견이 만만치가 않았다. 가령 "'통일적 다민족 국가'론을 과거의 역사로 무한정 소급시키는 것은 역사 발전의 시간 개념을 모호하게 하는 것"[5]이라는 쑨줘민孫祚民의 비판을 들 수 있다.

그런데 1985년까지 세 차례에 걸쳐 중국 민족 관계사 관련 학술 대회가 열리면서, 1980년대 후반에는 중국이 "진·한 이래 통일적 다민족 국가였다"는 논리가 주류를 이루게 되었다. 또한 중국 특유의 사회주의 학문 풍토와 맞물리면서 '통일적 다민족 국가론'을 전제로 민족 관계사를 파악하는 방식이 점차 일반화되기 시작했다.[6] 최근 들어 크게 성행하고 있는 중국의 변강학邊疆學 연구도 그러한 추세에 따라 중국 역사의 전개 과정을 '통일적 다민족 국가'의 형성과 발전 과정이라는 전제 하에 행하고 있다. 그 결과 중국의 변강학에서는 '통일적 다민족 국가'의 형성 과정과 발전 규율 규명을 주요 임무로 삼게 되었다.[7]

더욱이 최근 중국에서는 '국가 정체성' 혹은 '국가 형성사'에 관한 인식과 관련하여 '통일적 다민족 국가'의 시각에서 중국 역사를 연구해야 한다는 점을 유별나게 강조하고 있다. 가령 중국 공산당 기관지 《광명일보光明日報》는 중국을 '통일적 다민족 국가'로 단정한다. 그리고 오랜 역사 과정 속에서 중국 내 각 민족들이 긴밀한 경제·문화·정치 관계를 형성하게 된 것은, 각 민족이 다른 민족의 문화 전통을 받아들여 축적하고 외적의 침입에 공동으로

대적하면서 생겨난 민족 응집력의 결과라는 점을 들어, 중국 내 각 민족의 역사 과정에서의 '융합성'과 '단결성'을 강조하고 있다. 또한 이 신문은 '통일적 다민족 국가'의 형성 및 그것의 진보적인 작용뿐만 아니라, 각 민족의 역사상의 상호 학습·흡수·의존·공동 창조와 발전 과정의 연구, 소수 민족이 조국(중국)의 변강을 개발하고 중국 문화를 풍부하게 만드는 데 바친 공헌을 중점적으로 연구할 것을 역사학자들에게 특별히 주문하고 있다.[8]

이와 같은 중국 관영 언론의 의도는 오늘날 소수 민족으로 일컬어지는 이민족(비 한족)과 한족 사이의 역사상의 투쟁이나 반목·분열의 측면보다는 상호 융합과 단결의 측면을 강조함으로써 소수 민족이 '통일적 다민족 국가'의 형성에 공헌했다는 점을 부각시켜 중국 내 '민족 간 단결'을 유도하려는 데 있다. 이처럼 민족 간의 융합과 단결을 강조하는 역사 인식은 개혁·개방 정책의 후유증으로 잘사는 동남 연해 지역과 낙후된 내륙 지역 사이의 빈부 격차로 야기되고 있는 일부 소수 민족의 소외감과 분리 독립 운동을 의식한 중국 정부가 중국 내 각 민족의 단결을 고취시키려는 것과도 관련되어 있다. 다시 말해 '통일적 다민족 국가론'은 현실 문제를 해결하려는 중국 정부의 의지가 역사 인식에 투영된 결과이기도 하다.

이렇게 해서 정론화된 '통일적 다민족 국가론'은 중국 학계의 역사관·민족관·영토관·국가관이 어우러져서 잉태된 산물이다. 이 논리는 개혁·개방 정책과 급속한 시장 경제화에 따른 중국 내부의 다원적·분산적·원심적인 사회 기운과 맞물려 표출되고 있는 민족적·지역적 모순에 대한 중국의 역사적 해법론이라고도 할 수 있다. 즉 그것은 중국 민족의 '융화'와 중국 역사의 '통일성'을 강조함으로써[9] 최근 일부 소수 민족의 분리 독립 운동으로 야기된 국정 불안을 극복하고 '국민 통합'과 '영토 통합'을 굳건히 하려는 중국 정부의 고육지책에서 파생되었다고 볼 수 있다.[10]

'중화민족다원일체격국론'[11]을 주요 골격으로 하고 있는 '통일적 다민족 국가론'에 의하면, 중국 민족은 별개로 존재하는 다수 민족의 총합이 아니라 긴 역사 속에서 한족과 이민족이 교호交互 작용하면서 융합된 '복합 민족' 혹은 "역사 융합의 산물"[12], 즉 '중화민족'[13]이다. 중화민족을 국가 구성원으로 삼고 있는 '통일적 다민족 국가론'에 따르면, 현재 중국 영토 내에서 역사적으로 활동했던 모든 민족은 오늘날의 중국을 형성하는 데 역사적으로 공헌을 해왔기 때문에 중국 민족이고 그들의 역사적인 활동이나 왕조 역시 모두 중국사의 범주에 속한다.[14] 이 논리에 따르면, 오늘날 중국 영토의 상당 부분에서 활동했던 고조선 민족, 부여 민족, 고구려 민족이나 발해 민족은 모두 중국 민족일 수밖에 없고 그들의 역사적인 활동 과정에서 수립된 고조선, 부여, 고구려, 발해 왕조 역시 중국사의 범주에 속할 수밖에 없다.

중국에서 '통일적 다민족 국가론'의 맹아적 발상은 "중화인민공화국의 국토 범위(즉 강역)를 가지고 역사상의 중국 영토를 다루어야 한다"[15]는 바이써우이白壽彝의 언급에서 찾아볼 수 있다. 그런데 오늘날 중국에서 정론화된 '통일적 다민족 국가론'은 '중화민족'이라는 요소와, 그것을 이루고 있는 각 민족들의 역사적 활동 범위, 특히 그들이 세운 각 정권들의 관할 범위의 총합 즉 '중국 강역(영토)'이라는 요소를 논리의 전제로 삼고 있다. 즉 '통일적 다민족 국가론'이라는 중국의 역사·영토·민족·국가 인식의 핵심 골격은 '중화민족'과 '중국 강역'으로 구성되어 있는 셈이다. 중화민족이 중국 내 각 민족의 융합을 전제로 한다면, 중국 강역은 중화민족으로 융화된 각 민족의 왕조들이 관할하던 영역의 총합을 의미한다. 중국 강역의 형성은 중국 내 각 민족이 중화민족으로 응결되었다는 논리에서 비롯된다. 중화민족 논리가 없다면 중국 강역 논리 역시 성립할 수 없다. 이러한 점에서 "민족과 강역은 한 가지 문제인 동시에 두 가지 측면을 지니고 있다"[16]고 볼 수 있다.

근대적 의미의 '국가'를 형성하는 요소는 영토·국민·주권이다. 근대적 개념을 '통일적 다민족 국가론'과 관련시켜본다면, 한 개의 한족과 55개의 소수 민족으로 구성되고 한족 왕조와 이민족 왕조가 상호 대립·충돌·흡수·융합·통일되어 형성된 중국의 경우, 다수 민족으로 형성된 중화민족이 '국민'이 되고, 다양한 민족들이 세웠던 왕조들의 각각의 관할 범위(강역)들의 총합이 '영토'가 되는 셈이다.

그렇다면 이하에서는 '통일적 다민족 국가론' 인식의 첫걸음으로 중국 역사에서 국가가 언제 형성되었고 그 과정은 어떠했는지 그리고 그 특징은 무엇이었는지를 살펴보자.

1) '통일적 다민족 국가'의 기원과 형성 과정

최근 중국에서 변강 이론과 '동북공정'을 주도하고 있는 마따정馬大正은 '중국변강통사총서' 편집의 총책임자로서, 이 총서의 각권 서문을 통해 중국이 '통일적 다민족 국가'라는 점을 분명히 밝힌 뒤, 그것의 기원과 형성 과정을 종합적으로 정리해서 '통일적 다민족 국가론'을 정형화하려고 시도하고 있다. 이 총서의 각권 서문에 동일한 내용으로 실려 있는 글은 마따정 개인의 글이라기보다는 관련 학자들의 논리를 종합한 글이라고 할 수 있다. 따라서 중국에서 주장하고 있는 '통일적 다민족 국가'의 기원과 형성 과정은 이 글에서 명료하게 드러나고 있다.

'중국변강통사총서' 각권의 서문에 실린 글에 의하면, 선진先秦 시기는 중국의 '초기 통일 다민족 국가'의 발생과 발전의 시기이다. 전설 속의 하夏와 이후의 상商·주周는 모두 '초기 통일 다민족 국가'이다. 그 이유는 하·상·주가 이미 정치·경제·문화의 중심을 형성하고 있었고 다민족部族이 통일되어 비非 혈연에 기초한 정치 공동체를 만들었기 때문이다. 다만 이 시기의 통일적 다민족 국가는 매우 원시적이고 그 통일 정도와 다민족의 내적 함의는 진秦 이후의 통일적 다민족 국가와 많은 차이를 지니고 있었다. 그렇지만 서문에 의하면 선진 시기는 중국이라는 통일적 다민족 국가가 발전하는 과정에서 기초를 다진 시기로 인식되고 있다.[17]

위의 서문에서는 진이 6국을 멸망시키고 통일을 완성한 것은 중국이라는 통일적 다민족 국가의 발전사를 새로운 발전 단계로 진입시킨 일로 본다. 기원전 206년 한 고조 유방劉邦이 세운 통일적 다민족 국가 한漢 제국은 중국의 주체 민족인 한족이 형성되는 시기로서, 중국 강역이 틀을 잡아가는 과정에서 가장 중요한 시기 가운데 하나라는 것이다. 삼국三國·양진兩晉·남북조의 오랜 분열 시기를 거친 후 등장한 선비족의 북주北周는, 비록 그 존속 기간이 짧았지만 통일적 다민족의 발전사에서 중요한 지위를 차지하였다고 한다. 즉 북주는 북방을 통일하여 수隋가 남북을 통일할 수 있는 기초를 마련했다는 것이다. 지방의 할거 세력을 소멸하고 등장한 수·당唐은 통일적 다민족 국가의 발전을 새로운 단계로 끌어올렸단다. 특히 당은 강역을 넓혀나갔고, 그 과정에서 더욱 많은 민족이 공동 생활을 하게 만들어 결과적으로 각 민족 간의 교류와 융합을 촉진시켰다는 것이다.[18]

또한 같은 서문에는 거란족의 흥기와 요遼의 등장은 북부 변강의 발전에 중요한 추진 작용을 했다고 본다. 요는 16국이나 북조와 달리, 새외塞外 지구에서 발전하면서 사방으로 뻗어나갔고 주로 중원 지구로 발전해 나갔다는 것이다. 특히 요는 한족과 유목 민족 등 다양한 민족이 잡거하고 있는 상황을 고려하여 주현제州縣制와 부족제部族制라는 이중 제도를 실시함으로써, 변강 지구와 중원 지구가 일체가 되도록 촉진 작용을 했다고 본다. 앞의 서문에 의하면, 송宋의 등장과 5대10국 범위 내에서의 제한적인 통일과 중앙 집권 제도(일반적으로 군주 독재 체제로 불림)의 실시 역시 통일적 다민족 국가의 형성에 긍정적인 작용을 했고, 요의 뒤를 이은 금金도 동북 변강을 발전시키는 데 중요한 역할을 했다고 본다. 통일적 다민족 국가의 발전 및 변강의 발전사에 엄청난 영향을 미친 원元은, 통일적 다민족 국가를 공고히 하고 발전시키기 위해 중국의 역대 치국방략治國方略의 성공적인 경험을 계승한 동시에, 역사 발전에 더욱 적응할 수 있는 정책과 제도를 추진했다는 것이다. 구체적으로 원은 고대 중국의 자연적이고 대규모적인 영토의 형성과 개척 과정을 종결시켰고, 중원과 광대한 남부 지구 사이의 반복되어온 지역 할거 현상을 종식시켰으며, 전국적 행정 조직 구조를 완성했고, 중국을 구성하는 각 민족 성원 절대 다수를 중화민족으로 융합시켰다고 평가한다. 즉 원대元代는 통일적 다민족 국가가 성숙한 시기였다는 것이다.[19]

앞의 서문에서는 명明의 뒤를 이어 등장한 청淸이 중국 강역의 완성이라는 역사적 사명을 최종적으로 달성했다고 주장한다. 즉 청은 동북의 여러 부족을 통일하였고 막남漠南의 몽골과 막서漠西의 오이라트 몽골 및 서역의 여러 부족과 싸워 이겨 북·서북·서남의 광대한 지구를 수복했으며 중원과 강남 지구를 통일했다고 한다. 더 나아가 청은 러시아와의 전쟁과 외교적 담판을 통해 청조와 러시아의 동단東段·중단中段의 국경을 확정지었고, 궁극적으로 고대 중국의 역대 치국안변治國安邊의 경험을 계승해서 국가의 통일을 공고히 했고 분열 세력을 제압했으며, 외래의 침략 세력에 반대하였고 변강의 치리 治理와 개발을 강화하는 등 귀중한 경험을 남겨놓았다는 것이다.[20]

요컨대 통일적 다민족 국가의 형성과 의미에 관해서는 '중국변강통사총 서'〈전언前言〉에 잘 집약되어 있다. 이것에 의하면, 중국은 통일적 다민족 국 가로서, 민족이 많고 지역이 광활하고 역사가 유구하고 문화가 찬란하여 세 계사에서 중요한 지위를 차지하고 있다. 진시황이 6국을 통일하고 중앙의 봉 건 집권 국가를 수립한 이후 2천여 년 동안 전국적인 대일통 국면이 여러 차 례 출현했는데, 진·한 시기는 전국 통일의 물꼬를 열었고, 수·당 왕조의 강 역 개척은 중원의 전통적인 정치·경제·문화와 변강 지구의 연계를 확대시 켜 '화융동궤華戎同軌'를 실현시켰다. 송·요·금 시기 한족과 변강의 소수 민 족은 새로운 역사 조건 속에서 중화 의식을 더욱 강화시켰고, 각 민족은 전쟁 이 초래한 여러 가지 곤란을 극복하고, 내지內地와 변강의 개발과 교류를 더 욱 발전시켰다. 몽골족이 세운 원조元朝는 중국 소수 민족이 전국을 통일한 선례를 만들어, 중원과 변강 지구의 정치·경제·문화 및 민족 구성 자체에 백여 년간 아주 특색 있는 대융합을 가져다주었으며, 통일적 다민족 국가의 전통적인 구조와 협애한 관념을 바꾸었다. 명·청 시기, 특히 청대 전기 청조 는 원·명의 기초 위에서 새롭게 전국을 통일시켰고 중국의 역사적 강역 범 위도 이때 확립되었다. 변강 지구의 할거 세력을 제거하고 외부로부터의 모 욕을 받지 않도록 한 것은 이 시기 변강 정치의 중요한 내용을 이루고 있었 다. 결국 중국 역사의 발전 과정 전체를 놓고 볼 때, 전란과 분열이 계속 출현 했지만, 매번의 분열과 전란은 모두 다음 시기 더 큰 범위의 통일과 발전을 위한 조건을 준비했으며, 국부적으로 볼 때 매번의 지역성 정권의 소통일小統

一은 모두 전국적인 대통일을 위한 준비 과정이었다는 것이다. 따라서 통일적 다민족 국가의 형성과 관련하여, 역사상의 통일 왕조의 공적이나 지역성의 다양한 정권이 행한 역할은 모두 중시되어야 한다는 것이다. 결론적으로 말해 오랜 역사 과정 속에서 각 민족이 공동으로 노력한 결과 다원일체격국多元一體格局의 통일적 다민족의 중국이 형성되었다는 것이다.[21]

그런데 중국 학계에서 주장하는 '통일적 다민족 국가'의 형성 논리를 들여다보면, 과거의 통일적인 왕조 내의 구성원들은 당연히 교류 과정에서 융합되었을 것이고 그들의 의식 구조 역시 통일 지향적이었을 것이며, 당시의 시대적 조류 역시 통일을 역사의 필연으로 받아들였을 것이라는 전제를 바탕에 깔고 있음을 알 수 있다. 이 논리 구조 속에는 적어도 통일 왕조가 등장한 이후 왕조 구성원 상호간의 교류와 융합의 구체적인 사례 분석이나 왕조의 통일 과정에서 파생된 각 민족 혹은 왕조 상호간의 갈등·대립·충돌의 사례 및 상호 인식과 여러 가지 관계 등에 대한 분석은 결여되어 있다. 심지어 중국 역사상에 존재했던 민족 혹은 왕조 상호간의 전쟁이나 살육, 왕조 내부에서의 차별적 정책과 그에 따른 구성원 상호간의 충돌 등에 관해서는 의도적으로 외면하고 있음을 알 수 있다. 결국 중국 학계의 '통일적 다민족 국가' 형성론에서는 '역사상의 중국 왕조나 민족은 통일적이어야 한다'는 당위성만이 강조될 뿐 역사 사실 자체를 객관적으로 파악하려는 역사가 본래의 진지한 모습은 보이지 않는다.

2) '통일적 다민족 국가'로의 귀속성 판단

(1) 이민족異民族의 귀속 판단 기준과 방식

상술한 것처럼 중국이 역사적으로 통일적 다민족 국가였다면, 이민족의 변강 정권이나 민족이 중국이라는 통일적 다민족 국가에 귀속되었는지를 판단하는 기준과 방식은 무엇일까? 중국의 저명한 역사학자 젠버잔翦伯贊의 말[22]에서도 추측해볼 수 있듯이, 오늘날 중국에서는 어느 특정 민족이 통일적 다민족 국가에 귀속되었는지를 판단하는 기준과 방식을 두고 다양한 견해가 제기되고 있다.

첫째는 중국 '중앙 왕조와의 종속 관계' 여부를 기준으로 비非 한족이 통일적 다민족 국가로 귀속되었는지를 판단하는 견해이다. 둘째는 이민족과 한족 상호 간의 장기간에 걸친 '경제·문화적 접촉과 연계' 여부로 귀속성을 판단하는 견해이다. 셋째는 물리적인 '정복' 여하를 기준으로 귀속성을 판단하는 견해이다.

첫 번째 견해에서는 이민족 왕조가 중앙 왕조와 종속 관계를 맺었을 때만 중국 다민족 국가에 속하고 그들의 거주지 역시 중국 영토로 될 수 있다는 논리이다. 바꾸어 말하면 이민족 왕조가 중국의 중앙 왕조와 종속 관계를 영원히 맺지 않는다면, 그들은 영원히 중국 밖에 있는 셈이고 그들의 주거지도 오늘날의 중국 영토로 될 수 없다는 논리이다.

왕위저王玉哲는 어느 민족이 중원 왕조와 일정한 복종·통속統屬 관계를 맺었다고 해서 그 민족을 중원 왕조 내의 민족으로 규정할 수 없다는 반론을 제기한다. 가령 거란·여진·몽골·만주족이 각각 요·금·원·청 정권 수립 이전에 중원 왕조와 어느 정도의 복종·통속 관계를 맺었다고 해서 그들 민족을 중원 왕조 내의 민족이라고 주장하는 견해는 역사적 실제에 부합하지 않는다는 것이다. 이들 민족은 당시 중원 왕조와 대립적인 국가 상태에서 출현했고, 이들 민족(중원 왕조와 이민족)에게는 경제 문화적 생활에 상당한 격차가 있었고 공동 생활을 해나가려는 의지나 물질적 기초도 마련되지 못했기 때문에, 한 나라로 연합해야 한다는 일체 관념을 파생시킬 어떠한 조건도 없었다는 것이다.[23] 장비보張碧波 역시 신복臣服 기간의 길고 짧음으로 특정 국가나 정권의 성질이나 귀속성을 판단하는 것은 위험하다고 주장한다.[24]

둘째 견해를 주장한 대표적인 학자는 쑨진지孫進己이다. 쑨진지 역시 중원 왕조와의 종속 관계 여부를 기준으로 특정 민족이 중국이라는 통일적 다민족 국가에 귀속되었는지를 판단하는 것은 잘못이라고 비판한다. 그에 의하면 중국이라는 통일적 다민족 국가는 각기 다른 시기에 각기 다른 민족을 흡수했고 그에 따라 중국의 형성·발전과 강역의 확대·변화도 수반되었다는 것이다.[25]

또한 그에 의하면 각 민족간의 경제·문화적 연계가 밀접해짐에 따라 정치적으로도 중원 왕조와 이민족 왕조 사이에 일정한 종속 관계가 형성되면서 이들은 정식으로 통일적 다민족 국가의 일부분이 되었다고 한다. 중국이라는 통일적 다민족 국가의 건립 과정은 통상 각 민족 사이의 경제·문화적 연계에서 시작되었는데, 이러한 연계에는 관방적官方的인 것과 민간적인 것이 있으며 사료에 있는 것과 없는 것이 있다고 한다. 민간적인 연계는 관방적인 것보다 빨리 시작되었고 사료에는 없다고 한다. 또한 정치적인 종속 관계는 통상 자발적으로 형성된 것이지 정복의 결과는 아니며, 각 민족의 통치자는 사적인 이익을 위해 정복 전쟁을 발동하고 각 민족의 지방 자치 정권을 직접 통치하는 주현州縣 정권으로 바꾸었다고 본다.[26]

쑨진지는 중원 왕조와의 종속依附 관계 여부를 가지고 통일적 다민족 국가로의 귀속성을 판단하는 방식에 대해 반대한다는 점에서, 왕위저[27]의 견해와 궤를 같이 하고 있다. 그렇지만 쑨진지가 왕위저의 견해에 전적으로 공감하는 것은 아니다. 그는 거란·여진·몽골·만주족은 독자적인 왕조를 건립하기 이전에 중원 왕조와 어느 정도의 통속 관계를 맺었는데도 그들을 중원 왕조 예하의 민족으로 간주하지 않는 반면, 남흉노南匈奴가 한에 항복을 한 이후 일부분의 흉노인이 중원 왕조 예하의 소수 민족으로 되었다고 인식하는 것은 잘못이라고 본다. 왜냐하면 남흉노가 한과 맺은 종속 관계나, 거란이 북위와 맺은 종속 관계는 비슷하며, 이것들은 거란이 당과 맺은 종속 관계의 정도에는 못 미치기 때문이란다.

쑨진지는 왕위저가 거란·여진·몽골족 등이 중국이라는 통일적 다민족 국가에 귀속되는 과정과, 한족에 융합되는 과정을 혼동했다고 주장한다. 사실상 원조가 성립될 때면 거란·여진·몽골족 등은 이미 한족과 융합되었을 때인데, 그 이전에 이들 민족은 중국이라는 통일적 다민족 국가에 귀속되어 일국 내의 형제 민족으로 되었다는 것이다. 쑨진지는 '민족 잡거'를 통일적 다민족 국가의 형성 원인으로 파악하는 견해와 달리, 통일적 다민족 국가 형성의 결과로 파악한다. 그는 이러한 관점에서 왕위저를 비판한다. 그에 의하면 왕위저는 민족 융합의 과정과 조건을 일국 내의 형제 민족으로 되는 과정과 조건으로 보았기 때문에 중국의 이민족이 통일적 다민족 국가에 귀속되는 시점을 늦게 잡았다는 것이다. 따라서 쑨진지는 중국 내 이민족과 중앙 정권이 정치적으로 일정한 종속 관계를 맺은 것을, 이민족이 통일적 다민족 국가로 귀속되는 시점으로 파악해야 한다는 점에 동의한다. 그러면서도 그는 이민족이 중국이라는 통일적 다민족 국가에 귀속된 것으로 파악하려면 종속 관계가 어느 정도에 도달해야만 한다고 본다.[28]

쑨진지의 견해에 따르면 통일적 다민족 국가에 귀속되는 것이 시간적으로 앞서고 한족과의 융합은 그 뒤에 이루어진다. 또한 그는 '민족 잡거'를 통일적 다민족 국가의 형성 원인으로 파악하기보다는 형성의 결과로 파악한다. 즉 각 민족간의 경제 문화적 접촉과 연계를 형성의 원인으로, 그로 인한 민족 잡거를 형성의 결과로 파악하는 셈이다. 결국 왕위저나 쑨진지는 중국 중원 왕조와의 복종·통속 관계 여부를 기준으로 이민족이 통일적 다민족 국가로 귀속되었는지의 여부를 판단하는 방식에 반대한다. 대신에 그들은 '장기간의 경제·문화적 접촉과 연계' 여부를 기준으로 이민족이 통일적 다민족 국가로 귀속되었는지를 판단해야 한다고 주장한다.

마지막 견해로서 젠버잔[29]은 한족 왕조의 정복 수단에 의해 통일적 다민족 국가로 귀속되는 방식에 주목한다. 그에 의하면 하나의 민족이 다른 민족의 정치적 통합권 내에 귀속되는 것은 주로 '정복'에 의해서이다. 젠버잔은 물리적 수단에 의한 직접적인 통치 여부를 통일적 다민족 국가로의 귀속 판단 기준으로 삼는 셈이다. 다른 중국학자들이 문화적·의제적儀制的 관계에 중점을 두고 비한족의 통일적 다민족 국가로의 귀속성을 강조하는 데 비해, 물리적 통치 여부를 중심으로 귀속 기준을 제시하는 젠버잔의 견해는, 주권의 유무에 중점을 둔 현대적 기준에 더 접근해 있을 뿐만 아니라 더욱 합리적이라고 할 수 있다.

(2) 종속 형태에 따른 귀속 판단

한편 중원(중앙) 왕조와의 종속 형태가 어떠했느냐를 가지고 이민족이 통일적 다민족 국가로 귀속되었는지를 판단해야 한다는 견해들이 있다. 여기에는 이민족과 중원 왕조 사이의 진공 신복進貢臣服(朝貢-册封)의 형태에 따라 귀속성을 판단해야 한다는 견해와, 이민족에 대한 중원 왕조의 관할 방식에 따라 귀속성을 판단해야 한다는 견해가 있다.

먼저 진공 신복(조공-책봉)의 형태에 따른 귀속성 판단과 관련하여, 쑨진지는 중국 내 이민족이 중앙 정권(중원 왕조)과 맺은 진공 신복 관계를 가지고 통일적 다민족 국가로의 귀속성을 판단하려면 진공 신복의 다양한 형식을 구체적으로 구별해야 한다고 주장한다. 그는 진공進貢을 세 가지 형식으로 분류한다. 첫째는 각국 간의 예절 왕래로서 상호간에 정치·경제적 종속 관계가 없는 형식이다. 둘째는 각국 간 혹은 각 민족 간의 관방 무역 관계이다. 변강의 각 민족은 자연히 한족의 중앙 정권에 대해 종속 관계를 형성해 왔는데, 이것이 중국 역사상의 진공의 주요 형식이다. 셋째는 민족 착취와 압박의 형식으로, 일부 민족은 압박을 받아 노동 성과를 대가없이 통치 민족에게 바쳤다. 이 세 가지 형식 가운데 뒤의 두 가지가 정치상의 종속 관계로서 중국 내 각 민족 간의 관계를 의미하며, 첫째는 중국 내 각 민족 관계를 형성하는 초기 단계에서 취해진 형식이기도 하다.[30]

쑨진지는 조공의 형태도 네 가지 형식으로 분류한다. 첫째는 간헐적인 납공納貢과 장기적인 납공의 구분, 둘째는 경제 교류 차원의 납공과 신속臣屬 관계를 체현하는 납공의 구분, 셋째는 일반적으로 왕후로 봉해지는 번속藩屬 관직과, 중국의 중앙 및 지방 관직을 받으면서 자신이 중국의 일부분이라고 자인自認하는 것의 구분, 넷째는 일시적인 신속 관계를 가지고 역사상의 귀속성을 규정하지 않고 역사의 모든 시기를 가지고 귀속성을 판단하는 것이다. 그에 의하면 일시적으로 납공하거나 칭신稱臣한 민족은 중국이라는 통일적 다민족 국가에 귀속시킬 수 없으며, 항상 조공을 해서 번부藩附가 되었다고 해도 모두 통일적 다민족 국가로 귀속시킬 수는 없다는 것이다. 왜냐하면 어떤 번부 국가는 독립적인 주권을 가진 채 정치적으로만 일정 정도의 종속 관계를 맺고 있기 때문이란다. 그러한 사례가 영국 연방의 국가들이다.[31]

또한 쑨진지는 신복臣服도 세 가지 형식으로 분류한다. 첫째는 칭신하는 국가와 민족이 여전히 독립 국가를 취하면서 명의상 칭신 수봉守封하는 것이다. 둘째는 신복자臣服者 자신이 중국 중앙 정권의 관할 하에 있는 지방 정권임을 자인하는 것이다. 수봉한 관직도 국왕이 아니라 도독자사都督刺史·위소지휘사衛所指揮使 등이다. 실례로 당은 말갈 정권을 홀한주도독부忽汗州都督府로, 명은 여진 지구에 누얼간도사奴兒干都司 등을 설치했는데, 이것은 모두 이 유형에 속한다. 쑨진지에 따르면 이들 정권이나 민족은 독립 국가가 아니라 지방 민족 정권으로 지칭해야 한다는 것이다. 셋째는 각 소수 민족이 정치상의 독립을 완전히 상실해서 중앙 정권으로부터 다른 민족 출신의 관리가 파견되어 관할되는 것이다. 이 세 가지 유형 가운데 뒤의 두 가지는 중국에 속한다. 첫째 유형으로 베트남·조선처럼 독립 국가로 발전한 경우는 중국에 속하지 않는다. 반면에 주周에 칭신한 숙신肅愼이나 한漢에 칭신한 선비처럼 중국이라는 통일적 다민족 국가의 일부로 발전한 경우는 중국에 속하지 않다가 중국에 속하게 된 것으로 본다.[32]

이에 비해 꺼젠슝葛劍雄 역시 역사상 이루어진 '칭신 납공'의 유형을 다음의 세 가지로 분류한다. 첫째는 대국과 소국의 관계로서 중국과 조선의 관계가 여기에 해당한다. 둘째는 통상 무역을 하기 위한 수단으로 칭신 납공하는 유형으로, 그 목적은 통치자에 영합해서 상사賞賜와 이익을 획득하려는 것이다. 이러한 국가는 중원 왕조의 속국으로 볼 수 없다. 셋째는 상대방이 완전히 대등한 신분으로 외교 사절이나 무역 대표를 파견하는 유형이다. 이때 이 유형을 조공의 행태로 파악해서는 안 된다. 결국 꺼젠슝은 어떤 정권에 대한 '칭신 납공'을 가지고 단순히 중국 왕조에 대한 귀속의 기준으로 삼아서는 안 된다는 것이다.[33]

그러면 이민족에 대한 중국 중원 왕조의 관할 방식을 가지고 이민족이 통일적 다민족 국가로 귀속되었는지를 판단할 수 있을까? 양젠신楊建新은 중국 역사상의 강역 범위를 확정하는 데 행정 관할이 중요한 요소라는 점을 인정한다. 그러면서도 특정 국가의 영토·인민의 관할 방식이 시기에 따라 달랐으므로 일률적으로 이민족이 통일적 다민족 국가로 귀속되었는지를 판단하는 것은 무리라고 주장한다. 다만 그는 중국 역사상 해당 지역의 상황에 따라 정치적으로 설정된 관할 형식은 변강에서 실행되었건 내지內地에서 실행되었건 간에 모두 중국이 주권을 행사하고 관할한 기준이었다고 주장한다.[34] 그에 의하면 중원 왕조의 관할 형식은 중국의 주권 행사와 관할 기준이었지만 그 형식만을 가지고 이민족의 귀속성을 판단하는 것은 무리라는 것이다.

중국 역사상 중원 왕조의 이민족에 대한 관할 방식, 특히 기미羈縻 정책 대상 지역의 귀속성과 관련하여, 꺼젠슝은 기미의 정도, 기간의 길고 짧음, 주위 정세 및 역사 배경 등이 모두 달랐다고 강조한다. 즉 어떤 지역은 기미 정책이 실시된 중국의 민족 자치 지구나 특수 행정 구역이었는데 비해, 어떤 지역은 단지 중원 왕조에 대한 칭신 납공의 단계에 있었다는 것이다. 후자의 경우 역사상 중국 강역의 일부분으로 봐서는 안 된다는 것이 그의 생각이다.[35] 저우웨이쪼우周偉洲는 어떤 지방이나 민족이 역사상의 중국에 속하는지를 확정하려면 국제적으로 통용되는 기준, 즉 행정적으로 관할했느냐의 여부로 판단해야 한다고 주장한다. 다시 말해 행정적 관할 여부를 귀속의 기준으로 삼아 역사상 중국이라는 통일적 다민족 국가가 관할한 지방과 민족만을 역사상 중국의 지방과 민족으로 규정해야 한다는 것이다.[36] 저우웨이쪼우의 주장은 근대적인 귀속 기준에 접근해 있다.

기미부주羈縻府州와 정식의 부주府州를 별개의 것으로 인식하는 탄치샹譚其驤은 기미부주가 칭신 납공하고 중원 왕조의 봉작封爵을 받아들인 사실을 가지고 그것을 중원 왕조의 일부분으로 인식해서 중국의 판도에 집어넣는 것은 역사적 실제에 부합하지 않는다고 주장한다. 그는 역사상 중국 범위 밖의 지방일지라도 중국 정권의 관할 하에 있었다면, 이들 지방은 중국 왕조의 판도 안에 있었던 것으로 보아야 한다고 주장한다. 예를 들면 한漢-진晉 사이에는 조선 서·북부에 낙랑군과 대방군이 설치되었고, 한-당 사이에는 베트남 북부에 교지군交趾郡·구진군九眞郡·일남군日南郡이 설치되었는데, 군현이 설치된 이들 지방은 당연히 한·진·당 왕조 강역의 일부분이라는 것이다. 따라서 그는 이웃 나라 때문에 사실을 말살하거나 왜곡해서는 안 된다고 강변한다.[37]

이 논리에 따르면 중국 왕조의 군현이 설치된 북한 지역과 베트남 북부 지역은 중국 땅이라는 말이 된다. 이것은 '동북공정'의 논리와 같다. 탄치샹의 주장을 소개하면 기미주는 변외邊外, 즉 중국 밖의 나라나 민족의 원 거주지에 설치된 것과, 변외의 각 민족이 내지로 이주한 뒤의 교거지僑居地에 설치된 것이 있는데, 후자는 교번주僑蕃州로, 그 교기지僑寄地는 본래 당조唐朝 정주正州 정현正縣의 관할 구역이었다고 한다. 따라서 당연히 해당 지역에 대한 당조의 영토 주권을 부정해서는 안 되며, 변외 민족의 원주지에 설치된 기미주가 신복할 때는 어느 정도 중국 판도에 집어넣을 수 있지만, 배반한 후에는 그 민족의 자주권을 인정해서 중국 밖의 영역으로 인정해야지 중국 내의 반란 지역으로 판단해서는 안 된다는 것이다. 가령 몇몇 지구의 기미주는 처음에는 당조에 신복했다가 후에 인접국에 의해 병탄되었는데, 이것 역시 영토 주권의 전이로 받아들여야 한다는 것이다.[38]

쑨진지에 의하면 기미부주가 설립된 경우는 중국이라는 통일적 다민족 국가에 귀속된 것으로 파악하여 중국의 지방 정권으로 규정해야 한다는 것이다. 중원 왕조에 복종하다가도 배반한 민족은 그것의 모든 역사를 고려해본 뒤 신복의 비중이 높으면 그러한 간헐적인 반란을 일시적인 할거로 간주해야 하고, 분립의 비중이 높으면 잠시 귀속된 시기만을 중국의 판도에 집어넣고 기타 시기는 독립 국가로 간주해야 한다고 본다. 가령 발해국과 같은 일부 민족은 번부藩附와 기미부주의 중간적 유형에 속하므로 단순한 번부는 아니라는 것이다. 따라서 발해국은 중국의 지방 정권으로서 중국이라는 통일적 다민족 국가의 일원으로 파악해야 한다는 것이다. 다만 이때 특정 민족을 중국이라는 통일적 다민족 국가에 귀속시키려면 중국 중앙 정부 관할 하의 지방 정권이냐를 기준으로 삼아야 하며, 그 귀속의 기점은 중앙 정부와 경제·문화 관계, 조공 관계를

맺고 번부 정권이 되는 시점부터를 삼아야 한다고 주장한다.[39]

장징취엔張景全은 역사상의 중국과 관련된 문제로서 '번속藩屬' 문제를 제기한다. 그에 따르면 번속이란 번지屬地와 속국屬國을 모두 포함한다. 중국 역사상의 번속은 지방 민족 정권으로 출현했거나 부속국附屬國으로 표현되었다. 그에 의하면 역사상 한족을 핵심으로 한 중앙 제국은 4개의 층차層次로 나뉘는데, 첫째는 중앙 제국의 핵심부로 행정 관리 기구가 치밀하고 중앙에 직할되어 있는 곳, 둘째는 한족과 소수 민족의 잡거 지구에 있는 행정 지구로서 비교적 분산 · 이완되어 있고 일부 소수 민족의 지도자가 지방 관리로 임명되어 있는 곳, 셋째는 한족 지구와 인접한 소수 민족 구역의 정권으로서 주로 본 민족의 세습왕공世襲王公이나 귀족, 토사土司 우두머리를 통해 다스리는 곳, 넷째는 중원 왕조의 부속국이다. 장징취엔에 따르면 번속은 마치 외연外緣 부분에 속하므로 유리성遊離性을 띠고 있어서 각 왕조의 지방 정권에 대한 통제력의 강화 여부에 따라 번속의 의미도 바뀌었고, 그 거주민도 점차 고정되어갔고 영토도 점차 명확해졌으며 정권의 조직이나 주권도 점차 강화되어갔다. 그러나 번속은 여전히 종주국의 지위를 승인했고 봉호를 받았으며 정기적으로 조공을 하는 등 독립 국가로 되거나 점차 종주국의 통제에서 벗어나 독립 국가로 된 것은 아니었다. 따라서 번속이란 유리성을 띠고 있고 역사적 변화 속에서 다양한 함의를 내포하고 있으며 지방 정권이나 부속국으로 표현되며, 그것의 병번屛藩 작용, 종속적 지위, 외연적 위치는 바뀌지 않은 채 시종 종주국 체계의 일환을 이룬다는 것이다.[40]

역사상의 중국, 중원 왕조와 그 주변 민족 정권 사이의 관계와 관련하여, 예쯔청葉自成은 '지연 정치地緣政治'라는 개념을 제기한다. 즉 그는 중국의 현재 국토를 중국 정치 지연政治地緣의 기초로 하여 '내지연內地緣', '차외지연次外地緣', '외지연外地緣'이라는 개념으로 중원 왕조와 주변 민족 정권 사이의 관계를 정립하려고 시도한다. '내지연'은 오늘날 중국 판도 내에서 다양한 시기에 출현했으며 중화 문화를 주체로 한 국가들 사이의 관계를 말하는데, 이것이 지연 정치의 관계다. '차외지연'은 과거에 아주 오랜 기간 한족을 중심으로 한 정권의 관할 내에 있지는 않았지만 한 문화의 영향을 받아 후에 한족과 융합되어 일체가 되어 중화민족의 일원이 된 주변 소수 민족 정권으로서, 그들과 중앙 왕조 혹은 한족을 주체로 한 정권 사이의 관계를 말한다. 이것 역시 지연 정치의 관계에 속한다. 이들 내지연과 차외지연을 맺고 있던 민족이나 국가는 서로 외국 혹은 외래 민족의 국가로 칭하기도 했지만 후에 모두 중국과 중화민족의 불가분의 일부분으로 되었다는 것이다.[41] 그런데 씽위린邢玉林은 예쯔청이 '지연 정치' 개념을 통해 중국 고대 강역의 변화상을 지나치게 단순화시켰다고 비판한다.[42]

마오쩐화毛振發는 중국 고대 강역과 관련하여 '변방邊防' 개념을 제기하고 있다. 그에 의하면 '변방' 지역을 나타내는 개념이 춘추·전국 시대에 출현했고 진대秦代에 자주 나타났으며 당대에 변방 제도가 확립되면서 역대 왕조가 그것을 계승했다고 한다. 그가 제시하는 중국 고대 변방의 특징을 살펴보면, 중국 고대 변방에는 '내변內邊'과 '외변外邊'이 있었고, 통상 '내변'의 치리治理를 위주로 했으며, 그 변방의 중점은 북방 유목 민족의 위협에 대응하는 데 있었고, 변방은 극도로 불균형·불안정성을 띠고 있었다. 이때 고대 중국의 변계는 중원 왕조의 강계疆界와 성질이 다른 개념으로서, 중원 왕조의 강계를 포함할 뿐만 아니라 주변 소수 민족 정권의 강계도 포함한다.[43] 이 주장은 오늘날 '통일적 다민족 국가론'의 강역론疆域論과 흡사하다. 그런데 고대 중국의 변계가 중원 왕조의 강계와 소수 민족 정권의 강계로 이루어졌다면, 그렇게 설정하는 역사적 근거는 무엇인지, 여기에서 말하는 고대 중국은 무엇을 의미하는지 등에 관한 구체적인 설명이나 논증은 찾을 수가 없다.

(3) 이민족의 귀속 시점

이번에는 오늘날 중화민족의 일원으로 간주되는 주요 민족들이 중국이라는 통일적 다민족 국가에 귀속된 시점을 언제로 잡고 있는지를 살펴보자. 흉노의 귀속과 관련하여, 쑨진지는 "기원 전 1세기 호한야선우呼韓邪單于가 한조漢朝에 입조하고 칭신한 이후부터를 흉노가 한조에 통일된 시점으로 보아야 한다"[44]는 샤오쯔싱肖之興의 견해에 이의를 제기한다. 반면에 그는 "기원 전 1세기 남흉노가 한에 귀부歸附하고 남쪽으로 옮겨진 뒤 한에서 파견된 사 자使者의 감독과 보호를 받은 이후부터를 흉노가 중국이라는 통일적 다민족 국가에 귀속된 시점으로 보아야 한다"[45]는 왕위저의 견해에 동조한다.

신강新疆의 귀속과 관련해서는, "전한 무제武帝가 서역 지역에 도호부都護府 및 그 소속의 술기교위戊己校尉 등의 군사 행정 기구를 설치해서 이 지역을 통 할한 것을 시점으로 삼아야 한다"[46]는 뤼전위呂振羽의 견해에 동조한다. 쑨진 지는 신강 민족의 귀속성을 판단하는 시점을 조공과 봉사封賜의 종속 관계보 다도 국가의 직접적인 행정 권력의 행사 여부에서 찾아야 한다고 주장한다.

서장西藏(티벳) 민족의 귀속과 관련된 일반적인 견해는, 1253년 원의 헌종憲 宗이 군대를 동원해서 서장 지방을 무력으로 통일한 뒤 이 지역을 원의 판도 로 집어넣은 시기를 기점으로 삼아야 한다는 것이다. 여기에 해당하는 대표 적인 학자로는 쯔위엔子元[47]을 들 수 있다. 이에 대해 쑨진지는 토번吐蕃이 당 에 조공·통혼하고 책봉받은 것을 기점으로 서장이 중국이라는 통일적 다민 족 국가에 귀속되기 시작한 것으로 파악해야 한다고 주장한다.

그밖에 고구려 민족은 서한 현도군 고구려현의 관할을 받은 시점을 통일 적 다민족 국가에 귀속된 기점으로, 발해 민족은 당이 속말 말갈 지역을 연 주燕州로 삼고 총관總管을 제수한 시점을 귀속의 기점으로 파악해야 한다고 쑨진지는 주장한다. 이와 아울러 거란족은 4세기부터 북위에 입공한 이래 중 국 중앙 황조皇朝에 칭신·납공한 시기부터를 귀속이 시작되는 과정으로 파 악해야 하고, 당대에 그 지역을 현주玄州로 삼고 송막도독부松漠都督府를 설 치한 것을 귀속의 시점으로 삼아야 한다고 한다. 그는 몽골족의 경우, 당조 의 실위도독부室韋都督府 설치를 기점으로 통일적 다민족 국가에 귀속된 것으 로 파악해야지 원조元朝의 건립 이후를 귀속 기점으로 보아서는 안 된다고 주장한다.[48]

이처럼 이민족의 통일적 다민족 국가 귀속 시점에 관해서는 다양한 의견 이 제기되고 있음을 알 수 있다. 그 원인은 이민족의 귀속 판단의 기준을 둘러싸고 중국 내 학자들의 견해가 일치하지 않고 있는 데서 파생되고 있다. 이 사실을 고찰해보면, 중국의 학자들은 중국이 통일적 다민족 국가라는 데는 대체로 의견의 일치를 보고 있지만, 통일적 다민족 국가의 형성 시기나 과정, 각 시기별 범주, 주변 이민족과의 관계 설정에 따른 범주 등 '통일적 다민족 국가'의 구조 자체에 대해서는 다양한 이견이 존재하고 있음을 알 수 있다. '통일적 다민족 국가론'은 여전히 진행형의 성격을 띠고 있는 것이다.

이점을 고려해 보면, '통일적 다민족 국가론'에 입각해서 중국 학계가 주장하는 역사상의 민족과 역사의 귀속성 논리는 그만큼 역사적 정합성이 떨어진다고 할 수 있다.

●●●●

국가 구성원(중화민족)의 형성론

1) 다민족의 이주·융합과 '다원일체격국론多元一體格局論'

일반적으로 중국학자들은 중국이라는 통일적 다민족 국가가 형성·발전해가는 과정을, ㉠ 중국의 각 족이 하나의 통일적 다민족 국가로 연합되는 과정, ㉡ 각 족이 점차 통일적 다민족 국가에 가입해서 통일적 다민족 국가가계속 확대되는 과정, ㉢ 각 족 간의 경제·문화·정치적 연계가 점차 강화되어 통일적 다민족 국가가 나날이 공고해지는 과정, ㉣ 중국이라는 통일적 다민족 국가가 통일–분열–재통일을 거쳐 끊임없이 공고·발전해가는 과정, ㉤ 각 족이 점차 융합되어 하나의 강대한 핵심 민족과 각 족 간의 상호 침투가 이루어지는 과정, ㉥ "너 안에 내가 있고 내 안에 네가 있는", 즉 각 민족이 혼연일체가 되어 통일적 다민족 국가로 형성·발전해가는 과정 등으로 인식하고 있다.[49] 현대 중국의 구성원인 중화민족도 다민족의 상호 이주와 융합·발전 과정에서 '중화민족다원일체격국中華民族多元一體格局'이 형성되면서 도출된 결과로 이해한다.

'중화민족'의 형성 원리에 관해서는 다민족의 상호 이주와 융합, 다원일체의 틀, 화이론華夷論 등의 관점에서 파악되고 있다. 왕위저는 중화민족의 주체 민족인 '한족'의 명칭이 한대에 생겨났고, 한 이후의 역대 왕조는 빈번하게 이주와 둔전屯田을 행함으로써 민족의 융합과 동화를 촉진시켰다고 주장한다. 그러한 사례로 서한西漢 왕조가 산동의 70만 인구를 관서關西·삭방朔方·신진중新秦中 등지로 이주시켜 흉노와 잡거하도록 하고, 20여 만의 흉노인을 운중雲中·오원五原·북지北地 등지로 이주시켜 한족과 잡거하도록 한 사실을 열거하면서, 1세기 말부터 흉노는 한족과 동일 국가 내의 '형제 민족'으로 되었다는 점을 강조한다.[50] 평춘화俸春華는 화하족이 하·상·주 삼대의 천백 년 동안의 정벌 전쟁과 문화적 교류, 민족간의 겸병, 하·상·주의 족族과 만족蠻族 사이의 융합과 동화·잡거·통혼·문화적 융합을 거치면서 형성되었다고 본다.[51] 또한 동한東漢 때도 여러 차례 한족을 이민족 지구로 이주시켰고 이민족을 한족 지구로 이주시킨 결과 양자강 유역의 오인吳人·파인巴人·촉인蜀人이 화하족과 융합되면서 한족으로 바뀌었다는 점, 당조에서도 이민족이 내지內地로 와서 사는 것을 허락하는 등 민족 간의 자연스러운 동화를 촉진했으며, 강토를 개척해나가는 과정에서도 민족 간의 융합을 촉진시켰고, 원조 역시 수차례에 걸쳐 집단적인 이민을 실시함으로써 민족 간의 융합을 촉진시켰으며, 명·청 때의 운남 지구에 대한 이민무변移民貿邊 정책 역시 민족 간 융합을 촉진했다고 본다.[52] 결국 평춘화의 말은 중화민족이 상술한 다민족의 상호 이주와 융합 과정에서 생겨났으며, 그러한 상황의 도출은 중국적인 특성, 즉 한족과 소수 민족으로 짜여진 네트워크多元一體格局에서 비롯되었다는 것이다.

중화민족의 '다원일체격국론'은 1988년 처음으로 훼이샤오퉁費孝通에 의해 제기되었다. 그가 지적한 '중화민족다원일체격국'의 특징은 여섯 가지로 분류된다. 첫째 한족은 주로 농업 지구에 집거하고 있었고 서·남·북의 농경이 가능한 평원 지역은 거의 한족의 집거 지구였으며, 소수 민족 지구의 교통 요도要道와 상업 거점도 대체로 한족의 장기 정주定住 지구였다. 이 상황에서 한족이 대규모로 소수 민족의 집거 지구로 흘러들어가면서 하나의 점과 선으로 결합된 동밀서소東密西疏(동남쪽에 밀집해서 거주하고 서북쪽에는 거의 살지 않는 분포 현상)의 네트워크가 형성되었는데, 이 네트워크가 '다원일체격국'이다.

둘째 소수 민족 집거 지구는 주로 고원·산간·초원으로 중국 전체 면적의 절반 이상을 차지하고 있고, 소수 민족 대다수는 목축업에 종사하고 있지만 한족은 주로 농업에 종사하면서 다양한 경제 유형을 형성하고 있었다. 일반적으로 잡거雜居 지대에서는 한족이 당지當地의 민족에게 흡수되기도 했지만 대부분은 한족이 소수 민족 집단 속에 들어가 응집력을 발휘하여 각 민족의 단결을 공고히 하여 일체를 형성했다.

셋째 언어적으로 볼 때 회족回族은 한어漢語를 자기 민족의 공통어로 사용하고, 만주족滿洲族은 만주어滿洲語를 사용하는 극소수를 제외하고 대부분 한어로 의사 소통을 하고 있지만, 나머지 소수 민족은 모두 자신의 언어를 말할 수 있으며, 한어는 점차 공통의 통용어로 되고 있다. 그리고 중화인민공화국 정부는 각 민족이 모두 자기 언어와 문자를 사용할 권리가 있음을 헌법에 명시했다.

넷째 중국에서 민족 융합을 초래한 구체적 조건은 복잡하다. 대부분은 사회 경제적 수요에 따라 이루어졌지만 정치적인 원인도 무시해서는 안 된다. 한족이 응집력을 발휘할 수 있는 근원은 그들의 농업 경제에 있다. 어떠한 유목 민족이라도 한족 농업 사회에 들어오기만 하면 한족에게 융합되어버렸다.

다섯째 중화민족의 구성원은 다원적인 구조를 가지고 있다.

여섯째 중화민족이 일체가 되는 과정은 점진적으로 완성되었다. 황하 중·하류 및 양자강 중·하류에는 한족의 전신인 '화하華夏'라는 초급적인 통일체가 출현했고, 당시 만리장성 밖의 유목 지구에는 흉노 위주의 통일체가 있어서 화하(후의 한족)와 대치했다. 그런데 북방 민족이 중원 지구로 진입하여 사방으로 뻗어나가면서 만리장성 안쪽의 농업 지구 통일체와 바깥쪽의 유목遊牧 지구 통일체가 통합되었고, 이를 계기로 각 민족은 유동·혼잡·분합分合을 거치게 되었다. 이때 한족은 특별한 핵심이 되어 평원과 분지 등 농업 발전에 적합한 지구에 집거하면서 둔간 이민屯墾移民과 통상通商을 통해 비非 한족 지구에 흘러들어가 점과 선으로 결합된 동밀서소의 네트워크를 형성하여 중화민족이라는 내재적 민족 실체를 형성하여 대일통의 국면, 즉 '중화민족다원일체격국'을 만들어냈다. 중화민족은 근대 이후 서방 열강의 압력에 공동으로 저항하면서 자각적인 민족 실체를 형성했지만, 중화민족의 통일체 속에는 다층차적多層次的이고 다원적인 골격格局이 존재한다. 그리고 각 층차의 다원 관계 역시 나누어져 있으면서도 갈라지지 않고 융합되어 있으면서도 합쳐지지 않는 다양한 상황이 존재하고 있다.[53]

장비보는 훼이샤오통이 말하는 '중화다원일체'의 관념이, 거란이나 여진족 같은 북방 민족의 경우, 중원 왕조로부터 주로 정통적 지위와 중화 제왕의 의지를 쟁탈하려는 데서 나타났다고 본다. 이 과정에서 "이인夷人이 중국에 진입하면 중국이다"는 중화다원일체의 정통 관념이 형성되었고, 이러한 문화 관념은 중국 북방 민족인 흉노족부터 만주족까지 유지·계승되었다는 것이다.[54]

장비보가 말한 것처럼 주변 이민족이 중원 왕조와 정통적 지위를 다툰 전형적인 사례는 '화이관'에서도 잘 드러난다. '화'와 '이'의 대립과 통일을 기본 원리로 하는 화이관은 중화민족 형성의 중요한 역사적 요소로 파악되고 있다.

2) '화華'와 '이夷'의 대립·통일론

오늘날 중국 학계에서 '화이관'(혹은 夷夏觀), "화하중심관華夏中心觀"[55]을 어떻게 해석하고 있는지를 살펴보면, 현대 중국의 구성 요소인 '중화민족' 인식의 일단을 엿볼 수 있다. 화이관의 본질인 '이하유별夷夏有別'의 관념은 중국 고대 화하족華夏族의 활동 범위가 확대되고 다른 민족과의 교류가 점증하는 가운데 민족적 차별의 시각에서 화하족과 다른 민족을 구분하면서 제기된 민족 관계의 명제이다. 일반적으로 '화華'와 '이夷'의 구별은 ㉠ 거주 지역의 차이에 따라, ㉡ 생활 방식이나 사회 풍속의 차이에 따라, ㉢ 동류同類가될 수 없는 이질적인 군체群體라는 배타적 의식에 따라, ㉣ 서로 다른 문화를 지녔다는 차별적인 의식에 따라 이루어졌다.[56]

이러한 구별 의식에 따라 중화 문명 발상지의 중심 지대에 거주한 다수 인구의 족군族群은 '화하'로, 그 주변에 거주한 소수 인구의 족군은 '이'로 개념화되어 거주 지역에 따라 "동방은 '이夷'로, 남방은 '만蠻'으로, 서방은 '융戎'으로, 북방은 '적狄'"[57]으로 불렸다. 또한 "우리 주변 여러 오랑캐의 음식과 의복은 화하족과 같지 않고 화폐도 통용되지 않고 언어도 통하지 않는다我諸戎飮食衣服不與華同, 贄幣不通, 言語不達(《左傳》襄公四年)라 하여, '화'와 '이' 사이에 문명적인 구분 의식이 형성되었다. 이와 아울러 "제후가 오랑캐의 예를 취하면 오랑캐라 했고 중국에 진출하면 그를 중국이라 했다諸侯用夷禮, 則夷之, 進于中國, 則中國之"(韓愈, 《原道》)라 하여, '화하족=문명=우월', '이=미개=열등'이라는 종족적 차별 의식마저 형성되기 시작했다. 게다가 조빙회맹朝聘會盟에서의 지위·생활 방식·문화 전통·생산력 수준에서도 '화하족을 받들고 오랑캐를 천시하는尊夏賤夷'[58] 관념이 형성되었을 뿐만 아니라, 중원은 동이東夷·서융西戎·남융南蠻·북적北狄의 거주지와도 지역적으로 구별되었다. 이때 중원의 거주자들은 강력한 자존 의식을 지녔다.[59] 이렇듯 화이관의 근저에는 정통론正統論이 자리 잡고 있었고 정통론은 화이관을 심화시키는 작용을 했다.

선진 시대에 '정통'의 기준은, 민족적 혈연이 아니라 '중원中原'에서의 생존권과 중원에 대한 주재권主宰權을 쟁취해서 중원 문화를 지녔느냐의 여부였다. 그런데 화하족의 활동 범위 확대와 이융夷戎의 화하화華夏化로 화하족·한족의 통치 지역이 확대되는 등 역사적 변화에 따라 정통관도 바뀔 수밖에 없었고, 그에 따라 '중국' 개념도 바뀔 수밖에 없었다.

쟝젠써姜建設에 의하면, 화하족은 대체로 춘추 말기에 형성되어 전국 시대에 더욱 발전했다. 화하족은 그 과정에서 동일한 언어를 사용하고 공동의 도덕 준칙을 준수하고 서로 같은 생활 방식을 공유하고 상대적으로 고정된 지리적 범주를 지닌 하나의 공동체를 형성했다. 특히 전국 시대 대국大國 간의 쟁패는 화하 일체華夏─體를 촉진시켰고 그 속에서 천하 일통─統의 요구도 자연히 강렬해지면서 화하 각국 간의 상호 겸병은 전국사戰國史의 주제가 되었다.[60] 진·한 시대에 접어들어 '화'와 '이'의 구별이 점차 분명해지면서 '화'와 '이'는 각각 중국 문명이 발달한 민족과 발달하지 못한 민족으로 확연하게 분별되었다. 특히 진의 천하 통일에 이은 만리장성의 수축은, '화'와 '이' 사이를 명확하게 가른 분계선 혹은 농경 문명과 유목 문명 사이를 가르는 경계선으로서 '이하지변夷夏之辨'의 일대 사건이었다.[61]

대체로 중국에서는 진·한 시대가 되면 '중국'은 통일 왕조의 모든 강토를 지칭하게 되었다고 본다.[62] 이때는 한민족의 기절氣節이 인간 행위의 가치 판단 기준으로 되고, 지명이었던 '하夏'가 국명과 족칭族稱으로 바뀌면서 '중국'도 한족 국가의 대명사가 되었으며, '중국'을 대표할 수 있는 자가 정통이 되었다.[63] 남북조 시기에는 한족의 전통과 유가 문화를 계승한 남조의 한족 정권이 자신들을 정통으로 여겨 동진인東晉人은 16국을 이적夷狄으로, 남조인南朝人은 북조를 '색로索虜'라고 매도했지만, 북조인北朝人 역시 자신의 정권을 정통으로 여겨 남조의 정통적 지위를 인정하지 않은 채 남조인을 '도이島夷'로 매도하는 대신 자신을 '중국'으로 칭했다.[64] 그러나 북위北魏 정권의 정통성 획득 노력漢化政策에도 불구하고, 당시에는 이민족이든 한족이든 간에 한족 정권만이 중화의 정통으로 인정받고 있었다. 당조는 '화이지변華夷之辨'을 답습하고 있었고,[65] 송조 역시 속으로는 요·금·서하西夏를 이적夷狄으로 간주했지만, 이민족 정권인 요는 자신의 정권을 정통으로 여겼고[66] '화이동풍華夷同風'의 사회관을 지니고 있었다. 금 역시 전대前代 제왕帝王의 제사를 주재하면서 중국 왕조의 합법적인 계승자로 여겼으며, 천하를 통일한 자는 모두 정통이 될 수 있다고 주장했다.[67]

그런데 당시 열세에 놓인 송조宋朝가 몸을 굽혀 요와 금에게 칭신을 하고 이민족 정권을 중화의 정통으로 인정한 것을 계기로, 한족 일가一家를 정통으로 여겼던 논리적 기반은 심각하게 흔들리기 시작했다. 게다가 요와 금이 제각각 자신들을 정통으로 여기면서 '화'와 '이'의 구분마저 모호해지기 시작하면서, '화'가 반드시 정통성을 획득할 수 있었던 것은 아니었고, '화'가 '이'보다 우월함을 보장받을 수 있었던 것도 아니었다. 원대에는 정통 논쟁을 거친 뒤 송·요·금·서하 모두 '중국'으로 간주되었고 그 사실이 사서 편찬에도 반영되었다.[68]

비록 명조인明朝人이 몽골족을 '달로韃虜'로, 여진족을 '건로建虜'로 간주했지만, 청조인은 자신을 중화의 정통 계승자로 자임했고,《대청일통지大淸一統志》에 기술되어 있듯이, 몽골·신강新疆·서장西藏·대만도 모두 '중국'의 일부로 간주했다. 과거에 화하의 사대부들에 의해 '이'라고 불렸던 만주족의 청조 통치 구역은 당연히 '중국'·'중화'로 간주되었고, '화하'역시 더 이상 '한족'만을 가리키는 명칭이 아니었다.[69] 청대에는 아예 한족 지식인조차 청조를 중국의 합법적인 정부로 승인했고 중화의 정통으로 여겼으며, 강희제 이후 한족 지식인들은 앞을 다투어 입사入仕했다고 한다. 심지어 청말 태평천국운동으로 청조가 붕괴의 위기에 처했을 때 한족 신사紳士들은 의용병을 조직해서 이민족의 청조를 보호하는 데 앞장서기까지 했다. 그리고 마침내 근대에 들어서 '중국'은 청조의 주권이 미치는 범위를 의미하게 되었다.[70]

그렇다고 한족과 비한족의 이원적 구도가 사라진 것은 아니다. 그것은 신해혁명 시기의 배타적 민족주의 조류가 잘 보여준다. 그렇지만 '화'와 '이'라는 민족적·종족적·문화적 구분 또는 '중원'과 '비非 중원'이라는 지역적 구분에 입각한 정통 시비는, 원래 한족의 문화였던 화하 문화가 점차 다민족이 공유하는 문화로 바뀌고 '이'가 '화'로 바뀌면서 그리고 정치적 목적에서 만들어진 가공의 민족= '중화민족'의 틀 속에 융화되면서 사라져버린 셈이다. 이제 중원의 완전한 통치자가 되어 자신의 정권을 정통으로 과시하는 한 '이'도 '화'의 일원이 될 수 있었던 것이다. '화'는 한족(정권)만의 전유물이 아니었고 '이'역시 이민족(정권)에게만 붙여진, 벗어버릴 수 없는 '영원한 멍에'도 아니었다.

그렇지만 근대 19세기 서구 세력의 침략에 직면하면서 전통적인 화이관은 변용되어 다시 생명력을 발휘했다. 즉 아편전쟁 이후 서양 오랑캐로 간주되었던 '양이洋夷'에게 수차례 패전하고 조공국들이 천조天朝 체제에서 벗어나면서 전통 화이관은 붕괴[71]되기 시작한 반면에, '양이'는 '미개한 존재'에서 '배움의 대상'("師夷長技以制夷")[72]이자 '극복의 과제' 심지어 '극락 세계'[73]로까지 인식되었다. 이쯤 되자 "민족 간의 관계를 문명과 야만, 고귀와 비천의 관계로 파악하고 중국이 천하의 중심에 있다"[74]고 여긴 화이관은, 정복 왕조가 등장했을 때처럼 또 다시 논리적 모순을 드러내지 않을 수 없었다.[75] 이런 와중에 '이하지변'은 '서양 배우기'를 거부한 수구파들의 의식을 지배하기도 했지만, 20세기에 들어서서는 신해혁명의 "멸만흥한滅滿興漢", "구제달로

驅除韃虜", "황제자손黃帝子孫"[76] 구호가 말해주듯이, 청조 정복을 위한 강력한 사상적 무기가 되었다고 본다.[77] 여기에서 화이관의 함의가 조금씩 달라졌을 뿐 그 생명력은 여전히 유지되고 있었음을 엿볼 수 있다.

요컨대 중국의 역대 왕조는 정통관에서 파생된 화이관에 의해 '화' 와 '이' 혹은 '한漢' 과 '호胡' 로 구분되어 대립하다가도 통일되었고 통일되었다가도 대립되었던 것이다. 현대 중국이 주창하는 '통일적 다민족 국가론' 에 입각한 중국의 판도에 따른다면, 화·이의 대립과 통일 양상은 복수의 왕조들 사이에 지정학적·수평적 차원에서 중원을 매개로 펼쳐지기도 했다. 이 경우에는 한 ↔ 흉노, 남조 ↔ 북조, 수·당 ↔ 돌궐, 송 ↔ 요·금·원 사이의 대립 구도가 해당된다. 또한 화이의 대립과 통일 양상은 동일한 왕조 내부에서 민족적(혹은 종족적)·수직적 차원에서 왕조의 주도권을 둘러싼 길항 관계로 나타나기도 했다. 이 경우에는 북위를 비롯한 침투 왕조 및 요·금·원·청의 정복 왕조 내부에서의 한족과 이민족 사이의 사회적 주도권 다툼 등이 해당된다. 그리고 화·이의 대립과 통일 양상은 때로 중국적 판도 내에서만 나타난 것이 아니라 중국적 판도 밖에까지 펼쳐지기도 했다. 이러한 사례로 원의 중앙아시아·서아시아·고려의 원정 및 일본의 정벌 시도, 청의 조선 침략 등을 들 수 있다. 결국 화·이의 대립과 통일의 역사적 반복 속에서 중화민족이라는 상상의 공동체가 형성된 셈이다.

중화민족이 통일적 다민족 국가의 구성원이라면, 통일적 다민족 국가의 물적 기반을 이루는 것은 영토(중국에서는 '강역疆域' 이라 일컬음)이다. 오늘날 중국에서는 통일적 다민족 국가의 영토 역시 중화민족의 형성과 맞물려서 형성된 것으로 파악하고 있다. 즉 중화민족의 범주를 어떻게 설정하느냐에 따라 그들이 거주하고 있는 영역의 범주나 그 영역들의 총합의 크기도 가변적이었던 것이다.

● ● ●

국가 영토의 형성론

1) '중국 강역' 론

(1) '중국' · '중국 강역' 의 개념

원래 《춘추春秋》에서 지칭한 '중국'은 문화적 개념이었지 종족적 · 지역적 개념은 아니었다. 즉 '중국'은 "국중國中의 백성들에게 은혜를 베풀어 사방四方 각국의 사람들을 안정시키고惠此中國, 以綏四方"(《詩經》 大雅 · 民勞)에서 알 수 있듯이, '국도國都' · '경사京師' · '도성都城' · '국중國中' · '왕기王畿'의 의미를 지녔다가,[78] "소아小雅의 정경正經이 모두 폐기되자 사이四夷가 번갈아 침략하여 중하中夏의 국國이 미약하게 되었다(〈小雅〉盡廢, 則四夷交侵, 中國微矣." 《詩經》〈小雅〉 六月序)나 "이래서 그 성명聲名이 중국에 넘쳐흘러 오랑캐들에게도 그 혜택이 미친다是以名聲洋溢乎中國, 施及蠻貊."(《禮記》 中庸)에서 알 수 있듯이, 화하족의 활동 중심인 황하 중류 지구를 가리키는 개념으로 바뀌었다. 그리하여 황하 중류 지구는 중국으로, 섬서성 북부 · 산서성 북부 · 하북성 북부 지구의 민족은 북융北戎 · 산융山戎으로, 동부 연해 지구와 남부 양자강 유역의 민족은 동이東夷 · 남만南蠻으로 불렸다. 그 후 화하족의 활동 범위가 확대되고 이융夷戎이 화하로 되면서 황하 하류 지구도 '중국'의 범위에 속하게 되었다.[79]

'중국'의 함의에 관해서는 다양한 견해가 제기되고 있다. 마따정 · 류티劉逖는 최초의 '중국'이 '국중國中' 즉 '방국邦國(일부 학자는 그것을 城邦國家로 지칭함)의 국인國人이 사는 성내城內(즉 國內)'로 통용되다가 후에 국인이 사는 국國과 부용국인附庸國人인 '야인野人'이 사는 '교郊'를 포함하게 되면서 '국'

(즉 邦)은 '국'과 '야'를 모두 포함하게 되었다고 주장한다. 국가(공주共主 혹은 중방衆邦의 왕王인 하·상·주를 말함. 일부 학자는 그것을 '왕국'이라 지칭함)는 공주의 본방本邦(王畿), 즉 왕의 직할지의 땅뿐만 아니라, 공주에 속한 기타 정치 공동체(예를 들면 제후국, 부속국 등)의 영지도 포괄한다는 것이다.[80]

꺼젠슝은 '중국'이라는 말이 서주 초에 처음 보이다가 춘추 시대에 보편적으로 통용되었다고 본다. 춘추 전에는 천자가 거주하는 경사京師가 중국, 즉 중추적 지위에 있는 국國이었는데, 후에 지리적으로 중심 지구에 있는 '국'이 '중국'으로 불렸다는 것이다. 그에 의하면 진·한 때에는 통일된 제후국의 소재지가 모두 '중국'으로 칭해졌고, 중원 왕조가 세워지면 그것의 주요 통치 지구는 '중국'으로 지칭되었지만, 그것에 의해 통치 받는 변원邊遠 지구나 통치 범위 밖의 '외外'는 이夷·적狄·만蠻으로 불렸을 뿐 '중국'에 포함되지는 않았다. 이 시기 '중국'은 하나의 문화 개념으로서 한족의 문화 지구를 가리켰을 뿐이다.[81] 꺼젠슝에 의하면 광의의 중국은 중원 왕조의 강역 범위를 모두 의미했고, 협의의 중국은 경제 문화가 상대적으로 발달한 한족 거주 지구나 한문화 지구를 의미했다.[82]

실제로 춘추 시기에는 협의의 중국 개념이 보편화되면서 중원 지구에 위치한 주周·형衛·제齊·노魯·진晉·송宋·정鄭 등은 '중국'으로, 중원 밖에 위치한 진秦·초楚·오吳·월越 등은 '이적夷狄'으로 간주했다. 그런데 진이 중원을 점거하고 중국을 통일하자, 진은 중국의 대표가 되었고 이후부터 사람들은 중국인을 '진인秦人'으로 불렀다.[83] 이러한 점들을 살펴보면 '중국'은 문화적 개념뿐만 아니라 중국의 범위를 가르는 기준으로 작용하기도 했으며, 그 개념이나 대상도 바뀌었음을 알 수 있다. 이렇듯이 중국 학계에서는 초기의 '중원'을 '중국'·'화하'[84]·'중주中州'의 의미와 유사한 개념으로 인식한다. 또한 '중국'의 개념 역시 '국가'가 아니라[85] 천자天子가 거주하는 위치, '천하의 중심', '구주九州의 중심', '화하족의 거주지', 화하 활동의 중심지인 황하 중류 지구, 즉 '중원'을 의미했다고 본다. 이처럼 다양한 함의를 지닌 '역사상의 중국' 함의를 가지고 보편적인 의미에서의 '중국'과 '중국 역사상의 강역'을 대표할 수는 없다는 것이 중국 학계의 일반적인 견해다.

그렇다면 오늘날 '중국'과는 별개의 개념으로 논의되고 있는 '중국 강역'의 개념을 살펴보자. 중국의 강역관을 파악하기 위해서는 먼저 그것을 엿볼 수 있는 '중中'과 '외外', '화華'와 '이夷', '천하天下'와 '사해四海', '국國'과 '야野'의 개념을 살펴볼 필요가 있다. 첫째, '중'과 '외'의 관념을 보면 '중'은 '중국', '중원'을 가리켰고 하·상·주의 삼대에는 자기가 거주하는 지구를 '중'으로, 자기 지구(본족本族 이외) 이외의 지구와 민족을 '외'라고 불렀는데, '중·외'의 관념은 후에 '하夏'와 '예裔', '화'와 '이'를 형성하는 사상적 기초가 되었다고 한다. 비록 경제·문화 발전의 불균형으로 인해 '중'과 '외'라는 상이한 구역이 형성되기는 했지만,[86] '천하 일가天下一家', '중외 일체中外一體'라는 정체적整體的인 구역區域 구조의 특징은 그것의 분할성과 연계성·일체성에 있었으며, 그러한 정체는 하나의 유기적인 동태動態의 통일체였다.[87]

둘째, '화'와 '이'의 관념을 보면 중화의 옛 강역과 민족 관념은 주로 화하와 만이의 구분 속에서 표현되었다. 중국은 화하족 및 그 족이 생활하는 지역을, 만이는 주변 민족 및 그 족이 생활하는 지역을 지칭했다. 화이의 구분은 문화 형태, 즉 예제禮制의 차이에서 비롯되었는데, 화하는 중원의 예제를 행한데 비해 만이는 중원의 예제를 행하지 않았다는 것이다.[88] 즉 문화·언어·습속의 차이는 '화'와 '이'를 구분하는 기준이었지만, 만이는 여전히 사해四海 안에 있었고 중화 일체의 틀 속에 있었다는 것이다.[89]

셋째, '천하'와 '사해'의 관념을 보면 '사해'[90]는 중화 일체의 완정完整된 다층차적인 강역관疆域觀을 의미하고, '천하'는 '외外'와 '사해'를 말한다. 이때 중국학자들은 '천하 일체'·'중화 일체'가 중화 고유의 강역 관념이라고 강변한다. 넷째 '국'과 '야'의 관념을 보면 '야'는 야비野鄙·변비邊鄙를 지칭하며, '외' 및 '사해'는 '야'를 가리킨다. '야'는 여전히 '천하'·'국'의 관할 범주 내에 있다.

이때 '중'과 '외', '화'와 '이', '천하'와 '사해', '국'과 '야'는 대립·통일의 논리적 관념으로서, '중'·'화'·'천하'·'국'을 중심으로 하는 중원 문화 중심관과 중원 왕조 중심관이 집중적으로 반영된 결과이다. 또한 '중'과 '외', '화'와 '이', '천하'와 '사해', '국'과 '야'라는 관념은 중국 역대 강역 관념의 기본적 구조를 이루고 있다. 더욱이 후대의 변강 관념과 변강 정책은 모두 그러한 대립·통일적인 관념들로부터 계승·발전·변화되어온 것으로 인식되고 있다.[91]

그렇다면 중국 강역의 함의와 유형, 강역관 등을 살펴보자. 먼저 마따정과 류티는 복사관服事觀과 화이관에 고대인의 강역 관념이 잘 반영되었다고 본다. 이들에 따르면 오복설五服說[92]과 구복설九服說이 반영하는 복사관은 비록 이상화하려는 경향이 있지만 단일한 정치적 핵심의 존재 및 작용을 반영하고 있으며, 그 정치적 구조가 핵심에서 주변으로 확산해가는, 복사관의 영향을 설명해주고 있다. 또한 화이관은 고대 중국인에게 깊은 영향을 끼친 정치 사상으로서, 고대 중국의 변강 문제가 항상 화이 문제였다는 점을 고려해 볼 때, 고대 중국의 전통적인 변강관의 중요한 구성 부분을 이루고 있다.[93]

장비보는 하인夏人이 '오복관'을, 주인周人이 하인의 오복관을 기초로 한 구복관九服觀을 지녔으며, 그 핵심 내용이 중앙 왕조를 중심으로 하는 강역의 층차적 관념이라는 점을 밝히고 있다. 그는 하·상·주의 삼대인三代人도 중앙 왕조를 중심으로 섬기는 '복사관', 즉 중화 다원일체의 강역 구조를 기초로 한 천하·사해의 관념을 지녔으며, 이러한 복사관은 전국 시대에 들어서 '군현제郡縣制'라는 강역 관념으로 발전했다고 본다. 진의 판도를 기초로 건국한 한의 강역관은 오복관의 기초 위에서, 군현을 설치해서 직접 관리하는 방식, 속국으로 삼아 간접적으로 관리하는 방식, 도호都護·중랑장中郎將·교위校尉·도위都尉 등을 설치해서 소수 민족 지구에 대해 기미 통치를 행하는 방식으로 나타났다고 파악한다. 그에 의하면 이러한 강역관은 한대 및 그 후 역대 왕조의 기본적인 정식이 되었으며, 당대는 중화민족 다원 통일체의 역사 발전 가운데 가장 중요한 시기이자, 중화 강역의 변동이 가장 극렬한 시기였다.[94] 장징시엔張景賢도 하·상·주의 삼대인이 "국가가 관할하는 영토 범위(天下·四海·九州·五服)에 대해 비교적 명확한 인식을 가지고 있었다"고 하여 장비보의 입장에 동조한다. 다만 그때의 범위는 하·상·주 왕조의 영토 및 중앙 왕조의 직·간접적 관할 하에 있는 여러 제후국의 영지를 일컫는다.[95]

류홍쉬엔劉宏煊은 '역사상의 중국'이 모든 역사적 강역이나 이 강역 내의 정치적 통합 범위를 지칭한 것이 아니라, 단지 한 지역이나 문화 유형의 구분을 나타낼 때 통용되었다고 주장한다. 그에 의하면, 수천 년 간에 걸쳐 중국의 각 민족은 점차 융합되는 동안 외부 세력의 위협을 받은 적이 없어서 각 민족의 내재적인 연계와 일체성을 자각할 수 없었다. 따라서 장기 이래 '중국'은 일반적으로 변강의 소수 민족 지구와 상대적인 지역을 가리킬 때 사용되었다. 그런데 '중국'이 정식으로 모든 역사적 강역과 정치적 관할 범위의 개념으로 된 것은 근·현대에서 비롯되었다.[96] 탄치샹도 '중국'의 함의는 시대적 변화에 따라 바뀌었고 서로 다른 경우에 서로 다른 용법을 지녔기 때문에, '중국'이라는 두 글자가 중국 국가 주권이 미치는 범위를 표시하는 개념으로 된 것은 아편전쟁 이후, 즉 근대라고 주장한다.[97]

상술한 학자들의 견해를 종합해보면, '중국'이라는 개념은 고대의 지리·지역·문화의 개념에서 근·현대의 모든 역사적 강역과 정치적 관할 범위로 전화되는 과정이라고 볼 수 있다. 또한 '중국'이 모든 역사적 강역과 정치적 관할 범위를 가리키는 개념으로 확립된 것은 근대 이후임을 알 수 있다. 다시 말해 중국 학계에서 '중국'이라는 개념이 '중국 국가의 주권이 미치는 범위'로 인식된 것은, 아편전쟁 이후 수십 년 동안 중화민족의 민족 의식이 강화된 결과로 볼 수 있다. 그리고 근대 이후 확립된 강역이란 "일개 국가나 정권 실체의 경계가 미치는 범위"[98]를 뜻하게 되었다고 볼 수 있다. 전통 시대까지만 해도 '중국'이라는 개념은 류홍쉬엔의 견해처럼, 역사적 강역이나 강역 내의 정치적 통합 범위를 지칭하지 않았고 단지 한 지역이나 문화 유형의 구분만을 나타낼 때 통용되었을 뿐이다.

(2) '중국 강역'의 형성 과정

'중국 강역'의 형성과 관련하여, 허위何瑜는 통일 시기의 강역이나 분열 시기 다민족의 정권 강역으로 구성된 중국 강역이 민족 구성, 행정 구역 설치, 풍속, 문화 방면에서 달랐지만, 모두 단계적으로 발전·변화했거나 '이夷'에서 '하夏'로 변하는 과정을 거쳐 통일적인 중국으로 전화되었다고 주장한다. 변경 민족은 계속 발전하면서 지방 민족 정권 또는 중원 왕조에 신속臣屬한 정권이나 중원 왕조와 대항하는 정권을 세우기는 했지만, 그것들은 결코 역외域外 국가가 아니었고 여러 과정을 거쳐 화하 문화를 위주로 하는 통일적인 제도로 전화되어 결국 대일통의 중국을 형성했다는 것이다.[99] 꺼젠슝은 통일적 중국 강역의 형성이 역사적인 필연이었다고 주장하면서 그 근거로 각 민족의 공동 분투, 생산력의 발전이 통일을 촉진시켰다는 점, 역사적 조류에 순응하는 정책이 중국 강역을 굳건히 했다는 점을 제시하고 있다.[100]

중국의 저명한 역사 지리학자 쪼우이린鄒逸麟에 의하면, 시간적으로 볼 때 중국 역사상의 민족들과 정권(왕조)들 사이의 소장消長은 다음과 같은 발전 단계를 거쳤다. 제1단계는 전국 및 진·한 시기 화하족 정권의 강역이 형성되고 개척된 시기이다. 춘추 시기는 120여 개의 소국으로 분열된 상태였고, 전국 시기에는 중원에 칠웅七雄이 형성되어 각자 사방으로 강토를 개척하고 군현을 설치하고 장성을 구축한 시기였다.[101] 진시황과 한 무제 시기에는 중원을 통일한 한족 왕조의 경제가 발달하고 국세가 강성해지고 농경 지구의 통치 범위가 공고해지고 수차례의 흉노 원정과 서역 원정을 통해 한족 정권이 거대한 땅을 차지한 후 대량의 한족 이민과 둔간술변屯墾戍邊이 실시되어 농경 지구가 확대되었다. 동한 초기에는 운남雲南 지구까지 강토가 확대되면서 처음으로 한족·흉노·백월百越·조선·서남이西南夷가 공동으로 다민족 통일 국가를 만든 시기였다. 이 단계의 중국 강역은 중원을 비롯하여 진과 한의 한족 왕조가 점령한 지역을 모두 포괄한다. 여기에서 주목되는 것은 '조선'도 다민족 통일 국가를 만드는 데 일조했다는 주장이다.

제2단계는 한족 정권의 강역이 북쪽으로 축소되고 남쪽으로는 확대된 시기로서, 동한東漢 전기부터 수·당 통일 정권이 등장하기 이전까지의 시기에 해당한다. 이 시기 흉노족은 남북으로 분열되었지만 남흉노는 한조에 귀부歸

附해서 장기간 한족과 교류를 하면서 한 문화의 영향을 받았고 일부 흉노족은 오늘날의 섬서·산서·하북성 북부 지구에서 한족과 공존했다. 몽골 고원에서 선비鮮卑·유연柔然·돌궐突厥이 흥기했고 서쪽에서는 강족羌族이 침입해서 동한의 북부 변계邊界가 축소되었다. 그 결과 한족 왕조의 점령에 의해 목축 지구였다가 반농반목半農半牧 지구로 되었던 지구는 유목 민족의 목축 지구로 다시 바뀌었고, 북중국에서는 흉노·선비·저氐·갈羯·강족의 정권, 즉 5호16국이 등장했다. 그러나 이 시기 5호16국의 등장은 농경 민족과 유목 민족 사이의 교류·융합을 촉진시켜 수·당 통일 정권의 호화胡化(이민족화)를 위한 기반을 닦았다. 남중국에서는 북방 인구의 이주와 더불어 동진이 세워지고 남방 인구가 격증했는데, 이것은 한족 왕조의 통치 세력 및 농경 지구가 남쪽으로 확대·발전된 것을 의미한다. 이 과정에서 만이蠻夷가 한화漢化되었다. 쪼우이린에 의하면, 이 단계에는 한족 왕조의 강토가 북부에서는 축소되었지만, 민족의 교류와 융합의 시각에서 볼 때 중화민족이 형성되는 중요한 과정이었다는 것이다.

제3단계는 수·당의 다민족 통일 국가의 기반이 닦여진 시기이다. 황하 유역에서 300여 년 간에 걸친 민족의 교류·융합과 남방 만이의 한화를 바탕으로 세워진 다민족 통일 국가인 수·당 정권은 북으로는 돌궐을, 동으로는 고구려를, 서로는 토욕혼吐谷渾을 평정하여 강토를 넓혔다. 또한 송·명과는 달리 포용 정책을 펼쳐 군대에 많은 이민족을 받아들였으며, 새로 개척한 이민족 거주 지구에 대해서는 기미부주 제도를 취해 민족의 단결과 합작을 촉진했고 중화민족 진영을 대대적으로 확대·발전시켰다. 이때에는 문화적으로 호胡·한漢의 구분이 거의 없었고 가구·복식·식품·음악·예술 등의 방면에서는 호·한 융합의 특색이 나타났다.

제4단계는 양송兩宋 시기로서 중국의 대분열 시기이다. 이 시기는 북송·남송·요·금·서하·남조南詔·대리大理·서요西遼·토번吐蕃·제부諸部·서주회골西州回鶻·카라칸국喀喇汗國 등 11개의 정권으로 분열되어 한족 왕조가 일단 쇠락해지자, 주변 소수 민족이 이틈을 타 흥기해서 강토를 개척하고 정권을 세우고 경제 개발을 하기 시작했다. 이때 성숙한 한 문화는 주변 민족의 문화에 비교적 큰 영향을 미쳤고 소수 민족의 문화 역시 한족에게 영향을 미쳐 호·한 간의 융합을 촉진시켰는데, 이것은 원 통일 제국의 건설을 위한 조건을 마련해주었다.

제5단계는 원 통일 제국의 건설과 재분열 시기이다. 원은 10여 개의 정권을 하나의 제국 틀로 통일시켰다. 이 시기는 한·당과 달리 변지邊地의 유목 민족이 모든 수렵 지구와 농경 지구를 점유하고 소수 민족의 근거지인 변지를 통일적인 '중화민족 대가정'에 통합시켰으며, 특히 티벳 지구의 토번을 왕조의 직속 판도로 집어넣었다. 원 제국의 통일은 한족·거란·여진·당항黨項·몽골·색목인色目人 등의 농경·어업과 수렵·유목의 3개 지구를 하나로 용해시키고 각 지구의 경제·문화를 교류·융합시켜 중국 사회의 발전에 촉진 작용을 했다. 그러나 원조는 민족 분화와 민족 압박·멸시 정책을 펼쳐 관리 임용이나 법률적 지위·과거 제도·대우·기타 권리·의무 방면에서 불평등 규정을 두었는데, 이러한 불평등 정책은 한족의 강렬한 불만을 야기해서 원조의 단명을 초래했고 이 과정에서 명조가 탄생했다. 명조의 등장으로 중국은 다시 유목·어업과 수렵·농경의 3대 지구로 다시 분열되었다.[102]

제6단계는 청 제국 시기로 중화제국 강역의 마지막 완성 단계이다. 18세기 중엽 형성된 청대의 강역은 진·한 이후 중화의 각 민족이 수천 년간 교류·융합한 결과로서, 청 제국의 강역은 수렵 위주의 여진 구역, 목축 위주의 몽골 구역, 농경 위주의 명 왕조 구역으로 이루어졌다. 1636년 막남漠南의 몽골이 청조에 귀부했고 1642년 외흥안령外興安嶺 이남의 모든 흑룡강 이동 지구가 청조의 판도에 들어와 수렵 구역이 통일되어 화근이 없어졌다. 1644년 명의 멸망, 1659년 삼번三藩의 평정, 남명南明 세력의 소멸, 대만의 수복으로 농경 구역이 통일되었으며, 1688년 칼카喀爾喀 몽골도 청조에 항복하면서 외몽골도 청조의 직속 영토가 되었다. 또한 청의 강희·옹정·건륭제는 17세기 중엽부터 100여 년간 준가르准噶爾·회부回部의 할거 세력을 소멸, 서부 변강을 통일시켰고 제정 러시아의 확장을 저지함으로써 근대 서북 강역의 토대를 마련했다.

그런데 중국 강역이 역사적으로 형성되는 과정상의 특징을 보면, 첫째 중국 강역의 주요 부분은 주로 농경 구역으로 진·한 시대에 이미 통일되었고 발전도 빨랐으며, 이 과정에서 주변의 이적이 화하화華夏化되어 농경 위주의 통일 정권이 형성되었다는 점이다. 둘째는 중국 역사상 정권의 분열이 가장 오랫동안 반복적으로 나타난 원인은 농경·어렵·유목의 3대 지구가 대립한 데 있었다는 점이다. 셋째는 어업·수렵 지구 세력을 대표한 청조가 내·외몽골을 판도에 넣은 후 농경 지구를 통일하고 마지막으로 서북 지구의 위구르 회부를 평정함으로써 농경·목축·어업 및 수렵의 3대 지구를 통일했다는 점이다. 넷째는 한대부터의 한족 왕조가 농경 지구에서와 같은 군현 통치 방식으로 비농경 지구를 다스렸지만, 당대 이후의 한족 왕조는 기미부주나 토사土司 제도, 개토귀류改土歸流와 같은 통치 방식을 취함으로써 각 민족을 단결시키고 중화 대가정을 공고히 하는 데 중요한 기능을 했다는 점이다.

쪼우이린이 말한 중국 강역의 역사적 형성론을 살펴보면, 그는 역사상 중국 민족이나 정권(왕조) 사이의 세력과 강토의 소장을, ㉠ 한족 집거지인 농경 구역, ㉡ 유목 민족의 집거지인 목축 구역, ㉢ 어업·수렵·채집과 농경의 혼합 구역 사이의 교류·융합과 소멸·확장의 산물로 보고 있음을 알 수 있다.[103]

결론적으로 말해 "오늘날의 중국은 2, 3천년 전부터 생활해온 모든 민족이 공동으로 만들어낸 것으로, 각 민족이 중국 역사에서 수립한 정권은 모두 역사상 중국의 정권이고 각 민족의 활동 범주는 모두 역사상 중국 영토의 일부분"이다. "오늘날 중국 강역의 규모는 한족뿐만 아니라 다민족이 공동으로 만들어낸 결과이며, 어느 시기에는 변지의 소수 민족의 공헌이 더 컸다"는 것이다. 따라서 "현대화된 중국은 완전히 민족 평등 정책을 시행해야 하며 결코 대한족주의大漢族主義를 주창해서는 안 된다"[104]는 것이다.

결국 중국 정부가 강조하는 '통일적 다민족 국가론'은 기본적으로 다민족의 융합을 전제로 한 통일적 다민족 국가 형성에서의 소수 민족의 공헌을 강조함으로써 중국 내 각 민족의 단결을 부각시키고 있는 점이 눈에 띈다.

류홍쉬엔은 중국 역사 강역의 형성 과정을, ㉠ 준비 시기(전설 속의 황염炎黃

전쟁부터 서주西周 시기), ㉡ 초보적인 형성 시기(춘추·전국부터 동한東漢 말년까지), ㉢ 발전 시기(삼국의 양진兩晉·남북조부터 당말까지), ㉣ 정식으로 형성된 시기(당말의 분열·할거 시기부터 원·명·청의 대통일 시기), ㉤ 중국 강역을 보위하고 완전한 통일을 위해 분투하는 시기(아편전쟁부터 현재까지)로 나눈다. 또한 그는 중국 강역의 형성과 발전상의 특징으로 중국 강역의 발전이 중화민족의 끊임없는 융합을 근본 전제로 한다는 점, 중앙 집권적 행정 구획 제도를 실행·유지한 것이 중국 강역의 공고화와 발전을 조장했다는 점, 정확한 변강 정책이 중국 강역을 안정시킬 수 있었던 중요한 조건이었다는 점, 중국 강역의 안정과 지리 환경은 상호 관계가 있다는 점[105] 등을 열거하고 있다.

취우쥐우룽邱久榮은 중국이라는 통일적 다민족 국가가 탄생·발전하는 과정에서 역대 변강 지구의 정권(중국)이 말하는 소수 민족 정권이 행한 작용을 강조한다. 그는 특히 북부의 흉노선우국匈奴單于國·돌궐한국突厥汗國·회골한국回鶻汗國, 동북의 발해국, 서부의 토번吐蕃 왕조·흑한黑汗 왕조, 서남의 남조南詔·대리국大理國 등이 중국 강역을 확립하는 데 행한 작용을 높이 평가하고 있다. 또한 원조元朝를 사례로 들면서 원의 통일은 진·한 이래 변강 지구에서 여러 차례 출현했던 구역성의 통일 정권과 일정한 관계가 있음을 지적하고 있다.[106] 류훙쉬엔 역시 중국 강역의 기초 확립 과정에서 소수 민족 정권이 행한 작용을 높이 평가하고 있다. 그에 의하면 요가 동북을, 서하西夏가 서북의 일부 지구를, 여진이 다시 동북을, 몽골이 모든 북방을 각각 통일한 것은 국가 통일과 강역 완성에 대한 민중의 요구를 반영한 것으로 파악한다.[107] 왕쫑웨이王宗維 역시 진·한 왕조의 대통일과 발전의 원인을 당시 인민의 통일 요구에서 찾고 있다.[108] 바이써우이白壽彝는 통일 의식이 통일을 촉진한 작용을 중시하면서 그러한 예로 삼국 시기와 남북조 시기를 들고 있다.[109]

위에서 언급한 중국학자들은 이구동성으로 당시 인민의 통일 요구가 왕조의 통일과 발전, 강역의 완성에 긍정적으로 작용했다고 평가하고 있다. 그런데 과연 그 시기 각 민족이 역사적 동질성이나 공통의 국가관 혹은 민족관을 지니고 통일을 요구했는지에 대해서는 자못 회의적이다. 아마도 현재의 중국

학자들이 지나치게 현재적 필요에 의해 당시 중국 내 각 민족의 심리 구조를 왜곡한 것이 아닌가 여겨진다.

통일적 다민족 국가의 형성·발전과 관련하여, 중국 학계에서 논의되고 있는 또 다른 문제는 '통일과 분열의 변증법 관계'이다. 저우웨이쪼우周偉洲는 중국 역사상의 통일과 분열이 모두 상대적인 것으로 오늘날의 강역과 일치하는 절대적인 통일은 없었으며, 통일과 분열은 또한 상호 침투하여 통일 속에서도 소규모의 일시적인 분열 할거(예를 들면 명조 때 북방의 몽골, 와자瓦剌 등)가 출현했고 분열 중에서도 국부적인 통일(예를 들면 남북조)이 있었다고 파악한다.[110]

장보취엔張博泉은 "통일은 서로 다른 시기의 통일이고 통일과 분열은 상대적인 말로서 일체에서 벗어날 수가 없고 일체는 최대의 통일체이고 통일은 일체 속의 통일이고 분열은 일체 속의 분열이며 일체는 최대의 전제"라는 논리를 제시한다. 그에 의하면 중국의 고대는 천하 일체天下一體에서 중화 일체中華一體로 발전했는데, 천하 일체는 진이 통일하기 이전의 전 천하 일체前天下一體와 진이 통일한 이후의 천하 일체로 나뉘고, 중화 일체도 원이 통일하기 이전의 요·송·서하·금 시기의 전 중화 일체前中華一體와, 원·명·청의 중화 일체로 나뉜다. 전 천하 일체는 왕권이 통일된 천하 일체 속의 중국이 분열된 열국列國과 전국戰國으로 바뀌고 나아가 중국의 통일과 더불어 중외中外와 화이華夷로 나뉘는 천하 일체 국가로 발전하는 것을 의미한다. 중화 일체는 황권皇權이 통일된 천하가 중원의 다층차적인 분열과 통일을 거쳐 전국 범위 내의 여러 중국 왕조와 열국을 출현시킨 후 전국이 통일된 중화 일체 국가로 발전하는 것을 의미한다. 따라서 중화 일체는 천하 일체보다 높은 일체이다.[111] 이들의 논리 구조에서는 그렇게 나누는 근거가 명확하게 드러나지 않고 있다.

이따롱李大龍은 중국 강역 형성의 특징을 제1시기(상고부터 당조까지)와 제2시기(오대부터 청조까지)로 나눈다. 그에 따르면 제1시기에는 화하족 혹은 거기에서 발전한 한족이 중국 강역의 형성 과정에서 주도적인 작용을 했다.

이 시기 '이夷'로 불린 상당수 민족도 중국 강역의 형성에 중요한 작용을 했지만(가령 서한 시기의 흉노족, 수·당 시기의 돌궐족은 북방 초원 지구의 통일을 완성했고, 당대의 토번은 청장 고원青藏高原 지구의 통일을, 선비족이 세운 북위는 중국의 북부 지구를 통일했다),[112] 화하족이나 한족에 비할 바는 아니었다. 따라서 중국 강역의 핵심 지구인 중원 지구의 통일은 화하족에 의해 완성되었고 이것이 중국 강역 형성의 기초가 되었다. 특히 한漢과 당唐의 2차에 걸친 전국적 규모의 대통일 국면의 실현은 화하족에서 발전해온 한족을 주체로 완성되었고 중국 강역 형성의 기초가 마련되었다. 반면에 제2시기에는 '이夷'가 중국 강역의 형성 과정에서 주도적 역할을 했다. 비록 이 시기에 한족을 위주로 한 남송·북송·명 등의 왕조가 출현했지만 그것들이 실현한 것은 중원 지구를 기초로 한 국부적인 통일에 불과했으며, 남송과 북송은 심지어 중원 지구의 국부적인 통일조차도 완전히 실현시키지 못했다. 이 시기 '이'라고 지칭된 많은 민족들, 예를 들면 거란족을 주체로 한 요, 여진족을 주체로 한 금은 중국 북부의 광활한 강역을 통일시켰다. 당항족을 주체로 세운 서하는 지금의 영하寧夏·감숙甘肅 및 섬서陝西·내몽골의 일부 지구를 통일시켰다. 몽골족을 주체로 세워진 원元과, 만주족을 주체로 세워진 청은 전국 범위의 국내 통일을 실현시켜 중국 강역의 최종적인 완성을 이루어냈다.[113]

이 논리에 따르면 중국 강역의 통일 국면을 출현시키는 데 초기에는 화하족이 주도적인 역할을 했지만 중·후기에 접어들면서 점차 이민족이 중심적인 역할을 하게 되었다는 것이다. 이 논리 역시 통일적 다민족 국가 형성에서의 이민족의 공헌을 강조함으로써 중국 내 각 민족의 단결을 고취하는 역사 논리로 작용하는 셈이다.

상술한 중국 강역의 형성론에 대한 시시비비를 가리려면 '중국' 혹은 '중국 강역'의 개념 파악이 요구된다. 그러한 개념을 어떻게 파악하느냐에 따라 강역의 범주도 달라질 수 있고 형성 과정도 달리 표현될 수 있다.

(3) '중국 강역'의 범위

그렇다면 '중국 강역'의 범위를 어떻게 설정할 것인가? 이점에 관해서는 다양한 견해가 제기되고 있다. 즉 중국 강역의 범위를 '역사상의 중원 왕조나 정통 왕조가 통치한 범위'로 한정해야 한다는 주장과, '역사상의 중국'으로 파악해야 한다는 주장이 있다. 여기에 덧붙여 "중원 왕조와 중국을 별개로 취급해야 하며 양자를 혼동해서는 안 된다"[114]는 주장도 있다.

'역사상 중국 강역'의 범위 설정과 관련된 견해는 대체로 다섯 가지이다. 첫째는 "1750년대부터 1840년 아편전쟁 이전까지의 중국 판도를 역사상의 중국 범위로 파악해야 한다"[115]는 것으로, 그 범위가 '중화 강역'으로 지칭되고 있다. 둘째는 "중화인민공화국 국경 내의 각 민족이 공동으로 행한 역사 활동의 무대가 중화인민공화국의 강역이므로, 그 강역을 '고금을 관철하는貫徹 古今' 역사 활동의 지리적 범주로 삼아야 한다"[116]는 것이다. 셋째는 역사상의 다양한 시기에 형성된 통일적 다민족 국가의 강역을 각각 역사상 중국 강역의 범위로 삼아야 한다는 것이다. 넷째는 중원 왕조의 강역만을 상정해서 한족 문화 혹은 유가 문화를 받아들인 지구로 삼아야 한다. 다섯째는 한족이 세운 왕조의 판도를 역사상 중국 강역의 범위로 삼아야 한다는 것이다. 이러한 의견 가운데 넷째 의견은 최근 10년 사이에 거의 제기되지 않았고, 다섯째 의견은 점차 자취를 감추었다. 절대 다수의 학자들이 제기하고 있는 역사상 중국 강역의 범위는 첫째 의견이다.[117]

첫째 의견, 즉 "아편전쟁 이전 청조의 판도를 역사상 중국 강역의 범위로 삼아야" 하는 이유로, 탄치샹은 고대인의 중국을 역사상의 중국으로 설정할 수 없다는 점, 1840년 이전의 중국 범위는 몇 천 년 이래 역사 발전 과정 속에서 자연스럽게 형성된 중국이라는 점을 들고 있다.[118] 그는 "오늘날의 중국 영토를 역사상 중국의 범위로 삼자는 주장은, 제정 러시아가 〈아이훈조약〉과 〈북경조약〉을 통해 빼앗은 우수리강 이동, 흑룡강 이북의 땅이 중국의 땅이 아님을 승인하는 것과 같다"고 하여 반대한다. 다시 말해 "현재의 중국 강역은 역사상 자연스럽게 형성된 범위가 아니라, 백여 년간 자본주의 열강과 제국주의가 중국의 영토를 침략한 결과이기 때문에 역사상 중국 강역을 대표할 수 없다"는 것이다.[119] 이따롱 역시 아편전쟁 이전 청대의 최대 판도를 중국 강역으로 설정하는 이유로, "아편전쟁 이전까지 중국 강역의 형성은 외부의 중대한 영향을 받지 않고 자연스러운 형성 과정을 거쳤다"[120]는 점을 들고 있다. 이 견해에 동조하는 꺼젠슝은 "역사상 중국 강역의 범위를 현재의 중국 강역에다가 발하시호 및 파미르 고원 이동, 몽골 고원과 외흥안령外興安嶺 이남 지구를 합한 지역으로 설정해야 한다"[121]고 주장한다.

그런데 "아편전쟁 이전까지 중국 강역이 자연스럽게 형성되었다"는 주장 역시 역사적 사실에 맞지 않는다고 볼 수 있다. 왜냐하면 아편전쟁 이전까지 청조는 무력으로 주변 민족 국가를 점령해서 강역으로 삼았는데, 중국은 그렇게 해서 형성된 청조의 강역을 자연스럽게 형성된 것으로 해석하기 때문이다. 실제로 청조의 판도 확장 과정 역시 제국주의 열강의 중국 침략과 마찬가지로 무력적인 점령 방식에 의한 것으로, 결코 자연스러운 과정이라고 말할 수는 없다.

둘째 의견과 관련해서, 바이써우이는 1950년대 초에 "황조皇朝 강역의 관점으로 역사상의 국토 문제를 처리하는 것은 잘못된 관점이기 때문에, 중화인민공화국의 국토 범위로 역사상의 국토 문제를 처리해야 한다"고 주장한다. 쉬이팅徐亦亭도 이 견해에 동조한다. 그는 '역사상의 중국'을, 중국의 고대 강역과 국명國名으로서 각 민족이 생존·개간·번식한 강역으로, 혹은 중국 전통문화의 뿌리가 박힌 토양이자 중국의 각 민족이 번창한 강역으로 규정한다.[122]

셋째 의견과 관련하여, 저우웨이쯔우는 "역사상 각 시기의 중국 강역은 결코 현재의 중국 강역과 일치하지는 않는다"는 전제 하에, "만일 우리들이 오늘날 중국의 강역(혹은 청초 건륭 시기의 강역)을 기준으로 삼는다면, 이것은 실제로 오늘날 중국의 강역을 가지고 역사상 중국의 강역을 덮어씌우는 것으로, 역사상 중국 강역이 발전해서 형성된 사실을 부정하는 것이며, 오늘날 중국 강역을 가지고 역사상 중국 강역과 민족을 확정짓는 논점"이라고 비판한다. 또한 그러한 견해는 "역사상의 중국이 하나의 국가라는 점, 중국이 하나의 통일적 다민족 국가라는 점, 역사상 중국의 발전 과정, 역사상 중국의 통일과 분열 사실을 모두 부정하는 셈이 된다"는 것이다. 따라서 "통일적 다민족 국가가 통일된 시기에 역사상의 중국은 당시의 통일적 다민족 국가, 즉 한족이든 기타 민족이든 간에 그들이 세운 중앙 집권적 봉건 국가이고, 통일적 다민족 국가가 관할하는 민족과 지구에서 출현한 정권도 모두 당시 중국의 일부분"이라는 것이다.[123]

저우웨이쪼우는 중국 강역의 범주를 설정할 때 현재주의적 관점을 과거의 역사에 소급해서 적용하는 것을 경계하고 있는 셈이다. 그의 견해에서는 역사를 역사 자체로 파악해야 한다는 점을 읽을 수 있다. 다만 한족 왕조이든 기타 민족의 왕조이든 통일 왕조 내의 민족이나 그 관할 하의 정권을 모두 중국의 범주에 귀속시켜야 한다는 그의 주장은, 현재의 중화인민공화국 영토를 귀속의 기준으로 삼지 않는다는 점에서 다른 중국학자의 견해와 다를 뿐, 원元의 역사에서 극명하게 드러나듯이 주변 민족 국가와의 역사 귀속 문제를 간과하고 있는 것 같다.

앞에서 언급한 중국의 유명한 역사 지리학자 쪼우이린도 "중국은 다민족이 공동으로 만들어낸 통일 국가로서, '역사상 중화민족 대가정'의 성원들이 조국의 땅에서 일하며 살아온 범주 내에 세운 각 정권들의 강역과 각각의 정치적 관할 구역政區은 모두 중국 역사상의 '강역'이고 정치적 관할 구역의 일부분"[124]이라고 주장한다. 장비보 역시 "중원 지구에 세워진 왕조이든 변강 지구에 세워진 독립 정권 혹은 지방 정권이든 간에, 이들 정권이 중앙 왕조와 번속 관계를 맺었든 조공 관계를 맺었든 간에, 중화민족이 세운 정권과 그 정권의 강역은 모두 중화민족의 정권이고 중화의 강역"[125]이라고 강변한다.

쪼우이린이나 장비보의 논리는 전형적인 '통일적 다민족 국가론'의 논리 방식이다. 그런데 이 논리가 역사적으로 정당성을 인정받으려면 중국의 전 역사 시기, 특히 고대 중국 역사에서 중화민족이 '역사적 실체'로서 존재했는지, 현재의 중국학자들이 중화민족이라고 주장하는 당시의 이민족이 과연 자신들을 중화민족으로 인식하고 있었는지, 그들이 자신들을 중화민족으로 인식하고 있었다면 그때의 중화민족은 무엇이고 그 범주는 어디까지였는지를 검증해야 한다. 이민족 혹은 그들의 정권이나 왕조가 중국 역사에 귀속되었는지를 논할 때, 대다수 중국학자들은 그들이 현재의 중화인민공화국 영토 안에 존재했었다는 논리에 기초해서 중화민족으로의 귀속성을 당연시하고 있다.

챠오용춘趙永春도 "중국 역사상의 강역은 오늘날 중국의 강역이 포괄하고 있는 민족을 출발점으로 삼아 중국 내 각 민족의 역사와 강역으로 거슬러 올라가야 한다"는 전제를 제기한다. 그는 "오늘날 중국 강역 내에 존재하는 민족과, 역사상 오늘날의 중국 강역에서 생활하다가 사라진 민족은 모두 중화민족의 구성원이고 그들의 역사도 모두 중국 역사의 일부분이며, 그들의 역사상의 활동 지구 및 그들이 세운 정권의 강역도 모두 중국 역사상 강역의 구성 부분"이라는 논리를 편다. 챠오용춘은 그러한 논리 전개의 이유로, "'중국'이라는 함의가 역사적으로 일정하지 않았고 끊임없이 발전·변화해왔기 때문에 역사상의 '중국' 개념을 가지고 중국을 대표할 방법이 없으므로 오늘날 중국의 개념을 가지고 중국을 대표할 수밖에 없다"[126]는 무리한 논리를 끄집어낸다.

챠오용춘의 말처럼, 만일 역사상의 '중국' 개념이 가변적이었기 때문에 그 개념을 가지고 중국을 대표할 방법이 없다면, 역시 역사 속에 존재했던 많은 이민족이나 그들의 왕조를 '역사상의 중국' 개념 속에 귀속시키는 것은 무리일 수밖에 없다. 이것은 그들 이민족이나 왕조가 역사상의 중국 개념에 속하지 않을 수도 있다는 말이 된다. 그런데도 챠오용춘은 '통일적 다민족 국가론'의 골격인 '현재 중화인민공화국 영토에 존재했거나 존재하는 민족은 중화민족'이라는 현재주의적 관점으로 과거의 역사를 재단하고 있는 셈이다. 챠오용춘의 논리는 역사 그 자체를 역사적 사실로 파악하지 않고 있다는 점에서 역사적인 관점과 거리가 있다.

하여튼 첫째 견해가 1840년 아편전쟁 이후 근대 서구 세력(일본 포함)의 침략으로 영토를 빼앗기기 이전 청조의 최대 판도를 중국의 강역으로 이해하는 관점이라면, 둘째 견해는 현재의 중화인민공화국 영토를 중국의 강역으로 파악하는 관점이다. 첫째, 둘째 견해가 현재의 관점과 영토적 관념에 비중을 두었다면, 셋째 견해는 당시의 역사 사실에 비중을 두고 있다고 할 수 있다. 그렇지만 이들 세 가지 견해 모두 중국을 통일적 다민족 국가로 파악하고 있다는 점에서는 공통적이다. 이들 견해는 역사상 중국의 범위 내에 있던 지방 정권의 통치 지구와 구역이 중국 고대 강역의 구성 부분이라는 점을 인정한다. 현재 중국에서는 첫째, 둘째 견해가 모두 중화민족 다원 일체의 역사 발전 과정의 필연적인 결과로서 중화 역사 강역의 마지막 정의로 인식되고 있다.

한편 역사상 중국 강역의 범위 획정과 특정 왕조의 귀속 사이의 상관성 문제와 관련하여, 장비보는 군현郡縣으로 국계國界를 획정한 뒤 중원 왕조에 신속했거나 중원 왕조와 다투었던 민족, 여러 지방 정권과 세력을 다투었던 중국 내의 민족을 '국외國外'로 파악하는 것은, 중국 다민족 국가의 강역 특징에 부합되지 않는다고 주장한다. 중화 역사 강역의 기준 설정과 관련하여, 탄치샹은 "평양 천도 이전의 고구려는 중국 동북에 있었고 천도 이후의 고구려는 북한에 있었으며, 북조·수와 고구려의 관계는 중국과 이웃 나라의 관계였다"고 단정한다. 따라서 그는 평양으로 천도한 이후의 고구려는 중국 영토 내의 소수 민족 정권으로 볼 수 없고 이웃 나라로 처리해야 한다고 주장한다.[127] 조선족 학자 강맹산姜孟山도 현재의 국경선을 기준으로 삼을 때 고구려는 중국과 조선 양국 판도에 걸쳐있던 고대 국가이므로, 고구려를 중국 동북 지방사에 귀속시키고 또 조선사에 귀속시키는 것, 즉 '일사양용一史兩用'은 역사 사실에 완전히 부합한다고 하여 탄치샹의 견해에 동조한다.[128]

여기에 대해 장비보는 중화 강역을 "중화민족 다원 일체의 역사 형성 과정 속에서 소장하고 변화하면서 형성된 것"이라는 전제 하에 그것을 칼로 자르듯이 단순화할 수 없음을 강조하면서 탄치샹이나 강맹산의 견해에 반대한다. 그 이유는 탄譚·강姜 두 학자의 견해는 중화 역사 강역의 기준을 동태적으로 파악하지 못하고 정태적으로 단순화시켰다는 것이다. 단순히 정치의 중심과 그것의 전이를 민족과 정권의 귀속을 판단하는 기준으로 삼는 것은 부정확하고 역사 사실에 부합하지 않는다는 것이다.[129]

장비보에 의하면 고구려는 중화 동북 지구의 고족古族 고국古國이고, 동이東夷 고이高夷와 부여 및 고구려민이 주체가 되어 세운 동북의 지방 정권으로 중화다원일체격국의 중요한 구성원이라는 것이다. 427년 고구려의 수도가 평양으로 천도되었지만 평양 지구는 여전히 한漢·진晉 시기 낙랑군의 관할 구역이었기 때문에 정치적 중심이 한반도로 이동했다고 해도 여전히 중화 강역 안에 위치해 있었다고 본다. 중화 강역 내에서의 천도나 정치 중심의 변동이 있었다고 해도 그 민족이나 정권의 귀속성은 변하지 않았고 여전히 중화 강역의 범주에 속해 있었다는 것이다. 그리고 수·당 왕조의 고구려 정벌은 중앙 왕조와 지방 정권의 모순이 충돌한 것이므로 침략이 아니라 '통일 전쟁'의 성격을 띠고 있다고 주장한다.[130] 장보취엔·웨이춘청魏存成이 주도적으로 편찬한 책에서도 이와 유사한 견해가 제기되고 있다. 이들에 의하면 천도한 평양 역시 낙랑군의 치소治所였고 고구려의 최전성기 강역조차도 군현 지구를 벗어난 적이 없으므로 고구려는 중국의 지방 정권에 속한다는 것이다.[131]

그런데 여기에서 주목되는 점은 중국학자들이 고구려가 중국의 강역 내에 존재한 지방 정권이었다는 논거로서 고구려가 서한 시기 한사군의 관할 구역이었다는 점만을 들고 있다는 점이다. 다시 말해 2004년 중국의 조선족 학자가 제기한 바 있듯이, "수·당 시기 고구려가 장악한 요동 지구는 분명 수·당 왕조의 관할 구역이 아니었다"[132]는 점은 의도적으로 논급을 회피하고 있다. 만일 수·당 시기만을 본다면 고구려는 중국 중원 왕조의 관할 구역에 있지 않았음이 분명하다. 이렇듯 관할 구역의 변화가 있었음에도 불구하고 한때의 관할 구역이었다(그것조차도 불분명함)는 점만을 근거로, 그리고 관할 구역의 변화를 인정하지 않고 고구려의 귀속성이 여전히 중국사에 있음을 강변하는 중국학자들의 논리에서는 역사 발전의 변화와 복잡성을 인정하지 않고 아전인수식으로 역사를 재단하면서 주변 민족 국가의 역사를 침해하는 팽창적 문화주의의 특성을 드러내고 있다.

2) 중국 '변강' 론

(1) '변강'·'변강 민족'의 개념과 범주

상술한 것처럼 '변강'의 범주가 고정되어 있지 않고 변화되어 왔다면, '변강' 개념은 어떻게 정의해야 할까? 1949년 중화인민공화국 수립 이전인 1940년대에 꾸지에깡顧頡剛은 변강을 "일국 영토의 외연外緣 지대로서 지리상으로는 내지內地와 그 부위部位가 다르지만 국가 주권 및 정치 제도상에서는 모두 내지와 합해져서 일체가 된 곳"[133]으로 개념 정의한다. 우원짜오吳文藻는 정치상의 변강과 문화상의 변강으로 나누고 정치상의 변강을 "일국一國의 국계國界 혹은 변계邊界"[134]로 정의한다. 까오장쭈高長柱는 "국國과 국 사이에 그 영토 주권의 구분을 나타내는 표지로서 국방선國防線 혹은 국방선에 접근한 영역"[135]으로 정의한다.

후환용胡煥庸은 "변강은 '새외塞外'·'역외域外'·'관외關外' 등으로, 내지는 '중원中原'·'복지腹地'·'관내關內' 등으로 불리는데, 양자는 모두 정치적·지리적 관점을 대변한다"는 전제 하에, '문화상의 변강' 또는 '민족상의 변강'이라는 새로운 개념을 제기한다. 그는 "동남 연안의 여러 성省은 바다를 경계로 삼고 있지만 변강으로 간주되지 않는 반면에, 감숙甘肅·청해淸海·사천성四川省 등은 지리적으로 내지에 있지만 오히려 변강으로 취급된다"는 점을 지적하면서, 그 기준이 '문화상의 변강' 개념에서 비롯되었음을 언급하고 있다. 이때 '문화상의 변강'은 나라 안의 언어·풍속·신앙·생활 방식 등이 서로 다른 여러 민족을 가리키는 것으로 '민족상의 변강'을 의미한다.[136] 그의 언급에는 정치적·지리적 개념으로서의 변강과 문화적·민족적 개념으로서의 변강을 구분해야 한다는 의미가 들어 있다. 후환용의 변강 논리에서는 개념상의 참신성이 두드러진다.

후한용의 변강 개념 구분과 유사한 사례로 대만학자 후나이안胡耐安의 견해를 들 수 있다. 후나이안은 '지리상의 변강'과 '인문적 변강'을 구분한다. 지리상의 변강은 역대 정세의 연혁을, 인문적 변강은 그 곳 사람과 문화의 변화 과정을 이해해야 한다. 그는 후자가 전자보다 함의가 더 풍부하다는 점을 강조하면서 '인문적 변강'을 단순히 각 부족이 거주하는 경계선이 아니라 사회 문화 유형을 가리키는 것으로 파악할 것을 주문한다.[137] 후나이안이 말하는 '인문적 변강'은 후환용이 언급한 문화적·민족적 개념으로서의 변강과 유사하다.

1949년 중화인민공화국 수립 이후 대륙의 학자들은 변강의 역사와 지리 연구의 일환으로 단대사斷代史나 중외中外 관계사, 민족사 등을 취급하면서도 변강의 정의에 대해서는 거의 언급하지 않았다. 1980년대 후반에야 변강의 역사와 지리 연구가 점차 중요시되면서 비로소 '변강'의 개념이 정의되기 시작했다. 가령 중국사회과학원 산하 중국변강사지연구센터가 편찬한 〈중국변강사지연구총서〉의 출판 설명에서는 '변강'을 지리 개념이자 국가 경계선과 밀접한 관계가 있는 것으로 파악하면서 "국경에 근접한 지역"으로 정의한다.[138] 뉴중쉰紐仲勳 등은 '변강'의 구비 조건으로 "반드시 국경에 가까운 곳이어야 하고, 일정한 역사·인문·경제·자연적 특징을 지니고 있어야 하며, 행정상으로도 완전한 연속성을 가지는 지역이어야 한다"[139]는 점을 제시하고 있다. 또한 마따정 등은 변강을 정치 지리적 개념으로 파악하면서 육강陸疆(육지의 변강)과 해강海疆(바다의 변강)으로 나눈다. 그에 의하면 육강은 "옆 나라와 국경을 맞대고 있어야 하고, 자연·역사·경제·문화 등의 측면에서 자신의 독특한 특징을 지녀야 한다."[140]

씽위린邢玉林은 '변강'을 '고대의 변강'과 '근대 이후의 변강'으로 구분한다. 먼저 '고대의 변강'은 "한 나라와 외국 사이의 관습적·자연적 경계선의 안쪽이거나 그 나라 해안선의 바깥 쪽 지역을 말하며, 동시에 그 나라의 주권 혹은 실질적 관할에 속하거나 그 민족이 무리지어 생활하는 주변 육지 영토와 해양 영토를 말한다." 이때 씽위린이 '외국'이라 하고 '이웃 나라'라 하지 않은 것은 중국 역사의 특수한 사정, 즉 중국의 역사상 나라 안에 나라가 있었던 역사 현상을 고려한 것이다. 또한 '관습적·자연적 경계'라 하고 '변계선'이라 하지 않은 것은 고대에는 현대법적인 변계선이 존재하지 않았기 때문이다. 그리고 '본국의 실질 관할' 혹은 '본 민족이 무리지어 생활함'이라는 규정을 둔 것은 고대에는 '주권' 관념이나 의식이 일반적으로 형성되지 않았기 때문이다. '근대 이후의 변강'은 "한 국가의 육지 변계선의 안쪽과 해안선 바깥 쪽, 그리고 그 나라의 주권이 미치는 주변 육지와 해양의 영토"를 의미한다. 이 정의에 따르면, '변강' 개념은 '국가' 개념과 연결되어 있어서, 변강은 국가의 탄생과 함께 생겨나고 국가의 멸망과 더불어 소멸한다. 또한 '변강' 개념은 변계선邊界線과 연결되어 있어서, 변계선은 한 국가의 육로의 범위를 나타내는 표지이며 국경선이기도 하다. 게다가 '변강' 개념은 국가의 주권과 연결되어 있어서, 육지의 변강은 당연히 변계선의 안쪽이므로 국가 주권의 범위에 속한다.[141] 결국 씽위린이 정의한 '협의의 중국 변강 지구'는 "국경선을 지닌 변경 현縣의 총합"[142]을 의미한다. 그에게 있어서 '변강'은 정치적·역사적·지리적 개념이라 할 수 있다.

마따정 등에 의하면, 정치적인 개념으로서의 '변강'은 "국가 정권의 통치 중심 지역 밖에 있는 주변 지역으로서 통치되었거나 혹은 통치되지 않았던 특정 지역"을 가리킨다. 또한 군사적 개념으로서의 '변강'은 국가 방위의 최전선으로 곧 '변방 지구'를 의미한다.[143] 그 밖에 일부 학자들은 변강을 "국가의 변계에 가까운 영토 강역" 혹은 "국계·변경과 서로 인접한 지역", "국가 영토의 주변 지구로서 특정한 행정이나 지리적 구역에 따라 확정된 입체적인 구역 공간" 등으로 정의한다.[144]

최근의 '변강' 개념은 일반적으로 "변경지지邊境之地",[145] "국계國界에 가까이 있는 지방",[146] "국계 가까이 있는 영토",[147] "어느 국가의 변원邊遠 지구"[148]라는 개념을 거쳐 "중화인민공화국의 영토 가운데 국경선과 서로 접해있는 일부 특정 구역"[149]으로 해석되고 있다. 그리고 '변강' 개념은 '중국' 개념과 마찬가지로 중국 역사가 통일된 다민족 국가로서 발전되어온 데 따른 산물로 이해되고 있다.[150]

중국 정부의 변강관邊疆觀을 사실상 대변하고 있는 중국변강사지연구센터의 견해에 따르면, 중국의 변강은 크게 지리적 개념과 역사적 개념으로 구분된다. 역사적 개념으로서의 변강은 '통일적 다민족 국가' 개념의 변화에 따라 그 개념이나 범주도 달라진 것으로 이해된다. 지리적 개념으로서의 변강은 해강과 육강으로 구분된다.

해강은 육강보다도 더 복잡한데, 현재의 국제법에 따르면 해강은 "영해기선領海基線 밖의 국가가 관할하는 해역"으로서 영해·전관專管 경제 수역·대륙붕 등 국가가 관할하는 해역과 도서 등이 해당된다. 일부 학자들은 해강을 "해안선과 인접한 성이나 자치구뿐만 아니라 대륙 해안선에서 영해 기선 사이의 해역"으로 규정한다.[151]

'육강'이란 "국계 내에 있는 일정 넓이의 지구"로서, 인접국과 맞닿은 국경선뿐만 아니라 자연·역사·문화 등 다방면의 특성을 지니고 있어야 한다. 현재 중국의 육강에는 동북 지구滿洲의 흑룡강(남부의 하얼빈시 및 그 주변 지구 제외)·길림(주로 연변조선족자치주·장백長白조선족자치현·집안시集安市가 해당)·요녕(주로 단동丹東 지구가 해당)의 3성, 내몽골자치구(그 가운데 음산산맥陰山山脈 이북의 錫林郭勒盟·烏蘭察布盟·巴彦綽爾盟 등이 해당)·감숙성·신강위구르자치구·서장(티벳)자치구·광서장족廣西壯族자치구(동북부의 계림桂林·오주梧州 지구 제외)·운남성(주로 국경선과 인접한 지구가 해당)·해남도 및 대만의 전부 혹은 그 중 변경에 더욱 근접한 부분이 해당된다. 이렇게 볼 때 협의의 육강은 "국경선과 맞닿은 변경의 현 모두"를 의미한다. 따라서 인접 국가와 국경선을 공유하지 않은 영하회족寧夏回族자치구·청해성靑海省·귀주성貴州省 등은 '변강 지구'가 아니라 '변원 지구'로 분류되고 있다.[152]

상술한 것처럼 육지의 변강 범주를 규정한다면, '변강 민족'[153]과 '소수 민족'은 분명 달라질 수밖에 없다. 중국의 경우 소수 민족은 한족이 아닌 다른 모든 민족을 일컫는다. 이에 비해 '변강 민족'은 변강 지구에 거주하는 소수 민족을 지칭한다. 이렇게 본다면 '변강 민족'의 범주는 흑룡강성·길림성·요녕성에 거주하는 조선족과 일부 소수 민족, 내몽골자치구에 집거하는 몽골족, 신강위구르자치구에 거주하는 위구르족, 서장(티벳)자치구에 거주하는 장족藏族(티벳족), 광서장족자치구에 거주하는 장족과 기타 소수 민족, 감숙성과 운남성에 거주하는 여러 소수 민족, 해남도에 거주하는 소수 민족 등으로 한정지을 수 있다. 여기에는 인접 국가와 국경선을 공유하지 않은 영하회족자치구·청해성·귀주성 등에 거주하는 소수 민족은 포함되지 않는다.

(2) '중국 변강'의 형성 과정

오늘날 중국에서 '변강'은 역사적 개념으로서 '통일적 다민족 국가'[154]의 형성과 발전에 따라 형성되고 고정되어 온 개념으로 이해되고 있다.[155] 즉 중국 변강의 역사와 지정학 문제를 총괄하는 중국사회과학원 산하 중국변강사지연구센터의 해석에 따르면, 중국은 진시황이 중앙 집권 국가를 수립한 이후 여러 차례의 대일통 국면을 출현시킨 적이 있으며, 특히 수·당 왕조의 강역 개척이 중원 전통의 정치·경제·문화 방면에서 변강 지구와의 연계를 확대시켜 '화융동궤華戎同軌', '관대백만冠帶百蠻'의 정세를 초래했다는 것이다. 송·요·금 왕조 때에는 한족과 변강의 각 소수 민족 사이에 중화 의식이 강화되었고 내지內地와 변강 지구(즉 변지邊地) 사이에 개발과 교류가 진척되었다는 것이다. 몽골족의 원조 때에는 소수 민족이 전국을 통일한 선례를 만들어 중원과 변강 지구 사이의 독특한 대융합을 가져와 통일된 다민족 국가로서 종래의 전통 체제와 협애한 관념을 바꾸어 버렸다고 한다. 청조 때에는 전국의 대일통을 실현시켰고 정책상으로 내지와 변지를 구분시켰는데, 그 때의 변강에는 동북 3성·내외몽고·신강·서장·운남·광서·대만·해남도 및 해남의 여러 섬이 포괄되어 그것이 기본적으로 현재의 강역 범위를 형성하게 되었다는 것이다. 역사적으로 볼 때 중국에서는 전란과 분열이 자주 있었지만 그것은 매번 다음 시기에 더 큰 범위의 통일과 발전을 위한 조건으로 작용했다고 본다.[156]

중국의 변강사 이론을 주도하고 있는 마따정 등도 역사적 개념으로서의 '변강'이 통일적 다민족 국가의 형성·발전과 더불어 점차 형성되고 고정되어 왔으므로, 역대 왕조 변강의 실제 상황에 대한 종합적 고려가 필요하다고 주장한다. 게다가 중국의 고대 변강은 안정성과 더불어 유동적인 측면도 많이 포함하고 있기 때문에, 현재의 변강을 고대의 변강과 단순히 등치시킬 수는 없다고 주장한다.[157] 그는 변강의 '유동성'을 강조하고 있는 셈이다.

이처럼 '변강' 개념은 '중국' 개념과 마찬가지로 전통적인 이하관夷夏觀의 변화에 따라 변화되어 왔고 각 왕조의 치변治邊 정책이나 교류 심리에도 큰 변화가 나타났으며, 그에 따라 변강관邊疆觀이나 '변강의 범주'도 달라졌다.[158] 그러한 사례로서, 중원과 북방 유목 민족의 관계 속에서 북방 민족은 줄곧 공격적 태도를 유지했기 때문에, 중원 왕조는 만리장성 밖을 문화적 주변 지역邊緣 혹은 '화외지지化外之地(藩夷之地)'로 간주해왔다. 반면에 남방과 서남의 형초荊楚·파촉巴蜀 지구에 대해서는 줄곧 요화要化(한족화해야 하거나)·장화將化(한족화되고 있거나)·이화已化(이미 한족화된) 지구로 여겼다. 또한 사천 일대의 촉인蜀人의 개념이 없어지고 한족으로 편입되면서 청대에는 사천이 한족 거주의 중원 범위로 귀속되었다. 특히 청조는 무력으로 남방을 개토귀류改土歸流한 후 이 지방에 대한 방임적 태도를 바꾸어 직접 사법적 관할 하에 둔 데 반해 북부 변강에 대해서는 '방防'의 정책을 취했다.[159] 이것은 '변강'의 범주가 고정 불변했던 것이 아니라 역사적으로 변천되어왔음을 말해준다.

'변강' 범주의 가변성과 관련하여, 왕징저王景澤가 주장한 '변강의 내지화론內地化論'은 주목할 만하다. 그에 의하면, 황하 유역에서 살던 화하족이 발전하는 과정에서 생활 구역도 계속 주변으로 개척·확대되었고 그 구역 내의 각 부락도 화하족에게 융합되었다고 한다. 이처럼 지역이 확대되면서 광활한 주변 지구와 다양한 자연 환경이 판도 안에 포함되었고 이 과정에서 다양한 다민족이 형성되었다는 것이다. 이때 중원 지구를 중심으로 하는 내지가 확대되면서 내지를 둘러싼 변강 구역도 점점 넓어졌고 다양한 특징을 지닌 민족을 형성했으며, 다양한 생산 방식이나 생활 방식을 지닌 변강 각 족의 문화를 창출했다는 것이다.[160]

왕징저는 변강과 내지의 범주 및 상호 관계가 지닌 역사적 의미를 좀더 분명하게 설명해주고 있다. 즉 청조 중기 이후의 요동 지구처럼 사회 발전 수준이 내지와 별 차이가 없으면, 그곳은 지리적 개념상으로 볼 때만 변강에 속할 뿐 사회적 의미에서는 내지에 속했다고 한다. 반면에 명대의 만리장성 연변

沿邊 지구처럼 사회 발전 수준이 내지와 차이가 많으면, 그 지구는 자연적 · 사회적인 의미에서 변강의 지위로 전락되었다고 본다. 그러나 지리적 · 자연적 의미에서의 내지는 설령 사회 발전 수준이 변강보다 낙후되었을지라도 변강으로 불릴 수는 없다는 것이다. 변강은 자연적 변강을 기초로 하며 그 범위는 변강의 사회 상황에 의해 결정된다는 것이다. 전자가 변강에서 내지로 전화된 경우라면 후자는 내지적內地的 의미에서의 변강이 다시 변강으로 전화된 예라고 할 수 있다. 그가 말하는 '변강의 내지화'는 변강 지구의 사회 발전 수준이 내지의 선진 수준에 도달하고, 생산력 수준, 생산 관계의 상황, 행정 관리 능력, 인민 생활의 질량, 문화 교육의 보급, 민중의 소질, 기초 시설의 건설 등에서 변강 지구가 내지와의 격차를 없애고 사회 전체가 진보적으로 발전해가는 것을 의미한다. 이러한 관점에서 그는 중국을 '변강과 내지의 차이가 큰' 통일적 다민족 국가로 규정한다.[161] 왕징저의 논리는 역사의 변화와 그에 따른 지역적 성격의 가변성을 바탕으로 변강의 범주와 성격을 파악하고 있다는 점에서 상대적으로 신선감이 돋보인다.

● ● ●
'통일적 다민족 국가론'의 한계

앞에서 살펴본 것처럼 '통일적 다민족 국가론'은 '영토' 개념으로서 '중국', '중국 강역', '역사상의 중국'이라는 각각의 함의뿐만 아니라 이민족을 중국이라는 통일적 다민족 국가로 귀속시키는 기준과 판정의 적절성 문제를 논의 구조로 하고 있다. 또한 그것은 '국민' 개념으로서 다양한 민족의 이주·융합과 중화다원일체의 구조 그리고 화·이의 대립·통일물로서 도출된 중화민족의 함의와 그것의 형성 과정을 기본 구조로 삼고 있다.

'중국'의 함의와 강역의 범주가 형성되는 데 밀접하게 관련된 '중中'과 '외外', '화'와 '이', '천하天下'와 '사해四海', '국國'과 '야野'라는 관념은 중국 역대 강역 관념의 기본적 구조를 이루고 있으며, 후대의 변강 관념과 변강 정책은 그러한 대립·통일적인 관념들로부터 계승·발전·변화되어온 것으로 인식되고 있다. 중국 학자들의 견해를 종합해보면, 고대의 지리·지역·문화의 개념이었던 '중국' 개념이 점차 모든 역사적 강역과 정치적 관할 범위를 지칭하는 개념으로 전화되어 왔음을 알 수 있다. 또한 '중국'이 모든 역사적 강역과 정치적 관할 범위를 가리키는 개념으로 확립된 것은 근대에 들어와서이며, 그 개념이 '중국 국가의 주권이 미치는 범위'로 인식된 것은, 아편전쟁 이후 수십 년 동안 중화민족의 민족 의식이 강화된 결과로 볼 수 있다.

오늘날 중국에서는 '역사상 중국 강역'의 범위를 어떻게 설정할 것인가에 관해 다섯 가지 견해가 제기되고 있다. 즉, ㉠ 청조의 최대 판도 시기인 1750년대부터 1840년 아편전쟁 이전까지의 중국 판도, ㉡ 중화인민공화국의 강역, ㉢ 역사상의 다양한 시기에 형성된 통일적 다민족 국가의 강역, ㉣ 한족 문화 혹은 유가 문화를 받아들인 지구, ⓜ 한족이 세운 왕조의 판도를 역사상 중국 강역의 범위로 삼아야 한다는 것이다. 이러한 의견 가운데 넷째 의견은 최근 10년 사이에 거의 제기되지 않았고 다섯째 의견은 점차 자취를 감추었다. 절대 다수의 학자들이 제기하고 있는 역사상 중국 강역의 범위는 첫째 의견이다.

중국 역대 왕조의 최대 판도였던 시기의 강역을 역사상 중국의 강역으로 삼아야 한다는 견해가 압도적이라는 것은, 중국 학계가 오늘날의 중화인민공화국의 강역에 만족하지 않고 아편전쟁 이전 청조의 최대 판도에 집착하고 있음을 보여준다. 이는 자칫 러시아에게 빼앗긴 과거 중국 영토에 대한 중국인의 집착과 아울러 자칫 영토 분쟁이 제기될지도 모른다는 것을 간접적으로 시사해준다. 또한 과거 청조의 최대 판도를 역사상 중국의 강역으로 설정해야 한다는 것은 현재의 중화인민공화국의 국경 및 영토를 기준으로 삼고 있는 '통일적 다민족 국가론'의 기준 논리에도 배치되는 셈이다. 적어도 과거 역사 속의 이민족 정권의 귀속성을 규정할 때는 현재의 영토를 고정적으로 파악하여 관철시키면서도 역사상의 중국 강역를 파악할 때는 청조의 최대 판도였던 시기의 영토를 적용시키고 있는 셈이다.

중국 학계의 견해에 따르면, 중국 강역은 통일 시기의 강역뿐만 아니라 분열 시기 다민족의 정권 강역으로 구성되었고 단계적으로 발전 · 변화했으며, 각 민족의 경제 교류와 의존, 정책적 · 자발적인 이주와 융합, 대일통 사상과 중화 정체 관념中華整體觀念의 형성, 근대의 반제反帝 투쟁 등 다양한 과정을 거쳐 '이夷'에서 '하夏'로의 변화를 거쳐 통일적인 중국으로 전화되었다는 것이다. 다시 말해 중원 왕조의 신속臣屬 정권이든 중원 왕조에 대항한 정권이든 간에 여러 과정을 거쳐 화하 문화를 위주로 하는 통일적인 제도로 전화되어 결국 대일통의 중국을 형성했다는 것이다.

일반적으로 중국 학계에서는 중국 강역의 핵심 지구인 중원 지구의 통일이, 한 · 당의 대통일 국면에서 알 수 있듯이, 화하족에 의해 완성되었고 이것이 중국 강역 형성의 기초가 되었다고 본다. 그렇지만 송대 이후에는 '이夷'

가 중국 강역의 형성 과정에서 주도적 역할을 했으며, 특히 만주족을 주체로 세워진 청이 전국 범위의 국내 통일을 실현시켜 중국 강역의 최종적인 완성을 이루어냈다고 평가한다.

중국 강역의 형성 논리에서 주목되는 점은 통일적 다민족 국가 형성 과정에서의 이민족의 공헌을 강조함으로써 중국 내 각 민족의 단결을 고취하고 있다는 점이다. 또한 통일적 다민족 국가의 구성원인 중화민족의 형성은 '화'와 '이'의 대립·통일의 산물이기도 했다. 즉 '화'와 '이'라는 민족적·종족적·문화적 구분 또는 '중원'과 '비非 중원'이라는 지역적 구분에 입각한 화이 관념 속에서, 원래 한족의 문화였던 화하 문화가 점차 다민족이 공유하는 문화로 바뀌고 '이'가 '화'로 바뀌면서 가공의 민족인 중화민족이 형성·도출되었다는 것이다.

'통일적 다민족 국가론'과 관련하여 제기되는 또 다른 문제는 이민족이 중국이라는 통일적 다민족 국가에 귀속되었는지를 판단하는 기준을 어떻게 설정하느냐의 것이다. 이 문제와 관련해서는 세 가지 견해가 제시되고 있다. 즉 그 기준은 중국 '중앙 왕조와의 종속 관계' 여부, 이민족과 한족 상호간의 장기간에 걸친 '경제·문화적 접촉과 연계' 여부, 물리적인 '정복' 여하이다. 그리고 중앙 왕조와의 종속 형태가 다양한 상황에서 이민족의 귀속을 어떻게 판단해야 할 것인가의 문제도 '통일적 다민족 국가론'의 주요한 논쟁점으로 남아 있다.

그렇다면 오늘날 중국 학계의 보편적인 영토관·민족관·국가관·역사관이 결합되어 표출된 '통일적 다민족 국가론'은 어떤 문제점이 있을까? 첫째, '통일적 다민족 국가론'은 역사학의 기존 전제에서 벗어나고 있다. 즉 그 논리는 역사의 주체가 인간이고 인간이 역사를 창조해 나감에 따라 역사가 끊임없이 변화되었음에도 불구하고 역사상에서 행해진 인간 행위의 역동성을 무시하고 현재적 필요에 의해 현재의 중국 영토 속에 그것을 가둬버렸다. 그러한 의미에서 '통일적 다민족 국가론'은 '비인간적'인 역사관이다.

둘째, 현재의 영토를 기준으로 어느 특정 민족의 왕조나 민족 자체의 귀속성을 판단하는 '통일적 다민족 국가론'은 이민족 왕조나 중원 왕조의 관할 영역의 가변성, 민족의 이동에 따른 정체성이나 귀속성의 변화 등을 전혀 고려하지 않고 현재의 영토 내에 존재했었다고 여겨지는 모든 민족의 뿌리나 역사를 일률적으로 중국사의 범주로 귀속시킨다는 점이다. 그 결과 이러한 논리에서는 관할 영역의 가변성, 왕조 역사의 변천성을 무시하고 현재의 자의적인 기준에 따라 역사 사실을 재단하고 있다.

가령 중앙 왕조의 관할 구역이 시대 및 상황에 따라 가변성을 나타내었는데도 한때 중앙 왕조의 관할 구역이었다는 점만을 가지고 이민족 왕조 전체를 중앙 왕조에 귀속된 것으로 판단하는 사례를 들 수 있다. 즉 고구려 정권이 중국 소수 민족의 지방 정권이라는 '동북공정'의 논리가 그것인데, 중국 학계에서는 수·당 시기 요동遼東은 수·당 왕조의 관할 구역이 아니었는데도 고구려의 영역이 한대의 일시적인 관할 구역이었다(그것도 사실 규명을 해야겠지만)고 억지 논리를 내세워 고구려 정권 전체가 중국 중원 왕조에 귀속된 지방 정권이라고 강변하고 있다. 중국학자 저우웨이쪼우가 이미 지적한 것처럼, 민족이나 왕조의 귀속을 오늘날 중국의 강역(혹은 청초 건륭 시기의 강역)을 기준으로 판단하는 것은, 실제로 "오늘날 중국의 강역을 가지고 역사상 중국의 강역을 덮어씌우는 것으로, 역사상 중국 강역이 발전해서 오늘날 중국의 강역이 형성된 사실을 부정하는" 셈이다.

또한 중국의 '통일적 다민족 국가론'에서는 진·한 왕조의 세력이 조선 중부까지 미쳤다는 것, 즉 한사군의 설치를 근거로 '조선인이 여타의 중국인과 더불어 중국의 다민족 통일 국가를 결성했다'고 주장한다. 이렇게 되면 조선인도 중화민족의 일원이 되는 셈이다. 이런 방식의 주장에 따르면, 한족이나 중화민족의 일원이라고 규정되고 있는 이민족 왕조에게 점령당한 적이 있는 지역의 민족은 자연스럽게 중국의 다민족 통일 국가를 형성하는 데 역할을 한 셈이기 때문에 중국 민족의 범주에 속하게 된다. 이처럼 중국의 강역 인식에서는 한족 왕조가 정복했다가 나중에 퇴각당한 경우처럼, 정복 상황의 변화에 따라 정복자와 피정복자 사이의 관계가 복잡 다양해진 경우가 다반사였는데도 양자의 관계 설정을 탄력적으로 고려하지 않고 현재의 필요에 따라 한 번의 정복 경험을 가지고 모든 역사와 민족에게 전 시기적으로 적용하고 있는 셈이다.

이처럼 '통일적 다민족 국가론'은 현재 중국 영토 안에 존재했던 민족은 모두 중국 민족이고 그들의 역사적 활동은 모두 중국 역사의 범주에 속한다는 현실 편의주의적이고 고정된 관념에 매몰되어 인간의 행위, 역사상 각 민족이나 왕조의 다양성·가변성 등을 있는 그대로 파악하지 않고 시간적·공간적으로 고정된 중국 강역이나 상상의 공동체인 중화민족의 틀 속에 획일화시키고 있다. 이러한 논리는 인간을 역사의 주체로서가 아니라 피동적인 객체로 격하시키면서 각각의 역사 시기마다 존재했던 독특한 역사 정신이나 시대 정신을 무시하고 있다. 게다가 그러한 논리는 현재의 중국 영토 안팎에 걸쳐 있었거나 오히려 주변 민족 국가에 더 많이 귀속되었던 민족의 역사나 그 귀속성마저 왜곡하고 있다. '통일적 다민족 국가론'으로 이해되는 역사는 역동적이고 변화무쌍한 살아있는 역사가 아니다. 다시 말해 "중국 내에 존재했거나 존재하는 모든 민족은 중국 민족이어야 하고 중국 민족은 서로 단결해야 한다"는 현재적 당위성에 매몰되어 현재의 기준이 역사의 전 과정에 관철되고 있는, 틀에 박힌 죽은 역사인 것이다.

셋째, '통일적 다민족 국가론'은 현재의 중국 영역을 기준으로 중국사를 설명함으로써 과거에 중국 영토가 아니었던 곳을 중국 땅이었다고 주장한다. 이는 중원에서 출발해 점차 영토를 확장해 온 중국의 역사 발전 과정을 무시하는 잘못을 저지르는 것이다. 체중 150kg의 뚱보가 자기는 어릴 때부터 그렇게 덩치가 컸다고 자랑하는 것과 다름없다.[162]

넷째, '통일적 다민족 국가론'에서는 현재의 중국 영토를 기준으로 민족이나 역사의 귀속성을 판단하고 있는데, 그럼에도 불구하고 정작 중국 학계에서는 청조의 최대 판도(중국 역사상 최대의 판도)였던 시기의 강역을 '역사상의 중국 강역'으로 설정하고 있다. 이는 현재의 중국 영토를 온전한 것으로 받아들이지 않고, 근대 이전 서구 열강(주로 러시아)에게 영토를 상실하기 이전의 강역을 중국 영역으로 인정하는 것이다. 만일 근대 이전 청조의 최대 판도를 중국 강역으로 인정할 경우, '통일적 다민족 국가론'에 의해 영토를 기준으로 민족이나 역사의 귀속성을 규정한다면, 이는 오늘날 러시아의 영토가 된 흑룡강 이북 지역 및 우수리강 이동의 연해주 지역, 그리고 카자흐스탄의 영토가 된 발하시호 동남방 지역에 거주하는 민족도 잠정적으로 중국 민족 혹은 중화민족으로 규정될 수 있는 개연성을 지니고 있다. 이러한 점들은 '통일적 다민족 국가론'이 얼마나 중국 자체의 현실적인 필요나 이익에 따라 자의적으로 엮어진 논리였는지를 반증한다.

다섯째, '통일적 다민족 국가론'의 핵심 논거인 중화민족의 형성론을 살펴보면, 현재의 중국 영토 내에 존재했거나 존재하는 민족이나 인민은 각 왕조에게 통일을 요구했고, 그들은 '다원일체의 관념' 혹은 '중화 정체中華整體의 관념'을 지녔다는 것이다. 그런데 화이관 혹은 이하관夷夏觀에서도 잘 드러나듯이, 전통 시대까지만 해도 중원 왕조와 기타 지역에 세워진 왕조 사이에, 혹은 한족 왕조와 이민족 왕조 사이에는 확연한 이질감이 존재하고 있었다. 적어도 서구 열강의 침략이 시작되기 이전까지만 해도 그들 사이에 역사적·문화적 공동체 의식이나 공동의 종족 관념 등은 매우 희박했다. 신해혁명 시기까지만 해도 "멸만흥안滅滿興漢"·"구제달로驅除韃虜"·"황제자손黃帝子孫"이라는 구호는 혁명적 위력을 발휘하고 있었다. 심지어 공산당 홍군紅軍이 국민당 군대에 쫓겨 2만 5천리 대장정을 시작할 때 그들을 공격한 세력은 국민당 군대 이외에 서북부 지구에 거주한 이민족(중국 측 용어에 의하면 소수 민족)이었다. 중화민족 형성론은 현재의 중국 영토 내에 존재했던 민족은 기본적으로 통일 의식과 공동체 의식을 지니고 있었고 그 속에서 상호 융합되어 형성되었다는 것을 당위적으로 단정하면서 중국 민족의 도출을 이야기한다. 그런데 여기에는 당시 각 종족이나 민족 사이의 상호 의식이나 자아의 정체성이 어떠했는지에 대한 세밀하고도 객관적인 분석이 결여되어 있다. 다시 말해 현재적 필요에 의해 생겨난 당위적인 고정 관념에 따라 "현재 중국 영토 내에 존재했던 과거의 이민족은 모두 통일 의식과 공동체 의식을 지녔을 것"이라는 점을 당위적인 전제로 과거 역사 속의 각 민족 간의 상호 인식이나 자아 의식을 자의적으로 재단하고 있다.

여섯째, '통일적 다민족 국가론'은 중국 역사 속에서의 소수 민족의 공헌과 호胡·한漢 상호간의 민족적 융합을 강조함으로써 중국 내 각 민족의 단결을 고취시켜 국민적 통합과 영토적 통합을 굳건히 하려는 중국 정부의 통치 의도가 역사 인식에 반영된 결과라고 볼 수 있다. 이점을 고려해 볼 때, '통일적 다민족 국가론'에 의해 이해되는 역사 인식에서는 이민족 정권과 한족 정권 사이, 분열된 한족 정권들 사이, 이민족 왕조 상호간에 일어났던 침략과 투쟁의 역사 사실은 의도적으로 축소·왜곡되고 있다.

가령 티벳 민족의 정권이나 신강 위구르 민족의 정권이 한족의 중원 왕조와 대결한 측면은 축소되거나 의도적으로 은폐된 반면에, 이들 사이의 교류 측면은 확대·서술되고 있다. 이는 티벳 민족과 위구르 민족이 중국 민족의 일원이었고 그들의 역사가 중국사의 범주에 속한다는 '통일적 다민족 국가론'의 논리를 강화하기 위한 의도에서 비롯되었음을 쉽게 짐작할 수 있다. 그렇지만 지금도 이들 민족은 한족 정권으로부터 분리 독립 운동을 벌이고 있고 그들의 운동이 중국 정부에 의해 철저하게 탄압받고 있다는 점을 염두에 둔다면, '통일적 다민족 국가론'이 현재적 당위성과 가상적 논리에 기반을 두고 있으며, 그 논리 자체가 여전히 현재적 모순을 지니고 있음을 엿볼 수 있다.

앞에서 살펴본 것처럼 '통일적 다민족 국가론'에서는 각 민족(왕조)의 유동성이나 가변성, 역사적 다양성과 복합성 등을 고려하지 않은 채, 중화인민공화국의 국경을 경계로 그 안에 존재했던 모든 민족이나 왕조들, 그것들의 관할 영역의 총합을 각각 자국의 민족, 역사, 영토로 귀속시키고 있다. 이 귀속 논리가 중국 주변 국가의 민족이나 역사에도 그대로 적용되어 중국 민족과 역사의 범주가 주변 민족 국가로 확대되면서 주변 국가(민족)와의 갈등까지 일어나고 있다. 이처럼 '통일적 다민족 국가론'은 중화민족 논리와 중화 질서 체계 논리에 입각한 '팽창적 문화주의'의 성격을 띠고 있다는 점에서 '신중화주의'의 특성을 지니고 있다고 할 수 있다.

새삼스러울 것도 없이 카E. H. Carr의 말대로 "역사는 과거와 현재의 대화이다!" 따라서 역사학 역시 과거와 현재 사이의 상호 소통을 전제로 할 수밖에 없다. 또한 역사적 대화는 과거와 현재 사이의 대등한 쌍방 관계를 전제로 한다. 하지만 '통일적 다민족 국가론'처럼 현재의 필요에 따라 과거의 역사를 재단하고 일방적으로 현재적 관점만을 과거의 역사에 관철시키는 역사관은, 과거와의 소통이 단절된 현재주의적 역사 인식일 뿐 진정한 의미의 역사학적 접근 방법이라고는 할 수 없을 것 같다. 역사에서 과거와 현재는 상호 유기적이고 대등한 관계를 유지한다. '과거'가 '현재'를 이해하고 해명하며 '미래'를 예견하고 설계하는 데 필수불가결한 인식 토대로 작용하는 데비해, '현재'는 '과거'를 복원하고 파악하고 의미 있게 만드는 기준으로 작용한다. 그런데 과거가 현재를 위해 일방적으로 존재하거나 현재의 문제를 해결하기 위한 수단으로 가공되는 "이고위금以古爲今"식의 '통일적 다민족 국가론'은 역사를 정치의 시녀侍女로 전락시킬 수밖에 없고 역사를 왜곡시킬 수밖에 없다.

한편 앞의 제2부와 제3부에서 살펴본 것처럼 국민 통합을 위한 국가 이데올로기와 역사 이론만으로는 중화민족의 단결이 완결될 수 없었다. 왜냐하면 지역적으로 발전이 불균등해지면서 민족별·지역별로 생활 수준 격차가 벌어지자, 낙후된 지역 특히 변강 민족의 소외감과 불만이 더욱 심화되고 있기 때문이다. 현실적으로 직면하고 있는 물질적 차원의 불만을 해소하지 않는 한 중화민족의 단결을 통한 대가정 만들기는 요원할 수밖에 없는 것이다. 이러한 현실을 직시하고 있던 중국 정부는 각종 민족 통합 정책을 추진하고 있다.

제4부

'중화민족 대가정'을
만들기 위한 민족 통합 정책

● ● ●
중국의 변강 인식 및 서부 변강 민족 정책
1) 중국의 변강 인식 추이

변강사의 연구와 국가의 흥망은 분리될 수 없을 정도로 밀접하게 얽혀 있어서
변강 연구의 정치성과 현실적 의의는 매우 명확하다. 우리들이 변강의 역사 지
리 연구와 현실을 밀접하게 결합시키는 우량한 전통을 발양하고 중화민족의
애국주의 정신을 드높이고 주변 국가와의 친목 우호 관계를 증진시키고 조국
의 신성한 영토와 영해의 완결성을 지키고 국가와 민족의 존엄과 근본 이익을
유지·보호하려면, 우리들은 반드시 변강사에 대한 연구를 강화시켜야 한다.[1]

위의 인용문에서 알 수 있듯이, 중국에서의 변강 연구[2]는 중국의 흥망 및
중화민족의 존엄과 근본 이익을 유지·보호하는 것과 관련지어져 있는 셈이
다. 더욱이 "변강 연구의 정치성과 현실적 의의는 명확하다"는 인용문에서도
시사해주듯이, 변강 연구는 학술 문제뿐만 아니라 정치 문제와도 밀접하게
관련되어 있다. 다시 말해 한족과 55개의 소수 민족이 공존하고 있는 중국에
서 변강의 역사 지리 연구는 필연적으로 현실 문제, 특히 소수 민족 문제와
떨어져서 별개로 이루어질 수는 없는 실정이다. 중국에서의 변강 연구는 그
자체가 학술 문제인 동시에 정치 문제인 것처럼 단순히 역사학자나 지리학자
만의 전유물이 아닌 사회과학자들에 의해서도 수행되고 있다. 중국에서의 변
강 연구는 이른바 학제적 교류가 활발하게 이루어지고 있는 순수 학문 분야인
동시에, 학문과 현실이 유기적으로 맞물려서 상호 작용하는 응용 학문 분야이
기도 하다.

이와 아울러 "우량한 전통을 발양하고 중화민족의 애국주의 정신을 드높이고……"라는 위의 인용문에서도 알 수 있듯이, 중국의 변강 연구는 중국의 전통과 애국주의 정신을 드높이기 위한 이데올로기로서도 기능하고 있는 셈이다. 즉 중국의 변강 연구는 통치 이데올로기의 창출이나 그것을 뒷받침하고 있는 정치적 학문의 성격을 띠고 있는 것이다.

상술한 것처럼 현대 중국에서 변강은 단순히 '낙후된 주변부'라는 일반적인 의미의 차원을 넘어서 소수 민족의 정체성 확립을 통한 국민적 통합 문제, 변강 거주민(주로 소수 민족)과 변강 자체의 역사적·민족적 귀속성을 둘러싼 주변 민족 국가와의 논쟁 문제, 그에 수반되는 영토적 통합과 주권 유지 문제, '통일적 다민족 국가론'의 완결을 통한 국가적 정체성 확립 문제 등과도 관련된 중대한 과제로 인식되고 있다. 따라서 현대 중국의 변강 연구 동향은 현대 중국의 영토관·민족관·국가관·역사관을 엿볼 수 있는 계기가 될 수 있을 뿐만 아니라, 현대 중국이 주변 민족 국가와의 관계를 어떻게 설정하고 있는지를 예측해볼 수 있는 기준이 될 수도 있다.

근대 이후 서구 열강의 중국 침략으로 중국 변강의 위기가 점점 심화되자, 중국에서는 변강 연구의 필요성이 점점 대두하기 시작했다. 중화인민공화국 성립 이전까지의 연구는 '애국'과 '구시求是'라는 시대적 추세에 따라 외국 세력의 중국, 특히 변강에 대한 침략사 분석에 초점이 맞추어져 있었다. 구체적으로 말하면 19세기 후반기의 변강 연구는 주로 서북 지구를 대상으로 삼았는데 비해, 20세기 전반기의 변강 연구는 모든 변강 지구를 대상으로 삼고 있었다. 그러나 이 시기에도 북쪽을 중시하고 남쪽을 경시하는 의식상의 구조는 바뀌지 않았으며, 특히 해강海疆 연구는 제대로 이루어지지 않았다. 20세기 전반기 중국 사회의 위기와 변강의 위기는 변강을 연구하는 학자들의 애국적 열정을 자극해서 변강 연구를 발전시키는 동력으로 작용했다.

중화인민공화국이 수립된 이후 중국의 변강 연구는 주로 제국주의 세력의 중국 침략사와 중국 민족사 연구에 집중되었다. 연구의 중점은 제국주의 세력의 강압적인 불평등 조약 체결과 각종 이권의 쟁탈 실태를 분석하는 데 두어졌으며, 미국의 제국주의 침탈사에 대한 연구가 가장 많았다. 중화인민공화국 수립부터 문화대혁명 시기까지의 변강 연구의 특징은, 첫째 1950년대까지만 해도 제정 러시아의 불평등 조약 강요나 영토 침략 등에 대한 연구가 매우 불충분했는데 반해, 1960년대 이후에는 중·소 관계가 악화되면서 제정 러시아의 중국 침략 사실이 정치가들에 의해 제기되었다는 점이다. 둘째는 중화인민공화국이 성립한 후 국책 연구 기관이 기존의 민간 연구 단체를 대체하였다는 점이다.

그런데 '문화대혁명' 시기에는 근대 국경 교섭과 관련된 자료의 편집이나 출판이 여전히 제한을 받았을 뿐만 아니라 변강 연구가 독자적인 학문 영역으로 자리를 잡지 못했다. 이 시기 변강 연구를 제약한 요인으로는 ㉠ 건국 초기의 많은 과제들 때문에 변강 연구를 할 만큼의 여유가 거의 없었다는 점, ㉡ 당시의 민족 정책이 프롤레타리아 국제주의에 기울어져 있었기 때문에 변경 문제와 같은 민감한 문제 등의 연구가 금기시되었다는 점, ㉢ 학술 유산에 대한 대규모의 비판 속에서 20세기 전반기 중국 변강의 연구가 부정되거나 방치되었다는 점, ㉣ 게다가 20세기 전반기의 상당수 중국 변강 연구자들이 모두 옛 정권에서 서로 다른 정치적 배경을 가졌기 때문에, 이 시기에 중국 변강 연구가 학술 연구에서 언급되는 경우가 드물었다는 점, ㉤ 건국 후부터 신속하게 팽창한 좌경화의 정치 노선이 나날이 학술상의 민주화를 압박하였다는 점 등을 열거할 수 있다.

동북 변강 연구 및 인식의 추이를 살펴보면, 중화인민공화국 수립 이전까지는 주로 러시아의 남진을 막고 국방을 강화하기 위한 자료를 제공하려는 차원에서 극히 부분적으로 변강 연구가 이루어졌다. 그런데 중화인민공화국 수립 이후부터 문화대혁명 시기까지는 중·소 이념 분쟁과 무력 충돌을 계기로 1960~1970년대까지 일부 대학이나 연구 기관을 중심으로 중·러, 중·소 관계사를 연구하는 전문 기구가 조직되기 시작했다. 그리고 중·러 관계, 제정 러시아의 중국 침략, 중·소 국경 분쟁의 진상 등에 관한 연구가 이루어지기 시작했다. 이 시기 중국과 조선(북한) 사이의 국경 교섭 문제나 영토 문제 등에 관한 연구는 금기시되고 있었다. 당시에는 중국과 북한이 사회주의 혈맹 국가 혹은 형제 국가로서 '중·조 우의中朝友誼'가 강조되고 있던 상황이었기 때문에 이것에 손상을 줄 수 있는 연구는 기본적으로 제약을 받았던 것이다. 이러한 기조는 기본적으로 개혁 개방 이전까지 지속되었다.

중국 학계에서의 변강 연구는 개혁 개방 정책이 실시된 1980년대부터 사실상 본격화되었다고 볼 수 있다. 1983년 중국사회과학원 산하에 조직된 중국변강사지연구센터中國邊疆史地研究中心[3](최초의 주임 웡두젠翁獨健)는 중국에서의 변강사 연구를 한 단계 끌어올렸다. 이 조직은 중국 변강을 연구 대상으로 삼는 전문 연구 기구였다. 그렇지만 초기의 중국 변강 역사 지리 연구 상황을 보면, 연구 조건이 좋지 않았고 금기시하는 주제나 제약 요소들이 많았기 때문에 많은 학자들은 변강의 역사와 지리 연구에 발을 들여놓는 것을 원치 않았다. 더욱이 국경 문제 연구가 정치적으로 매우 민감한 데다 관련 전문가는 적었고 자료 수집과 성과 발표도 어려워 연구 업무를 진행하기가 곤란했기 때문에 중국변강사지연구센터의 업무는 많은 제약을 받았다.

이런 상황에서 중국변강사지연구센터에서는 변강의 역사 지리 연구의 우수한 유산과 중화민족의 애국주의 전통을 계승·전파하고 변강의 역사 지리 영역의 학술 연구를 조직적으로 추진하며 변강학邊疆學의 발전과 국가의 통일, 변강 지구의 안정과 발전을 위해 공헌한다는 목표를 설정하였다. 동시에 종래의 변강 역사 지리 연구의 범위를 뛰어넘어 중국 변강의 역사 연구와 현상 연구를 결합시켜 당대 중국 변강이 직면한 새로운 정황이나 문제를 포괄적으로 분석하기 위해 기초 연구와 응용 연구를 결합시키기 시작했다. 이때 기초 연구를 주主로 하고 응용 연구를 보補로 한다는 방침이 정해졌다.[4]

개혁 개방 이후의 중국 변강 연구의 특징을 간략히 개괄하면, 개혁 개방 초기에는 근대 변계邊界 문제가 주류를 이루었지만 차차 연구 범위가 확대되면서 연구의 중점이 중국 고대 강역사, 중국 근대 변계 연혁사, 중국 변강 연구사로 바뀌기 시작했다. 또한 변강의 역사·지리의 연구 범위도 종래의 역사적인 연구 범주를 벗어나 당대當代 중국의 변강이 직면한 새로운 상황이나 문제들에 대한 해법을 마련하는 사회과학적 연구 방향으로 확대되었다. 그 결과 중국 변강의 역사 연구와 현상에 대한 연구가 결합되어 기초 연구와 응용 연구가 유기적으로 결합되기 시작했고, 역사학 영역의 주변邊緣학과인 변강 연구는 새롭게 주목을 받게 되었다. 1990년대 이후에는 당대 중국 변강의 안정 문제가 연구의 주요 과제로 등장하여 중국 정부의 국가 정책 결정을 위한 과학적인 근거로 작용하기 시작했다. 그 결과 중국 정부는 중국 변강 연구를 중시하게 되었다. 게다가 그 과정에서 연구 부문과 정책 결정 부문이 합쳐지기 시작하여 학제 간 교류가 활발해지기 시작했다.[5]

2) 중국의 국가 발전 전략과 지구별 실태

중국의 지역적 발전 전략은 기본적으로 동부 → 중부 → 서부의 순차적 발전을 특징으로 한다.[6] 중국 정부는 발전의 중점을 동부 및 남부 연해沿海 지구에 두고 국유 단위의 고정 자산의 절반 이상을 동부에 투자하였다. 또한 동부에 5개의 경제 특구 및 푸동浦東 개발구와 14개의 연해 개방 도시를 설정하고 각종 특혜를 부여했다. 왜냐하면 동부는 경제 기반과 교통 및 항만 여건이 좋고 인재가 많으며 외국 자금을 끌어들이고 외국과의 경제적 연계를 맺기에 편리했기 때문이다.

그런데 덩샤오핑鄧小平의 선부론先富論[7]과 두 개의 중심 과제兩個大局 이론[8]에 따라 추진된 동남 연해(즉 동부) 우선 발전 정책은 연해 지역과 중국의 경제를 급속하게 발전시키기는 했지만, 경제적으로 연해와 내륙 간 경제적 격차의 확대와 지역 이기주의의 확산, 지역 간 산업 구조 불균형 등의 문제를 야기했다. 실례로 1978년 중국의 국내 총 생산 가운데 동·중·서부 3개 지구의 생산 비중은 각각 50.1퍼센트, 34.3퍼센트, 15.6퍼센트였는데, 1998년에는 58.3퍼센트, 27.95퍼센트, 13.8퍼센트로 그 격차가 벌어졌다.[9] 1979~1998년의 실질 연평균 GDP 성장률은 동부 12.8퍼센트, 서부는 8.7퍼센트, 인프라 투자 비율 역시 동부 60퍼센트, 서부 20퍼센트였다. 사회 복지 시설의 경우 동부는 45퍼센트, 서부는 20퍼센트였다.[10] 게다가 동부에 대한 투자 효율성이 중·서부보다 높았기 때문에 중 · 서부의 인력과 자원이 동부로 집중되었고, 이 현상은 중 · 서부의 발전을 가로막았다.[11] 또한 동부에서는 급속한 발전으로 임금 · 땅값 · 집값이 상승하면서 원래의 경제적 장점이 점차 퇴색되어갔다. 동부에서는 오랫동안 개발이 진척되면서 자원이 고갈되기 시작했고 이전의 생산량을 유지하기 어려운 부문도 생겨나기 시작했다. 정치적으로도 사회주의를 통한 전 인민의 공동 부유共同富裕(부유해진 일부 사람들이 부유하지 않은 사람들을 도와 같이 부유해지는 것) 실현을 어렵게 만들었고 지방 정부 간의 갈등을 심화시켰다. 사회적으로는 농민의 유랑을 야기했고 배금주의 및 사회 부조리를 만연시키는 등 부정적인 현상을 가져왔다.[12]

더욱이 서부의 풍부한 자연 자원을 신속하게 개발하지 않으면 자원 부족 때문에, 그리고 인구의 60퍼센트 이상을 차지하고 있는 중 · 서부 주민의 수입을 증대시키지 않으면 중국 국내 시장의 확대가 제약을 받기 때문에, 동부뿐만 아니라 전국적으로도 발전하기가 어려운 상황에 처해 있다. 중 · 서부의 인력 · 재력의 동부 유출[13]과 집중은 중 · 서부의 발전 토대를 붕괴시키고 있다. 따라서 중 · 서부의 개발을 통한 인력 · 재력의 유출 방지와 효율적인 배치를 통해 국토의 균형적인 발전을 꾀하지 않을 수 없는 상황이다. 특히 동부와 중 · 서부 사이의 소득 격차 확대에 따른 '사실상의 경제적 불평등'은 중 · 서부 지방 정부 및 주민의 불만을 고조시키고 있고, 이들과 중앙 정부의 마찰의 근원으로 작용하면서 사회 안정을 해치고 민족 문제를 야기하여 국민적 통합을 저해시키고 있다.[14]

장쩌민도 1993년 6월 "경제적 격차 문제가 기타 사회 문제로 확산될 가능성이 있다"[15]고 강조했듯이, 중국에서는 소수 민족의 분리주의 경향을 차단하지 못하면 국민적 · 영토적 통합이 어려워질 것으로 인식한다. 게다가 지역적 격차에서 야기된 불만족스러운 상황은 평등 · 단결 · 호조互助를 원칙으로 하는 사회주의 민족 관계의 건전한 발전에 불리할 뿐 아니라 분리 독립 운동의 구실이 되고 있다고 믿고 있다. 따라서 지역간 격차 문제가 서부 민족 관계에 영향을 주는 핵심 문제로 파악하고 있는 중국에서는, '서부대개발'[16]이

서부의 경제 발전과 민족 단결을 촉진시켜줄 것으로 인식하고 있다.[17]

서부 지구에서는 경제적 격차 문제 이외에 열악한 환경 문제가 민족적 통합의 장애 요인으로 작용하고 있다. 이 지구에서는 고원 지대로 인한 공기 희박과 열량 부족, 적은 강우량과 삼림 부족으로 인한 물 부족, 그로 인한 초지와 경지의 퇴화 및 사막화 현상[18] 등으로 인간의 생존 여건이 악화되고 있다. 이것은 해당 지역뿐만 아니라 중국 전역의 경제 발전을 가로막는 작용을 하고 있다. 이밖에 서부 지구에는 종교 신앙이 성행하고 있어서 민감한 종교 문제가 존재하고 있으며, 접경 국가 수도 비교적 많고 국제 환경도 비교적 복잡하다.[19] 따라서 중국 정부로서는 민족적·국민적·영토적 통합의 일환으로 '서부대개발'을 시급히 추진하지 않을 수 없었던 것이다.

또한 서부 지역은 중국의 변강 공고화 전략 및 대외적 활로 개척과도 관련이 있다. 가령 중앙아시아 및 남아시아에 중요성을 부여하고 있는 미국은,[20] 군사적으로 아프가니스탄과 이라크를 점령하고 중앙아시아 국가에 미군 기지를 설치하고 남아시아에 군사 장비를 제공하고 지휘관을 훈련시키고 합동 군사 훈련을 실시하고 있다.[21] 서부 지역은 아시아와 유럽을 연결해주고, 중국 경제가 중앙아시아와 유럽에 진출하고 인도양 진출의 전략을 위한 교량 역할을 해줄 뿐만 아니라, 태평양과 대서양 양대 경제권을 연결하는 과정에서 중요한 역할을 할 수 있는 요충지이기도 하다. 따라서 중국의 입장에서 서부 지역의 발전과 안정은 이들 접경 국가와의 활발한 경제 교류 및 선린 우호 관계를 강화시켜줄 뿐만 아니라, 러시아의 세력 약화에 따른 내륙 공략(유라시아 및 인도양 진출)의 기반을 마련하는 데도 관건적인 역할을 해줄 것으로 인식되고 있다.[22] 따라서 서부 지역은 중국의 안전과 대외적 활로 개척을 위해 대단히 중요한 전략적 요충지로 인식되고 있다.

3) 경제 방면의 민족 통합 노력

2002년 중국의 국방 백서에서 중국 국방의 최대 위협은 신강 지역 이슬람 분리주의자들의 분리 독립 위협이라고 할 정도로,[23] '서부대개발'의 발전 목표 가운데 핵심적인 것은 서부 지역 변강 민족의 분리 독립 운동을 잠재우고 변강 민족을 체제 내로 통합하는 것이다. 그 방식은 개발주의 방식으로 중부의 내몽골자치구와 동부의 광서장족자치구를 포함한 서부 지역을 경제적·정치적·문화적으로 통합함으로써 변강 민족의 이익을 보호하고 궁극적으로 체제 안정을 도모하는 것이다.[24]

경제적인 민족 통합에 큰 비중을 두고 있는 '서부대개발'은 1999년 중국 국무원에 '서부지구개발영도소조西部地區開發領導小組'(조장 朱鎔基, 부조장 溫家寶)가 결성되고 국가계획위원회에 '영도소조판공실領導小組辦公室'이 설치된 뒤,[25] 2001년부터 시작되는 '제10차 5개년계획'의 주요 시책으로 확정되면서 본격화되었다. 경제적 측면의 '서부대개발'은 낮은 수준의 사회 발전, 낙후된 생산 방식, 열악한 자연 환경, 취약한 기초 시설, 낮은 수준의 인적 자질, 잘못 시행된 발전 건설 정책 등 서부 변강 지구의 취약성[26]을 해결하려는 것이다. '서부대개발'의 구체적인 목표는 확대되는 동·서간의 빈부 격차를 조정하고 서부의 발전을 통해 소수 민족의 독립 움직임과 같은 정치·사회적 불안 요소를 억제하는 동시에, 대하천 중·상류 지역에서의 생태계 보호, 물 부족 문제의 해소, 공업화에 따른 대기·수질 오염, 생활 수준 향상에 따른 생활 쓰레기의 급증 등 환경 문제의 해결 등을 목표로 하고 있다.[27] 한마디로 내수 확대, 국민 경제 성장의 지속, 지역간 균형적 성장을 통한 실업 및 하강下崗[28] 문제 해소와 내수 규모 확대 등으로 공동 부유의 실현, 민족 단결의 강화, 사회 안정의 유지, 변강 방위의 강화,[29] 그리고 환경 문제의 해결을 도모하려는 것이다. 이 가운데 '서부대개발'의 핵심은 지역 균형 발전 정책을 통한 중국의 '현대화'와 민족 단결을 통한 '국가 통합'이다.[30] 그리고 '서부대개발'의 장기 전략은 사회주의 다민족 국가의 종합적 국력을 끌어올려 중국의 국제적 지위와 영향력을 강화시키고 21세기에 중화민족의 위대한 부흥을 실현시켜 중국이 국제 정치·경제의 새로운 질서에서 중요한 위치를 차지하여 세계 강대국 대열에 낄 수 있게 하는 것이다.[31]

중국의 국가발전계획위원회에서 확정·추진하고 있는 '서부대개발'의 주요 경제 프로젝트는 ㉠ 서안西安-합비合肥 간 및 중경重慶-회화懷化 간 철도 건설, ㉡ 서부의 도로 건설(서부와 중부, 동부를 연결하는 8개의 간선 도로 건설), ㉢ 서부 지역의 서안·성도成都·난주공항 건설 및 감숙·돈황공항의 확장, ㉣ 중경시의 모노레일 1기 공사, ㉤ 서기동수西氣東輸, 즉 신강위구르자치구 차이담 분지에서 상해까지, 사천 분지에서 무한武漢까지, 차이담 분지에서 난주까지 각각 천연가스 파이프라인을 건설하여 서부의 천연 가스를 동부로 보내는 사업, ㉥ 남수북조南水北調,[32] 즉 사천성 자평포紫坪鋪 및 영하 하사파두河沙坡頭 중심의 수리 시설 개발을 비롯해 수량이 풍부한 양자강에서 물이 부족한 황하·회하淮河 유역으로 물을 공급하는 프로젝트, ㉦ 서전동송西電東送, 즉 서남 지구에 풍부한 수자원·석탄 자원을 이용해 발전소를 가동시켜 전기를 동부 연해 지역, 주로 귀주·운남에서 광동으로, 삼협三峽·금사강金沙江에서 광동으로, 황하 상류·산서·내몽골에서 광동으로 전기를 보내는 프로젝트, ㉧ 중·서부 경지의 삼림화·초지화, 생태 건설, 식수 프로젝트, ㉨ 청해성 염호鹽湖 지역의 칼륨 비료 프로젝트, ㉩ 각지에 인구 20만 명 정도의 소도시를 건설해서 상공업 발전을 촉구하고, 농업 분야의 잉여 노동력을 흡수하며, 농촌에 산재해 있는 공업을 소도시에 집중시켜 인프라 건설과 환경 대책 등 투자 효율을 향상시키는 것 등이다.

'서부대개발'로 서부 변강 지구 및 주변 국가는 영향을 받고 있다. 즉 서부는 중앙 정부에 더욱 의존하게 되었고, 교통 인프라, 자원 개발 및 한족 이주로 인해 경제적으로도 내지內地에 더욱 통합되었으며, 일부 지구에서는 생활을 향상시켰다. 광서장족자치구의 경우 '서부대개발'의 일환으로 관광 산업을 발전시킨 결과 빈곤 지역의 교통·에너지·우편·농업·경공업·상업 등 관련 산업이 발전했고 취업도 늘어났다.[33] 개방 의식이 강화되어 외자의 유입과 아울러 지방 경제가 발전했다.[34] 1990년대 중반 이후 평균 11.9퍼센트의 경제 성장 속도를 나타낸[35] 서장자치구에서도 '서부대개발'로 산업 수준과 경제 활동의 상품화 수준이 높아졌다. 농·목업 생산 방식도 큰 변화가 일어나 식량·석유·육류의 자급이 이루어졌고, 에너지·경공업·방직·기계·삼림 공업·채광·건축 자재·화공·제약·인쇄·식품 가공업 등 20여 개의 공업 시설이 설립되었다. 또한 수력 발전을 위주로 지열地熱·풍력·태양 에너지 등의 새로운 에너지 체계가 형성되었다. 공로公路 운수를 중심으로 항공·파이프 운송 등 입체적인 교통 운수망도 짜여졌다. 상업·관광·우편·음식업·문화 오락·IT 등의 신흥 산업도 급속하게 발전하고 있다. 티벳의 도시화도 끊임없이 이루어져 지역 시장 체계가 초보적으로 형성되기 시작하면서 내지 및 세계와의 연계와 합작이 이루어지고 있다. 이러한 경제 개발의 결과 1994~2000년까지 티벳의 총생산은 연평균 12.4퍼센트씩 증가했고, 2000년 농목민農牧民의 1인당 평균 수입도 1994년에 비해 88퍼센트 늘어났다. 더욱이 환경과 경제 발전의 조화를 유지하기 위해 서장자치구에서는 〈환경보호조례〉·〈지질광산자원관리조례〉·〈토지관리법〉·〈수토水土보호법〉·〈초원법〉·〈야생동물보호법〉 등을 제정하여 환경 보호와 오염 방지에 관한 관리·감독 체계를 수립했으며, 18개의 국가급國家級 및 성급省級의 자연 보호구를 설치했다. 사회적으로도 과학 기술 인재의 관리 배양, 민족 단결의 증진, 티벳 중요 문물의 수리·보호 공작과 함께, 교육·의료 사업에 대한 거액 투자로 적령 아동의 입학률은 85.8퍼센트, 의료 시설의 보급률은 80퍼센트에 달하였다.[36]

그렇지만 '서부대개발'이 반드시 긍정적인 결과로만 나타난 것은 아니었다. 즉 1997년부터 2002년까지 중국 정부에서는 동·서부 간 격차를 해소하기 위해 동부보다도 서부에 더 많은 자금을 투자했지만, 소수 민족 비율이 높은 8개 성·자치구의 국내 총 생산액 비중은 8.8퍼센트 → 8.5퍼센트로 감소했는데 반해, 동부는 55.5퍼센트 → 57.7퍼센트로 증가했다.[37] 서기동수西氣東輸나 서전동송西電東送 등 인프라 건설 과정 역시 기술·설비·인력까지 기본적으로 동부에서 투입되어 자체의 시스템을 구성하여 진행되기 때문에 실제로 변강 민족 지구와의 연계는 여전히 취약한 실정이다.[38] 즉 변강 민족의 서부 개발 참여도가 상대적으로 보잘 것 없는 상태에 있는 셈이다.

또한 티벳 인구의 절대 다수를 차지하고 있는 농목민의 순수입 증가율은 '서부대개발'이 시행되기 시작한 1999년에 8.6퍼센트, 2000년 5.8퍼센트,

2001년 5.5퍼센트로 증가했지만, 1979~2001년의 평균 증가율 9.48퍼센트에 못 미쳤고,[39] 2001~2002년의 중국 전체 경제 성장률 12~13퍼센트에는 훨씬 못 미치는 수준이었다. '서부대개발'이 추진되면서 다른 분야의 경제 성장은 빠를지라도 농목민의 수입은 크게 늘어나지 않고 있는 셈이다. 그 원인은 농·축산품 가공 능력의 미약, 향진鄕鎭 기업 발전의 답보, 농업 산업화 경영 및 다양한 경영의 조직화 미비, 기술 서비스망의 미정비, 농목민의 낮은 기술 수준 및 시장 경쟁 의식이나 상품 관념의 결여, 국내외 시장 변화에 대한 적응 부족 등에 있다.[40]

티벳 지구는 교통이 여전히 낙후되어 있고 TV·방송·우편·통신 사업의 발전이 완만해 전체 인구 265만 가운데 220만 명을 차지하고 있는 농목 지구[41]의 농목민은 세상과 격리된 채 살아가고 있어서 시장의 수요를 파악할 수가 없는 실정이다. 그들은 자발적이고 전통적인 생산 방식에 의존하고 있으며 그들의 상품은 개인 소비에 그쳐 있고 시장 경제 경영 관리 관념이 결여된 채 자신의 수요를 만족시키는 것을 위주로 소농 경제 상태에 있다.[42] 게다가 수리 시설이 낙후해서 농·목업에 필요한 물 부족 문제가 심각하고, 교통 시설이 갖추어지지 못해 지역간 소통이 어려워 시장 경제 발전에 불리한 실정이다. 또한 농촌 에너지 자원 구조가 불합리하고, 통신 시설 역시 제대로 갖추어지지 못해 전화 사용 호수는 극소수에 불과하고 TV 역시 선로나 중계소가 없어서 시청 가구가 극소수여서 시장·기술 등에 관한 정보를 얻기가 곤란한 상태에 있다.[43]

신강위구르자치구 역시 아시아와 유럽을 연결하는 제2아시아·유럽대륙교第二亞歐大陸橋 및 난신蘭新(감숙성 난주와 신강 우루무치를 연결하는) 철로 복선의 건설, 남강南疆(신강 남부) 철로의 연장 등 일부 기반 시설의 완공 등으로 신강의 폐쇄·반半폐쇄적 상태가 타파되고 견실한 발전을 하고 있다. 그러나 신강의 대외 개방과 경제 발전은 여전히 불균형 문제를 안고 있다. 즉 상대적으로 발전된 신강 북부의 일부 대·중 도시와 교통로 주변 지구는 개방 정도가 비교적 높아 경제가 상대적으로 발전했는데 비해, 남부 신강 지구나 일부 변경의 농목 지구, 산간 지구의 개방 정도는 여전히 낮아 경제가 낙후되어 있다. 또한 민족 간 특징과 차이가 여전히 존재하여 각 민족은 각자의 독특한 생산 방식, 생활 습속을 가지고 있어서 민족 간 교류 과정에서 여러 가지 분쟁과 마찰이 발생하고 있다. 그러한 분쟁과 마찰은 민족 간 교류가 빈번해지면서 점점 더 늘어나고 있는 추세이다.[44] 산업 구조에서도 변강 민족의 기업은 규모가 작고 품질이 떨어지고 가정식 관리 등의 폐단으로 경영 효율이 떨어지고 재산권 관계가 순조롭지 못하고 기술도 낙후되어 있고 융자가 곤란해 자금 부족 상태에 있으며 경영 관리도 진부한 실정이다. 게다가 기초 가공업이나 전통 산업의 비중이 높고 고급 가공업이나 신흥 기술 공업 비중은 매우 낮다.[45]

서부의 자원 개발 역시 생태 환경에 부정적인 영향을 미치고 있다. 파괴적인 자원 개발·채취, 무차별적인 개간과 남벌, 대공업 건설에 따른 오염, 생태 환경의 악화 등으로 전통적인 초지草地 목장은 퇴화되어가고 농토가 사막화·염화鹽化되거나 물과 토양의 유실 등이 발생하고 있다. 이러한 현상은 전통적 조방식 농경과 목축업에 의존하는 서부 변강 민족의 생존과 발전을 위협하는 요소로 등장하고 있다.[46] 저급한 기술 수준의 물건을 생산하는 동부 기업의 서부 이전은 때때로 환경 오염 문제를 일으키는 등 변강 민족에 부정적인 영향을 주는 경우도 있다.[47]

가령 서장자치구의 경우도 인구 밀집 지구나 교통로 주변 지역의 삼림 훼손 정도가 심각하여 그 피해 면적이 321㎢에 달했다. 그리고 목초지의 퇴화나 사막화 현상도 심각하여 퇴화 초지 면적은 1,100여 ㎢로서 전체 초지 면적의 13.6퍼센트를 차지하고 있고, 그 가운데 사막화·석질화石質化·저질화低質化된 초지 면적은 243㎢로서 천연 초지 면적의 3퍼센트에 달해 있는 실정이다. 이로 인한 토지의 사막화와 수자원·토질의 유실도 심각해져 서장자치구의 사막화된 토지 면적은 2,047㎢로서 자치구 총 면적의 17퍼센트에 달해 있다. 이 과정에서 습지나 호수도 줄어들어 목초 생산량도 1980년대의 846kg/무畝에서 최근에는 63kg/무로 감소하였다. 광산 개발에 따른 채석·채광으로 대규모의 경지나 초지가 점용되었고, 각종 공장 가동에 따른 공업용 고체 폐기물·배기 가스·분진粉塵·폐수의 배출, 광구鑛區 및 그 주변 지역의 폐수로 인한 수질 오염 등의 환경 훼손도 심각한 지경이다.[48]

신강위구르자치구의 경우 자원 채굴과 초급적인 가공에 중점을 둔 발전 전략은, 대규모의 삼림과 목초지의 훼손, 농토 개간에 따른 생태계 균형의 파괴, 수자원과 토지의 유실을 초래하고 있다. 게다가 기초 시설 건설을 등한히 하여 교통 시설의 미비, 정보 유통의 곤란, 시장 체계의 불건전함을 개선하지 못함으로써 서부 지구의 경제적 정체성을 제대로 개선하지 못하고 있다.[49] 신강 지역 개발의 대표적인 조직인 신강생산건설병단新疆生産建設兵團[50]의 사례를 살펴보면, 황무지를 개간하고 사막 내에 오아시스를 만드는 등 많은 개발 사업을 벌였지만, 지나칠 정도로 농업 개발을 추진한 결과 타림塔里木의 지하수 자원을 지나치게 사용하여 호수의 물을 고갈시키는 결과를 야기하기도 하였다.[51]

4) 정치·문화 방면의 민족 통합 노력

'서부대개발' 과정에서의 정치·문화적인 통합은 주로 소수 민족과 한족의 관계를 잘 처리하여 서부 변강 지구의 변강 민족을 '중화민족'으로 만들어 '중화민족의 대가정'을 만들어나가는 것이다. 중국에서는 민족 문제의 새로운 모순과 발생 원인으로, ㉠ 선부론先富論에 따라 우선적으로 발전시킨 동남 연해 지역과 낙후된 서부 사이의 빈부 격차의 확대, ㉡ '과학 교육 진흥 지구'와 민족 교육이 정체된 변강 민족 지구 사이의 모순, ㉢ 소수 민족의 민족 구성 비율에 따라 취업이 배분되었던 이전의 민족 평등 원칙과 시장 경쟁으로 취업 기회가 불균등해지면서 나타난 민족 불평등 사이의 모순, ㉣ 민족 간 현실적 교류의 필요성 증대와 민족 심리상의 배타성 증대 사이의 모순 등을 열거하고 있다. ㉡의 경우 변강 민족 지구에서는 '교육 무용론'의 영향으로 학교를 포기하는 비율이 높아지고 있다. 그 이유는 일부 가정의 경제적 빈곤으로 중도 퇴학률이 높고 이슬람 경전 학습을 위한 비공식적인 학교가 증가한 데 있다. 일부 지역에서는 교사가 학생을 동원하여 수업을 하면 가장家長이 교사에게 욕을 해대거나 모욕을 주는 현상까지 일어나고 있다. 게다가 신강 지구의 경우 교사의 자질이나 교학 수준이 낮아서 변강 민족이 상급 학교로 진학하는 것이 어려운 점도 작용하고 있다. ⓒ의 경우 변강 민족 졸업생은 언어·문자·전공·문화 소질·능력·가치관 등에서 한족 졸업생에 뒤지기 때문에 시장 경쟁 상황에서 열세에 놓여 있다보니 취업이 상대적으로 곤란한 상황이다. ⓔ의 경우 동유럽 및 중앙아시아의 극단적인 민족주의 사조의 범람은 단일 민족 국가화 내지 민족 차별 현상을 초래했다. 또한 미국 및 유럽, 중국 주변 국가 등 7개의 반反중국 방송국은 매일 신강에서 선전 방송을 통해 민족적 갈등과 배타성을 고취시키는 여론을 형성하고 있다.[52]

상술한 상황에서 중국 정부에서는 정치 문화적으로 다양한 민족 통합 정책들을 펼치고 있다. 대표적인 것이 ㉠ 한족의 대규모 서부 이주를 통한 변강 민족의 점진적인 한화漢化, ㉡ 애국주의에 기초한 종교 교리의 재해석과 '중화민족론'의 고취, ㉢ 한어 보급을 통한 변강 민족 언어·문자의 점진적인 위상 약화·소멸 등이다.

먼저 한족의 서부 이주와 관련하여, 중국 정부에서는 가능한 한 분리 독립 운동이 벌어지고 있는 변강 지구에 한족을 이주시켜 변강 민족과 한족의 상호 교류를 촉진시키고 그 과정에서 변강민족이 점차 한족으로 융화되기를 바라고 있다. 한족의 서부 이주는 '현대판 한화 정책'이라고 할 수 있다. 현재 '서부대개발'이 진행되면서 동·중부의 한족이 서부로 유동하면서 서부에는 인적·상업적 교류가 활발해지고 자금이 모여들고 있다. 신강위구르자치구의 경우 1990년대 이후 유전이 발견·개발되고 신강이 국가 농업 개발 중점 지구로 지정되면서 유동 인구가 많아졌다. 1990~1995년 사이 신강에는 주로 중부의 하남·강소·안휘성을 비롯하여 사천·섬서·감숙성 등지에서 대량의 노동자民工가 이주해와 돈벌이에 종사하고 있었다. 1996~2000년까지 신강의 임시 거주 인구 통계를 보면, 신강 내에서의 유동 인구는 1996년 53만 4,695명, 1997년 31만 3,729명, 1999년 34만 5,112명, 2000년(1~6월 통계) 30만

9,172명이었는데 비해, 신강 밖의 내지에서 온 인구는 1996년 79만 8,681명, 1997년 59만 9,199명, 1999년 78만 5,389명, 2000년(1~6월 통계) 74만 776명으로 외지에서의 유동 인구가 전체 유동 인구의 약 70퍼센트 정도를 차지하고 있었다.[53] 신강 지구 밖에서 온 이주자들 중에는 위구르족이나 기타 소수 민족도 있겠지만 중국의 인구 구성이나 지역적 인구 분포를 고려해 볼 때 대부분은 한족으로 추측할 수 있다. 특히 '서부대개발'이 실시된 1999년 이후 2000년부터 내지에서 신강으로 이주해온 인구(그 대다수는 한족)가 폭증하고 있었음을 알 수 있다.[54]

실제로 신강 지구에 온 노동자들은 대부분 인구가 많은 사천·하남·섬서·감숙·안휘성 등지의 한족이고, 개별적으로 상공업 활동에 종사하는 사람들도 대부분 동남 연해의 발달한 성, 특히 강소·절강·광동성 일대의 한족들이다. 그런데 이들 가운데 절대 다수는 농촌에서 온 한족 청장년으로 교육 정도가 낮고 변강 민족 지구의 역사·풍토·인정, 공산당의 민족 정책 등에 대해 제대로 모르고 있다. 그렇지만 이들은 각종 정보·경영 관리·기술·학력 등에서는 서부 변강 민족보다 우월한 능력을 지니고 있다. 대규모 한족의 신강 이주는 각종 정보의 전파, 행업상行業上의 경쟁을 야기하는 등 신강 사회 자체 및 관념을 변화시키고 있다. 또한 서부 변강 민족에 대한 이해가 부족한 이주 한족들은 신강의 소수 민족과 교류하는 과정에서 신강 민족의 언어·풍속·관습·종교·신앙을 무시하여 문화적·종교적·민족적인 마찰과 갈등을 초래하고 있다.[55] 게다가 상대적으로 정보·경영 관리·기술 등에서 우월한 지위를 차지하고 있는 한족들의 신강 이주는 자연히 현지 변강 민족의 기득권을 침해하고 그들보다 우월한 경제적 지위를 차지함으로써 신강 변강 민족의 반발과 박탈감을 야기하고 있다.

서장자치구의 경우, 1964~1978년까지는 한족의 지식 청년, 졸업생, 제대 군인 등이 자원해서 티벳 변강 건설에 참가였고 그에 따라 그들의 가족과 자녀들도 티벳으로 유입되었다. 그 결과 이 시기 티벳 유입 인구는 1만 1,126명으로 매년 평균 5,600명 정도에 달했다. 그렇지만 1980년 후야오방胡耀邦 주재로 "서장공작좌담회"가 열려 한족 간부들이 맡고 있던 지위를 티벳족 간부에게 물려주도록 방침이 정해진 후, 티벳으로 유입되었던 한족 간부들과 한족 노동자들이 다시 내지內地로 돌아가기 시작했다. 그 결과 1980년 티벳에 있던 한족 간부·3만 천 명(당시 티벳 간부 총수 5만 5천 명) 가운데 2만 천 명, 4만여 명의 한족 노동자 가운데 2만 5천 명, 그리고 그들의 가족을 합해 모두 9만 2천 명의 한족이 티벳에서 내지로 돌아갔다.[56] 당시 티벳의 한족 총 인구가 12만 2,400명[57] 정도였음을 감안하면 내지로 돌아간 한족 인구 비율은 75퍼센트에 해당하는 셈이다. 1981~1985년까지 티벳으로 유입된 인구는 2만여 명에 불과했다. 이 시기 주요 유입 인구는 인도 및 네팔에 거주하던 티벳족이었다.

그렇지만 1990년대 이후 티벳의 인구 유입은 다시 계속되었다. 2000년 제5차 인구 조사에 의하면, 개혁 개방 이후 서장자치구의 유입 인구 25만 7,263명 가운데 자치구 내에서의 유입 인구는 8만 7,173명이었고 다른 지구(주로 사천 · 감숙 · 청해 · 하남 · 섬서성 · 중경시 등)에서 유입된 인구는 3만 4,138명이었다.[58] 한족이 중국 전체 인구의 92퍼센트를 차지하고 있는 점을 고려해 볼 때, 유입 인구의 절대 다수는 한족이라고 추측할 수 있다. 서장자치구의 경우 최근 집계된 총 인구는 261만 6,300명 가량인데 그 가운데 장족(티벳족)은 241만 명으로 92.2퍼센트를, 한족은 15.53만으로 5.9퍼센트를, 기타 소수 민족은 5.9만으로 1.9퍼센트를 차지하고 있다.[59]

상술한 것처럼 한족의 서부 이주는 서부 변강 민족에게 민감한 반응을 불러일으키고 있다. 게다가 서부 변강 민족의 풍속 · 습관 · 종교 · 신앙에 대한 이주 한족의 이해 부족과, 경제적 이익에서 비롯된 여러 가지 모순으로 인해 한족과 변강 민족 사이에는 민족적 갈등이 야기되고 있다.[60] 따라서 중국 정부는 서부 변강 민족에게 민감한 반응을 불러일으키고 있는 한족의 서부 이주에 관해 구체적인 수치를 언급하지 않고 있다. 중국의 관영 언론 역시 대규모의 한족 이주를 시인하지 않는 경향이 있고, 공식적인 통계에서도 한족의 이주가 증가했다거나 변강 민족 지구 내 각 민족의 구성 비율을 제시하지 않고 있다.[61] 그 결과 한족이 서부에 어느 정도 이주해 있는지, 한족 이주에 따른 갈등의 양상이 어떠한지에 관한 정보는 제한적일 수밖에 없다. 또한 현지 조사를 통해 그러한 정보를 파악하는 것 역시 용이한 실정은 아니다.[62]

그렇지만 한족의 대규모 서부 이주는 틀림없는 사실이다. 신강위구르자치구의 경우에도 1999년 무렵까지 전체 과학 기술자 수 50만 9,706명 가운데 소수 민족 출신은 절반인 25만 8,260명에 불과했고, 나머지 절반은 한족 출신의 과학 기술자였다. 또한 1999년까지 신강생산건설병단에서 거느리고 있던 직공 130여 만 명과 농지 개간 위주의 노동자 200여 만 명 가운데 신강 지구 소수 민족은 20여 만 명에 불과했고 나머지는 한족이었다.[63] 한족의 서부 이주는 착착 진행되고 있는 셈이다.

게다가 '서부대개발'이 진척됨에 따라 향후 한족의 서부 이주는 더욱 증가할 것이다. 왜냐하면 서기동수·서전동송·팔종팔횡八從八橫(각종 도로·철도 건설 사업)·남수북조 등의 주요 인프라 사업은 고급 기술자에서 일반 노동자까지를 필요로 하는데, 이것은 상대적으로 노동 자원이 풍부한 한족의 서부 이주를 촉진할 것이기 때문이다. 이러한 현상은 현실로 나타나고 있다. 게다가 최근 중국에서는 인구 유동의 활성화를 뒷받침하기 위한 제도적 조건도 정비하고 있다. 우선 2001년에 중국 정부는 현급縣級 시와 현 인민정부가 있는 진鎭 등에 고정된 주소가 있고 안정된 직업 혹은 생계 수단이 있는 사람 및 그들과 동거하는 직계 가족 등은 본인의 희망에 따라 성진城鎭 호구를 취득할 수 있도록 했다.[64] 또한 중국 정부는 서부 이주를 장려하기 위해 여러 가지 혜택을 제공하고 있다. 즉 서부로 이주하는 사람에게는 자녀가 명문 대학에 지원할 경우 소수 민족과 같은 혜택을 주고 있으며, 특히 서부 지역의 대학에서 석사 시험을 치르면 특혜를 베푼다.[65] 더욱이 중국의 교육부와 공산주의청년단은 공동으로 대학 졸업생이 서부로 가서 빈곤 지구의 발전을 촉진하도록 하고 대학생의 취업과 창업 통로를 개척하기 위해 '대학 졸업생 서부 복무 계획'을 입안하였다. 이 계획에 의하면 2003년도 대학 졸업생 6천 명을 서부 12개 성·자치구·시의 빈곤 현으로 1~2년간 보내 교육·위생·농업 기술·빈곤 극복扶貧 등에 종사하도록 한다는 것이다. 실제로 2003년 6월까지 중국 전

역에서 이 계획에 지원한 졸업생은 5만 명이었다.[66]

그런데 문제는 자금 · 기술 · 경영 관리 · 학력 · 정보 등 모든 면에서 변강 민족보다 우월한 한족이 서부로 이주하면서 상대적으로 열세에 처한 변강 민족의 위상은 각 방면에서 점점 줄어들고 있다는 점이다. 실례로 동 · 서부 30개 현의 비교 통계에 의하면, 동부는 평균 100명당 18명의 과학 기술 인원이 있는데 서부는 2명에 불과했고, 동부의 향진鄕鎭 지도자 가운데 전문대 이상 학력 소지자는 전체의 64퍼센트였는데 서부는 20퍼센트도 못되었다. 동부 사람들의 평균 교육 시간은 10년 8개월이었는데 서부 사람은 3년 6개월에 불과했다. 전체적으로 동 · 서부 간의 인재 격차는 10 대 1이었다.[67]

비록 '서부대개발'이 진척되면서 소수 민족 출신의 간부나 과학 기술자 및 노동자의 절대 수는 늘어나고 있지만, 다방면에서 소질이 우월한 한족이 서부로 이주하면서 소질이 열등한 변강 민족의 비중은 여전히 한족에 미치지 못하고 있는 것이다. 한족의 이주는 서부 변강 민족의 위상 약화를 초래하고 있다. 이는 중국 역사가 증명했듯이, 변강 민족의 '한화'를 촉진하는 계기가 될 것이다.

한편 중국 정부에서는 민족 분열주의와 불법적인 종교 활동이 변강 지구의 안정과 발전에 영향을 미치는 주요한 위험 요소라고 인식한다.[68] 따라서 중국에서는 분리 독립 운동 세력에 타격을 가해야만 '서부대개발'을 위한 사회 환경을 조성할 수 있고 서부의 번영 및 공동의 부富를 실현시킬 수 있다고 여긴다.[69] 따라서 중국에서는 민족을 통합시키기 위해 '서부대개발'의 미명 아래 서부 변강 민족에 대해 애국주의[70]에 기초한 종교 정책과 '중화민족론'을 고취하고 있다.[71]

중국의 종교 정책은 종교 신앙의 자유를 법률로써 보호하고 분열에 반대하며 중국의 통일을 유지하고 사회 복지를 조성하며 조국과 긴밀한 연계를 맺어나가는 것이다. 중국 정부는 통일 전선의 일환으로 종교계 인사와 신도에 대한 단결 교육에 힘을 쏟는 동시에, 종교 활동 과정에서 그들로 하여금 신앙과 정치상의 애국을 통일시켜 애국 애교愛敎하고 공산당의 벗이 되도록 유도하고 있다. 중국 공산당은 친정부적인 종교계와의 광범위한 통일 전선을 구축하여 주로 공산당에 협조하는 세력을 단결시키고 공산당에 반대하거나 비협조적인 세력을 고립·분열시키면서 분리 독립 운동 세력에게는 타격을 가하려 하고 있다. 게다가 사원寺院에 대한 애국주의 교육을 강화하고 종교적 주도권을 애국적인 종교 인사가 장악케 하여 분리 독립 세력이 종교를 이용하여 독립 활동에 종사하지 못하도록 하고 있다.[72] 이와 아울러 서부 지구의 각 민족 당원 간부들을 통해 반反분열 교육, 마르크스주의 조국관·민족관·종교관·문화관 및 유물론과 무신론을 교육·선전하고 그것을 기초로 애국주의·집체주의·사회주의 교육 위주로 민족 단결 및 국가 통일의 당위성을 역설하고 있다. 또한 서부 지구 각 민족의 과학 문화 소질을 제고시켜 그들의 협애하고 보수적인 소농 의식과 조방적인 경영 방식에서 벗어나도록 유도하고 있다.[73]

중국 내 각 민족을 통합시키기 위해 중국 정부는 분리 독립 운동 세력과 극단적인 종교 세력을 분리·고립시켜 타격을 가하는 동시에, "너희들 가운데 우리가 있고 우리들 가운데 네가 있으며你中有我, 我中有你,"[74] "한족은 소수 민족과 분리될 수 없고 소수 민족도 한족과 분리될 수 없으며 소수 민족 상호 간에도 서로 분리될 수 없다"는 중화민족 정신을 고취시켜 민족 단결과 중국의 통일을 유지하고 종교가 사회주의 사회에 적응하도록 하고 있다.[75] 즉 종교 교리와 사회주의 현대화의 일환인 '서부대개발'이 상호 조화되도록 교리의 재해석에도 힘을 쏟고 있다.[76] 결국 정치 문화적 민족 통합 정책으로, 중국에서는 애국주의 교육과 중화민족론을 강화해서 변강 지구가 '조국祖國 대가정'의 신성불가분한 일부분임을 변강 민족이 깨닫도록 노력하고 있다.[77]

이러한 중국 정부의 노력에도 불구하고 서부 지구에서는 분리 독립 운동이 일어나고 있다. 중국 자체에서 분석하고 있는 분리 독립 운동의 발생 원인들을 열거하면 다음과 같다. 즉 ㉠ 동·서부간의 빈부 격차와 분배상의 모순, ㉡ 정신 노동과 육체 노동 사이의 수입 격차의 확대, ㉢ 사영 기업주와 고용원 사이의 모순 확대, ㉣ 낙후된 생산력과 경제 발전 수요 사이의 모순, ㉤ 개방 확대와 민족 간의 빈번한 왕래로 유동 인구가 날로 증대되면서 야기된 민족간의 문화 전통·풍속·습관·종교·신앙·심리 등의 다양성과 차이점이 초래한 모순과 분쟁, ⓗ 달라이 라마 등과 같은 소수의 분리 독립 운동가, 종교적 극단주의자가 민족과 종교의 기치를 내걸고 민족 단결과 국가 통일을 파괴하는 활동을 벌인 것, ⓐ 한족 간부와 변강 민족 간부 사이의 사상 관념과 행위 방식, 특별 대우 등에서의 차이가 야기한 모순, ⓞ 최근의 국가 인사 제도 시행 과정에서의 혜택이 일부 소수에게만 돌아간 데 따른 불만, ⓩ 각종 개혁 조치가 인민 내부의 각종 모순을 심화시킨 점, ⓩ 전통적인 정교政教 합일의 영향으로 오늘의 민족 문제·종교 문제·사회 문제·신앙 문제가 서로 뒤얽히게 되면서, 그 가운데 한 가지 문제라도 잘못 처리되면 수시로 민족 모순이 야기되어 그 문제를 더욱 복잡하게 만든 점 등이다.[78] 특히 신강 지구의 경우 1920~30년대에 풍미했던 범汎이슬람주의와 범투르크주의가 신강 분리 독립 운동 세력의 이론적 기초가 되면서, 이것이 '동東투르키스탄 독립론'의 핵심적인 사상 체계와 정치 강령으로 된 점도 분리주의 운동의 내적 원인으로 지적하고 있다.[79]

상술한 모순들을 해소하기 위해, 즉 서부 변강 민족을 중화민족 속에 융합하기 위해, 중국 공산당에서는 진정한 민족 평등을 바탕으로 서부 변강 민족의 의사를 존중하고, 이들과 다른 민족의 단결을 공고히 하고 소수 민족을 경시하는 대한족주의大漢族主義나 민족 분열 성향의 지방 민족주의에 반대하며, 변강 민족의 경제 발전을 돕는 동시에, 변강 민족 간부의 배양과 등용을 중시하고 민족 구역 자치를 통해 민족 문제를 해결한다는 입장을 취하고 있다.[80]

그 해법으로, 중국에서는 티벳 지구에 대한 전국적인 지원 속에서 덩샤오핑의 '공동 부유론'과 공산당의 종교 정책을 적극 전파하고, 분열 투쟁에 반대하고 달라이 라마 집단의 반反중국적인 본질을 폭로하고 애국주의 교육을 전개하여 티벳 사회의 기본적인 안정을 실현시키며, 지속적인 개혁 개방을 통해 농업·목축업·교통·자원·통신 등의 기반 시설을 건설하여 티벳의 경제를 급속하게 발전시키는 데 중점을 두고 있다. 특히 애국주의 교육의 일환으로 '사회주의 정신 문명' 건설[81]의 핵심 내용인 '사상 도덕'의 건설에 역점을 두고 있다. 이를 위해 평등·단결·호조의 사회주의 민족 관계를 공고히 하고 발전시켜서 각 민족의 사상 도덕과 과학 문화 소질을 높이려고 애쓰고 있다.[82] 즉 사상 교육과 아울러 '서부대개발'을 통한 물질적 생활 제고에 노력하고 있는 셈이다.

끝으로 중국 정부는 서부의 사회 경제 발전의 최대 걸림돌이 '지식 자원'의 심각한 부족임을 간파하고,[83] 서부 개발을 위한 10대 교육 정책(㉠ 서부 지역 의무 교육 기반 건설, ㉡ 동·서부 간 100개 학교 자매 결연 추진, ㉢ 3년 내 서부 지역 학교에 인터넷망 구축, ㉣ 천 명의 파견 교원 양성, ㉤ 고등 교육 기관 설립, ㉥ 티벳·신강 지역에 전문학교 설립, ㉦ 해외 유학자의 서부 개발 참여 유도, ㉧ 고등 교육 기관의 연구 지원, ㉨ 행정 요원과 교육자들의 교류 강화, ㉩ '십오계획十五計劃'에 서부 지역 교육 사업을 중점 사업으로 지정)을 실시하고 있다.[84]

그러한 노력으로 교육 방면에서는 많은 성과를 거두었다. 1982~2000년까지 티벳 지구의 수학受學 인구는 늘어났다. 장족(티벳족)의 소학 졸업자 비중은 같은 시기에 15.7퍼센트 → 31.0퍼센트로 증가하여 전국 평균 35.5퍼센트에 육박했고 지식이 있는 인구도 장족은 1.2퍼센트 → 38.2퍼센트(전국 평균 83.4퍼센트)로, 한족은 84.1퍼센트 → 92.8퍼센트로 증가했으며, 티벳 지구 전체의 문맹률도 73.9퍼센트 → 47.3퍼센트로 급감했다.[85] 그렇지만 2000년 서장 자치구의 문화 수준은 보편적으로 낮아 향촌의 문맹률은 35.9퍼센트로, 전국 평균치 8.3퍼센트보다 3배 이상 높았고 전국에서도 가장 높았다.[86] 또한 티벳 지구의 교육 실태를 보면, 학교 설치가 합리적이지 못하고 학교 수가 부족해서 변경 오지에 거주하는 학생들은 교육을 받을 수 없는 실정이다. 또한 교학 수준이 높지 않아 입학률·재학률·진학률이 저조한 반면 자퇴율은 높은 '삼저일고三低一高' 현상이 나타나고 있어서 청소년 문맹률이 증가하고 있다. 게다가 교육 경비가 부족하고 교사의 처우가 낮아서 이직률이 심각한 실정이다. 그 결과 티벳 민족 출신 인재의 배양이 어려워 한족 출신 인재와의 격차가 벌어지고 있고, 특히 과학 기술자 및 기업 관리형 인재가 적어서 경제 발전 수요를 충족시키지 못하고 있다. 그나마 서부에 있는 과학 기술자나 기술 노동자도 매년 동남 연해 지대로 빠져나가고 있어서 서부의 인재 부족 현상을 심화시키고 있다.[87]

신강위구르자치구 역시 변강 민족의 교육 수준이 높아지고 있지만, 고등학교 졸업자 4.4퍼센트, 실업 고교 졸업자 3.5퍼센트, 전문학교 졸업자 1.8퍼센트, 대학 졸업자 0.9퍼센트, 대학원 졸업자 0.01퍼센트일[88] 정도로 고등학교 졸업 이상의 학력 소지자는 자치구 전체 인구의 10.5퍼센트에 불과하다. 중국 정부의 적극적인 교육 정책과 인재 육성책에도 불구하고 서부 변강 민족의 문화 수준은 우려할 정도로 낮다.

한편 중국 정부에서는 교육 기반 확충과 아울러 국민적·민족적 통합의 일환으로 변강 민족 지구에 한족의 언어, 즉 한어와 한자를 보급시키는 데 많은 노력을 기울이고 있다. 한어 표준말의 보급은 1995년 중공 중앙이 제정한 《애국주의교육실시강요》[89]에서도 알 수 있듯이, 이미 애국주의 교육의 중요한 내용으로 자리 잡고 있다. 특히 소수 민족 지구에 대한 이중 언어(해당 소수 민족 언어와 한어) 교육은 민족 문제 연구 및 민족 공작 실천의 중요한 부분이기도 하다. 중국 정부의 소수 민족에 대한 이중 언어 교육의 사상적 기초는 '중화민족다원일체격국론'[90]이다. 즉 중국 내 다양한 민족의 우수한 전통 문화는 중화민족 문화의 다원성을 형성하고 있으며, 소수 민족에 대한 이중 언어 교육은 다원 문화를 발전시키는 지름길이다. 다원 문화를 발전시키는 전제는 '이중 문화를 습득한 사람雙文化人'을 대량으로 양성하여 다양한 문화를 갖춘 각 민족 상호 간의 교류를 가능케 하는 것이다.[91] 이러한 이중 언어 교육의 원칙을 보면, 중국에서는 표면적으로는 언어·문자의 평등과 소수 민족 언어·문자의 긍정적 작용을 인정하고 있음을 알 수 있다.

그렇지만 "한족의 이주가 이민족의 한화를 촉진해서 한족 중심의 민족적 융합의 결과를 가져왔다"는 '중화민족다원일체격국론'에서도 알 수 있듯이, 한어문의 보급은 한어문을 구사할 수 있는 한족의 수요를 증가시킬 것이고 한족의 서부 이주를 촉진시킬 것이다. 이는 다방면으로 열등한 지위를 차지하고 있는 변강 민족의 언어 관습이나 계승을 어렵게 만들 것이고 그들의 점진적인 '한화'를 야기할 것이 뻔하다. 독자적인 언어의 구사가 해당 민족의 정체성을 유지하는 데 중요한 작용을 하고 있는 점을 고려해본다면, 한어문의 보급에 따른 변강 민족 언어의 위상 약화와 점진적인 소멸은 분명 변강 민족의 정체성과 관련된 민감한 문제일 수밖에 없다.

그래서 중국에서는 다민족의 다언어 국가에서 하나의 언어를 '국어'로 지정하고 다른 언어의 사용을 금지했다가 항의나 폭동을 유발한 벨기에·캐나다의 경우[92]를 타산지석으로 삼고 있다. 즉 중국 정부는 언어·문자의 평등을 견지하는 것이 소수 민족 지구, 특히 서부 변강 민족 지구의 장기적인 안정과 발전의 중요한 요소일 뿐만 아니라, 그것이 종교 문제 및 정치 사회적 문제와 마찬가지로 비교적 민감한 문제라는 사실을 인식하고 있다. 따라서 중국 정부는 한족과 소수 민족의 언어·문자 사이의 지위 문제 처리를 민족 관계 처리의 관건처럼 받아들이고 있다.[93]

이러한 상황에서 중국에서는 서부 지역이 광활하고 다민족이 집거하면서 사투리나 각 민족 언어가 번잡하고 많아 정보 교류나 사람들 간의 교제가 곤란하기 때문에, 외자를 유치하거나 양호한 투자 환경을 조성하려면 언어 간의 장벽을 없애는 것이 시급한 해결 과제라는 점을 강조하고 있다.[94] 이와 아울러 한어 표준어가 중국의 '국어'이고 세계 각국에서 한어를 사용하는 사람이 많기 때문에 좁은 울타리에서 벗어나 자신을 발전시키려면 변강 민족이 자신의 언어 이외에 한어 표준어를 배워야 함을 역설하고 있다.[95] 표면적으로는 외자 유치나 투자 환경 조성이라는 경제적 명분을 내세워 변강 지구에 한어 보급의 필요성을 역설하고 있는 셈이다. 그렇지만 이면에서는 변강 지구의 한어 보급을 통한 변강 민족과 한족의 빈번한 접촉과 교류를 유도하여, 그들이 한족이나 한족 문화에 점차 동화되도록 유도함으로써 궁극적으로 민족 통합을 실현시키려는 것이다.

그밖에 중국 정부는 교육 정책의 일환으로 소위 '서신공정西新工程'을 전개하고 있다. 이것은 서부 변강 민족 지구의 TV 방송 수신 범위를 확대하여, 중국의 변강 민족이 주변 민족 국가의 방송을 듣거나 수신하면서 영향을 받는 상황을 근본적으로 바꾸려는 것이다. 이를 위해 중국에서는 티벳어·위구르어·몽골어 등 각종 소수 민족 언어로 제작된 방송 드라마를 제작하여 중국 주변 민족 국가에 적극 송출하여 중국 공산당과 국가의*선전 정책이 주변 국가에 전달되도록 함으로써, 중국 주변 민족 국가의 변강 민족에 대한 영향력을 차단하는 대신 주변 민족 국가에 대한 중국의 영향력을 확대시키려 하고 있다.[96]

결국 중국 정부의 서부 변강 민족 지구에 대한 언어 정책은 한어 보급을 통한 변강 민족의 한족화 이외에, 변강 민족을 주변 민족 국가의 영향력으로부터 차단하여 양자를 분리하는 데도 초점을 맞추고 있다고 할 수 있다.

5) 변강 민족 및 주변 국가의 반응

그렇다면 중국 내의 분리 독립 운동 세력은 중국 중앙 정부의 목표 설정 과정이나 정책 실시 과정에서 '서부대개발'에 대해 어떠한 반응을 보이고 있을까?[97] 중국 정부가 '서부대개발'을 통해 변강 민족 지구로 한족의 이주를 가속화하고 있는데 대해, 분리 독립 운동 세력은 중국 정부가 민족 지구를 개발하는 데 관심을 가지기보다는 '서부대개발'을 통해 '민족 지구의 한족화'를 도모하고 있다고 비난한다.[98] 그들에 따르면, '서부대개발'의 목적은 변강 민족의 정체성을 약화시켜 체제 내에 효율적으로 통합하려는 데 있다는 것이다. 변강 민족의 경우, '서부대개발'로 도시화가 이루어지고 도로와 철도 등 교통 시설이 구비되면 동부 지역의 한족들이 자연스럽게 서부 지역으로 이주함으로써 변강 지구 소수 민족의 전통 문화는 말살되고 그들의 설 자리를 잃게 될지도 모른다는[99] 의구심을 가지고 있다. 달라이 라마도 "청장 靑藏철도(티벳과 청해성을 연결하는 철도 노선) 계획이 한족 2,000만 명을 대거 티벳으로 이주시킴으로써 티벳 주민들을 소수 민족으로 전락시키기 위한 것"[100]이라고 비판한 바 있다.

'서부대개발'은 단순히 서부와 동부를 경제적으로 결합하는 것에 그치지 않는다. '서부대개발' 과정에서 한족의 대대적인 서부 이주를 통해 정치 사회적인 통합 및 안정까지 이끌어낸다는 것이 중국 정부의 복안이다. 그런데 서부 변강 지구의 경우 한족 이주는 오히려 소수 민족의 저항을 불러일으켜 정치 불안을 가중시킬 우려가 있다. 민족 문제를 해결하기 위해 추진되는 '서부대개발'이 오히려 민족 문제를 새롭게 유발시켜 경제 건설의 걸림돌이 될 수도 있는 것이다.[101]

한족의 대규모 서부 이주와 더불어 변강 민족의 정체성과 관련된 것이 중국 정부의 한어 표준말 보급이다. 이에 대해 소수 민족 지구 학생들은 대부분 소수 민족 언어 환경 속에서 표준어를 배우기가 곤란하다고 생각한다. 이들은 자신의 발음이 좋지 않아 남에게 웃음거리가 될까봐 표준어를 잘 사용하지 않는다고 한다. 특히 이과 계통의 학생들은 자신의 전공과 표준어가 별 관계가 없어서 표준어를 쓸 데가 없다고 생각한다.[102] 그러나 일부 사람들은 소수 민족 언어·문자가 쓸모없거나 낙후되었다는 생각에 빠져 소수 민족 언어·문자의 한계성을 과도하게 해석하고 있으며, 현대화 건설을 하려면 한문이나 영문으로 과학 문화 지식을 배워야 하며 소수 민족 언어·문자는 쓸모없다고 생각한다. 게다가 그들은 소수 민족의 언어로는 선진적인 과학 지식을 표현할 수가 없을 뿐더러 배우는 것이 매우 번거로워서 직접 한어문을 배우는 것만 못하다고 여긴다.[103]

한편 변강 민족은 중국 중앙 정부가 추진하는 '서부대개발'이 서부의 빈곤 구제보다는 천연 자원 채굴에 더 큰 목적을 가지고 있다고 비판한다. 즉 중앙 정부는 중·동부 지역에 비해 자원이 상대적으로 풍부한 서부 지역의 자원을 개발하여 동부 지역에 효율적으로 공급하려는 숨은 목표를 가지고 있다는 것이다.[104] 실제로 신강위구르자치구의 경우, 자원 문제를 둘러싸고 갈등과 분쟁이 증가하고 있다. 원래 신강은 자원 의존형 경제 구조를 가지고 있어서 경제 발전 과정에서 자원은 매우 중요한 위상을 차지하고 있다. 그런데 목장·수자원·토지·삼림·광산 등의 권리가 누구에게 귀속되고 누가 발전의 우세를 장악하느냐, 그리고 자원 개발과 이용 후의 이익 분배가 어떻게 이루어지느냐를 둘러싸고 각 민족 간에, 신강생산건설병단과 해당 지역 간에, 기업 단위 상호 간에 각종 분쟁과 모순이 늘어나고 있다. 특히 신강의 자원 개발이 해당 지역의 경제 발전과 신강 민족의 생활 수준을 높여줄 수 있는지, 해당 지역 주민의 절실한 이익의 증식과 관계가 있는지의 여부는 신강에서 아주 민감하고 돌출적인 문제로 등장하고 있다. 이러한 분쟁은 때때로 자치권에 관한 일로까지 비화되는 경우도 있다.[105]

실제로 자원 개발 과정에서 변강 민족의 지위는 약세에 있기 때문에 그들의 수익권도 보장받기 어려운 실정이다. 한족은 농업뿐만 아니라 상공업에도 종사하고 있고 경쟁력을 갖추고 있는 반면, 후진적인 변강 민족은 농·목업에 주로 종사하고 있다. 변강 민족은 시장 경제에 대한 지식이 부족하고 시장 경제에 적극 참가하려는 의식이 부족하다. 그 결과 변강 민족은 자원 개발 과정에서 피동적인 위치에 머물러 있거나[106] 상대적으로 소외되고 있다.

일반적으로 '서부대개발'의 목표 가운데 하나가 실업 문제 해소라고 한다. 그런데 변강 민족은 개발의 혜택이 서부 지역의 변강 민족에게 돌아가지 않고 주로 서부 지역으로 이주한 한족에게 돌아갈 수 있다고 비판한다.[107] 이와 관련하여 일부 전문가도 '서부대개발' 계획이 진정으로 서부 지역 소수 민족에게 새로운 삶의 기회를 제공하고 그들의 실업률을 제고시킬 수 있을까에 대해 우려를 나타내기도 한다. 즉 중국 당국은 소수 민족의 인재 양성과 인재들의 참여를 주장하고 있지만, 소수 민족 대부분은 인적·지적 경험 부족으로 '서부대개발' 계획에 참여할 수 있는 소양을 갖추고 있지 못하다는 것이다.[108] 중국 당국이 소수 민족의 보호와 분열을 막기 위해 소수 민족을 '서부대개발'에 참여시킨다고 하지만 소수 민족이 질적인 측면에서 함양 미달이기 때문에 바로 참여할 수 없다는 것이다. 이러한 상황은 소수 민족 지구의 문맹률[109]이 상대적으로 높은 것과도 관계가 있다. 그럴 경우 '서부대개발'은 사실상 소수 민족보다는 한족 중심으로 추진될 가능성이 높다.

'서부대개발'은 서부 변강 민족의 생활 수준 제고를 통한 중국 국민으로서의 정체성 확립을 중요한 목표로 삼고 있다. 그런데 아이러니하게도 '서부대개발'은 신강의 민족과 주변 국가 민족 사이의 관계를 더욱 강화시켜주면서 분리 독립 운동 세력이나 반反 중국적인 국외 세력의 중국 침투와 연계를 증폭시키고 있다. 이러한 양 지역 민족의 활발한 교류는 곧바로 신강의 민족 관계에 영향을 미치고 있다. 이는 분명 신강의 사회 정치적 안정과 민족 단결을 저해하는 요인으로 작용하고 있다.[110] 더욱이 그것은 신강 분리 독립 운동에 대한 일부 국가의 국제적 지원 양상으로까지 표출되고 있다.

현재 분리 독립 운동이 일어나고 있는 변강 지구는 서장자치구와 신강위구르자치구이다. 티벳인이 95.5퍼센트[111]를 차지하고 있는 서장자치구에서는 분리 운동이 끊임없이 일어났다. 1950년 인민해방군의 침공으로 중국에 강제 합병된 티벳에서는 인도에 망명한 달라이 라마 추종 세력이 1987년 9월 27일부터 1989년 3월 7일까지 17개월 동안 지속적으로 라싸에서 18차례의 유혈 폭동을 일으켜 동년 3월 비상 계엄령이 선포되기도 했다. 이를 계기로 티벳은 국제 문제화되었고 중국의 티벳 정책에 대한 서방 사회의 비난도 점점 확산되었고 티벳 문제는 중국에 대한 국제적 압력의 구실이 되었다. 이를 계기로 달라이 라마는 국제 무대의 중심이 되었고 상당한 영향력을 갖게 되었다.[112]

일반적으로 티벳 분리 운동 단체들의 조직이나 규모는 작지만, 이들의 활동 무대가 국제 사회이고 미국 의회나 행정부, 유엔이나 국제 NGO와 연대를 통해 티벳 문제나 중국의 국제적인 문제에 개입하고 있기 때문에 그들의 활동은 상대적으로 파급성이 크다. 이들은 중국과 관련된 사업에 대한 법률 통과나 재정 지원이 이루어지지 못하도록 미국이나 국제 기구에 압력을 행사하고 있다.[113] 게다가 그들은 국외에서 더 많은 지지를 얻으려고 노력하고 있고 중국 국내에서는 광대한 농업·목축업 지구로 침투하여 분리 독립 활동을 벌이면서 티벳의 일부 군중과 간부들에게 사상적 혼란을 야기하고 있다.[114]

신강위구르자치구는 가스와 석유 등 천연 자원이 풍부하고 유럽으로 진출하는 '철의 실크로드'의 관문이기도 하다. 이 지구에서는 1989년 5월에 자치구당위원회自治區黨委員會 사건이 일어났고, 1990년 4월에는 3천여 명의 무장한 위구르족들이 신강 남부의 바런巴仁에서 경찰의 무장을 해제시키고 당과 정부의 건물을 점령하고 동東투르키스탄공화국을 세우기 위해 중국과 전쟁을 선포하였다. 이 무장 투쟁은 9개 도시로 확대되었지만 중국 인민해방군에 의해 진압당하였다. 1992년 2월에는 우루무치에서 폭탄 테러 사건이, 바런에서는 시위가, 1993년 6월에는 카슈카르喀什 시내와 화전和田 지구에서 폭발 사고가 발생하였다. 1994년 야커쑤阿克蘇 지구에서 폭탄 테러 사건이, 11월과 12월에도 우루무치와 카슈카르에서 반중국의 시위가, 1995년에는 화전시에서 대규모 시위가 벌어졌다. 1997년에는 중국 공안이 이닝시伊寧市에서 무슬림 여성 수십 명을 체포한 것을 계기로 항의 시위와 폭동이 일어나 200명의 위구르인과 100명의 중국군이 사망하였다. 1998년 12월에는 터키 앙카라에서 300여 명의 신강 출신 위구르족들이 '전 세계 동투르키스탄 해방연맹조직'의 설립을 선언하고 망명 정부를 수립하였다.[115]

'서부대개발'에 대한 변강 민족의 분리 독립주의자들과 연계된 국제 사회의 개입과 압력도 중국정부를 당혹스럽게 하고 있다. 국제 NGO들은 소수 민족의 인권과 소수 민족 지구의 환경 보호 등을 주장하며 국제 기구나 미국 등의 재정 지원이나 중국과의 무역 방면 등에서 압력을 가하고 있다. 이 단체들은 이 사업이 티벳 지역의 환경과 사회를 파괴할 우려가 있다고 지적해 왔으며, 중국 정부가 중국 농민의 대량 이주를 통해 티벳 문화를 말살하고 인권 탄압을 노리고 있다고 주장하며 반대하였다.[116] 이 압력으로 세계은행은 2000년 7월 7일 중국의 빈곤 해결 정책의 일환으로 농민 5만 8천 명을 티벳 지역에 이주시키려는 사업과 관련된 차관 요청을 거부했다.[117] 또한 이들은 2000년에 시작된 서북-난주로 이어지는 953km의 서부 석유-가스 파이프라인 건설 사업에 대해 서부 변강 민족 지구의 자원 착취와 환경 파괴라고 하여, 그리고 한족의 이주에 대해 반대 운동을 펼치고 있다.[118] 달라이 라마 망명 정부도 공식적으로 이 사업이 티벳 지배와 통치를 공고히 하기 위한 정책이라고 비난 성명을 발표하고 반대를 주장하고 있다.[119] 2000년대 이후 미국은 매년 티벳 망명 인사들에게 200여 만 달러를, 2003년과 2004년에 각각 티벳 난민 인도주의 원조 명목으로 200만 달러를, 망명한 티벳 학자가 미국에 와서 연구하는 것을 지원하는 'Nagwang Cheophel 교류 계획'에 50만 달러를 지원하는 등 티벳 분리 독립 운동 세력을 돕고 있다.[120]

한편 중국 정부에서는 중국과 국경을 맞대고 있는 중앙아시아 국가들과의 외교 관계를 강화해왔다. 이러한 노력으로 1996년에 중국·카자흐스탄·키르키스스탄·타지키스탄·러시아로 구성된 '상해5국Shanghai Five'이 구성되었다. 2001년에는 우즈베키스탄이 가입하면서 '상해5국'은 '상해협력기구 SCO'로 개명되었다. 이 다자간 협력체는 처음에 중국과 다른 국가 간의 국경 문제를 다루는 데 주안점을 두었지만, 점차 지역 안보와 경제 협력을 위한 토론회장으로 발전하였다. 중국의 외교적 교섭의 축은 중앙아시아 국가들이 서부, 특히 신강 지역의 내부적 안정을 해치는 세력을 지지하지 않는다는 다짐을 받는 것이었다. 이러한 목표는 어느 정도 실현되어왔다. 카자흐스탄에서는 몇몇 분리주의 조직이 터키의 이스탄불로 추방되었으며, 키르기스스탄도 마찬가지로 중국 정부에 협조를 표명했다.[121] 그런데 이들 중앙아시아 국가들이 실리 때문에 중국 정부를 지지한다고 하더라도, 중앙아시아 국민들 가운데 상당수는 강경한 분리 독립 세력에 대해 지지하는 감정을 가지고 있다. 따라서 이들 국가가 항상 중국 정부를 지지할 것이란 보장은 없다.[122] 국내적으로 서부 지구의 분리 독립 운동이 지속되고 있는 배경에는 중국의 현지 이슬람 지도자나 이슬람교도의 방관적인 태도나 묵시적인 공감대의 형성도 지적하지 않을 수 없다.[123]

최근의 서부 변강 민족의 일부 사회 심리 역시 중국의 국민적·민족적 통합 노력에 부정적으로 작용하고 있는 측면이 있다. 우선 서부 변강 민족의 비관적인 심리 상태를 들 수 있다. 그러한 심리는 서부 지구가 지역적·정책적·상업적·국제적 환경에서 다른 지구보다 우월한 지위를 차지한 적이 없다는 점, 동·서부 간의 격차가 너무 커서 아무리 노력을 해도 전국의 발전 수준을 따라가기가 곤란하다는 사실에서 비롯되었다.[124] 더욱이 서부 변강 민족은 대체로 의타依他 심리를 가지고 있다. 중국학자의 분석에 의하면, 그들은 중국 정부에서 정책과 개발 항목, 자금을 주어야 한다고 믿으면서, '서부대개발'의 성공 여부는 서부 자신의 노력에 달려 있다는 사실을 인식하지 못하고 있다고 한다.[125] 또한 경쟁적인 비교 심리로 인한 건설상의 중복 현상, 폐쇄적인 심리 상태에서 비롯된 자금 및 인재 도입의 곤란도 서부 변강 민족의 통합을 저해하는 요인으로 작용하고 있다.[126] 그밖에 '서부대개발'의 문제점으로는 해당 지역의 실질적인 경제 발전에 대한 정책적 배려 없이 형식적인 사회 간접 자본 구축에만 매달려 있다는 점, 사업의 장기화에 따른 일관성 있는 추진 여부에 대한 회의감이 팽배하다는 점, 관리들의 부정 부패가 만연되어 있다는 점, 서부 지역 중·하위 관리들의 폐쇄적이고 관료적인 행태, 뇌물 관행 및 관시關係적 행태 등이 농후하다는 점을 들 수 있다.[127]

상술한 변강 민족의 여러 반응과 모순을 살펴보면, 결국 서부 변강 지구에서는 개발 과정에서의 한족 이주민과 변강 소수 민족인 토착민 사이의 민족 간 충돌, 서부 자원의 개발 유출과 동부로의 공급으로 인한 내부 자원 착취론의 제기, 개발에 따른 환경 파괴 문제, 한어 보급 등으로 인한 변강 민족의 정체성 위기와 변강 민족 지구의 해체 문제 등이 발생하고 있음을 알 수 있다.[128]

6) '서부대개발'의 한계

'서부대개발'은 회유적 동화 정책의 표본이라고 할 수 있다. 중국 정부는 서부 변강 민족을 온전한 중화민족으로 융합시키고, 서부 변강 지구를 온전한 내지로 만들기 위해 다양한 정책을 구사하고 있다. 즉 중국 정부는 경제·환경 방면에서 확대되는 동·서간의 빈부 격차를 줄이기 위해 서부 변강 지구에 각종 철도나 도로를 건설하고 주요 도시에 공항을 신설하거나 확장하고 있다. 또한 서부에서 동부까지 천연 가스 파이프라인을 건설하여 서부의 천연 가스를 동부로 보내거나 서남 지구에 풍부한 수자원·석탄 자원을 이용한 발전소를 가동시켜 생산된 전기를 동부 연해 지역으로 보내 동부 지구의 부족한 에너지 자원을 해결하려고 하고 있다. 이밖에 각종 수리 시설을 개발하거나 수량이 풍부한 양자강의 물을 황하·회하 유역으로 보내 서부나 화북의 수자원을 확보하는 동시에, 대하천 중·상류 지역의 생태계를 보호하여 중·서부 경지를 삼림이나 초지로 만들어 물 부족 문제를 해소하고 경지의 사막화를 방지하는 데 힘을 기울이고 있다. 이와 아울러 공업화에 따른 대기·수질 오염 및 생활 쓰레기 급증 등 환경 문제 해결에도 힘을 쏟고 있다.

상술한 중국 정부의 노력과 '서부대개발'이 진척되면서 에너지·경공업·방직·기계·삼림 공업·채광·건축 자재·화공·제약·인쇄·식품 가공업 등 20여 개 분야의 공업 시설이 설립되었다. 또한 수력 발전을 위주로 지열地熱·풍력·태양 에너지 등의 새로운 에너지 체계도 형성되었다. 공로 운수를 중심으로 항공·파이프 운송 등 입체적인 교통 운수망도 짜여졌다. 상업·관광·우편·음식업·문화 오락·IT 등의 신흥 산업도 급속하게 발전하고 있다. 또한 외자 유입과 지방 경제의 발전으로 산업 수준과 경제 활동의 상품화 수준도 높아졌고, 농·목업 생산 방식도 큰 변화가 일어나 식량·석유·육류의 자급이 이루어졌다. 도시화도 끊임없이 이루어져 지역 시장 체계가 초보적으로 형성되기 시작하면서 내지 및 세계와의 연계와 합작이 이루어지고 있으며, 내지와의 활발한 인적·물적 교류도 빈번해지면서 내지와의 경제적·문화적 연계성과 통합성도 강화되고 있다. 또한 교육 및 의료 시설의 보급으로 변강 민족의 문화 소질이 높아지고 의료 혜택도 늘어나고 있다. 결국 '서부대개발'이 추진되면서 서부 변강 지구는 빠른 속도로 발전하고 있고, 변강 민족의 생활 수준도 덩달아 높아지고 있다.

그렇지만 '서부대개발'이 반드시 긍정적인 결과로만 나타난 것은 아니었다. 실례로 1997년부터 2002년까지 중국 정부에서는 서부에 더 많은 투자를 했는데도 서부와 동부의 경제적 격차는 줄지 않고 오히려 벌어지고 있다. 인프라 건설 과정 역시 기술·설비·인력까지 기본적으로 동부에서 투입되어 자체의 시스템을 구성하여 진행되기 때문에 변강 민족에게 돌아가는 혜택은 상대적으로 적다. 한족은 농업뿐만 아니라 상공업에도 종사하고 있고 경쟁력을 갖추고 있는 반면, 후진적인 변강 민족은 주로 농·목업에 종사하고 있다. 변강 민족은 시장 경제에 대한 지식이 부족하고 시장 경제에 적극 참가하려는 의식도 부족하다. 그 결과 변강 민족은 개발 과정에서 피동적인 위치에 머물러 있거나 상대적으로 소외되고 있는 것이 사실이다. 즉 변강 민족이 서부 개발에 참여할 수 있는 폭과 깊이는 한족보다 훨씬 뒤처져 있기 때문에 서부 변강 지구의 개발 이익이 변강 민족보다도 외부에서 유입된 한족에게 더 많이 돌아가는 상황도 발생하는 셈이다. 게다가 서부로 이주한 한족 중에는 변강 민족과 교류하는 과정에서 갈등을 초래하는 사람들도 있다. 중국 정부의 적극적인 교육 정책과 인재 육성책에도 불구하고 서부 변강 민족의 문화 수준은 낮은 상태에 있다.

상술한 상황에서 분리 독립 운동 세력은, 한족의 서부 이주를 예로 들면서, '서부대개발'의 목적이 변강 민족의 정체성을 약화시켜 '한족화'를 도모하고 체제 내에 효율적으로 통합하려는 데 있다고 비난한다. 그들은 '서부대개발'이 서부의 빈곤 구제보다는 천연 자원 채굴에 더 큰 목적을 가지고 있다고 비판한다. 즉 중국 중앙 정부는 상대적으로 풍부한 서부 지역의 자원을 개발하여 동부 지역에 효율적으로 공급하려는 숨은 목표를 가지고 있다는 것이다. 또한 서부 지역의 개발이 도시화로 이어지고 도로와 철도 등 교통 시설이 구비되어 동부 지역의 한족이 서부로 이주할 경우, 변강 민족의 전통 문화는 말살되고 그들의 설자리도 상실할지 모른다고 우려한다.

'서부대개발'은 서부 변강 민족의 생활 수준 제고를 통한 중국 국민으로서의 정체성 확립과 온전한 '국민 국가 완성'을 중요한 목표로 삼고 있다. 그런데 '서부대개발' 과정에서 신강의 변강 민족과 주변 국가 민족의 교류가 늘어나면서 결과적으로 분리 독립 운동 세력이나 반反 중국적인 국외 세력의 중국 침투와 연계를 용이하게 만드는 측면도 있다. 게다가 동·서간 지역 격차 및 낙후된 서부 지구의 경제 발전 가능성에 대한 변강 민족의 회의감이나 비관적인 심리 상태는 중국의 국민적·민족적 통합 노력에 부정적으로 작용하고 있기도 하다. 또한 서부 변강 민족 자체의 의타 심리, 관리의 폐쇄성과 부패, 관리·경영의 비효율성 등도 '서부대개발'의 발목을 잡는 요인으로 작용하고 있다. 이렇게 본다면 '서부대개발'은 동부의 건설 과정에서보다도 더 많은 잠재적 불안정 요소를 안고 있다고 말할 수 있다.

그런데 중국이라는 '통일적 다민족 국가'를 공고하게 하려면 변강 지구와 내지가 하나로 결합되어야 한다. 그리고 그 성패는 변강 지구의 안정에 달려 있다. 변강 지구의 안정 여부는 변강 지구가 진보하고 발전해서 내지의 선진 수준과의 격차를 끊임없이 줄여나가느냐 여부, 즉 '내지화內地化'에 달려 있다.[129] 이러한 상황을 고려해볼 때, '서부대개발'은 한족에게 완전히 동화되지 않은 소수 민족의 집거 지역인 서부 변강을 '현대화된 중국의 내지'로 탈바꿈시키기 위한 중국의 '서진西進 정책'[130]이라고 할 수 있다. 그러한 의미에서 '서부대개발'을 포함한 현대 중국의 변강 민족 정책은 화이華夷의 각축 속에서 형성되어온 '통일적 다민족 국가'의 현대적 완성을 향한 마지막 몸부림인지도 모른다.

"한족의 이주가 이민족의 한화를 촉진해서 한족 중심의 민족적 융합의 결과를 가져왔다"는 '중화민족다원일체격국론'에서도 알 수 있듯이, '서부대개발'의 일환으로 추진되는 한족의 서부 이주와 애국주의 교육 및 중화민족론의 고취, 한어문의 보급은 변강 민족과 한족의 교류를 빈번하게 만들어줘 양자의 상호 필요성을 증폭시켜줄 것이다. 이 상황은 한어문을 구사할 수 있는 한족의 수요 증가와 그에 따른 한족의 서부 이주를 촉진시킬 것이다. 이는 다방면으로 불리한 상황에 있는 변강 민족의 언어나 관습을 계승하기 어렵게 만들 것이고 그들의 점진적인 '한화'를 야기할 것이 뻔하다. 그와 동시에 이질적인 변강 민족과 한족 사이의 빈번한 접촉은 양자의 갈등과 마찰을 증폭시킬 것이다. 더 나아가 서부 변강 지구의 개발은 분명 내지와의 교류 및 인적·물적 연계성을 강화시켜 점진적으로 서부 지구의 내지 의존도를 높여 서부 지구의 내지화를 촉진시킬 개연성이 높다.

결국 '서부대개발' 역시 '개발'이라는 명분으로 과거의 이민족 집거 지구에 대규모의 한족을 이주시키고 애국주의 교육 및 중화민족론의 고취, 한어문의 보급 등을 통해 서부 변강 민족을 중화민족(사실상 한족) 혹은 중화 문화 속에 융화시키려는 '팽창적 문화주의'의 속성을 띠고 있다는 점에서 '신중화주의'의 범주에서 벗어나기는 어려울 것 같다.

●●●

중국의 동북 변강 민족 정책

1) '동북진흥전략'의 추진 배경

동북 지구(요녕遼寧·길림吉林·흑룡강성黑龍江省)는 동남 연해 지구·서부 지구와 더불어 중국 경제 발전의 '삼극三極'을 이룬다. '동북진흥전략'은 광주 중심의 주강珠江 삼각주 → 상해 중심의 장강長江 삼각주 → 북경 중심의 환발해環渤海와 더불어 중국 '경제 성장의 4대극大極'을 형성하고 있다.[131] '동북진흥전략'이 추진된 주요 배경은 동북 지구의 상대적인 낙후성을 극복하려는 데 있다. 원래 동북 지구는 중국에서 근대 공업이 가장 일찍 발달한 공업 지역이었다. 왜냐하면 동북 지구에는 1932년 일본의 괴뢰국인 '만주국'이 수립된 뒤, 제국주의 정책의 일환으로 제철·석탄·금속·기계·자동차·비행기 등 각종 중공업 공장들이 들어섰기 때문이다. 중화인민공화국 성립 후에도 동북 지구는 일제 시대의 중공업 시설을 바탕으로 중국의 중요한 중공업 기지로서 큰 비중을 차지하고 있었다. 중국 정부가 자본 밀집형 중공업 우선 발전 전략을 추진하면서, 동북 3성은 제일 전략을 실시하는 주요 기지 가운데 하나가 되었다. 이것의 일환으로 대규모 자본이 투자되면서 동북 지구는 개혁 개방 전까지 발전 수준이 3대 직할시(북경·상해·천진) 다음으로 높은 선진 지역으로 분류되었다.

동북 3성의 중공업 특히 기계 장비 공업은 전국에서 최고 수준이었다. 석유 및 석유 제품 생산량은 중국 전체 생산량의 5분의 2, 자동차 생산량은 4분의 1, 트럭 생산량은 2분의 1, 선박 건조량은 3분의 1, 철강 생산량은 8분의 1을 차지하고 있었다.[132] 동북 지구의 철도 밀도는 전국 평균 밀도의 2.17배였고 항공이나 항만 역시 중국에서 발달한 지역으로 통했다. 상품용 식량 작물의 생산량은 중국 전체의 3분의 1을 차지하고 있어서 1인당 평균 식량 생산량은 중국 평균의 1.6배에 달하였다. 삼림 가공품의 생산량 역시 중국 전체의 50퍼센트를 차지하고 있었다.[133]

동북 지구는 국가로부터 제공된 대량의 물자와 장비, 인재와 기술자를 바탕으로, 독립적이고 완결적인 공업 체계와 국민 경제 체계를 갖춘 채 공업화와 도시화를 진척시켰고 국방 능력과 종합적인 국력을 증강시키는 등 많은 역할을 하였다.[134] 따라서 '중국 공업의 요람'으로 불린 동북 지구는 심지어 '공화국의 장자長子'[135]라는 명예로운 칭호를 받기도 했다. 적어도 개혁 개방 전까지 동북 지구는 풍요로운 자연 자원과 웅대한 경제 기반을 바탕으로 공화국의 '경제 열차를 이끄는 기관차'였다.[136]

그렇지만 개혁 개방 이후, 특히 1990년대 중반부터 동북 지구는 장기간의 계획 경제 체제 하에 누적된 복합적이고 구조적인 모순이 심각해졌다.[137] 한마디로 동북 지구는 국유 비중이 높고 민영화와 시장 경제화가 뒤처진 체제상의 문제와, 중공업·대기업 비중이 지나치게 높은 산업 구조상의 문제가 중첩되어 있는 '동북 현상東北現狀'[138]에 직면해 있다.[139]

구체적으로 장비 제조업 분야의 기업 구조와 생산 구조가 불합리하고[140] 시장화가 낮고 경제 성장의 내재적 동력이 부족하며 전통 산업 기술이나 장비가 노화되었고 기술 개발 능력도 좋지 못하고 상품 시장의 경쟁력도 뒤쳐졌다.[141] 국유 경제의 비중이 지나치게 높고 자원형 산업 비중이 지나치게 높으며,[142] 국유 기업의 경제적 효율성뿐만 아니라 동남 연해 지구의 중화학 공업에 비해 경쟁력이 훨씬 떨어져 있고, 대량의 설비들이 가동되지 못하는 상황에 처해 있다. 또한 대량의 노동자들이 실업 상태에 빠져있고 취업과 재취업의 모순도 심각해지고 사회보장 능력도 비교적 낮다. 또한 지역 내의 발전 격차도 확대되고 빈곤 지구와 자원 고갈 지구의 경제 발전은 느리다.[143] 더욱이 가장 일찍 계획 경제에 들어갔다가 가장 늦게 계획 경제로부터 벗어나고 있는 동북 지구에는 계획 경제 기간의 정치 지상주의적 문화 전통의 뿌리가 깊게 남아 있다. 게다가 동북 지구의 자연 지리적 환경이나 지역의 광활함, 풍부한 자원 등의 여건에서 야기된 폐쇄적이고 보수적인 지역 풍토로 인해, 동북 지구 사람들의 사상 관념이나 시장 의식은 남방보다 떨어진다.[144]

동북 지구의 공업적 특징인 자본 밀집형 국유 기업은 개혁 개방 이후 중국의 발전 정세에 부적합하다. 동북 지구의 상품 및 기술 구조도 시장 경쟁력을 결핍하여 시장 경제 체제에서 자생력을 확보하지 못하고 있는 실정이다. 경공업과 중공업의 발전 관계 역시 순조롭지 못하다. 개혁 개방 이후 경공업 중시 전략을 실시했지만, 이것 역시 동북 지구의 구체적인 정황 및 중국 산업의 지역적 분업 정책에도 부적합한 실태에 놓여 있다. 아울러 동북 지구에서는 지역적 산업 구조도 대부분 비슷한 상황에서 각 지역의 특색을 살리지 못한 채 비슷한 산업 항목의 중복 건설이 이루어지면서 무질서한 시장 경쟁을 유발하고 있다. 더 나아가 동북 지구의 도회지 실업자[145] 수는 증가 추세에 있고 국유 기업과 집체 단위集體單位의 취업자 수는 하향 추세를 나타내고 있다.[146] 그 결과 동북 지구는 중국 사회의 안정과 경제 발전에 비교적 큰 위협적 요소로 작용하고 있다.[147]

2003년 세계은행의 한 간부는 1990년대부터 동북 지구의 일부 지방에서는 자금이 고갈되고 빈곤 극복 활동도 중지된 상태이므로, 사회 안전 보장망의 단기간 내 구축과 수입 분배의 균형성을 제기하였다.[148] 또한 세계은행은 1990년대 중반까지 요녕성 국유 기업의 불량 자산의 규모가 전체의 50.0퍼센트에 달한다는 보고서를 발표한 바가 있다.[149] 2002년 말까지 길림성의 불량 자산 비율은 66.0퍼센트였고,[150] 2003년 말까지 중국 전체의 불량 자산 비율은 17.8퍼센트였는데, 동북 지구의 불량 자산 비율은 23.0퍼센트였다. 이 가운데 흑룡강성과 길림성의 불량 자산 비율은 더욱 심해서 30.0퍼센트를 초과하고 있다. 전문가의 추측에 의하면 불량 자산에 의한 손실률은 50.0퍼센트 정도에 이른다고 한다.[151]

동북 지구가 처한 상황을 좀 더 구체적으로 살펴보면, 첫째 제2차 산업의 기술과 장비가 노후화되었고 제3차 산업이 상대적으로 정체되어 있으며, 경제 관리가 지나치게 집중되어 있고 기업 자체의 혁신 능력이 부족하다. 또한 오랫동안 고착화된 계획 경제 체제의 영향으로 고도의 집중적인 관리 체제가 시장 경제의 운행 원리를 배척하였고 시장의 주체로서의 기업은 자주적으로 경영할 수 없었고 기업의 생기나 활력은 외부의 압력을 받을 수밖에 없었다. 게다가 기업의 생산 기술의 혁신이나 경제 구조의 조정과 자원의 효율적인 배치 등은 방해를 받았다.[152] 특히 '정부병政府病'이라고 불리는 정부의 기업에 대한 지나친 간섭과 감독 관리, 부패는 경제 발전을 가로막는 암적 요소로 작용하고 있다.[153]

이러한 상황에서 첫째, 동북 지구의 시장 체계는 불완전하고 시장의 기능 역시 건전하지 못하며, 경제에 대한 시장 체계의 조절 작용도 미약하고 경제 발전의 내재적 동력 역시 결핍되어 있는 실정이다. 즉 시장화가 제대로 이루어지지 않아 발전의 활력을 결핍하고 있다. 더욱이 사람들의 사상 관념, 기업의 시장 경영 의식, 시장 기능의 육성, 정부의 행정 관리 방면 등이 시장 경제의 요구에 제대로 부합하지 못하고 있다. 비공유제非公有制, 즉 사유제 기업의 비중이 적고 발전이 느리다. 개방의 정도가 낮고 경제적인 대외 지향도도 10.0퍼센트가 안 되며, 외자 기업의 수도 적고 외자 이용 규모도 적다. 기업 경영 관리가 낙후되어 있고 상품의 시장 경쟁력이 약하다.

둘째, 체제적인 문제로서 국유 경제의 비중이 지나치게 크다. 국유 기업의 경우 불필요한 노동력이 많고 채무가 많으며 사회적 부담이 크고 생산품의 완성도나 자아 발전 능력이 부족하다. 게다가 자주적인 구조 조정의 시스템을 갖고 있지 못하다.[154]

셋째, 구조적인 문제로서 전통 산업의 비중이 크다. 농업 기초가 약하고 농민의 수입원이 단조로우며 성장이 완만하다. 공업 기업의 기술·장비·생산품이 노화되어 있고 일부 전통 산업은 정체 내지 축소 상태에 있다. 제3차 산업의 발전이 낙후되어 있고 수준도 낮다.

넷째, 취업 문제로서 사회보장 능력이 부족하다. 경제 구조의 조정에 따라 기업의 하강下崗 노동자가 증가하고 있고 농촌 내 잉여 노동력의 유동성이 크고 새로 취업한 직업 역시 그들의 현실적 수요를 제대로 만족시키지 못하고 있어서 취업과 재취업의 악순환이 나타나고 있다. 사회 보장 체계가 제대로 갖추어지지 않고 그 자금도 결핍되어 있다. 일부 집체 소유제 기업의 노동자들 가운데 양로養老 보험·실업·의료 등 사회 보험에 가입하지 않는 사람들이 증가하고 있다. 농촌의 사회 보장 체계는 더욱 안 되어 있다.[155]

다섯째, 석유와 삼림 자원이 쇠퇴되어 그 부존 자원량이 급격히 감소되면서 개발 비용이 증가하고 있다. 자원 의존형 도시의 산업 구조가 단순하여 연계 산업의 규모가 작고, 채굴 산업이 쇠퇴하면서 빈곤층이 증가하고 있다. 자원 의존형 도시의 생태 환경이 악화되고 있다. 가령 석탄 산업 과정에서 생겨난 도시의 경우 석탄 채굴로 생겨난 함몰 지구를 메우거나 채탄 지역 지표면에 지어진 주택의 함몰 문제가 대두되고 있고, 유전 지대 주변의 산림이나 지질 환경의 파괴가 심각하여 토지의 유실양이 심각해지고 있고, 임목林木의 축적량이 급감하거나 삼림 생태의 기능이 약화되고 있다. 도시의 기초 시설 역시 열악해서 그 기능이 좋지 못하고 사람들의 거주 환경 역시 많은 개선을 필요로 하고 있다.[156] 다시 말해 동북 지구의 공업은 석탄·석유·삼림 등 자원 의존형 공업인데 대부분의 지방에서 자원이 고갈되고 자원의 채굴 과정에서 환경 파괴가 심각하다는 점이다.[157] 중국의 발전 전략이 '선부론'에 입각해 동남 연해 지구에 초점이 맞추어지면서 동북 지구의 낙후성은 심화되고 있고, 중국의 GNP 총액에서 동북 지구가 차지하는 비중도 점차 낮아지고 있다.[158]

좀 더 구체적인 사례들을 살펴보자. 요녕성 성장인 보시라이薄熙來(2005년 현재 商務部 부장)가 "동북진흥전략국제연토회"[159]에 참석해서 행한 연설 내용에 따르면, 요녕성이 우선적으로 해결해야 할 문제는 다섯 가지라고 한다. 첫째는 사람 문제인데, 2003년 당시 요녕성에는 퇴직자가 300만 명, 공식적인 실업자가 100만 명, 하강을 당해 잠시 직장을 떠나 있는 사실상의 실업 노동자가 150만 명, 최저 생활 보장선 밑에 놓여 있는 도회지 거주자가 약 160만 명이라고 한다. 둘째는 기업 문제인데, 요녕성의 기업은 경쟁력이 약하고 기업의 개혁도 제대로 되지 못하고 있고 모든 경제 구조 역시 불합리하며,

국유 기업이 지나치게 집중되어 있는 데다가 그것도 중화학 공업에 지나치게 편중되어 있다고 한다. 셋째는 자원이 고갈된 지구의 문제인데, 요녕성 부신阜新·무순撫順·본계本溪·남표南票·북표北票의 도시는 과거에 석탄 산지로 유명했는데, 현재는 대부분 석탄이 고갈 상태에 있다고 한다. 최근 3년 동안 30여 개의 큰 광산이 폐쇄되었는데, 이 상황은 수십 만 노동자와 그 가족의 기본 생활을 위협하고 있다고 한다. 또한 채탄 지역 지표면에 지어진 광산 노동자의 주택 가운데 상당수는 함몰되고 있다고 한다. 이 상황 역시 10만 호의 거주민의 생존을 위협하고 있다고 한다. 넷째는 금융 환경 문제인데, 요녕성의 경제적 특징은 과거 10년 동안 저성장 고부채高負債의 구조를 지니고 있었다고 한다. 다섯째는 자연 환경 문제인데, 대량의 공업 폐수가 처리되지 않은 채 요하遼河로 흘러들어 전국에서 가장 심각한 오염 하천이 되었다고 한다. 그리고 요서遼西의 사막화 현상과 더불어 하천 및 토지의 유실 면적이 확대되고 있다고 한다.[160]

한편 중국 국내의 지역 간 격차 문제 해소와 지역적인 균등 발전 문제 이외에, 대외적으로 세계 경제의 지구화, 지역 경제의 일체화, 동북아의 지역 합작 추세는 '동북진흥전략' 의 출현에 외부적인 자극제로 작용했다. '동북진흥전략' 이 출현하게 된 국제적 배경에는 ㉠ 동북 지구와 동북아 주변 국가 사이의 경제적 합작의 필요성과 ㉡ 동북진흥과 동북아 지역 합작의 정치적 상보성相補性이 작용했다. ㉠과 관련해 일본과 한국은 발달했거나 상대적으로 발달한 국가로서 자본과 기술의 축적이 많지만 천연 자원의 대부분을 수입에 의존하고 노동력이 부족하다. 반면에 중국은 비교적 높은 노동력과 광활한 시장이 있고, 북한과 몽골, 러시아 원동 지구는 상대적으로 낙후되어 있지만 자연 자원은 풍부하다. 중국의 국제 문제 전문가인 쑨리孫麗의 말에 따르면, 각국은 지역 합작을 통해 상호 보완을 해나갈 수 있다는 것이다. 동북 지구 역시 동북아의 지리적 중추로서 러시아·일본·한국 등과 연접해 있고, 역사·문화 등의 방면에서 깊은 연계를 맺고 있어서 상업적 기회가 많다고 본다. 그에 의하면, 동북 지구는 일본·한국과 지리적으로 근접해 있고 비교적 좋은 공업 기지와 풍부한 삼림 자원·석유·노동력 자원을 가지고 있어서 일본·한국과의 경제 합작에 좋은 조건을 가지고 있다는 것이다. 러시아와는 새로운 에너지 자원의 개발 방면에서 커다란 합작 잠재력을 지니고 있다고 한다. 또한 '동북진흥전략' 과정에서 이루어지는 구조 조정은 일본과 한국의 전통 사양 산업이 동북 지구로 옮겨오는 데 유리한 조건으로 작용할 것이라고 진단한다.[161]

다음에 ㉡과 관련해서는, '동북진흥전략' 과 동북아의 지역 합작은 정치적으로 '합작' 과 '충돌', '완화' 와 '대항' 이 공존하는 특성을 띠고 있다는 것이다. 우선 동북아 각국은 지역간 장벽의 해소와 지역 합작의 필요성에 공감하고 있고, 동북아의 안전과 합작은 일정 정도 북한 핵 문제에 대한 협상과 해결 노력으로 나타나고 있으며, 북한 핵 문제를 둘러싼 일련의 회담은 미래의 동북아 안전을 위한 대화의 틀을 수립하는 데 긍정적인 작용을 하고 있다는 것이다. 2003년 8월부터 시작된 '6자 회담' 은 대화를 통한 북한 핵 문제 해결 이외에 동북아의 안전과 합작의 틀을 수립하기 위한 싹이라는 것이다. 이와 같은 동북아 국제 환경의 평화와 안정은 '동북진흥전략' 에 직접적인 영향을 줄 것이다.[162] 이러한 관점에서 볼 때, '동북진흥전략' 은 북한 상황의 불확실성에 대비한 동북 지역의 전략적 중요성이나 향후 전개될 동북아 시대에 중국의 주도권 확보와 동 지역에 대한 한국과 일본의 영향력 확산에 대비한 전략적 측면도 가지고 있다.[163]

2002년 개최된 공산당 제16차 전국대표대회에서는 "동북 지구의 노후화된 공업 기지를 시급히 조정하고 개조하는 것을 지지한다"는 입장을 피력했다. 2003년 8월 중국 국무원 총리 원쟈바오溫家寶는 장춘에서 열린 "동북노공업기지진흥좌담회"에서 '동북진흥전략' 을 제기했다.[164] 2003년 9월 국무원상무회의國務院商務會議에서는 동북 지구를 진흥시키기 위한 정책, 즉 '동북진흥전략' 의 지도 사상과 원칙, 주요 임무와 정책에 관해 정식으로 논의했다. 이 회의에서 동북 지구의 노후화된 공업 기지의 구조 조정과 개혁을 통해 합리적이고 효율적이고 특색이 분명하고 경쟁력이 강한 새로운 산업 기지로 발전시켜, 동북 지구를 중국 국민 경제의 새롭고도 중요한 성장 지구로 만든다는 방침이 명확하게 정해졌다.[165] 그리고 '동북진흥전략'은 2003년 10월말 중공 중앙과 국무원이 하달한 〈동북 지구 등 낡은 공업 기지의 진흥 전략에 관한 중공 중앙 및 국무원의 약간의 의견中共中央,國務院關于實施東北地區等老工業基地振興戰略的若干意見〉(中發[2003]11號)이라는 문건을 통해 현실화되었다.[166] 2003년 12월 2일 중국 국무원에서는 '동북진흥전략'을 추진하기 위한 중앙 지도 기구로 '진흥동북지구등노공업기지영도소조振興東北地區等老工業基地領導小組'를 조직하고 원쟈바오溫家寶 국무원 총리가 조장을, 황쥐黃菊·쩡페이옌曾培炎 국무원 부총리들이 부조장을 맡았다. 그 밑에 국무원의 주요 직능 부분 책임자들이 소조원小組員을 구성하였다.[167] 동북 3성의 성省위원회와 성省정부도 잇따라 자체의 발전 전략을 마련하기 시작했다. 즉 요녕성에서는 〈요녕노공업기지진흥규획遼寧老工業基地振興規劃〉을, 길림성에서는 〈진흥길림노공업기지규획강요振興吉林老工業基地規劃綱要〉를, 흑룡강성에서는 〈흑룡강성노공업기지진흥총체규획黑龍江省老工業基地振興總體規劃〉을 작성하였다.

결국 동부 연해 지구의 우선적인 발전 전략에 이어 '서부대개발'을 추진하고 있던 중국 공산당 중앙과 국무원은 상대적으로 소외감을 느끼고 있는 동북 지구를 발전시킬 필요성을 느끼고 있었다. 중국 정부에서는 중국 국내의 지역 간·계층 간 발전 격차와 수입(빈부) 격차가 중국의 '잠재적 위험 요소'라고 인식하였던 것이다. 실제로 지역 간 발전 격차가 개혁 개방의 안정된 환경에 악영향을 주고 있었다.[168] 또한 대외적으로 '동북진흥전략'의 출현을 국제적으로 자극한 것은 동북아 각국과의 경제적·정치적 합작의 필요성이었다. 게다가 '동북진흥전략'은 물질적 생활 수준 제고를 통해 최근 조선족의 대규모 한국 유입과 불법 체류에서 나타나는 조선족의 한반도 경사 현상을 차단하고 조선족의 이탈을 방지하려는 데서도 기인했다.

2) '동북진흥전략'의 주요 목표와 내용

'동북진흥전략'의 총괄적인 목표는, "사람을 근본으로 하여 과학적 발전관을 수립하고 경제·사회·환경의 전면적이고 협조적이며 지속 가능한 발전을 촉진한다"[169]는 큰 틀 속에서, "체제와 시스템의 혁신, 국유 경제의 전략적 비중 조정, 비공유제(사유제) 경제의 발전, 새로운 경제 성장 기틀의 형성"에 주안점을 두고 있다. 구체적인 방향은 "새로운 공업화 노선에 따른 수요에 발맞춰 시장을 방향타로 삼아 대대적으로 고도의 신기술 산업을 발전시키고, 산업 구조를 혁신하고 산업 밀집도 및 경제의 총괄적 수준과 경쟁력을 제고"하는 데 있다.[170] 그렇지만 더욱 중요한 목적은 동북 지구의 경제적 발전과 사회적 진보를 가속화시켜 평등·단결·호조互助의 사회주의 민족 관계를 더욱 공고히 해서 민족의 응집력과 구심력을 증강시켜 근본적으로 동북의 안녕과 사회적 안정을 굳건히 하려는 데 있다. 이와 아울러 동북 지구와 동북아 각국과의 합작을 강화해서 동북아의 안정을 꾀하고 중국의 국제 경쟁력을 제고시키려는 것도 중요한 목적 가운데 하나이다.[171]

그렇다면 중국에서는 어떠한 목표를 가지고 어떤 분야와 항목들을 진흥시키려고 하는지를 살펴보자. '동북진흥전략'의 실무를 총괄하고 있는 중국국가발전과개혁위원회中國國家發展和改革委員會에서는 2003년도에 중점적으로 발전시켜야 할 제1차 공업 항목으로 100개(요녕성 52개, 흑룡강성 37개, 길림성 11개) 항목을 선정하고 인민폐人民幣 610억 위안을 투자하기로 결정했다.[172] 이 항목은 주로 동북 3성이 경쟁력을 지닌 장비 제조업, 원재료 공업, 농산품 가공업 등에 집중되어 있으며, 이에 필요한 자금은 은행 대출, 기업의 자체 부담, 외자 유치, 중앙 정부의 보조금 등으로 충당될 예정이다.[173]

이어 2004년도에는 제2차 중점 진흥 공업 항목으로 197개(동북의 고도 기술 항목 118개, 농업·임업·수리 건설·농촌 도로 건설, 15개의 채탄으로 인한 함몰 지구 복원 사업 등)를 선정하고 1,089억 원을 2004년 말까지 투자하기로 결정했다.[174] 또한 2004년 11월 중국국가발전과개혁위원회는 '동북진흥전략'의 일환으로 고도 기술의 산업화 항목으로 18개 항목을 선정하였다.[175]

2005년도에는 8개 방면을 중점적으로 진흥시키기로 하였다. 첫째는 동북 지구를 중국의 식량 생산 기지로서의 지위를 확고히 하기 위해 식량의 종합

생산 능력을 제고시키는 것이다. 이것의 일환으로 농촌의 기초 시설 건설 강화, 과학 기술 보급, 농업 산업화 경영, 선진적인 농업 생산 조직 확산, 농지 개간 확대, 농기구 구매 보조금제 확대, 농촌의 잉여 노동력을 비농업 영역 혹은 도회지로 보내는 것 등이다. 둘째는 산업 구조의 선진화인데, 세부 목표는 중요 장비의 국산화, 제품 생산 능력 제고, 경쟁력 있는 상품의 중점 개발, 장비 제조업의 완성도 제고 등이다. 셋째는 체제와 시스템의 신속한 개혁인데, 세부 목표는 국유 자본 · 집체 자본 · 비공유 자본이 주식에 참여하는 혼합 소유제 경제의 발전, 민영 경제의 성장 장려 등이다. 넷째는 대내외 개방의 확대로서, 외자의 적극적인 흡수, 금융 · 보험 · 관광 등 서비스업의 개방 확대, 변경 무역에 대한 세수 우대 정책을 통한 주변 민족 국가와의 경제 교류 합작의 확대, 중국 내 각종 생산 요소의 동북 시장으로의 유인, 동북 3성 간의 상호 개방 강화, 내몽골 동부 지구와의 협조 강화, 동남 연해 발달 지구와의 경제적 연계 강화 등이다. 다섯째는 사람과 자연의 친화적인 발전인데, 자원 의존형 도시를 경제적인 도시로 전환, 자원 개발 보상 시스템과 사양 산업의 원조 시스템 수립, 생태 환경 건설 공작 강화, 도회지 상수도망과 하수 처리 시설 건설, 도회지 난방 체제 개혁, 습지 보호와 회복, 천연 임업 자원의 보호 사업 지속 실시 등이다. 여섯째는 인재 양성이다. 일곱째는 인민의 절박한 이익을 해결하는 문제로서, 도회지 사회 보장 체계의 수립 공작을 원활히 하는 것, 문화 · 체육 · 위생 등 사회 사업의 기초 시설 건설, 사회의 종합적인 서비스 체계와 기능 정비 등이다. 여덟째는 각 부문과 지방 사이의 협조 배합을 강화, 심층적으로 조사 · 연구하는 것이다.[176]

또한 국가발전과개혁위원회는 2005년도 '동북진흥전략' 의 일환으로 중점 산업 63개 항목의 구조 조정을 위해 국가 자금의 투자 계획을 하달하였다. 이 가운데 동북 지구에 속한 것이 40개 항목이었고, 동북 지구에 투자될 자금이 전체 국가 투자 자금의 63.9퍼센트를 차지하고 있다.[177]

'동북진흥전략' 의 목표를 각 성별로 세분해서 살펴보면, 요녕성의 주요 전략 목표는 다음과 같다. 첫째는 경제 구조 조정의 가시적인 성과를 거두는 것으로, 현대적인 장비 제조업과 중요 원재료 공업 기지를 건설해서 주축 산업과 일부 국제 경쟁력 있는 대형 기간 산업을 갖추고 대·중·소형 기업 간의 협조를 원활히 하는 것이다. 이를 위해 국유 경제의 비중을 조정하고 비공유제 경제를 발전시켜 다양한 소유제 경제의 공동 발전을 꾀하는 것이다. 둘째는 온전한 사회주의 시장 경제 체제를 갖추는 것으로, 국유 기업의 개혁, 현대 기업 제도와 유효한 국유 자산 관리 체계를 세워, 현대적인 시장 체계, 사회 보장 체계, 시장 경제 요구에 부합하는 행정 관리 체계 등을 만드는 것이다. 셋째는 개방형 경제 체계를 구축하는 것으로, 외자 도입률과 수출 증가율을 전국 평균 수준보다 높이고 경쟁력 있는 개방 환경을 조성하는 것이다. 넷째는 각종 사회 사업을 전면적으로 발전시키는 것으로, 과학 기술 창출 체계와 공공 위생 체계를 세우고 교육 수준을 전국 수준보다 높이는 것이다. 다섯째는 경제력을 증강시키는 것으로, 고도의 경제 성장 속도 유지, 노동 생산율 제고, 기업 자산 부채율의 감소, 기초 시설의 완비 등이다. 여섯째는 인민의 생활 수준을 제고하는 것이다.[178]

특히 요녕성에서 추진하는 중점 항목은 다음과 같다. 첫째 항구를 지닌 조건과 장점을 이용하여 대련大連을 동북아 국제 항운의 중심으로 만드는 것, 둘째 장비 제조업을 대대적으로 육성하는 것(구체적으로 ㉠ 2010년까지 127만 대의 자동차, 175만 대의 엔진 생산, 650만 톤의 선박 건조, 기관차 제조 공업 및 항공 산업의 육성, ㉡ 기초 설비와 완제품 장비 제조업의 대대적인 발전과 자주 개발 능력 및 완제품 제조 수준의 제고, ㉢ 군사 장비 제조업의 발전을 통해 선진적인 국방 과학 공업 체계의 구축, 잠수함·군용 함정·신형 항공기·항공기 엔진 제조 등의 능력 제고), 셋째 석유 화학 공업·야금·금속·철강·건재建材 등 우수 산업의 강화, 요녕성을 국가의 중요한 원재료 공업 기지로 만드는 것, 넷째 정보 산업을 중심으로 한 고도의 신기술 산업의 발전과 주축 산업으로의 육성, 다섯째 농산품 가공업의 발전으로, 5대 농업 지구의 구축과 7대 농산품(식량·축산품·임산품·수산품·과일·채소·특산품) 가공 기지의 건설, 여섯째 현대적인 서비스업 체계의 발전으로, 물류·정보 자문·중개업·교통 운수·상업과 무역·관광

업 ·금융업 ·주택과 부동산업 ·문화 ·교육 ·체육 산업 발전 도모 등이다.[179]

길림성의 주요 전략 목표는, 2003~2010년까지 길림성의 낡은 공업 기지를 국가의 중요 신형 공업 기지로 만드는 것이다. 구체적인 목표는 국유 경제의 비중 조정, 시장 경제의 체제와 틀 완비, 산업 배치와 기지 건설의 완성, 도시-농촌 간 경제의 협조적 발전, 취업률 제고와 실업률 감소, 사회 보장 제도의 완비, 인민의 생활 수준 제고, 경제 ·사회 ·인구 ·자원 ·환경의 협조적 발전 등이다. 제1단계(2003~2005)에서는 산업 구조와 제도에 대한 조정과 개조에서 초보적인 성과를 거두는 것으로, 농산물 가공업을 새로운 주축 산업으로 육성, 연평균 경제 성장률 10퍼센트 제고, 연평균 공업 성장율 15퍼센트 이상 제고, 현대적인 재산권 제도를 바탕으로 국유 기업 개조의 기본적 완성, 일자리 110만 개 육성, 도회지 사회 보장 체계의 기초 공작 완결 등이다. 제2단계(2006~2007)에서는 조정과 개조의 두드러진 성과를 거두는 것으로, 규모 있는 산업 기지를 형성, 연평균 경제 성장률 10퍼센트 제고, 연평균 공업 성장율 15퍼센트 이상 제고, 64만 개의 일자리를 창출하는 데 역점이 두어졌다. 제3단계(2008~2010)에서는 조정과 개조를 기본적으로 완성하는 것으로, 신형 공업 기지의 기본적인 완성, 연평균 경제 성장률 9퍼센트 제고, 연평균 공업 성장율 13퍼센트 이상 제고, 민영 경제 비중을 50퍼센트로 육성, 96만 개의 일자리 창출 등이다.[180]

특히 길림성에서는 자동차 산업 ·석유 화학 공업 ·농산품 가공업 ·의약업(한약과 생약) ·광전자光電子 통신업을 5대 산업으로 지정, 이 분야 육성을 중점 전략으로 삼고 있다. 2010년까지 자동차 생산대수는 150만 대를, 석유 화학 공업의 연평균 수입 증가율은 12퍼센트를, 농산물 가공업의 연평균 수입 증가율은 18퍼센트 이상을, 의약업의 연평균 수입 증가율은 20퍼센트를 목표로 하고 있다.[181]

흑룡강성의 주요 전략 목표를 살펴보면, 제1단계(2003~2005)에서 체제 및 구조적 모순을 완화하여 재산권의 다원화를 중심으로 한 국유 기업의 개혁을 전면적으로 완성하고 비공유제 경제의 비중을 대폭 제고시키는 것이다. 또한 사회 보장 체계의 개선과 아울러 연평균 경제 성장률을 10퍼센트 이상 제고시키는 것이다.[182] 제2단계(2006~2010)에서는 시장 체계를 완비, 경제력을 증강시켜 중국의 새로운 중요 경제 성장 지구로 만드는 것이다. 구체적으로는 장비 제조업·석유 화학 공업·에너지 공업·식품 가공업·의약 공업·삼림 공업의 6대 공업을 대대적으로 발전시켜 전체적인 경제력 순위를 전국의 상위권으로 끌어올리고, 연평균 경제 성장률을 9.0퍼센트 이상, 대학 입학률 23.0퍼센트 이상, 평균 수명 73세, 실업률 4.0퍼센트 이하, 영아 사망률 2.6퍼센트 이하로 만드는 것이다.[183]

흑룡강성이 추구하는 전략의 중점은, ㉠ 국유 기업의 재산권 제도의 개혁을 가속화해서 국유 자본·집체 자본·비공유 자본 등이 주식을 소유하는 혼합 소유제 경제를 발전시켜 공유제 경제의 활력을 증진시키는 것, ㉡ 경쟁력 있는 기업을 육성하고 경쟁력 없는 기업을 시장에서 빨리 퇴출시키는 것, ㉢ 국유 기업이 지닌 사회적 역할을 벗어나게 해주고 불필요한 인원의 삭감과 부채 경감 등을 통해 국유 기업의 부담을 덜어주는 것, ㉣ 현대적인 기업 제도(주주 회의, 이사회, 감사회 등) 수립과 국유 자산 관리 체제 수립을 통해 기업 관리를 현대화하는 것 등에 있다.[184]

요컨대 '동북진흥전략'은 기본적으로 국가의 거시적인 중점 진흥 항목 설정과 거기에 부합한 국가의 자금 배분과 투자, 이에 따라 각 성별로 우세 산업 중심으로 진흥 항목을 설정하여 추진하는 방식으로 진행되고 있다. 그것의 주요 목표는 국유 경제의 구조 조정을 통한 비중 경감, 비공유제 경제의 비중 확대, 산업 운영 시스템의 개선, 은행의 불량 자산 해결, 인력 자원의 효율적인 재배치, 사회 보장 체제의 확립, 외자 도입과 지역 합작, 자원 의존형 도시의 경제적 도시로의 전환 등이다.

3) '동북진흥전략'의 추진 실태 및 문제점

후진타오 총서기, 원쟈바오 총리 등을 비롯하여 중공 중앙과 국무원 그리고 유관 기관의 지도자들은 '동북진흥전략'에 많은 관심을 기울이고 여러 차례 동북의 오랜 공업 기지 내의 공장 광산 기업과 변경의 향촌을 시찰하여 조사·연구하고 정황을 파악하였다.[185] 또한 일련의 대형 학술 토론회나 기업인 초청회招商會 등을 열고 '동북진흥전략'을 선전·지도하고 있다. 통일 전선부에서는 관련 회의 "진흥중화振興中華·해련논단海聯論壇--東北老工業基地振興戰略硏討會"를 개최하고, 홍콩·마카오 및 해외 화교의 과학 기술 역량을 조직해서 동북의 노후화된 공업 기지의 조정·개조 사업에 참여하도록 유도하고 있다. 중앙 선전부에서는 관련 문건(《關于振興東北等老工業基地的宣傳報導意見》)을 예하에 하달하고, '삼개대표三個代表' 사상, 공산당 16차 전국대표대회의 정신, '동북진흥전략'의 의의·목표·전략, 중공 중앙의 지도 사상·기본 원칙·지도 노선, 동북 지구의 역사적 공헌, 산업적 특색, 직면한 문제, 양호한 발전 전망, 동북 지구에 대한 중공 중앙의 각종 우대 정책 등을 중점적으로 선전하도록 지시하였다. 상무부商務部에서는 관련 회의("振興東北老工業基地論壇"와 기업인 초청회 등을 열었다. 국가발전과개혁위원회와 국무원동북진흥판공실에서는 각종 회의("振興東北·東北亞合作國際硏討會" 및 "東北三省與德國經貿合作座談會")를 개최하였다. 국무원 홍콩·마카오판공실에서는 홍콩과 마카오의 여론과 경제계를 대상으로 선전을 통해 동북 지구로 기업인과 자본을 끌어들이기 위한 공작을 활발하게 펼치고 있다. 중공 중앙과 지방 정부도 TV·신문·인터넷 등의 신문 매체를 통해 '동북진흥전략'을 선전하는 데 많은 노력을 기울이고 있다. 중앙 TV(CCTV)에서는 '동북지로東北之路'라는 시리즈물을 방영하기도 했다. 국무원동북진흥판공실과 동북 3성의 정부는 《신화일보》 인터넷망을 빌려 '동북진흥전략'을 홍보하기 위한 홈페이지(《振興東北網》/www.chinaeast.gov.cn)를 구축하였다. 이러한 노력으로 '동북진흥전략'은 국내외에서 뜨거운 관심사가 되었다.[186]

'동북진흥전략'은 중국 내에서 많은 호응을 불러일으켰다. 산동·광동·강소·복건성 등에서는 기업들을 묶어서 동북 3성으로 보내 상담을 하도록 했다. 상해시에서는 흑룡강·길림성과 장기 식량 구매 계약서에 서명하였다. 북경시는 흑룡강성과 노동자 사용과 수출에 관한 협약서에 서명하였다. 홍콩과 마카오에서도 상공업자와 전문가들을 소집해서 동북 지구로 보내는 활동을 벌이고 있다. 국무원화교판공실國務院華僑辦公室·과학 기술부·인사부·상무부·진흥동북판공실振興東北辦公室·동북 3성의 성정부 등의 노력으로 해외의 화교나 국제 사회 조직도 투자와 합작을 상담하러 속속 동북으로 몰려들고 있다.[187]

중국 국무원동북진흥판공실에서 통지한 '2004년도 공작 총결산'에 관한 문건에 따르면, 동북 3성 각 정부는 2004년도 공작의 일환으로 중앙의 비준을 거쳐 여러 가지 진흥 정책을 펼쳤다. 그 대표적인 것만을 열거하면, 흑룡강성과 길림성에서는 농업세 징수 면제 정책을 취하는 등 동북 지구의 식량 생산에 대한 보조 범위와 규모를 확대하였다. 또한 요녕성의 뒤를 이어 흑룡강·길림 두 성에서는 사회 보장 체계를 시범적으로 실시하고 있다. 이의 일환으로 중앙의 재정 보조 3.8퍼센트, 각 성의 지방 재정 보조 1.8퍼센트 비율의 자금을 모아 기본 양로 기금으로 활용하고 있다. 국유 기업에 재취업했지만 다시 하강된 노동자들에게도 경제 보조금과 부채 상환금을 지급하였다. 또한 자원이 고갈된 일부 석탄·금속 광산 및 군수 기업을 시장에서 퇴출시키고 관련 노동자들에 대해서 파산 보조금을 지급하고 있다. 2004년 7월 1일부터는 동북 지구 8대 산업 기업에서 기계 설비 구입에 따른 부가 가치세增値稅를 경감시키기로 결정하였다.[188]

그리고 동북 지구 각 은행에 대한 구조 조정과 아울러 일부 국유 기업이 떠맡고 있던 사회적 직능에서 손을 떼도록 하고 보조금을 지급하였다. 그 밖에 2004년도 공작의 일환으로 석유·화학·철강·중대 장비·조선·자동차·각종 부품·농산품 가공·의약 등 동북 지구의 경쟁력 있는 영역을 중심으로 노후화된 공업 기지에 대한 구조 조정을 단행하고 있다. 또한 고도의 과학 기술 산업에 국가 자금을 집중적으로 투자하였고, 국채 자금을 노후화된 공업 기지 및 농업·임업·수리 건설 분야에 투입하였다. 동북 지구의 도로 건설과 채탄採炭 후 생겨난 구덩이를 메우거나 복원하는 데도 많은 자금이 투입되었다. 그 밖에 중앙조직부와 인사부는 문건(《貫徹落實中央關于振興東北地區

等老工業基地戰略, 進一步加强東北地區人才隊伍建設的實施意見〉)을 작성해서 하달하고 94명의 간부를 동북 지역으로 보내 직무를 수행하게 했다. 중앙선전부는 각 언론 매체에 협조 공문을 보내고 '동북진흥전략'에 대한 선전·보도를 강화하도록 했다. 인사부는 고급 전문가와 해외 유학 출신자들이 동북에서 근무하도록 유도하는 계획을 수립하였다. 과학기술부는 관련 방안(〈振興東北老工業基地科技行動方案〉)[189]을 마련하고 과학 기술 항목에 대한 지원을 하였다. 국토자원부도 동북 지구의 자원 탐사 및 평가 공작을 벌였다. 건설부도 동북 지구 도회지 상수도망 개조에 관한 계획을 마련하고 난방 공급 체계에 대해 시험적인 공작을 벌였다. 철도부는 동북 지구 철도 운수의 포화 상태를 완화하기 위해 동북 3성과 새로운 철도를 건설하기로 계약을 맺었다. 교통부는 주요 식량 생산 지구의 운송망과 농촌의 도로를 확대하는 데 자금을 투자하였다. 정보산업부는 동북 3성과 정보 인력 배양과 정보 기술을 응용 분야로 확산시키는 사업에서 합작을 하기로 했다. 그 밖의 각 기관들도 동북 지구를 진흥시키기 위한 다양한 정책과 조치들을 취했다. 동북 3성에서도 다양한 진흥 계획을 수립하고 공작 활동을 벌였다.[190]

동북 3성에서는 2004년도 진흥 공작의 일환으로 철강·시멘트 등 공업 지구에 대한 고정 자산 투자 항목에 대해 실사를 거친 후 일부 기술이 낙후되거나 소모가 크고 환경 오염이 심각한 기업이나 불법적으로 개발된 소규모 광산·탄광 등에 대해서는 폐쇄 조치하거나 조업을 정지시켰다.[191] 중국 국토자원부와 국무원에서도 2005년 6월 관련 문건을 하달하여, "생태 개선과 환경 보호를 '동북진흥전략'의 중요한 내용으로 삼아 동북 지구를 '생태 지역'으로 건설하도록 촉구"하였다.[192]

상술한 진흥 공작으로 동북 지구에서는 많은 성과를 거두기 시작했다. 첫째 경제 성장 속도가 빨라지고 수익성도 좋아졌으며 농업 생산 수확도 많아졌다. 2004년 동북 지구의 총 생산량은 전년도에 비해 12.3퍼센트 증가하여 전국 평균 증가율 2.8퍼센트보다 훨씬 높은 수치를 나타냈다. 공업 기업의 생산 증가율 역시 전년도에 비해 19.7퍼센트의 증가를, 수익률은 전년도에 비해

35.5퍼센트의 증가를 나타냈다. 동북 3성 농민의 연간 순수입 역시 전년도에 비해 16.7퍼센트 증가하여 전국 평균치보다 훨씬 높았다.[193] 이를 성별로 세분해 살펴보면, 2004년도 요녕·길림·흑룡강성의 생산 증가율은 각각 12.8퍼센트, 12.2퍼센트, 11.7퍼센트로 전년도에 비해 각각 1.3퍼센트, 2.0퍼센트, 1.5퍼센트 증가했다. 동북 지구의 식량 생산량은 15.3퍼센트 증가했고, 요녕·길림·흑룡강의 농민 순수입도 각각 12.7퍼센트, 18.6퍼센트, 19.6퍼센트 증가했다.

둘째 경제 구조의 조정과 개조의 발걸음이 빨라졌다. 요녕성의 양대 공업 분야인 원재료 공업과 장비 제조업이 요녕성의 공업 생산 증가율에 기여한 비율은 각각 60.4퍼센트, 23.4퍼센트였고, 길림성의 자동차·석유 화학·농산품 가공업 등 5대 산업이 길림성의 공업 생산 증가율에 기여한 비율은 70.4퍼센트였으며, 흑룡강성의 장비 제조·석유 화학·에너지·식품·의약·삼림 산업 등 6대 산업의 판매 수익 증가율은 22.9퍼센트로, 공업의 평균 수익 증가율 7.6퍼센트보다 높았다.

셋째 경제 체제 개혁 및 기업의 구조 조정 속도가 빨라졌다. 흑룡강성의 경우 75개의 대·중규모 국유 기업의 구조 조정이 기본적으로 끝나 석유·철도·탄광 관련 기업 관할 하의 327개 중학·소학도 이미 안정적으로 지방에 이관되었다. 흑룡강성 내의 4대 석탄 기업 연합도 석탄 그룹으로 다시 조직되었다. 길림성의 경우 규모가 큰 국유 기업 및 국가가 주식 지분을 통제하는 기업國有控股企業 177개 가운데 99개 기업의 구조 조정이 끝났다. 요녕성에서는 투자 주체의 다원화를 추진해 상당수 기업을 주식회사제로 바꾸었다. 동시에 국방 공업과 중요 에너지·석유 화학·철강·장비 제조업 등의 대형 기간 산업에 대해서는 국가가 단독 출자 형태나 국가가 주식 지분을 통제하는 기업 형태로 경영하고 있다.

이러한 구조 조정의 결과 길림성 내 국유 기업 및 국가 통제 기업 수는 1997년보다 30.0퍼센트가 감소했지만, 공업 생산 증가율은 1배 이상 늘어났다. 그리고 국민 경제를 좌우하는 산업에 대한 국가의 집중도·통제력·영향력은 더욱 높아졌다. 요녕특수강遼寧特殊鋼·대련강창大連鋼廠·흑룡강북만특수강黑龍江北滿特殊鋼은 동북특수강그룹으로 합쳐져 중국 내 최대의 특수강 생산 기업으로 탈바꿈했다. 그 밖에 많은 기업들에 대한 구조 조정이 이루어졌다. 그 결과 비공유제 경제가 활력을 얻어 2004년 요녕·길림·흑룡강 3성의 비국유非國有 투자액은 전년도에 비해 각각 55.8퍼센트, 41.4퍼센트, 34.5퍼센트 증가해, 동북 3성의 전체 투자 증가율 7.0퍼센트를 훨씬 상회했다.

넷째 대외 개방의 발걸음도 빨라져 2004년 동북 3성의 공업 기업의 수출 증가율은 33.6퍼센트였고, 외국 기업의 직접 투자 증가율은 83.6퍼센트로, 전국 평균 69.5퍼센트보다 높았다. 2004년도 요녕·길림·흑룡강 3성의 외자 유치액은 각각 54.1억 달러, 100여 억 위안元, 52.3억 달러였다. 특히 요녕성의 액수는 전년도에 비해 91.5퍼센트 증가한 액수이다. 다섯째 취업 문제 해결에 일정 정도 진전을 이루었다.[194]

2005년 1분기의 성과를 살펴보면, 길림성에서 2005년도부터 농업세 징수 면제 정책을 실시한 결과 농민들의 경작 의욕이 높아져 식량 작물의 파종 면적이 전년도보다 10만 무畝 증가했다. 공업 생산 증가율도 전년도 동기에 비해 16.8퍼센트 높았고, 고정 자산 투자액도 전년도 동기에 비해 39.4퍼센트 증가했다. 동북 지구의 수출 증가율도 전년 동기에 비해 51.6퍼센트로, 전국 평균치 16.7퍼센트보다 훨씬 높았다. 외자 투자 증가율 역시 16.8퍼센트 증가하여 전국 평균치 7.4퍼센트보다 훨씬 높았다.[195]

상술한 성과에도 불구하고 동북 지구는 여전히 많은 문제를 내포하고 있다. 즉 노후화된 공업 기지의 일부 구조적·체제 성격의 문제가 여전히 해결되지 않고 있다. 가장 큰 문제가 국유 기업의 구조 조정과 개혁이다. 동북 진흥의 관건은 '구조 조정'인데, 일반인들은 대부분 구조 조정을 '산업 구조의 조정'으로 이해하고 있다. 따라서 '기업의 기술 개조'를 동북 진흥의 중점으로 삼아야 한다고 여긴다. 지난 20여 년간 동북의 구조 조정은 대단히 피동적이었고 대단히 느렸다. 1980년대까지 중공업은 동북의 자랑거리였다. 그러나 개혁 개방 이래 20여 년 동안 동북의 공업 발전이나 경제 성장은 원래 공업 기초가 거의 없었던 다른 지역한테도 훨씬 뒤쳐졌다. 비록 최근 중국의 중화학 공업의 발전 속도가 빠르다고는 하지만 동북은 두드러진 우세를 나타내본 적이 없다. 그러한 가장 중요한 원인은 동북의 국유 기업이 거의 각 산업의 주도적 지위를 차지하고 있으면서도 자주적인 구조 조정의 시스템을 갖지 못했기 때문이다. 그 결과 동북의 구조 조정은 정부 주도로 이루어졌고, 국유 기업은 항상 기술 개조를 정부가 지급하는 '공짜 점심免費午餐' 정도로만 여겼다. 구조 조정은 "물이 많으면 면을 더 넣고 면이 많으면 물을 더 넣는水多加面, 面多加水"식의 악순환만 되풀이 되어 국유 기업의 개혁은 시장 경제의 보폭을 쫓아가지 못하고 많은 부채만 남겼다.[196]

동북 3성에서는 민영 기업을 대대적으로 발전시키는 것이 중요하다는 사실을 알고 있다. 그러나 동북의 민영 기업의 발전 상황은 동남 연해 지구보다 훨씬 뒤쳐져 있을 뿐만 아니라 심지어 일부 내륙 지구보다도 낙후되어 있다. 동북 지구의 민영 기업이 완만하게 발전하는 중요 원인은 국유 기업이 민영 기업의 발전 효과를 갉아먹기 때문이다. 대부분의 산업이 국유 기업에 의해 주도되고 있는 상황에서 국유 기업은 민영 기업보다 다양한 발전 기회를 가지고 있다. 다시 말해 주도권을 장악한 국유 기업이 기술·인재·경험·설비 등 모든 방면에서 이제 막 자라는 민영 기업보다 우세하기 때문에 정부에서는 그 기회를 국유 기업에게 우선적으로 부여하고 있는 실정이다. 동북 지구에는 많은 낡은 국유 기업이 있는데, 이들 국유 기업은 종업원이 많고 부담이 무겁고 역사적 공헌이 컸기 때문에 끊임없이 정부의 '수혈'을 요구해왔고, 정부 역시 어쩔 수 없이 행정 수단을 통해 국유 기업을 중시하는 정책을 실시할 수밖에 없었다. 이 과정에서 자원 배치가 왜곡될 수밖에 없었다. 이러한 관행이 오랫동안 지속되면서 정부는 그저 '국유 기업을 위해 일하는 정부' 혹은 '국유 기업 관리에 능한 정부'로 바뀌게 되었다. 따라서 정부는 비국유 기업에 대해서는 종종 국유 기업과 동일하게 대우하지 않았을 뿐만 아니라, 또 어떻게 일해야 할지, 민영 기업을 어떻게 관리해야 할지를 모르는 상황이다. 게다가 동북의 많은 낡은 국유 기업은 불필요한 종업원이 많고 퇴직자도 많으며 부채(중앙 정부 및 지방 정부 부채, 노동자에게 지급하지 못한 급여 등)도 무겁다. 이것은 사회 보장 체계 및 사회 안정에 거대한 압력으로 작용해 왔으며, 지역적 성격의 금융 부실을 야기하고 있다.[197]

또한 우리가 주목해야 할 것은 동북 3성의 총 생산량 증가율이 높다고 해도 중국 전체에서 차지하는 비중은 계속 떨어지고 있다는 점이다. 다시 말해 동북 3성의 총 생산량이 중국 전체에서 차지하는 비중은 2002년 11.1퍼센트에서 2003년 9.6퍼센트, 2004년 9.3퍼센트로 계속 줄어들고 있다. 동북 지구의 경제 구조가 불합리하고 경제 성장 방식도 서툴고 경제 체제 속에 존재하는 여러 가지 폐단도 잘 드러나고 있다. 상당 부분의 국유 기업은 장기간의 계획 경제 하에 있었기 때문에 시스템이 원활하지 못하다. 농업 노동 생산성이 높아지면서 농촌에는 대량의 잉여 노동력이 생겨나고 있고, 동북 3성에는 삼림 공업 · 농지 개간 · 군사 공업 · 석탄 산업 등의 분야에서 곤란한 처지에 있는 사람들이 500만 명 가량 있다. 자원이 고갈된 광산 이외에 파산으로 구조 조정 과정에 있는 노후화된 기업에도 많은 잉여 노동력이 있어서 이들의 취업 문제 및 사회 보장 문제가 심각한 상황에 있다. 은행의 부실 문제 역시 심각하다. 2005년 1분기 경제 운용에서 소홀히 할 수 없는 문제는, 국내의 변경 무역 정책 조정으로 러시아와의 무역 증가폭이 줄었다는 것이다. 동북 3성의 교통 운수 설비 제조업도 시장 수요 감소로 적자를 내고 있다.[198]

한마디로 2005년도 동북 지구가 직면한 문제들은 국유 기업의 개혁, 자원 의존형 도시의 경제적인 도시로의 전환, 진흥 과정에서 직면한 금융 병목 현상 등이다.[199] 그런데 문제점은 대부분의 전문가들이 동북의 노후화된 공업 기지의 진흥 문제에 대해서는 말하면서도, 동북 지구가 여전히 농업 기지라는 점을 간과하고 있다는 것이다. 이러한 관점에서 볼 때, 동북 지구에서는 농업과 공업, 도회지와 농촌의 협조적 발전이 더욱 필요한 실정이다.[200]

4) 중국 국가 전략상 '동북진흥전략'의 위상

그렇다면 '동북진흥전략'은 중국의 국가 발전 전략 혹은 변강 전략에서 어떠한 위상을 지니고 있을까? 이는 중국 정부가 추진하고 있는 국가 발전 전략 혹은 변강 전략, 주로 '선부론'에 입각한 '동남 연해 지구 우선 발전 전략', '서부대개발', '동북공정'과의 비교 분석 과정을 거쳐야 좀 더 분명해질 수 있다. 즉 '동북진흥전략' 하나만 가지고는 그것의 독특한 위상이나 성격을 상대화·객관화하기가 곤란하기 때문이다. 따라서 '동북진흥전략'의 객관적이고 거시적인 위상을 파악하려면 다른 전략과의 공통점과 차이점, 상호 관련성, 상호 영향, 그것의 위상 등을 파악할 필요가 있다.

'서부대개발'과 '동북진흥전략'이 변강 지구를 대상으로 한 중국의 전략이라는 점에서, 양자가 중국 자체의 국가 발전과 변강 전략, 그리고 아시아에서 차지하는 경제적·정치 역학적 위상은 대단히 크다고 할 수 있다. 그런데 이 양자는 모두 중국의 변강 전략이자 경제 개발에 중점을 둔 경제 정책이라는 점에서는 공통점을 지니고 있지만, 양자가 처한 역사적·지정학적 위치, 경제적 인프라, 인적 자원, 민족 구성원, 부존 자원, 문화적·종교적 관습·관념 등의 방면에서는 많은 차이점을 지니고 있다.

첫째, 양자는 추진 배경이 다르다. '서부대개발'은 지역 간 경제적 격차가 확대되는 배경 속에서 제기되었지만, '동북진흥전략'은 원래의 경제 구조가 경제의 발전을 가로막는 배경 속에서 제기되었다.[201] 다시 말해 '서부대개발' 전략의 직접적인 추진 배경은 내수 확대, 시장 개척이라는 중국 내적인 요구뿐만 아니라, 민족 단결을 강화하고 국가 안전과 사회 안정을 유지하기 위한 중요한 전략적 요구에서 찾을 수 있다. 즉 '서부대개발'은 중국의 국가·경제·사회의 발전뿐만 아니라 민족 단결 및 변강의 안정과 관련된 중대한 전략이다.[202] 또한 환경 오염에 대한 종합적인 치리治理와 생태 환경의 개선을 강화하려는 것도 그 추진의 또 다른 배경이기도 하다. 이에 비해 '동북진흥전략'은 압도적 비중을 차지하고 있는 국유 경제의 비중을 조절하고 국유 기업에 대한 구조 조정을 통해, 노후화된 공업 기지를 경쟁력이 강한 새로운 산업 기지로 탈바꿈시켜서 동북 지구를 중국 국민 경제를 이끄는 새로운 성장 지구로 전환하려는 데 일차적인 추진 배경이 있다.[203]

둘째, 양자는 추진 속도와 목표, 직면한 문제가 서로 다르다. 서부 지구는 지역이 광활하고 에너지 자원이 풍부하고 다민족이 집거하며 시장 잠재력이 크지만, 인구가 희박하고 경제가 발달하지 못하였다. 특히 이 지구는 민족의 단결을 강화하고 변강의 안정과 사회 안정을 유지하는 데 중요한 곳이다.[204] 내륙에 처해 있는 서부 지구의 난제는 폐쇄적·조방적粗放的·저효율의 발전 양식, 기초 시설(도로·철도·비행기장·천연 가스관·전기 통신망·라디오·TV 보급 등)의 낙후성, 자본 축적의 부족, 시장 주체의 결핍, 발전 기초의 취약성 등이다. 또한 역사적 원인으로 서부 지구는 생태 환경이 매우 열악하여 단순한 공업화조차도 어렵다. 게다가 개발에 필요한 자금도 부족한 실정이다. 이에 비해 동북 지구의 경우 기초 시설이 비교적 완비되어 있고 도시화가 되어 있고, 물·전기·도로·연료 수송망·통신망 등의 기초도 비교적 잘 갖추어져 있다. 특히 발달된 교통 조건을 가지고 있어서 고속 도로·철도망이 밀집되어 있고 대련항·영구항營口港 등 항만이 발달해 있다. 그렇지만 동북 지구는 산업 구조가 중공업에 편중되어 있어서 산업 구조 조정이 어렵고 동남 연해 지구에 비해 제3차 산업이 발달하지 못했다. 그 결과 민영 기업과 중소 기업의 비중이 적고 기업 경영 시스템의 유연성과 적응성이 모자라 기업의 구조 조정과 자원의 효율적인 배치가 곤란하다. 또한 대량의 하강 인원이 발생해서 사회적 불안정을 야기하고 있다. 따라서 하강 인원의 재취업과 사회 보장 체계의 건전화가 절실하다.[205]

셋째, 양 지역에 대한 중국의 지원 방식에도 차이가 있다. 서부 지구는 기초 시설이 미약하기 때문에 국가 자금을 지원하는 방식으로 개발이 이루어지고 있다. 이에 비해 동북 지구는 기초 시설이 비교적 완비되어 있기 때문에 국가의 대규모 자금 투자 방식보다는 국가의 정책적 지지 하에 동북 지구 스스로 자금을 조달하도록 유도하고 있다. 게다가 동북 지구는 서부 지구에 비해 더 많은 자원과 광활한 발전 공간을 가지고 있고, 그 발전 속도도 서구 지구보다 빠르다.[206]

넷째, 서부 지구에서는 공업화의 제1단계를 완성하는 것이 문제이지만, 동북 지구에서는 공업화의 제2단계를 진일보 발전시키는 것이 문제이다. 즉 전자는 1차적인 개발에 초점이 맞추어져 있지만, 후자는 공업의 비약적인 진흥을 목표로 한다. 서부 지구의 개발은 중국 공업화를 더욱 확산시키는 것인데 비해, 동북 지구의 진흥은 중국 공업화를 또 한 차례 비약시키는 꿈을 꾸는 것이다. 서부 지구의 기초 시설 건설은 여전히 힘든 문제이지만, 동북 지구는 상당히 완비된 기초 시설을 갖추고 있다. 서부 지구의 문화·교육 수준도 동북 지구보다는 훨씬 떨어진다. 서부 지구의 개발은 공간적으로 중국 공업의 규모와 시장의 확대를 통해 중국 경제를 양적으로 확대시키는 것이다. 동북 지구의 진흥은 중국의 산업 구조를 더욱더 발전시켜 중국의 공업 수준과 기술을 제고시킴으로써 중국 경제를 질적으로 제고시키는 것이다.[207]

다섯째, '서부대개발'은 빈곤을 해결하기 위한 문제인데 비해, '동북진흥전략'은 치부致富(부유해지는 것)하기 위한 문제이다. 동북 지구에서는 어떻게 공업의 현대화를 실현시키고 동북 지구의 자원을 결합시켜 자원의 배치 효율을 높이고 체제와 시스템의 개혁에 전념하여 동북 지구를 중국 경제의 새로운 성장 지구로 만드느냐가 문제이다.[208] 또한 동북 지구는 오래된 공업 기지로서 중국의 발전에 많은 공헌을 했으며, 과거에는 경제 발전 과정 중에 많은 비중을 차지했다. 게다가 동북 지구는 여전히 장비 제조업·기술·인재·교통·운수·자원 분야에서 우월성을 지니고 있다. 그렇지만 서부 지구는 그렇지 못하다.[209] 국가발전과개혁위원회의 부주임이자 국무원서부지구개발영도소조판공실國務院西部地區開發領導小組辦公室 부주임인 리쯔핀李子彬이 설명한 것처럼, 양자의 궁극적인 차이는 자명하다. 즉 동북 3성의 경우 산업 기초가 튼튼하고 기초 시설도 비교적 완비되어 있고 과학 기술 인재도 비교적 많으며, 자연 자원도 비교적 풍부하다. 이 상황에서 추진되고 있는 '동북진흥전략'의 중점은, 체제와 시스템을 개혁하여 국유 경제의 비중을 조정하고 국유 기업을 주식회사제로 바꾸고 경제 구조와 소유제 구조를 조정하는 데 있다. 이에 비해 서부의 12개 성·자치구·시의 경우, 자연 조건이나 역사 등 다양한 원인으로 기초 시설이 대단히 빈약하고 교육·위생 등의 사업 발전 역시 정체되어 있으며, 각 방면에 존재하는 곤란도 더욱 많다. 이 때문에 '서부대개발'의 전략적 임무는 '동북진흥전략'보다 훨씬 어렵고 장기간의 시간을 필요로 하여 몇 대 혹은 몇 십대의 노력이 요구된다.[210]

그런데 여기에서 우리가 간과해서 안 될 것은 '서부대개발'이나 '동북진흥전략'이나 모두 사회 안정, 소수 민족의 정체성 확립, 변방의 안전 확보, 주변 민족 국가와의 갈등에 대한 근본적인 대응책 마련이라는 정치적·지정학적·전략적 성격을 공통적으로 띠고 있다는 점이다. 이점과 관련하여 국내 학계에서는 '서부대개발'의 경제 외적인 추진 목표에 관해 많은 분석을 해왔다. 그렇지만 '동북진흥전략'이 지닌 경제 외적인 전략 목표에 대해서는 밝힌 적도 없고 제대로 주목한 적도 없다. '동북진흥전략'의 경제 외적인 전략 목표에 관해서는 다음에 인용된 중국 문건에서도 잘 드러난다.

동북 지구는 경제 발전의 원동력, 자아 개조, 발전 능력 방면에서 서부 지구를 월등히 앞서 있다. 서부 지구가 접해 있는 주변 국가의 경제력이나 규모는 중국보다 열등하지만, 동북 지구가 접해있는 주변국의 공업 수준은 중국보다 높다. 서부 지구의 개발은 민족 분열주의에 반대한다는 중요한 의미를 지니고 있다. 동북 지구의 진흥은 중국의 국내적 안정에 중요한 의미를 지니고 있다. 이와 동시에 중국의 국내적 안정은 향후 한반도의 정세 변화風雲變幻로 인한 돌발 사태에 대해 어떻게 대처해야 하느냐에 달려 있다. 동북 지구의 확대 개방은 동북아의 경제 융합을 더욱 촉진시킬 것이다. 동북아 국가의 공동 발전을 추구하면 이 지역에서 야기될 대항對抗과 위기의 출현을 감소시킬 것이고, 위기의 해결을 위한 여러 가지 유리한 조건을 제공해줄 것이다.[211]

결국 '동북진흥전략'은 상대적인 낙후로 인한 지역적 소외감을 해소시킴으로써 국내 안정을 꾀하려는 목적 이외에, '향후 한반도 정세 변화가 중국 동북 지구에 미칠 영향이나 충격'에 대한 대응 차원의 전략적 목적, 그리고 동북 지구의 확대 개방을 통한 동북아 경제 융합과 공동 발전을 통한 동북아의 상호 대항과 위기를 해소하려는 동북아 전략의 성격도 가지고 있다.

그렇다면 '동북진흥전략'은 '서부대개발'에 영향을 미칠까? 사실 중국 내에서, 특히 서부 지구 사람들은 개발 자금이 제한되어 있는 상황에서 '동북진흥전략'을 추진한다면, 이미 추진되고 있는 '서부대개발'에 악영향을 미치지 않을까 우려하고 있다. 이를 염려하여 국무원에서는 관련 문건(〈關于進一步推進西部大開發的若干意見〉)을 하달하고, '서부대개발' 추진에 관한 10대 의견을 제시했다.[212] 또한 국무원서부지구개발영도소조판공실 부주임 리쯔핀은 그러한 염려를 불식하기 위한 기자 설명회를 열면서, '동북진흥전략'이 중국의 서부 개발에 대한 투자 역량에 영향을 주지 못할 것이라는 점을 강조했다. 그리고 중국 중앙은 '서부대개발' 전략을 확보하기 위해 더욱 많은 자금의 투입, 시장 작용의 발휘, 서부 지구의 투자 환경 개선의 가속화, 더욱 많은 내외자內外資와 사회 자금의 참여를 위해 노력할 것이라는 점도 밝혔다.[213] 이는 서부 지구의 동요를 의식해서 한 발언들이라고 할 수 있다. 그렇지만 중국의 경제적 여력이 제한적인 상황에서 '동북진흥전략'이 새롭게 추진됨에 따라 자금이 서부 지구와 동북 지구로 분산될 것은 뻔한 이치이다. 실제로 '동북진흥전략'의 소요 자금은 대부분 중앙의 기업이나 지방으로 내려간 중앙 기업에서 부담한 것이다.[214] 이처럼 개발 자금의 상당량을 동북 지구 스스로 조달한다는 원래의 원칙과는 달리 중앙 정부에 의존하는 상황에서, '동북진흥전략'의 추진으로 국가 자금이 분산되는 것은 필연적인 일이라고 할 수 있다. 그러나 서부 지구와 동북 지구에서 동시 다발적으로 개발이 추진될 경우 지역적 시너지 효과는 무시할 수 없을 것이다.

그렇다면 '동남 연해 지구 우선 발전 전략', '서부대개발', '동북진흥전략'은 중국 국가 발전 전략의 단계와 배치, 상호 작용과 관계라는 측면에서 각각 어떤 의미를 지니고 있을까?

중국 공산당 중앙이 제기한 지역 간 협조 발전을 실현시키기 위한 3단계 전략을 살펴보면, 제1단계는 우선 동남 연해 지구를 개방해서 중국 경제의 신속한 발전을 위한 길을 열고 견인력을 제공하는 것이다. 제2단계는 '서부대개발' 전략을 실시하여 연해 지구가 내뿜는 거대한 파급력을 받아들여서 동·서부 간의 지역적 격차를 줄여 경제 발전을 위한 강력한 지지력을 제공하는 것이다. 제3단계는 동북의 노후화된 공업 기지를 진흥시켜 중·서부 지구의 발전을 위한 선진적인 기술과 장비를 제공하는 것이다. 동남 연해 지구가 기관차라면, 서북과 동북은 중국 전역의 협조적 경제 발전을 이끄는 차바퀴이다. 이 기관차와 차바퀴는 중국 경제의 지속적·협조적·고속 발전을 실현시키는 추동력이다. 만일 하나라도 없으면 움직일 수가 없다.[215]

상술한 전략적 구도와 맞물려 중국에서는 개혁 개방과 더불어 '동남 연해 지구 우선 발전 전략'에 이어, 1999년부터 '서부대개발' 전략이 추진되고 있고 2002년부터 '동북진흥전략'이 점차 현실화되면서 '동서호동東西互動, 남북호동南北互動'의 경제 발전 대세가 초보적으로 형성되기 시작했다. 원자바오 국무원 총리는 '서부대개발'의 지속, '동북진흥전략'의 추진, 동남 연해 지구의 발전 추세 유지를 중국 경제 발전의 '삼극三極'이라고 말한 적이 있다.[216]

우선 개방된 동남 연해 지구에서는 외자와 선진 기술의 도입을 통해 생산력 수준을 높였고 사회에서 절실히 필요로 한 생활 일용품의 생산과 공급을 가속화시켰으며 날로 늘어나는 사회적 수요를 만족시켜갔다. 그런데 도입된 외자 항목은 대부분 컬러 TV·냉장고·의류·식품 등 소비재 산업이어서 중국의 생활 일용품 생산은 공급 과잉을 초래하여 생산이 억압을 받게 되었다. '서부대개발' 전략은 바로 이러한 상황에서 출현한 것이다. 즉 '서부대개발'은 동·서부 간의 지역적 격차를 줄이고 과잉 생산된 생활 일용품을 판매하기 위한 새롭고도 거대한 시장을 개척하기 위한 것이다. 이와 동시에 '서부대개발'은 이미 자원과 에너지가 고갈된 동남 연해 지구에 서부의 새로운 자원과 에너지를 보충·공급하려는 목적도 가지고 있다. 즉 '서부대개발' 전략의 중요한 목적 가운데 하나는 중국 중·동부 지구의 지속적 발전을 위해 서부의 새로운 자원과 에너지를 투입하는 동시에, 중·동부 지구의 생산품 판매를 위한 서부의 광대한 시장을 제공하는 데 있었다. 이것은 지금까지 서부에 투입된 30개의 중대한 항목이 대부분 삼협공정三峽工程·서기동수西氣東輸·서전동송西電東送·서매동운공정西煤東運工程 등 기초 시설 건설과 자원 개발 항목들이라는 점에서도 입증되고 있음을 알 수 있다. 또한 '서부개개발'은 심각한 물과 토지의 유실, 홍수·가뭄과 사막화 등 환경 생태적 재해를 방지함으로써 동부 지구의 경제 사회에 지속적으로 발전할 수 있는 안락한 환경을 제공해주려는 목적도 가지고 있다.[217]

그렇지만 서부 지구의 풍부한 자원과 에너지는 자금·기술·인재 부족과 기초 조건의 낙후성으로 인해 개발할 수가 없었다. 이러한 상황에서 서부 지구는 동북 지구로부터 선진적인 기술과 장비를 필요로 하고 있고, 동북 지구는 그것을 제공해 줄 수 있다. '서부대개발' 과정에서 필요로 하는 설비는 동북 지구의 제조업에 거대한 수요를 창출하고 있다. 이처럼 '서부대개발' 과 '동북진흥전략' 은 많은 차이점에도 불구하고 상보성이 강하다. 이렇게 볼 때 '동북진흥전략' 은 중국의 생산력 발전 법칙과 '지역 간 협조적 발전' 의 객관적 요구에 의해 출현한 셈이다.[218] 이때 '동북진흥전략' 은 중국 공업의 현대화 추진 과정, 향후 20년 간 중국 경제의 지속적 성장 목표의 달성 여부, '서부대개발' 전략에 필요한 기술과 장비 제공의 보증 여부와도 관련되어 있다.[219] '서부대개발' 전략 역시 서부 지구의 발전 자체뿐만 아니라 중·동부 지구의 지속적인 발전을 위한 자원·에너지·시장의 공급원으로서의 역할도 하고 있는 셈이다. 그리고 동남 연해 지구는 서부 지구와 동북 지구의 발전을 견인하는 핵심 동력의 역할을 하고 있다고 할 수 있다.[220] 총체적으로 볼 때, 동남 연해 지구, 서부 지구, 동북 지구는 중국의 거시적인 지역 간 협조 발전 전략의 일환으로서 상보성과 계서성階序性 그리고 경쟁성을 띠고 있다고 할 수 있다.

특히 '서부대개발' 과 '동북진흥전략' 은 중국 지역 경제의 협조적 발전을 촉진하기 위한 국책으로서 '동서호동의 두 바퀴' 이기도 하다.[221] 양자는 모두 중앙의 중대한 정책이지만 구체적인 실천 방식에서는 차이가 있다. 즉 '서부대개발' 은 중국의 중장기 발전 전략의 중요한 발전 단계이자 전략의 확산이다. '서부대개발' 전략은 동남 연해 지구 우선 발전 전략의 전환이자 연해 지구 우선 발전 전략의 시간적·공간적 확산이기도 하다. 또한 '서부대개발' 은 중국 전역의 총체적 전략 목표를 실현하는 중요한 구성 부분이자 전략의 시간적·순서적·통일적 안배의 성격을 띤다. 동시에 그것은 중국의 국가 발전의 청사진, 자원·시장의 총 배치總配置, 생태 환경 건설의 총 요구에 따라 기획되고 실시되는 것이다. 이에 비해 '동북진흥전략'은 '중국 경제의 제4 극'을 개조함으로써 경제 성장 발전의 수요, 특히 지역 경제 발전의 수요에 새롭게 적응하려는 것이다.[222]

5) '동북진흥전략'의 한계

'동북진흥전략'의 추진 주체인 중국 국가발전과개혁위원회 부주임 겸 국무 원 동북진흥판공실 주임인 쟝궈바오張國寶의 강연 내용에서 잘 드러나고 있듯 이, '동북진흥전략'은 "동북 지구에 국제적으로 경쟁력 있는 대기업들을 바탕 으로, 선진적인 기술, 합리적인 구조, 높은 효율성, 원활한 시스템을 갖춘 새 로운 산업 기지를 형성해서 동북 지구를 주강 삼각주, 장강 삼각주의 뒤를 잇 는 또 다른 새로운 경제 성장 구역으로 만들어, 전면적인 소강小康 사회 건설 을 위한 기초를 닦고, 지역 간 협조적 발전을 추진하여 국가의 안전을 보장하 고 사회의 안정을 유지하려는 것이다."[223] 그 핵심은 중앙 정부 차원에서 민영 화와 국유 기업 구조 조정을 통해 동북 중공업의 우위성을 되살려 낙후된 중 공업 기지를 새로운 경쟁력이 있는 중공업 기지로 '진흥'시키려는 것이다.

2002년부터 윤곽을 드러내기 시작한 '동북진흥전략'은 1980년대의 주강 삼 각주, 1990년대의 장강 삼각주, 1999년 이후의 '서부대개발'에 이은 제4단계 지역 개발 전략의 일환이다. 덩샤오핑 시기의 동남 연해 지구 우선 발전 전 략, 장쩌민 시기의 '서부대개발'에 이어 후진타오 시기에 추진되고 있는 '동 북진흥전략'은, 중국의 국가 발전 전략이 선진 지구의 우선적 발전 전략('선 부론')에서 지역간 균형적·협조적 발전 전략('共同富裕論')으로 바뀌어가는 과정의 산물이다.

'동북진흥전략'과 '서부대개발'은 중국의 개발 전략인 동시에 주요한 변강 정책의 일환이기도 하다. 즉 이 양자는 민족의 단결, 중화민족으로서의 변강 민족의 정체성 확립, 이를 뒷받침하기 위한 변강 거주민의 물질적 생활 수준 제고, 이를 통한 변강의 안정과 국방의 확보라는 공통된 목표를 지니고 있다. 다시 말해 변강 민족이 주변 민족 국가로 기울어지는 것을 막고 주변 민족 국가와의 심리적·경제적 연계 고리를 단절시키고 그들을 중국의 경내에 확고하게 묶어두려면, 그들의 물질적 생활 기반을 확고하게 만들어줄 필요가 있는 것이다. 따라서 중국 정부는 이들 변강 지구의 물질적 토대를 튼튼하게 만들기 위한 변강 전략으로서, '서부대개발'과 '동북진흥전략'을 추진하고 있는 것이다.

그런데 '서부대개발'과 '동북진흥전략'은 변강 전략이라는 공통점을 지니고 있지만 여러 가지 면에서 차이를 지니고 있다. 전자는 서부 지구의 기초 시설을 갖춰서 서부 변강 민족의 '탈빈脫貧(빈곤 극복)'을 목표로 하고 있는데 비해, 후자는 노후화된 동북 지구 공업 기지의 구조 조정을 통해 동북 지구를 중국의 새로운 공업 기지로 탈바꿈시켜 동북 주민의 '치부致富'를 실현한다는 목표를 지니고 있다. 소수 민족의 집거지인 서부 지구가 주변의 민족 국가들과 언어적·혈통적·문화적·종교적으로 동질성을 나타내거나 종교적·문화적 독자성을 나타내는 지역적 특수성이 강한데 비해, 동북 지구는 조선족을 제외하고 주변 민족 국가들과의 연계성이 상대적으로 떨어져서 지역적 특수성은 강하지 않다. 서부 지구의 주변 민족 국가들은 상대적으로 미발달한 국가로서 경제적으로 서부 변강 민족에 대한 흡인력이 강하지 않은데 비해, 동북 지구의 주변 민족 국가들은 발달한 국가들로서, 특히 조선족에 대한 한국의 경제적·문화적·역사적 흡인력이 매우 강하다. 대규모 조선족의 한국 유입과 불법 체류 현상이 바로 그것이다.

'서부대개발'은 경제적인 발전 전략 이외에 서부 지구 민족의 단결과 지역적 안정이라는 정치적·민족적 정책도 같이 포괄하고 있다. 즉 경제적 목적과 정치적·민족적 목적이 분리되어 있지 않다. 이에 비해 동북 지구에서는 주로 경제 개발을 통한 지역 균형 발전과 이를 통한 소수 민족의 이탈 방지에 중점을 둔 '동북진흥전략'과 정치적·민족적·역사 문화적 전략인 '동북공정'으로 이원화되어 있다. 전자가 지역적 불균형 발전의 해소와 일부 변강 민족(특히 조선족)의 물질적 생활 수준 제고를 통한 이탈 방지를 목적으로 하는데 비해, 후자는 향후 한반도 정세 변화를 예측하고 대비하려는 목적을 가지고 있다.

좀 더 구체적으로 말하면, '동북진흥전략'은 물질적 토대 구축을 통한 지역 간 균형적·협조적 발전을 추구하여 동북 변강 민족의 지역적 박탈감을 해소하고 그들의 이탈을 방지하려는 것이다. 이에 비해 '동북공정'은 북한 정권의 붕괴나 돌발 사태를 포함한 향후 한반도 정세 변화가 동북 지구 및 조선족 사회에 미칠 영향이나 충격을 사전에 차단하려는 것이다. 이를 통해 남·북한에서 제기되고 있는 "고구려사·발해사=한국사", "만주=한국의 고토故土" 논리를 부정하여 동북 지구와 한반도의 역사적 관련성을 단절시키는 동시에, 향후 한반도 정세 변화 과정에서 야기될 조선족의 동요나 한반도 유입 혹은 대규모 북한 난민의 동북 지구 유입을 차단하고, 한반도 통일이나 그에 따른 동북아 국제 질서 재편이 중국 측에게 유리한 방향으로 이루어지도록 하려는 것이다. '동북진흥전략'이 주로 물질적 토대 구축을 통한 국가 균형 발전에 중점을 둔 국가 전략이라고 한다면, '동북공정'은 소수 민족 문제(특히 조선족 문제), 역사적·문화적인 문제, 정치 문제 등 상부 구조적인 이데올로기의 구축이자 향후 한반도 정세 변화를 예측하고 대비하기 위한 동북아 전략이다.

종전의 동남 연해 지구 개발이 신 개발지의 신규 투자를 위주로 하고, '서부대개발'이 인프라 건설을 위주로 재정 투자에 의존하고 있는데 비해, '동북진흥전략'은 노후화된 공업의 개조와 산업 구조의 개선을 위주로 하고 있다. 또한 '동북진흥전략'은 원칙적으로 자기 책임, 대외 개방 등 시장 원리에 의거한다는 점에서 이전의 동남 연해 지역 발전 전략과 궤를 같이 한다. '동북진흥전략'의 추진은 주강 삼각주, 장강 삼각주 등 동남 연해 지역에 이어 동북 지역이 세계 경제에 통합되는 과정을 의미하기도 한다.[224]

한편 동북 지구는 지리적으로 남한·북한·일본·러시아·몽골 등이 맞물려 있는 동북아의 거점 중심으로서 동북아 각국의 세력권이 교직되어 있는 곳이다. 따라서 동북 지구는 동아시아 국제 질서 '변동의 진원지' 혹은 '시발점'의 성격을 띠고 있었을 뿐만 아니라, 동북아 각국의 모순을 완화하거나 해소해주는 '안식처'의 성격도 띠고 있었다.[225] 이처럼 역사적으로 동북 지구는 유동성이 컸기 때문에, 중국으로서는 안보상의 취약성을 띠고 있는 지역이기도 하다. 이러한 상황에서 '동북진흥전략'이 순조롭게 이루어지려면 동북아의 정치적 안정이 필수적이다. 북한 핵 문제로 동북아의 긴장 상태가 해소되지 않고 있는 상황에서 중국이 6자 회담에서 적극적인 역할을 하고 있는 것은, 동북아의 안정을 바탕으로 한 '동북진흥전략'의 순조로운 발전을 이끌려는 중국의 의도가 작용한 결과로 볼 수도 있다.

어쨌든 중국은 '동북진흥전략'의 일환으로 동북아 주변 국가와의 지역 간 합작을 통해 무역을 증대하는 동시에 이들 국가의 외자를 끌어들여 '동북진흥전략'의 자금원[226]으로 활용하고 있다. 동북아 국가와의 지역 간 합작이 중요한 역할을 하고 있는 '동북진흥전략'이 성공적으로 추진되어, 동북아 각국이 동북 지구를 발전의 중요한 거점으로 삼게 된다면, 동북 지구는 동북아 각국의 긴장과 대립·갈등을 완화·해소시켜 주어 동북아의 지역 안정을 촉진하는 역할을 하게 될 것이다.

결국 '동북진흥전략'은 중국의 지역 간 균형적·협조적 발전 전략의 산물로서, 동북 지구의 노후화된 공업과 산업 시스템을 혁신해서 상대적으로 낙후된 동북 지구를 진흥시켜 동북 주민의 경제적 불만을 해소하고 일부 민족(특히 조선족)의 이탈을 방지하려는 것이다. 또한 그 전략은 동북아 각국과의 지역 간 합작을 발전시켜 동북아의 긴장 해소와 지역 안정을 추구하는 동시에, 이를 바탕으로 동북아의 발전 거점으로 도약하여 향후 한반도 정세 변화 및 동북아 국제 질서 변화에 능동적으로 대처할 수 있는 물적 토대를 구축하려는 것이기도 하다.

'동북진흥전략'의 성공은 동북아 주변 민족 국가(특히 남·북한, 일본, 러시아)와의 경제적·정치적 관계의 활성화를 바탕으로 한 동북아 국제 정세의 안정을 전제로 한다. 따라서 '동북진흥전략'의 성공은 동북 지구의 경제적 기반을 확고하게 만들 것이고 중국 조선족의 유동성이나 동요도 완화시킬 것이다. 그리고 그 성공은 동북아 주변 민족 국가와의 지역적 합작과 협력을 전제로 하는 것이기 때문에 동북아의 안정에도 기여할 것이다. 그렇지만 동북 지구에는 일부 국가 사이의 영토 문제가 해결되지 않고 있고, 한반도의 정세가 줄곧 불안정한 요소로 남아 있다. 이는 '동북진흥전략'을 성공적으로 마무리하기 위해서도 시급하게 해결해야 할 과제이다.

'동북진흥전략' 역시 상대적으로 낙후된 동북 지구를 발전시켜 동북 거주민(특히 조선족)의 소외감을 해소하거나 동요를 차단해서 동북 지구의 안정을 꾀하는 동시에, '동북아 국제 질서 변동의 진원지'라는 전통적인 지정학적 이미지를 불식시키고 동북 지구를 확고부동한 중국의 강역으로 만든다는 목적을 지니고 있다. 이처럼 '동북진흥전략'이 '변지의 내지화'라는 전통적인 중화주의 논리를 계승해서 조선족을 포함한 다수의 동북 거주 소수 민족들을 중화민족으로 통합하려고 한다는 점을 고려해 볼 때, 그것 역시 '팽창적 문화주의'의 속성을 띤 '신중화주의'의 범주에서 완전히 벗어나지는 못하는 것 같다.

제5부

중국의 ‘동북공정’과
한반도 · 한국사

●●● ○

중국의 '동북공정'과 한반도 · 한국사

1) 만주(동북 변강)의 지정학적 특징

(1) 동북아에서의 만주의 역사적 위상

① 만주의 특징과 어원

최근 중국의 역사 왜곡 문제로 우리 사회에서 관심사가 된 '만주'는 동아시아 전 역사에서 어떤 의미를 지니고 있었을까? 그리고 '만주'는 앞으로 우리 사회에서 어떤 의미를 지니게 될까?

'만주'라는 명칭은 청 태종이 숭덕 원년崇德元年(1636)에 황제 자리에 오르면서 군신들의 권유에 의해 청의 발상지인 후금국後金國을 '만주'로 개칭한 것을 계기로 순치順治 이후 그 명칭이 빈번하게 사용되었다.[1] '만주'의 어의語義에 관해서는 범어梵語인 '만주사리曼珠師利Man-chu-shih-li에서 나왔다는 설, 숙신肅愼Shu-chen의 전음轉音인 주신珠申Chu-shen에서 나왔다는 설, 만절滿節에서 전화되어 만주가 형성되었다는 설,[2] 원래 건주 여진족建州女眞族의 가장 존귀한 칭호였던 '만주滿住'를 청 태조 누르하치가 계승해서 사용한 바가 있었는데, 청 태종이 그 존칭을 '만주'로 바꾸어 부족 명칭으로 사용한 데서 비롯되었다는 설,[3] '만주'는 '건주建州'와 같은 소리였는데 이를 다르게 썼을 뿐이라는 설[4] 등이 있다.

상술한 것처럼 '만주' 명칭의 유래[5]에 관해서는 다양한 학설이 있을 뿐만 아니라, 청조에서는 부족을 가리킬 때 이외에 영토를 가리키는 명칭으로 '만주'를 사용한 적이 없었다는 주장도 있다.[6] 하지만 '만주'라는 명칭은 청 태조 누르하치가 여진족의 각 부족을 통일하고 1616년 후금後金 정권을 건립하면서 자신을 '만주' 칸汗이라 부르고, 1635년 홍타이지皇太極가 여진인女眞人을 만주인滿洲人으로 개칭한 후, 점차 족명에서 지명으로 바뀌어 전해 내려왔던 것만은 확실하다.[7] 즉 '만주'라는 명칭은 청초에 여진족 자신의 족명이었지만 점차 그들의 거주지 명칭으로도 쓰이기 시작했던 것이다.

지명으로서의 '만주'는 처음에는 요서遼西·요동遼東 지방을 지칭하였으나 곧 지금의 만주 전역으로 확대되었고, 청말 중화민국 초에는 만주 전역을 '동삼성東三省(奉天省·吉林省·黑龍江省)이라고 불렀다.[8] 이와 아울러 '만주'라는 명칭은 일본의 괴뢰국 '만주국'이 수립되면서 보편화되었고, 적어도 중화민국 시대까지는 사용되고 있었다. 가령 만주에서의 중국 공산당 조직 명칭이 '중공만주성위中共滿洲省委'였다는 점, 1946년 1월 만주에서 조직된 동북민주연군東北民主聯軍의 4대 군구軍區 명칭이 동·서·남·북만北滿 군구[9]였다는 점을 들 수 있다. 그렇지만 중화인민공화국 성립 이후에는 만주라는 용어가 일본의 식민지였다는 이미지 이외에 중국의 온전한 영토가 아니었다는 과거의 각종 견해를 연상시키기 때문에, 이 용어 대신 '동북 지구'로 지칭하고 있다. 이 명칭은 '만주가 중국의 확고부동한 동북 지구'라는 점을 간접적으로 시사해준다.

상술한 내용을 살펴보면 오늘날 우리 사회에서 보편화된 '만주'라는 지명은 적어도 청초 이후부터 사용되고 있었음을 알 수 있다. 그렇다면 청조 이전의 이 지역을 가리키는 명칭은 무엇이었을까? 아마도 그 지역을 모두 아우를 수 있는 지역 명칭에 근접한 것으로는 '요동'을 들 수 있다. '요동'은 전국戰國 시대 연燕이 요동군과 요서군을 설치하면서 출현하였다.

② 전통 사회에서의 요동(만주): '동아시아 변동의 진원지'

과거에 초원이나 삼림으로 뒤덮여 있던 요동 지역에서는 당시의 농경 기술이 낮았고 위도가 높았기 때문에 농경이 곤란했고 주거 환경 역시 열악했다. 따라서 요동은 극히 일부 지역을 제외하고 농경을 주업으로 하던 한족漢族에게 매력적인 삶의 터전으로 비쳐지기보다는 '미개한 이민족의 생활 공간' 정도로 인식되었다. 그 결과 요동은 일부 지역을 제외하고 한족의 통치권 밖에 방치될 수밖에 없었고 자연히 목축업이나 삼림업에 종사하는 민족의 차지가 되었다. 이리하여 요동의 많은 유목(초원) 민족은 한족 정권의 간섭을 크게 받지 않았고 때로는 강대한 힘을 키워나갈 수 있었다.

요동에서는 진秦 이전 시기에 숙신이, 진·한漢 시기에는 부여·고구려·옥저·읍루·오환·선비족이, 위진 남북조 시기에는 공손씨·물길·선비·해·거란·실위가, 수·당 시기에는 돌궐·말갈족이, 송宋·원元 시기에는 거란족·여진족·몽골족이, 청대에는 만주족이 생활했다. 요동을 생활 터전으로 삼았던 민족 가운데 우리 민족은 고구려와 발해를, 선비모용씨는 전연前燕·후연後燕을, 거란족은 요遼를, 여진족은 금金을 건국했고, 몽골족은 원元을, 만주족은 청淸을 건국했다.

특히 고구려의 건국은 동아시아에서 진·한 중심의 중국적 세계 질서의 구축을 지연시키거나 방해함으로써 결과적으로 한반도에서 우리 민족이 독자적인 정치 문화 영역을 싹틔우고 보존할 수 있도록 방파제 역할을 해주었다. 고구려의 멸망은 중국 문화가 요동 및 한반도, 일본으로 순조롭게 전파되도록 함으로써 수·당 제국의 완성을 앞당겨 주었다. 송대宋代 요와 금의 건국은 한족 문화권과 요동을 발판으로 한 유목 문화권 사이의 우열 관계에 변화를 초래했고 유목 문화를 중원中原에까지 떨치는 계기가 되었다. 특히 금에 의한 북송의 멸망은 유목 민족이 한족 문화권을 절반 이상 차지한 사건이었다. 이것은 요동을 기반으로 흥기한 유목 민족이 더 이상 한족 왕조의 속국이 아니며 한족과는 견줄 수 없는 미개한 민족이 아닐 뿐더러 동아시아의 패권을 장악할 수 있는 힘마저 지니고 있음을 만천하에 드러낸 상징적인 사건이었다. 더 나아가 몽골 초원과 일부 요동 지역을 기반으로 흥기한 몽골족의 금·고려·남송의 정벌과 유라시아 대륙의 석권은, 동아시아 및 지구상에 일대 격변을 일으켰으며, 동양 유목 세력의 강대함을 만천하에 알린 동시에 동·서양의 문화적 교류를 증진시켜 동·서양인에게 새로운 세계 인식을 가져다준 역사적인 사건이었다. 만주족의 등장과 청의 건국은 농경 문화와 유목 문화의 융합을 가져와 양 세력의 대결을 약화시켜 동아시아의 상대적인 안정을 가져다주었다. 또한 청의 조선 정벌(병자호란, 정묘호란)은 조선을 중화제국의 질서 속에 편입시켜 조선의 역동성을 약화시켰다. 결국 요동에서 흥기한 유목(초원) 민족들의 관내關內 진출과 정복은 다른 지역에서 야기된 변화보다도 동아시아 질서를 근본적으로 바꾸어놓았고 그 빈도도 잦았다. 이러한 점에서 요동(만주)은 '동아시아 변동의 시발점' 혹은 '진원지'와 같은 작용을 했던 것이다.[10]

③ 근·현대 시기의 만주: '동아시아 모순의 교차지交叉地'

청조를 수립한 만주족은 만주를 '조상의 성지'라 하여 봉금封禁 지역으로 선포하고 이 지역으로의 이민족 유입을 금지시켰다. 이리하여 만주는 동아시아에서 사람이 거의 살지 않는 '무주공산'처럼 변했다. 이 상황은 부동항을 얻기 위해 남진 정책을 표방하고 있던 제정 러시아의 세력 확장을 용이하게 만들었다. 러시아는 아편전쟁(1840) 이후 서구 제국주의 세력의 침략으로 곤궁에 처한 청조를 겁박해서 아이훈조약과 북경조약을 맺고 각각 흑룡강 이북의 땅(60여 만㎢)과 우수리강烏蘇里江 이동의 연해주(약 40만㎢)를 빼앗았다. 이 시기 중국의 대규모 영토 상실은 지금도 중국인들의 회한을 자아내고 있다.

한편 청조는 제정 러시아의 남침 저지, 관내 지역의 사회 모순 해소, 재정 궁핍의 타개를 위해 1860년대 이후 봉금 정책을 완화하고 한족의 만주 이민을 방관·장려했다. 그 결과 한족의 이민이 급증했고 한족의 관습과 문화, 경영 방식 등도 만주에 전파되면서 만주족의 한족화漢族化를 자극했다. 선진적인 농경 기술과 상업 능력을 지닌 한족은 토착의 만주족보다 우월한 경제적 지위를 차지했을 뿐만 아니라 만주족의 몰락을 가속화시켰다. 그 결과 만주 사회의 주도권은 만주족 수중에서 한족 이민자로 넘어갔다. 만주 사회의 한족화는 이민족의 생활 공간이었던 '변지邊地'를 한족의 문화권인 '내지內地'로 승격시켜주었다. 변지에서 내지로의 전화는 만주의 '중국화中國化' 혹은 만주

의 '내적 식민지화'를 의미했다.[11]

그러나 '만주의 중국화'가 곧바로 '불가침의 영토'임을 의미하는 것은 아니었다. 적어도 영토는 그것을 지켜낼 힘이 있을 때만 주권을 보장받을 수 있었다. 근대 시기 양육강식의 국제 정세 속에서 러시아는 원동遠東으로, 일본은 대륙으로 진출하려고 했다. 여기에 맞서 청조는 대륙 세력인 러시아와 해양 세력인 일본의 침략을 저지하려고 발버둥쳤다. 이때 만주는 침략과 방어의 관문 역할을 했다. 만주는 동아시아를 뒤흔든 청일전쟁과 러일전쟁의 싸움터였다. 특히 러일전쟁에서 승리한 일본은 조선·관동주關東州뿐만 아니라, 동청철도東淸鐵道(中東路) 이남 지역 즉 남만주에 대한 배타적인 권리까지 확보했다. 국민당의 북벌 완수는 만주에 기반을 둔 봉천 군벌의 협조와 역량에서 기인되었으며 일본의 중국 침략을 앞당겼다. 일본의 중국 침략(만주사변)은 만주에서 시작되었고, '만주국'의 수립으로 이어졌다. '만주국'의 출현은 만주를 둘러싼 중국·소련·일본 사이의 각축을 일시 잠재운 반면 중국을 둘러싼 제국주의 열강들의 기존 질서를 흔들어놓았고, 결국에는 동아시아 사회를 중일전쟁 및 태평양전쟁으로 몰아넣는 촉매제로 작용했다. 소련군의 대일 선전 포고와 만주 점령은 일제의 패망을 앞당겼다. 그 뒤를 이은 소련군의 북한 진주, 중국군의 한국전쟁 참여는 모두 만주를 매개로 이루어졌고, 이것은 남북 분단 및 동아시아 냉전 체제의 고착을 야기했다. 상술한 사실을 보면 동아시아 기존 질서의 변동은 만주에서 촉발되었고 그 결과로 생겨난 동아시아의 신질서 역시 만주를 매개로 출현했음을 알 수 있다. 근·현대 만주는 '만주국'의 붕괴, 소련군의 만주 철수로 중국의 온전한 영토가 되기까지 전통 시대와 마찬가지로 '동아시아 변동의 시발점'과 같은 작용을 해왔던 것이다.

다른 한편 근·현대 만주는 '동아시아의 모순 해소를 위한 돌파구'와도 같았다. 만주는 한족 이민을 받아들임으로써 중국 관내의 과잉 인구 및 경지 부족 문제를 완화시켜주는 윤활유 역할을 했으며, 조선에 대한 중국의 영향력을 이어주는 접점이었다. 만주는 러시아의 동방 정책을 실현시킬 수 있는 최적지였다. 만주는 일본의 대륙 진출 교두보로서 제국주의 침략을 수행하는 데 중요한 요충지였으며, 일본 본토에서 실현할 수 없는 것을 구현하고자 하는 '실험 대상의 땅'이기도 했다. 또한 만주는 자국에 기반이 없는 일본인에게도 '폐쇄된 공간으로부터 벗어나기 위한 도피처' 혹은 유사한 '망명 공간'으로 인식되고 있었다.[12] 만주는 한반도의 과잉 인구 배출구로써 모순을 완화시켜주었고 한반도의 운명과 밀접한 관련을 맺고 있었으며, 조선의 항일 분자에게는 정치적 망명지이자 조국 해방을 위한 기지였다. 만주는 유태인뿐만 아니라 중앙아시아에서 도망쳐온 이슬람족回族, 10월혁명으로 소련에서 탄압받다가 도망쳐온 백계白系 러시아인들에게도 생활 근거지였으며 '구원의 공간'이었다.[13]

이처럼 만주는 동아시아(부분적으로는 유라시아)의 모순을 해소시켜주는 '돌파구'였고 새로운 삶의 '안식처'였으며 동아시아 주변 민족의 인적·물적 교류를 촉진시킨 '동아시아 문화의 매개 지역'이기도 했다. 반면에 만주는 동아시아의 기존 모순에다가 주변 민족의 집결에 따라 새롭게 형성된 모순까지 중첩되면서 '동아시아 모순의 교차지'와 같은 성격을 띠게 되었다. 따라서 동아시아 각 민족 국가들 사이의 이해 관계가 상충될 때, 만주는 물리적 충돌의 '각축장'으로 바뀌었고 이것은 동아시아에 거대한 변화를 몰고 왔다. 그 때문에 만주는 중국인에게 예민한 반응을 불러일으키는 지역일 수밖에 없었다.

④ 만주와 한반도

그렇다면 만주는 한반도에서 어떤 의미를 지니고 있을까? 만주는 고조선·고구려·발해의 고토이자 우리 조상의 발상지이기도 하다. 그렇지만 발해가 멸망한 이후 우리 왕조의 통치 권역이 만주까지 확장된 적이 없고 만주에 한민족의 왕조가 건설된 적이 없다. 그렇다고 만주가 지정학적·문화적으로 한반도와 무관한 상태에 있었던 것은 아니었다. 지정학적으로 만주는 한반도와 대륙을 이어주는 가교架橋 혹은 대륙 진출의 관문이자 교두보이기도 했다. 때로 만주는 대륙 세력과 반도(혹은 해양) 세력 사이의 충돌을 완화시켜주는 완충 지대이기도 했다. 반면에 선비족의 모용씨가 고구려를, 거란 족·여진족·몽골족이 고려를, 만주족이 조선을 침략한 사례들에서 알 수 있 듯이, 만주는 한반도에 끊임없는 전운을 몰고 오는 '화근禍根의 온상'이자 '시련의 원천'이었다. 문화적으로 만주는 대륙의 선진 문화를 한반도로 전파 시켜주는 매개 지역으로서 한반도의 문화 수준을 높여주는 문화의 전도사 기 능도 했다. 만주가 한민족의 역사 범주로 다시 편입되기 시작한 것은 발해 멸 망 이후 1천여 년 만인 근대였다. 즉 19세기 중엽 이후 조선인들의 만주 이주 를 계기로 만주는 우리 역사의 범주로 편입되었던 것이다.

(2) 경계선을 넘나드는 사람들: 만주의 조선 사람

① 조선 사람이 중국에서 살게 된 배경과 그 의미

오늘날 '중국의 조선 사람'은 주변에서 자주 접할 수 있을 만큼 우리 사회 의 일상적인 존재가 되어버렸다. 이제 그들이 우리 사회에서 떠나버린다면 당 장 한국 경제가 영향을 받을 정도이다. 이제 그들이 좋든 싫든 '우리들'이라 는 역사 공동체 혹은 삶의 구성원으로 받아들일 수밖에 없는 단계에 와 있는 지도 모른다. 이른바 '중국 동포'는 국내 경제뿐만 아니라 한국과 중국의 경 제 교류, 남·북한 사이의 인적 교류 분야에서 중요한 가교 역할을 하고 있으 며, 한반도 통일 후의 한·중 관계에서도 중요한 역할을 할 수 있을 것으로 여 겨진다. 더욱이 한국의 위상을 드높이고 한민족을 통합하고 그 외연을 확대하 는 데 해외 동포 특히 중국 동포에 대한 이해와 포용 여부는 시금석이 될 수 있을 것이다. 이러한 의미에서 '중국 내 조선 사람'의 이주 배경과 그들의 민 족적 정체성에 대한 이해는 향후 한국 및 한민족이 걸어가야 할 길을 비추는 등불 가운데 하나로 작용할 수 있을 것이다. 이들이 최초에 이주해 갔고 지금 도 정체성을 고민하며 살고 있는 땅, 바로 만주에서 이야기를 시작하겠다.

역사적으로 고려 말에 일부 고려인이 만주에 거주하고 있었다. 조선인이 자발적으로 만주 국경을 넘어간 것은 1600년대 중반부터이다. 이주의 증가에 따라 청조가 외교적인 압력을 가하고 조선 정부가 가혹한 처벌을 했는데도 조선인들은 계속 만주 국경을 넘나들었다. 이들은 대부분 함경도와 평안도 등 조선 북부의 가난한 농민들로, 처음에는 국경을 넘는 형태로, 아침에 경작하고 저녁에 돌아오거나 봄에 경작하고 가을에 돌아오는 등 일시적이었다. 그런데 1860년대 이후에는 그 전 시기의 산삼 채취나 수렵, 벌목을 위해 일시적으로 국경을 넘나드는 형태에서, 경작을 하기 위해 집단적으로 이주하는 형태로 바뀌기 시작했다. 조선인의 집단 이주는 주로 조선 북변 지역의 인구 증가에 따른 경지 부족, 자연 재해의 빈발과 기근, 과중한 세금과 노동력의 부담, 조선 정부의 월경자에 대한 처벌 완화 등 내부적인 요인에서 촉발되었다. 그런데 압록강 북안 북간도 일대로의 조선인 이주와 정착은, 1880년대 청조가 타민족 진입 금지 정책을 완화함에 따라 한족 유민이 대규모로 만주로 유입되었던 것과 더불어 시작된 것이었다. 그리하여 1860년경에서 1908년경에 이르는 단 50년 사이에 재만 조선인 인구는 약 20만 명이라는 엄청난 숫자에 달하게 되었다.[14]

1909년 간도협약이 체결됨에 따라 조선인의 만주 거주가 공식적으로 보장되었다. 더욱이 한일합병을 계기로 조선인이 '제국 신민'으로서 일본의 명목적인 보호와 후원을 받으면서 이주가 급증하기 시작했다. 조선인이 만주로 넘어가게 된 동기는 ㉠ 만주가 조선에 비해 살기 쉬웠던 점, ㉡ 조선의 과잉 인구, ㉢ 간도협약에 의해 조선인도 토지를 소유할 수 있게 된 점, ㉣ 조선에서의 빈번한 흉작, ㉤ 조선에서의 경지 감소와 땅값의 급등, ㉥ 만주에서의 농업이 유망하다는 소문, ㉦ 철도 개통에 따른 교통 편리, ㉧ 한일합병을 전후로 한 조선인의 대일對日 감정 악화, ㉨ 조선인에 대한 중국 관민의 동정심, ㉩ 만주를 피난처로 생각하는 사회 풍조 등 복합적이다.[15] 이러한 주체적 동기에 더해, 일본 식민 당국도 조선인의 만주 이주가 경제적으로나 정치적으로 일본에 유리하다고 판단하고 급증하는 이주를 방관하거나 묵인했다.

상술한 조선인의 만주 이주 경향은 1932년 '만주국'의 수립 이후에도 지속되었다. '만주국' 초기 조선인의 이주는 조선총독부에 의해 집단부락 및 안전농촌安全農村, 사상 통제를 위해 일본 식민회사의 주도에 의한 집단 이주

촌락의 건설,[16] 자작농창정自作農創定(소작농의 자작농화를 명분으로 한 조선인 관리 정책[17]) 등의 형태로 추진되었다. 그런데 1937년 중일전쟁이 발발한 이후 조선인이 대규모로 일본에 유입하면서 일본에는 실업 문제가 발생하여 조선인을 수용할 수 없게 되었다. 이렇게 되자 조선 국내에서도 배출되지 못한 잉여 노동으로 인한 사회 모순이 격화되었다. 이 즈음 만주에서는 농업 증산의 필요성이 강력하게 제기되고 있었다. 이에 따라 종전까지 조선인의 만주 이민을 방임하던 일본 식민 당국에서는 적극적이고 계획적으로 조선인을 만주로 이주시키기 시작했다. 조선인의 만주 이주는 격증하기 시작했고 그 방식도 집단 · 집합 · 자유 이민의 다양한 형태로 추진되었다.[18] 그러나 1941년 태평양전쟁이 발발하면서 조선에서는 대규모의 노동력이 필요하게 되었고, 일본에서도 청장년들이 전선에 투입되면서 군수 산업에서 노동력 부족 문제가 발생했다. 이에 따라 일본 식민 당국에서는 더 이상의 이주 촉진 없이, 정책의 중점을 식량 증산과 일본인 개척민의 이주, 재만 조선인 농민의 지도 안정에 두게 되었다.[19] 그 결과 이 시기 조선인의 만주 이민은 극소수에 불과했다. 어쨌든 1942년까지 만주로 넘어간 조선인은 도합 154만 명에 이르렀다.[20]

② '일본의 앞잡이'에서 '일그러진 2등 공민公民'으로: 재만 조선인

그렇다면 만주(혹은 중국)의 조선인들은 어떤 처지에 놓여 있었고, 그들에 대한 주변 민족의 인식과 조선인의 자아 인식은 어떠했을까? 그들은 도대체 누구였을까?

분명 조선인의 만주 이민은 만주 내에서뿐만 동아시아 민족 관계에도 변화를 초래했다. 우선 조선인의 만주 이민은 중국 관민의 예민한 반응을 불러일으켜 이주 조선인의 경지 몰수, 역외 추방, 변발 귀화, 중국식 풍속의 강요 등을 초래했다. 그렇지만 이주 초기 중국인과 조선인의 관계는 대체로 원만했다.[21] 당시 중국 정부에서는 조선인 이주민이 토지 경작자였고 지방의 조세 부담자였기 때문에 조선인의 유입을 싫어하지 않았다. 중국인 지주들도 조선인 소작농이 대체로 질박하고 순종적이었을 뿐만 아니라 그들을 이용한 토지

개간(주로 논)이 자신들의 이익을 증진시켜주고 있었기 때문에 그들을 환영하는 눈치였다.[22]

그러나 조선인을 이용한 일본의 만주 침략이 본격화되면서 조선인에 대한 중국 관민의 인식이나 태도도 달라지기 시작했다. 즉 중국인은 일본이 조선인 보호를 명목으로 조선인 거주지마다 진출하게 되자, 조선인을 '일본의 앞잡이'로 인식하기 시작했고 '일본 신민'인 이주 조선인이 일본의 만주 점령에 이용될 것이라고 여겼다. 특히 중국 정부는 일부 조선인의 반일 운동이나 존재 자체가 일본군의 만주 출병이나 간섭을 불러일으켜 외교적으로 자신들을 곤혹스럽게 만들고 있다고 여겼다. 게다가 만주 개척이 중국의 인구 과밀 상황을 완화시키는 데 활용되어져야 한다고 여긴 중국인은, 조선인의 만주 이주를 꺼리고 있었다. 또한 중국인은 일부 조선인들이 일본 관헌의 묵계 하에 아편 밀매를 하면서도 중국 법률의 제제를 받지 않는 사실에 분노했다. 동시에 조선인이 누린 치외법권 자체를 주권 국가의 치욕으로 여기고 있었다. 그리고 화이관華夷觀에 따른 우월감을 지니고 있던 중국인은 조선인을 깔보면서도 나라 잃은 민족으로 동정하거나 같은 피압박 민족으로서 조선인의 독립 운동에 공감을 하기도 했다.[23]

그렇지만 일본의 대륙 침략이 본격화되면서 중국인의 조선인 혐오 의식은 점점 깊어져 갔다. 그 과정에서 중국 관민의 조선인 탄압은 심해졌고 심지어 조선인 추방이 배일 운동의 일환으로까지 여겨지기도 했다. 일부 조선인 친일파들의 활동 역시 중국인의 악감정을 불러일으키기도 하였다. 실례로 만주사변으로 일본의 만주 점령이 현실화되자, 중국의 구국군救國軍, 지방의 반일 의용군, 패잔병이나 비적들, 자위단 중에서 파면 당한 자들, 그리고 중국인 군중은 각지에서 조선인이나 마을들을 습격하여 살인·방화·약탈을 자행하였다.[24] 당시 공산당 보고서에 따르면, 중국인들 사이에선 "일본을 치려면 먼저 조선인을 죽여야 한다!"거나 "조선인은 모두 일본의 앞잡이이니 조선인을 만나면 일본인과 함께 죽여 버리자!"는 이야기가 널리 퍼져 있었다고 한다.[25]

일본은 '만주국' 수립 전까지 봉천 군벌과 결탁하여 중국인을 이용하여 조선인을 통제하기도 했지만, 기본적으로는 조선인을 이용하여 중국을 침략하는 책략을 쓰고 있었다. 일본은 조선인의 만주 이주가 개간이나 농업의 발전을 가져올 수 있고 만주의 개발과 쌀 가격의 조절에도 공헌할 수 있을 것으로 여겼다.[26] 일본인의 입장에서 조선인 이주자의 증가는 선구자적인 일본 신민의 만주 진출일 뿐만 아니라 만주 침략을 위한 인적 교두보를 의미하기도 하였다. 그러면서도 일본은 조선인의 반일 활동에 대해서는 무자비하게 탄압했다.

결국 '만주국'이 수립되기 전까지 재만 조선인은 대륙 침략을 꾀하는 일본과 이를 막으려는 중국 사이에 끼인 채, 줄곧 중·일 쌍방으로부터 이중의 통치, 이중의 탄압을 받았으며, 그들의 법적 지위 문제 역시 줄곧 중·일 쌍방의 쟁탈 대상이 되었다.[27] 그들은 '고래 싸움에 새우등 터지는' 처지에 놓여 있었고, '동네북'이나 마찬가지였다. 이 과정에서 일부 조선인들은 일본의 위세에 편승해서 중국인을 깔보기도 했지만, 그렇다고 일본이 그들을 진심으로 일본 신민으로 인정한 적은 없었다. 재만 조선인은 중·일 양 민족 사이에 끼어있는 매개 민족으로서 양자의 갈등과 모순을 완화시키기도 때로는 악화시키기도 했다. 재만 조선인은 중·일 양 민족으로부터 박해를 당하거나 이용을 당하면서도 주도적으로 자신들의 삶을 결정할 수 있는 힘이 없었다. 그들은 주인의 처분만을 기다리며 눈치나 살피는 하인의 신분과도 같았다. 게다가 재만 조선인은 '일본의 앞잡이'라는 비난에 시달려야 했다.[28]

한편 '만주국'이 수립된 이후 재만 조선인은 일본인과 마찬가지로 '일본 신민'으로서 치외법권을 누리게 되었고 그들의 명목상 지위도 향상되었다. 반면 일부 조선인이 동북항일연군의 일원으로 동참하여 조·중 양 민족의 반제국주의 항일 전선을 형성함으로써, 그나마도 '일본의 앞잡이'라는 중국인의 비난에 대응할 수 있는 명분마저 갖게 되었다. 그렇지만 이러한 사실이 일반인의 실생활을 결정적으로 바꾸지는 못했다. '일본의 앞잡이'인 조선인이 치외법권을 지니고 있다는 사실은 중국인들을 분노하게 만들었고 조·중 양 민족의 관계를 더욱 악화시켰던 것이다. 또한 조선인의 항일 무장 투쟁 역시 대다수 사람들의 실생활과는 무관한 산악 지대에서 이루어지고 있었고 그들의 투쟁 활동이 언론에 보도되지도 않았으며 대민 접촉 역시 일본 당국에 의해 차단되고 있었기 때문에, 그 자체가 만주의 일반인들 생활에 큰 영향을 미치지는 못했던 것이다. 그 결과 '만주국'에서 조선인·중국인·일본인의 관계는 '만주국' 수립 이전과 별반 차이가 없었다.

농촌에서의 민족 갈등은 특히 심각했다. '만주국' 당국이 중국인 토지를 헐값으로 매수하여 조선인 농민을 입식入植하였다. 또 중국인 지주들이 논농사 경작 기술을 지닌 조선인 소작농을 중국인 소작농보다 더 선호하였기 때문에, 조선인이 중국인 소작지를 잠식하는 현상이 발생했다. 중국인 지주의 악의적인 행태도 문제가 되었는데, 중국인 지주들 중에는 조선인에게 밭이나 습지 등을 소작으로 내주어 논으로 개간케 한 뒤 약속을 어기고 소작권을 박탈하는 자가 많았던 것이다. 조선인 이주민과 중국인 농민 사이의 경작 방식의 차이도 갈등의 소지를 제공했다. 이러한 여러 요인들로 농촌에서의 조·중양 민족의 관계는 기본적으로 갈등 선상에 있었다. '중국인=지주 ↔ 조선인=소작인'이라는 불평등한 종속 관계를 기본으로 하던 양 민족 간의 관계 역시 갈등의 잠재적 요인으로 작용했다. 게다가 조선인과 중국인은 서로 친근하게 지낼 만한 기회도 없었고 그럴 필요성도 거의 느끼지 못하고 있었다. 이들 양 민족은 자신들의 전통 습속을 그대로 지닌 채 서로 비웃고 흉을 보고 있었다. 또한 그들은 언어가 서로 통하지 않았기 때문에 말다툼을 하거나 싸움까지 하는 일이 많았으며, 물건을 서로 대차한다거나 사소한 양의 돈 거래를 할 때도 피차간의 의사 소통이 원활하지 못하여 감정을 상하는 바람에 충돌하는 경우가 많았다.[29]

'만주국' 도회지의 조선인 역시 농민의 열악한 처지와 비슷했다. '만주국'의 정부 기구·군대·경찰·사법부 등은 일본인과 중국인 중심으로 구성되어 있었다. 상공업계의 경우 국책 회사를 비롯한 대기업은 일본 쪽에서, 중소기업은 중국인들에 의해 소유·경영되고 있었다. 조선인이 활발하게 진출한 업종은 정미업·유흥 음식점·숙박업 등에 불과했다. 당시 사회 여론을 주도하거나 지도층에 속한 자유업 종사자(의사·간호사·약사·변호사·기자·출판업자) 등도 대부분 일본인과 중국인이었다. 조선인 학교가 거의 없던 상황에서, 조선인이 선택할 수 있는 방안은 교수 언어를 알아들을 수 없는 중국인 학교나 일본인 학교로 진학하는 것이었고 거기에는 차별이 따랐다. 조선인은 '만주국'의 구성원이면서도 사실상 외국에 유학하는 신세나 마찬가지였다. '만주국'의 민간 사회에 막대한 영향력을 행사하고 있던 협화회協和會나 도시 사회의 기본 조직인 정회町會 역시 일본인과 중국인 중심으로 구성되었고, 거기에서 사용되는 언어도 일본어와 중국어였다. 따라서 일본인과 중국인이 주도하고 그들의 언어로 이끌어지던 기간 사회 조직에 일본이나 중국어를 알아듣지 못하는 조선인이 끼어들기란 매우 어려웠다. 이것은 조선인이 '만주국' 인구의 3퍼센트에 불과한 현실과도 관련이 있었다. '만주국'에서 조선인의 존재[30]는 미미했다.

당시 조국을 상실한 조선인은 중국인으로부터 '일본의 앞잡이'라는 비난과 아울러 멸시를 받고 있었다. 일본인 역시 '제국 신민'인 조선인을 '귀찮고 하찮은 존재'로 인식하고 있었다. '만주국' 도회지의 조선인은 대부분 자포자기의 비관론에 사로잡혀 모든 것을 운명에 맡긴 채 되는 대로 살아가고 있었다. '만주국' 사회에서 조선인은 다른 민족보다 술에 절어서 사는 사람들이 상대적으로 많았다. 그들 대다수에게는 어떠한 희망이나 장래도 보장되어 있지 않았다. 재만 조선인 중에는 그저 일확천금을 움켜쥘 때까지 잠시 동안 만주에 머물기만 하면 된다고 생각해서 각종 사회 단체에 참여하는 사람들이 매우 적었다. 그들 중에는 집 앞에 나무 한포기 심는 사람조차 거의 없었다. 어차피 '만주국'은 그들에게 이방인의 땅이었던 것이다. 그들 중에는 도박·아편 밀매·매춘·밀수 등에 종사하는 사람들이 적지 않았다. 그것은 어쩌면 밑바닥 삶을 살아가는 사람들이 자포자기의 심정으로 선택하는 최후의 출로인지도 몰랐다. 조선인 가운데 떳떳치 못한 직업不正業 종사자가 많았다는 사실은 타민족의 멸시와 맞물려 그들의 위상을 더욱 악화시켰다. '만주국' 사회에서 조선인은 '나쁜 이미지의 대명사'였다. 중국계 신문에서는 연일 조선인의 악행을 부풀려서 보도하고 있었다. 일본 및 '만주국' 당국에게 재만 조선인은 개조의 대명사처럼 거론되었다.

그런 분위기에서 집을 소유한 사람들(주로 중국인)은 조선인에게 임대하기를 꺼려했으며, 구인 광고에서조차 조선인을 배제하는 경우가 빈번했다. 일부 사람은 타민족으로부터 차별받는 것이 두려워 한복 입기를 꺼려했거나 심지어 양복을 입고 일본인 행세를 하고 있었다. '만주국'에서 "하찮고 귀찮은 민족"으로 취급받고 있던 상황에서, 그리고 조선 민족이라는 사실을 숨기고 싶어 하거나 부끄러워하던 현실에서, 조선인들은 상호간에 깊은 불신감을 품고 있었다. 조선인들 사이에는 만나기만 하면 서로 헐뜯는 일이 비일비재했다. 그러면 그럴수록 조선인들은 서로 단결하기가 어려웠고 그들의 민족적 위상 역시 추락하고 있었다. 어느 민족을 불문하고 적어도 자기 자신이나 민족에 대해 자부심을 느낄 때 상호간에 신뢰감을 공유할 수 있고 예의를 지킬 수 있고 단결을 할 수 있는 것이다. 재만 조선인 중에는 자신들의 민족적 위상이나 평판이 형편없음을 비관하거나 자민족의 장래에 대해 깊이 절망하고 있던 사람들이 많았다. 현실이 그러하건대 조선인임을 숨긴 채 일본인 행세를 하면서 위세당당한 일본인이고 싶어 했던 도회지의 '양복쟁이 군상群像'이 출몰하고 있었다는 것은 지극히 당연한 결과였는지도 모른다. 게다가 1937년 이후 '만주국'의 치외법권마저 철폐되면서 그나마 조선인의 권익을 위해 조직되었던 단체들도 해체되었고, 경제 통제 정책으로 더 큰 피해를 입은 조선인은 마치 '서리 맞은 풀잎'처럼 시들어가고 있었다.

재만 조선인은 일본이나 '만주국'을 자신들의 국가로 받아들이지 않고 있었다. 그렇다고 살 길이 막막해서 만주로 건너간 그들이 빈손으로 귀향할 경우 고향 사람 역시 그들을 반갑게 맞이해주지 않았다. 만주에서 자리를 못 잡고 조선과 만주를 수없이 넘나들면서 떠돌이 신세가 된 상당수의 조선인들은 고향 사람 심지어 친척들에게도 짐스런 존재밖에 되지 못했다. 당시 법률적으로는 일본 신민, 혈통적으로는 조선인, 현실적으로는 '만주국' 국민이었던 재만 조선인 가운데 많은 수는 사실상 안주할 곳을 찾지 못하고 있었다. 그 결과 국적이 없는 무적자無籍者 중에는 조선인이 비교적 많았다.

비록 자의든 타의든 "조선인은 만주국의 2등(국)공민"이라고 떠드는 사람들이 있었지만, 그것을 입증해 수 있는 조건, 즉 그들을 보호해 줄 수 있는 조국도, 힘을 발휘할 수 있는 정치적·군사적 권력이나 경제적 자산도, 찬란한 문화나 변변한 학력도, '만주국'에 대한 국가 의식이나 자신감도 없었다. 그들에게는 중국인보다도 나은 것이 사실상 없었다. 그들이 '만주국'에서 중국인보다 나았던 것은 한때나마 지배 민족인 일본인과 같이 '일본 신민'으로서 치외법권을 누린 적이 있었다는 점, 중국인 노동자보다 평균 임금이 높았다는 점(고액 봉급자의 비중은 중국인이 훨씬 높았지만), 당시 고급 식량이었던 쌀이(일부 중국인 고급 관료 및 부유층은 제외) 중국인 백성에게는 배급되지 않았지만 조선인에게는 배급되었다는 점(그것도 현금 구매 제도가 실시되면서 조선인은 거의 혜택을 누리지 못함)이다. 그렇다고 당시 조선인이 중국인보다 경제적으로 나았던 것은 아니었다. 그들은 중국인보다도 훨씬 열등했다. 재만 조선인은 '만주국'의 '천덕꾸러기'로서 '한계적 위치marginal status'에 있었다.

이른바 '2등 공민론'은 '일본의 앞잡이'라는 중국인의 비아냥거림과 멸시에 대한 반감 속에서, '일본 신민'이라는 일본의 통치 논리에 도취된 일부 조선인이 중국인보다 우월한 지위를 누리고 싶은 바람에서 비롯된 것으로, '조선인만의 상상의 공동체 의식이 파생시킨 허상'이었다. 일본 역시 '일본 신민'이었던 조선인을 형식적으로만 '2등 공민' 취급했을 뿐, 실제로는 중국인의 반발을 의식하여 조선인의 지위를 중국인보다 위에 두려고 하지 않았다. 중국인 중에도 조선인을 '2등 공민'이라고 칭한 경우가 있었는데, 그 배경에는 '일본의 앞잡이 노릇하면서 일본인에게 빌붙어 사는 민족'이라는 경멸적인 의미가 내포되어 있었다. 어쩌면 만주는 조선인에게 "인연이 먼 고장, 고향에서 살 수 없는 무리가 막다른 발길을 옮겨놓은 서글픈 고장"[31]이었는지도 모른다.

비록 '만주국'은 중국인과 더불어 민족 해방 투쟁을 하고 있던 일부 조선인에게는 절실한 항일 근거지였고, '만주국'에서 성공한 친일 성향의 일부 조선인에게는 꿈을 실현시켜준 안식처였지만, 대다수의 조선인에게는 어두운 그림자를 드리워주고 있었다. 만주에서 일부 조선인이 중국인과 더불어 항일 무장 투쟁을 벌이고 있었다는 사실은 어쩌면 그들에게 유일한 자랑거리였는지도 모른다. 그리고 그 사실은 중국인에게 빌붙어 살고 있다는 재만 조선인 내면의 자괴감을 덜어줄 수 있는 유일한 위안거리였는지도 모른다.

③ '영원한 주변인周邊人': 중국의 조선족

한편 1945년 일본의 패망으로 '일본 신민의 보호 세력'이 사라지자, 그동안 재만 조선인에 대해 불만이나 증오심을 가졌던 중국인들, 특히 국민당 계열의 사람들 중에는 조선인이나 조선 마을을 습격하여 살해·폭행·강간·약탈 등을 자행한 경우가 많았다. 당시 피해가 극심했던 산간 오지를 제외한 국민당 군대의 점령지에서만 조선인 176명이 사망했고 1,866명이 부상당했으며, 3,468명이 구금당했고 320명이 강간당했으며, 12만 8,085명이 모욕을 당했고 재산상의 피해도 엄청났다.[32] 이 와중에 1944년 7월 당시 230만 명이었던 조선인 가운데 80여 만 명이 귀국하였다. 당시 국민당군 점령지에 거주하던 조선인은 만주 전체의 6분의 1에 불과했고, 실제로 피해가 많은 산간 벽지에서의 피해는 제대로 조사되지 않았다는 점을 고려해 보면, 당시 중국인으로부터 피해를 입은 조선인의 수는 훨씬 많았을 것이다.[33] 또한 중국 국민당 점령 지구에서는 1946년 4~9월 사이에 조선인들은 7만 9,700여 헥타르의 토지를 박탈당하였으며, 1947년도에만 8,468명이 체포되었고 2,042명이 맞아 죽거나 부상자·불구자가 되었다.[34]

그러나 중국 공산당이 대륙을 석권하고 합리적인 민족 정책을 추구하면서 중국에 잔류한 조선인은 소수 민족의 일원으로서 중국 국민이 되었다. 중국의 조선족[35]은 태생적으로는 남·북한에 뿌리를 두고 있기 때문에 잠재적으로는 자신들의 핏줄을 염두에 두고 있으면서도 관념상으로는 중국 국적을 지닌 중국인으로서 중국적인 생활 관습과 가치관에 물들어갔다. 이처럼 조선족으로서의 민족 의식과 중국 국민으로서의 국민 의식이 혼재되면서, 그들은 '이중의 정체성dual identity'으로 인해 혼란이나 고통을 경험하게 되었고 때로는 다수 민족으로부터 박해를 받는 경우도 있었다.

특히 1958년의 '반우파反右派 투쟁'과 '민족 정풍 운동' 시기 대한족주의大漢族主義가 기승을 부리면서 소수 민족의 발전을 위한 정당한 요구는 '지역 민족주의 경향'으로 비판을 받았다. 더욱이 문화대혁명 시기에는 대중화주의大中華主義에 기초한 민족의 단결이 주창되면서 한족 이외의 기타 민족의 존재는 부인되었고 모든 소수 민족은 '한족화漢族化'를 강요당하였다. 이 과정에서 소수 민족 지도자들은 처형되었거나 탄압을 받았으며 조선족도 갖가지 고초를 겪었다.[36] 실례로 연변에서 조선족에게 덧씌워진 억울한 사건만도 3만 5천여 건에 달하였고, 이 과정에서 사망자가 2천여 명, 불구가 된 자가 3천여 명에 달하였다.[37] 이들 대부분은 모두 터무니없는 근거로 '반역자', '외국 특무', '지하 노동당 당원', '지하 국민당 당원' 등의 누명을 쓴 사람들이었다. 이 와중에 수많은 조선족이 북한으로 도망치기도 했다. 평소에 다른 민족의 등에 업혀 산다는 위축감에서 빠져 나오려고 몸부림치던 조선족은 다른 민족보다 정치 운동에 민감하였고 적극적이었기 때문에 그 손실도 다른 민족에 비해 컸다. 그 결과는 과거부터 중국인의 의식 속에 잠재되어 있던 '조선인=일본의 앞잡이'라는 인식과도 무관하지는 않았다.[38]

상술한 것처럼 중화인민공화국의 수립으로 조선인에서 조선족으로 바뀌었다고 해서 중국 내 조선 사람의 인생 역정이 평탄했던 것만은 아니었다. 중국의 조선족은 사실상의 지배 민족이자 다수 민족인 한족의 틀 속에 꿰어 맞추어져야 했다. 비록 중국 정부가 소수 민족 우대 정책을 표방하고 그것을 실현시키기 위해 많은 노력을 기울였다고 하지만, 정치적 격동기에 조선족은 소수 민족의 특성이나 발전을 요구했다는 죄명(?)으로 다수 민족의 미움을 사 시련을 겪게 되곤 했던 것이다. 그들을 지배하는 민족의 주체가 바뀌고 방식이 달라졌을 뿐 조선족의 민족적 위상이 '주인의 위상'으로 전화된 적은 없었다.

비록 혈통상의 조국이 남과 북으로 갈린 채 존재하고 있다고는 하지만, 조선족은 여전히 온전한 안식처를 찾지는 못하고 있다. 한반도의 남·북한은 조선족에게 끊임없이 자기편이 되기를 강요해왔다. 이것은 소수 민족으로서의 민족 의식과 중국 국민으로서의 국민 의식이 뒤범벅되어 있던 조선족에게 정체성의 혼란을 가중시켰다. 비록 남한은 물질적인 혜택의 기회를 제공해주고 있지만 그들을 차별하고 있다는 점에서, 북한은 사회주의 혈맹국의 일원으로서 동류 의식을 불어넣어주고 있지만 사회 체제가 경직·낙후되어 있고 빈곤이 심각하다는 점에서, 모두 조선족에게 '가나안의 땅'으로 비쳐지지는 않고 있다. 중국의 조선 사람! 그들은 '주변인으로서의 멍에'를 벗어버리지 못한 채 여전히 힘겨운 삶을 살아가고 있는 것이다.

상술한 만주의 지정학적 특성은 '중화민족 대가정'을 만들어 소수 민족 문제를 해소해서 민족적 단결을 바탕으로 현대화된 강국을 창조하려는 중국의 고민거리로 작용하고 있다. 즉 동북 지구(만주)는 동북아에서 지정학적으로 주변 민족의 이해 관계가 여전히 얽혀 있고, 특히 한반도와의 역사적·민족적 상관성이 농후해서 동북 지구에 대한 한반도의 영향력이 강하게 작용하고 있는 셈이다. 이를 차단하기 위한 차원에서 출현한 것이 중국의 '동북공정東北邊疆歷史與現狀系列硏究工程 Northeast Project'이다.

2) 중국의 '동북공정'

중국 동북 지구는 우리 민족의 역사적 발원지로서 한반도와 불가분의 관계를 맺어왔다. 이 관계는 19세기 중엽부터 시작된 조선인의 만주 이주로 다시 복원되었고, 특히 1992년 한·중 수교를 계기로 활발해진 중국 조선족[39]의 남한 방문과 장기 체류, 북한 탈북자 현상 등으로 한·중 간의 현실적인 외교 문제로까지 비화되기 시작했다.

최근 중국 동북 지구와 한반도 사이에 나타나고 있는 현상들을 구체적으로 살펴보면, 먼저 한국에서는 10여 만 명으로 추정되는 불법 체류 조선족이 몇 년 전에 〈재외동포특별법〉 제정을 통한 차별 철폐 요구 시위와 '국적 회복 운동'을 벌인 적이 있다. 조선족은 통상 5~6년씩 한국에 체류하다 돌아간다고 한다. 장기간 한국에 체류했던 그들은 이미 한국식 생활 방식이나 가치관에 물들어 '한국인' 성향을 띠는 경우가 대부분이다. 또한 중국 내의 조선족 가정이나 마을에서는 상당수가 위성 방송을 통해 한국의 드라마나 뉴스를 시청하고 있기도 하다. 중국의 조선족은 정서적·의식적으로 한국 사회와 단절되지 않고 맞물려서 살아가고 있는 셈이다. 이러한 상황은 분명 조선족의 정체성 동요를 보여주는 징후들이다. 또한 그것은 향후 한반도의 정세 변화 여하에 따라 그들이 한반도와 연계될 수도 있음을 보여주는 단서이기도 하다.

중국 동북 지구에서는 수만 명으로 추산되는 북한 탈북자들이 중국 내 친척이나 지인(주로 조선족)을 찾아 의존하면서 삶을 모색하고 있다. 이때 북한 탈북자들과 접촉하게 된 중국 내 조선족 가운데 상당수는 민족적 동질성을 경험하기 마련이다. 북한 탈북자들은 '중국 국민'으로서의 조선족의 정체성에 영향을 미치고 있는 셈이다. 게다가 대규모의 북한 탈북자 현상은 분명 북한 정권의 극단적인 불안정성을 보여주는 징표이다. 이것은 한반도 정세가 앞으로 변할 가능성이 크다는 것을 간접적으로 시사해주는 지표이기도 하다. 만일 북한에서 돌발 사태가 발생할 경우, 수만 내지 수십 만 명의 북한 사람들이 동북 지구로 도피하거나 피난을 가서 국제 난민화할 가능성이 높다.

더욱이 향후 한반도의 급격한 정세 변화(주로 북한 정권의 붕괴나 북한의 돌발 사태 등을 의미함)가 일어날 경우, 코리안 드림을 꿈꾸고 있는 중국의 조선족은 한반도로 건너올 가능성이 농후하다. 이러한 상황과 관련하여, 중국의 어느 국제 관계 전문가는 "강한 응집력을 가지고 있는 한국 민족은 조선족으로 하여금 한국 민족과 한데 뭉치도록 할 것이라는 점, 일단 한국과 북한이 통일되면, 새로 탄생한 이 국가는 중국의 조선족에게 강대한 흡인력을 발휘할 것이라는 점, 그리고 조선족 대다수는 모두 중국 동북의 중·조 국경선 부근에 거주하고 있어서 자치 혹은 독립을 요구할 가능성이 있다는 점을 거론하면서, 조선족의 최종 목적이 자신의 동포들과 합병해서 하나의 국가를 이루는 것일지도 모른다"[40]는 우려를 표명하고 있다. 상술한 상황이 일어날 경우, 중국과 한반도의 국경은 모호해지고 동북 지구는 한민족의 근거지로 될 가능성도 있다. 게다가 동북 지구에서 소수 민족 문제가 새롭게 파생되면 중국의 다른 변강 민족 지구에도 파급되어 중국의 사회적 안정은 급격하게 흔들릴 것이다.

한편 남·북한에서는 20세기 이래 중국 및 한반도 중·북부에 존재했던 상고사(고조선·부여·고구려·발해)를 한민족의 역사라고 가르쳐왔다. 중국을 방문하는 일부 한국 사람들은 중국 조선족에게 공공연히 "만주 수복론"을 설파하기도 했다. 최근에는 1909년 일제와 청조 사이에 체결된 '간도협약' 이 무효임을 공론화하자는 움직임과 아울러 '간도가 한국 땅' 임을 주장하는 단체나 언론 논조가 증가하고 있다. 게다가 북한에서는 2003년에 고구려 문화 유적을 세계 문화 유산에 등재하려고 시도했다. 만일 북한 내 고구려 문화 유적만이 세계 문화 유산에 단독으로 등재되었다면 중국 내 고구려 문화 유적은 자칫 북한의 역사 유물로 비쳐질 수도 있었다. 어쨌든 남·북한에서 고조선·부여·고구려·발해가 한국사라고 주장하는 한, 그리고 이들 왕조가 관할하던 지역은 한국 땅이었다고 주장하는 한, 중국 동북 지구는 한민족의 관념적인 역사 영역으로 남게 될 것이고, 중국은 "만주=한국 땅"이라는 악몽을 계속 꾸어야 할 것이다.

게다가 향후 한반도 정세가 급격하게 변하면서 남한과 미국 주도로 한반도 통일이 이루어질 가능성도 점쳐지고 있다. 이렇게 되면 중국은 동북아 전략을 펼쳐나갈 발판으로써 북한을 상실하게 되고 미군 기지가 압록강과 두만강 가에 들어서는 상황을 맞이하면서 동북 변강의 안정에 위협감을 느끼게 될 것이다.

상술한 상황은 분명 '동북공정' 추진과 관련이 있다. 그렇다면 구체적으로 중국 정부는 왜 '동북공정' 을 추진하고 있고, '동북공정' 의 실체가 무엇인지를 알아보자.

(1) '동북공정' 의 추진 실태와 내용

중국에서는 1983년 '변강' 의 역사와 지리 연구를 전담하기 위해 중국사회과학원 직속으로 중국변강사지연구센터中國邊疆史地研究中心를 설립했다. 중국변강사지연구센터에서는 1999년 중국 중앙 및 지방 정책 기관의 지원을 받아 중국변강지구역사여사회연구운남공작참中國邊疆地區歷史與社會研究雲南工作站의 경험을 바탕으로 중국변강지구역사여사회연구동북공작참中國邊疆地區歷史與社會研究東北工作站을 조직했다.[41] 이때 중국사회과학원과 동북 3성은 중공 중앙의 비준을 얻어 '동북공정'이라는 대형 과제를 연합적으로 조직하여 2002년 2월부터 정식 활동에 들어갔다. 5년을 기한으로 설정된 '동북공정'은 학과·지역·부문을 뛰어넘은 대형 프로젝트이다.

중국사회과학원과 동북 3성의 공산당위원회 선전부 등에서는 '동북공정'을 원활하게 추진하기 위해 '동북공정영도협조기구東北工程領導協助機構'를 조직했는데, 2002년 설립 당시 고문은 중공 중앙 정치국 국원이자 중국사회과학원 원장[42]이었던 리티에잉李鐵映과 중공 중앙위원이자 재정부 부장인 샹화이청項懷誠이 맡았다. '영도협조기구' 밑에 조직된 '동북공정영도소조'의 조장은 중공 중앙위원이자 중국사회과학원 부원장인 왕뤄린王洛林이, 부副조장은 흑룡강성공산당위원회 부서기인 양광홍楊光洪, 길림성 부성장副省長인 취엔저쭈全哲洙, 요녕성 부성장인 쟈오신량趙新良, 중국사회과학원 중국변강사지연구센터 연구원 마따정 등이, 비서장秘書長은 변강사지연구센터 연구원인 리성厲聲이 각각 맡았다. 영도소조 밑에는 다시 '전문가위원회'가 조직되어 변강사지연구센터·민족연구소·세계사연구소·고고학연구소·과학연구국科學研究局을 비롯하여 중국인민대학 청사연구소淸史研究所·흑룡강성 사회과학원·흑룡강성 선전부·요녕성 선전부·길림성 사회과학원·요녕성 사회과학원의 관계자들이 위원으로 참여하였다. 또한 '전문가위원회' 예하에 설치된 '동북공정판공실'에는 변강사지연구센터의 관계자들이 포진하였다.

'동북공정'의 조직 계통을 살펴보면 몇 가지 두드러진 특징들을 발견할 수 있다. 첫째, 다른 변강 지구의 연구나 활동은 주로 해당 연구 기관 단독으로 이루어지고 있는데 비해, 동북 지구를 다루는 '동북공정'에는 중국사회과학원 산하 조직들이 총 망라됨은 물론 동북 3성의 행정 조직·공산당 조직·관련 연구 기관·대학·사회과학원 등이 모두 참여하고 있다는 점이다. 둘째,

설립 당시 중공 중앙위원회 정치국 위원 겸 중국사회과학원 원장을 비롯하여 중공 중앙위원회 위원 겸 국무원 재정부장이 고문을 맡았고, 중공 중앙위원 겸 중국사회과학원 부원장이 영도소조 조장을, 성省위원회 부서기나 부성장이 부조장을 맡았다는 점이다. 이러한 점들을 고찰해보면 '동북공정'은 다른 변강 지구와 달리, 중앙의 주요 인사들과 동북 지역의 고급 관료들이 관여하고 있을 만큼 중앙 정부에서 큰 비중을 두고 추진되는 프로젝트임을 엿볼 수 있다.

'동북공정'은 ㉠ '기초 연구'와 '응용 연구'를 포함한 연구 부문, ㉡ 외국 (주로 남·북한)의 관련 서적을 번역하는 부문, ㉢ 관련 당안檔案의 수집·정리 부문으로 나뉘어 있다. '기초 연구'란 역사적·학문적인 이론 연구를 지칭한다. '응용 연구'는 '기초 연구'를 토대로 현실의 국제 관계 속에서 파생되는 여러 가지 문제, 특히 한반도 정세 변화가 중국 동북 지구에 미칠 영향과 충격에 대한 분석과 그에 대한 중국의 대응책 등을 가리킨다. 특히 '응용 연구'는 한반도 정세 변화 및 그에 따른 동북아 국제 질서 변화, 중국의 한반도 정책 및 동북아 전략 등과 관련되어 있기 때문에 비공개로 추진되고 있다. 따라서 '응용 연구'의 주제 항목이나 내용은 알 수가 없다. 다만 공개된 '기초 연구' 항목만의 연도별 공모 과제 및 확정 과제를 소개하면 〈표-1〉과 같다.

'동북공정'의 '기초 연구' 공모 과제들을 살펴보면, ㉠ 고대 중국 강역 이론 연구, ㉡ 동북 지방사 연구, ㉢ 동북 민족사 연구, ㉣ 고조선·고구려·발해사 연구, ㉤ 한·중 관계사 연구, ㉥ 동북 변강 사회 안정 전략 연구, ㉦ 한반도 정세 변화 및 그것이 동북 변강의 안정에 미칠 영향 연구, ㉧ 중국 동북 변강과 러시아 원동遠東 지구의 정치 경제 관계사 및 중·러 민족 문제, ㉨ '응용 연구' 등임을 알 수 있다.[43] 따라서 '동북공정'은 러시아와 관련된 연구 과제 몇 가지를 제외하면 사실상 남·북한을 염두에 둔 프로젝트라고 할 수 있다.

표 1. 중국변강사지연구센터의 기초 연구 분야 연도별 공모公募 및 확정 과제 현황

구분		연구과제현황
제1차년 (2002년)	기초 연구 (27과제)	好太王碑1580年(耿鐵華), 渤海國史(魏國忠), 箕子與箕子朝鮮硏究(張碧波), 渤海史論(朱國忱), 中韓相關姓氏族源考論(王雅軒), 簡明高句麗史(孫玉良), 國際法與中朝邊界爭議問題(焦潤明), 『三國史記』詳注及硏究(劉子敏), 長白山地區歷史與文化及其歸屬問題硏究(劉厚生), 渤海移民的治理與歸屬硏究(武玉環), 鴨綠江以南的高句麗遺址調查硏究(徐日範) // 僞滿時期東北邊界衝突與界務交涉硏究(王慶祥), 近代中國東北地區的國際移民問題硏究(王勝今), 中國東北古民族發達史(李德山), 黑龍江通史(步平), 20世紀中國東北邊疆文化硏究(黃定天), 東北漢族人口史硏究(孟廣耀), 東北邊疆多民族文化交流與融合(邴正), 民國時期東北地方政府治邊硏究(胡玉海), 東北民族區域設置硏究(程妮娜), 歷朝東北治邊硏究(徐德源), 淸代邊疆城鎭硏究(李治亭), 中國歷代治理東北邊疆思想硏究(劉信君), 淸代鴨綠江流域的封禁與開發硏究(張杰) // 中國東北與俄國(蘇聯)經濟關係史(張鳳鳴), 俄國東部移民開發問題硏究(王曉菊), 俄羅斯遠東地區的中國人(張宗海)
	응용 연구	8개 과제(비공개)
	번역 (14과제)	朝鮮韓國史學界的古朝鮮·夫餘硏究論著選編(孫啓林), 朝韓學界高句麗的硏究文獻(權赫秀), 國外渤海史硏究資料滙編(鄭永振), 朝文相關重要著作和資料飜譯(張璉瑰), 中朝邊境史---白山資料院叢書選譯(高敬洙), 朝鮮半島現狀硏究(張英), 韓國和朝鮮的經濟·社會狀況比較(吳建華) // 21世紀俄羅斯東部發展戰略和規劃(趙立枝), 阿穆爾沿岸地區的中國人(張宗海), 90年代上半期的中國與俄羅斯遠東--地區合作問題(張宗海), 條約條款業已確定(王復士), 俄中與蘇中經濟貿易關係史(宿豊林), 資本主義時代旅俄華工在遠東(王晶), 大黑瞎子島上的女眞考古遺存(林樹山)
	자료 편찬 (4과제)	東北邊疆歷史檔案選編·琿春衙門檔滙編(吳元豊), 東北邊疆歷史檔案選編(遼寧券)(趙煥林), 東北邊疆歷史檔案選編(吉林券)(劉鳳樓), 東北邊疆歷史檔案選編(黑龍江券)(田汝正)
제2차년 (2003년)	기초 연구 (36과제)	延邊地區中朝,中朝跨國婚姻問題硏究(田相華), 高句麗考古硏究(魏存成), 古代高句麗史專題硏究(馬大正), 中朝藩屬關係與中朝邊界歷史硏究(刁書仁), 中國與朝鮮半島考古文化學比較硏究(趙賓福), 中國與朝鮮半島石器時代,靑銅器時代考古文化學比較硏究(王巍), 二戰以來中朝,中越關係發展比較硏究(李國强), 中國高句麗文物古迹圖錄(李淑英), 中國朝鮮族通史(崔文植), 近三十年朝鮮日俄四國高句麗,渤海硏究綜合分析(王禹浪), 朝鮮半島與東北亞安全(姜龍範), 渤海遺址現狀調硏(彭善國), 高句麗民族與國家的演變(楊軍), 淸末東北邊疆的朝鮮族移民與"間島"問題硏究(衣保中), 朝鮮半島民族,國家的起源與發展(李德山), 靺鞨,渤海與東北亞各國,各族關係史硏究(馬一虹), 明代東北邊民流移朝鮮硏究(謝肇華), 高句麗的族源與疆域(王綿厚) // 外國學者關于中國東北域與民族研究綜述(秦其明), 西方學者關于邊疆理論問題專題硏究(于沛), 邊疆的話語與話語的邊疆:西方邊疆理論之知識考古學勘察(張世明), 漢唐藩屬硏究(李大龍), 中國古代藩屬制度硏究(黃松筠), 明代東北疆域硏究(楊暘), 東北邊疆問題硏究(馮季昌), 中國歷代朝貢制度硏究(付百臣), 吉林通史(孫乃民), 東北邊疆歷史圖片集(趙煥林), 中國東北邊疆歷史硏究資料信息(中文部分)(姜維公), 東北地方志中的邊疆問題史料及東北地方志考釋(金恩輝) // 中俄東段邊界沿革及界務問題硏究(李傳

구분		연구 과제 현황
제2차년 (2003년)	기초 연구 (36과제)	勛), 俄羅斯亞太政策走向與中俄區域合作(趙立枝), 中俄跨境民族及民族政策比較研究(楊建國), 20世紀黑龍江地區與俄羅斯遠東地區科敎育人口素質比較硏究(段光達), 近代以來日本·俄國對中國東北歷史地理的調査與硏究(步平) // 內蒙古東部邊疆的歷史與現狀(冬靑)
	응용 연구	4개 과제(비공개)
	번역 (5과제)	跨越中俄國境四千公里(日文)(笪志剛), 日本外務省"間島"問題資料(日文)(華立), 20世紀俄羅斯與蘇聯對華關係史(露文)(宿豊林), 關于朝鮮半島統一問題(朝文)(張英), 白頭山定界碑研究(日文)(王德朋)
	자료 편찬 (3과제)	東北三省檔案館館藏東北邊疆檔案通覽(厲聲), 東北三省檔案館館藏東北邊疆檔案選輯(厲聲), 漢文古籍朝鮮史料整理(劉爲)
제3차년 (2004년)	기초 연구 (6과제)	唐代渤海國五京硏究(楊雨舒), 元朝與高麗關係硏究(烏云高娃), 朝鮮李朝 '北進'政策與 '間島'問題硏究(孫春日) // 淸代東北的交通與邊政(劉文鵬), 淸代東北移民政策硏究(張世尊) // 俄羅斯學界渤海史迹硏究成果之學術史與歷史文獻學硏究(胡凡)

출전: 李國强, 〈"東北工程"與中國東北史的硏究〉, 《中國邊疆史地硏究》 2004년 제4기(2004. 12), 5∼6쪽.

비고: 이국강은 중국사회과학원 산하 동북변강사지연구중심의 부주임을 역임하면서 행정업무를 총괄하는 연구자이다.

그렇다면 중국이 '동북공정'의 일환으로 주장하고 있는 역사적 · 학술적 논리를 살펴보자. 우선 2004년 말 현재 공식화된 중국 측의 고구려사 논리로는 중국변강사지연구센터의 인터넷 홈페이지에 올려진 내용[44]을 들 수 있다. 이 내용에서는 고구려 정권을 "서한西漢 현도군 고구려현 경내의 변강 민족이 수립한 지방 정권"으로 규정하는 동시에, 고구려의 판도가 서한의 강역 내에 존속했다고 주장한다. 결국 고구려는 '중국 변강 지구의 소수 민족 정권'으로서 중화민족의 역사 범주에 속한다는 것이다. 따라서 "고구려인은 중국 고대의 민족이기 때문에 중국 동북 지구에서 발굴된 고구려의 유물 유적 역시 왕건이 세운 고려의 문화가 아니라 중국의 문물 고적"이라는 것이다.

중국 측이 그렇게 주장하는 논거를 살펴보면, 첫째, 고구려 정권은 "남하한 일부 부여족夫餘族 일파와 서한 고구려현 경내의 기타 민족(濊貊族 · 漢族 · 鮮卑族 · 肅愼人) 등이 공동으로 수립"했다고 하여, 고구려 민족은 한반도의 한민족과는 완전히 무관한 중국 변강의 민족이며, 정권 수립 주체 역시 한민족과는 무관하다는 것이다. 더욱이 고구려 정권은 "초기에 서한의 직접적인 관할 하에 있었고", "고구려의 활동 지역이 중국 역대 왕조의 통치 지구였기 때문에 당조唐朝가 고구려를 '통일'시켰다"는 것이다. 따라서 고구려 민족이 한민족이 될 수는 없다는 것이다.

둘째, "고구려의 활동 중심(주로 都城)이 후기에 현재의 중국 강역 밖(한반도의 평양)으로 옮겨졌지만, 그 지역 역시 한사군의 관할 범위였기 때문에, 사실상 고구려의 활동 범위는 한사군의 관할 범위를 벗어난 적이 없었다"는 것이다. 게다가 고구려는 "줄곧 중국 역대 중앙 왕조와 신속臣屬(冊封—朝貢) 관계를 유지해왔을 뿐만 아니라 스스로 그 관계를 끊고 '중국' 밖에 존재한 적은 없었다"는 것이다. 그리고 당이 고구려를 '통일'한 후 일부 고려인(高仙芝 · 往毛仲) 등은 '조국'(여기에서는 '중국'을 뜻함)의 '통일'을 유지하기 위해 많은 공을 세웠다는 것이다.

셋째, "고구려가 멸망한 후 대다수의 고구려 유민은 한족漢族으로 흡수 · 융합되었다"는 것이다. 당시 고구려 인구는 70여 만 명에 달했는데 당 태종과 고종 때 약 30만 명의 유민이 중원 지역으로 옮겨갔고 이들은 점차 한족에 융합·흡수되었다는 것이다. 고구려 유민 가운데 약 10만 명은 투항·포로 등의 형태로 신라로 들어가 흡수되었고, 또 다른 10만 명 이상은 말갈의 발해에 망명하여 발해의 구성원이 되었다가 금대金代에는 여진족에게 흡수되었고 금조金朝 멸망 후에는 대부분 한족에게, 나머지 1만여 명의 유민들은 북방의 돌궐족에게 융합·흡수되었다"는 것이다.

다음으로 중국에서는 고구려와 왕건이 세운 고려 사이의 역사적 계승성을 부정한다. 중국 측이 내세우는 논거를 소개하면, 첫째 "고구려인이나 수·당 시대 역사가들은 습관적으로 '고구려'를 '고려'로 불렀기 때문에 '고려'라는 명칭이 사서에 나타나기 시작했다"는 것이다. 따라서 "중국 역사책에 등장하는 고구려의 약칭 '고려'(고주몽이 세운 고려)와 '왕씨 고려'(태조 왕건이 세운 고려)의 명칭이 같기 때문에, 요즘의 중국 사람들은 이 양자가 전후 계승 관계를 지니고 있는 일체로 인식하고 있다"는 것이다. 그런데 고구려는 "250년 후에 등장한 한반도의 '왕씨 고려'와는 하등 계승 관계가 없으며, 왕씨 고려의 활동 범위도 한반도를 벗어난 적이 없었다"는 것이다. 따라서 "고구려의 약칭인 고려와 왕씨 고려는 시간적으로 보나 왕족의 성씨로 보나 예속 신민의 구성 실태로 보나 근본적인 차이가 있으므로 고씨 고려와 왕씨 고려를 혼동해서는 안 된다"는 것이다. 게다가 "왕씨 고려의 강역은 기본적으로 신라의 강역을 계승했고 구성원도 대부분 신라인(辰韓·弁韓)과 백제인(馬韓)으로 한반도 남부의 삼한인三韓人이었다"는 것이다. 또한 고려 태조 왕건 역시 서한 낙랑군 '한족의 후예'일 가능성이 매우 높다"는 것이다. 이러한 논리는 한반도의 고려 왕조가 고구려의 맥을 이은 왕조로서 이 양자가 서로 역사적 계승성을 띠고 있는 것으로 인식하고 있는 중국 사람들의 역사관을 바꾸려는 데 있다.

(2) '동북공정'의 추진 배경과 의도

원래 1950~1960대까지만 해도 중국의 세계사 교과서나 저명한 역사학자들의 저서에서는 고구려사를 한반도의 신라·백제와 더불어 삼국으로 기술했다. 이러한 기조는 기본적으로 1980년대 초반까지 이어졌다. 그런데 1980년대 중반부터 제기되기 시작한 "일사양용론—史兩用論"[45]을 거치면서 종래의 "고구려사=한국사" 논리는 "고구려사=중국사" 논리로 바뀌기 시작하다가 2002년 '동북공정'을 계기로 "고구려사=중국사"라는 논리가 사실상 공식화되고 있다.

그렇다면 1950~1960대까지만 해도 고구려사를 한국사로 인정하고 그 사실을 중국의 세계사 교과서에 기술해 왔던 중국 정부가 '동북공정'을 추진하면서 "고구려사=중국사"라는 논리를 공식화하는 저의는 무엇일까? 그 논리를 배태시킨 '동북공정'의 추진 배경과 의도는 무엇일까?

'동북공정'의 센터 역할을 하고 있는 중국변강사지연구센터 홈페이지의 '동북공정간개東北工程簡介' 항목에서는 "개혁 개방 이래 동북 변강(만주)의 국제 관계가 변하였다는 점, 동북 변강이 동북아의 중심적인 위치에 놓이면서 중요한 전략적 지위를 갖게 되었다는 점, 일부 국가(사실상 남·북한을 지칭함)의 연구 기구와 학자들이 특별한 의도를 가지고 역사 연구 과정에서 사실을 왜곡했다는 점, 몇몇 정객들이 정치적 목적으로 여러 가지 그릇된 논리를 공개적으로 펼쳐 혼란을 초래했다는 점 등을 '동북공정'의 추진 배경으로 제시하고 있다.

이러한 관점은 2005년 7월 현재 '동북공정영도소조' 조장인 왕뤄린의 글에서 잘 드러난다. 즉 그의 글에 의하면, "고대 중국 동북 지방의 속국 정권인 고구려·발해 등이 고대 조선족韓民族의 독립 국가라는 것을 논증하기 위해, 남·북한의 일부 사람들은 오늘날 중국 동북 변강이 역사적으로 고대 조선의 영토였다고 떠들고 있다. 그들은 중국 길림성 연변 지구의 근대 조선인 이민 문제에 불과한 '간도 문제'를 '변계(국경) 문제'로 삼아 영토를 요구하고 있고,[46] 새로운 교과서나 매체를 이용하여 제멋대로 기이한 논리를 퍼뜨리고 있다. 게다가 최근 일부 러시아의 학자들과 지방 관리들도 중·러 관계의 역사를 왜곡하고, '중국 위협론' 등 중·러 우호를 손상시키는 여론을 조성하여 동북 변강과 러시아 시베리아 및 원동 지구와의 정상적인 발전에 악영향을 미치고 있다. 일부 일본 학자들과 서방 학자들도 유사한 논리를 주장하고 있다"[47]는 것이다.

중국이 '동북공정'을 추진하게 된 학술적인 배경은 길림성 부성장으로 '동북공정'에 참여하고 있는 취엔저쭈全哲洙[48]의 말에 잘 집약되어 있다. 즉 "최근 국제적으로 일부 적대 세력이 중국에 대해 침투와 분열 활동을 강화하고 일부 사람이 학술 연구라는 명분으로 역사 문제를 이용하여 많은 글을 써대면서 사실을 왜곡하고 역사를 제멋대로 고치고 중국에 대해 영토를 요구하고 있다. 일부 적대 조직은 민족 문제와 종교 문제를 이용하여 계획적으로 중국에 침투하여 중국인을 농락하고 분열시키고 유혹하고 제멋대로 사단事端을 일으켜 중국 영토의 완결성과 사회 안정, 민족 단결을 파괴하고 있다. 그러한 이유 때문에 중국에서는 중국 공산당 중앙 지도자들의 관심과 중국 국무원의 대대적인 지지와 지도 속에서, 하상주단대공정夏商周斷代工程 (Dynastic Project)[49]의 뒤를 이어 중국사회과학원과 동북 3성에 위탁해서 '동북공정'을 추진하게 되었다."[50]

상술한 '동북공정' 핵심 관계자의 주장을 살펴보면, '동북공정'은 남·북한 학계의 학술적 행태나 주장, 일부 조직의 종교적·민족적 분열 행태, 한반도 정세 변화 추이에 대한 '대응적·방어적 차원'에서 추진되었다는 말이 된다. 중국이 방어적 차원에서 '동북공정'을 추진하게 되었다는 점은 '동북공정' 추진의 직접적인 계기에서도 엿볼 수 있다. 중국변강사지연구센터 당대중국변강계열연구과제조當代中國邊疆系列研究課題組가 1998년 9월에 작성한 한반도 정세의 변화가 동북 지구의 안정에 미칠 충격(〈朝鮮半島形勢的變化對東北地區穩定的衝擊〉)[51]이라는 내부 문건에서는 한반도의 정세 변화가 중국 동북 지구, 특히 길림성 연변조선족자치주와 요녕성 단동丹東 지구의 안정에 미칠 충격을 우려했기 때문에, 한반도 정세 변화 문제를 당대중국변강계열조사연구의 제2기 프로젝트 및 제3기 프로젝트의 주요 연구 항목으로 설정했고, 그 문제 자체가 '동북공정' 추진의 직접적 계기가 되었음을 밝히고 있다.

이 문건에서는 중국 길림성 공안국변방부公安局邊防部와 길림성사회과학원 역사연구소, 동북사범대학 동북아연구센터, 북화대학北華大學 고적古籍연구소 등의 전문가들이 '한반도의 정세 변화가 동북 지구의 안정에 미칠 충격'에 대비해야 한다는 의견을 제기했는데, 그 계기는 북한 탈북자 사태 및 1997년 3월 12일 북한의 핵 문제로 야기된 전시 동원령 선포 사건이었음을 보여준다. 또한 이 문건에서는 동북의 관련 기관 및 전문가들이 1997년 하반기부터 길림성 내 중국-북한 변경 지역에 대한 조사 연구와, 길림성당안관에 소장된 청대 중국-조선 관계 당안檔案 자료의 수집 정리에 착수했다는 사실, 1998년에 중국 중앙 기관에 공작 보고서를 연달아 제출해서 중국 중앙 부처의 주목을 받았다는 사실, 이것이 결국 '동북공정'의 추진으로 이어지게 되었다는 사실을 밝히고 있다.

더욱이 이 문건은 '동북공정'의 중점이 ㉠ 한반도 정세 변화의 추이 조사·연구, ㉡ 중국과 남·북한 사이의 역사상의 논쟁점(기자조선·위만조선·고구려·발해·중조 변계中朝邊界의 형성과 계무界務 교섭, 19세기 중반 이후의 조선인의 만주 이민, 조선족의 형성사 연구), ㉢ 동북 지구의 아편 문제·종교 문제·민족 관계 문제 등의 논쟁점에 대한 조사·연구, ㉣ 대규모 북한 탈북자의 출현 가능성과 그 대책 등에 있음을 밝혀주고 있다.

결국 상술한 근거에 의해 '동북공정'의 주요 목표를 고찰해보면, '동북공정'이 단순한 학술 문제만은 아님을 쉽게 간파할 수 있다. 실제로 중국에서는 '동북공정'을 강렬한 정치적 민감성을 띤 '학술 문제' 뿐만 아니라 국가의 영토 주권과 관련된 중대한 '정치 문제'로 인식하고 있다. '동북공정'의 핵심 관계자인 취엔저쭈나 왕뤄린의 말대로, '동북공정'은 지역적 성격의 문제일 뿐만 아니라 중국의 안전 및 안정과도 관련된 전국적 성격의 문제이며, 중국 국내의 문제일 뿐만 아니라 복잡한 국제 관계와도 관련된 중요한 문제이기도 하다.[52]

그렇다면 중국이 '동북공정'을 추진하는 의도는 무엇일까? 앞에서 살펴본 것처럼 '동북공정' 핵심 관계자들이 주장한 추진 배경과 변강사지연구센터가 공모한 연구 과제들을 종합해보면, 중국의 '동북공정' 추진 의도는 다음과 같이 정리될 수 있을 것 같다. 첫째는 향후 한반도의 정세 변화가 중국 동북 지구 사회 안정에 미칠 영향이나 충격을 차단하고 한반도 정세 변화에 따른 동북아 국제 질서 변화에 적극 대처하려는 데 있다. 중국 정부는 '동북공정'을 통해 나날이 증가하는 북한 탈북자 문제가 자칫 동북 지구의 '국제 난민' 문제로 확산되거나 동북 지구가 '한민족의 근거지'로 되는 것을 사전에 차단하려는 데 일차적인 목표를 두고 있다. 이차적으로는 북한 정권 내부의 정세 변화 및 그에 수반될 한반도 및 동북아 국제 정세 변화에 적극 대처하려는 데 있다. 이 문제는 사실상 '동북공정' 추진의 최대 목표라고도 할 수 있다.

둘째는 중국이 국가주의 역사관, 특히 각 민족의 단결을 강조하는 '통일적 다민족 국가론'을 동북 지구에 적용시켜 통일적 다민족 국가로서의 중국의 역사적 정체성을 완결하려는 데 있다. 동시에 중국 국민으로서의 조선족의 정체성을 확고히 해서 그들의 동요 내지 이탈을 사전에 방지하려는 데 있다. 동북 지구에서의 소수 민족 문제 악화는 다른 지역 소수 민족 문제를 자극해서 중국의 국정과 안정을 저해할 수 있다.

셋째는 "고조선사 · 부여 · 고구려사 · 발해사=중국사" 논리를 일반화시켜 남 · 북한에서의 "만주=한민족의 고토故土", "고조선사 · 부여사 · 고구려 · 발해사=한국사"라는 인식을 불식시켜 한반도와 중국 동북 지구 사이의 역사적 관련성을 부정하려는 데 있다. 이를 통해 중국은 조선족 사회 및 중국 동북 지구에 대한 통일 한반도의 영향력을 차단하는 동시에, 남한에서 제기되고 있는 '간도 문제'의 대응 논리를 마련하려고 한다.

넷째는 "고조선사 · 부여사 · 고구려사 · 발해사=한국사"라는 논리가 계속 방치될 경우, 몽골이 원사元史를, 신강新疆위구르족이나 중앙아시아 일부 국가가 서역사西域史를, 베트남이 진 · 한 시기 백월百越과 남월南越의 역사를 각각 자국사로 주장하는 상황이 빚어질 것이다. 그럴 경우 중국 역사는 여기저기 찢겨져나가 일맥상통한 중국 역사의 정립이 곤란해질 것이다. 따라서 중국 정부는 중국 역사의 정체성을 확립하기 위해서 주변 민족 국가의 역사 논리에 적극적으로 대처할 필요성을 느꼈던 것이다.

다섯째는 북한이 단독으로 고구려 문화 유적을 세계 문화 유산에 등재하려는 시도를 막고 중국 내의 고구려 문화 유산을 세계 문화 유산에 등재시킴으로써 고구려사가 중국사라는 사실을 대내외적으로 확인시키려는 데 있다. 북한 내 고구려 문화 유적의 단독 등재는 "고구려사=한국사"라는 남·북한의 논리를 대외적으로 강화시켜주는 결과를 초래할 것이기 때문이다.

(3) 향후 한반도의 정세 변화와 '동북공정'

상술한 '동북공정'의 의도를 살펴보면 '동북공정'은 기본적으로 '방어적·대응적 성격'을 띠고 있다고 단정할 수 있다. 그렇지만 첫 번째 문제, 즉 향후 한반도 정세 변화에 대해 중국이 어느 선까지 대처하느냐에 따라 '동북공정'의 성격은 방어적일 수도 공세적일 수도 있다. 만일 북한 정권이 급속하게 붕괴되고 남한이 북한 지역의 새로운 통치 주체가 되어 흡수 통일을 시도할 때, 중국이 그러한 상황을 묵인하고 급속한 한반도 정세 변화가 중국 동북 지구 사회 안정에 미칠 영향이나 충격을 차단하면서 통일 한국과 새로운 관계를 모색한다면, 중국의 '동북공정'은 '방어적 성격의 동북아 전략'이라고 판단내릴 수 있을 것이다. 반면에 중국이 남한의 흡수 통일과 미국 주도의 한반도 및 동북아 질서 재편 상황을 묵과하지 않고, 한반도 북부에 정치적·군사적으로 개입하여 북한 정권의 붕괴를 막으려 하거나, 친중親中 정권을 세워 한반도 및 동북아에 영향력을 행사하면서 한반도 분단의 고착화를 시도할 경우, 중국의 '동북공정'은 '공세적이고 패권적인 동북아 전략'이라고 단정할 수 있을 것이다.

그렇다면 이 시점에서 '동북공정'을 중국의 '방어적인 동북아 전략'으로 볼 것인지 '공세적인 동북아 전략'으로 볼 것인지를 판가름해야 할 것 같다. 지금까지는 '동북공정'의 양대 과제 가운데 '기초 연구' 내용만 공개되고 '응용 연구' 내용[53]은 대외비로 분류되어 공개되지 않고 있기 때문에, 응용 연구의 핵심 항목인 '한반도 정세 변화에 대한 중국의 대비책'은 알 수가 없다. 따라서 이 부분을 알지 않고서는 '동북공정'이 방어적인지 공세적인지를 단정할 수 없는 실정이다. 그렇지만 이 문제는 관련 전문가들의 정보 분석이나 예측을 통해 가늠해볼 수 있다.

현재의 동북아 정세를 고려해 볼 때, 한반도의 평화적인 통일은 미국과 중국의 동의를 얻지 않는 한 험난하고 어려운 과정을 거칠 수밖에 없다. 이때 미국의 대응 양상은 일단 접어두고 '동북공정'과 관련지어 중국의 대응 양상만을 예측해본다면 다음과 같은 두 가지 가설을 만들어볼 수 있다. 하나는 북한 체제의 와해(북한 정권의 붕괴가 아닌)로 인한 한반도 정세 변화에 중국이 직접 개입하지 않는 경우이고, 다른 하나는 중국이 직접 개입하는 경우이다.

전자, 즉 한반도 정세 변화에 중국이 직접 개입하지 않는 경우 결과적으로 북한 체제의 와해는 남한에 의한 흡수 통일로 이어질 가능성이 상대적으로 높다. 이럴 경우 한반도 통일 와중에 북한에서의 내란 발생이나 급격한 사회 불안으로 북한 난민들(북한 지도부 및 그 가족을 포함하여)이 대폭 증가하여 중국 동북 지구는 자칫 '국제 난민 지대' 혹은 '한민족의 근거지'로 될 가능성이 있다.[54] 이때 북한 탈북자들은 주로 중국 내의 조선족 친척들이나 언어가 통하는 조선족 사회에 주로 의존할 개연성이 높다. 그렇게 되면 중국 조선족은 북한 탈북자들과 자주 접촉하는 과정에서 민족적 동질성을 느끼게 될 것이고 중국 국민으로서의 그들의 정체성이 흔들릴 수 있다.

또한 평소에 코리안 드림을 꿈꾸고 있던 중국의 조선족이나 기존의 북한 탈북자들(정치적 망명의 성격을 띤 사람들을 제외)은 한반도 통일의 와중에 대규모로 한반도에 유입할 가능성도 있다. 한반도가 통일될 경우 조선족은 종래와 같은 복잡한 과정을 거치지 않고 직접 압록강과 두만강을 건너올 수 있을 것이다. 이들은 기존의 한국 내 불법 체류 조선족과 더불어 돈벌이에 몰두할 것이고 이 과정에서 자연스럽게 한국식 생활 방식이나 가치관에 물들면서 점차 한국인의 성향을 띠어가게 될 것이다. 결국 한반도가 통일될 경우 한반도와 중국 동북 지구에서는 남한 사람·북한 사람·조선족·탈북자가 서로 뒤섞여 어울리는 상황이 초래될 수 있다. 이와 같은 한민족의 인적 네트워크는 한반도와 중국 동북 지구의 국경을 무색하게 만들 것이고 동북 지구를 '한민족의 근거지'로 변화시킬 것이다. 또한 그것은 "만주=한국 땅"이라는 논리와 맞물려 중국 동북 지구 및 조선족에 대한 통일 한반도의 영향력을 극대화시키는 계기가 될 것이다.

그런데 한반도의 급작스런 정세 변화와 더불어 미국이 한반도 통일 과정에서 주도권을 행사하고 동북아 국제 질서를 자국 중심으로 재편하면서 미군 기지를 압록강이나 두만강 주변에 배치할 경우, 한반도 및 동북아에 대한 중국의 영향력은 약화될 수밖에 없고, 중국은 한·중 국경을 사이에 두고 미국과 군사적으로 대치하는 상황을 맞이하게 될 것이다.

상술한 가설은 한반도의 통일이 남한에 의해 '순조롭게' 이루어진다는 것을 전제로 한다. 이때 만일 중국이 통일 한국의 중국에 대한 태도 및 성향, 한반도에 대한 중국의 영향력 유지 여부 등을 고려하면서 최소한 한반도에 대한 외세의 영향력 확대를 억제하는 차원에서 한반도의 통일을 받아들이고 통일 한국과의 새로운 관계 정립을 추진한다는 가정에서 '동북공정'을 추진하고 있다면, '동북공정'은 전적으로 '방어적인 중국의 동북아 전략'이라고 규정할 수 있다. 그런데 과연 중국은 남한에 의한 흡수 통일과 미국 주도의 동북아 질서 재편을 순순히 받아들일까?

이 문제에 대한 정확한 판단은 필연적으로 북한 정권의 붕괴가 어떤 양상으로 나타날 것인가[55]에 따라 달라질 수 있다. 통일 안보 분야 전문가가 예측하는 북한 정권의 변화 유형은 ㉠ 쿠데타나 집권 개혁 엘리트에 의한 체제 변화 시도와 ㉡ 민중 봉기에 의한 체제 붕괴로 대별될 수 있다. 전자는 개혁 세력이 기존 정권을 대체한 후 지속적인 개혁 개방 정책의 연장선상에서 체제 자체의 변화를 시도하는 경우이다. 후자는 아래로부터의 저항에 의해 북한의 기존 정권이 붕괴되고 일반 주민과 여론 선도자들이 공산주의 해체를 주장하는 가운데 권력의 공동화空洞化 내지 극단적인 혼란 상황이 초래될 경우이다.[56]

전문가 예측에 의하면 전자의 경우에 중국은 직접적으로 정치·군사적 개입을 시도하기보다는 우회적인 수단을 동원하여 북한 정권이 중국의 영향권으로부터 급격히 이탈하는 조치를 추구하지 않는다는 정치적 양보를 이끌어 내려고 할 가능성이 있다고 한다. 그런데 후자의 경우 중국은 정치적·군사적으로 개입할 가능성이 있다는 것이다. 즉 중국은 우선 한·중 국경 경비를 강화하여 북한 난민의 유입을 최대한 차단하고 북한 내의 정치적 질서를 회복하고 체제 붕괴를 방지하는 정치적 조치를 선행할 수 있다는 것이다. 이러한 조치에도 불구하고 민중 봉기에 의한 체제 붕괴가 기정사실화되고 한·미 연합군의 북진이 이루어질 경우, 중국은 1961년 7월 북한과 중국이 맺은 '조중우호협력상호원조조약' 및 양국 간의 긴밀한 협력 관계를 빌미로 직접적인 군사 개입을 시도할 가능성이 있다는 것이다.[57]

결국 향후 한반도의 정세 변화와 중국의 대응 양태 사이에서 발생할 수 있는 예측 가능한 시나리오들을 살펴보면, 향후 한반도 정세 변화에 대한 중국의 개입은 간접적이든 직접적이든 이루어질 것이라는 점을 예측해볼 수 있다. 이런 점에서 중국의 '만주 전략'[58]이자 '동북아 전략'인 '동북공정'은 중국의 한반도 정세 변화에 대한 대응 양태를 판단해볼 수 있는 좋은 지표인 셈이다.

그렇다면 중국의 '동북공정'은 '방어적 전략인가?' '공세적인 전략인가?' 아니면 '방어적이면서도 공세적인 성격을 띤 전략인가?'

㉠ 중국이 '동북공정'을 통해 "고조선·부여·고구려·발해=중국사"라는 역사 논리를 내세워 동북 지구와 한반도의 역사적 상관성을 부정해서 남·북한에서의 "고조선·부여·고구려·발해=한국사" 논리를 차단하려고 한다는 점, ㉡ 그동안 남·북한과의 관계를 의식해서 동북 지구에서만 예외적으로 적용하기를 주저해왔던 '통일적 다민족 국가론'을 동북 지구에도 적용시켜 그 논리의 완결을 꾀하려고 했다는 점, ㉢ "만주=한국 고토故土" 논리가 중국 내 조선족의 혈통 의식을 자극하고 정체성을 동요시키는 상황에서, 중국이 한반도와 동북 지구의 역사적 관련성을 부정하여 조선족 사회에 대한 한반도의 영향력을 차단하고 조선족의 정체성을 확립시키려고 한다는 점, ㉣ 조선족 문제가 다른 지역의 소수 민족 문제를 확산시키는 기폭제가 되지 않도록 사전에 차단하려고 한다는 점, ㉤ 남한에서 간도협약의 무효화를 내세우면서 '간도 영유권'까지 들먹이는 상황에서, '동북공정'의 일환으로 과거한·중 사이의 국경 영토 교섭 과정 분석과 대응 논리를 마련하고 있다는 점을 고려해볼 때, 중국의 '동북공정'은 '방어적 전략'이라고 단정할 수 있다.

그러나 중국이 '동북공정'을 통해 ㉠ "북한 지역이 한사군의 관할 구역이었으므로 원래부터 북한 지역은 중국 땅이었다"거나, ㉡ "이씨 조선이 북진 정책을 통해 청천강 이북의 중국 땅을 빼앗아갔다"고 하여 한반도 영역의 역사에까지 중국의 역사적 연고권을 부여하고 한반도 영토에까지 역사적 영토 귀속의 논리를 적용하고 있다는 점, ㉢ "한반도의 족속은 고조선·고구려·발해 민족과는 연관성이 거의 없고 한반도 남부의 삼한을 모태로 한다"고 하여 우리 민족의 뿌리마저 왜곡하고 있는 점 등을 고려해보면, '동북공정'은 결코 '방어적 차원에만 머물러 있는 동북아 전략이 아님'을 예측할 수 있다.

이러한 중국 측의 논리는 일부 한반도 전문가들에게 "중국이 북한 지역에 대한 연고권 내지 영유권까지를 염두에 두고 내세우는 대내외적 명분 찾기"일지도 모른다는 의구심을 불러일으키고 있다. 하여튼 우리는 '동북공정' 속에 한반도 통일 과정에서 북한 지역에 대한 연고권을 주장하는 역사적 근거로 상술한 논리를 내세워 미국 주도의 동북아 질서 재편에 대처하려는 중국의 의도가 숨어 있을 가능성에 대해 경각심을 가질 필요가 있다.[59] 이는 중국을 적대적으로 대해야 한다는 말은 아니다. 역사적 경험에 비추어 만반의 준비를 갖추는 자세가 필요하다는 말이다.

한편 논의의 방향을 정치적·군사적 관점으로 돌려보면, 통일 문제 전문가의 진단처럼, '동북공정'을 '공세적 성격도 내포된 중국의 동북아 전략'으로 예측해 볼 수도 있다. 즉 '동북공정'에는 한반도의 급작스런 정세 변화에 따라 수반될 동북아 국제 질서 변화에 능동적으로 대처해서 중국의 위상을 확보하려는 중국의 의도와 연관지어볼 수 있는 소지가 있다.

'동북공정'을 중국의 공세적인 동북아 전략으로 볼 것인가? 라는 문제와 관련하여, 일부 학자는 '동북공정'을 학술적인 문제라기보다 북한의 유사시 통일 한국을 가정한 중국의 군사적·정치적 개입 의지가 확실히 드러나고 있는 사안으로 파악한다. 즉 그에 의하면 중국은 '동북공정'을 통해 한반도 북부 지역(지금의 북한)이 과거 한사군의 관할 구역이었다는 점을 내세워 이 지역에 대한 자신들의 연고권을 대내외적으로 홍보하려는 것이란다.[60]

통일 문제와 관련해 많은 한국 사람들은 북한이 갑자기 붕괴될 경우 자연스럽게 한국이 북한에 대한 주권을 행사해 흡수 통일을 할 수 있을 것으로 생각하고 있다. 그런데 대부분의 정치학자들은 그런 생각이 '환상'이고 '착각'이라고 본다. 가령 통일연구원 조민 박사에 의하면 19세기에 조선에 대한 종주권을 끝까지 주장한 사례에서도 알 수 있듯이, 중국은 한반도의 영토에 대한 야욕을 가지고 있다는 것이다. 더욱이 중국은 북한이 붕괴될 경우 북한 내 친 중국 성향의 군부를 통해 북한을 관리하겠다는 의도를 가지고 있으며, 그럴 경우 국제법적 선행 조치로서 북한에 대한 중국의 연고권이 필요한데, 그것이 '동북공정'으로 표출되었다고 한다.

중국이 북한에 대한 야욕을 가지고 있다는 근거로, 그가 내세우는 것은 '동북공정'의 예산 200억 위안(韓貨 약 2조 6천억 원) 가운데 대부분이 군사 예산일 것이라는 점, 2003년 8월부터 중국 정부가 북한 접경의 국경 경비 주체를 변방 부대나 경찰 조직에서 인민해방군으로 바꾸고[61] 한·중 국경 부분에 인민해방군 15만 명을 배치했으며, 최근에는 북한의 유사시에 강을 넘어오겠다는 도상渡上 연습을 거의 완료했고, 중국군 장교들이 조선어 학습을 하고 있다는 보도 내용들이다.

중국이 북한에 대한 야욕을 가지고 있다고 믿는 그는, 최근 우리 사회의 탈미脫美 경향으로 인해 한·미 관계가 상당히 이완되고 있는 상황에서 미국이 한국에 대한 신뢰를 갖지 못할 경우, 북한 지역에 대한 중국의 야심과 맞물려 자칫 한반도 문제에 대해 미·중 간에 뒷거래가 이루어질 가능성[62]을 우려한다. 이것은 북한 정권의 붕괴가 한반도의 통일로 이어지지 않을 수도 있다는 말이다. 그런 점에서 그는 지금이 "우리가 어디로 가고 있는지, 자칫 우리가 유사시에 국제 사회의 미아가 되지 않을까?"하는 우려를 심각하게 제기해야 할 단계라고 규정한다.[63]

한반도 통일 문제와 관련하여 금년 초 어느 잡지는 우리에게 충격적인 메시지를 던져준 적이 있다. 즉 "북한 정권이 붕괴될 경우 국제법적으로 한국은 북한 지역에 대한 통치 주체가 못 된다"[64]는 기사 내용이다. 즉 북한 정권이 붕괴되어도 한국은 국제법적으로 북한 지역에 대한 연고권을 갖고 있지 못하다는 이야기다. 이 보도에 의하면 북한 정권이 붕괴될 때 북한 지역에 대한 주도권은 미국과 중국이 행사할 수도 있고, 우리는 남북 통일 과정에서 자칫 배제될 수 있다는 말이다. 실제로 휴전 협정 당사국이 미국·중국·북한뿐이고 우리는 당사국에서 배제되었다는 점을 고려해볼 때, 휴전 상태의 변화, 즉 한반도의 정세 변화 과정에서 우리가 주동적인 역할을 하는 데는 국제법적 제약이 가로놓여 있는 것이 현실이다.

상술한 내용들을 고찰해보면 중국의 '동북공정'은 '기본적으로는 방어적 성격의 동북아 전략'이지만, 한반도 정세 변화 여하에 따라서는 '공세적으로 바뀔 개연성을 내포한 동북아 전략'이라고 단정지을 수 있을 것 같다. 즉 중국의 '동북공정'은 '기본적으로는 방어적이면서도 부분적으로 공세적 성격을 띤 중국의 동북아 전략'인 셈이다.

앞에서 살펴본 것처럼 중국 정부에서는 '동북공정'이라는 대규모의 프로젝트를 통해 현재의 필요적 관점, 즉 중화민족의 정체성 강화를 통한 국가·사회적 통합과 그것을 통한 체제의 유지·안정이라는 거시적인 국가 전략을 추구하고 있다. 이것의 일환으로 중국은 동북아의 역사를 재단裁斷하고 왜곡함으로써, 한·중 간의 역사적 논쟁점이나 조선족에 대한 흡인 요소, 영토 관련 분쟁거리, 중화민족 단결에 해로운 논조를 송두리째 잘라내고 있다.

"현재의 중국 영토 내에서 중화민족의 각 민족이 이루어낸 역사는 모두 중국사"라는 현재적 편의의 사관이나, "현재의 중국 영토 내에서 활동했던 모든 민족은 당연히 중국인이며 중국 민족"이라는 민족관은 모두 현재의 영토를 기준으로 그 범주 내에서 활동했던 모든 민족이나 영토의 귀속권을 규정해버리는 '영토 지상주의 역사관'이라고 할 수 있다. 또한 '동북공정'의 논리는 전통 시대 동아시아 국제 질서의 상징이었던 책봉—조공 관계를 근거로 해당 민족의 왕조나 국가를 중국의 속국이나 자국의 범주에 귀속시킨다는 점에서 '신新중화주의'의 부활을 알리는 징조라고도 할 수 있다. 이는 '역사적 사실이나 논리적 정합성에서 비롯되었다기보다는 정치적 목적 달성을 위한 역사 논리 개발이라는 현실 문제에서 비롯되었던 것이다. 이러한 의미에서 '동북공정'은 국가와 역사관이 상호 작용해서 도출된 중국의 '국가주의'라고 할 수 있다.

더욱이 '동북공정'은 학술 문제 이외에 향후 한반도 정세 변화가 중국 동북 지구에 미칠 영향이나 충격을 차단하기 위한 대비책뿐만 아니라, 북한 정권이나 북한 체제의 붕괴에 대비한 한반도 전략 내지 동북아 전략도 내포하고 있다. 그러한 점에서 '동북공정'은 학술적 대응만으로 해결될 성격의 것이 아니다. 그것은 한국과 중국 사이의 정치적 · 외교적 · 국제 역학적으로 해결해야 할 성질도 내포하고 있다.

그렇다면 중국이 '동북공정'의 일환으로 주장하고 있는 한국사 관련 논리는 무엇이고, 그 논리가 중국 내부의 민족 문제, 특히 조선족 문제 및 향후 한반도 정세 변화와 어떤 상관성을 지니고 있는지를 살펴보자.

중국의 '동북공정'과 한국사

1) 중국의 고구려사 인식

중국에서의 고구려사 연구는 1877년 호태왕비好太王碑의 발견을 계기로 시작되었다. 이에 따라 1887년 양이楊頤의 《호태왕비고증好太王碑考證》, 1889년 썽위盛昱의 《호태왕비석문好太王碑釋文》, 1895년 왕쯔슈往志修의 《고구려영락대왕비가고高句麗永樂大王碑歌考》가 출간되었다. 그 후 중국에서의 고구려사 연구는 거의 이루어지지 않고 있다가 1941년 진위후金毓黻[65]의 저서가 출간되었다. 이 책에서는 고구려사를 동북사의 범주로 파악했고 고구려 관련 역사 사실들에 대한 많은 논술과 고증을 했다. 중화인민공화국 수립 이후에는 학술 연구가 활발해졌지만 유독 변강 및 민족 역사 방면에서는 연구가 거의 이루어지 못했다. 더욱이 1957년 반反 우파투쟁 이후부터 문화대혁명 종결 때까지는 '민족'에 관해 언급하는 것조차도 '민족 분열주의자'로 매도되거나 박해를 받는 상황이었기 때문에 민족 관련 연구는 금기시될 수밖에 없었고, 소위 소수 민족으로 분류되는 고구려 민족과 역사에 대한 연구도 이루어질 수 없었다. 고구려의 민족과 역사 연구, 고고 발굴[66]이 본격화한 것은 개혁 개방 정책이 실시된 이후부터이다. 그리고 북한에서의 주체 사관 확립 및 '실지 수복론'과 더불어 고구려사 연구 열풍이 일어나고, 이 열기가 남한에 전파되어 한민족의 민족 정신 고취 분위기가 고조되면서, 중국에서의 고구려사 연구 역시 자극을 받아 본격화되었다.

(1) 고구려 민족의 뿌리

고구려 민족의 뿌리를 파악하기에 앞서 '고구려'의 어원을 살펴보면 다음과 같다. 우선 꾸밍쉐顧銘學는 "기원전 107년 한 무제가 현도군 고구려현을 설치했을 때 고구려는 '수읍首邑(으뜸 도읍지)'의 의미였고 '고구려'로 번역되었는데, 기원전 37년 주몽의 고구려 건국을 계기로 고구려 명칭은 지명에서 국명으로 변했다"고 한다.[67] 또한 조선족 학자 강맹산姜盟山 등은 "고구려 명칭이 최초에 족명이었다가 행정 구역 명칭으로, 그리고 최후에는 국명으로 전화되었다"고 본다.[68] 쉬셴환許憲範은 "고구려는 '고高'성의 족칭과 'golo'라는 지명이 결합되어 생겨난 부족 명칭이자 국명"이라고 본다.[69] 후량원傅良云 등은 "'고려'라는 명칭은 후주後周 구이九夷에서 발견되며 '고려'로 기술되어 있는데, '고려'는 '높고 큰 검은 말'이라는 뜻으로 족명을 가리키며 농후한 토템의 기운을 반영한다"고 주장한다.[70]

① "고구려족=부여족夫餘族 혹은 예맥족濊貊族"설

한국 학계에서는 한민족의 형성과 기원, 그리고 고조선·부여·고구려의 주민의 정체성과 관련하여, ㉠ 예맥족설濊貊族說, ㉡ 동이족설東夷族說, ㉢ 알타이어족설을 제기하고 있다.[71] 북한 학계에서는 부여와 고구려가 맥국貊國=고리국高離國=북부여에서 직접 분화되어 나온 세력에 의해 건국된 것으로 파악하면서 '예'와 '맥'이 고대 조선 종족이고 예족은 고조선을, 맥족은 조금 늦게 부여·고구려를 세웠다고 하여 예맥족설을 주장하고 있다.[72] 일본 학계에서는 미시나 쇼오에이三品彰英[73]·미카미 쓰구오三上次男[74] 등이 이러한 견해에 동조한다.

이에 비해 중국 학계에서는 고구려 민족의 뿌리와 관련해서 ㉠ 부여족설혹은 예맥족설, ㉡ 고이족설高夷族說, ㉢ 염제족계설炎帝族系說, ㉣ 상인설商人說, ㉤ 다민족 융합설 등 다양한 견해를 제기하고 있다.

첫째 북부여설로서, 고구려가 북부여에서 나왔다는 근거로 고구려 건국신화를 든다. 이와 관련하여 진위에金岳[75]는 "북부여를 계승하여 졸본卒本부여를 세운 동명왕은 고구려의 시조이며, 고구려가 부여에서 나왔다"고 한다. 청셴수曾憲姝[76]도 북부여설에 동조한다. 양춘지楊春吉[77]는 "고구려 왕족은 부여에서 나왔지만, 고구려 민족은 부여에서 나오지 않았으므로 양자를 혼동해서는 안 된다"는 독특한 견해를 제시하고 있다.

다음에 예맥족설로서, 양통팡楊通方[78]은 "예와 맥은 예맥족의 간칭簡稱이고 기자조선·위만조선·북부여·부여·달막류達莫類는 예맥족이 세운 국가이며, 부여에서 나온 고구려도 예맥족"이라고 본다. 이 견해에 동조하는 학자들로는 위종리에禹鍾烈,[79] 강맹산姜盟山[80]이 있다. 장옌庄嚴[81]도 같은 견해지만 고구려 민족에는 "옥저인沃沮人의 일부가 섞였고, 한반도가 고구려에게 정복된 후 당 지역에 있던 예인穢人·한인漢人·고조선인·한인韓人 등이 부분적으로 고구려 민족에 섞였다"고 하여 다민족 융합설에 동조하기도 한다. 장보취엔[82]은 고구려가 예맥에서 나왔다는데 동의하면서도, 고구려와 은·주의 노예제 사이에는 유사점(특히 공동의 종교 신앙)이 많다는 데 착안하여 고구려와 은인殷人=商人이 같이 탄생했고 같은 조상이며, 비록 고구려가 은인으로부터 나오지는 않았지만 은인과는 친속 관계를 지닌 부락이었다고 한다. 이 견해는 상인설에 가깝기도 하다. 퉁동佟冬이 주관적으로 편집한 《중국동북사》 제1권[83]에서는 서한 현도군 고구려현의 관할에 예속되어 있던 혼강渾江 및 압록강 유역의 예맥인이 후에 '고구려인'으로 불렸다고 하여 예맥족설에 동조한다.

리띠엔후李殿福·쑨위량孫玉良[84]은 "고구려족이 중국 동북 지구의 고대 예맥족의 일파로서 부여와 동일한 민족적 뿌리를 가지고 있다"고 주장한다. 이들이 고구려를 부여와 같은 민족 뿌리로 판단하는 근거는 고구려의 건국 전설과 부여의 건국 전설의 상관성이다. 즉 전자는 후자를 습용襲用했는데, 양자의 조상은 까마귀 토템을 숭배하는 원시 씨족 부락이었다는 것이다. 그렇지만 "고구려와 고조선은 시대 간격이나 역사적 사실로 볼 때 서로 관계가 없는 두 개의 정체政體"일 뿐이란다. 쉐홍薛虹·리주톈李澍田[85]도 고구려족이 예맥족이라는 데 동조하지만 왕족은 예맥족계의 다른 분파인 부여족으로 파악한다. 이들 역시 고구려와 고조선·기자조선·위만조선 사이의 종족적 계승 관계를 부정한다.

리띠엔후[86]는 고구려 민족 속에 부여족의 혈연 성분이 있음을 인정하면서도 부여족이 고구려 민족의 주요 뿌리라는 설을 부정한다. 그 근거로 고구려 민족의 사회 생활 습속은 부여족과 큰 차이가 있다는 점을 들고 있다. 그에 따르면 "고구려 민족의 주요 뿌리는 혼강 중류 및 압록강 중류 일대에서 생활하고 있던 토착 민족인 맥인"이라는 것이다. 장창시張昌熙[87]도 고구려 민족이 맥인이라는 데 동조한다.

그런데 예맥족설은 대부분의 국내 학자들에 의해 제기되는 견해이기도 하다. 그렇다고 예맥족설을 주장하는 중국학자들이 한국 학자들의 견해에 전적으로 동조한다는 말은 아니다.

② "고구려족=부여족 혹은 예맥족"설에 대한 반박 논리

중국의 고구려 연구 권위자 쑨진지[88]는, 고구려 기원에 관한 전통적 견해인 '부여족설'과 최근에 제기된 '맥인설' 혹은 '예맥설'에 대해 다음과 같이 비판한다. 즉 "부여를 고구려의 기원으로 보는 설의 근거는 《위서魏書》·《호태왕비好太王碑》·《삼국사기》 등의 기록에 의존하고 있는데, 그 기록이 주몽의 고구려 건국 시기보다 500년 가량 늦게 사서에 나타났다는 점, 이들 사서보다 앞선 《후한서後漢書 고구려전高句麗傳》·《삼국지 고구려전》 등에는 유사한 기록이 없다는 점, 계루부桂婁部가 주몽朱蒙으로부터 번성한 것이 아닐뿐더러 고구려가 정복한 부근의 부족이 부여에서 올 수가 없었다는 점 등을 들어, 고구려는 부여에서 기원한 것이 아니며 부여인 가운데 일부가 고구려족에 들어갔다"고 주장한다. 그는 《한서漢書 왕망전王莽傳》·《후한서 고구려전》·《삼국지 고구려전》에 의거한 언어·고고·문화·고구려 5부部의 뿌리로 볼 때 고구려족의 기원은 '맥인'이라는 데 동의한다. 다만 그에 의하면 "고구려는 맥인으로 칭했을 뿐만 아니라 항상 예맥으로 칭해졌다"는 것이다. 그리고 "고구려가 멸망할 때까지 고구려국의 각 족 인민이 고구려 민족에 모두 융합되었던 것은 아니며, 고구려 국인國人과 고구려 민족은 별개의 개념이며, 전자에는 고구려의 통치를 받은 기타 민족이 포함되어 있으므로 이 점을 구분해야 한다"는 것이다.

또한 그는 "고구려 민족의 후손이 지금의 조선족"이라는 전통적인 견해와는 달리, "고구려 민족의 주류는 한족"이라는 일부 학자의 견해에 동조한다. 그에 따르면, 고구려 멸망 때 추정된 69만 호가 모두 고구려 족인이 아니었으며 적지 않은 사람은 고구려의 통치를 받은 기타 족인으로 고구려족에 융합되지 않았다고 한다. 고구려 유민의 거취를 보면 중원中原·돌궐·말갈·신라에 유입되었다는 것이다. 중원 각지에 유입된 고구려족은 모두 후에 한족으로 융합되었고, 고토故土에 남아 있던 고구려인도 돌궐·말갈 등지에 흩어져 들어갔으며, 발해 민족 가운데 상당히 큰 비중을 차지하고 있던 고구려인은 발해 멸망 이후 요遼와 금金에 의해 서쪽으로 옮겨졌고 마지막에는 한족에게 융합되었다는 것이다. 그리고 신라로 유입된 고구려인과 원래 대동강 유역에 거주했던 고구려인은 모두 신라족에게 융합되어 오늘날 조선족의 일부로 되었다는 것이다. 이로 보건대 고구려 유민의 네 가지 거취 가운데 한족에게 융합된 경우는 두 가지이므로 한족이 고구려족의 주류이고, 그 다음이 조선족, 마지막이 돌궐족 순이라는 것이다.

결론적으로 "고구려인의 후예가 조선족이라는 견해는 잘못된 것이며, 고구려인의 후예 모두가 지금의 조선족은 아닐뿐더러 조선족도 고구려인의 주류는 아니었다"는 것이다. 한족으로 유입된 고구려인이 조선족에게 유입된 고구려인보다 많았다는 말이다. 게다가 예맥은 단일 민족이 아니라 복수 민족의 복합체이며, '예'와 '맥'의 융합과 분화, 부여족의 원류 등은 고구려 민족의 기원과 건국 문제를 연구하는 데 중요하다는 것이다.

③ "고구려족=고이족"설

두 번째는 고이족설로서, 장보취엔·쑤진위엔蘇金源·동위잉董玉瑛[89]은 《일주서逸周書 왕회편王會篇》의 기록(진晉나라 공조孔晁가 주注한 "高夷, 東北夷高句麗")에 근거하여 고구려족을 '고이족'으로 단정한다. 후량원傅良云·양양楊暘[90]은 고구려족이 부여에서 나온 말馬 토템 씨족, 즉 마가인馬加人일 가능성이 높다고 추측하면서 고구려족을 동북이東北夷의 일파로 보는 동시에 그것의 간칭을 '고이高夷'로 본다. 껑톄화耿鐵華[91]에 따르면, "고구려족은 부여족과 마찬가지로 동방조東方鳥의 토템 민족으로 동북 고로古老 민족의 하나로서, 고구려인은 자신을 "고리槀離"라고 불렀고, 주周 초에는 "고이"로 불렸으며, 후에는 동방의 여러 민족과 함께 '예穢', '맥貊', '예맥穢貊'으로 불렸다"는 것이다. 또한 그는 "고구려가 '맥'이나 '맥족'에서 나왔다"는 견해가 완전히 잘못이라고 단정하는 동시에, '예맥'이란 "주周·진秦 때 중원 정권이 북방 민족을 가리키는 통칭이었으며, 때로는 이융만적夷戎蠻狄과 마찬가지의 의미로 지칭되었다"고 주장한다. 결론적으로 그는 고구려 문화와 은殷·상商 문화가 매우 비슷하다는 점을 들어 고구려 문화가 은·상 문화에서 비롯되었다고 단정한다. 그리고 이를 근거로 고구려 민족의 족원이 '고이'라고 주장한다.[92]

류쯔민劉子敏[93] 역시 《일주서 왕회편》의 기사를 주요 근거로 고구려의 조상이 '고이족'이라고 주장한다. 리더산李德山[94]도 "고구려는 '고래高萊' 혹은 '개래介萊'가 바뀌어 기록된 것으로, '고高'는 동이족계의 고이高夷이고, '래萊'는 동이족계의 내이萊夷란다. 고구려족은 산동 각지에 거주하던 고족高族과 내족萊族이 융합되어 형성된 것이고, 부여족은 번족番族과 여족余族으로 형성되었다고 한다. 따라서 고구려와 부여는 분명 다른 민족이라는 것이다. 왕미엔허우王綿厚[95]는 고구려족을 중국 고대 동북 지구에 거주한 중국의 '소수 민족'으로, 고구려족의 선조를 고이족으로 파악하면서 양자 모두 동북이東北夷 예맥 계통의 일파로 규정하고 있다.

④ "고구려족=고이족"설에 대한 반박 논리

그런데 리종쉰李宗勛[96]은 고구려 민족의 뿌리를 고이족으로 파악하는 껑톄화나 장보취엔의 견해를 반박한다. 그에 의하면 '고이'라는 말"(高夷, 東北夷高句麗)"이 《일주서 왕회편》에 한 번 나온 이후 사서에 다시 출현한 적이 없지만, '예맥'은 문헌 중에 항상 나오는 점을 볼 때, 고구려족의 원류가 예맥의 흥성 시대보다 앞서거나 같을 수는 없으므로 고구려의 민족 뿌리는 당연히 예맥에서 찾아야 한다는 것이다. 그에 의하면 중국 고대 정사나 조선사에서는 고구려를 지속적이고 강대한 민족 정권으로 여겨 따로 전傳을 설정했고 비교적 객관적으로 예맥족의 발전 과정을 반영했으며,《한서》에도 고구려와 예맥이 병기되어 있고《삼국지 동이전》에도 부여·고구려·예전穢傳이 있으며,《수서》등 정사의 조선전朝鮮傳에도 고구려·백제·신라에 관한 전傳이 따로 설정되어 있음을 밝히고 있다. 이를 근거로 그는 고문헌의 예맥족과 고구려족 원류에 관한 기록이 역사 사실에 부합된다는 점을 역설함과 아울러, '고이설'이 개인적인 억측에 불과하다고 주장한다.

세 번째는 염제족계설로서, 리더산李德山[97]은 고구려 민족을 중국인의 시조로 일컬어지는 염제족 계통으로, 중국 산동 등지에서 옮겨온 민족으로 파악한다. 그리고 고구려 왕국 주변에 있던 각 민족이나 부락도 모두 염제족 계통이며 고구려가 겸병한 주변의 각 민족이나 부락의 절대 다수는 염제족 계통이었다는 것이다.

네 번째는 상인설로서, 판리範犁[98]는 고구려 민족이 중국의 상인으로부터 나왔고 중국의 전설적 인물들인 오제五帝 계통에 속한다고 주장하면서, 그 근거로 고구려의 적석묘와 상대商代 이전 문화인 홍산紅山 문화의 대형 적석묘 및 몇몇 석기가 유사하다는 점을 들고 있다. 껑톄화[99]도 은·상 씨족의 일부 부락이나 부족이 동쪽으로 옮겨가 요동을 지나 지금의 혼강·압록강 유역으로 가 정착하면서 고구려 민족으로 되었다고 주장한다.

다섯 번째는 다민족 융합설로서, 판웬성樊遠生[100]에 따르면, "고구려와 부여는 역사적으로 밀접하였고 초기에는 예맥 계통에 속했지만, 이것만으로 양자의 계승 관계를 추단推斷해서는 안 된다"는 전제 하에, "고구려는 북부여에서 나온 것도 아니고 예인穢人의 일파도 아니며, 부여·선비·옥저·신라·백제·한족 등 다양한 민족이 융합되어 형성된 혼합체"라는 것이다. 왕지엔췬王健群[101]은 "고구려족이 예맥족"이라는 기존 학설과 관련하여, "'맥'족은 한반도 북부에 거주하고 있던, 퉁구스족에 가깝거나 별개인 소수 민족"이라고 단정한 뒤, "고대 한반도 남부에는 한인韓人이, 북부에는 후에 여진족 계통에 속하게 되는 퉁구스족이, 그 중간에는 맥인貊人이 거주하고 있었고, 예맥과 조선이 동시에 존재하면서 서로 이웃하고 있었다"는 것이다. 따라서 그는 "예맥족은 한반도에 거주한 민족이며, 부여족과는 같은 민족이 아니다"라고 주장한다. 그에 의하면, "부여가 차지한 장백산 주위 및 송화강 유역은 숙신족肅愼族의 거주지이고, 부여는 숙신의 후대이며 후래의 말갈·여진과 함께 퉁구스족에 속했고, 고구려족도 부여족의 일파이므로 고구려도 자연히 숙신, 즉 여진 계통"이라는 것이다.

이와 유사한 견해로 쭈리에祝立業[102]는 고구려가 중원 왕조의 분열을 틈타 영토를 확장하여 남으로는 진秦의 낙랑군·대방군을, 서로는 요동군·현도군을, 북으로는 부여를 병탄했고, 동으로는 숙신의 일부 지역을 차지함으로써 남북조 시기에는 영토가 매우 넓은 '다민족 왕국'이 되었다고 주장한다. 그 결과 고구려 정권이 관할한 민족에는 한족·고구려인·부여인·말갈 계통의 민족이 있었다고 한다.

고구려 민족의 뿌리에 관해 다수의 학자들이 주장하는 설은 '예맥족설'인데, 그 근거로 제시되는 것이 《한서》·《후한서》·《삼국지》 등이다. 그런데 '예'와 '맥' 가운데 어느 쪽에 더 관계가 있는지에 관해서는 '예'와 '맥'이 같은 족이라는 견해와 다른 족이라는 견해가 제기되고 있다.[103]

고구려 유민의 분포 상황과 관련하여, 장옌庄嚴[104]은 "고구려가 멸망하자, 고구려 유민 가운데 30여 만 명은 중원으로 옮겨져 한족에 융합되었고, 다른 상당 부분은 돌궐인·말갈인에 섞였거나 후에 발해인과 함께 한족에 융합되었으며, 나머지 일부가 남쪽의 신라인과 융합되었다"는 것이다. 쑨진지[105]에 따르면 고구려 유민 가운데 "일부는 강회산江淮山 남쪽으로 옮겨갔고, 일부는 하남河南 농우隴右(지금의 甘肅省 이동) 방면으로, 일부는 돌궐이나 말갈족에, 일부는 신라에 흘러들어갔다"는 것이다. 강맹산에 의하면, 고구려족은 "중국 요동 지구 및 조선 서북 지구의 고대 토착 민족으로 중국 동북 고대사 및 조선 고대사에서 자주 지적되었다"는 것이다.

(2) 고구려의 국가 정체성

① "고구려사는 한국(조선)사이다!"

중국에서도 고구려를 신라·백제와 함께 삼국 시기로 파악하여 한국사의 범주에 넣는 중국학자들이 있다. 이러한 관점은 대체로 1950~1960년대에 중국학자들 사이에서 지배적인 경향을 나타내었다. 리더산[106]에 의하면, 당시에는 소련의 《세계통사》와 일본의 《동양사대계東洋史大系》의 영향을 받아 중국학자들이 한반도 북부의 고古 민족과 국가를 조선사의 체계 안에 집어넣었다는 것이다. 이와 같은 역사 인식은 주로 중국 교육 부문의 승인을 받아 공급된 중학교용 및 대학교용 역사 교과서나 세계사 교재 및 세계사 저서, 그리고 일반 전문 역사서에서 집중적으로 반영되었다고 한다.

실례로 왕지우王輯五의 《오천년래적중조우호관계五千年來的中朝友好關係》(開明書店, 1951)나 저우이량周一良의 《중조인민적우호관계여문화교류中朝人民的友誼關係與文化交流》(開明書店, 1951)에서는 기자조선·위만조선·한사군·신라·고구려·백제의 기본 구도를 채택하면서 기자조선·위만조선·고구려의 3개 정권을 조선 역사상의 왕조로 파악하고 있다. 또한 한·수·당조가 고대 한국 왕조인 고구려를 '침략'한 사실을 '중국 국내의 통일 전쟁'이라고 주장하는 최근 중국 학계의 견해와는 달리, 그것을 '침략'의 관점에서 기술하고 있다.

1950년대 중국 중학교 세계사 교과서에서는 조선 관련 부분에서 예외 없이 고구려를 조선 고대의 국가로서 한반도의 조선 고대사상의 삼국 가운데 하나로 기술하였다. 가령 쉬더위엔徐德源의 《세계중세사》(遼寧大學教材科, 1956)에서는 기자조선·위만조선·한사군·신라·고구려·백제의 기본 구도를 채택하면서 기자조선·위만조선·고구려 정권을 조선 역사상의 왕조로 파악하고 있다. 지쓰허齊思和의 《세계중세사강의》(1956), 쑨빙잉孫秉瑩의 《세계중세사강의》(1956), 셰묘로프謝苗諾夫 저著, 동북사범대학역사계 세계고대사 중세기교연실中世紀教研室 역의 《세계중세기사世界中世紀史》(중앙인민정부 고등교육부교재 편심처編審處, 1954)에서도 비슷한 관점에서 고조선과 고구려 문제를 다루고 있다. 또한 사회 발전 단계에서 이들 왕조의 뿌리·족칭族稱·풍속·습관·고고학 문화·유민遺民의 추이 등을 다루고 있다.

1962년부터 1963년에 걸쳐 중국 고등 교육부 주관 하에 편찬된 고등 교육
기관 세계사 교과서인 저우이량周一良·우위친吳于廑이 주관 편집한 《세계통
사》 전 4권(북경: 인민출판사, 1962)에서도 고조선과 고구려를 한반도의 역사
범주로 파악하고 있다. 이러한 관점은 중국의 저명한 역사학자들이 편찬한
저서들, 가령 상웨尙鉞의 《중국역사강요》(북경: 인민출판사, 1954), 위전위呂振
羽의 《간명簡明중국통사》(북경: 인민출판사, 1959), 젠버잔의 《중국사강요》(북
경: 인민출판사, 1963), 판원란範文瀾의 《중국통사》(북경: 인민출판사, 1978)에서
도 모두 유지되고 있었다. 특히 판원란의 《중국통사간편》(1958) 제3편 제1장
4에서는 수隋의 토욕혼吐谷渾 이오류구伊吾流求에 대한 정벌을 '변강의 개척'
으로 취급하면서도 《신당서》·《구당서》의 고려전의 내용을 바탕으로 수·당
의 고구려 정벌을 '침략'으로 기술하여 고구려를 외국으로 다루고 있다.[107]
이는 그 자신이 수·당과 고구려를 별개의 국가로 파악하고 있었음을 시사해
주는 것이다.

또한 1980년대에 들어서도 리춘우李純武·써우지위壽紀瑜의 《간명세계통
사》(북경: 인민교육출판사, 1983)나 중국 교육부에서 편찬·집필해서 배포한
대학교용 역사 교재로서 추이롄중崔連仲이 주관·편찬한 《세계사》(북경: 인민
교육출판사, 1983)에서는 고조선과 고구려를 여전히 조선사의 범주로 집어넣
어 논술하였다. 특히 연변대학의 조선족 학자들인 박진석朴眞奭의 《중조경제
문화교류사연구中朝經濟文化交流史硏究》(심양: 요녕인민출판사, 1984), 박진석·
강맹산山·박문일朴文一·김광수金光洙의 《조선간사》(연길: 연변교육출판사,
1986), 《조선족간사》편사조編寫組가 편찬한 《조선족간사》(연길: 연변인민출판
사, 1986), 강맹산이 주관·편찬한 《조선통사》(연길: 연변대학출판사, 1992)에
서도 고조선을 포함한 삼국을 한국사의 범주로 파악하고 있다. 그밖에 류용
쯔劉永智의 《중조관계사연구》(鄭州: 中州古籍出版社, 1995), 장롄꾸이張璉瑰의
《1945년이전국제정치중적조선화중국1945年以前國際政治中的朝鮮和中國》(하얼
삔: 흑룡강교육출판사, 1996), 길림성사회과학원 《중조관계통사》편사조의 《중

조관계통사》(장춘: 길림인민출판사, 1996)나 《중조우의삼천년中朝友誼三千年》, 《간명조선사》, 《조선철학사간편》, 《조선사강의》, 《조선철학사상사》, 《조선경제사개론》, 《호태왕화고대조일관계好太王碑和古代朝日關係》, 《조선중세기사연구朝鮮中世紀史研究》 등도 모두 상술한 서술 방식을 채택하고 있다.

비록 지금은 삼국 가운데 고구려를 삭제했지만 얼마 전까지도 중국 외교부 홈페이지의 한국 소개란에서도 고구려를 백제·신라와 같은 삼국으로 표기하여 한국사의 범주로 소개해왔던 적도 있다.

고구려를 한국사로 기술한 중국 측 저서 가운데 대표적인 것들의 내용을 소개하면 다음과 같다. 강맹산이 주관 편찬한 《조선통사》에서는 기원전 3~2세기 '소국小國'으로 역사 무대에 등장한 고구려는 이 시기까지만 해도 하나의 독립 국가가 아니라 고조선에 귀속된 지방 정치 세력, 즉 '후국侯國'에 불과했다고 한다. 그런데 고조선의 후국이었던 고구려는 후에 '해동海東'의 가장 강대한 국가로 발전했다고 한다. 수 문제와 고구려 관계에서도 "수 문제의 고구려 내정에 대한 노골적인 간섭과 고구려를 침략하려는 광적인 야심"이라고 서술하여 수의 고구려 정벌을 '침략'적 시각에서 파악하였다.

《중조관계통사》편사조의 《중조관계통사》에서는 기자조선·위만조선·고구려를 모두 조선의 고대 국가로 규정하였고, 고구려가 평양으로 천도하여 신라·백제 등과 한반도의 패권을 다투었다고 기술하면서 이들 3국을 모두 조선의 삼국 시기로 파악하였다. 장롄꾸이의 《1945년이전국제정치중적조선화중국》에서도 "기원전 1세기 전후 예맥·부여를 골간으로 한 고구려인은 한의 현도군에서 건국하여 점차 한반도 북부와 요녕 일대로 판도를 확대해나갔다. 4세기 말에는 한반도에 고구려·백제·신라 삼국의 정립 국면이 형성됨으로써 조선 역사는 삼국 시대에 접어들었다"고 기술하고 있다.

한편 대만학자들 중에서도 고구려사를 한국사로 규정한 사람들이 다수 있다. 가령 둥쮜빈董作賓의 《중한문화논집》(중화문화출판사업위원회, 1958), 리광타오李光濤의 《중한민족여문화中韓民族與文化》(중화총서편심회中華叢書編審會, 1969), 왕이王儀의 《고대중한관계여일본古代中韓關係與日本》(중화서국, 1969), 류

쟈취劉家驅의 《청조초기적중한관계淸朝初期的中韓關係》(문사철文史哲출판사, 1986) 등이 거기에 해당한다.

②"고구려사는 중국사와 한국(조선)사에 모두 속한다!"

상술한 관점은 1970년대 후반에 접어들어 처음으로 변화가 생겨났다. 즉 1978년 중국 교육부 주관 하에 14개 단과 대학과 대학교가 공동 편찬한 《세계고대중세기사世界古代中世紀史》에서는 고구려의 민족 계통을 중국에서 흥기한 것으로 파악하는 동시에 두 국가의 국경에 걸쳐있던 고古 민족으로 새롭게 규정하였다. 그리고 1980년대 중반부터는 상술한 "고구려사=한국사" 논리에 분명한 변화가 나타나기 시작했다. 즉 1985년에 출간된 쑨이쉐孫義學의 《세계중세기사》(인민교육출판사, 1985)에서는 고구려를 "중국에서 흥기했고 두 국가의 영토 경계에 걸쳐 있는 고대 민족"이며, "길림 집안集安을 중심으로 요동과 압록강 유역에 건립된 고대 정권"으로 서술했다. 즉 고구려를 온전한 한국사로 파악하기보다는 한·중 양국의 국경선에 걸쳐 있었던 정권으로 간주하기 시작한 것이다. 1980년대 중반 이후에는 원래부터 "고구려는 한국(조선)의 역사에 편입되어야 한다"고 주장하던 학자들의 관점도 변하기 시작한 것이다.

가령 강맹산은 고구려사가 "우선적으로 중국 역사에 속하지만 조선 역사에 속하기도 한다"고 주장하기 시작했다. 그가 제시한 근거에는 고구려가 수백 년간 중국 동북 지역에서뿐만 아니라 한반도 중·북부 지역에서도 활동했다는 점, 서기 427년 평양 천도 이후 고구려 역사의 3분의 1 기간 동안 한반도를 중심으로 발전하였다는 점, 고구려족이 신라족과 융합되어 오늘날의 조선족과 혈연 관계 및 문화적 계승성을 지니고 있다는 점 등이 있다.[108] 탄치샹은 "역사상에서 압록강 이북에 있던 시기의 고구려를, 우리는 중국 경내의 일개 소수 민족이 건립한 국가로 간주한다. 그러나 5세기에 이르러 평양으로 천도한 이후부터의 고구려를 더 이상 중국 경내의 소수 민족의 정권으로 볼 수는 없으며 주변 국가의 것으로 처리해야 한다. 또한 고구려의 압록강 이남의 영토뿐만 아니라 압록강 이북의 요수遼水 동쪽의 영토 역시 주변 국가의 영토로 간주해야 한다"[109]고 주장했다. 류쯔민劉子敏도 "비록 고조선과 고구려 영토는 모두 고대 중국에 속한다고 해도 각각의 역사를 소개할 때는 고구려 역사를 한·중 양국의 역사로 인정할 수 있다. 오늘날 중국 판도 내에 있는 고대 민족 혹은 국가는 모두 중국 고대의 민족 혹은 국가로 간주되어야 하며, 오늘날 한반도 판도 내의 고대 민족 혹은 국가는 모두 한국 고대의 민족 혹은 국가로 간주되어야 한다"[110]고 언급했다.

고구려사를 중국사와 한국사 모두의 역사로 파악하는 관점은 이른바 '일사양용一史兩用'(하나의 역사를 두 개 국가의 역사로 귀속시켜 다루는 것)의 관점이라고 할 수 있다. 그러나 이러한 관점도 최근에는 공개적으로 비판을 받고 있다. 장비보에 따르면, '일사양용' 사관은 '사학 영역의 절충주의' 일 뿐이라면서 고구려는 "우선은 중국사"라고 강변한다. 고구려의 평양 천도는 중화 역사 범주 내에서 고구려의 정치 문화의 중심이 동쪽으로 이전되어간 것은 사실이지만, 그 민족 속성이나 정치 성격에는 변함이 없었고 마지막까지도 중화민족의 지방 지역 정권에 귀속되었다는 것이다. 따라서 '일사양용' 사관은 역사 사실에 부합되지 않거나 완전히 부합되지 않는다는 것이다. 쑨진지 역시 고구려의 평양 천도(5세기)를 기준으로 이전은 중국사, 이후는 한국사로 분류·귀속시키는 것은 잘못이라는 것이다. 왜냐하면 고구려를 한·중 양국으로 귀속시키는 것은 오늘날의 영토 경계를 기준으로 구분한 것인데, 당시의 경계를 근거로 볼 때 서기 5세기 전후의 고구려는 모두 중국 영토 내의 중국 지방 정권"[111]이었기 때문이라는 것이다.

그런데 상술한 "고구려=한국사" 설이나 '일사양용론'은 모두 1990년대 이전의 주장일 뿐, 최근에는 전혀 주장되고 있지 못한 실정이다. 이것은 아마도 "학문은 정치를 위해 복무해야 한다!"는 중국 공산당의 오랜 전통이 남아 있고, 학자 개인이 당론이나 국가의 공식 입장을 벗어나는 견해를 피력할 수 없는 중국의 학계 현실에서 비롯되었기 때문인지도 모른다.

③ "고구려사는 중국사이다!"

"고구려사=중국사"라는 견해는 개혁 개방 정책 이후, 특히 1980년대 후반 기부터 일부 학자들 사이에서 제기되기 시작했다. 중국 정부가 국민적 통합과 영토적 통합을 중요한 국정 과제로 설정하고 '통일적 다민족 국가론'이 중국 학계의 영토·민족·국가 인식을 대변하게 되면서 중국 소수 민족의 역사는 모두 중국사로 규정되기 시작했고, 고구려사 역시 중국사로 귀속시켜야 한다는 주장들이 확산되기 시작했다. 이러한 관점은 일부 대학 교재에도 반영되기 시작했다.

가령 주환朱寰이 주관 편찬한 대학 교재인 《세계상고중고사世界上古中古史》(북경대학출판사, 1990)나 쑨이쉐가 주관 편찬한 《세계중세기사世界中世紀史》(북경대학출판사, 1990), 그리고 각 대학교에서 통합적으로 편찬한 역사 교재 《세계통사》(인민출판사, 1997) 역시 고구려사를 중국사로 분류하고 있다. 특히 《세계통사》에서는 기자조선·위만조선·고구려를 중국 동북방의 봉국封國이자 소수 민족 정권으로 파악하는 동시에 수·당의 고구려 정벌을 통일을 유지하기 위한 '통일 전쟁'으로 기술하고 있다.

고구려사를 중국사라고 주장하는 학자들의 견해와 관련하여, 리띠엔후李殿福[112]는 고구려가 줄곧 "한漢의 관할 하에 있으면서 중원에 조공을 바쳤고, 한 왕조는 '이은신초지以恩信招之'의 방법과 무력을 통해 고구려의 내속內屬을 유지했다"고 하여 고구려를 중원 왕조의 귀속 정권으로 파악한다. 또한 그는 쑨위량孫玉良과 공동 집필한 논문[113]에서 "고구려는 양한兩漢에 대해 예속 관계를 맺고 있었고, 북위와는 조공 수호修好 정책을 취해 공존하였다"는 점을 전제로, 고구려와 수·당 사이의 전쟁을 "변강 소수 민족 할거 세력과 중원 통일 정권 사이에 진행된 통제와 반反통제 사이의 투쟁이자 일국 간의 모순 투쟁"으로 규정한다. 후량원傅良云·양양楊暘[114] 역시 고구려사를 중국사라는 전제 하에 수·당과 고구려의 전쟁을 '통일 전쟁'으로 파악한다. 쉬더웬徐德源[115] 역시 고구려를 '소수 민족의 지방 왕국'으로 규정하고 당의 고구려 침략과 멸망 사실을 '통일 전쟁'으로 묘사하고 있다.

껑톄화[116]는 고구려가 "장기간 한대 현도군 관할 하에 있었고 한 왕조가 줄곧 이 지구에 대해 주권을 행사했으며, 고구려국은 줄곧 중국 지방 정권의 성격을 띠고 있었다"고 주장한다. 그에 의하면 고구려와 중원 정권의 관계는 "신속臣屬·조공·우호적인 교왕交往이 장기적이었고 주류였는데 반해, 양자 간의 전쟁은 단기적이었고 지류支流에 불과했으며, 고구려인과 중원 및 동북 각 민족의 밀접한 연계와 우호 관계는 근본적으로 변한 적이 없었다"고 한다. 그는 고구려와 중원 정권 사이의 '전쟁'의 의미를 축소시킴으로써 고구려 정권의 예속성을 부각시킨다. 판리範犂[117]는 고구려를 "한漢·위魏 시기 중국 북방의 현도군 내에서 활약한 소수 민족 정권"으로 규정한 뒤, 《진서晉書 모용운慕容雲》의 기사를 근거로 "고구려인이 '고양씨高陽氏의 후손'이고 일부 사서에 '고이高夷'로 기록되어 있으며, 고구려가 한·당 등 중원 왕조로부터 책봉을 받았고 중원 문화의 영향을 받았으며 중원과의 관계가 밀접했다"는 점을 거론하면서 '고구려가 중국 왕조의 속국'이었음을 간접적으로 강조하고 있다. 퉁동[118]도 고구려를 "한 문화의 영향을 비교적 일찍 받은 중국의 소수 민족 정권"으로 규정하고 있다.

류용샹劉永祥[119]은 "고구려의 창시자 주몽과 부여의 창시자 동명왕은 별개의 인물이며, 주몽이 동명의 이름을 빌려 왕호로 삼고 개국開國 전설에서도 동명의 전설을 취했다"는 전제 하에, "고구려와 부여는 서로 다른 역사 시기에 출현했던 서로 다른 소수 민족 정권"이라고 주장한다. 쉐훙薛虹·리주톈李澍田[120] 역시 고구려가 서한 왕조와 번속 관계를 유지했고 중원 왕조는 고구려에 대해 책봉을 했고 고구려는 조공을 바쳤다는 점, 고구려는 남조와 북조 모두에게 칭신稱臣을 하면서 번속 관계를 유지했다는 점을 강조한다. 그리고 당조의 고구려 멸망을 '요동군의 수복'으로 표현한다. 이때 '요동군의 수복'이라는 표현은 '주周·한漢의 고토 수복'이라는 의미와 일맥상통하는 것으로 한족 왕조의 고토 수복이라는 의미로 해석할 수도 있지만, 중국 왕조가 이민족 왕조에게 빼앗긴 영토를 되찾은 것으로 해석할 수도 있고, 고구려의 고토가 원래부터 중국 땅이었다는 의미로 해석할 수도 있다. 만일 두 번째 의미라면 고구려를 중국의 역대 왕조 범주 밖에 있었던 것으로 인정하는 셈이 된다.

리띠엔후·쑨위량孫玉良[121]은 "고구려가 건국에서 멸망 때까지 중원 정권과의 예속 관계를 철저하게 벗어나지 못했고 시종 중원 왕조의 통할 하에 있었던 중국 북방 민족 할거 정권의 하나였다"고 하여 '중국의 지방 정권'이라는 견해에 동조한다. 이들에 따르면 "고구려의 최전성기 강역은, 서쪽으로 요동군 전부를 영유했고, 남쪽으로는 한강 유역의 백제·신라와 직접 국경을 맞닿았고, 북쪽으로는 눈강嫩江까지 이르러 거란과 접경을 이루었으며 동쪽으로는 동해안까지 이르러 옥저부沃沮部를 영유하고 있었다"고 한다. 고구려 영역 문제와 관련하여, 왕미엔허우王綿厚[122]의 견해는 리띠엔후 등의 견해와 약간의 차이가 있다. 왕미엔허우에 의하면 "남쪽으로는 살수薩水(淸川江) 및 낙랑군과 접경을 이루었고, 북쪽으로는 개마대산蓋馬大山(낭림산맥狼林山脈 이북), 서쪽으로는 태자하 상류의 양맥梁貊에까지 이르렀고, 동쪽으로는 동해까지 이르렀다"는 것이다. 그런데 극성기 고구려의 영역이 남쪽으로 낙랑군과 접경을 이루고 있었다는 것은 낙랑군이 고구려에 의해 구축된 것이 아니라 고구려 영역 남쪽에 자리잡고 있었다는 것을 의미한다.

청셴수曾憲姝[123]도 고구려를 중국의 지방 정권으로 단정한다. 쉬꾸이통徐貴通[124]에 따르면, 고구려는 "중국 동북에서 생활했던 고로古老 민족의 하나로서 처음 서한의 현도군 경내에 세워져 현도군의 관할 하에 있었으며, 이름만 국가이지 실제로는 서한 현도군 내의 지방 소수 민족 정권"이란다. 그는 그 근거로 "서한 왕조의 고구려 정권에 대한 인가認可, 위·진 왕조의 고구려왕에 대한 책봉, 수·당 왕조의 고구려에 대한 책봉과 정토征討 등을 들면서 고구려와 중원 왕조의 모순은 중국 내 민족 모순의 성격을 띠고 있었다"고 주장한다.

(3) 고구려의 대외 관계

고구려와 중원 왕조의 관계와 관련해서 퉁둥이 주관 편찬한 《중국동북사》

제1권[125]에서는 다음과 같이 정리하고 있다. 즉 서한 시기 고구려와 한 왕조 사이에는 기본적으로 안정과 통일 국면을 유지해 왔는데, 왕망王莽 시기에 고구려왕을 '후侯'로 개칭하자 고구려가 항쟁했고, 동한東漢 광무제 때 고구려를 안무하여 왕호를 회복시켜 주었으며, 조위曹魏 때에는 고구려와 공손씨公孫氏가 모순 관계에 있었기 때문에 고구려는 조위를 도와 공손씨를 멸망시켰지만, 후에 고구려가 요동을 수차례 침략·배반했기 때문에 관구검이 고구려의 환도성을 점령하기도 했다는 것이다. 위진 때에는 모용황이 고구려 도성을 공격하여 환도성을 훼손하고 돌아갔지만, 후에 광개토왕 때에는 모용씨慕容氏와의 요동 쟁탈전에서 승리하여 요동을 차지하였다고 한다. 고구려는 중국 동북 지구 역사상 점거 기간이 가장 길었던 '할거 세력'이었다는 것이다. '할거 세력'이었다는 표현 속에는 고구려가 '중국의 지방 정권'이었다는 의미가 내포되어 있다.

남북조와 관련하여, 장보취엔·쑤진위엔蘇金源·동위잉董玉瑛[126]은 고구려를 후위後魏·북제北齊·북주北周의 "번부藩附"로 규정하면서, 그 근거로 고구려가 남조에 사신을 보내 조공을 바치고 남조의 봉호封號를 받아들인 점, 북조가 호동이교위護東夷校尉라는 관직을 요동군공고구려왕遼東郡公高句麗王에게 내린 점, 북주가 고구려왕을 요동왕遼東王으로 개명한 점을 들고 있다. 그밖에 수 문제 역시 고구려에 대한 원래의 '번부' 관계를 '요동신遼東臣'으로 격하시키려고 했다는 점도 추가하고 있다.

수조와 관련하여, 양슈쭈楊秀祖[127]는 고구려를 "중국 동북 지구에 있던 중국의 소수 민족 정권으로서 중원 왕조에 대해 복속依附하다가도 때로는 반변叛變했다"는 전제 하에, 수조 초기 고구려는 줄곧 수와 신속 관계를 유지했지만 모순이 잠재되어 있었다고 한다. 그는 수의 고구려 정벌 원인을 다음과 같이 설명하고 있다. 첫째, 수조 통치자 내부에서는 고구려를 번속 정권으로 간주하여 수조와 군신 관계를 유지해야 하고 수조 정권의 지도에 복종해야 하며 고구려를 수조의 직접적인 관할 속에 집어넣어야 하며 그러기 위해서는 무력을 사용해야 한다고 생각했다는 것이다. 둘째, 수 양제와 군신들은 고구려의 강력한 군사력과 그것을 근간으로 한 고구려의 하북 지방에 대한 강대한 군사적 영향력에 대비해야 하며, 이를 위해서는 전쟁을 통해 고구려의 영향력을 저하시켜야 한다고 여겼다는 것이다. 셋째, 수조에서는 전쟁을 통해 왕조 내부의 모순을 해소하고 날로 심해지는 계급 모순과 계급 투쟁을 완화시켜야 한다고 인식했다는 것이다.

당조와 관련하여, 친썽양秦升陽[128]의 주장에 따르면, "연개소문이 군주를 시해하고 백성들을 학대하고 당 태종의 조령詔令을 받들지 않고 백제와 연합하여 당조와 관계가 밀접한 신라를 공격했기 때문에, 옛 영토舊疆를 회복하고 사이四夷를 위협 · 복종시키고 화근을 미연에 제거하기 위해서" 당조가 고구려를 정벌했다고 한다. 또한 "당조에 의한 고구려 멸망은 주周 · 한漢의 고토를 회복하고 통일적 다민족 국가의 공고한 발전에 이로움을 주었다"는 것이다. 그에 의하면 "당과 고구려는 봉건 시대 종주국과 번속국의 관계, 중앙 정부와 지방 자치 정부 사이의 관계, 나라와 나라, 종주국과 식민지의 관계와는 분명 다르다"는 것이다. "당과 고구려의 전쟁은 단지 중국 실체 내부의 서로 다른 이익 집단 사이의 모순 충돌에 불과할 뿐, 침략과 반침략의 성격을 지닌 것은 결코 아니다"라는 것이다. 친썽양 역시 당과 고구려의 전쟁을 '침략'이 아닌 '중국 내부의 모순 충돌'로 본다. 이는 수 · 당과 고구려의 전쟁을 '중국 국내의 통일 전쟁'으로 보는 시각과 유사하다.

고조선과 관련하여, 류쯔민劉子敏[129]은 "고구려의 조상인 고이高夷는 고조선과 어떠한 종속 관계를 맺어본 적이 없으며, 주몽이 건국한 고구려는 정치적으로 중원 왕조에게 신속했다"고 주장한다. 그에 의하면 "고구려의 고토는 진 · 한 시기 요동군의 관할 구역 내에 있었고 한 무제가 설치한 4군은 위만 조선의 본토와 그 부속지를 관할하였지 고구려의 고토를 관할한 것은 아니었다"라는 것이다. 따라서 "고구려가 고조선의 '후국侯國'이다"라는 역사학계의 학설은 터무니없으며, 고구려는 중원 왕조와 신속 관계를 맺고 있었다고 하여, 고구려와 고조선의 역사적 상관성을 부정한다. 이에 비해 한썽韓升[130]은 당조唐朝의 백제 · 고구려 정벌과 관련하여, 당시 "당조의 최고 목표는 아시아에서 당을 중심으로 한 국제 질서 관계를 구축하려는 데 있었지, 결코 '조선'을 장기간 점령하고 직접 통치하려는 데는 있지 않았기 때문에, 당조는 백제와 고구려를 평정한 후 신라와 단기간의 마찰과 조정을 거친 뒤 줄곧 친밀한 우호 관계를 유지하여 국제 관계 중에서 가장 오랫동안 안정적이고 우호적인 이웃 국가로 되었다"고 주장한다. 한썽이 당의 백제·고구려 정벌을 '조선 점령'이라고 표현한 것을 보면, 고구려가 조선의 권역에 있던 국가였음을 인정하는 셈이 된다. 그는 중국의 침략성을 의식해서인지 당의 우리나라 '침략' 사실을 '우호 관계 유지'라는 말로 적당히 얼버무리고 있는 것이다.

(4) '동북공정' 상의 고구려사 논리

중국사회과학원 산하 중국변강사지연구센터에서 "고구려=중국사"라고 주장하는 논리의 논거를 살펴보면, 첫째, 고구려 정권은 "남하한 일부 부여족 일파와 서한 고구려현 경내의 기타 민족이 공동으로 수립"했다고 하여, 정권 수립 주체가 한민족韓民族과는 무관함을 밝히고 있다. 또한 고구려 민족의 뿌리와 관련하여 "부여족 일파, 서한 현도군 고구려현 경내의 변강 민족을 기반으로 옥저·소수맥小水貊 등의 예맥족·한족漢族·선비족·숙신인 등이 흘러들어 이들 민족이 점차 융합되어 고구려 민족이 되었다"고 하여, 고구려 민족의 구성원은 "모두 서한 시기 동북 변강 지구에서 활동한 민족들"이라는 것이다. 다시 말해 고구려 민족은 한반도의 한민족과는 완전히 무관한 중국 변강의 민족이라는 것이다. 더욱이 고구려 정권은 "초기에 서한의 직접적인 관할 하에 있었고", "고구려의 활동 지역이 중국 역대 왕조의 통치 지구였기 때문에 당조가 고구려를 '통일'[131]시켰다"는 것이다. "비록 고구려 민족의 기원에 관해서는 예맥설·부여설·고이설·상인설·염제설 등이 있지만, 이들 민족 모두 고대 중국 경내의 민족이기 때문에 고구려 민족의 귀속성이 바뀔 수는 없다"고 하여 고구려 민족이 한민족이 될 수는 없다는 것이다.

둘째 '동북공정'에서는 "고구려의 활동 중심(주로 都城)이 몇 차례 옮겨져 후기에 도성(平壤城·長安城)이 현재의 중국 강역 밖(한반도)으로 옮겨졌지만,

그 지역 역시 한사군의 관할 범위였기 때문에, 사실상 고구려의 활동 범위는 한사군의 관할 범위를 벗어난 적이 없었다"는 것이다. 이 논리는 한반도 북부가 원래부터 중국, 즉 서한의 영토였다는 주장과 같다. 게다가 '동북공정'에서는 고구려가 "줄곧 중국 역대 중앙 왕조와 신속 관계를 유지해 왔을 뿐만 아니라 스스로 그 관계를 끊고 '중국' 밖에 존재했던 적은 없었다"는 것이다. 이 논리대로라면 당시 중국의 왕조와 신속 관계를 맺은 모든 정권은 기본적으로 중국사의 범주에 속한다는 이야기가 될 수 있다. 그렇다면 당시의 신라·백제·일본은 물론이고 고려나 조선 역시 거기에 해당하는 셈이다. 그리고 당조가 고구려를 '통일'한 후 일부 고려인(高仙芝·往毛仲) 등은 '조국'(여기에서는 '중국'을 뜻함)의 '통일'을 유지하기 위해 많은 공을 세웠다는 것이다.

셋째, "고구려 멸망 후 대다수의 고구려 유민은 한족으로 흡수·융합되었다"는 것이다. 당시 고구려 인구는 70여 만 명에 달했는데 당 태종과 고종 때 약 30만 명의 유민이 중원(북경·안휘·강소·호북·산서·섬서·감숙·사천 등지)으로 옮겨갔고 이들은 점차 한족에 융합·흡수되었다는 것이다. 고구려 유민 가운데 약 10만 명은 투항·포로 등의 형태로 신라로 들어가 흡수되었고, 또 다른 10만 명 이상은 말갈의 발해에 망명하여 발해의 구성원이 되었다가 금대金代에는 여진족에게 흡수되었고 금조 멸망 후에는 대부분 한족에게, 나머지 1만여 명의 유민들은 북방의 돌궐족에게 융합·흡수되었다"는 것이다.

한편 '고구려가 중국사의 일환'이라는 상술한 논거를 뒷받침하기 위해, '동북공정'에서는 다음과 같은 논리를 전개하고 있다. 첫째, "중국사의 범주에 속한 고구려는 한국사의 범주에 속한 고려, 그리고 조선족과 혼동해서는 안 된다"는 것이다. 즉 이 양자의 역사적 연속성이나 계승성·상관성은 전혀 없다는 것이다.

그 이유로 우선 고구려의 명칭과 관련된 것으로 "고구려 정권이 존재했을 때 역사가들은 '구려句麗' '고려高麗'로 기술하였고, 수·당 시대에는 사가들과 고구려인들이 습관적으로 '고구려'를 '고려'로 부르면서 '고려'라는 명칭이 사서에 나타나기 시작했다"는 것이다. 그래서 '고려'는 '고구려의 약칭 혹은 이칭易稱'이었다는 것이다. 따라서 고구려는 "그것이 멸망한 지 250년 후에 등장한 한반도의 '왕씨 고려'(태조 왕건이 세운 고려)와는 하등 계승 관계가 없으며, 왕씨 고려의 활동 범위는 한반도를 벗어난 적이 없었다"는 것이다. 따라서 "고구려의 약칭인 고려와 왕건의 왕씨 고려는 시간적으로 보나 왕족의 성씨로 보나 예속 신민의 구성 실태로 보나 근본적인 차이가 있으므로 고씨 고려와 왕씨 고려를 혼동해서는 안 된다"는 것이다. 다시 말해 "고씨 고려와 왕씨 고려 사이에는 250년이라는 간격이 존재했고, 왕씨 고려의 강역은 기본적으로 신라의 강역을 계승했으며, 그 구성원도 대부분 신라인(辰韓·弁韓)과 백제인(馬韓)이라는 한반도 남부의 삼한인三韓人이었다"는 것이다. 더 나아가 '동북공정'에서는 고려 태조 왕건이 한민족이라는 것마저 부정한다. 즉 "왕씨는 서한 당시 낙랑군의 귀족이었다는 점을 고려해 볼 때, 왕건은 서한 낙랑군 '한족의 후예'일 가능성이 매우 높다"는 것이다. 고려 태조 왕건조차도 우리 민족이 아니라 중화민족이었을 것이라는 주장이다.

상술한 양자의 차이점에도 불구하고 그동안 "중국 역사책에 등장하는 고구려의 약칭 고려와 왕씨 고려의 명칭이 같았기 때문에, 요즘의 중국 사람들은 이 양자가 전후 계승의 관계를 지니고 있는 일체로 인식하고 있다"는 것이다. 그 결과 그 동안 "고구려 역사에 대한 인식상의 혼동을 초래했는데, 사실 이 양자의 성질은 완전히 다르다"는 것이다. 이것은 한반도의 고려 왕조가 고구려의 맥을 이은 왕조로서 이 양자가 서로 역사적 계승성을 띠고 있는 것으로 인식하고 있는 많은 중국 사람들의 역사관을 바꾸려는 것임을 알 수 있다.

다음에 '동북공정'에서 눈길을 끄는 것은 우리가 '중국 동포'라고 주장하는 조선족의 혈통 자체를 왜곡하고 있다는 점이다. '동북공정'에 따르면 "현재의 조선족은 고구려 멸망 후 장시간 민족적 융합과 교류 속에서 신라인을 주체로 형성되었는데, 이 융합 과정에는 한반도에 남아 있던 소수의 고구려인·말갈족·한족이 섞여들게 되었으며, 여기에다가 19세기 중엽 이후 한반도의 일부 조선인이 중국으로 넘어와 융합되면서 오늘날의 조선족이 되었다"는 것이다. 이 주장에 따르면 현재의 조선족은 고구려 멸망부터 19세기 중엽 이전까지 신라인·고구려인·말갈족·한족이 섞여서 이루어졌다가 19세기 중엽 이후 중국으로 넘어온 일부 조선인이 섞여서 하나의 소수 민족으로 되었다는 것이다.

실제로 중국변강사지연구센터에서 작성한 〈한반도 정세의 변화가 동북 지구의 안정에 미칠 충격〉이라는 내부 문건[132]을 살펴보면, 중국 정부가 조선족의 민족 정체성을 부정하고 그들의 혈통을 새롭게 부여하려는 의도를 쉽게 간파할 수 있다. 이 문건에 따르면 현재 중국 정부에서는 한반도의 정세 변화로 가장 큰 충격을 받을 수 있는 지역으로 길림성 연변조선족자치주와 요녕성 단동丹東 지구로 예측하고 있다.

마지막으로 "고구려인은 중국 고대의 민족이기 때문에 중국 동북 지구에서 발굴된 고구려의 유물 유적은 왕씨 고려의 문화가 아니라 중국의 문물 고적"이라는 것이다.

2) 중국의 발해사 인식

중국의 발해사 연구는 20세기에 접어들어 시작되었다. 초기 연구에는 탕옌唐宴의 《발해국지渤海國志》(1919), 황웨이한黃維翰의 《발해국기渤海國記》(1913)가 있다. 대륙에서의 발해사 연구는 진위후金毓黻[133]에 의해 본격화되었다. 그는 발해와 관련된 모든 문헌들을 망라하여 정리하였고, 이를 바탕으로 세기世紀·세가世系·연표年表·열전列傳·지리地理·직관職官·족속族屬·식화食貨·문징文徵 등을 작성하였으며, 또 총고叢考에서는 100여 종의 서적을 참고하여 135항목에 걸쳐 세밀한 고증 작업을 벌였다.[134] 그의 연구는 지금도 발해 연구의 지침서이자 사료집으로 활용되고 있다. 중화인민공화국의 민족사 연구는 중앙연구원과 북평北平연구원이 중심이 되어 성립된 중국사회과학원(1977년 이전은 중국과학원中國科學院)의 민족연구소와 문물고고연구소 등이 주도하고 있는데, 문화대혁명 이전까지는 주로 고고학 발굴과 조사가 대부분이었다. 발해를 중국의 소수 민족의 역사로 간주하는 중국에서는 발해 연구가 문화대혁명이 종결된 후에야 본격적으로 이루어지기 시작했다.

중국에서는 1970년대 말부터 1980년대 상반기까지 발해사 연구 열풍이 일었으며, 이 기간에 발해사 관련 학술 대회도 수차례 열렸다.[135] 그렇지만 1980년대 후반부터는 발해사 연구가 주춤한 상태이다. 이것은 아마도 중국학자들이 발해사의 귀속 문제나 발해 민족의 뿌리 문제 등에 관한 기본적인 연구가 마무리되었다고 판단하고 있기 때문으로 여겨진다. 2004년 3월 중국변강사지연구센터에서는 제3차 과제를 공모했는데, 여기에는 발해족의 민족 뿌리와 유민의 거취 문제, 발해의 귀속 문제가 들어 있다.[136]

(1) 발해 민족과 대조영大祚榮의 뿌리

① "발해 민족(대조영)=말갈족=중국 민족"설

"발해의 주체 민족이 어느 민족이냐?"에 관해, 중국에서는 ⊙ 말갈족설, ⓒ 고구려족설, ⓒ 발해 민족설이 있다. 먼저 말갈족설의 논지들을 차례로 살펴보면, 추이싸오시崔紹熹[137]는 《신·구당서》의 기사에 근거할 때 발해를 건국한 대씨大氏는 말갈족 계통의 발해 말갈인에 속한다"는 것이고, 쟝서우평姜守鵬은 "발해의 주체 민족이나 건국자인 대조영大祚榮은 모두 말갈인"[138]이라고 주장한다. 주꿔천朱國枕·쟝타이이샹張太湘[139]이나 류쩐화劉振華[140]도 "발해인의 주체와 대씨大氏 왕족의 족속이 물길勿吉--말갈 문화, 즉 동인同仁 문화 유형에서 변천되어 온 것으로, 발해는 말갈인이 주체적으로 세운 국가"라고 한다. 주꿔천·웨이꿔종魏國忠·류싸오동劉曉東[141]은 발해가 "속말 말갈을 주체로 세워진 고대 왕국"이라는 전제 하에, 말갈의 민족 뿌리는 주로 숙신-읍루에서 비롯되며 직접적으로는 물길에서 변화되어 왔다고 한다. 쑨슈런孫秀仁·깐쯔껑干志耿[142]은 발해족이 "속말 말갈을 주체로 하여 말갈의 다른 부족, 그리고 읍루·부여·예맥·옥저의 원거주지 주민 및 일부 고구려 유민으로 형성되었으며, 한화漢化된 말갈족을 주체로 하여 새롭게 융합된 민족의 공동체"라는 견해를 밝혔다. 천시엔창陳顯昌[143]은 발해 말갈을 대조영 계통 말갈인의 칭호로 본다.

왕청꿔王成國[144]는 "대조영이 속말 말갈인으로서 중국 중앙 왕조에 귀부歸

附하여 발해군왕渤海郡王으로 봉해졌다"는 점을 강조하면서 말갈족설을 제기한다. 다만 대조영에 의해 통치를 받은 발해 민족은 속말 말갈을 주체로 하지만 거기에는 말갈의 다른 부족과 고구려 유민도 포함되었다는 것이다. 류쩐화[145] 역시 말갈족설에 동의한다. 발해의 주체 민족을 속말 말갈족으로 보는 왕청꿔[146]에 의하면, 발해가 건국되기 이전 고구려는 항상 말갈족을 자신들의 전쟁을 위한 총알받이로 삼았으며,. 말갈족의 일상 생활은 비참했다는 것이다. 그런데 말갈에 대한 고구려의 압박은 도리어 말갈인들로 하여금 약소 민족은 중원 왕조의 지지를 받아야만 자신들의 사업을 꾸려나갈 수 있다는 사실을 반면적反面的으로 교육시켰으며, 그러한 상황이 말갈인에게 발흥할 수 있는 조건으로 작용했다는 것이다. 진샹金香[147]은 말갈족설에 동조하면서도 발해가 말갈족·고구려족·한족 등으로 이루어진 다민족 정권이라는 점을 내세운다. 그러면서도 그는 발해가 '국명國名'이지 '민족명'이 아니라는 관점에서 발해족설을 부정한다.

대부분의 중국학자들이 주장하는 "발해 민족=말갈족"설의 논리적 근거를 구체적으로 살펴보면 다음과 같다. 진샹은, 쟝쩌우링張九齡이 당 현종을 대신해서 쓴 칙신라왕금흥광서勅新羅王金興光書 가운데 "발해 말갈"이라는 구절이 들어 있는 점, 《신·구당서》 속의 "발해 말갈"이라는 구절이나 "발해는 본래 속말 말갈이다渤海本粟末靺鞨" 등의 기록이 있다는 점을 든다. 그는 또 다른 근거로 《구당서》의 "발해 말갈의 대조영은 본래 고구려의 별종이다渤海靺鞨大祚榮者, 本高麗別種也", 《신당서》의 "발해는 본래 속말 말갈로 고구려에 부속되어 있었고 성은 대씨이다渤海, 本粟末靺鞨附高麗者, 姓大氏", 《책부원귀册府元龜》의 "말갈 대조영을 발해군왕에 봉했다封靺鞨大祚榮爲渤海郡王"(卷九六四, 封册二)에서, '말갈'은 민족명 또는 국명으로 해석해야 하지만, 당대에는 대조영 정권을 기미주羈縻州로 간주했기 때문에 그 국명을 승인하지 않았을 것이므로 말갈은 국명보다도 민족명에 더 가깝다는 것이다. 상술한 의미에서 "발해의 왕실은 속말 말갈족"이었다는 것이다.[148] 특히 "고려 별종高麗別種"의 의미와 관련하여, 주꿔천·웨이꿔종·류싸오동[149]에 따르면, "발해와 대씨大

氏는 말갈족이라는 전제 하에 말갈 혈통의 대조영 일족임"을 가리킨다는 것이다. 다시 말해 "고려 별종"은 대조영 및 그 일족만을 가리키는 것이지, 고구려에 의해 통치 받은 모든 말갈인을 가리키는 것은 아니며, 고구려에 의부依附한 말갈인은 고구려화高句麗化했거나 반半 고구려인이 된 말갈인으로서 대씨 일족도 거기에 속한다는 것이다.

② "발해 민족(대조영)=고구려족=한민족"설에 대한 반박 논리

일반적으로 "발해 민족(대조영)=고구려족=한민족"설을 주장하는 주요 논리 근거로는, ㉠ 발해의 3대왕 문왕文王(大欽茂)이 일본 왕에게 보낸 국서國書에서 일찍이 자신을 "천손天孫"이라고 지칭했다는 점,[150] ㉡ 일본 역사서(《續日本紀》卷二十二)에 발해국 제3대왕 문왕을 고구려 국왕의 정황 속에 기록했다는 점("高麗王大欽茂言……"),[151] ㉢ 《삼국유사》의 "고려의 옛 장수 대조영高麗舊將祚榮", 즉 "고구려의 옛 장수 대조영"이라는 기록,[152] ㉣ 발해 제2대왕 무왕武王(大武藝)이 일찍이 계루군왕桂婁郡王에 봉해졌다는 점,[153] ㉤ "진국은 본래 고려이다振國本高麗"[154], ㉥ "신라인이 발해를 북국北國으로 불렀다"[155], ㉦ 무왕武王, 大武藝이 일본국에 보낸 글 가운데 "고려의 옛 거주 지구를 수복했다復高麗之舊居"[156]라는 기사, ㉧ "발해 말갈 대조영은 본래 고려의 별종이다渤海靺鞨大祚榮者, 本高麗別種也"[157]라는 기사, ㉨ "발해는 본래 말갈로 불렸는데, 고려의 별종이다. 그 국토 물산은 고려와 같았다渤海, 本號靺鞨, 高麗之別種也. 其國土物産與高麗同,"[158] ㉩ 일본인(菅原道眞)이 편찬한 《유취국사類聚國史》의 기사 내용, 즉 '토인土人'을 고구려인으로 파악하여 도독·자사·수령 등 지방관은 모두 고구려인에 의해 독점되었으므로 발해국은 고구려인에 의해 통치되었다(渤海國無州縣館驛, 處處有村里, 皆靺鞨部落. 其百姓者, 靺鞨多, 土人少, 皆以土人爲村長. 大村曰都督, 次曰刺史, 其下, 百姓皆曰首領.)"는 주장 등을 거론할 수 있다. 이러한 근거들에 따라 발해 민족과 발해를 건국한 대조영은 고구려 민족으로 '한민족'이라는 것이다.

상술한 "발해 민족(대조영)=고구려족=한민족"이라는 주장에 대해 중국 측

에서는 상세한 비판을 가하고 있다. 가령 진샹金香에 의하면, ㉠의 근거와 관련하여, '천자天子'는 고구려 이전에도 중국의 고대 제왕帝王이 자신의 칭호로 사용했으므로 고구려왕만의 칭호가 아닐 뿐더러, 중국 사서의 '천손天孫'은 제왕을 가리키지 않고 '별의 이름'을 가리켰다는 것이다. 또한 '천손'은 일본인의 개념으로서 일본 천황도 '천자'라는 칭호는 사용했지만 '천손'이라는 칭호는 사용하지 않았다는 것이다. ㉡의 기록은 일본 사가들의 주관적인 생각이 반영된 것으로, 발해 왕실이 고구려에서 나왔다는 근거로 부족하다고 한다. 그 근거로 고구려설을 제기하는 사람들이 들고 있는, 발해 문왕이 자신을 "고구려국왕대흠무高麗國王大欽茂"라고 자칭하면서 일본 천황에게 보냈다는 국서國書는 국서가 아니라 기록문이며 일본 사관史官이 가필加筆을한 것이라고 한다. 또한 발해국왕을 고려국왕으로 간주한 것은 발해에 대한 일본 정부의 의식이 반영된 결과로서 일종의 정치적 책략에 불과하다는 것이다. ㉢의 기록은 대조영이 고구려국의 무직武職을 맡은 적이 있다는 것을 표명한 것이지 그가 고구려인이라는 것을 뜻하지는 않는다는 것이다. ㉣과 관련해서 중국 고대의 봉작封爵 제도를 살펴보면 피봉자被封者의 민족 출신이나 소재지를 고려하지 않고 과거에 존재했었던 국명이나 지명에 따라 임의로 책봉했다는 것이다. 예를 들면 요대遼代의 야율필섭耶律必攝은 '월왕越王'으로, 야율중원耶律重元은 '진국왕秦國王'으로 책봉되었는데, 월越이나 진秦은 당시 요대遼代의 국명이나 지명이 아니었으며 그들 또한 월인越人이나 진인秦人이 아니었다는 것이다. 더욱이 대조영은 말갈인인데도 발해군왕으로 책봉되었던 사실을 고려해 볼 때, 단순히 "문왕이 일찍이 계루군왕桂婁郡王에 봉해졌다"는 점만을 가지고 그를 고구려인으로 간주하는 것은 잘못이라는 것이다.[159]

더 나아가 말갈족설을 강조하는 진샹[160]은 계속해서 "발해족=고구려족" 설을 반박한다. 그에 따르면 ㉤ 기사의 전문은 "진국은 본래 고려이고……풍속은 고려 및 거란과 같았으며, 자못 문자와 서기가 있었다振國本高麗……風俗與高麗及契丹同, 頗有文字及書記"라는 뜻인데, 만일 진국(즉 발해)의 주체 민족이 고구려족이었다면 굳이 "풍속이 고려 및 거란과 같았다風俗與高麗及契丹同"는 표현을 쓰지 않았을 것이라는 점이다. 다시 말해 발해의 민족이 고구려나 거란족과는 다른 민족이기 때문에 그 표현을 썼을 것이란다. ㉓의 근거 역시 불충분한데, 역사적으로 '남북조南北朝' 혹은 '남북국南北國'이라고 지칭된 두 개의 정권이 있었던 점을 고려해보면, '북국北國'이라는 표현은 단지 방위상의 개념일 뿐이지 민족 개념은 아니라는 것이다. ㉔의 근거에서 '복復'은 '수복收復'했다는 의미가 아니라 '점유占有'했다는 의미로 해석한다. 이러한 해석은 주궈쩐朱國忱·웨이궈쭝魏國忠에 의해 제기된 바 있다. ㉕의 '별종別種'은 불명확한 개념으로서, '별종'이란 의미는 피통치 민족 간의 관계("奚國, 蓋匈奴之別種", "鐵勒, 本匈奴別種"《舊唐書》卷一九九下, 北狄), 민족 계통 혹은 범주관계, 민족 원류源流 관계 혹은 계승 관계, 개인이 소속된 민족 성분 혹은 성씨 등 다양한 의미를 띠고 있으므로 '별종'을 '동일한 민족'으로 해석하는 것은 잘못이라는 것이다. ㉖의 근거와 관련해서도, "고구려의 별종"을 '고구려'라는 의미로 해석한다면, "그 국토 물산이 고려와 같다"라는 표현을 쓰지 않았을 것이란다. 즉 발해와 고구려는 각기 다른 민족이기 때문에 그런 표현을 사용했다는 것이다.[161]

특히 ㉓의 근거 즉 "남북국 시대론南北國時代論"과 관련하여, 왕지엔췬王健群[162]은 "발해국은 속말 말갈인 대조영이 당조에 의해 발해군왕으로 책봉된 기초 위에서 중국 동북부 및 한반도 북부에 건설한 왕국인데 비해, 신라는 진한·변한의 기초 위에서 건립한 왕국으로 모두 당조의 번국藩國이다. 그러나 이들 나라는 민족·강역·역사적 전통에서 볼 때 서로 관련성이 없는 두 개의 국가"라고 주장한다. 그에 의하면 "남북국 시대론"은 사료에 대한 잘못된 이해와 사료의 왜곡에서 비롯되었다고 한다. 발해가 고구려의 고지故地를 차지해서 존재했다는 것만으로 발해를 한국사에 집어넣어야 한다는 것은 논리적이지 못하며 고구려 역사와도 관련이 없다는 것이다. 발해를 강제로 고구려 계통에 집어넣고 신라·백제와 같은 민족으로 규정하여 한국사 속에 집어넣는 것은 잘못으로, 고구려는 말갈과 같은 종족이 아니고 예맥·신라·백제와도 같은 종족이 아니며, 발해 역시 고구려를 계승한 것이 아니란다.

또한 왕지엔췬에 따르면, 앞의 ⓒ의 '고려 별종高麗別種'을 고구려인으로 해석하여 발해는 고구려인이 세운 국가라고 단정하는 것은 잘못이란다. "고려의 별종이다高麗之別種也"는 고구려족이 아니라 '고구려에 의부依附했다'는 의미로 해석해야 한다는 것이다. 또한 Ⓐ의 근거인 《속일본기續日本紀》의 "복고려지구거復高麗之舊居"라는 기사 역시 "발해 대씨大氏는 고구려인"이라거나 "발해가 고구려의 계승자"라는 것을 말해 주는 것은 아니란다. ⓛ의 근거 "渤海國王大欽茂言……" 역시 국서가 아니라 사신이 주청奏請할 때 한 말이라고 한다. 더욱이 "신라인이 발해를 '북국北國'이라고 불렀다"는 ⑭의 근거를 살펴보면 '북국'은 발해를 지칭하는 것이 아니라 '북방 제후의 국'을 뜻한다는 것이다. ⓩ의 《유취국사》 기사와 관련하여, '토인土人을 고구려인'으로 해석하는 것 역시 잘못으로, 그러한 의미로 사용된 기사는 어떤 사서에서도 나오지 않는다는 것이다.

③ "발해족=발해 민족"설

끝으로 발해 민족설과 관련하여, 진위후[163]는 '발해 민족'이라는 용어를 사용했는데, 여기에 대해 왕청리王承禮[164]도 동의한다. 추이싸오시崔紹熹[165]는 "속말 말갈이 일부 고구려인과 한곳에서 공동의 경제 생활을 했고 언어가 서로 통했으며 공동의 심리 상태를 형성했고 혈통도 섞이기 시작했다"고 주장한다. 그에 의하면 발해국은 하나의 다민족 정권으로서 그 속에는 말갈인, 고구려인 그리고 소수의 한족이 있었는데, 이들 다민족이 장기간에 걸쳐서 새로운 민족 공동체인 '발해족'을 형성했다는 것이다. 그리고 발해족은 당연히 말갈족을 주체로 형성되었다는 것이다.

(2) 발해의 국가 정체성

발해의 국가 정체성, 특히 발해를 어느 민족의 역사로 귀속시켜야 할 것인가에 관해 동아시아 각국의 견해에는 차이가 있다. 우선 한국과 북한에서는 발해의 왕족이나 지배자는 고구려인이었으며 그 후계자가 재흥한 것으로 보면서, 남쪽에 있던 신라와 함께 남북국南北國 시대를 이루었다고 인식하고 있다. 일본에서는 일찍부터 발해를 고구려의 후계 국가로 보는 견해와 말갈족의 국가로 보는 견해로 나뉘어 있었으나 최근에는 한국과 북한의 연구에 영향을 받아 한국사 또는 한국 민족사의 연장선상에서 인식하려는 경향이 비교적 강하다. 러시아에서는 말갈족의 국가이긴 하나, 그들을 포함한 여러 종족이 단일한 발해인으로 극동의 시베리아에 세운 최초의 국가였다고 파악한다.[166] 그렇다면 중국 학계에서는 발해의 귀속성을 어떻게 파악하고 있을까?

발해의 국가 성격과 관련하여 쑨진지 · 아이썽우艾生武 · 장옌莊嚴[167]은 속말 말갈을 물길—여진 계통이 아닌, 숙신 이서以西의 예맥족으로 보며, 부여 · 고구려 · 발해를 예맥족이 세운 정권으로 파악한다. 또한 그들은 발해가 장기간 중국 중앙 정권에 예속되었던 지방 정권이라는 전제 하에, "발해=한국 민족사"라는 학설을 부정한다. 또한 쑨진지와 쟝옌[168]은 발해국을 "당대 중국의 지방 봉건 정권" 혹은 "당 통할 하의 지방 민족 정권"으로 규정하면서, 당조의 발해 정책을 현대 중국의 소수 민족 자치 정책과 유사한 것"으로 파악한다. 왕청리[169]는 발해를 "속말 말갈이 주체가 되어 고구려 유민과 연합해서 세운 국가" 혹은 "당의 예속 하에 있던 구역성區域性 민족 정권"[170]으로 규정한다. 쟝써우펑姜守鵬[171]은 "당조에 예속된 정권으로서 당 제국의 일부"로 본다. 류종이劉忠義[172]도 발해를 "중국 북방의 비교적 큰 지방 정권"으로 규정한다. 그밖에 이와 유사한 주장을 하는 학자들도 있다.[173]

왕청꿔[174]는 발해를 "중국의 소수 민족인 말갈인이 세운 지방 정권"으로 규정하면서도, 발해가 비교적 선진적이었던 고구려 봉건 문화의 영향을 적지 않게 받았다는 점을 강조한다. 웨이꿔쫑[175]은 당조가 중앙 정부를 대표하여 지방 민족 정권에 대한 감독과 통제의 차원에서 발해 지역에 발해도독부장사渤海都督府長史와 흑수도독부장사黑水都督府長史를 파견 · 주둔시켰다는 사실을 근거로, 발해와 당조의 예속 관계를 입증시키려고 했다. 천롄카이陳蓮開[176]는 당조가 속말 말갈의 각 부족에 발해도독부를 설치한 사실에 비추어, 발해국의 명칭이 발해도독부의 건치建置에서 비롯되었다고 주장한다. '발해' 국호의 제정 배경과 관련하여, 천시엔창陳顯昌[177]은 대조영이 당조로부터 좌효위대장군발해군왕左驍衛大將軍渤海郡王으로 책봉 받은 뒤 기뻐서 그것을 기념하고 말갈족을 효과적으로 통치하기 위해 '말갈' 호칭을 '발해'로 바꾸었다고 주장하면서, 이 사실을 '발해가 중국 영토에 속했다'는 논거로 제시한다.

결국 발해의 국가 정체성에 관한 중국 측 견해는 양쟈오취엔楊昭全[178]에 의해 다음과 같이 총괄적으로 정리되고 있다. 즉 ㉠ 발해는 말갈족이 세웠고 말갈족은 중국 영토 내의 고로古老 민족이라는 점, ㉡ 발해 왕국의 지역은 매우 일찍 중국의 영토였다는 점, ㉢ 발해는 당 왕조의 책봉을 받았고 작위를 받았으며 당조에 조공을 바쳤다는 점, ㉣ 발해는 당조의 관할을 받았고 그 강도는 당의 행정 조치의 일환으로 건치되었다는 점, ㉤ 발해 관리는 당 왕조로부터 임명을 받았고, 발해 국왕의 자제 및 일반인은 당에서 관리가 될 수 있었다는 점, ㉥ 당 문화가 광범위하게 발해에 전파되어 발해는 중원의 문화를 많이 받아들였다는 점 등을 들어, "발해는 중국 당대 동북 지구에서 속말 말갈족이 세운 소수족의 지방 정권"이라는 것이다. 또한 발해는 중원의 당 왕조와 정치·경제·문화 방면의 긴밀한 관계를 맺고 있었으며, 비록 자립적인 국가를 세웠지만 당 왕조와 엄격한 신속 관계를 유지했다는 것이다. 따라서 발해국은 중국의 왕조에 속한다는 것이다.

3) '동북공정'의 문제점과 우리의 성찰

요컨대 현대 중국의 고구려·발해 인식은 현대 중국의 역사 인식을 대변하는 '통일적 다민족 국가론'[179]이 동북 지구의 상고사에 투영된 결과로써, 소수 민족 문제를 해결하려는 중국 정부의 현실적 절박성에서 비롯되었다. 그 결과 현대 중국의 역사 인식은 역사적 사실에 대한 분석 자체에서 비롯되었다기보다는 중국 정부의 현실적 필요성, 즉 중국 내 각 민족의 단결과 인민의 애국심을 고취시키기 위한 역사 논리를 개발하려는 데서 비롯된 측면이 강하다. 이러한 역사 인식은 현대 중국의 민족이나 영토, 역사의 귀속성에 대한 판단이 특정한 목적성을 전제로 하고 있는 점과 일맥상통한다.

중국은 한반도와 동북 지구 사이의 역사적 상관성을 부인하기 위해 나름대로의 논리 체계를 갖추려고 했지만, 그 논리 체계는 많은 문제점을 안고 있다. 첫째, 고대사 귀속 문제에 투영되고 있는 중국의 '통일적 다민족 국가론'은, 국경을 전제로 한 영토 개념 자체가 근대 시기에 출현했다는 점, 고대 민족의 활동이나 부침浮沈에 대한 기술 역시 민족 분류학적으로 보아 근대의 산물이라는 점을 도외시하고 있다. 과연 오늘날의 중국 영토 안에서 역사적으로 수없이 부침했던 고대의 민족을 모두 중국적 관점에서 피조被造된 '상상의 민족', 즉 '중화민족'이라고 할 수 있을까? 또한 그들이 수립했던 국가를 모두 현재의 자의적 기준으로 설정된 '중국' 범주 내의 국가라고 할 수 있을까? 현재의 중국 영토와 다른 지역을 넘나들었던 민족이나 그들이 세웠던 국가들도 모두 중국 민족 혹은 중국사의 범주에 넣을 수 있을까? 현재의 중국 영토 내에 존재했던 고대의 종족들 상호 간에는 근대적 의미의 민족적 동질감이나 역사적 계승 의식을 지니고 있었을까? 더욱이 '민족'이란 "역사적으로 출판 자본주의와 같은 커뮤니케이션 수단의 발달 등 어떤 특수한 조건 아래 성립되어 상호 인지의 한 형태로 만들어진 집단 의식일 뿐"[180]이라는 지적을 떠올려보면, 중국식의 민족 개념이나 민족 범주의 규정은 많은 회의감을 불러일으킨다.

둘째. 책봉-조공 관계(혹은 신속 관계)를 근거로 고구려나 발해를 중국 왕조에 예속된 지방 정권(혹은 할거 정권)이라고 주장하는 논리적 근거는 모순을 지니고 있다. 가령 당시 동아시아 사회에서 중국 왕조와 주변 왕조 사이의 책봉-조공 관계는 중국과 고구려만의 관계가 아니라 한반도의 백제·신라는 물론이고 일본·베트남과도 맺어져 있었다. 단순히 책봉-조공 관계만을 가지고 주변 왕조를 중국의 지방 정권 혹은 예속 정권이라고 한다면 백제·신라·일본·베트남 심지어 고려나 조선도 모두 중국의 지방 정권으로 규정되어야 한다.

게다가 고구려는 남조와 북조 모두와 이 관계를 맺고 있었다. 중앙 정권-지방 정권의 주종 관계를 논하려면 단일한 영역 내에서 양자 사이의 상호 관련성을 면밀히 규정해야 한다. 그런데 고구려가 복수의 왕조와 책봉─조공 관계를 맺고 있었다면, 복수의 중앙 정권(남조, 북조)과 단수의 지방 정권(고구려)이라는 주종 관계의 설정이 가능한가? 즉 고구려는 남조의 지방 정권인가? 북조의 지방 정권인가? 하나의 왕조가 복수 정권의 지방 정권이라는 논리가 가능한가? 당시의 국제 질서 원리를 살펴보면, 고구려와 중국 왕조 사이의 책봉─조공 관계는 단순한 의례 내지 외교 관계일 뿐 양자 사이의 예속성 내지 귀속성과는 무관하다고 할 수 있다. 당시 고구려는 독자적인 국호와 국가 운용 체계를 가지고 있었을 뿐만 아니라, 중국 왕조의 관리가 고구려에 파견되어 고구려를 구체적으로 통치했다는 역사적 근거도 전혀 없다. 더욱이 고구려 민족이 중국 왕조와 민족적 · 역사적 · 문화적 동질성을 인식하고 있었다는 근거도 전혀 없다.

셋째, 중국이 주장하는 '지방 정권'이라는 개념 자체도 문제를 내포하고 있다. '정권'이라 함은 독자적인 군대와 정부를 보유하고 인사 · 재정 · 사법 · 감찰권을 바탕으로 일정 지역에 대해 통치권을 행사하는 주체를 의미한다. 이러한 의미에서 고구려는 정권으로서의 요소를 완벽하게 갖추고 있었다. 그리고 '지방'이라는 말도 '중앙'이라는 말의 상대적인 개념으로서 관념상의 '중심'과 '주변'을 상징한다. '중심'이란 지역적 · 관념적으로 상대적인 우월성 · 선진성 · 집중성 · 구심성 · 흡인성을 내포한다. 반면에 '주변'이란 낙후성 · 후진성 · 분산성 · 원심성 · 방출성을 내포한다. 그런데 과연 전달 매체나 교류 행위가 극도로 제한되어 있어서 지역적 · 문화적 · 역사적 인지 능력이 극도로 제한을 받고 있던 당시 사회에서, 중앙과 지방, 중심과 주변에 대한 관념이 명확하게 설정되어 있었을까? 어쩌면 당시 사람들은 중원 왕조와 관련해서 힘의 우열에 대한 막연한 인식은 가지고 있었을지 몰라도 중원 왕조에 대한 주변적인 인식을 가지고 있었을 가능성은 별로 없다. 당시 사람들은 자기가 사는 곳이 세계이고 중심이라고 여겼는지도 모른다. 이러한 점들을 고려해 볼 때 중앙 정권─지방 정권의 구도는 현재적 관점이 투영된, 지극히 자의적인 역사 해석일 뿐만 아니라 '현대판 화이관'이 역사 속에 투영되어 표출된 역사 인식이라고 할 수 있다.

넷째, 서한 시기 한사군의 관할 범위가 어디까지였고 한사군이 모두 설치되었느냐는 논란은 접어두고라도, 수·당 시기의 요동은 분명 중원 왕조(즉 수·당)의 관할 범위가 아니었다. 관할 범위를 귀속의 논거로 삼으려면 마땅히 서한 시기뿐만 아니라 수·당 시기도 포괄해서 일관되게 설명해야만 타당성을 인정받을 수 있다. 그런데 중국 측에서는 자신에게 유리한 서한 시기만을 거론할 뿐 불리한 수·당 시기는 의도적으로 배제하고 있다. 설령 서한 시기에 관할 범위였다고 해도 수·당 시기에는 관할 범위가 아니었다면 그 지역을 일관되게 중원 왕조의 관할 범위로 규정할 수는 없는 것이다.

다섯째, 1950년대부터 1990년대까지 중국에서 출판된 저명한 역사학자들의 저서나 중국의 역사 교과서에서는 대부분 고구려사를 한국사로 규정해왔다. 또한 그 당시 그런 관점의 저서나 교과서를 접한 중국의 세대들은 대부분 고구려사를 한국사로 인식하고 있다. 대다수 중국 인민은 고구려사에 대한 역사적 계승 의식이 거의 없다. 더욱이 중국에서 출판된 중국 민족사 관련 개설서에서도 고구려 민족을 중국 민족에 귀속시켜 서술한 것은 거의 없다. 이러한 정황은 종래의 중국 학계가 고구려사를 한국사로 인식하고 있었다는 명백한 증거이다.

여섯째, "고구려 유민의 상당수가 중국 중원으로 이주되어 흡수·융합되었다"고 하여 중국이 주로 고구려를 계승했다는 중국학자의 논리 역시 모순을 안고 있다. 즉 중원으로 끌려간 사람들은 고구려 영역에서 이주된 사람들이 다수이지만 그 속에는 신라인도 섞여 있었을 뿐만 아니라 당시 당의 관방官方과 민간에서는 모두 그들을 '신라인'으로 통칭했다고 한다.[181] 게다가 끌려간 사람들도 대부분 전쟁 포로이거나 중도에 강압적으로 끌려간 사람들로서 그들은 모두 고국으로 되돌아갈려는 생각을 가지고 있었다.[182]

일곱째, 《후한서》·《북사北史》·《신당서》·《구당서》·《원사元史》 등 중국의 정사에서도 고구려를 한반도 내의 신라·백제와 더불어 삼국으로 기술하고 있거나 중국과는 무관한 독자적 국가 체계로 인정하고 있다.[183] 또한 중국 사서에서도 고구려전高句麗傳을 백제전百濟傳 · 신라전新羅傳과 함께 외국열전外國列傳으로 취급하고 있다. 더욱이 중국 사서인 《북사》에서도 고구려인을 신라인 · 왜인倭人과 함께 외국인으로 취급하고 있다.[184] 이것은 중국인이 옛날부터 고구려를 중국 역사가 아닌 외국 역사의 범주로 인식하고 있었다는 증거이다.

여덟째, 고조선을 계승하겠다고 하여 14세기 말에 조선 왕조가 등장했듯이, 고려 태조 왕건 역시 고구려를 계승하겠다는 뜻으로 918년 국호를 '고려'로 하였다. 이처럼 한국사에서는 '고조선→조선', '고구려→고려'라는 계승 의식이 매우 강했던 것이다. 또한 "마한은 고구려로 이어졌고 변한은 백제로 이어졌으며 진한은 신라로 이어졌다馬韓則高麗, 弁韓則百濟, 辰韓則新羅也"[185]라는 신라의 대학자 최치원의 말에서도 알 수 있듯이, 신라인도 고구려를 삼국의 하나로 인정하고 있었다.

아홉째, 중국의 학자조차도 2004년 8월 중국 길림성 연길시에서 열린 학술회의에서 관련 사료들을 근거로 "고구려사=중국사" 논리를 비판하기도 했다. 그가 제기한 반박 논리는 ㉠ 고구려와 중원 왕조의 칭신 조공 예속 관계는 장수왕 시기에 이르러 독립 국가 관계로 전화되었다는 점, ㉡ 고구려와 고려의 관계를 볼 때 고구려사는 마땅히 중고中古 조선사 체계로 귀속시켜야 한다는 점, ㉢ 고구려의 문화 · 풍속 · 습관에서 볼 때 고구려는 조선 민족 문화 체계에 귀속된다는 점 등이다.

요컨대 '동북공정'은 핵심 관계자의 말대로 학술 문제이다. 이와 동시에 그것은 중국의 애국주의 전통을 드높이고 중국 국가의 통일과 안전, 영토 주권의 완결, 소수 민족 지구의 안정, 민족 단결을 유지하기 위해 추진되고 있는 정치 문제이기도 하다.[186] 또한 '동북공정'의 최우선 중점 과제는 한반도의 정세 변화가 중국 동북 지구 사회 안정에 미칠 영향과 충격, 그리고 한반도 정세 변화에 따라 수반될 동북아 국제 정세의 변화에 대한 대비책 마련이다. 그리고 부차적인 과제는 러시아와의 국경 문제 및 중 · 러 이민 문제이다.

이때 학술적·역사적 논리는 오히려 정치적·전략적 문제를 해결하기 위해 동원된 수단이라고도 할 수 있다.

'동북공정'의 목적은 일차적으로 남·북한에서 고조선사·고구려사·발해사를 한국사(혹은 조선사)의 일환이라고 주장하는 논리들을 체계적이고 광범위하게 분석함과 아울러 기존의 관련 연구 자료들을 발굴·정리·분석하여, 그러한 역사가 중국사의 일환임을 강변할 수 있는 대응 논리를 개발하려는 데 있다. 게다가 '동북공정'은 자칫 남북 통일 이후에 불거져 나올지도 모르는 국경 영토 분쟁에 미리 효율적으로 대비하려는 데 있다. 이차적으로는 그러한 대응 논리를 조선족 사회에 주입시켜 그들의 민족 정체성의 혼란을 예방하는 동시에 중화민족 논리를 재확립·강화하려는 데 있다. 삼차적으로는 그러한 논리를 바탕으로 향후 남북 통일이 중국 동북 사회 혹은 조선족 사회에 미칠지도 모르는 영향을 다각도로 분석하여 거기에 미리 대처함과 아울러 상술한 대응 논리를 바탕으로 동북 사회의 안정을 유지하려는 데 있다. 이것은 다민족 국가인 중국이 직면하고 있는 소수 민족 문제의 돌출과 확대를 차단함으로써 중국의 '국민적 통합'과 '영토적 통합'을 확고히 하여 국가적 안정을 꾀하려는 거시적인 정책 틀과도 직결되어 있다. 사차적으로는 향후 한반도 정세 변화 및 그에 수반될 동북아 국제 정세 변화에 능동적으로 대처해서 한반도 및 동북아 국제 사회에서 중국의 영향력과 위상을 확보하려는 데 있다. 이러한 의미에서 '동북공정'은 단순한 '학술 논리'의 개발 차원을 넘어서 한반도 및 중국 동북 지구를 포괄한 중국의 '동북아 전략'이라고 할 수 있다.

전략적 관점과 관련하여 우리가 주목해야 할 점은 '동북공정'의 핵심적인 과제가 향후 한반도 정세 변화에 대한 현실적인 대책 마련과 예측 분석이라는 것이다. 현재 이러한 과제는 '동북공정'의 '응용 연구' 분야로 분류된 채 국가 비밀로 취급되고 있어서 알 수는 없지만, 그것이 한반도 문제와 직결되어 있다는 점에서 향후 한민족과 한반도의 운명을 좌우할 수 있는 내용임에는 틀림없다. 중국 '동북공정'의 전모를 알려면 이 과제를 파악하는 것이 급선무이다. '동북공정'이 단순한 학술 문제만이 아니라 급박한 현실 문제이자 정치 문제로서 중국의 '동북아 전략'이라는 점을 고찰해보면, '동북공정'은 한 · 중 간의 문제만이 아니라 동북아 국제 문제까지도 내포하고 있는 셈이다.

중국의 '동북공정'은 몇 가지 특징을 가지고 있다. 우선 '현재'의 필요를 위해 과거의 이미지를 만들어냄으로써 중화민족 국가의 권위를 내세워 국민적 통합과 영토적 통합을 완수하려는 '이고위금以古爲今'의 전형적인 사례라는 점이다. 다시 말해 중국의 현실적인 필요성이나 정치적인 목적에서 파생된 '동북공정'의 역사적 논리는 주변 민족 국가들과의 자유로운 학문 교류 활동이나 관련 유물들에 대한 공동 조사 등을 통해서 도출된 '역사 사실'이 아니다. 그것은 관련 고대 민족의 유산을 배타적으로 독점한 채 정치적 목적 달성을 위해 급조해낸 '정치 사관'이다. 따라서 '동북공정'의 역사적 논리는 관련 주변 민족 국가들로부터 역사적 당위성을 획득하기보다는 동북아 사회, 특히 중국과 한반도 사이에 문화적 · 정치적 갈등만을 초래할 것이다. 이러한 의미에서 '동북공정'의 역사적 논리는 21세기를 맞이하여 바야흐로 세인의 관심을 끌기 시작한 '동아시아 공동체의 실현'이라는 시대적 요구에 찬물을 끼얹는 결과를 초래할 수 있다.

다음으로 '통일적 다민족 국가론'의 골격을 이루고 있는 논리, 즉 "현재의 중국 영토 내에서 각 민족이 이루어낸 역사적 활동은 모두 중국사"라는 현재적 편의의 역사관, "현재의 중국 영토 내에서 활동했던 모든 민족은 당연히 중국인이고 중국 민족"[187]이라는 민족관, 근대 이후 형성된 '영토' 개념이나 '국경' 개념을 전 근대 시기까지 소급해서 관할 구역이 불분명했던 영역을 현재적 관점에서 자의적으로 나눠버리는 영토관 등이 모두 '영토'를 기준으로 삼고 있다는 점에서, '동북공정'의 역사적 논리는 '영토 지상주의' 역사 인식의 산물이라고 할 수 있다.

끝으로 '동북공정'의 역사 논리는 전통 시대 중화주의를 비판적으로 계승한 '신新중화주의'의 '동북판東北版'이라고 할 수 있다. 왜냐하면 '동북공정'에서 책봉—조공 관계를 근거로 해당 조공국을 중국의 '속국'으로 규정하여 중국의 국가 범주에 귀속시키고 있고, 그것의 추진 배경으로 작용했던 '애국주의'와 '통일적 다민족 국가론'·'중화민족 형성론' 등의 '국가주의'가 '중화 우월주의'를 강하게 풍기고 있기 때문이다. 어쩌면 '동북공정'의 역사적 논리는 중화민족의 단결과 통일을 바탕으로 한 '중화민족 대가정'을 만들어 동아시아 전통 사회에 누렸던 맹주 자리를 탈환해보려는 중국의 문화적·정치적 욕망의 지역적 표현인지도 모른다.

●●●●

보론補論: 간도 문제와 한반도 통일

최근 우리 국민을 격분하게 만들었던 '동북공정'은 중국의 '만주 전략'이
자 '동북아 전략'으로서, 향후 한반도 정세 변화(북한 정권 붕괴, 남북 통일)가
중국 동북(만주)의 사회 안정에 미칠 영향이나 충격 및 조선족의 정체성 동요
와 이탈 움직임을 사전에 차단하려는 것이다. 또한 그것은 중국 동북 지역과
한반도의 역사적 상관성을 부정해서 동북 사회에 대한 통일 한반도의 영향
력을 차단하기 위한 역사 논리를 개발하고, 북한 탈북자 문제 및 통일 후에
불거질지 모르는 영토 문제에 대응하려는 것이다.

그런데 우리 사회에서는 중국의 역사 왜곡에 대한 대처 방안의 하나로 '간
도협약의 무효화' 결의가 논의되고 있다. 대한민국 국민이라면 누구나 그 조
약의 불법성에 대해 울분을 느끼는 것이 당연하다. 필자 역시 예외일 수 없
다. 그러나 이 시점에서 간도협약의 무효화를 제기하는 것이 과연 우리 민족
의 발전과 장래를 위해 시의 적절한 것인지 심각하게 고민해야 할 것 같다.

첫째, 간도라는 '영토' 문제 제기는 중국 국민의 '뼈아픈 곳'을 건드려
한·중 관계를 극도로 악화시켜 정치·경제적으로 한반도에 먹구름을 드리
울 수 있고, 중국의 역사 왜곡 시정을 어렵게 만들 우려가 있다. 근대 이후
중국은 흑룡강 이북 지역, 우수리 강 동쪽의 연해주, 발하시 호 남동 지역
등 한반도 넓이의 7배나 되는 땅(약 151만㎢)을 빼앗겼다.[188] 따라서 필자처
럼 중국 근·현대사를 전공하고 있는 학자들은 '영토 상실'에 대해 중국 국
민이 품고 있는 '한恨'의 깊이가 어느 정도인지를 잘 이해하고 있다. 영토
문제 제기는 중국 정부 차원에서 추진된 '동북공정'과 달리, 중국 국민 전체

의 반한反韓 감정을 불러일으켜 역사 왜곡과는 상관없이 중국의 강경 대응을 야기할 수 있다.

둘째, 간도 문제 제기는 평화 통일 실현에 필요한 중국의 협조를 곤란하게 만들어 남북 통일을 어렵게 할 수 있다. 현실적으로 북핵 문제 해결을 통한 한반도의 긴장 해소 및 남북 교류의 현실화, 이것을 바탕으로 한 남북 통일의 실현은, 우리 민족이 비약할 수 있는 발판이자 주변 강대국의 간섭과 횡포로부터 자유로워질 수 있는 최선의 선택일 수 있다. 남북 통일을 하려면 미국(일본·러시아도 포함) 못지 않게 중국의 협조가 절실한 실정이다. 통일 과정에서 중국의 협조를 얻어내려면 중국과의 신뢰를 유지하는 것이 필수적이다. 영토 문제 제기로 인한 한·중 양국 국민의 관계 악화는 남북 통일 과정에서 중국의 역공을 불러일으켜 분단 상황의 고착화로 이어질 수 있다.

셋째, 중국과 국경을 맞대지 않고 있는 우리가 간도 문제를 제기하는 것은 1962년 중국과 국경 조약(朝中邊界條約)을 맺은 바 있는 북한을 배제시킨 채 그들의 자존심을 건드려 남북 관계를 악화시키는 동시에 역사 왜곡 시정을 위한 남북 공조를 어렵게 만들 우려가 있다. 더욱이 북한이 중국과 맺은 국경 조약을 무시하고 새롭게 간도 문제를 제기하는 것은 통일 과정에서 '조중변계조약'의 계승을 불가능하게 만들어 그 조약에서 확보된 백두산 천지의 영유권(북한 54.5퍼센트, 중국 45.5퍼센트)[189]마저 잃게 하는 결과를 야기할 수도 있다.

넷째, 국제법적으로 간도협약의 무효화 시효 기한(2009)을 거론하며 기한 내에 간도를 영토 분쟁 지역으로 이슈화해야 한다는 주장 역시 재고할 필요가 있다. 국제법적 판단으로 영토의 귀속 문제를 해결한 사례가 많지 않다는 점을 고려하면, 간도 문제는 국제법적 시효와 관계없이 통일 이후에 제기해도 분쟁 지역으로 만들 수 있다. 간도 문제를 조급하게 생각하지 말자! 자칫 한·중 관계 파탄의 '뇌관'으로 작용할 수 있는 영토 문제 제기는 통일 이후로 미루는 것이 국익에 유리하다!

지금은 냉철한 이성을 가지고 중국 정부에 지방 정부 차원의 역사 왜곡 행위를 바로잡도록 꾸준히 요구하는 동시에 우리의 역사 논리를 강화하고 대내외적으로 홍보해야 한다. 또한 우리 민족의 단결을 바탕으로 정체성을 확립하고 경제 발전과 통일 실현에 진력해야 한다. 이를 위해서는 거시적인 전략마련과 국민적 합의를 도출하는 것이 급선무이며, 그에 못지 않게 우리에게 유리한 국제 환경을 조성해 나가는 것이 바람직하다. 소탐대실의 상황을 초래해서는 안 된다!

중국 전문가들의
한반도 관련 글(번역 원문)

중국인이 바라본 역사상의 한 · 중 관계

* 원제목: 中國與朝鮮半島關係流變－世界體系論視角
* 필자: 郭銳(吉林大學 行政學院 國際政治系 敎授)
* 작성일자: 2004년 10월 29일
* 출처: 《世紀中國》
http://www.cc.org.cn/newcc/-browwenzhang.php-@articleid=2220

예치 체계禮治體系(1840년 이전)

19세기 중엽 이전에 중국의 대외 관계는 주로 중국을 중심으로 하는 동아시아 세계 체계 범위 내에 집중되었다. 일본학자 하마시타 타케시浜下武志에 의하면, 동아시아는 하나의 독립적인 세계로서 16세기 이전의 역사에서 가장 근본적인 동력은 조공 체계였다고 한다.[1] 이 체계는 근대의 동아시아에서도 표현된다. 이 체계를 황쯔롄黃枝蓮은 '천조 예치 체계天朝禮治體系'라는 말로 표현한다. 그가 말하는 '천조 예치 체계'는 중국 봉건 왕조를 중심으로 하면서 예의禮義(朝貢)를 주요 형식으로 하는 일종의 국제 관계 형태를 의미한다.[2]

당대 이전까지 조공은 주로 정부 사이에 한정되었다. 즉 중화제국이 그 부속국의 새로운 왕을 책봉하면, 이들 속국은 때에 맞춰 조공을 하였다. 그러나 송조宋朝부터 정부가 무역을 중시하면서 조공의 성질도 큰 변화를 겪게 되어, 정부 사이의 조공 관계를 유지하면서 일종의 무역 수단으로 점차 바뀌어 갔다. 조공 체계가 일종의 시스템으로서, 동아시아에서 형성된 것이다. 이것은 동아시아 체계 속에서 중심국과 주변국의 정치 관계를 합법화시켰을 뿐만 아니라 그들 사이의 경제적 관계도 합법화시켰다.

이 시기 중국을 중심으로 한 동아시아 세계는 하나의 내륙內陸 체계로서, 중원 지구에서 연해 지구 및 주변의 섬나라로 확대됨에 따라 등급과 차이를 드러내면서, 정치적으로 중심-반半주변邊緣-주변의 삼중 구조로 표현되었다. 한반도는 주변 지대에 속했다. 주변 지구의 여러 나라에 대해 중국이 취했던 것은 주로 정복 성질을 띠지 않은 조공 정책이었다. 그들이 중화 문명의 지상선至上性과 우월성을 인정하기만 하면, 그리고 정기적으로 혹은 부정기적으로 조공을 하기만 하면 자치국의 지위를 확보할 수 있었다. 일반적으로 중국이 그러한 태도를 취한 것은 주로 제국帝國의 안전을 위해서였다.[3]

당조 중엽 이후부터 천조 예치 체계는 한반도에서 점차 형성되기 시작했다. 그러나 이 체계의 발전은 결코 순탄하지가 않았다. 중국과 한반도의 관계는 중국 정국政局의 영향을 받아 거의 매번 조대朝代가 바뀔 때마다 진통을 겪었지만, 결국 중국을 중심으로 하는 새로운 체계로 대체되어, 예치 체계의 성질은 결코 변하지 않았다. 체계의 중심국인 중국은 한반도를 왕조 이익의 중요한 부분으로 간주했다. 근본적으로 말해, 이 체계가 안정적이었던 것은 상대적으로 불변적인, 역사 의식 형태상의 공동 문화를 갖춘 데 있었다. 또한 그것은 중국과 한반도의 역사 관계를 이어주는 심층적 유대이기도 했다.[4]

조약 체계條約體系(1840~1949)

1840년 이후 중국은 강제로 서양 열강과 일련의 조약을 체결하면서 조약 체계 속에 들어가게 되었다. 이 체계는 동아시아 세계 속에서 중국과 다른 국가와의 상호 관계를 바꾸었고, 더 나아가 조공 체계를 기초로 한 동아시아 세계 질서를 바꾸었다. 조공 관계는 조약에 기초한 주권 국가 간의 관계와 완전히 같지가 않다. 이것은 다음의 두 가지 형태로 표현될 수 있다. 첫째 조공 관계는 정치적·경제적·문명적인 성격의 것으로, 주변 국가가 중국과의 조공 관계 속에서 주로 무역 활동에 종사하고 문명을 섭취하는 것이었다. 그런데 조약 체계에 진입한 후의 국가 관계는 주로 정치 관계로서, 주권 국가 사이의 정치상의 평등 관계를 의미했다. 둘째 조공 관계는 일종의 느슨한 관계로서, 어떠한 문화적 공통 인식에 뿌리를 두면서도 정복성을 띠지 않았다. 이에 비해 주권 국가 사이의 관계는 일종의 구속력을 지닌 관계인 동시에, 법률적 효력을 지닌 조약에 의존해서 유지된다. 조약 체계와 조공 체계 사이의 그러한 차이는 주변국, 특히 일본의 중국에 대한 태도를 바꾸었을 뿐만

아니라 중국 자체의 세계 인식을 바꾸었다.[5]

16세기 초 동아시아 세계에서 일본은 중국에 도전하기 시작하면서 중국과 몇 세기에 걸친 쟁탈을 벌였다. 일본이 역점을 둔 것은 시종 한반도에 대한 통제였다. 청일전쟁은 동아시아 세계의 조공 체계를 철저하게 분화시켰다. 그런데 조공 관계 시스템은 일종의 관념과 문명으로서 줄곧 동아시아 체계의 중심에 존재하고 있었다. 그 시스템은 일본으로 하여금 자신을 중심으로 하는 동아시아 체계를 세우려는 의식상의 동력이 되기도 했다.[6] 즉 동아시아 체계는 중국 중심에서 일본 중심으로 바뀌게 된 것이다. 1920~1930년대 이러한 의식은 결국 '대동아공영권大東亞共榮圈'으로 변질되어 일본은 사방을 침략하게 되었다. 동아시아의 정치 구조도 근본적으로 변화되어, 일본은 정치 중심으로, 한반도는 동아시아 체계의 반半주변 국가로, 중국은 주변 국가로 전락되었다.

이러한 체계 속에서 조선 문제는 이미 중국이 단독으로 좌우할 수 없게 되었다. 중국은 복잡한 국제 관계 속에서 한반도와의 관계를 모색하기 시작했다. 그러나 외교 전략적으로 많은 것을 상실했다. 근대 이후 중국 · 러시아 · 일본 3국 사이에 놓인 한반도는 나날이 강대국의 각축장으로 변했고, 중국도 한때 제정 러시아를 최대의 위협적 존재로 인식한 적이 있다. 청조의 주일駐日 공사관 참찬參贊 황준쉬엔黃遵憲이 주청한 《조선책략朝鮮策略》 속에서는, 조선이 제정 러시아를 견제하고 심지어 "중국과 친하게 지내고 일본과 결탁하고 미국과 연합한다親中國, 結日本, 聯美國"해서 제정 러시아와 대항하도록 독려하고 있었다. 이 인식에 기초하여 청 조정 역시 적극적으로 조선과 미국 사이의 조약 체결을 권장하였다. 그러나 미국의 반응은 '불개입'과 '중립'이었다. 이것은 오히려 일본의 야심을 크게 자극했다.

조약 체계는 어느 정도 중국과 한반도의 관계를 강화시켰고 중국에 대한 한반도의 지정학적 완충 작용을 인정하게 만들었다. 실제로 한반도의 지정학적 가치가 예전부터 있었던 것은 아니다. 해양 세력(일본)이 한반도를 통해 중국 대륙을 점령하려고 하기 전에, 중국에 대한 조선의 중요성은 쌍방 관계의 좋고 나쁨 속에서 더욱더 체현되었다. 조선은 단지 중국이 모종의 국제 질서를 제공하고 지역적 평화를 유지해줄 수 있기를 희망했을 뿐이다.

여기에서 지적해야 할 것은 이 시기 조약은 대부분 불평등했다는 점이다. 중국의 경우, 표면적으로는 공정하고 합리적인 조약이었다. 그렇지만 실제로 그 조약은 중국의 이익 희생을 수단이나 대가로 삼았다. 이 조약 체계는 결코 한반도에서의 중국의 국가 이익을 보장해주지 못했다.

냉전 관계冷戰關係(1950~1992)

제2차 세계대전 후 미국은 강대한 국력에 의존하여 전 세계로 확장해 나갔고 과거의 소련과 반세기 동안의 전면적인 냉전을 벌였다. 이에 따라 동북아도 점차 전 세계적인 냉전 체계 속에 휘말려들었다. 한국전쟁은 근본적으로 이 체제를 강화시켰고, 결국 냉전 시기 심지어 후後냉전 시기 동북아 국제 관계의 기조가 되었다. 한국전쟁은 중국으로 하여금 다시 한반도 문제에 개입하게 만들었고 중국으로 하여금 중요한 역할을 하게 만들었다. 전쟁 기간 중국과 북한이 결성한 우의는 전후에 하나의 동맹 혹은 준準동맹의 국가 관계를 형성하였고, 이 관계는 불가피하게 냉전 시대의 특징을 띤 채 분명한 이념의 경향을 나타내었다.

이 시기 어느 국가의 외교 정책이든 정도는 다르지만 모두 이념의 영향을 받았다. 그렇지만 국가 이익이 완전히 이념에 의존할 수는 없다. 국가 이익에서 초연한 순수한 이념에 의해 지도되는 대외 관계는 국가 이익에 많은 손해를 끼칠 수 있고, 끊임없이 더 많은 외교적 대가를 지불하게 하여, 궁극적으로 국가 이익의 원칙에 부합하거나 준수하도록 수정될 수밖에 없다.

냉전 체계 속에서 중국과 북한 관계는 비록 중·소 관계처럼 충돌하지는 않았지만, 중국으로 하여금 불필요한 부담을 짊어지게 만들었고 국가 이익에 따라 이루어지는 국가의 행위를 방해했다.

후後냉전 체계(1993년 이후)

냉전 체계의 붕괴는 중국과 한반도 관계의 발전을 위한 새로운 계기를 제공해주었다. 1992년 8월 중국과 한국이 정식으로 수교하였는데, 이것은 한반도의 정치적 틀에 엄청난 변화를 야기했다. 중국과 구舊소련이 지지하는 한쪽과 미국과 일본이 지지하는 한쪽이 장기간 대치하던 틀은 타파되었고, 대신에 중국·러시아·한국이 수교하고, 미국과 일본이 북한과 대화하는 새로운 국면이 형성되었다. 비록 미국과 일본이 북한과 아직도 수교를 맺지 않았고 대화도 불안정하고 상호 관계 속의 기복도 매우 크지만, 과거와 같은 대항 구조에 비하면 적극적인 변화라고 하지 않을 수 없다. 전체적으로 말해서, 중국이 취한 현실 타협 정책으로 인해 생겨난 그러한 틀은, 한반도의 평화와 안정에 적극적인 영향을 미쳤으며 아시아·태평양 지구의 평화를 추진하는 데도 유리했다.

중국과 한반도의 국가는 '완화와 합작'의 태도에 입각해서 과거의 복잡한 역사 관계 속에서 빠져나왔고, 더욱 광범위한 영역 속에서 여러 가지 교류와 합작을 통해 점차 정상적인 국가 관계의 시대로 나아갔다. 이것은 한반도 정세의 완화와 합작에 상당히 유익했다. 중국과 한국의 관계가 안정적으로 발전하는 동시에, 중국과 북한 사이의 관계는 비록 몇 가지 문제는 발생했지만, 근본적인 방향에 영향을 미치지는 못했고 오히려 양국 관계가 더욱더 성숙하고 이성적인 단계로 나아가도록 새로운 계기를 제공해 주었다. 중국은 상호 간에 존재하는 문제에 대해 합작을 확대하는 과정 속에서 상호간의 이해와 의사 소통을 통해 해결할 수 있다고 여긴다. 그래서 모순과 마찰이 발생한다고 해서 대화와 교류를 거절할 수는 없다고 여긴다. 이러한 인식은 한반도 문제에서 특히 중요하다.

현실에 대한 역사적 회고

전체적으로 중국과 한반도 국가 사이의 관계 추이는 다음과 같은 기본적인 인식에서 비롯되었다. 중국과 한반도 국가의 관계가 더욱더 긴밀할수록 중국에 대한 한반도의 생존과 발전은 더욱더 중요해졌다. 한반도에서 중국은 무시할 수 없는 광범위한 이익을 갖고 있고, 쉽게 물러설 수 없는 책임과 의무를 짊어지고 있다. 중국은 건설적인 작용을 하는 책임을 진 대국大國의 이미지를 세워나가야 한다. 역사가 증명하듯이, 중국이 강하면 한반도는 안정되었고, 중국이 약해지면 한반도는 위태로웠다. ……

이미 통일 과정이 가속화된 시기에 접어든 한반도에서는 불가피하게 일련의 마찰과 충돌이 발생할 것이다. 어느 때는 매우 격렬할 것이다. 그러나 그것이 반드시 전쟁이 발생한다는 것을 의미하지는 않는다. 각국 사이에 서로 다른 국가 이익 중에도 종종 공통의 이익이 내포되어 있다. 이러한 공통의 이익은 각국의 협력 속에서 평화와 발전을 추구하도록 이끌 수도 있다. 이것은 집단적(즉 국가 간―역자) 공통 인식을 마련하는 기초 위에서 제도적 우세가 확보되어야 가능하다.

평화를 유지하는 것은 일방적으로 전통적인 위협을 제거하는 것만으로는 불충분하다. 그것은 지위나 협상, 강제적인 국제 사회에 의해서가 아니라, 반드시 집단적 공통 인식의 기초 위에서만 실현되어야 한다. 이익의 차이는 보편적으로 존재한다. 이것은 분명 모순을 생성한다. 어느 나라가 다른 나라의 정당한 이익을 부인하거나 부정하면 충돌이 발생할 것이다. 이러한 의미에서, 평화는 곧 평등하게 상호 간의 이익을 도모하는 것이다. 한반도의 평화를 위해서는 반드시 국제적 시스템을 통해서, 협애함을 탈피한 쌍방 관계를 만들고 유지해야 한다. 상호 작용 속에서, 국제적 시스템의 구조적 요소를 통해 공동으로 충돌 발생을 방지하거나 회피할 수 있는 행위 규범을 준수해서 수용하기 어려운 목적을 지닌 국가 간 행위를 억제해야 한다.

중국인이 인식한 한반도의 전략적 가치

* 원제목: 朝鮮半島對中國的戰略意義
* 필자: 陳峰君(북경대학 국제관계학원國際關係學院 교수, 박사생博士生 지도
  교수)
* 작성일자: 2003년 7월 30일 14: 09
* 출처: 《中國日報CHINAdaily》인터넷판 《環球資訊》〈時評〉特約顧問團〉陳峰君
  http://www.chinadaily.com.cn/gb/doc/2003-07-30/content-
  250333.htm

한반도는 통일 후 동아시아의 중요한 세력이 될 것이고, 동북아의
정세와 중국의 주변 환경에 중대한 영향을 미칠 것이다

한반도가 중국의 안전에 중요하다는 것은 거의 상식적인 문제이다. 중국인
은 과거에 '순치상의脣齒相依', '순망치한' 등의 성어를 통해 상징적으로 중
국과 조선의 특수한 관계를 비유하면서 한반도가 중국의 안전에 특별히 중요
하다는 것을 설명해왔다. 이러한 의미는 중국의 모든 역사적 과정을 관철한
다고 말할 수 있다. 그러나 각기 다른 시기에 그 의미가 모두 같았던 것은 아
니다. 20세기가 지나가고 새로운 세기가 이미 도래했다. 국제 정세와 아시
아 · 태평양 정세의 발전에 따라, 특히 한반도 자체의 새로운 변화로 인해 한
반도와 중국의 특수한 관계와 전략적 지위도 새로운 특징을 나타낼 것이다.

한반도는 통일된 후에 동아시아의 중요한 세력이 될 것이고 동북아 정세
및 중국 주변 환경에 중대한 영향을 미칠 것이다. 중 ·장기적으로 볼 때 한반
도의 통일은 필연적인 추세이다. 최근 한반도는 분열 상태에 있기 때문에 그
경제적 실력과 종합 국력은 동북아의 중국 · 일본의 세력과 비교될 수는 없고
아시아 · 태평양 및 동아시아의 일극 세력이 될 수는 없다. 그러나 한반도가
일단 통일되면, 그 세력은 동아시아 및 아시아 · 태평양의 불가결한 일극이
될 것이다. 싱가포르의 어느 학자는 "동북아의 안전과 정치 정세는 다시 짜여

질 것이고, 한국과 북한이 합작을 강화하면 동북아의 중요한 일원이 될 것"[7]이라고 말한다.

한국개발연구원의 한 보고서도, "21세기 동아시아의 정치 · 경제 · 안전 등 모든 방면에서 한반도는 핵심 국가의 역할을 할 것"이라고 분석했다. ……필자는 통일 후의 한반도가 동아시아 내지 세계 정치 경제 틀 속에서 필연적으로 중요한 역할을 하게 될 것이라고 확신한다. 21세기 초에 남 · 북한이 통일을 실현할 수 있다면, 통일 한반도는 완전히 아시아 · 태평양의 6극(미국 · 러시아 · 중국 · 일본 · 한국 · 아세안)의 틀 속에서 중요한 일극이 될 수 있을 것이고, 동아시아 4극(중 · 일 · 한국 · 아세안) 구조 속에서 명실상부한 일극이 될 수 있을 것이다. 이러한 다극 구도의 발전은 동아시아 내지 아시아 · 태평양 다극화의 필연적인 추세이며, 틀림없이 세계 평화와 안정에 도움이 될 것이다. 이것이 바로 중국이 바라는 것이다.

경제적으로 한반도는 거대한 잠재력을 가지고 있다. 한국은 이미 괄목할 만한 정도로 발전하였고, 북한은 정체 상태에 있다. 만일 남 · 북한의 경제력이 하나로 합쳐진다면, 그 세력은 낮게 평가하지 못할 것이다. ……통일 후의 한반도 경제력은 현재 분열된 남 · 북한보다 훨씬 강대해질 것이다. 남 · 북이 서로 협조해서 합작을 하고 각자의 장점을 발휘하면, 그 발전 잠재력은 말할 필요가 없을 것이다. 동아시아에서의 한국의 경제적 지위에 대해 한국 대통령 김대중은 일찍이 다음과 같이 연설한 바가 있다. 즉 "한국은 과거에 동아시아에서 약소 국가였지만, 현재 우리들은 결코 약소국이 아니다. 인구로 볼 때, 대한민국의 인구는 세계적으로 제17, 18위이다. 남 · 북의 인구가 합해지면 제12위의 강대국이 될 것이다. 따라서 한국은 절대로 소국이 아니다." 또한 김대중의 말에 의하면, 한국이 왜소해 보이는 것은 "우리들이 줄곧 강대국들의 주변에 놓여 있기 때문"[8]이라는 것이다. 아시아 금융 위기가 발생한 후, 한국 경제는 비록 심각한 타격을 받아 원래의 목표를 달성하는 데는 지체되었지만, 미래의 경제 발전을 위한 거대한 잠재력을 지녔다는 것에는 의심할 바가 없다. ……

국제 정치적으로 볼 때, 통일 후 한반도는 과거에 강대국에 의해 이용·쟁탈·각축의 대상이 되었던 상황을 바꾸어, 미래의 동아시아 및 아시아·태평양 국제 관계 역할에서 상당한 작용을 할 것이다. 통일 후의 한반도가 주변 강대국과의 관계를 처리할 때, 하나의 국가 혹은 두 개의 국가를 일방적으로 편들 가능성은 크지 않다. 통일 한반도는 그 자신의 안전과 국가 이익을 위해 각 강대국과 등거리의 평화 중립 외교 정책을 취할 것이다. 평화 중립, 독립 자주는 강대국과의 관계를 처리하는 주도적인 사상이 될 것이다. 이렇게 해야 통일 한반도는 자신의 안전을 유지할 수 있을 뿐만 아니라, 각 강대국들 속에서 다른 특정 강대국이 일으킬 수 없는 적극적인 작용을 할 수 있고, 심지어 강대국이 모두 통일 한반도에게 '특수한 역할'을 요구하는 결과가 파생될 것이다.[9]

그동안 미·소 냉전 체제로 인해 남·북한의 외교는 모두 일방주의 입장을 고수하는 정책을 수행하면서 미·소의 적을 자신의 적으로 만들었다. 이러한 일방주의 외교 정책은 남·북한에게 모두 극단적인 속박을 초래했고, 그 외교로 하여금 독립 자주성을 결여하게 만들었다. 국제 여론은 해마다 한국이 외교 정책을 조정하는 것에 대해 칭찬을 한 적이 있다. 즉 한국은 자주 외교를 미국의 아시아 정책의 부속품으로 만들지 않고, 다극화·전방위·다변주의의 대외 관계를 맺어나가 국제적으로 혹은 동북아에서 한국의 이미지를 개선시켰다는 것이다.[10]

통일 후 한반도는 자주적인 평화 중립 정책을 추진해서 각국과의 관계 발전을 추구할 것이다. 통일 한반도와 강대국의 관계는 어느 한 나라에 의존하는 방식을 벗어날 것이다. 그 결과 통일 한반도의 외교 정책은 완전히 강대국에 의존하던 종래의 정책에서 강대국을 이용하는 정책으로 바뀔 것이다. 평화적이고 중립적인 지위를 유지해야만 한반도 자신의 안전과 발전을 확보할 수 있고, 4대 강국 속에서 가장 유리한 생존과 발전 공간을 확보할 수 있다. 만일 통일 후의 한반도가 미국 편에만 선다면, 그 결과는 필연적으로 중국과 러시아의 저항에 직면하게 될 것이고 한반도의 안위安危에도 극히 불리할 것이다. 만일 반대로 중국이나 러시아에 완전히 혹은 상당히 기울어진다면, 그 것도 미국 및 일본과의 강렬한 대치 상황에 직면하게 될 것이다. 총명한 국가 의 지도자라면 이러한 점을 깨닫게 될 것이다. 하물며 강렬한 자존심과 농후 한 민족주의 정서를 지닌 한민족과 인민이, 자신의 운명을 경솔하게 어느 강 대국에게 내맡기지는 않을 것이다. 냉전 전 백년의 역사와, 냉전 후 반세기 역사의 고통과 경험은 다시 한 번 그러한 것을 증명해 주었다. 자강하고 자립 해야만 강대한 세력의 통제에서 벗어날 수 있고, 중립화를 유지해야만 '동아 시아의 중립적인 핀란드식 국가' 가 될 것이다. 이러한 필연적인 추세에 대해 심지어 미국의 모 매체도 다음과 같이 객관적으로 평가한 바가 있다. "그들이 분열 상태에 처한 지 50년이 흘렀다. 민족주의 정서가 강렬한 민족은 어떠한 상황이 발생하든 그들은 강대국에게 좌지우지되지는 않을 것이다."[11]

주변 강대국의 이익에서 볼 때, 핀란드식 국가는 해로운 것이 없을 뿐만 아니라 이익이 될 것이고, 그들의 지지와 동정을 받을 것이다. 김대중은 분 명히 중·미·일·러 4국이 한반도 문제에서 모두 서로 다른 이익을 가지고 있음을 알고 있다. 그는 남북정상회담 전에 다음과 같은 말을 한 적이 있다. 즉 "과거에 미국과 소련이 한반도의 일을 줄곧 주도해 왔기 때문에 남·북한 은 들러리 국가配國로 전락되었다. 그러나 남북정상회담은 4대 강국과 세계 인에게 두 한국은 스스로 자신들의 문제를 해결할 수 있는 힘을 지니고 있음 을 표명한 것이다. 한반도 문제는 두 한국이 주도할 것이고, 4강은 옆에서 두 한국을 위해 적당한 지지와 협력을 제공하도록 노력하게 될 것이다."[12] 바꾸 어 말해, 한반도와 강대국의 관계는 의뢰 및 종속 관계에서 독립 자주의 관 계로 바뀔 것이다. 한반도의 지위는 상당히 심지어 근본적으로 바뀔 것이다. 이러한 심각한 변화는 바로 중국이 낙관하고 기대하는 바이다. 그 원인은 독 립 자주적이고 중립적인 한반도가 중국의 평화와 안정에 유리하고 또 동북 아의 평화와 안정에도 유리할 것이기 때문이다.

한반도는 미국의 패권을 견제하는 중국의 전략 요충지가 될 것이다

미국의 전 세계 전략은 21세기에 접어들어 두 가지 큰 변화를 나타내었다. 하나는 중국을 명확하게 미래 미국의 잠재적인 최대의 적으로 상정한 것이다. 다른 하나는 미국 군사 전략의 중점을 유럽에서 아시아로 이동시킨 것이다. 양자의 관계는 일치하고 인과 관계를 맺고 있다고 할 수 있다. 미국의 관방 문건에서는 그러한 변화가 클린턴 시기에 초보적으로 나타나다가 부시 정권 때 더욱 분명해졌다고 밝힌 바 있다.

미국 국방부가 발표한 《전망 2000년》의 보고서에는, 중국이 미국의 가상 적국임을 분명히 지적하고 있고, 미국의 군사 연습 계획도 중국을 목표로 하고 있음을 밝히고 있다. 최근 미군의 중심이 유럽에서 아시아로 기울기 시작하면서 태평양과 대서양의 미군의 세력도 이미 반반씩 되었다. 미국 국방부 요원은 아시아에서의 미군의 비중이 60퍼센트를 초과하게 될 것으로 추측하고 있다.[13] 부시 정권이 등장하기 전, 미국은 중국을 미국의 전략적 동반자가 아니라 전략적 경쟁 상대로 선언한 적이 있다. 이것은 미국의 중국 정책의 핵심을 밝힌 셈이다. 부시는 대통령에 당선된 후 미국의 상대는 첫째가 중국이고 둘째가 러시아라는 것을 특별히 강조한 적이 있다. 즉 중국을 미국의 1호 적(혹은 상대)으로 설정하겠다는 것이다. 미국 국방부 장관 럼스펠드가 백악관에서 부시에게 보고한 비밀 문서에 의하면, 강성해질 가능성이 있는 중공과 쇠약한 러시아에 비추어 미국의 주적은 북경에 있으므로, 부시에게 국방 전략의 중심을 유럽에서 아시아로 옮기고, 중공에 대해 포위 공격 정책을 취할 것을 건의하였다고 한다.[14]

미 국방부 장관 럼스펠드는 얼마 전 부시 대통령에게 미래의 미국의 군사 전략 조정에 관한 평가 보고를 했다. 이 보고에 의하면, 군사 전략은 5개 방면에서 중요한 조정이 이루어졌다고 한다. 즉 미국이 군사적 간섭을 할 지구로서 가장 가능성이 있는 지구가 태평양 지구이므로, 2차 세계대전 이후 실시되어 왔던 유럽의 평화 유지와 소련을 억제하는 국방 전략에 대해 조정을 해야 한다는 것이다. 태평양 지구에서의 군사 행동에는 원거리 군사 역량의 보

증이 필요하고, 이것은 군대의 원거리 공수 운반과 타격 능력의 제고가 필요하다는 것이다. 군사 이론 방면에서는 "미국이 두 곳에서 거의 동시에 발생하는 대규모 전쟁에 타격을 가할 준비를 해야 한다"는 전통 이론을 포기하고, 역량을 집중하여 한 곳의 대규모 전쟁에 타격을 가해야 한다고 주장했다고 한다. 럼스펠드는 미래에 미국이 전쟁에 개입할 가능성이 가장 큰 지구로 태평양 지구를 상정하고 있는 셈이다.[15]

상술한 전략적 조정에 비추어볼 때, 미국의 새로운 아시아 전략 속에서 한반도가 차지하는 지위는 내려가지 않을 것이고 오히려 더욱 커질 것이며, 아시아·태평양 지구에서 미국의 극히 중요한 전략 거점이 될 것이다. 미국은 여전히 한반도를 세계적으로 중요한 킹 카드로 활용할 것이다. 미국의 세계 전략 속에서 동북아 지구는 가장 중요한 지역 가운데 하나가 될 것이다. 미국의 세계 전략은 다음과 같다. 즉 유럽에서는 나토를 장악해서 나토 동쪽으로 전면적으로 확장해 나가는 것이고, 동북아에서는 일본을 움켜쥐고 미·일 군사 동맹을 전면적으로 강화하는 것이다. 그리고 동북아에서는 한반도의 일거수일투족이 전체에 영향을 미치므로 한반도를 통제하는 것이다. 이것은 미국의 세계 전략에 지극히 중요하기 때문이다. 따라서 미국은 한반도에 여전히 위협이 존재한다는 것을 구실로 삼아 그러한 전략을 추진해나갈 것이고, 미사일 방어 체계를 더욱 발전시킬 것이다. 만일 이 체계가 만들어지면, 미국은 다른 나라를 멋대로 공격하면서도 다른 나라로부터의 공격을 받지 않을 절대적인 군사적 우세를 만들어나갈 것이다. 특히 '잠재적 대국(중국)'이 미국의 절대적인 군사적 우세에 도전하는 것에 대응할 수 있을 것이다. 미국은 동북아 및 한반도의 군사력을 최대한 강화시킬 것이다.[16]

랜드연구소The Research Organization RAND가 2001년 5월 15일에 제출한 미국과 아시아라는 보고서에서는, 미국이 아시아와 오스트레일리아·뉴질랜드·필리핀에서의 군사 협동을 강화할 것을 건의한 동시에, 미국이 방호망防護網을 아시아 북부로 끌어올려 일본과 한국의 긴밀한 안전 관계를 더욱더 효율적으로 이용해야 한다고 강조하였다. "미국의 대아시아 정책의 조정이 계속 심화됨에 따라 미국 주도의 더 광범위한 연맹 수립이 부시 정부의 아시아 정책의 당면 현안으로 되었다. 이러한 상황에서 미국의 전통적인 동맹인 한국의 지위도 상당히 두드러질 것이다."

미국의 그러한 패권적 행동 반경에 대해, 중국은 자연히 상응한 초超 고차원의 전략을 수립해서 그 길에 반대 방향으로 나가야 할 것이다. 중국은 장기적이고 거시적인 전략 차원에서 동북아 특히 한반도의 특수한 지위와 작용을 고도로 중시하고, 동북아를 21세기 외교의 중점 지역이자 미국의 패권주의에 반대하고 그것의 서부 확장을 견제하는 전략적 요충지로 삼아야 할 것이다.

필자가 보건대, 중국은 다음과 같은 두 가지 핵심 정책을 취해야 한다.

첫째, 한반도가 통일되기 전에 계속 한국과의 우호 관계를 강화하는 동시에, 특히 북한과의 정치적·군사적 특수 관계를 강화해야 한다. 미국과 일본이 가장 우려하는 것은 북한의 군사적 발전이다. 미국에 대응하는 가장 좋은 방법은 미국의 아픈 곳을 움켜쥐는 것이다. 즉 러시아와 연합하고 북한과의 특수한 관계를 발전시켜 삼국(중·러·북한)이 일종의 준準군사 동맹 관계를 맺는 것이다. 그러나 이러한 준군사 동맹은 냉전 시기의 중국·소련·북한과의 관계와 분명히 다르다. 삼자는 비非군사 동맹으로서 주로 정치적·전략적 맹우盟友이기 때문에, 비교적 신축적이라서 동맹을 더욱 강화할 수도 있고 한 발 물러설 수도 있다. 중국·러시아·북한이 손을 잡는다면, 미국의 계획과 모략은 매우 큰 견제를 받게 될 것이다.

학자 왕페이링王飛凌 박사는 1990년대 중반에 다음과 같은 말을 했다. 즉 "북경(중국)은 동북아에서 자신의 힘에 의존하는 것 이외에, 계속 완충 지대 혹은 다른 세력을 저지하고 약화시킬 역량을 찾아서 어느 대국이 동아시아를 주도하는 것을 막아야 한다"는 것이다. 중국은 미국의 패권주의를 동아시아 안전의 최대 위협으로 보고 있다. 동북아의 현상을 유지하기 위해서는 반드시 미국을 견제해야 한다. 소련이라는 초강대국이 없어진 상황에서 어떻게든 미국의 패권주의를 견제할 수 있는 세력과, 미국의 인권 십자군과 중국을 격리할 수 있는 완충 지대가 있어야 중국에 유리하다. 적어도 평양은 미국의 영

향력을 완충하거나 영향력 확장을 저지할 수 있는 동반자가 될 수 있다.[17]

한국이 동북아 정세에서 일으킬 적극적인 작용을 중시하고 새롭게 인식해야 한다. 한국의 대對미·일 관계나 북방 정책, 특히 중국과의 관계에서는 중대한 변화가 발생하였다. 한국은 미국의 굳건한 맹우가 아니다. 한국과 미국 사이에는 미사일 배치, 주한 미군, 대북 정책, 대일 관계 등 모든 방면에서 이견이 존재한다. 한국의 중국에 대한 정치 관계는 이른 시일 내에 미국과의 관계를 초월할 가능성이 있다. 패권주의에 반대한다는 각도에서 볼 때, 한국은 우리들이 쟁취하고 단결해야 할 최고 좋은 맹우이다. 이 때문에 한국에 대해서는 경제 무역과 문화 교류를 강화시키는 것 이외에, 정치와 외교적으로도 주동적으로 시의 적절하게 우호 관계를 계속 제고시켜 나가야 한다. 중·한 관계의 강화는 틀림없이 미국의 패권 정책에 대한 또 다른 타격이 될 것이므로 절대로 포기하거나 잘못을 범해서는 안 된다.

둘째, 굳건하게 한반도의 평화와 통일을 지지해야 한다. 중국에서 볼 때, 한반도의 통일은 상당한 정도로 미국의 아시아·태평양 패권주의 정책의 실패를 의미한다. 왜냐하면 한반도의 통일 문제에서 가장 우려하는 것은 먼저 미국이고, 그 다음이 일본이기 때문이다. 일단 통일이 되면 미국은 곧 한반도 주둔 명분을 상실하게 될 것이고 아시아·태평양에서의 미사일 배치 체계의 구실을 상실하게 될 것이며, 심지어 미·일 군사 동맹의 존재 근거를 상실하게 될 것이다. 이 때문에 미국은 절대로 한반도의 통일을 낙관하지 않을 것이다. 진정으로 한반도 통일을 이끄는 것은 중국이다. 중국이 한반도의 평화 통일에 대해 지지하는 입장을 취하는 것은 근본적으로 중국 국가 전략의 이익에서 비롯된 것이며, 동북아 정세에 대한 분명한 분석에 기초한 것이다. 먼저 한반도의 통일은 동북아의 전략적 정세를 바꾸는 데 유리하다. 한반도의 통일은 특히 미국의 군사 역량(주한 미군, DMT 등)의 발전이 한반도에서 물러나도록 압력으로 작용할 것이므로, 미국과 일본 등 강대국의 한반도 및 동북아에 대한 손길을 견제하는 데 유리하다. 다음으로 통일 후의 한반도는 동북아의 강대하지만 중립적이고 평화적인 국가가 될 것이므로, 한반도의

중국인이 인식한 한반도의 전략적 가치

통일은 동북아의 다극화 발전에도 유리하다.[18]

한반도는 중국의 현대화 건설을 위한 동반자가 될 것이다

한반도의 정세 발전과 중국 현대화 건설 사이의 관계는 매우 중요하다. 미래의 21세기 발전 추세를 보면, 한반도는 안전과 평화의 발걸음에서 좋은 방향으로 발전할 것이고, 경제적인 합작 방면에서도 거스를 수 없을 정도로 발전할 것이다. 남·북한의 경제 공동체는 조만간 현실화될 것이고, 한반도 평화 통일의 중요한 발걸음이 될 수 있을 것이다. 그것은 중국의 현대화 건설에 매우 깊고도 적극적인 영향을 미칠 것이다.

어떤 사람은 통일로 치닫는 한반도가 중국의 경제 발전에 불리할 것이라고 인식한다. 그 이유는 한국이 투자의 중점을 중국 대륙에서 북방의 도로·철도 등의 기초 건설 방면으로 옮길 것이고, 통일 후의 한반도가 규모가 비교적 크고 비교적 발달한 경제적 실체로서 중국의 강력한 경쟁 상대가 될 것이고, 그로 인해 중국을 경제적으로 활용하지 않을 것이기 때문이란다. 그러나 이 견해는 완전히 맞지 않는다. 단기적으로 상술한 상황은 피하기 어려울 것이고 중국에 불리한 일면도 있을 것이다. 그러나 장기적으로 고찰해볼 때, 한반도의 통일은 중국의 경제 발전에 이익이 많을 것이고 폐단은 적을 것이다.

그 이유를 설명하면 다음과 같다.

첫째, 한반도의 통일은 중국의 현대화 건설에 안정적인 평화 환경을 제공해줄 것이다. ……21세기 상반기는 중국의 현대화 건설을 위한 가장 중요한 시기이자 극히 험난한 시기이기도 하다. 이 목표를 실현하기 위해 가장 중요한 것은 평화적이고 우호적인 주변 환경이다. 중국 인민은 세계의 어떠한 사람들보다 세계 평화와 국제 정세의 안정을 바란다고 말할 수 있다. 한반도는 지리적인 위치 및 그 역사와 현실 상황을 볼 때 중국의 안전에 지극히 중요하다. 한반도가 불안정하면, 상술한 중국의 원대한 목표는 제약을 받을 것이다. 일단 안정적이고 통일되고 발전하는 한반도가 중국의 현대화 건설에 관건적 성격을 띤 외부의 안정 요소로 될 것이다. 이러한 의미에서 한반도의 평화가 없다는 것은 곧 중국 현대화의 최종적인 실현이 없다는 것을 말한다. 따라서 남·북한의 경제 공동체의 수립은 한반도의 북·남 정치 대립과 군사적 대치의 종식을 나타내는 것이고, 그것은 장기간 동북아의 지역 합작을 심각하게 저해한 정치와 안전상의 장애를 제거할 것이다. 따라서 한반도를 평화적이고 안정된 상태에 놓이게 하는 것은 동북아, 특히 중국의 경제 발전과 합작에 평화로운 환경을 창조해줄 것이다.

둘째, 한반도의 통일은 중국과 한반도 사이의 쌍방적 혹은 다변적 경제 교류와 합작을 촉진할 것이고, 한반도 남·북 시장의 연결을 의미하며, 북·남 사이의 경제 교류는 더욱더 발전하고 확대될 것이다. 최근 남·북한 합작이 정식 시작된 금강산 개발 지구, 곧 개발될 개성 경제 특구와 기타 수십 건의 합작 항목은 남·북한 합작의 가장 분명한 실제적 사례이다. 이러한 합작은 중국과 한반도의 경제 교류와 합작을 촉진할 것이고, 중국 현대화 건설에 직접적인 추진 작용을 할 것이다. ……

셋째, 한반도는 중국의 동북아 지역 합작의 중요한 파트너가 될 것이다. 동북아의 경제 합작은 이미 초미의 관심사로서, 환環일본해 연안의 각국은 이 지역의 경제에 많은 관심을 가지고 여러 가지 합작 구상을 제안하였다. 실제로 중·일·한 3국의 합작은 더욱더 현실성과 중요성을 띠고 있다. 중·일·한 3국 사이의 경제 합작은 비非제도화된 합작 형식에서 비롯되었다가 저급의 합작 형식에서 고급의 합작 형식으로 발전하고 있다. 중·일·한 사이의 상호 보완성과 합작 발전의 잠재력은 크다. 3국이 형성한 경제상의 합작 권역은 완전히 필요하고 실행 가능하다. 3국은 아세안과 유사한 다양한 형식의 성장 삼각을 형성할 수 있다.

예를 들어 환발해環渤海 경제 개발구와 두만강 등의 개발구는 모두 이런 방식으로 구성될 수 있다. 두만강 구역 개발 계획은 매우 큰 공정으로, 1992년에 실시 단계에 들어가 있다. 그런데 한반도의 분열로 인해 남·북 쌍방이 합심해서 공동으로 두만강 및 기타 지역에 대한 다변적인 개발 구역의 합작을 할 수가 없기 때문에, 중국의 동북아 지역 경제 합작의 발전을 제약하고 있다. 그런데 만일 남·북한이 공동체를 형성해서 공동으로 개발에 협력할 경우, 두만강 지구 개발과 건설에 근본적인 전환점이 마련되어 개발 구역 건설에 장기적인 평화와 안정적인 환경 및 경제 교류의 분위기를 초래하여 인적·물적 교류를 확대·발전시킬 것이다.

통계에 의하면, 아시아의 컨테이너 물류가 차지하는 비중은 세계 3대 경제권(EU·북미·아시아)보다 크다. 그 비중은 1990년대에 37.4퍼센트, 2000년에 50.0퍼센트에 근접했다. 그러나 여러 가지 원인으로 교류는 크게 발전하지 못했다. 만일 동북아에 '삼각 물류망'을 형성할 수 있다면, 물류의 효율성을 크게 높이고 물류량을 대폭 높일 수 있다. "동북아의 '삼각 물류망', 즉 한국의 부산을 중심 항구로 하고 나진羅津을 보조 항구로 하여 나진을 국제 물류 단지로 만들어 유럽과 아시아 대륙을 연결하는 환環동해권, 태평양권의 물류 체계를 만들면, 최대의 이익을 거두는 곳은 중국과 한반도가 될 것이다."[19]

이와 동시에 공로空路·육로·철로 건설 방면에서 다음과 같은 공동 협조를 해야 한다. 첫째는 서울–평양–북경 사이의 항공 노선, 둘째는 서울–판문점–개성–평양의 육로, 셋째는 서울–신의주, 서울–원산 간 철도 복선을 복구·연결시키는 것, 넷째는 부산–나진–두만강의 국제 철도 연결 공사이다. 북한의 나진항은 개방 이후 다음과 같은 항해 운수선을 구상할 수 있다. 첫째는 한국의 광양–서울–북한의 개성–신의주–중국 단동의 서해안선, 둘째는 한국의 부산–포항–원산–함흥–나진–두만강의 동해안 운송선, 셋째는 부산–대구–서울–개성–평양–신의주의 운송선이다. 이러한 운송선은 다시 러시아의 철도와 연결하여 로테르담까지 직접 도달할 수 있다.[20]

특히 경의선의 접속은 중국 및 동북아의 합작에 의미가 매우 크다. 경의선은 중국 동북과 러시아·일본·한국의 인적·물적 교류의 교통 요도가 될 것이고, 유럽과 아시아 대륙 및 태평양을 연결하는 거점이자 물류의 중심이 될 것이다. 한국 전문가의 평가에 의하면, 경의선이 복원된 후 남·북한 경내의 철도는 매년 2,485억 달러의 수입을, 북한은 1.5억 달러를 얻게 될 것이며, 중국 동북 지구와 한국·일본 사이의 컨테이너 물류 가운데 대련항大連港은 10.0

퍼센트의 화물을, 천진항天津港은 5.0퍼센트의 화물을 경의선을 통해 운반할 수 있을 것이란다.[21]

한반도는 중국의 평화 통일의 조력자助力者가 될 것이다

한반도와 중국은 21세기 초 평화 통일 문제에 직면해 있다. 한반도와 중국의 평화 통일 문제는 성격상 중대한 차이가 있다. 한반도 문제는 2차 세계대전 후의 국제 협의에 의해 생겨난 산물이고, 대만 문제는 중국 내전의 결과물이다. 대만 문제는 하나의 중국이라는 틀 속에서만 해결될 수 있으므로, 중국 정부는 시종 하나의 중국 원칙을 지키면서 줄곧 남·북한 문제를 처리하는 방식으로 대만 문제를 처리하는 데 반대해왔다. 대만 당국은 수시로 동·서독 방식과 남·북한 방식으로 양안兩岸 문제를 처리할 것을 주장해왔다. 대만의 새로운 지도자는 남북정상회담이 개최될 때 남·북한 방식이 대만 해협에 대해 모범적인 작용을 할 것이라고 말했다.[22] 중국은 자연히 이러한 견해에 반대했다. 남·북한 문제와 대만 문제는 두 개의 서로 다른 문제로서 결코 혼동해서는 안 된다. 남·북한 통일의 진전 과정이 양안 관계에 적극적인 영향을 미치지는 못할 것이다.

한반도의 남북 통일은 중국의 평화 통일의 조력자가 될 것이다.

왜냐하면, 첫째, 남북 통일은 양안이 자주적으로 대만 문제를 해결하는 데 도움이 될 것이고, 미·중 관계를 조정하고 개선하는 데도 도움이 될 것이다. 남북 통일 문제는 자기 민족의 역량에 의존하여 자주적으로 해결해야 한다. 그런데 왜 한 나라에 속한 양안 문제를 어떤 강대국의 간섭에 의존해서 해결하려고 하는가? 만일 양안이 한반도의 남·북 쌍방처럼 공동으로 협력해서 독립 자주적으로 통일 문제를 해결할 수 있다면, 미국이 다시 간섭하는 것은 근본적으로 불가능할 것이다. 당연히 이것은 중국 방면의 염원일 뿐이다. 미국은 대만에 대한 원조를 포기하지 않을 것이고, 대만 섬 내의 집권 세력도 반드시 미국 세력에 의존할 것이다. 그러나 한반도의 남·북한이 만일 외부

강대국 세력의 간섭을 진정으로 벗어나 독립 자주적으로 평화 통일 문제를 해결할 수 있다면, 양안 문제의 해결에 도움이 될 것이고, 심지어 국제 여론상 미국에게 강력한 압력으로 작용하거나 미국으로 하여금 간섭 행위를 하지 말도록 압력으로 작용할 것이다.

둘째, 남북 통일은 대만 독립에 심각한 타격을 줄 것이다. 비록 남·북한이 두 개의 주권 국가로 동시에 유엔에 가입했지만, 남·북한은 이구동성으로 남북의 평화 통일을 위해 쉬지 않고 노력한다고 말해 왔다. 북한이든 남한이든, 위에서 아래까지 남·북한의 영원한 분열을 요구하는 사람은 거의 없다. 또한 북한의 독립이나 남한의 독립을 주장하는 세력이나 목소리를 찾을 수 없다. 어떤 사람은 일치해서 통일에 대한 아름다운 기대를 가지고 있다. 한국의 남녀노소는 공동으로 "우리의 소원은 통일"이라는 노래를 부른다. ……

이러한 분위기를 대만과 비교하면 통일 문제에 있어서 선명한 대조를 발견할 수 있다. 대만 섬 내 대만 독립 세력과 대만 독립의 목소리는 아직 주류를 형성하고 있지는 않지만 제법 크다. 그들 중에 완고한 세력은 조상을 잊고 중국인이라는 사실조차 인정하지 않은 채 대만을 중국 영토에서 영원히 분리해야 한다고 외쳐댄다. 이것은 한국 국민의 자기 조국 민족에 대한 열렬한 태도와 거리가 멀다. ……대만 독립과 한반도를 비교하는 것은 뿌리도 근거도 이치도 없다. 한반도의 통일과 양안의 통일은 모두 대세로서 사람들이 지향하는 것이므로 거스를 수가 없다. 중국과 한반도는 모두 분열과 고통을 경험한 국가로서, 양안과 남북 인민은 반드시 통일의 길로 나아가 어깨를 같이 하고 서로 지지하고 통일의 위업을 완성해야 한다.

셋째, 한반도의 평화 통일은 동북아의 안전과 군사상에서 중국에 대한 압력을 완화시켜줄 것이고, 중국의 동북부에 가해졌던 압력을 동남 연해로 전이시켜 주어 대만 문제 해결에 보탬이 될 것이다. 한반도의 안위는 줄곧 중국의 군사력 배치를 곤혹스럽게 만드는 요소이다. 한국전쟁 때 중국은 주요 병력을 한국 전장에 투입했다가 전쟁이 끝난 후 1958년 중국인민지원군 전부를 한반도에서 철수시켰지만, 여전히 많은 병력을 동북 일선에 배치시켜 놓고 있다. 특히 소련이 백만 명의 병력을 중·소 국경에 배치함으로써 중국의 군사력도 주로 북부 지역에 배치되었다. 소련이 해체된 후 북부는 긴장이 완화되었지만, 한반도의 정세는 줄곧 군사적 대치 상태에 놓여 있다. 특히 미국의 수만 대군이 한국·일본에 주둔한 채 북한 핵무기를 방지한다는 구실로 미사일 방어 체계를 연구하면서 실제로는 중국과 러시아를 겨냥하고 있다. 이 상황에서 중국은 동북 지구에서 고도의 경계 태세를 유지하지 않을 수 없게 되었고, 그 병력의 배치도 자연히 거기에 상응해서 배치되어 있다.

만일 한반도 정세가 바뀌면 미국의 주둔군 및 미사일 방어 체계는 그 구실을 상실하게 될 것이고 결국에는 전략적으로 조정될 것이다. 그렇게 되면 중국의 동북 방어는 어느 정도 완화될 것이고 주요 정력을 대만 문제 해결 쪽에 집중할 수 있을 것이고, 대만에 대한 군사력과 고도의 과학 기술의 투입이 늘어날 것이고 절대 우세로서 대만의 군사력을 제압할 것이다. 이것은 압력을 통해 양안의 통합을 촉진하는 데 도움이 되어 대만 문제를 평화적으로 해결하는 목적을 달성하는 데 유익할 것이다.

중국의 부흥과 한반도

* 원제목: 中國復興與朝鮮半島
* 필자: 張璉瑰(中共中央黨校 敎授)
* 작성일자: 2003년 5월 1일
* 출처: 《學說連線》〈國際戰略〉地緣政治
http://www.xslx.com/htm/gjzl/dyzz/2003-5-1-13762.htm

중국의 부흥이 한반도에 미치는 영향

오늘날 중국의 부흥은 일대 세계적 사건이다. 중국의 부흥은 오늘날 세계의 국제 정치와 경제 체제를 바꾸고 세계 문화의 발전에 영향을 미칠 것이고, 한반도의 장래에도 다음과 같은 장점들을 가져다 줄 것이다.

첫째, 중국의 부흥은 한반도의 평화와 안녕을 회복시키는 데 도움을 줄 것이다. 지정학적으로 한반도는 중국·러시아·일본 사이에 위치해 있다. 한반도는 해상에서 아시아 대륙에 진입하는 발판이자 교량이다. 일본이 조선을 침략하고 병탄한 최종 목표는 대륙을 침략해서 중국을 정복하고 아시아에서 패권을 수립하는 데 있었다. 러시아도 한반도를 중시했는데, 그 목적 가운데 하나는 한반도를 발판으로 삼아 일본의 중국 동북(만주) 진입을 저지하려는 데 있었다. 왜냐하면 러시아는 줄곧 중국 동북 및 내외 몽골을 자신의 세력 범위로 인식하고 있었기 때문이다. 이로 인해 근대 이후 중국이 쇠락하면서 열강의 분할 점령 목표로 되자, 한반도의 전략적 지위는 갑자기 커졌고, 조선은 한순간 "은둔의 나라"에서 각국의 쟁탈 대상지로 바뀌었다. 이러한 강대국 사이의 쟁탈은 한반도의 분열을 야기했고, 강대국 사이의 이익 충돌은 한반도 문제를 날로 복잡하게 만들었다.

중국은 강대해지기 시작하면서 150년 동안 열강으로부터 침략과 굴욕을 받아온 중국의 역사를 깨끗하게 청산하고 중국을 넘보려는 열강의 기도를 없앴다. 이리하여 중국 및 중국 주변 지역도 서방 강대국의 간섭과 쟁탈로부터 벗어나게 되었고, 한반도도 다시는 중국 대륙을 침공하기 위한 전진 기지로서의 전략적 지위를 갖지 못하게 되었다. 게다가 한반도는 다시는 강대국 세력이 결합되는 지역도, 충돌 지점도 아니게 되어 자주·평화·안녕을 회복하게 되었다.

둘째, 중국의 부흥은 한반도의 자주와 평화 통일을 적극적으로 추진하게 될 것이다. 중국은 진정으로 통일된 한반도가 중국에 유리하다고 생각한다. 왜냐하면 역사는 분열된 한반도, 냉전 상태를 유지하는 한반도가 충돌과 전쟁의 온상이 되었을 뿐만 아니라, 강대국에게 간섭과 사적 이익의 도모를 가능케 하는 기회와 구실을 제공해 주었다는 사실을 이미 증명하였기 때문이다. 외국의 군대가 한반도에 주둔하는 것은 동아시아의 안전 정세를 개선하는 데 이롭지 못하다. 한반도에서의 대치와 대항, 충돌은 중국의 평화 건설을 위한 외부 환경을 매우 악화시킬 것이다. 이와 아울러 한반도에서의 대항과 전쟁이 한반도의 이웃인 중국을 전쟁 속에 쉽게 휘말리게 할 수 있다. 그런데 중국은 그러한 상황을 원치 않는다. 따라서 중국은 일찍이 한반도의 평화·안정·자주 통일에 이익이 되는 방향으로 노력을 해왔고 적극적으로 그것을 지지해 왔다.

중국의 강대함은 한반도의 평화 통일을 더욱 적극적으로 추진하게 될 것이다. 이 문제와 관련해서, 어떤 외국 친구는 오해를 해서, 중국이 다른 강대국과 마찬가지로 한반도의 통일을 좋아하지 않는다고 여긴다. 사실 미국·일본·러시아는 아마도 한반도의 분열 속에서 실제적인 이익을 얻을 가능성이 있다. 예를 들어 일본은 자신의 주변에 하나의 통일되고 강대한 한반도의 출현을 바라지 않고 있다. 러시아는 한반도의 통일이 최근의 동북아 국제 정치 역학 구조를 타파할까봐 걱정하고 있다. 미국은 한반도의 통일 후 한반도에서의 미군 주둔 및 미군의 한반도에서의 주둔 명분을 상실할까봐 걱정하고 있다. 그러나 중국은 한반도의 분열 속에서 정치·경제·안전의 대가를 치렀고 어떠한 것도 얻지 못했다. 한국의 삼국 시대 이래 한반도가 분열과 동란의 상태에 처했을 때, 중국은 한반도에서 전쟁을 치르지 않을 수가 없었다.

오히려 한반도가 통일되어 외부의 침입을 받지 않을 때 중국과 조선 양국은 전쟁의 걱정이 없었다.

셋째, 중국의 부흥은 한반도의 경제 발전과 번영에 도움이 될 것이다. 2020년까지 중국은 세계 제2대 수입국과 수출국이 될 것이고, 중국 인민의 구매력도 유럽 전체를 초월할 것이다. 중국의 부흥은 인류의 공동 번영을 촉진하고 경제의 전 지구화를 초래할 것이며, 새로운 국제 질서를 세우는 데 유리할 것이다. 이것은, 한국을 포함한 세계 대다수 국가에 대해서도 틀림없이 이로울 것이다. 1997년 동아시아의 금융 위기가 발생한 이후 중국은 신속하게 대응하여 국제화폐기금 조직의 동남아 국가에 대한 원조 계획에 참여하여 태국에 10억 달러를, 동유럽에는 60억 달러의 원조를 하였고, 인민폐의 가치 불변에 대한 신뢰를 얻어왔다. 이와 같은 거시적인 정세를 고려한 중국의 행위는, 중국이 하나의 책임 있는 강대국이고, 국제 사회에 건설적인 작용을 하는 하나의 세력임을 말해준다.

중국과 한국이 수교한 지 10년, 양국의 경제 합작은 신속하게 발전하여 상호 간에 이미 가장 중요한 경제 합작의 파트너가 되었다. 2001년 중국과 한국 사이의 무역액이 300억 달러를 돌파하여 중국은 일본을 제치고 한국의 제2시장이 되었다. 한국이 금융 위기에서 탈출한 이후, 한국 기업은 생존과 발전을 도모하여 전면적으로 중국에 진출했다. 2001년 10월부터 11월까지 한국의 4대 재벌 총수가 잇달아 중국을 방문하였다. 삼성그룹 회장은 다음과 같이 말한 적이 있다. "중국 시장을 공략하는 기업에게만 미래가 있다." LG그룹 회장은 "중국에서 성공하려면 반드시 세계 최고 수준의 경쟁력을 갖추어야 한다"고 말한 적이 있다. 현대자동차그룹은 중국과의 합작 생산 능력을 확대할 준비를 하고 있다. 그들은 중국 시장의 뒷받침을 통해 세계 제5대 자동차 그룹으로 성장하려고 한다. 한국 기업가와 경제계 인사들은 중국의 부흥을, 한국 경제 발전을 위한 새로운 기회이자 도전으로 받아들이고 있다.

당연히 어떤 사람은 중국의 부흥에 대해 몇 가지 걱정을 하고 있다.

첫째, 어떤 사람은 중국의 부흥 이후, 중국의 영향력이 한반도에 더욱 확대

될까봐 혹은 중국과 한반도의 관계가 역사 속에서 그래왔던 것처럼 조공—책봉에 입각한 주종 관계로 돌아갈까봐 걱정하고 있다. 이러한 걱정은 시대적인 착오이다. 역사적 발전이나 시대적 진보로 보나 역사상 일찍이 존재했던 종번宗藩 관계는 그것이 존재했던 역사적 조건을 이미 상실했다. 오늘날의 중국은 이미 역사상의 중국이 아니다. 오늘의 한국도 역사상의 조선이 아니다. 중국과 한국은 모두 주권·독립·자주를 지닌 국가이다. 중국과 한국 사이의 정상적인 국가 관계는 평화 공존 5원칙을 기초로 하고 있다. 이것은 국제 문건 속에서도 기술되어 있으며 국제법적 의의를 지니고 있다. 이러한 정상적인 국가 관계에 부합하지 않는 어떠한 것도 모두 중국과 한국 양국의 근본 이익에 위배된다. 1950년대 중엽 중국이 관련 국가와 더불어 선포한 평화 공존 5원칙은 오늘날 국제 관계의 기본 원칙으로 되었다. 중국은 이 원칙을 엄격하게 고수할 것이고, 이러한 기초 위에서 모든 국가, 특히 주변 국가와 우호 합작의 관계를 맺을 것이다. 이러한 선언은 진심이다.

둘째, 어떤 사람은 중국의 경제 발전이 한국과의 경쟁을 격화시키고 한국의 시장을 빼앗아 한국의 발전에 불리하다고 생각한다. 그러나 실제로 국제 사회에서 국가 간의 경쟁은 국제 관계의 일반적인 현상으로 경쟁이 있어야만 국가의 활력을 충만케 해준다. 개혁 개방 이전 중국의 발전이 완만했던 것은 중국이 국제 사회로부터 떨어져 경쟁에서 벗어났기 때문이다. 경쟁이란 전진을 위한 동력이다. 한국 경제가 비약한 것은 1960년대 이후 시기이고, 중국이 고속 발전을 한 것은 1978년 이후부터이다. 양국 간에는 기술이든 상품의 품질이든 차이가 존재하고 있다. 적어도 수년 내에 중국과 한국의 경제 사이에는 매우 강한 상보성이 존재할 것이다. 당연히 몇몇 영역에서는 중국과 한국 사이에 경쟁이 존재한다. 경쟁을 하려면 쌍방 모두 경쟁 문제에 대해 적극적인 태도를 취해야 쌍방이 이기는 국면을 출현시킬 수 있다.

대對중국 정책의 선택

중국의 부흥에 대해서, 각국은 판단하는 이익이 다르기 때문에 서로 다른 목표를 추구한다. 이 때문에 각국은 중국에 대해 서로 다른 정책을 취하게 되었다. 하나의 선택은 중국을 견제하는 정책이다. 몇몇 사람은 중국의 부흥이 기득권 구조에 도전이 될 것이라고 인식해서 세계 정세의 변화에 대해 두려움을 느끼고 있다. 따라서 그들은 여러 가지 계획을 짜내어 번거로움을 조성한 뒤 중국의 발전을 저지하거나 적어도 지체시키려고 하고 있으며, 심지어 다수의 국가를 결집시켜 반중反中 연맹을 결성한 뒤 중국을 견제하고 있다.

다른 하나의 선택은 균형 정책이다. 몇몇 국가들은 중국의 부흥이 자기들에게 이익이 되기도 하고 해가 되기도 한다고 여겨 중국의 발전을 호의적으로 바라보는 동시에, 중국이 강대해지는 것을 바라지 않는다. 이 때문에 그들은 한편으로는 중국과 우호 합작 관계를 유지하면서도 세력 균형에 입각해서 중국을 견제하려고 한다.

세 번째 선택은 합작 정책이다. 몇몇 국가의 정책 결정자들은 중국의 강대함이 전략적 균형을 세우는 데 유리하고 세계 평화와 발전에 유리하며, 본국의 이익 실현에도 유리하다고 간주한다. 따라서 그들은 적극적으로 중국과의 우호 합작 관계를 맺고 있다.

국제 정치 속에서 적은 종종 스스로 만드는 것이다. 지금 부흥하고 있는 중국에 대해 견제 정책을 추진하는 것은 실제로 역사적 추세를 가로막는 것이고 현실을 외면하는 것이다. 이것은 효과를 거둘 수 없을 뿐만 아니라 국제 관계를 대치와 대항 및 냉전 속으로 되돌릴 수 있다. 균형 정책을 취하는 원인도 이해할 수는 있다. 그렇지만 역사는 세력 균형 이론이 종종 세계를 지속적으로 혼란과 불안 속으로 몰아넣을 수 있음을 보여준 바가 있다. 사람들은 용기와 지혜를 가지고 더욱 좋은 방법을 찾아야 한다. 합작 정책은 하나의 좋은 선택이다. 따라서 그것은 일종의 역사적 추세를 대표하기도 한다.

우리들은 중국과 북한, 중국과 한국의 우호 합작 관계가 건강하게 발전하고 있는 것을 기쁜 마음으로 지켜보고 있다.

중국인은 한반도의 변화를 어떻게 받아들일까?

* 원제목: 如何應對朝鮮半島變化
* 필자: 田曉明
* 작성일자: 2005년 8월 17일
* 출처:《深圳熱線》〈大近視〉國際戰略
http://www.szonline.net/Channel/2005/200508/20050817/Preview.2005081
7-3.html

한반도 통일

한반도의 변화를 어떻게 받아들여야 할까? 이것은 중국이 미래에 직면하게 될 과제이다. 중국이 현재 이 방면의 정책을 제정할 때 미래의 정세 변화를 고려하지 않을 수 없다. 동시에 중국인은 평등하게 조선족을 대해야 한다. 대한족주의大漢族主義의 잠재 의식은 조선족과 우리 자신(한족—역자) 사이를 쉽게 해칠 수 있다. ……

비록 현재 북한과 한국이 통일되지는 않았지만, 장기적으로 볼 때 북한과 한국의 통일 가능성은 매우 크다. 김대중 정권부터 노무현 정권까지 북한에 대한 한국의 우호 선린적 태도는 줄곧 변화가 없고, 북한에 대한 한국의 경제 원조도 줄곧 변화가 없다. 이러한 요소는 모두 북한 사람들에게 호소력으로 작용할 수 있다. 게다가 같은 글과 언어를 사용하고 같은 민족이라는 자연스러운 관계 때문에라도, 북한과 한국의 통일 가능성은 매우 크다. 북한과 한국의 통일은 동북아 각국 사이의 세력 대비를 바꿀 것이고, 이러한 세력 대비의 변화가 중국에 주는 충격은 무시할 수 없다. 북한과 한국이 통일된 후, 이 새로운 국가(즉 통일 한반도—역자)의 역량은 증강할 것이다.

북한과 중국은 기다란 국경을 마주하고 있다. 역사적으로 중국과 한반도의 소국 사이에는 분쟁이 있었지만, 그러한 과거의 일들은 현재의 조선족으로 하여금 차마 회고할 수 없게 만든다. 고구려는 한국인에게 한국 고대 삼국의 하나로 인식되고 있는데, 후에 그것은 당조에 의해 멸망되었다. 작년 (2004)에 중국은 길림성 경내 고구려 왕조의 유적을 세계 문화 유산의 항목으로 신청하였는데, 지금 북한과 한국은 불쾌하게 생각하고 있다. 2005년 6월 15일, 한국 대통령 노무현은 미국 대통령 부시와 회견했을 때, "중국은 역사적으로 한국을 수백 번 침략한 국가이다. 우리들이 어찌 이와 같은 뼈에 사무친 괴로운 과거사를 잊을 수 있겠는가?"라고 말한 적이 있다. 한족과 한국 민족 사이에는 상호 신뢰가 결핍되어 있어서, 한족이 한국 민족을 대할 때 약간의 우월감을 가지고 있고, 한국 민족도 한족에 대해서는 경계심을 갖고 있다. 이러한 역사적 경험은 중국과 한반도 내 새로운 국가와의 관계에 영향을 미칠 것이다. 한반도 내 새로운 국가가 일단 강대해지면, 중국도 통일 한반도의 역량에 대해 위협감을 느낄 것이다.

북한 핵 문제 및 조선족 문제

북한 핵 문제에 관한 6자 회담이 개시된 후, 중국에서는 두 가지 견해가 제시되었다. 하나는 중국이 미국과 한편에 서서 북한의 핵무기 개발 계획을 제거해야 한다는 것이다. 다른 하나는 중국이 미국과 협상을 해서 북한의 핵무기 개발 계획에 대한 미국의 제거 노력을 지지하는 대신, 중국의 대만 수복에 대한 미국의 지지를 얻어내야 한다는 것이다. 이러한 견해들은 모두 중국의 입장에서 말한 것으로, 이러한 계획에 대해 북한 사람들은 매우 반감을 나타낼 것이고, 한국인도 동의하지 않을 것이다. 한국인은 비록 무력을 남용하여 전쟁을 일삼는 것에는 반대하지만, 핵무기를 보유하는 데는 반대하지 않을 것이다. 그리고 한국인은 평화적인 핵 이용에는 반대하지 않을 것이다. 전술한 것처럼, 조만간 한국과 북한이 통일되는 일이 일단 일어나면, 북한이 핵을 연구하고 생산하는 데 사용한 기술·설비·제품 등은 자연히 한반도의 새로운 국가(통일 한반도)의 것이 될 것이고, 현재의 한국인도 당연히 그것들을 이용할 수 있는 것이 이치에 맞는다고 여긴다. 중국이 만일 6자 회담 때 전체적으로 한국 및 북한의 뜻과 대립한다면, 중국은 북한으로부터 미움을 받을 것이다. 더욱이 중국이 현재 북한의 입장에 반대하는 것도, 중국과 미래 통일 한반도의 새로운 국가와의 관계에도 영향을 미칠 것이다. 현재 중국의 입장은 북한의 입장을 반대하는 것도 아니고, 반대하지 않는 것도 아니다.

현재 6자 회담이 비록 답보 상태에 있지만, 각 나라가 북한의 평화적인 핵 이용에 합의한다면, 북한의 핵 문제는 해결될 가능성이 높다. 북한의 평화적인 핵 이용에 대한 한국의 태도는, 북한이 평화적으로 핵을 이용할 권리가 있다는 데 동의한다. 한국도 6자 회담에 참여한 각국이 북한의 평화적인 핵 이용에 동의하도록 설득하려고 한다. 현재의 그러한 정세를 중국과 연계시켜보자. 만일 중국이 북한의 평화적인 핵 이용권 보유에 동의하지 않는다면, 중국은 북한과 한국으로부터 미움을 받게 될 것이다. 이것은 중국의 미래에 불리하다. 한국과 북한이 조만간 통일하려고 하고, 이러한 태세가 일단 형성되면, 무시할 수 없는 강국이 중국의 동북 변경에 출현하는 셈이다.

한국 민족은 상당히 강한 응집력을 가지고 있다. 한국 민족에게는 양호한 의사 소통과 묵계가 있는데, 이러한 요소는 조선족으로 하여금 한국 민족과 한데 뭉치도록 할 것이다. 일단 한국과 북한이 통일되면, 새로 탄생한 이 국가는 중국의 조선족에게 강대한 흡인력을 발휘할 것이다. 조선족 대다수는 모두 중국 동북의 중·조 국경선 부근에 거주하고 있어서, 그들은 자치 혹은 독립을 요구할 가능성이 있다. 조선족의 최종 목적은 자신의 동포들과 합병해서 하나의 국가를 이루는 것일지도 모른다. 고구려는 일찍이 당조에 의해 멸망되었다. 아마도 이러한 사정은 조선족의 자치나 독립 요구에 대한 이유가 될 수 있다. 이러한 상황이 일단 발생하면 중국 동북은 혼란 속에 빠져들 것이다.

중국은 현재 북한의 평화적인 핵 이용에 동의하고 있지만, 실제로는 중국 자신을 위해 하나의 퇴로를 만들어 놓고 있다. 만일 중국이 현재 한국과 북한의 뜻을 존중하지 않는다면, 앞으로 중국과 남북 통일 후의 한반도 사이에는 충돌이 발생하지 않고 곧 끝나버리겠지만, 양자 사이에 일단 충돌이 일어나면, 중국의 그러한 태도가 잠재적인 충돌 요인으로 작용함으로써, 현재 중국이 북핵 문제에서 취할 선택은 불 위에 기름을 끼얹는 요인이 될 것이고, 이것은 곧 미래의 충돌을 더욱 통제하기 어렵게 만들 것이다.

한반도의 통일은 중국에 위협이 될 것인가?

* 원제목: 朝鮮半島的統一是否會成爲中國的威脅
* 필자: 周思明
* 작성일자: 2000년 6월 15일 09:44
* 출처: http://www.doctor.cn/l/ShowAnnounce.asp@boardID=11&RootID
=797&page=8&ID=797

요즘 인터넷에서는 많은 사람들이 북한과 한국의 화해와 통일을 위한 걸음에 대해 이야기하면서 이것을 중국과 대만의 통일 과정과도 비교하고 있다. 북한과 한국, 중국과 대만은 쌍방의 인구 비례 및 분열의 역사적 원인이 서로 다른 상황에서 담판을 벌이고 있는데, 이 문제가 큰 의미가 없다는 것을 토의한 적이 있다. 오히려 장쩌민을 으뜸으로 한 모든 지도 계층을 포함한 12억 중국 인민은 모두 "북한과 한국의 통일이 중국에 위협이 될 것인가?"라는 중대한 문제에 대해 소홀히 해왔다. 이 문제를 토론하기 전에 우리들은 먼저 마오쩌둥의 외교 사상, 특히 변계邊界의 영토와 대외 관계에 관한 독특한 사상 그리고 지금까지도 다소간 현재의 중국 지도자에게 영향을 미치고 있는 대외적 행위부터 논하기로 하자. 변계 영토, 대외 관계, 소수 민족의 사상에 대한 마오쩌둥의 사상은 국제 현실 정치에 근본적으로 부합하지 않으며, 오랜 기간 중국을 궁지로 몰아넣어 지금까지도 후대의 사람들은 그의 잘못된 정책 때문에 대가를 치르고 곤란을 겪었다. ……

국제 관계에서는 본래 서로 이용하고 이해가 충돌하기 마련이다. 거기에는 도의와 정의가 근본적으로 존재하지 않는다. 당시 소련도 중국과 기타 국가에 대해 그렇게 했다. 거기에는 마오쩌둥식의 소위 '무산 계급의 국제 우의'는 조금도 없었다. 북한과 한국의 화해와 통일 문제에 대해 토의하면, 한국 대통령 김대중과 북한 국방위원회 위원장 김정일은 15일 새벽 평양에서 공동 선언을 발표했다. 선언은 한국과 북한 간 수뇌 회담이 매우 중대한 의의를 지니고 있으며, 한반도 통일을 실현하기 위해 다방면의 합작과 교류를 전개하고 노력한다는 것을 승낙하였다.

'남북공동선언'은 5개 항으로 구성되어 있다.

① 국가 통일 문제를 해결하는 주인은 한민족이고, 쌍방은 단결해서 자주적으로 통일 문제를 해결해야 한다.

② 남쪽이 제기한 통일 실현을 위한 국가 연합제 방안과, 북쪽이 제기한 연방제 방안은 공통점을 가지고 있다. 이제부터 이 방향으로 통일을 촉진해 나가야 한다.

③ 쌍방은 가능한 한 빨리 인도주의 문제를 해결할 것이며, 그 가운데 금년 8월 15일 이산 가족 방문단 교환이 포함된다.

④ 쌍방은 경제 합작을 통해 균형적으로 민족 경제를 발전시키고 사회·문화·체육·위생·환경 등 다방면의 합작과 교류를 강화해서 상호 간의 신뢰를 증진한다.

⑤ 쌍방은 가능한 한 빨리 당국 간의 대화를 진행하고 빠른 시일 내에 상술한 협의 내용을 실시한다.

공동 선언에서는 김대중이 정중하게 김정일의 서울 방문을 요청하였고, 김정일은 이후 적당한 시기에 서울을 방문하기로 결정했다는 것을 밝히고 있다. '남북공동선언'을 분석해보면, 가장 중요한 것은 제1항으로서, 자주적으로 통일 문제를 해결한다는 것인데, 이것은 어느 정도 미국과 일본을 피하려는 뜻이 있다. 제2항, 즉 연방제와 국가 연합제 방안의 공통점을 방향으로 삼아 통일을 담판한다. 이것은 천천히 화해와 통일의 길로 나간다는 것으로, 진정으로 국가 연합 혹은 연방으로 통일하는 것과 거리가 매우 멀다. 남북이 분단된 지 55년, 각자 형성된 권력 집단, 기득권 집단 그리고 양 지역 국민의 판이한 사상이나 심리적 태도를 모두 합치기는 쉽지 않다. 북한과 한국이 통일에 매진하는 과정에서 중국은 서독이 동독을 합병하는 방식이 북한과 한국 간에 출현하는 것, 즉 한국이 북한을 합병하는 것을 막아야 한다. 북한의 심각한 굶주림과 경제적 곤경 속에서 그러한 상황이 발생하지 말란 법이 없다.

만일 한국이 북한을 합병한다면, 결국 주한 미군이 압록강변으로 이동하는 상황을 초래할 것이고, 그렇다면 중국은 한국전쟁에 참여해서 엄청난 대가를 치루고 취득한 동북 국경의 안전이 모두 수포로 돌아가게 된다.

우리들은 다음과 같은 몇 가지 점에 주목해야 한다.

① 북한에 대한 한국 국민의 태도: 한국인은 북한의 핵무기와 미사일의 발전을 두려워하지 않는다. 왜냐하면 북한이 핵무기를 남한 쪽에 사용할 것이라고는 믿지 않기 때문이다. 오히려 그들은 한반도 통일 이후, 이 핵무기와 미사일은 북한과 한국의 기존의 공업 기초에 더해져 통일 후의 한반도를 7천 만의 인구를 지닌, 미국·영국·프랑스에 버금가는 동북아의 강대한 국가로 만들어 줄 수 있을 것으로 여긴다.

② 중국 동북과 황해에 대한 한국 국민의 견해: 한국인은 동북의 일부 토지가 아주 오랜 옛날 시기 고구려의 판도였다고 여긴다. 최근 동북에는 조선족자치주가 있다. 이밖에 중국과 한국은 황해 경제 구역에서 충돌을 한 적이 있다. 통일 후 한국은 동북 영토와 황해 경제 구역에 대해 요구를 할 가능성이 있다.

③ 한반도의 핵무기 및 미사일에 대한 미국과 일본의 정책과 통일 방식에 대한 태도: 미국과 일본은 모두 북한이 핵무기와 미사일을 발전시키는 것에 반대하는 동시에, 한국이 사정거리 300킬로가 넘는 미사일을 개발할 수 없도록 제한하고 있다. 이번에 김대중이 북한을 방문했을 때, 미국과 일본은 한국이 반드시 김정일에 대해 핵무기와 미사일 문제를 거론하도록 강하게 요구한 적이 있다. 미국과 일본은 남·북한의 통일 방식이 북한이 남한을 통일하는 형태로 되는 것을 저지할 것인데, 설령 그러한 기회가 있다 해도 그 가능성은 매우 낮다.

④ 한반도의 핵무기와 미사일 개발에 대한 중국의 태도: 중국의 지도층은 지금까지 상당한 정도로 마오쩌뚱의 국경 영토와 대외 관계에 대한 특이한 사상의 영향을 받아 다른 나라의 내정에 간섭하지 않는 경향을 띠어왔다. 설령 미국과 일본이 여러 차례 독촉했음에도 불구하고 중국은 북한에

대해 핵무기와 미사일 개발을 중지하도록 압력을 가하거나 재촉한 적이 없다. 또한 남·북한의 통일 방식에 대해서도, 중국은 북한이 한국을 통일하든, 한국이 북한을 통일하든 쌍방이 평등하게 합병하라는 것이었을 뿐 불간섭의 태도를 취해왔다.

⑤ 지정학적 관계로 인해 통일 후의 한반도는 일본·미국·중국·러시아 사이의 각축 속에 놓일 것이다. 심지어 통일 한반도는 중국에게 동북 영토와 황해에서의 양보를 요구할 것이다. 만일 한반도가 통일된 후 통일 한반도가 동북 변경에 중대한 위협으로 작용한다면, 중국은 동·서·남·북 모두로부터 견제를 당하게 될 것이고 군사력도 어느 쪽에 배치해야 할지 모르게 될 것이다. 만일 그런 상황이 도래한다면 동북이 중국의 중공업 중심인 상황에서, 핵무기와 미사일을 지닌 한반도에 대해 일차적으로 한반도를 징벌하기 위한 자위 반격전을 벌여야 되는 것은 아닐까?

따라서 한반도의 통일이 중국의 변경 안전에 대해 미치는 영향력은 심각하고 거대하다. 더 나아가 그것은 원래의 중국의 전략적 배치를 혼란스럽게 만들 것이다. 따라서 중국은 한반도의 통일 과정에서 신중하게 처리해야 하며, 국제 정치 현실에 적합하지 못한, 외교·국경 영토 및 대외 관계에 대한 마오쩌뚱의 기이한 사상에 의해 영향을 받지 말고, 국제 정치 현실 속에서의 "영원한 벗은 없고, 영원한 적도 없다"와 "서로 이용하고 이해가 충돌하는" 방식으로 일을 처리해야 한다.

한반도의 통일은 중국에 진짜 불리할까?

* 원제목: 朝鮮半島統一前景和朝鮮民族主義的未來
* 필자: 木葉的蓮華
* 작성일자: 2005년 7월 27일 11:04
* 출처: http://www.doctor.cn/l/ShowAnnounce.asp@boardID=11&RootID
  =797&page=8&ID=797

우리들 중에 북한의 김가金家(김정일) 정권에 대해 호감을 가진 사람은 거의 없을 것이다. 거의 대부분은 그들 가문이 역사의 쓰레기더미 속에 쳐 넣어지기를 희망한다. 이 점에 대해서는 의론의 여지가 거의 없다. 그런데 여전히 어떤 사람은 김가 정권을 보호하고 유지시켜야 한다고 주장한다. 그 이유인 즉, 북한의 김가 정권으로 하여금 미국과 일본의 주의를 끌게 해서 우리나라의 발전을 위해 더 많은 완충 시간을 얻게 해야 하기 때문이란다.

이러한 주장에는 어느 정도 이치가 있다고 할 수 있다. 싸움을 하려면 다른 집에서 싸우는 것이 자기 집에서 싸우는 것보다 당연히 낫다. 그러나 거기에서 얻어지는 장점은 도대체 얼마나 될까? 그것을 실현시키는 조건은 또한 얼마나 될까? 이 문제에 대해서 우리 모두 한번 생각해볼 가치가 있다는 생각이 든다.

우선 다른 집에서 싸움을 한다는 것은 전쟁이 일어났을 때를 전제로 한다. 만일 최선을 다해 전쟁을 피할 수 있다면, 그것이 가장 좋지 않을까? 누군들 전쟁이 발생하면 어떤 결과가 초래될지 모르겠는가? 최근 김가 가문의 군사적 모험은 두 초강대국(미국과 일본-역자)과 중국을 전쟁 속으로 휘말려들게 만들 것이고, 결국에는 중국에 커다란 손해를 입히게 될 것이다. 결국 우리들의 실력이 부족하기 때문이다. 따라서 가장 좋은 것은 전쟁이 일어나지 않게 하는 것이다. 그런데 만일 다른 사람이 우리들을 업신여기고 머리끝까지 올라온다면 어쩔 수 없이 전쟁을 해야 할 것이다. 그러나 김가 정권을 위해서 중국이 다시 전쟁에 휘말려 들어간다면, 그것은 거의 가치가 없는 짓이다. 이 문제에 관해서는 정치적이든 경제적이든 아니면 군사적이든 다른 사람들이 상세하게 논술한 적이 있다. 따라서 이하에서는 다시 중복해서 서술하고 싶지 않다.

다음으로, 당신이 김가 정권을 억지로 버티게 하고 싶다고 해서 당신이 김가 정권을 일으켜 세울 수 있겠는가? 민심을 얻는 것이 천하를 얻는 것이다. 그렇지 않은가? 나는 북한에 가본 적이 없어서 북한을 잘 알지 못한다. 그러나 북한 사람들이 대사관에 뛰어들었다는 말을 들어봤지만, 남한 사람들이 대사관에 뛰어들었다는 말은 들어보지 못했다. 어떤 사람은 그것이 한국과 미국이 저지른 음모 때문이라고 말한다. 그러나 나는 결국 파리가 완전무결한 새알은 먹지 않는다는 것을 알고 있다. 비록 김가金家가 군사력에 의존하여 국내 통치를 반석처럼 탄탄하게 만들었다고 하지만, 그러한 강대함은 원래부터 취약한 것이다. 진정으로 강대한 것은 인민의 마음이 당신에게로 향해 있느냐에 달려 있다. 쓸데없이 겉으로만 노력하는 것은 아무런 쓸 짝이 없다. 제2차 이라크전쟁이 일어나기 전 이라크인들은 모두 비분강개했지만, 결과적으로 미군이 진격해오자 까마귀나 짐승처럼 흩어졌다. 이라크전쟁이 아직 끝나지 않았는데 미군의 손실은 얼마나 큰가? 다른 나라를 멸망시키려면 그만큼 많은 사람의 죽음을 초래하기 마련이다. ……

만일 한반도가 통일된다면 동·서독의 합병 방식 혹은 남한을 주체로 한 통일을 참조하라. 처음 몇 년간은 북쪽의 짐을 짊어져야 하기 때문에 한국의 경제 발전은 분명 매우 큰 악영향을 받게 될 것이다. 그러나 한국이 곤란한 시기를 잘 극복하고 효율적으로 남·북의 자원을 통합할 수 있다면, 한국은 틀림없이 더욱더 강대해질 것이다.

그렇다면 그렇게 해서 강대해지고 부유해진 한국은 우리나라에 대해 결국 도움이 될까 안 될까? 나는 도움이 될 것이라고 생각한다. 우선 '어떤 사람'(김정일 정권을 의미—역자)이 사기 치는 것에 대해 다시 걱정할 필요가 없고 매년 그렇게 많은 원조를 해줄 필요도 없을 것이다. 농담이다. 사실 비교해서 말할 필요도 없이, 중요한 것은 핵무기가 김가金家 수중에 있으면 매우 위험하다는 것이다. 그 다음에 한국의 민족 정신이 매우 강하다는 것으로, 현재는 한국이 주로 북한 문제를 걱정해서 미국·일본과 같은 전열戰列에 서 있지만, 그러한 사실이 그들 사이에 모순이 없다는 것을 의미하지는 않는다. 만일 한반도가 통일되면 미국과 일본의 이용 가치는 떨어질 것이고, 그들 사이의 모순도 점점 분명해질 것이다. 이렇게 된다면, 우리나라는 한국과 하나의 맹우盟友가 될 가능성이 있고, 당연히 그러한 사정에 대해 의미를 둘 필요는 없을 것이다. 모든 맹우는 고정 불변한 것이 아니다. 고정 불변한 것은 자기뿐이다. 통일 한국이 중국과 맹우가 될 수 있다면, 통일되고 상대적으로 강대한 한반도는 김가 정권보다 더 중국에 보탬이 될 것이다.

그렇다면 통일로 인해 강대해진 한반도가 우리나라에 대해 위협이 될 것인가 아닌가? 나는 위협이 되지 못할 것이라고 생각한다. 아마도 자그마한 마찰은 좀 있을 것이다. 그러나 전쟁을 일으킬 만큼 심각하지는 않을 것이다. 예전에 어떤 사람이 통일 한국은 아마도 우리나라에게 영토를 요구할 것이라는 말을 기억하고 있는데, 그러나 그것은 가소로운 말일 뿐더러 진실하지도 않다. 동·서독이 통일될 때, 독일인의 숙적인 프랑스인은 아마도 좀 불쾌했을 것이고, 유럽 대륙에서의 자신들의 영향력이 감소하는 것을 걱정했을 수도 있다. 그러나 현재 독일은 프랑스의 굳건한 맹우가 되었다. 내가 생각하기에, 우리들은 프랑스인의 도량을 지녀야 한다.

한국인이 현재 강성하게 된 것은 스스로에게 의존해서 된 것이다. 그러한 강성함이 우리들이 김가金家를 지지한다고 해서 바뀔 리는 없다. 김가를 지지하면 다른 전 민족(한국·민족—역자)의 분노와 원한을 살 것이고, 이렇게 되면 중국은 역사적 진보를 대표하는 쪽(한국—역자)에 서지 못하는 결과가 될 것이다. 입장을 바꾸어 말해, 미국이 대만을 지지하기 때문에, 우리들은 미국에게 원한을 품지 않을 수가 없지 않은가? 자기가 하고 싶지 않은 것은 다른 사람에게도 시키지 말아야 한다("己所不欲, 勿施于人").

결론적으로 말해, 나는 다음과 같이 생각한다. 한반도의 통일은 피할 수 없는 것이다. 이것은 역사의 조류로서, 방해받을지도 모르지만 절대로 마음 먹은 대로 되지는 않을 것이다. 결국 통일은 모든 민족이 바라는 바이다. 세계의 조류는 흘러가게 마련이고 그것에 순응하면 번성할 것이고 그것에 거스르면 망할 것이다. 이러한 사정을 고려해볼 때, 우리들 역시 역사의 반동에 가담할 필요는 없다!

중국인이 본 한반도의 통일 전망과 한국 민족주의의 미래

* 원제목: 朝鮮半島統一前景和朝鮮民族主義的未來
* 작자: 李寒秋(중국의 저명한 국제 관계 전문가)
* 작성일자: 2005년 5월 27일
* 출처: 《文》皇漢靑年網〉文章中心.〉發展戰略〉國際戰略
http://www.10000year.com/Article/zlyj/gjzl/200505/328.htm

한반도는 동북아 각국의 중심에 위치하고 있고 동북아 지정학적 정세의 지축支軸을 형성하고 있다. 그 주변의 3개 국가인 중국·러시아·일본은 삼각 대립의 지정학적 태세를 나타내고 있다. 지정학적으로 이상적인 정세에서 본다면, 한국은 하나의 중립국으로서 중국·러시아·일본 3대국 사이에서 완충적·균형적 역할을 하는 것이 가장 합당하다. 그러나 한반도는 최근 이념이나 사회 제도의 차이로 인해 타국에 의해 두 부분으로 나뉘어, 남부는 동북아 이외의 패권 국가인 미국이 점령·통제하고 있다. 한반도 및 일본 열도에 주둔하고 있는 미군은 동북아의 지정학적 정세에 본질적인 변화를 야기하여 각 강대국 사이의 세력 대비에서 균형을 깼다. 즉 미국은 동북아의 이상과 단순한 지정학적 국면을 바꾸었고 복잡한 외교 변수를 가져왔다. 그 결과 미국의 패권적 존재는 한반도 정세 및 동북아 강대국의 각축 속에서 관건이 되었다. 동북아 6개국이 미국의 패권을 저지하거나 해소하기 위한 투쟁을 둘러싸고, 민족주의는 그 가운데 가장 활발하면서도 혁명적인 요소가 되었다. 한국 민족주의는 그 가운데 하나이다.

한반도의 통일 전망에는 강렬한 민족주의 이념과 감정이 자리 잡고 있다. 한국의 민족주의는 주로 일정한 자유를 지닌 보통 국가 체제 하에서의 공공 정치적 민족주의 운동과 자발적인 민족주의 감정으로 표현되고 있다. 이러한 감정의 객관적인 존재는 국가 지도자에 대한 한국 민중의 선택 과정에서 체현되고 있고, 북한이 한국 민중 속에서 여전히 상당한 존중과 호감을 얻고 있는 상황에서도 나타나고 있다. 북한은 북한인의 수중에 장악되어 있다. 북한의 경제나 사회 제도에 어떤 문제가 존재하든, 북한은 통일적인 이념과 독립적인 자태를 유지할 것이다. 한국 민족의 민족주의 목표는 결국 국가의 통일을 달성하고 민족 독립을 유지하는 것이다. 이 방면에서 북한은 표면상 한국에 비해 더욱 강렬하고도 선명하게 그러한 희망을 드러내고 있다. 이것은 북한이라는 특수한 체제에서 존재하는 중요한 특성이다. 지난 세기 북한은 중·소 양국의 이념적·경제적 지지에 의존하는 동시에, 최선을 다해 독립·자주의 표상을 유지해왔다. 이념이 사라진 오늘날, 통일과 독립은 거의 현 북한 정권의 유일한 합법성을 띠고 있다. 한국과 달리, 북한의 민족주의는 엄격하게 통제되는 근대 국가주의 정권의 형식으로 표현되고 있다.

북한이나 한국은 모두 통일을 국가의 최고 목표로 삼고 있다. 그러나 북한과 한국의 관계는 완전히 현대 국제 관계의 기본 요소를 갖추고 세력 균형을 촉진하는 작용을 하고 있다. 만일 한국이 곧 미국의 군사적 점령 하에서 해방된다면, 한국은 완전히 독립적인 중등中等의 강대한 발달된 국가가 될 수 있다. 이것은 또한 북한이 독특한 군사 체제를 유지하고 핵무기를 개발해서 한국의 경제적 실력에 맞서려는 원인 가운데 하나이기도 하다. 북한과 한국의 관계는 어떤 의미에서는 프랑스와 독일의 관계 또는 19세기 독일이 통일되기 이전 프러시아와 오스트리아의 관계와 유사하다. 이해 관계의 각도에서 보면, 북한 지도자는 반드시 미국이 한반도 남부에서 완전히 철수하기를 바라는 것은 아니다. 오히려 미국의 최고 이익은 정세야 어떻게 변하든 한반도에서 미군을 계속 주둔시켜야 하는 것이므로, 반드시 한국 주도의 한반도 통일을 무조건 지지하지는 않을 것이다.

한반도의 두 정권은 기본적으로 세력이 비슷하다. 한반도 통일 문제의 해결에는 반드시 외부 세력의 간섭이 뒤따를 것이다. 이해 관계와 권력 구조의 각도에서 볼 때, 북한이 주도적으로 한반도를 통일하든 한국이 주도적으로 한반도를 통일하든 간에 통일의 최대 방해 세력은 일본일 것이고, 미국과 중국이 그 다음일 것이며, 러시아가 맨 마지막이 될 것이다. 만일 통일에 도움을 주는 세력에 대해 말한다면, 상술한 순서를 뒤집으면 될 것이다. 미국과 중국은 모두 주동적으로 혹은 무조건적으로 현존의 틀을 바꾸려는 의도를 내비치지 않았다. 왜냐하면 그들은 현존의 틀을 획책한 자이자 기득권자이기 때문이다. 미국 패권의 도전자로서 러시아의 외교 정책은 크게 바뀔 가능성이 있다. 일본은 애매한 외교 권력의 틀 속에 놓여 있고 그들의 외교 목표는 자신의 해방이고, 한국에 대한 전통적 우세를 유지하고 중국의 부흥에 응대하는 것이다. 일본은 자신의 지위가 약해질 가능성이 있는 상황에서는 절대로 한반도의 통일에 찬성하지 않을 것이다.

미국의 최고 전략 목표는 한반도가 분열되었든 통일되었든 상관없이, 한반도에 계속 주둔하는 데 있다. 미국의 한반도 간섭 및 한반도에서의 장기 주둔은 미국의 국가 이익에 의해 결정될 것이다. 만일 북한 지도자가 공개적으로 미국이 한반도에 주둔하기를 희망한다거나 통일 이후에도 주둔해도 좋다고 밝힌다 해도, 그것은 아무런 의미가 없다. 미국이 한반도에 주둔하느냐 주둔하지 않느냐는 북한 지도자에 의해 결정되는 것이 아니고, 북한 지도자의 희로애락에 의해 변화되는 것도 아니다. 미국이 한반도에 주둔하는 것은 미국의 동북아 전략의 전반적인 계획에 따라 이루어지는 것이다. 즉 그것은 중국·일본·러시아 3국이 연합해서 동북아에서 미국의 존재를 배제시키는 것을 막기 위한 것이다. 미군이 일본·대만·한반도 남부에 동시에 주둔하는 것은 동북아라는 바둑판 위에서 서로 호응하고 견제하는 3개의 바둑알과 같다. 미국의 전략적 목적은 일본·한반도·중국이 철저한 민족주의 외교 노선으로 나가는 것을 방지하고 러시아가 그 속에서 손쉽게 이익을 얻는 것을 막기 위한 것이다.

미국은 경거망동하게 자신의 진지를 뒤흔들거나 멋대로 한반도의 전략적 균형을 깨지는 않을 것이다. 아마도 미국과 한국의 주도 하에 이루어지는 한반도 통일은 최근의 복잡한 정치 정세를 단순화시켜 한반도를 미국의 전략적 변강으로 확대·전개시키는 것이 될 것이다. 그러나 역사적 기록에서 보면, 미국 외교가 중시하는 것은 본국의 전략적 행동의 자유뿐만 아니라, 작은 것으로 큰 것을 치는 정치 경제적 조종 능력이지, 결코 부분적인 득실이 아니다. 미국이 한반도에 영구히 존재할 수 있는 유효한 보장을 얻지 못하는 상황이 아니라면, 미국은 실질적인 행동을 통해 한반도의 통일을 추구하지는 않을 것이다.

일본 열도와 한반도는 면적이나 인구 면에서 기본적으로 동일한 수준급에 속해 있다. 양자 사이에는 압도적인 우세는 없다. 일본은 중국의 대만을 점령하고 한반도를 강제로 합병하지 않는 한 세계 강대국으로 될 수 없다. 그렇기 때문에 역량 대비와 이해 관계의 각도에서 볼 때, 일본은 한반도 통일 문제에 가장 주목해왔다. 중국 동북 지구는 비록 경제적으로나 군사적으로 중요하지만, 중국의 몇 개 경제적·군사적 대구역大區域 가운데 하나에 불과하다. 러시아의 원동遠東 지구는 군사적인 면에서만 중요한 의미를 지니고 있지 경제적으로는 그렇게 중요하지 않다. 따라서 중국과 러시아는 지정학적인 면에서 한반도 통일에 대해 일본처럼 그렇게 우회하거나 완충시킬 만한 여유가 없는 것은 아니다.

일본의 근본 이익은 일본이 한국에 비해 훨씬 강대한 정세를 유지하거나, 일·한 연합 체제를 촉진해서 자신의 전략적 지위를 강화시키는 것에 있다. 만일 한반도의 정세가 바뀌면, 일본의 근본 이익은 일본과 통일 한반도 사이에 프랑스·독일 양국과 유사한 연합을 통해, 미국·유럽 공동체·중국에 비해 열세 혹은 고립에 놓인 상황을 개선하는 데 두어질 것이다. 그 때문에 한반도 통일에 대한 최대의 간섭과 방해는 틀림없이 일본 쪽에서 나올 것이다. 통일 후의 한반도는 일본과 동일한 수준급의 국가 위치에 놓이게 될 것이다. 만약 어느 정도로 일·한 합작의 방식이 이루어질 수 없다면, 동북아에서의 일본의 지위는 주변으로 밀려날 위험이 있다. 이것은 동북아의 강대국이 각축하는 상황에서 일본의 전략적 지위에 심각한 영향을 줄 것이다. 더 나아가 그것은 일·미 관계 속에서의 일본의 지위 및 세계 강대국으로서의 일본의 지위에도 영향을 미칠 것이다. 일본이 모든 논쟁을 접어두고 북한과 적극적으로 국교 담판을 벌이는 것은 한반도의 통일이 한국의 주도 하에 완성되는 것을 방지하기 위함이다. 일본은 강대한 경제 실력을 통해 북한이 경제적·

정치적·군사적으로 갑자기 붕괴되는 것을 막으려고 하고 있다. 일본 수상 고이즈미 준이치로가 국내외의 모든 방해를 무릅쓰고 갑자기 북한을 방문한 것은, 프랑스 대통령 미테랑이 동·서독 통일 전 갑자기 동독을 방문한 것과 대동소이한 행태라고 할 수 있다.

1945년부터 한국은 미국의 장기 점령 통제 하에서 미국 주도의 세계 경제 체계에 참여하여 경제적으로 비약을 했다. 한국은 경제적·군사적인 면에서 미국에 대한 그러한 종속적인 지위를 바꿀 수는 없다. 그래서 한반도에서 한국의 역할은 매우 제한적일 수밖에 없다. 한국의 수단은 유연함으로 강한 것을 극복하고 미국에 의존해서 동북아 경제권에 적극적으로 참여함으로써, 경제상의 공동 이익을 통해 통일을 방해하는 힘을 감소시키려 하고 있다. 한국은 미·일·한 삼각 동맹 속에서 가장 약한 지위를 차지하고 있어서, 한국의 외교 정책은 미국의 압력, 일본의 회의, 본국 민의民意의 선동煽動, 경제 이익의 추구, 역사·문화·전통의 제한 등으로 인해 비교적 취약하고 혼란하며 연속성과 자주성을 결핍하고 있다. 한국이 그러한 열세 지위를 바꾸고 한반도 통일을 추구하는 과정에서 약화되거나 희생되지 않도록 하려면, 최대의 도움을 바랄 곳은 중국뿐이다.

중국의 외교적 풍격에는 경직되고 낡은 이념, 온정이 풍겨나는 인간 관계의 외교, 급공근리急功近利의 경제 발전 전략이 기괴하게 섞여 있다. 이러한 상황은 많은 국가에 의해 간파되고 기억되고 있다. 한국 정치가도 틀림없이 중국 특색을 지닌 대국 외교 속에서 한반도 통일의 희망을 보았을 것이고, 이 때문에 한국은 이념적 장애를 벗어나서 중국과 수교하는 외교적 대변신을 꾀했을 것이다.

북한 및 한국의 각도에서 볼 때, 중국은 최근에 이념 내부의 개혁 외교 전략과 경제 이익 방면 사이에 서로 맞지 않는 모순에 직면해 있다. 이 때문에 중국은 한국 및 미국과의 사이에서 다음과 같은 문제에 대해 타협과 묵계를 할 수 있다. 즉 중국은 미국과 한국 주도의 한반도 통일을 승인하고, 대신에 미국은 중국의 대만 통일을 승인한다. 중국은 미국이 계속 한반도나 한반도 남부(즉 현재의 한국 땅—역자)에 주둔하는데 동의하는 동시에, 중국은 대만에 군대를 주둔시키지 않는다는 것을 승인하며, 군사적으로 미국에 대해 도전하거나 견제하는 정책을 포기한다. 베트남전쟁에서의 중국의 역사적 경험 및 최근의 중국의 정치적·경제적·군사적 발전 추세에서 볼 때, 이러한 외교 전략은 매우 가능성이 있지만, 북한 지도자에게는 최대의 악몽이다.

대국 외교의 각도에서 볼 때, 중국의 근본 이익은 한반도의 현존 상황을 유지하는 데 있고, 중국의 전략적 변강이 외국군에게 통제되지 않도록 보호하며, 비교적 안정적인 주변 정세 속에서 중국이 가능하면 일찍 대만을 수복하도록 노력하는 데 있다. 그 때문에 중국은 북한이 극단적인 길로 나아가 중국이 뜻하지 않게 전쟁 속에 휘말리게 되는 것을 회피해야 한다. 따라서 중국은 중국과 북한 사이의 경제적 융합을 가속화시키는 문제 이외에, 사실상 중국과 북한의 군사 동맹 해체를 수단으로 삼아 북한이 대규모의 살상용 무기를 보유하는 것을 취소케 하고 북한이 위기를 초래하는 것을 제지할 수 있다. 그렇지만 중국은 북한에 대한 타국의 어떠한 침략의 가능성도 저지해야 한다. 이것이 중국의 유일한 현실이자 지혜로운 선택이다. 맹우盟友는 지정학적 정세에서 도출된 외교 권력의 구조에서 결정되지, 자의적인 선택에 의해 결정되는 것은 아니다. 북한 지도자는 이러한 상황을 알고 있다. 따라서 제멋대로 중국의 이익을 무시하거나 중국의 위엄을 멸시하지는 않을 것이다. 또한 그들은 중국이 별다른 선택이 없으며, 지정학적 정세에 따른 외교적 원칙에 따라 계속 북한을 지지하고 있다는 것도 알고 있다.

동북아의 각 대국 가운데 러시아의 처지는 비교적 초탈해서 한반도 정세와는 직접적인 이해 관계를 가지고 있지 않다. 러시아의 전략적 중심은 유럽에 있다. 러시아의 입장에서 안정시켜야 할 두 곳은 중앙아시아와 서아시아이다. 원동 지구에서 러시아는 더 개입할 수도 있고 물러날 수도 있다. 러시아 자체의 실력과 상대적으로 초탈한 이해 관계는 한반도 통일에 있어서 최대의 외부 도움이 될 수 있다. 이 때문에 러시아는 한반도의 혼란한 정세를 야기하고 조종하고 이용해서 어부지리를 가장 잘 할 수 있다. 1950년대의 한국전쟁이 그것을 증명해 준다. 러시아와 북한의 접근, 일본과 러시아의 접근은 러시아가 이 방면에서의 노력을 결코 포기하려고 하지 않는다는 것을 말해 준다. 그래서 북한은 대폭적으로 중국의 통제와 영향으로부터 벗어나 중국과 러시아 사이에서 줄타기를 하면서 중국과 러시아의 상호 시기와 경쟁을 자국의 국가 이익에 보탬이 되도록 이용하고 있다. 또한 러시아는 점차 북한 외교에 대한 조종 능력을 강화해서 중국 외교, 중·미 관계 및 동북아 강대국 사이의 각축에 대해 중요한 영향을 미치고 있다. 이러한 상황은 출현 가능성이 매우 높다.

현재의 북한 정권의 근본 이익은 각 강대국 사이에서 독립적인 위치를 확보해서 최대한도로 행동의 자유를 유지하는 데 있다. 이를 위해서라면 북한은 모든 대가를 무릅쓰고 국제 원칙과 내부 문제를 무시할 수 있다. 냉전이 끝나고 이념적 연맹의 유효성이 크게 감소하고 그에 따라 특수한 경제 무역의 틀이 끝나면, 한반도 북부 정권의 행동도 걷잡을 수 없이 바뀔 것이고, 북한 정권은 극도의 불안감과 고립감에 빠질 것이다. 북한이 직면한 외교적 곤경은 절대적인 승리를 획득할 것인지, 철저한 실패를 맞볼 것인지의 양자택일이 있을 뿐 중간 노선의 선택이 없다는 점이다. 강대국 사이의 양해, 주변 정세의 완화, 북한과 외부 세계의 타협과 합작은 곧 북한 체제의 붕괴 개시를 의미하는데, 이것은 북한 정권의 특수한 정치·군사·사회 체제에서 비롯된 것이다. "영원한 투쟁 속에서 성장하고, 영원한 평화 속에서 궤멸한다" 이것은 북한이 생존하는 길임을 말해 주는 진실한 묘사이기도 하다.

북한의 최근 외교 전략은 최선을 다해 생존 공간과 경제 원조를 쟁취하고 중국과의 관계를 유지하는 동시에, 적극적으로 러시아·일본·유럽 각국과의 관계를 발전시키는 것이다. 북한 지도자는 북한 핵 위기 속에서 미국과의 담판을 요구하고 다른 나라의 알선을 거부하였으며, 얼마 전에는 남·북이 화해한 후에도 미국이 한반도에 계속 주둔하기를 희망한다는 것을 밝혔다. 그것의 진실한 의도는 정치적인 타협을 통해 경제적인 이익을 얻으려는 것으로, 강경한 반미 태도와 무력 통일의 입장을 포기하고 한반도와 동북아 지구에서의 미국의 주도적 지위를 인정한 것이다. 북한은 실질적으로 한반도에 두 개의 정권이 병존하는 상황을 유지하고 북한의 특수한 국가 체제를 유지하려는 데 힘을 쏟는 동시에, 미국과의 특수한 외교 관계를 맺어 미국의 졸卒로서 중국을 희생 대상으로 삼으려고 한다. 이러한 방식은 미국에 대해 말한다면, 낯설지가 않을 뿐만 아니라 흉내 낼 가능성이 결코 없는 것도 아니다. 이러한 태도 표출은 중국에 대해 압력을 가하는 것이고 중국으로부터 더욱 많은 지지를 획득하려는 것이다.

이처럼 북한은 중국과 미국 사이의 좌우 봉우리에서 중·미 간의 충돌을 자국의 이익에 보탬이 되도록 이용하려고 한다. 특히 북한 지도자 김정일은 그의 부친 김일성을 본받아 악몽이 현실로 나타나는 것—중·미 간에 북한 문제와 대만 문제를 대등하게 해결하는 것, 즉 중국이 미국의 지지 하에 한국이 북한을 흡수하는 것을 묵인하고, 대신에 미국이 중국의 대만 통일을 묵인하는 것—을 극도로 회피하려고 하고 있다. 이 때문에 북한은 가능한 한 중국의 지정학적 처지상의 최대 곤경을 이용하여 중·미 관계의 최대 요소인 대만 문제에 영향을 주어 자국이 희생물이 되는 것을 방지하려고 하고 있다.

북한은 적극적으로 일본과 직접 연계를 맺거나 정식의 외교 관계를 맺어 일본의 실력과 (일본의 한반도 통일에 대한—역자) 두려움을 이용하여 한국 주도의 한반도 통일 진전 과정을 제압하려는 욕망을 가지고 있다. 북한은 또한 러시아와 유효한 전략적 관계를 맺어 중국과 소원한 틈새 속에서 또 다른 보장을 얻으려고 하는 동시에, 중국·러시아·미국 삼각 관계의 복잡한 관계를 이용하여 자신의 독립과 안전을 유지하려고 하고 있다. 북한은 또한 적극적으로 유럽 공동체와의 관계를 발전시켜 경제 원조의 또 다른 통로뿐만 아니라, 미국의 일방주의 패권 행동을 견제하는 수단을 얻으려고 하고 있다. 북한이 소리치며 팔고 있는 것叫賣에 대해서는 각국 중에서 가장 비싼 값을 치루는 쪽이 최대의 이익을 얻게 될 것이다. 바로 당대의 프러시아로서, 북한의 특수한 국가 체제는 어떠한 외부 세계의 물질적 영향이든 정신적 영향이든 모두 북한의 현 정권에 대해 유효하게 침투시키는 것을 어렵게 만들 수 있다. 이때 영향이란 전복을 의미한다. 철저한 물질주의자는 곧 철저한 현실주의자이기도 하다. 유의지론자唯意志論者는 곧 유권술론자唯權術論者이기도 하다. 그래서 북한 지도자는 오히려 외교 책략에서 최대의 기민성과 주동성을 가지고 있다.

이해 관계 및 권력 구조의 각도에서 분석하고 최근의 정세를 예측해 볼 때, 미래에 가장 가능한 외교적 조합은 러시아·북한·일본으로, 이들은 무조건 북한의 독립을 유지하는 비정식 연맹을 결성할 것이다. 중국·한국·미국은 조건부로 한반도 통일을 찬성하는 비정식 연맹을 결성할 것이다. 그리고 두 조의 6개 국가는 복잡한 역학 관계를 형성하게 될 것이다. 이 6개 국 가운데 지정학적 환경이 가장 복잡한 국가는 중국으로서, 중국이 처한 지위는 가장 미묘하다. 한반도 및 동북아의 전략적 틀의 균형이 깨진 후에, 중국은 최대의 압력을 받게 될 것이다. 그래서 중국은 복잡한 균형 전술을 써야만 동북아의 국제 정치 투쟁 속에서 최대한도로 자국의 국가 이익을 유지할 수 있을 것이다.

"성격은 곧 운명이고, 지리는 외교를 결정한다." 북한식의 철혈 투쟁의 수단으로 자국의 독립을 유지하고 한반도의 통일을 완성하느냐, 한국식의 경제 의존과 융합의 수단으로 생존의 길을 도모하고 한반도의 통일을 완성하느냐는 미래의 한반도 외교 투쟁의 초점이다. 역사의 경험에 비추어볼 때, 한반도의 두 정권은 자각적으로 그리고 자발적으로 지정학적 기본 원칙을 준수하고 주변 강대국의 이익을 유지시키는 상황 속에서만 비교적 큰 도움을 얻어서 비교적 순리대로 한반도의 통일 대업을 완성할 수 있을 것이다.

한반도와 중국의 전략

* 원제목: 朝鮮半島與中國大戰略
* 필자: 如蒼生何(가명)
* 작성일자: 2005년 9월 4일 00:29:33
* 출처:《인민일보》인터넷판《人民網》www.people.com.cn〉强國論壇
  http://www.qglt.com/bbs/ReadFile?whichfile=17050&typeid=40

머리말

지난 일을 잊지 않고 후세의 귀감으로 삼는다. 근대 이후 한반도는 줄곧 동북아 국가 상호 간의 쟁탈의 지정학적 초점이 되어 동북아 정세 변동을 야기하는 중요한 요인이 되었다. 이로 인해 중국은 엄청난 대가를 지불했고 때로는 나라가 망할 지경에 이르기까지 했다. 한반도의 지정학적 가치는 말할 필요가 없으며, 사람들은 습관적으로 이 양자를 '순치상의脣齒相依', '순망치한脣亡齒寒'으로 표현해 왔다. 만일 지난 100여 년간 한반도에서 야기된 동북아 각국의 모순과 충돌을 회고해보면, 여러 가지 사건에서 중국의 정책과 처리 방식은 확실히 토론하고 반성할 가치가 있다. 오늘날에도 중국이 이미 명확한 한반도에 대한 대전략을 갖추고 있다고 말할 수 없다. 왕쭝원王忠文 선생(천진사회과학원 대외경제연구소 박사)의 글(〈以新視角審視朝鮮問題與東北亞形勢〉,《戰略與管理》2004년 제4기) 속에도 여기에 대해 구체적으로 논술하고 있지 않다. 아마도 한반도에서의 중국의 이익이 너무 광범위하기 때문인지 충분히 구체적이고 집중적이지 못하다. 이러한 이익의 분산적 특징은 중국 이익의 모호성을 야기하여 중국으로 하여금 국가 이익의 중요한 방면을 명확하게 하기 어렵게 만들고 있다. 그 결과 한반도 문제에 대한 중국의 전략적 시각이나 태도가 결핍되어 있다. 따라서 한반도에서 특정한 사건이 발생해도 임기응변적인 책략만을 취할 수 있을 뿐 장기적이고 계획적인 견해가 결핍되어 있어서, 중국이 한반도 문제에서 건설적인 작용을 발휘하는 것을 곤란하게 만들고 있다.

필자는 중국이 한반도에서의 국가의 대★전략을 정해 놓고 다른 국가들로 하여금 한반도에서의 중국의 국가 이익이 무엇인지를 분명하게 인식하도록 해야 한다고 생각한다. 또한 중국의 외교 노선도 고립주의—"일이 발생해도 관여하지 않고 고고한 입장을 취한다"거나 "문호 개방을 통해 이익을 균점한다"—를 취하지 않는다는 것을 주변국으로 하여금 분명하게 인식하도록 해야 한다고 생각한다. 냉전이 끝난 후 미·소 초강대국의 전 세계적인 대항이 소멸되면서, 중국과 한반도 국가의 관계는 쌍방의 이익에 기초한 관계 틀을 갖게 되었다. 그러나 상호 관계의 발전을 제한하고 지탱하는 요소도 장기간 동시에 존재하고 있다. 전체적으로 말해 이러한 틀은 상대적으로 안정적이며 적도 아니고 친구도 아닌 상태에 놓여 있다. 그런데 북한 핵 위기는 중국과 한반도, 특히 북한과의 사이에 상당한 이견과 심지어 어느 정도의 상호 불신까지도 노출시켰다. 이것은 중국과 북한 관계에 여전히 존재하는 일정한 문제의 객관적인 현상을 반영하고 있다. 그러한 잠재적인 중요성과 문제의 복잡성, 역사적 원인이 더해져 지나치게 많아진 상징적 의의 및 지정학적 힘과 국가 이익의 모호성散溢은, 모두 당연히 중국이 한반도 국가와의 정상 관계를 유지하는 전제 위에서 계통적인 국가 전략(즉 대전략)을 세우고 전반적인 안전 목표, 즉 한반도의 장기적 안정을 추구할 것을 요구해야 한다.……

필자는 여러 가지 수단을 합리적으로 사용하여 한반도의 정세 변화에 대비하면서 통일 후의 한반도 국가가 중국의 안전 환경에 부정적인 영향을 미치지 않도록 확고하게 방지할 것을 주장한다. 다시 말해 중국의 한반도 대전략 목표는 한반도 통일 과정에서의 각종 장애 요소를 제거하고 남·북 쌍방이 자주적으로 평화 통일을 촉진하는 정황 속에서, 통일 후의 한반도가 반드시 '비핵화'되고 '중립화'된 국가여야 한다는 것이다. 중국은 한반도의 국가에 대해 거시적인 전략적 시각과 틀 속에서, 외교적으로 주동적이고 예방적인 전략을 추진하고 경제적으로는 공동 성장 전략을 도입하며, 안전 방면에서는 상호 합작의 전략을 촉진하도록 해야 할 필요가 있다.

외교: 주동적主動的 예방 전략

모든 일은 예방하면 달성할 수 있고 예방하지 못하면 이룰 수 없다. ……
2000년 남북정상회담이라는 역사적 회담이 성공하면서 한반도는 화해 과정
이 분명히 빨라지고 있다. 1992년 2월 체결된 '남북기본협의서'와 2000년 6월
체결된 '남북공동선언' 후, 북·남 쌍방은 계속된 노력을 통해 피차 간에 정
치·군사상의 불신임을 해소하고 화해와 합작을 실현시킬 새로운 진로와 방
안을 초보적으로 찾아냈다. 그러나 이것이 한반도의 긴장 완화 추세를 가속
화시켰지만, 필연적으로 한반도 정세의 지속적인 호전을 촉진할 수는 없어
서, 한반도는 여전히 긴장되었다가도 완화되는 유동 상태에 처해 있다. 그 원
인은 주로 냉전 시기에 형성된, 한반도 안정을 유지해온 여러 가지 조건에 커
다란 변화가 생겨나고 새로운 조건이 생겨나서 조정되는 단계에 처해 있기
때문이다.

다른 한편 한반도가 분치分治에서 통합으로 나가는 것은 비교적 장기간의
역사적 과정으로서, 그 사이에는 복잡하고도 불확실한 요소가 내포되어 있
다. 이 때문에 북·남 쌍방의 평화 통일 가능성을 충분히 예측하고 인식하는
동시에, 비평화적 전환의 가능성 및 전화의 복잡성과 곡절성에 대해서도 충
분히 예측해야 한다. 한반도의 불확실성은 지역적 안전 정세를 더욱 유동적
이고 복잡하게 만들 수가 있다. ……

한반도는 지정학적 전략이 교직된 곳으로서 효용성을 지닌 지역이기 때문
에, 중국이 예방 외교를 실시하는 데 전략적 공간을 넓혀줄 수 있다. 즉 중국
은 한반도 외교 실무상에서 '즉시 반응卽時反應'을 잘 하고, '종합 수익綜合收
益'을 잘 챙겨야 한다. 즉 사태의 악화를 계획적으로 피하면서 그것이 중국의
발전 방향에 유리한 방향으로 향하도록 하고 한반도 문제에서 전략적으로 주
동권과 주도권을 장악해야 한다.

중국은 전통적으로 줄곧 한반도 문제의 중요한 참여자로서, 한반도 통일에

대해 그 성공을 대단히 낙관하고 있다. 그러나 통일은 반드시 자주적 · 평화적인 방식으로 실현되어야 하고, 그 전제는 발생 가능한 모든 지역적 불안정 요소(주한 미군의 철수를 포함)를 제거하고, 통일 후의 한반도 국가가 반드시 '비핵화'와 외교적 '중립화'의 원칙을 지켜야 한다. 전통적인 국제 안전 방식은 힘의 균형에 의존한다. 그러나 상호 의존도가 점점 강화되는 지구화 시대에 이러한 방식의 형성은 더욱더 곤란해지고 있다. 강대국은 힘의 균형을 추구하는 동시에, 외교적 중점을 점점 국제적 시스템을 구축하는 데로 두고 있다. 이것은 한반도가 평화 통일을 실현하고 나아가 통일된 한반도가 '중립화' 정책을 취하도록 만들게 하고 있다.

유엔 상임 이사국의 하나이자 최대의 발전도상국인 중국은 세계 평화와 발전에 대해 특별한 책임을 짊어지고 있고 이미 초보적으로 자신의 힘을 드러내고 있다. 중국과 한반도는 지리적으로 맞닿아 있고 장기간 고유의 전통적 이익이 존재하고 있으므로, 반드시 예방성 전략을 실시할 능력을 갖추어야 한다. 외교 전략의 계통, 즉 관방 외교, 민간 외교, 정당 외교, 의회 외교, 군사 외교 등을 통해 한반도 쌍방 및 기타 관련국 사이의 정기 회담과 빈번한 교류를 유지한다는 전제 하에, 북한의 개방을 촉진해서 가능한 한반도 평화의 틀을 만들 기회를 얻을 수 있는 발판을 제공하는 동시에 건설적인 작용을 발휘하여, 실행 가능한 건의와 구상 방안을 제출해서 국제 사회가 선택하도록 하는 것이 중국의 당연한 의무이자 책임이다.

경제: 공동 성장 전략

공동 성장 전략이란 인근 국가 사이에 진행하는 일종의 경제 합작 방식으로, 일반적인 의미의 국제 경제 합작과는 내포된 의미든 형식이든 작용면에서 큰 차이가 존재한다. 즉 공동 성장 전략의 합작 내용은 주로 기초 시설 건설, 자원 개발, 산업적 분업과 협조 등의 방면에 집중되어 있다. 조직 형식도 고정되어 있지 않고 국제 조직의 협조 속에서 전개될 수 있고, 중앙 정부 혹은 지방 정부가 조직할 수도 있다. 이러한 방식은 국가 간의 경제 호혜를 증진시킬 수 있고 경제적 압력을 완화·해소할 수 있을 뿐만 아니라, 지역 경제 합작에도 상당한 추진 작용과 보완 작용을 할 수 있다. 냉전이 끝난 후 경제 요소는 점점 각국의 사무 중에서 주도적 지위를 차지하게 되었고, 어느 정도 정치와 안전 방면의 정책적 사고까지 지배하기 시작했다. 이 점은 한반도에서 특히 분명하게 드러났다. ……

외부 환경에 대해 말하면, 북한의 생존과 발전은 미국의 안전 승인을 전제로 해야 하고, 더욱이 중국의 지지와 개입을 필요로 한다. 소련이 해체된 후, 중국은 북한의 가장 중요한 맹우가 되었고, 기타 국가의 북한에 대한 지지는 제한적이다. 이러한 상황은 미래의 상당 기간 동안 중국이 여전히 계속 그러한 역할을 할 것이라는 것을 의미한다. 최근 "중국이 매우 중요하다"는 의식은 북한의 지도층에게 나날이 확대되고 있다. 21세기 이후 중국과 북한 사이의 정상 회담은 빈번해지고 있고, 김정일은 상당한 정도로 중국의 개혁 개방이 취득한 거대한 성취를 인식하고 중국의 경험을 받아들일 필요성을 심각하게 의식하기 시작했다.

북한이 앞으로 선택할 수 있는 길은 세 가지이다. 하나는 개혁 개방을 실현하는 것이다. 다른 하나는 계속 쇄국으로 남는 것이다. 나머지 하나는 중간 노선을 따라 앞길을 모색하면서 직면하는 도전에 적응하는 것이다. 현재 북한이 계속 추구하면서 계속 나갈 수 있는 것은 제3의 길이다. 이러한 발전 방식은 주변 국가의 포용과 인내를 필요로 한다. 중국이 장기적으로 취해야 하는 길은 주동적으로 공동 성장 전략을 추진해서 시장화한 국가로서 북한 경제의 변화 과정을 적극적으로 지지하고 거기에 개입해야 한다. 구체적으로 말하면, 중국은 우의를 공고히 하고 상호 신뢰를 증진하고 평등·호리互利·호혜의 원칙 하에 가능한 한 쌍방의 경제 교류를 활성화해야 한다. 북한 경제의 현실적 상황을 고려해볼 때, 초기 개입의 위험을 계획성 있게 피하고 불필요한 손실을 줄이기 위해서는 중국·북한·한국 3국의 공동 협조를 바탕으로 각자의 장점을 발휘해서 적극적으로 상호 간의 경제적 공동 성장을 촉진해야 한다. 변경 지구의 경제를 발전시킬 때 중앙 정부의 거시적이고 계통적인 기초 위에서 지방 정부의 일부 권력을 적당히 통제해서 단견적短見的인 행위가 초래할 수 있는 부정적 영향을 회피해야 한다. ……

안전: 호조互助 합작 전략

세계적으로 한반도의 남·북한과 모두 우호적인 관계를 맺고 있는 국가로서, 중국은 극히 가치 있는 전략적 자원을 장악하고 있다. 그러나 단기적으로 중국은 그러한 자원을 매우 잘 이용해서 전략 목표를 달성한 적이 없고, 더욱이 한반도 문제에서는 피동적인 방관자나 다름없다. 일부 학자들은 중국의 현행 한반도 정책이 일종의 매우 잘 선택하지 못한 타협과 유사한 것으로, 이 정책은 통일 후 한반도 국가의 정치적 지향에 대한 우려, 특히 중국의 안전 환경에 대한 고려에서 비롯되었다고 본다. 그런데 한반도의 통일은 불가항력의 역사적 필연이고, 여기에 대해 중국은 줄곧 피동적이고 관망적인 태도를 취할 수는 없다. 중국이 장악하고 있는 전략 자원은 결코 장기간 보장될 수 없고 심지어 수시로 바뀌어 감퇴하거나 가치가 낮아질 수도 있다.

최근 한반도의 화해와 통일 과정은 가속화 추세를 나타내고 있다. 이것은 안정적이고 평화적인 지역 환경을 조성할 가능성을 제공해주는 동시에, 동북아에서 장기간 유지되어온 현상이 타파될 가능성이 있음을 의미하기도 한다. 이것은 중국을 포함한 강대국이 어쩔 수 없이 정세에 따라 움직이도록 하고 있고 한반도 정책을 다시 조정하도록 만들고 있다. 그런데 그러한 조정이 필연적으로 지역적 평화와 안정을 촉진하는 데 유리한 것은 아니다. 이 때문에 중국·미국·일본과 러시아는 반드시 가능한 한 일찍이 지역적인 장기 평화와 안정을 가져올 수 있는 전략적 합작의 틀을 만들어내어 한반도가 다시 강대국의 힘의 각축장으로 되는 것을 피해야 한다. 4대 강국, 특히 중국과 미국은 하나의 중립적이고 통일된 한반도를 빨리 만드는 것을 목적과 계기로 삼아 장기간 안정적이고 유효한, 합작에 기초한 안전 틀을 만들어야 한다. 한반도의 북·남 쌍방은 하나의 중립적이고 통일된 국가 건설을 목표로 삼아 중·미 양국을 설득해서 그들의 의구심이나 우려를 해소하고 한반도의 자주 평화 통일을 지지하고 촉성하도록 해야 한다. 중립적이고 통일적인 한반도는 한반도 통일의 목표일뿐만 아니라 그 목표를 달성하는 수단이어야 한다.

통일 후 한반도의 전략적 방향에 여전히 많은 변수가 존재할 때, 중·미 양국은 피차간의 우려로 인해 그들 모두 한반도의 통일에 완전히 성심을 다해 지지할 수는 없을 것이다. 더욱이 대다수는 현상을 유지하는 데 만족할 것이다. 한반도 문제에서 미국이 가장 관심을 갖는 것은 한반도가 평화 통일을 할 수 있느냐 없느냐가 아니라, 주한 미군을 어떻게 유지해서 중국과 러시아를 방어하고 그 전략적 우세를 유지할 수 있느냐이다. 반대로 만일 한반도의 통일이 미군의 철수를 의미한다면, 미국은 전력을 다해 한반도의 통일 과정을 지연시키거나 저지할 것이다. 사실 몇 년 전에 미국의 군사 분석가가 지적했듯이, 비록 한반도의 최종 통일이 미지수이지만, 남·북한 양국은 2015년을 전후로 정치상의 타협을 이룰 가능성이 있다. 만일 이렇게 된다면 북한의 위협은 다시 존재하지 않을 것이고 미군 철수는 불가피하게 권력의 공백을 가져올 것이고 강대한 경제력과 군사력을 지닌 국가 사이의 불안정성이 새로운 군비 경쟁을 불러일으킬 것이다. 이것은 지역적 안정과 세계 경제에도 해로울 것이고, 동아시아에서의 미국의 전략적 배치에 혼란을 불러일으킬 것이다. 한반도 통일에 대한 중국의 우려가 해소되지 않은 것은 통일 후 미군이 계속 한반도에 주둔할 우려 때문이다. 이것은 한반도의 분단 현상보다 더 엉망이 될 것이다.

중·미 양국에서 한반도의 전략적 중요성과, 양국이 피차간에 갖고 있는 전략적 의도에 관한 심각한 우려 가운데 가장 중요한 것은, 한반도 통일 후 초래될 수 있는 전략적 이익의 재분배에 대해 양국이 감추고 있는 것의 정도가 국제 정치 이론 속의 '상대 득실相對得失' 문제를 초래할 것이고, 한반도 통일에 대한 예측 정도에서 야기된 결과가 합작의 가능성을 크게 떨어뜨리거나 상실하게 할 수 있다는 것이다. 한반도의 분단 상황을 유지하는 것이 가장 합리적인 선택이 될 것이다.

한반도에서 시스템적으로 추진하고 있는 호조 합작 전략은 한반도 통일 과정 속에서의 각종 장애를 없애거나 약화시키는 데 유리하고, 중립적이고 통일된 한반도 국가의 탄생을 추진하는 데도 도움이 될 것이다. 그러나 이것은 관련 당사국이 고정화된 관념을 포기해야 하며, 새로운 사고 방식을 받아들여야 한다. 한반도 국가에 대해 말한다면, 북·남 쌍방은 한반도의 운명을 결정하는 것은 자신뿐이지 어떤 다른 강대국이 아니라는 것을 시종 견지해야 한다. 한반도의 통일 과정은 자주성을 더욱더 강조하는 동시에, 북·남이 주도하는 틀 속에 맞추어져야 하며 강대국이 주도하는 늪 속에 빠져서는 안 된다. 사실 한반도의 북·남 쌍방의 교류·왕래의 역사적 과정은 북한과 한국이 시종 자신의 운명을 주재하기로 결심했음을 표명하는 것이다. 최근 한반도 사태의 변화도 북·남 쌍방이 점차 연합할 필요성을 의식했음을 설명해주는 것이다. 또한 그것은 미국이 한반도 평화 과정의 주요 장애물이라는 것을 분명히 인식하고 미국을 고립시키는 강경한 입장을 취하기로 결심한 것을 말해 준다.

중·미 양국에 대해 말한다면, 심리적인 압력을 포기해야 하고 책임 있는 태도로서 주변 강대국이 지지·접수·보증할 수 있는 중립적이고 통일된 한반도를 위해, 모든 지역에 영구적인 평화를 가져올 가능성을 진지하게 고려해야 한다. 만일 미국이 계속 한국 민족의 희생을 최고의 이익으로 삼아 미국의 전 세계 및 지역적 전략 이익을 만족시키려는 생각을 고수한다면, 결국 필연적으로 한국의 지지를 상실할 것이고, 이것은 본질적으로 아시아에서의 미국의 존재와 건설적 작용을 하는 데 불리할 것이다.

중국은 하나의 중립적이고 통일된 한반도에 대한 지지를 통해, 미국에 대해 중국이 지역적 안정과 발전에 기초하되 중국의 세력 범위를 새롭게 구축하지 않는다는 보다 광범위한 시각에서 출발하여 지역적으로 다변화된 안전 틀을 만들려고 노력하고 있음을 효과적으로 표명할 수 있다. 중국의 전략 목표는 미국을 아시아에서 배척하려는 것이 아니고, 상호 협조와 합작의 전략을 통해 다변화된 안전 틀을 구축하고 싶다는 것을 희망함으로써, 동아시아에서 서로 다른 이익을 지닌 강대국 사이에 초래될 충돌의 가능성을 해소하는 데 있다.

결론

발전·주권主權·책임의 필요성에 따라 한반도에서 중국은 대전략을 지녀야 한다. 중국의 입장에서 말하면, 한반도 문제는 최종적으로 미국과 일본의 문제이다. 그러나 미국과 일본의 입장에서 말하면, 한반도 문제는 결국 중국의 문제이다. 중·미·일 3국 간의 모순과 복잡한 현실 상황은 한반도의 북·남 화해와 통일을 지체시키는 외적 요소이다. 비록 한반도에서의 그들의 이익이 서로 같지는 않고 영향력도 대칭을 이루고 있지는 않지만, 한반도의 정세를 안정시킨다는 이러한 기본 입장에서는 일치한다. 사실 어떠한 외부 세력도 모두 자신의 이익을 한반도의 안정과 화해에 두기에는 부족하다. 한반도에서 강대국이 일으키는 작용은 주로 계속 북방 쪽으로 경제 원조를 제공하는 것으로 체현될 것이고, 시기가 성숙될 때 한반도의 영구적인 평화의 틀을 만들려고 노력하는 쪽으로 나타날 것이다. 북·남 관계가 계속 개선됨에 따라 외부 요소의 작용은 점차 약화될 것이다.

객관적이고 현실적인 태도에서 한반도의 통일을 본다면, 그리고 최대한 북·남 쌍방의 협애한 견해나 기계적인 생각을 회피한다면, 근본적으로 양쪽의 이익에 유리할 것이고 역사적 발전 추세에도 부합할 것이다. 최근의 사태 변화(남·북한의 화해와 교류—역자)는 중국이 이미 한반도 문제에서 점점 더 중요한 역할을 하게 되었다는 것을 나타내준다. 그러나 바로 잡아야 할 것은 만일 중국이 그러한 역사적 기회, 즉 한반도 통일 과정에서 더욱더 적극적이고 주동적인 작용을 발휘할 수 없다면, 한반도에서의 중국의 전통적인 권익을 상실하게 될 것이고 동북아에서 새로운 정세를 만들 좋은 기회를 놓치게 될 것이라는 점이다.

중국 군사 전략가가 구상한 한반도 전략

* 원제목: 國家戰略⑥ 朝鮮半島篇 102 / 中國之國家戰略 朝鮮半島篇
* 필자: 四代重殲(가명, 謀軍事社團 社長)
* 작성일자: 2005년 5월 29일
* 출처: ㉠《中華網》2005. 5. 29. 6:02
  http://www.hao918.cn/Get/canmou/061717736.htm
  ㉡《天鼎網訊》軍事評
  http//www.skytop.net/army/A03/200505/army-52978.htm
  ㉢ http://military.china.com/zh_cn/critical3/27/20050528/12352435.html

한반도는 중국 동북 방향의 대문大門이다. 중국 역사상의 숙적 일본이 매번 중국에 침입할 때면 제일 먼저 한반도를 통제하였다. 왜냐하면 중국을 진공하기 위한 기지인 한반도를 상실하면, 일본이라는 이 해양 국가는 육지에서 역사가 유구한 대륙 국가(즉 중국)와 대항할 희망이 없어지기 때문이다. 이렇게 볼 때 한반도는 시종 일본인에게는 중국을 침략하기 위한 교두보로 인식되어 왔다.

중국의 동북 방향에 위치하고 러시아와 접경을 이루고, 일본과는 바다를 사이에 두고 마주보고 있는 한반도는, 미국 세력까지 개입하면서 결국 세계 강국의 힘의 흐름이 교차되는 곳으로 되었다. 세계 강국의 힘이 교차되면서 한반도는 결국 분열되었다. 북한과 한국은 같은 민족의 두 개 국가로 변했고, 한반도에 공동으로 참여한 강대국 간의 각축은 한반도의 국제 관계를 더욱더 복잡하게 만들었다.

현재 한반도 내 두 국가(즉 남·북한)의 전반적인 태세를 보면, 한국이 주도적인 지위를 차지하고 있다. 우선 북한은 경제적으로 한국에 비해 절대 열세에 놓여 있다. 북한이 지나치게 폐쇄적이라서 우리들도 그 국내 총 생산의 실제 수치를 알 수는 없지만, 한국의 국내 총 생산은 적어도 북한의 10배에 달한다. 특히 북한은 기본적으로 대외적인 경제 교류가 없다. 이에 비해 한국은 세계적인 무역 대국이다. 조선업의 경우 한국은 전 세계에서 특수하고도 중요한 지위를 차지하고 있다. 각국과 북한의 경제적 교류가 많지 않기 때문에, 게다가 북한 자체의 외교 정책이 지나치게 기세등등하기 때문에, 세계 정치에서 북한의 지위를 떨어뜨리고 있다. 한국은 도리어 경제를 앞세워 경제적 연계를 통해 국가 교류에서 생기는 이익을 간파하여 궁극적으로 비교적 양호한 국제적 지위를 확보하였다. 설령 많은 사람이 북한의 육군 실력을 가장 좋게 평가하지만, 나는 북한에 대해 큰 희망을 갖고 있지 않다. 비록 북한 군대의 수가 백만 명을 넘지만, 현대 전쟁은 결코 두 배의 수적 우세로 결정적인 승리를 쟁취할 수 있는 것은 아니다. 우리는 현대의 군대 발전의 방향이 이미 과거의 수적 밀집형에서 질적 밀집형 혹은 정보 밀집형으로 바뀌고 있음을 주목해야 한다. 단지 수량에 의지하는 군대는 현대화 전쟁에서 효능이 낮을 뿐이다. 당연히 한반도의 특수성을 부인할 수는 없다. 즉 한반도 내 두 국가의 전략적 폭이나 깊이가 모두 크지 않다. 그러나 북한의 상대는 결코 전투력이 낮은 군대가 아니다. 장비 수준이든 훈련 수준이든 한국은 모두 북한보다 앞선다. 게다가 북한은 분명히 국가의 실력이 변변치 못하고透支 전쟁 수행의 잠재 능력도 한국에 훨씬 뒤진다. 그러나 한국의 인구는 거의 북한의 두 배인데, 이것은 한반도 자체 역량의 불균형성을 결정한다.

한반도 내부의 불균형성에도 불구하고 한반도는 오히려 반세기 동안의 평화를 누려왔다. 비록 작은 충돌이 돌발적으로 일어났지만 대규모의 전쟁은 없었다. 이것은 주로 중국·미국·러시아(소련)·일본 4개국이 한반도 내 양국 간의 힘을 견제하고 균형을 유지하도록 했기 때문이다. 한반도 내 두 국가에 비해 주변 4대국의 실력은 훨씬 크다. 따라서 한반도의 정세 추이에 대해 결정적 작용을 하는 국가는 한반도의 두 국가가 아니라, 한반도에 중대한 이익을 가지고 있는 4개의 세계적 영향력을 지닌 국가들이다. 이 4대 강국은 세력 균형의 각도에서 한반도의 몇 가지 작은 문제들을 억제하여 큰 충돌을 야기할 수 있는 불씨를 없앴다.

사실 한반도는 과거에는 지금처럼 혼란스럽지가 않았다. 청일전쟁 전까지만 해도 조선은 중국과의 관계가 어떻든 간에, 중국의 지정학적地緣 정치상의 예속 국가였다. 왜냐하면 중국의 어느 역사 시기이든지 중국이 정치적으로 결심만 하면 전국의 힘을 동원하여 조선을 초멸해버릴 수가 있었기 때문이다. 따라서 조선은 그때까지 주변 정치상에서 어떠한 큰 작용을 발휘한 적이 없었다.

그 당시 진정으로 조선에 침입할 마음을 가지고 있었던 것은 일본뿐이었다. 필경 일본은 남에게 뒤지지 않으려는 국가이다. 일본의 대륙 침략 정책의 핵심은 중국을 패배시키는 것이다. 바로 위에서 언급한 것처럼, 일본은 조선을 먼저 점령하는 것 이외에는 아시아 대륙에서 중국과 힘을 겨룰 수가 없었다. 그러나 대화개신大化改新 이후 일본이 일으킨 조선 간섭 전쟁이나, 도요토미 히데요시의 통치 하에 있던 일본이 명조 만력萬曆 연간에 조선을 침략한 전쟁은 모두 중국의 간섭으로 결국 실패하였다. 그런데 한 두 번의 실패가 결코 일본인의 기를 철저하게 꺾어놓은 것이 아니라, 도리어 근본을 더욱 지독하게 만들어 대규모의 조선 침략 전쟁을 일으키게 만들었다. 끝내 중국의 쇠약은 일본에게 기회를 주게 되었고, 청일전쟁이 끝난 뒤 한반도는 정식으로 일본의 식민지로 변하였다. 그 후 한반도는 일본인의 값싼 노동력의 원천이자 자원 공급 기지가 되었다. 더욱이 한반도는 일본의 일부 대륙주의자에게 중국 침략을 위한 전진 기지로 비쳐졌다.

그러나 2차 세계대전에서 일본이 패배함으로써 한반도는 해방된 토지로 변하였다. 본래 이것은 한반도 인민이 국가를 실현시킬 커다란 기회였다. 그러나 두 개의 초대국이 각자의 이익에 따라 경솔하게 한반도를 38도선으로 나누어, 북쪽은 소련의 점령 지구로, 남쪽은 미국의 점령 지구로 만들었다. 이념적 대립은 한반도 인민의 마음속에도 흘러들어갔다. 끝내 38도선 이북에는 하나의 사회주의 국가가 출현했고, 38도선 이남에는 하나의 자본주의 국가가 출현했다. 소련의 암중 종용 하에(자료에서 보면 그렇지만, 확정되지는 않았고 여전히 논쟁 중에 있다) 1950년 북한은 남한을 향해 소위 통일 전쟁을 일으켰다. 본래 간섭이 없었다면, 한반도는 50여 년 전에 이미 통일을 실현시켰을 것이다. 그러나 미국의 이념과 미국에 대한 한반도의 상징적 의의는 미국으로 하여금 한반도 내전에 간섭하겠다는 결정을 야기했다. 이에 따라 전선은 북에서 남으로, 또 남에서 북으로 바뀌었다. 미국인이 압록강에 도달했을 때, 중국의 생존은 위협을 받았다. 부득이하게 막 내전에서 벗어난 중국은 건국 후 첫 번째 전쟁을 시작하게 되었다. 전선은 중국의 개입 후 또 다시 북에서 남으로 바뀌었다. 그러다가 전선은 기본적으로 38도선 부근에서 자리 잡게 되었고 2년 여의 담판을 거친 후 거의 전쟁이 시작된 지점에서 전쟁이 끝났다. 이로부터 한반도의 분열은 줄곧 끝나지 않았다. 지금까지 북한 문제는 이미 하나의 복잡한 국제 문제가 되었고, 6자 회담을 통해 토의되어야 했다.

오늘날 우리들로서는 무책임하게 함부로 다시 반세기 전의 전쟁을 일으켜서는 안 된다. 우리들은 이러쿵저러쿵 이야기할 자격이 없다. 우리들은 항미원조抗美援朝전쟁(한국전쟁)에서 이겼고 우리나라 동북의 대문을 지켰으며 국가의 안전에 필요한 완충 지구를 지켜내어 우리나라로 하여금 직접 미국의 위협에 직면하지 않도록 했다. 이 전쟁은 중국의 국가적 위신을 세웠고 중국 군대의 군사적 위엄을 세웠으며 중국인의 사기를 높였다. 그 영향은 매우 심원하다. 그 전쟁이 중국의 국가 안전 방면에 가져다 준 심대한 의의는 중국이 전쟁에서 행한 역할보다 훨씬 크다고 말할 수 있다.

마찬가지로 오늘날 우리들이 직면한 정세는 결코 그때보다 더 좋은 것은 아니다. 그러나 우리들은 절대로 낙관할 이유가 없다. 과거 소련의 해체에 따라 미국은 자신의 주요 적을 중국으로 설정하고 있다. 우리들이 미국을 패권주의라고 부르든 말든, 오히려 미국인의 논리는 네가(중국이) 실력을 갖는 것을 허락하지 않겠다는 것이다. 왜냐하면 네가 실력을 갖게 된다는 것은 그들의 지위에 대한 위협이기 때문이다. 게다가 일본도 경제적 실력을 방패로 삼아 중국의 경제 발전을 가로막으려고 하고 있다. 그렇다면 북한은 중국에게 하나의 가장 좋은 장소이다.

적어도 현재까지 한반도의 평화와 안정은 여전히 중국에게 이롭다. 해양에서 말한다면, 중국이 제일 먼저 확보해야 할 것은 섬의 사슬을 끊고 나가는 것이다. 육지에서 말한다면, 중국이 가장 먼저 보장해야 할 것은 현존하는 한 반도의 적대 세력을 육지에서 완전히 제압하는 것이다. 당연히 전략적으로 본다면, 중국 육군은 이러한 능력을 갖추었다. 그러나 우리들이 현재 해야 할 것은 전술적인 면에서 적대 세력을 완전히 제압하는 것이다. 이처럼 완전히 제압하려면 먼저 한반도에 존재하는 우리들의 역량을 확대시켜야 한다.

그런데 현재 북한은 곧 우리 중국의 역량이 뻗어나갈 수 있는 곳이다. 비록 북한은 남의 말을 잘 듣지 않고, 수시로 미국 · 일본 · 한국과 마찰을 일으키기는 하지만, 그러나 우리들은 현재 북한을 결코 포기할 수 없다. 왜냐하면 북한이라는 이 나라가 존재해야만 우리들은 전술적으로 완충 지대의 존재를 보증할 수 있고, 아울러 우리나라 동북 공업 지구로 하여금 충분한 안전 보장을 획득할 수 있게 하기 때문이다. 또한 북한의 국력이 쇠약해서 진공 역량을 갖추지 못하고 있다 하더라도 방어를 하는 데는 상당한 효과를 가지고 있기 때문이다. 필경 한국의 육군 역시 미국의 육군은 아니다. 그리고 한반도 자체 역시 대규모의 기계화 작전에 그렇게 적합하지는 않다. 내가 생각하기에 단단한 골격이 완성되기 전에 중국 군대가 빨리 전선에 도달해야 한다. 이렇게 해야만 육지의 안전뿐만 아니라 우리나라 군대의 유효한 작전 범위를 더욱 확대할 수 있다. 작전의 기점이 전제되어야 한다!

특히 현 단계에서 볼 때, 한반도의 양국 분열 상황은 우리나라의 실력이 매우 강하지 못한 상황에서 작전을 펼칠 때 유리하다. 역량의 대항 자체도 하나의 교류이다. 더욱이 그 충돌하는 곳은 우리 자신의 땅이 아니다. 그렇게 되면 우리의 작전 활동 공간이 더욱 커질 수 있고 더욱더 탄력성을 지닐 수 있다. 탄력성은 외교적 운신이 가장 필요로 하는 것이다. 탄력성을 잃은 외교는 단교가 아니면 전쟁이다. 한반도의 세력 체계의 분할로 인해, 그 자체의 능동성도 상대적으로 커졌다. 한국과 미국의 양호한 관계의 존재는 북한으로 하여금 자신이 의지할 언덕을 필요하게 만들었다. 러시아의 쇠락 및 러시아가 유럽과 중앙아시아에서 받는 거대한 압력은 러시아로 하여금 북한에 대해 커다란 도움을 줄 수 없게 만들고 있다. 따라서 북한이 의지해야 할 언덕은 의심할 바 없이 중국이 될 수밖에 없다. 중국의 실력으로 북한을 보호·유지하는 데는 큰 어려움이 없다. 그러나 장래에도 그러한 방식이 바람직한 해법이라고는 할 수 없다.

한국에 대해 말할 것 같으면, 현 단계의 중점은 한국과의 경제 무역 교류를 강화하는 것이다. 경제 교류에 따르는 실제적 이익은 우리들이 북한을 힘써 도와주는 데서 얻어지는 명분보다도 훨씬 크다. 결국 사물의 발전이 극에 달하면 반드시 반전하기 마련이다(物極必反). 북한 문제에서 만일 베트남이나 알바니아와 같은 문제가 다시 출현한다면, 그것은 말이 되지 않는다. 한국은 다르다. 한국과 중국 사이에는 이념이 쌍방 사이의 관계를 나누고 있지는 않다. 이익을 앞세우는 것이 양국의 정치 관계의 상대적인 안정성을 결정해준다. 한국과 북한은 다르다. 북한은 외교 과정에서 "맨발인 사람은 구두 신은 사람을 무서워하지 않는다(즉 아무 것도 가지지 않은 사람은 두려울 것이 없다光脚的不怕穿鞋的)"는 경향을 가지고 있다. 이러한 경향의 존재는 북한으로 하여금 외교적으로 바람 잘날 없게 만든다. 게다가 북한의 그와 같은 바람 잘날 없는 외교적 경향 속에서 만일 우리들이 한국과 양호한 관계를 맺지 못하면, 북한의 그러한 경향으로 인해 안정이 파괴될 수 있다.

그런데 한국은 다르다. 한국은 한반도의 평화와 안정을 더욱 희망한다. 현재 한국이 달성한 경제 건설 성과는 쉽지 않은 일이다. 한국인은 문제를 만들려고 하지 않는다. 우리들이 한국의 그러한 심리 상태를 이용하면, 미국을 잘 견제할 수가 있다. 만일 한국이 동의하지 않는다면, 미국은 한반도에서 대규모의 군사 행동을 취하기가 매우 곤란하다. 최근 2년 간의 상황을 놓고 보건대, 한국은 이미 중국과의 관계를 점점 중시하고 있다. 특히 과거에 한국의 국방부는 심지어 중국과 군사 교류를 강화해야 한다는 것을 제기하는 동시에, 일본 관계 만큼 중국과의 관계를 끌어올려야 한다고 제기한 적이 있다. 비록 현재는 구두상에 머물러 있지만, 이것은 일종의 정치적 자태를 의미한다. 이러한 정치적 자태의 견제 작용은 매우 크다.

우리들은 다음과 같이 인식할 수 있다. 그렇다면 정치상의 견제뿐만 아니라, 미래의 한·중 쌍방을 위해서 더욱더 심층적인 쌍방 관계를 발전시켜 양호한 기초를 닦아야 한다. 그렇게 된다면 중국은 한국을 어느 정도 끌어들여 일본을 견제하는 데 이용할 수 있다. 일본의 국제연합 상임 이사국 가입 문제로 인해 대다수 사람들은 모두 한국이 반대 입장을 견지하고 있음을 보았다. 한국 외교는 더욱더 실력 정치에 기초하고 있다. 중국의 실력이 급속하게 커짐에 따라, 한국 역시 중국과 반대되는 방향으로 내달릴 가능성은 없다.

그러나 이 방면에서 우리들은 외교적으로 곧 결정적인 작용을 발휘해야 한다. 예를 들어 한국에게 현실적인 이익과 안전 보장을 제공하는 것이다. 이러한 현실적인 이익은 아마도 경제상의 약간의 양보나 정치적인 지지가 될 수 있다. 한국과 일본 자체의 모순의 존재로 인해, 한국과 일본 사이의 전쟁 발생의 가능성을 결코 배제하지는 않는다. 한국의 해상 수송로는 상대적으로 일본보다 훨씬 불안전하기 때문에, 한국은 해상의 비호 세력을 찾을 필요가 있다. 중국 해역은 곧 그러한 곳이 될 수 있다. 일본이 미친 듯이 중국 해역으로 넘어와 한국의 화물선을 추격하지는 못할 것이다.

그밖에 중국이 한국과의 관계를 강화하는 것 자체는 북한에 대해 매우 큰 견제 작용을 할 수 있다. 이러한 전략은 중국의 선택권이 많다는 것을 의미한다. 그것은 동시에 북한으로 하여금 그들 자신이 중국의 유일한 선택이 아니라는 말을 깨닫게 해 줄 것이다. 나는 북한이 좀 더 말을 잘 들어야 한다고 생각한다.

거시적으로 볼 때, 중국의 실력이 날로 커감에 따라, 우리들은 한반도의 평화 통일을 더욱 적극적으로 추진해야 한다. 이렇게 되면, 한국 내의 미군을 철수시킬 수 있을 것이다. 현실적으로 남북 통일로 인한 북한의 위협이 사라진 국가(즉 통일 한국)가, 또한 중국의 이웃 국가로서 미군을 다시 주둔시키는 것은 틀림없이 스스로 문제를 야기하는 짓이다. 주변 정치의 각도에서 볼 때, 중국과 한반도는 실제로 매우 가깝고 심지어 한·중 관계를 갈라 놓기도 어렵다. 이 때문에 통일 후의 한반도는 중국에 대한 관계를 최우선에

중국 군사 전략가가 구상한 한반도 전략

두어야 할 것이다. 왜냐하면 그렇게 하는 것이 통일 한반도의 안전의 근본이 되기 때문이다.

그런데 통일의 주체는 현재의 정황으로 볼 때, 기본적으로 한국이라고 인정할 수 있다. 인구이든 실력 방면이든 모두 한국은 북한보다 훨씬 우월한 지위에 놓여 있다. 한국만이 북한을 소화할 수 있지, 북한이 한국을 소화하는 것은 불가능하다. 실력 정치의 측면에서 볼 때, 온화한 한국이 충동적인 북한에 비해 우리나라의 이익에 더 부합하다. 전체적으로 볼 때, 통일 후의 한반도가 직면하게 될 주요 위협은 일본 쪽에서 올 것이므로, 중국과의 합작이 상당히 중요하다. 그때가 되면, 한반도 대국大國 정치의 무대에서는 중국과 미국만이 남아서 주도적인 역할을 할 수 있을 것이다.

미국과 한국 사이에는 당연히 상당한 우호 관계를 유지할 것이다. 우리들로서는 중국과 미국이 주변 정치에서 힘을 겨루는 상황에서 통일 한반도로 하여금 지나치게 중국에 치우친 정책을 취해달라고 요구하기는 어려울 것이다. 그러나 통일 한반도에게 대일對日 문제에서 중국과 공동 입장을 취하도록 요구할 수는 있을 것이다. 이렇게 되면 일본은 더 많은 견제를 받게 될 것이고, 일본에 타격을 가하는 데 따른 어려움도 감소시켜 줄 것이다.

6,000만 인구의 통일된 한반도는 동아시아에서 일거수일투족이 전체에 중요한 영향을 끼치는 대국이 될 것이고, 정치적으로도 그에 합당한 영향력을 발휘할 것이다. 그렇다면 동아시아 정치도 새롭게 달라질 것이고, 중국·일본·통일 한반도의 3각 구도를 출현시킬 것이다. 본래 이 삼국의 실력과 관계는 여전히 일정한 불균형성을 갖고 있지만, 미국이 막후에서 중국을 견제하기 위해 일본을 지지한다는 관점에서 볼 때, 삼각의 안정 체계도 형성될 것이다. 이러한 동태가 균형 상태를 유지할 때, 외교적으로 그러한 균형을 깨는 것이 상당히 중요하다. 그런데 더 중요한 것은 자신의 실력을 발전시켜서 동아시아의 균형을 타파하여 주변 정치에서의 일본의 작용을 최소화하고 통일 한반도의 역할을 제고시키는 것이다. 또한 통일 한반도를 통해 일본을 견제해서 우리나라가 직접 대처해야 할 전략 방향을 줄이고, 우리나라에 대한 일

본의 견제를 감소시키는 것이다. 이렇게 되면 우리들은 우리나라의 역량을 더욱더 필요한 곳으로 투입할 수 있다.

경제적으로 볼 때, 현 단계의 한국과 일본의 경제는 상당히 경쟁성을 띠고 있으므로, 우리들은 한반도에서 통일을 실현한 후 상당한 정도로 우리들이 전이시킬 수 있는 경제 교류를 전이시킬 수 있고, 국가 주도의 정치 하에 중국과 한반도의 경제 무역 관계를 제고시킬 수 있다. 이와 동시에 일본 경제를 주변화하고 일본이 우리나라와 겨루는 실력을 약화시켜 궁극적으로 중국과 일본 민족의 세력 경쟁 속에서 완전히 승리하는 것이다. 이와 아울러 우리들은 설령 통일 후의 한반도가 어딘가 두려워서 선의의 중립 정책만을 취한다고 할지라도, 그것은 우리 해군이 두터운 포위망을 뚫고 나가 대양으로 나가는 혈로를 타개하는 데 유리할 것이다.

현재 각 방면에서 매우 큰 관심을 기울이고 있는 북한 핵 관련 6자 회담을, 우리들은 계속 추진해야 한다. 중국은 현재 북한에 영향을 미칠 수 있는 최대의 세력이다. 6자 회담 자체는 한반도 문제에 대한 중국의 발언권을 높여줄 수 있고, 궁극적으로 주변 정치에서 중국의 유연한 실력을 제고시켜줄 것이다. 이것은 향후 한반도에 대한 중국의 영향력을 증대시켜주는 데 이점이 될 것이다. 게다가 6자 회담 자체는 중국과 미국의 교류를 강화시켰고, 세계의 두 강대국으로 하여금 더욱더 광범위한 합작을 촉진시킬 것이며, 일종의 투쟁 속에서의 합작, 합작 속에서의 투쟁의 상황을 실현시킬 것이다. 이러한 합작 속에서의 투쟁, 투쟁 속에서의 합작은 또한 중·미 관계의 화해에도 중대한 현실적 의의를 지니게 될 것이다.

미래 세계의 두 실력 체계가 전쟁 방식으로 전면적인 대결을 벌이는 것에 대해, 이성적 지혜가 있는 대다수의 사람들은 당연히 그것을 원치 않는다. 외교 속에서의 투쟁을 통해 이익을 취하는 것이 중국에게 더욱 유리하다. 중·미 간의 경쟁 관계는 필연적으로 존재한다. 이때 하나의 경쟁적인 구체적인 체현으로서의 한반도의 존재는 중국과 미국 쌍방의 경쟁 초점을 분산시키는 데 유리하여, 어떠한 경쟁 초점이든 모두 쌍방의 전면 전쟁을 촉진시키기 어렵게 만들 것이다.

그러나 동시에 우리들은 또한 북한이 핵무기를 가지고 있지 않는 것이 우리 나라에 이롭다는 것을 주목해야 한다. 적어도 그것은 주변 정치에서의 중국의 압력을 감소시킬 수 있고 한반도와 중국 사이의 안정에도 유리할 것이다. 당연히 우리들도 북한 핵무기가 중국에 미치는 영향을 지나치게 확대 해석할 필요는 없다. 북한이 설령 핵무기가 있다 해도 핵전쟁을 일으킬 잠재력은 없다. 왜냐하면 핵전쟁을 선택하는 것은 괴멸을 선택하는 것이기 때문이다.

한반도의 군사 역량의 강화에 대해, 우리들은 지나치게 민감하게 생각할 필요는 없다. 이러한 군사 역량이 중국에 사용될 것으로 보는 것은 매우 어렵다. 왜냐하면 그것은 큰 의미가 없기 때문이다. 하나의 육지로서 중국과 접경을 이루면서도 어떠한 전략적인 폭과 깊이가 없는 지구(즉 통일 한반도)가 중국과 전쟁을 할 힘을 추구할 수가 없기 때문이다. 아마도 한반도의 해군과 공군 역량은 더 큰 작용을 발휘해보기도 전에 육지에서 사라질 것이다. 이 때문에 우리들은 더욱더 많이 한반도의 군사적 역량의 강화를 일종의 일본에 대한 견제로 간주해야 한다. 이렇게 바라봐야만 우리들은 미래의 국제 경쟁에서 벗어날 수가 있다. 이용할 수 있는 역량을 더욱더 이용하고 우려할 필요가 없는 문제는 떨쳐버려야 한다. 이렇게 해야만 국제 관계에 대해서도 더욱더 명석한 인식을 갖게 될 것이다.

한반도 문제에 대해서는 여기까지 말하겠다. 다음 주에 우리 학교에서는 군사 지식 경연 대회를 열 예정이다. 군사 사단軍事社團의 사장社長으로서, 나는 거기에 가서 조직적 협조를 하지 않으면 안 된다.

중국과 한반도,
그 현재적 의미와 전망

• • • ○

　중국은 현재 마지막 전통 왕조 청의 방대한 '다민족 제국'을 '근대적 국민 국가'로 개편, 국민 통합을 위한 거대한 실험을 하고 있다. 중국의 역대 왕조들이 제국으로서 다민족 국가의 성격을 갖고 있다는 점에서, 중화인민공화국이란 현대 국민 국가와 외형상 유사한 성격을 갖고 있다. 그러나 전통적 다민족 국가로서의 청 제국과, 청 제국을 승계한 근대적 다민족 국가로서의 중국 사이에는 사람들이 간과하기 쉬운 거대한 역사적 단층이 존재하고 있다. 그것은 서구와 일본 제국주의의 혹독한 침략 속에서 민족적 자각을 전제로 과거의 중화제국이 근대 국민 국가로 개조되었다는 사실이다.

　춘추·전국 시대 화華·이夷의 구별과 화·이 통합의 이중 구조를 가진 중국·천하 사상이 형성된 이래 진·한 제국을 원형으로 한 다민족 통일 제국이 19세기 청대에 이르기까지 흥망을 지속해왔다. 오늘날 근대 국민 국가로서 중국은 마지막 왕조 청 제국으로부터 인계한 다수의 민족과 그 역사적 거주 지역을 그 국토 내에 옹유한 다민족 국가이다. 현대 중국은 반제국주의·사회주의를 통한 다민족의 국민적 통합을 추구함으로써 전통적 다민족 제국을 근대적 다민족 국민 국가로 개조한 것이다. 주권 국가나 자각적 민족의 개념이 없던 전통 시대의 왕조 제국은 국가와 세계 개념이 결합된 모호한 이중성을 갖고 있었다. 이른바 중화 질서로 서열화된 세계관을 갖고 동아시아 국제 질서는 중국을 중심으로 현실적 힘의 관계에 따라 국가의 영역과 외교적 상하 관계가 끊임없이 유동하는 상태였던 것이다.[1]

　따라서 전통적 다민족 제국인 청 제국이 변강 문제에 직면했던 것처럼, 청 제국의 판도를 거의 대부분 승계한 오늘날의 중화인민공화국 역시 변강의 안정뿐만 아니라 변강 민족을 온전한 중국 강역으로 통합시키는 문제에 직면할 수밖에 없게 된 것이다. '변강' 개념은 55개의 소수 민족과 한족으로 구성된 중국에서 사용되고 있는 독특한 개념이다. 중국의 변강은 '강역', 즉 영토의 일부분으로서 일반적으로 국경선과 인접한 지역을 지칭하지만, 국경선과 인접한 지역 모두를 포괄하지는 않는다. 적어도 변강은 민족 관계나 영토 문제를 둘러싸고 역사적으로든 현실적으로든 주변 민족 국가와의 갈등이나 모순이 발생했거나 발생하고 있고 앞으로 발생할 개연성이 있는 지역을 기본 전제로 한다. 이러한 의미에서 소수 민족 및 영토 문제는 변강을 구성하는 필요 불가결의 요소이다. 또한 소수 민족의 정체성이나 영토 문제는 국가의 주권과도 맞물려 있다. 따라서 중국의 변강은 소수 민족, 영토, 국가의 주권과 불가분의 관련을 맺고 있다. 이러한 의미에서 중국의 변강 문제는 소수 민족 문제와도 직결된다고 말할 수 있다.

일반적으로 중국의 민족 이론가들은 "인간들이 역사적으로 형성시킨 하나의 공동 언어, 공동 지역, 공동 경제 생활, 공동 심리 소질을 지닌 안정된 공동체"[2]라는 스탈린의 민족 정의를 그대로 받아들인다. 그들은 민족을 하나의 역사적 범주로 파악하면서 개별 민족은 모두가 자기 민족 특유의 생성-형성-발전-소멸의 역사를 가질 수밖에 없는 것으로 파악한다.[3] 이러한 민족 이론과 역사관을 전제로, 중국 공산당은 기본적으로 중국 내 각 민족의 단결을 '사회주의 사업의 승리를 보증하는 것'으로 인식하고 민족 평등과 민족 대단결을 매우 중시해왔다. 특히 개혁·개방 이후 일부 소수 민족 지구에서 분리 독립 운동이 일어나자, 중국 정부는 "서방의 적대 세력이 중국을 서구화 혹은 분화시키기 위해 민족과 종교 문제를 이용하려 한다"[4]는 인식을 갖게 되었다. 그 결과 중국에서는 "민족의 단결을 강화하고 조국 통일과 사회 안정을 유지하는 일이 중국 내 각 민족이나 인민의 공통 염원이자 근본 이익"[5]이라는 전제 하에 중국인이라면 누구나 "준수해야 할 가장 기본적인 행위 준칙"[6]으로 규정했다.

상술한 상황에서 추진되고 있는 중국의 '중화민족 대가정 만들기'는 근대적인 국민 국가 만들기의 차원을 넘어 중국 내 모든 소수 민족을 중화민족으로 융화시켜 거대한 공동체를 형성함으로써, 민족적 단결을 바탕으로 중화민족의 부흥, 국가 주권의 확립과 영토 보전, 대만과의 통일을 이룩하기 위한 중국의 거시적인 국가 전략이라고 할 수 있다. 또한 중국의 '중화민족 대가정 만들기'는 중화민족의 우애·친목·화합·단결을 내세움으로써 개혁 개방 이후 격화된 사회주의 체제의 이완 현상이나 민족 모순을 해소하는 동시에, 더 이상 중국 사회의 이상적인 이념으로 기능하지 못하고 있는 사회주의 체제의 대안적 이상향으로 고취되고 있는 중국의 거시적인 민족 전략이라고도 할 수 있다.

근대 시기 서양 세력(일본을 포함하여)의 중국 침략을 계기로 형성되기 시작했다고 여겨지는 상상의 공동체인 '중화민족'은, 중화민국 수립 이후 정권을 장악한 세력들이 정권을 안정시키고 외부의 침략에 맞서기 위해 그것을 주창하면서, 중국의 문화 공동체나 국가를 이끄는 주체로 각인되어 왔다. 그런데 민족이 아니라 '계급'을 전면에 내세운 사회주의 혁명이 시대적 이슈가 되고 사회주의 혁명을 목표로 한 중화인민공화국이 수립되면서, 중화민족은 '무산 계급' 혹은 준準계급적 개념인 '인민人民'이라는 말에 압도되고 말았다. '민족'이라는 개념이 그 시기 중국 인민에게는 자본주의 사회 착취 계급의 전유물 혹은 인류 사회의 발전을 가로막는 반동적인 용어로 인식되었을 뿐이다. 특히 1958년의 '반우파투쟁'부터 문화대혁명이 종식될 때까지 '민족' 개념은 분열의 상징어이자 소수 민족에 대한 박해로 이어지는 매개체이기도 했다. 그 결과 투쟁과 혁명의 회오리가 휘몰아치는 시기에 '중화민족' 개념은 사회주의 혁명을 실천하는 인민의 가슴에 제대로 와 닿지가 않았다.

'중화민족' 개념이 중국 인민의 귓전에 메아리치기 시작한 것은 개혁 개방 이후 사회주의 체제에 대한 중국 인민의 회의감이 확산되고 사회적 이완 현상과 민족 모순이 심화되면서부터이다. 사회주의 체제가 위기의 징조마저 나타내기 시작하면서, 중국의 지도자들은 사회주의를 보완하거나 대체 가능한 국가 이데올로기로서 '중화민족'의 민족주의를 강조하기 시작했다. 이와 동시에 중국 지도자들은 중국 사회의 동력으로서 제 기능을 발휘하지 못하고 있는 사회주의 체제를 대체할 모델로서 '중화 민족주의'에 입각한 '중화민족 대가정 만들기'라는 국가 이데올로기를 내세우기 시작했다.

중국의 '중화민족 대가정 만들기' 작업은 다방면에서 유기적으로 혹은 순차적으로 진행되고 있다. 정치 사상적 방면의 민족 통합 작업은 '사회주의 정신 문명 건설론'과 '애국주의(교육론)'로 현실화되고 있다. 역사학 방면의 이론화 작업은 소위 '통일적 다민족 국가론'의 정론화定論化 내지 대세화大勢化로 특징된다. 경제적·국제적 방면의 실천적 변강 민족 통합 정책은 '서부대개발'에 이어 '동북진흥전략'으로 이어지고 있다. 전략적·정치적 방면은 만주 및 한반도 전략 혹은 동북아 전략인 '동북공정'으로 표출되고 있다.

정치 사상적 방면의 민족 통합 작업과 관련하여, '사회주의 정신 문명' 건설의 핵심은 사회주의에 대한 신념, 애국심, 사회주의 도덕, 선진적인 과학 기술과 문화적 소질을 지닌 '사회주의 공민公民'의 배양에 있다. 또한 '사회주의 정신 문명 건설론'의 핵심인 '사회주의 도덕'의 핵심적 가치는 유가적儒家的 전통 문화, 특히 유학의 덕목 중에서 비판적으로 계승되고 있다. 즉 '사회주의 도덕' 수립의 핵심 요건으로 '살신성인殺身成仁'적인 애국심, 인본주의, '경로애유敬老愛幼'·'충서지도忠恕之道'적인 예의 범절, '의연후취義然後取'·'선의후리先義後利'·'견리사의見利思義'·'이리절욕以理節欲'·'사생취의捨生取義'·'천하위공天下爲公'적인 의리관義利觀, '극기위공克己爲公'·'대공무사大公無私'·'선공후사先公後私'적인 집체주의集體主義 정신 등이 강조되고 있다. '사회주의 도덕'의 핵심은 개인의 이익보다 국가와 인민의 이익을 앞세우는 데 있다. 이는 개별적인 소수 민족의 이익보다는 중화민족 전체의 이익을 앞세우는 논리로 이어지고 있다.

결국 유가적 전통 문화를 비판적으로 계승한 '사회주의 정신 문명 건설론'에서는 개인이나 특정 소수 민족이 사사로운 이익에 집착해서 사회나 민족의 단결을 해치고 분열시키기보다는 국가나 인민의 이익 혹은 중화민족의 중흥을 위해 살신성인하는 인간상을 요구하고 있는 셈이다. 이는 중국의 역대 정권(특히 장졔쓰 국민정부)이 그렇게 해왔듯이, 오늘날의 중국 정부 역시 '전통 문화 활용을 통한 통치 이데올로기 구축'이라는 지난날의 정치 행태에서 완전히 벗어나지 못하고 있음을 보여주는 사례이다.

그런데 개혁 개방이 심화되면서 자본주의적 배금주의 가치관이 만연되고 사회주의에 대한 회의감이 확산된 오늘날의 중국 사회에서, 사리사욕을 없애고 인민과 국가 대의大義를 위해 개인을 희생할 것을 강조하는 '사회주의 도덕'과 그것에 기초한 '사회주의 정신 문명 건설론'은, 자칫 중국 인민에게 공허한 메아리로 들릴 여지가 많다. 이는 또 다른 대안적 국가 이데올로기의 필요성을 배가시켜준다.

바로 그 이데올로기가 '애국주의'이다. 애국주의는 원래 사회주의에 대한 굳은 신념 및 집체주의集體主義와 더불어 '사회주의 정신 문명'의 핵심적 가치를 이루고 있다. 1990년부터 본격화된 중국의 '애국주의(교육론)'는, 국내적으로 서구 열강에 대한 동경심과 자국에 대한 비하감 등에서 야기된 사회적 이완을 막고 중화민족의 단결과 통일을 고취하여 중국의 부흥을 실현시키려는 데 목적을 두고 있다. 대외적으로는 사회주의 체제에 대한 회의감 확산과 서구 열강들의 중국 견제 및 체제 붕괴 의도에 맞서, 인민의 애국 열정을 '중화민족 대가정', 즉 국가에 대한 신념으로 전화시켜 체제를 유지·강화하려는 데 있다.

중국의 '애국주의(교육론)'를 자세히 들여다보면, '애국주의'에서 '애愛'의 대상, 즉 '국國'은 '중화민족의 국가'와 '사회주의 조국'을 의미함을 알 수 있다. 또한 애국주의 교육에서는 민족·국가·조국·집체集體·사회에 대한 충성·사랑·배려 등이 최우선적인 가치로 주창되고 있다. 과거의 전통 왕조가 백성들에게 그랬던 것처럼, 애국주의 교육에서도 수직적으로 바쳐져야 할 '충성'만이 요구되고 있다. 애국주의에는 민족·국가·조국·집체는 있지만 개인은 묻혀 있는 셈이다. 다시 말해 중국 정부는 애국주의 깃발을 치켜들고 중화민족과 사회주의 조국에 대한 중국 인민의 무조건적인 사랑과 충성을 유도해냄으로써, 중국 내 소수 민족·계급·성性·세대·종교 등 인간의 다양하고 복합적인 정체성을 '애국' 하나로 환원시키려고 하는 것이다. 애국주의는 일부 변강 민족의 분리 독립 운동과 체제 내적 위기감이 겹쳐지면서 초래된 구망救亡의 절박감 속에서 체제의 유지·강화, 민족의 단결과 그것을 바탕으로 중국의 통일을 실현하기 위해 위로부터 과장하고 유포시킨 국가 이데올로기인 셈이다.

중국에서의 지나친 애국주의의 고취는 비非국민을 배제하고 다양성·이질성을 억압하는 획일화된 '국민'을 양산해낼지도 모른다는 우려감을 우리에게 안겨주고 있다. 뒤르켕Durkheim, E.의 말처럼 국가가 현존하는 최고의 사회 조직 형태[7]로서 여전히 중요하다고 할지라도, '지구촌'·'세계화'라는 용어가 범람하는 현실에서, 애국주의라는 이름으로 포장된 국가주의 이데올로기의 만연은, 자칫 다른 민족(혹은 다른 국가)에 대한 배타적 억압조차도 정당화시킬 위험성을 초래할 수 있다. 이는 '9·11 테러 사건' 발생 이후 애국주의의 열기 속에 일방적으로 추진되는 미국의 대외 정책에서도 엿볼 수 있다.

결론적으로 중국의 애국주의는 단일 민족 국가의 민족주의가 아니라 중국 역사를 형성해 온 중국 내 다수 민족이 응집되어 도출된 '상상의 민족', 즉 중화민족의 민족주의라는 점에서 '중국적 특색을 지닌 민족주의'이다. 또한 중국의 애국주의는 국민 국가적 민족주의 이외에 집단주의적 사회주의에 대한 애정까지도 포괄하고 있다는 점에서 '중국적 특색을 지닌 국가주의'이기도 하다. 그리고 중국의 애국주의는 중국적 특색을 지닌 사회주의와 중화민족의 민족주의가 결합되어 표출된 체제 이데올로기로서, 중국 전통의 문화적 우월성을 전제로 민족적 배타성을 지니고 있다는 점에서 '신新 중화주의'로 변질될 가능성도 있다.

애국주의는 주변 민족 국가와의 조화 속에서 해당 민족이나 국가의 이상 실현을 위한 절제된 정신 동력으로 작용하도록 해야 한다. 애국주의로 포장된 중국의 민족주의는 개인주의와 자유주의를 포함한 민주주의 혹은 시민적 범주와 결합될 때 비로소 균형 잡힌 민족(혹은 국가)의 발전 동력으로 작용할 수 있고 그것의 배타성(혹은 억압성)을 견제할 수 있는 절제력을 지닐 수 있다. 절제된 애국주의는 민주주의·자유주의·시민 사회를 필요로 한다.

한편 학문이 정치로부터 완전히 자유롭지 못한 중국의 현실에서 국가 차원의 정치 사상적 국민 통합을 실현시키기 위한 이데올로기 창출 작업은, 자연히 역사학 방면에서의 국가·역사·중화민족의 정체성 확립의 문제로까지 파급·확산되었다. 이러한 분위기에 편승해서 1980년대에 중국 민족 관계사 관련 학술 대회가 몇 차례 열리면서 '중국=통일적 다민족 국가'라는 논리가 사회 역사의 주류를 형성하게 되었고, 이 논리가 민족 관계사 연구의 기본 방식으로 굳어졌다. 이와 아울러 최근 성행하고 있는 변강학邊疆學에서도 '통일적 다민족 국가'의 형성과 발전 과정이라는 전제 하에 역사 연구를 행하고 있다. 상술한 일련의 정황은 '통일적 다민족 국가론'이 역사학 방면에서 중국 정부에 의해 추진되고 있는 '중화민족 대가정 만들기'의 일환임을 입증해준다.

'통일적 다민족 국가론'은 현대 중국의 영토疆域관·민족관·국가관·역사관이 서로 맞물려서 형성된 역사 인식으로서, 다분히 중국 정부의 현재적 필요에 의해 가공되고 부풀려진 국가주의 역사관이라고 할 수 있다. 앞의 제3부에서도 살펴본 것처럼, '통일적 다민족 국가론'은 많은 문제점을 안고 있지만, 중국 정부의 현재적 필요성 및 당위성에 의해 분식되고 다듬어졌다. 이에 따라 '통일적 다민족 국가론'은 오늘날 중국 사회에서 자국의 역사, 영토의 범주, 민족 정체성, 국가 정체성 등을 이해하려는 중국 사람이라면 누구나 거쳐야 할 관문처럼 받아들여지고 있다. 이 이론이 역사적으로 부동의 지위를 확보하게 된 것이다.

'통일적 다민족 국가론'은 일정 부분 역사적 사실에 부합하는 면이 있다. 즉 ㉠ 중국의 역사가 한족만의 역사로 이루어지지 않고 비非한족의 다수 민족과 교류·잡거雜居·융합·충돌·통합 등의 다양한 활동 속에서 복합적으로 형성되었기 때문에, '한족=중국인', '한족 역사=중국 역사'라는 단선적인 시각만으로 중국 역사를 설명하기 곤란한 역사 현실의 대응 논리로 등장했다는 점, ㉡ 정복 왕조나 침투浸透 왕조를 설명할 때 정복 민족이나 지배층의 혈통에 입각해서, 혹은 왕조 구성원 내에서의 특정 민족의 인구 비중, 문화적 지배의 정도나 주요 정책이 전통과의 계승성을 띠고 있는지의 여부 등으로 특정 왕조의 귀속성을 결정하려는 단선적인 역사 논리의 대응 논리로 등장했다는 점 등이 그것이다.

그러나 '통일적 다민족 국가론'은 많은 이론상의 모순을 안고 있다. 몇 가지만 거론해보면, 우선 그 이론에서는 현재의 정치적 필요성과 당위성에 의해 그 논리를 무조건 중국 역사 전반에 소급·적용시켜 버린다는 점이다. 그 결과 시간과 공간이 변하면서 복잡한 양상을 띠고 있는 역사적 현상들을 단순화·획일화·규범화·현재화시켜 버리는 잘못을 범하고 있다. 또한 그 이론에서는 특정 왕조(특히 정복 왕조) 내에서의 각 민족 간의 갈등·충돌·대립·분열 양상을 의도적으로 축소·은폐시키고 이들 민족의 교류·융합의 양상만을 과장되게 부각시키면서 국가 초기부터 구성원들이 통일 지향적이었다고 주창하면서 역사를 왜곡하고 있다. 끝으로 이 이론에서는 근대 이전에 존재했던, 오늘날 중화민족의 일원으로 지칭되는 각 민족들이 선험적으로 '유사類似 중화민족'적 민족 의식이나 정체성을 가졌던 것처럼 역사 논리를 합리화시키고 있다.

그런데도 오늘날 중국 역사 학계에서 '통일적 다민족 국가론'에 대해 공개적으로 반론을 제기할 사람은 거의 없는 듯하다. 만일 중국 역사 학계가 역사학 방면의 국가 이데올로기라고 할 수 있는 '통일적 다민족 국가론'에 도취되거나 암묵적으로 동조한다면, 그리고 그 이론이 지닌 맹점에 대해 침묵한다면, 역사학 자체가 역사적 사실에 근거한다는 평범한 진리를 위배하는 잘못을 범하는 셈이다. '통일적 다민족 국가론'에 대한 중국 역사 학계 자체의 반론이 존재하지 않는 분위기는, 중국 역사 학계가 아직도 "역사는 정치를 위해 복무한다"는 혁명 시기의 역사관에서 완전히 벗어나지 못하고 있음을 반증하는 셈이다.

상술한 우려에도 불구하고 역사 방면의 국가 이데올로기인 '통일적 다민족 국가론'은 정치 사상 방면의 국가 이데올로기인 '사회주의 정신 문명 건설론' 및 '애국주의(교육론)'와 더불어, 분명 중국 인민에게 ㉠ 중화민족과 중화민족의 조국은 역사적 산물이라는 점, ㉡ 중화민족은 대가정을 지키기 위해 노력해 왔다는 점, 그래서 ⓒ 중화민족은 조국과 민족을 보위하기 위해 굳게 단결해야 한다는 점 등을 각인시키는 데 일정한 효력을 발휘하고 있음에 틀림없다. 이는 최근 수년 전부터 중국과 갈등을 야기한 민감한 대외적 사건이나 주변 민족 국가와의 갈등 문제에 직면해서, 중국 인민이 자발적으로 대규모의 시위를 자주 일으킨 사례들에서도 짐작할 수 있다.

그렇지만 대외적인 문제와 달리, 중국 국내적으로는 현실 사회의 근본적인 변화나 사회적 구성원의 공감대 없이 국가 이데올로기만으로 중국 인민의 단결을 이끌어내는 데는 한계가 따를 수밖에 없다. 중국의 지역 간·민족 간 격차가 엄존한 상황에서 민족 간 평등과 단결을 고취하려면, 그러한 격차를 해소하는 것이 급선무이다. 이것의 일환으로 추진된 것이 동남 연해 지구의 우선 발전 전략에 이어 추진되고 있는 '서부대개발' 과, 그 뒤를 이어 전개되고 있는 '동북진흥전략' 이다. 경제 정책 방면에서의 '중화민족 대가정 만들기' 라고 평가할 수 있는 이들 정책의 이면에는 변강 민족을 중화민족으로 융화시키려는 중국 정부의 의도가 작용하고 있다.

일반적으로 중국의 소수 민족 정책은 장기적·단계적·점진적 동화를 목표로 한 동화 정책을 근간으로 해왔다. 문화대혁명 시기에는 '강제적 동화 정책' 이 추진되었지만, 나머지 시기에는 '회유적 동화 정책' 이 기본적으로 유지되어 왔다. 이러한 의미에서 중국의 소수 민족 정책의 변화는 방법론 자체보다는 동화 정책의 완급緩急과 강약強弱에 있다고 할 수 있다. 중국의 변강 민족 정책 역시 동화 정책을 근간으로 하면서 정책의 완급과 강약을 탄력적으로 적용하고 있다. 즉 분리 독립 운동 세력이나 그것을 지원하는 국제 세력에 대해서는 고립·소멸 내지 강경 대응의 방향을 취하고 있지만, 변강 민족이나 소외된 지구에 대해서는 '서부대개발' 이나 '동북진흥전략' 과 같은 경제적 지원이나 정치·문화적 민족 통합 정책 등 '회유적 동화 정책' 을 구사하고 있다.

'서부대개발' 이나 '동북진흥전략' 은 중국의 국가적 균형 발전을 이룩해서 지역 간·민족 간 격차를 해소시켜 변강 민족을 '온전한 중화민족' 으로 만들고 그들의 집거지인 변강 지구를 '온전한 중국의 강역'으로 만들어 지역적 (영토적)·민족적 통합을 이룩해서 '중화민족 대가정'을 만들려는 중국의 국부적인 국가 전략이라고 할 수 있다.

'서부대개발'은 동남 연해 지구가 지속적으로 발전할 수 있도록 서부의 새로운 자원과 에너지를 공급하는 것 이외에, 동남 연해 지구에 광대한 시장을 새로 제공해주는 역할을 하고 있다. 그리고 서부의 도움으로 축적된 동남 연해 지구의 발전 성과가 국가 자금으로 흡수된 뒤 다시 서부 지구로 투입되고 있다. 동북 지구는 서부 지구에서 절실히 필요로 하는 기술과 인재를 부분적으로 제공하고 있고, 서부 지구는 동북 지구에 필요한 시장을 제공해주는 역할을 하고 있다. 이러한 지역 간 교류·합작의 바탕 속에서 '동북진흥전략'이 추진되고 있다. 이렇게 본다면, 동남 연해 지구 우선 발전 전략, '서부대개발', '동북진흥전략'은 상보적인 기능을 바탕으로 지역 간 균형적·협조적 발전을 가능케 하는 동시에, 상호 경쟁적인 작용을 통해 중국의 지역 간 발전을 추동해서 지역적·민족적 화합과 화해를 이끌어내는 작용을 하고 있음을 짐작할 수 있다. 중국 측 표현에 따르면, "'동북진흥전략'은 '서부대개발'과 더불어 경제 사회 발전의 '동서호동東西互動'과 '우세호보優勢互補'를 체현하려는 동시에, 동·서·남·북·중中의 상호 연관, 협조 발전을 이끌려는 것이며, 21세기에 전면적으로 소강小康 사회를 건설하려는 실천"[8]인 셈이다.

그런데 제4부에서도 살펴보았듯이, 중국의 개발 전략은 많은 문제점과 모순을 드러내고 있다. 가령 서부 지구의 경우, 한족의 대규모 서부 지구 이주와 그에 수반된 문화적 마찰 및 주도권 장악을 둘러싼 한족과 토착 변강 민족 간의 갈등, 서부 자원의 개발과 배분 그리고 환경 파괴 등을 둘러싼 동남 연해 지구와 서부 지구 사이의 지역 간·민족 간 갈등, 서부 변강 민족과 주변 민족 국가와의 연계와 그것에 바탕을 둔 분리 독립 운동 등이 그것이다.

동북 지구가 지닌 모순으로는, 공업 진흥 과정에서 파생되는 대규모 실업下崗, 지지 부진한 국유 기업의 구조 개혁, 은행의 부실 채권 해소 문제, 동북 지구 거주민(특히 조선족)과 주변 민족 국가(특히 남·북한) 사이의 연계 과정에서 파생되는 탈북 및 불법 체류 문제, 그에 따른 조선족의 정체성 동요 문제, 북한 정권의 불확실성과 그에 따른 한반도 정세의 불안정성이 동북 지구에 미치는 파장 등을 들 수 있다.

특히 중국 동북 변강(동북 3성)의 경우, 영토 문제를 둘러싼 논란이 가시지 않고 있고, 인접한 한반도의 불안한 정세가 줄곧 이 지구에 불안정성을 던져주고 있다. 동북 변강과 한반도를 둘러싼 정치적 불안정은 이 지구에 대한 외국의 대규모 투자나 외국과의 경제 개발 및 국제 합작을 어렵게 만들고 있다. 구체적 사례로써 일본의 침략 전쟁으로 야기된 과거사 문제, 북한 핵 문제는 중국 동북 지구의 변경 무역과 '동북진흥전략' 을 가로막는 요소이기도 하다. 게다가 최근 남 · 북한과 중국 사이에 갈등을 야기하고 있는 '동북공정' 은 동북아의 지역적 협력과 안정을 전제로 하고 있는 '동북진흥전략' 에 나쁜 영향을 미치는 또 하나의 변수로 작용하고 있다.

이러한 점들을 고려해보면, 전통 시기의 중화제국 체제를 계승한 중국이 그것을 현대적 국민 국가로 리모델링해서 '중화민족의 온전한 대가정' 으로 만들어가는 과정에는 '통합과 이탈의 상호 작용' 이 수없이 되풀이되면서 많은 모순이 파생될 수밖에 없을 것 같다. 그러한 의미에서 '중화민족 대가정 만들기' 는 지난한 작업이 될 수밖에 없을 것이다.

이처럼 중국 사회가 현실적으로 많은 문제들을 안고 있기 때문에, 중국 정부는 어쩌면 문제 해결의 돌파구를 찾아야 한다는 강박 관념을 갖고 있는지도 모른다. 그러한 강박 관념이 동북 지구에 투영되면서 도출된 산물이 중국의 '동북아 전략' (만주 전략 및 한반도 전략을 포함해서)인 '동북공정' 인지도 모른다. '동북공정' 은 그 공정의 핵심 관계자 말처럼 '학술 문제' 인 동시에, 중국의 애국주의 전통을 드높이고 중국 국가의 통일과 안전, 영토 주권의 완결, 소수 민족 지구의 안정 그리고 민족 단결을 유지하기 위해 추진되고 있는 '정치 문제' 이자 '전략 문제' 이기도 하다. 여기에서 말하는 '정치 문제' 나 '전략 문제' 는 구체적으로 동북 지구에 대한 한반도의 영향력 차단, 조선족의 한반도 유입이나 대규모 탈북자(혹은 난민)의 동북 지구 유입 저지, 향후 한반도 정세 변화의 예측과 대비책 마련 등을 의미한다.

'동북공정'의 최우선 중점 과제는 한반도의 정세 변화가 중국 동북 지구 사회 안정에 미칠 영향과 충격을 예측·완화하고, 조선족의 동태 파악과 정체성 확립을 위한 각종 예방책을 수립하는 동시에, 한반도 정세 변화에 따라 수반될 동북아 국제 정세의 변화를 예측하고 그 정세를 중국 쪽에 유리한 방향으로 이끌 수 있는 방안들을 마련하는 데 있다. 거기에 덧붙여 '동북공정'의 부차적인 과제는 그 공정에 수반되는 정치적·전략적 문제를 정당화·합리화하기 위해 필요한 역사 논리를 개발하고 다듬는 데 있다. '동북공정'의 일환으로 수행되고 있는 과제에는 러시아와의 국경 문제 및 중·러 이민 문제 등 러시아 문제도 일부 포함되어 있기는 하지만, 그것의 대부분은 한반도 문제와 직결되어 있다.

'동북공정'의 최우선 중점 과제를 고려해볼 때, 중국의 "고구려사=중국사" 논리는 단순히 '고구려사를 빼앗으려는 목적'에서 도출되었다기보다, 향후 한반도 정세 변화 과정에서 수반될 여러 가지 '정치 문제'나 '전략 문제'를 합리화하기 위한 수단적 논리 개발의 필요성에서 비롯된 측면이 강하다고 할 수 있다. 결국 '동북공정'에서 수행되고 있는 '기초 연구(즉 학술적 성격의 역사 연구)'는 '응용 연구(정치적·전략적 문제를 다루는 사회 과학적 연구)'를 역사적으로 뒷받침하기 위한 이론적 연구인 셈이다. 이렇게 볼 때 '응용 연구'가 '기초 연구'보다 상위적 과제임을 엿볼 수 있다. 그렇지만 수단적 위상을 지닌 역사 논리는 목적적 위상을 지닌 정치·전략 문제의 경중輕重에 직·간접적으로 영향을 미치고 있다는 점에서 결코 간과되어서는 안 될 것이다. 왜냐하면 '동북공정'은 단순한 학술 문제만이 아니라 급박한 현실 문제이자 정치·전략 문제로서 중국의 만주 및 한반도 전략을 포괄한 '동북아 전략'이기 때문이다.

이미 제5부에서 살펴본 것처럼, 학술적·역사적 차원에서 볼 때 '동북공정'은 '공세적 전략'이라기보다는 '수세적 전략' 혹은 '방어적 전략'에 가깝다. 그렇지만 향후 한반도 정세 변화와 그에 수반될 동북아 국제 질서 변동과 연관시켜 볼 때, '동북공정'을 단순히 '방어적 전략'이라고만 평가할 수는 없다. 왜냐하면 '동북공정'에는 향후에 초래될 한반도의 정세 변화 및 동북아 국제 관계 변화에 대한 예측과 대비책 마련이라는, 중국 정부의 적극적인 전략적 의지가 반영되어 있기 때문이다.

'동북공정'이 '공세적 전략'인지 '방어적 전략'인지를 판단하려면, '동북공정'의 일환으로 수행되고 있는 '응용 연구'의 구체적인 내용을 알아야만 한다. 그런데 '동북공정'과 한반도의 상관성 문제를 해명해줄 '응용 연구' 분야는 국가 비밀로 분류되어 있어서 그것의 구체적인 전모를 알 수가 없다. 그렇지만 여러 가지 정황을 고려해볼 때, '동북공정'의 한 축인 '응용 연구'가 한반도 문제 혹은 향후 한민족 및 한반도의 운명을 좌우할 수 있는 내용뿐만 아니라 향후 전개될 동북아 국제 질서 재편 문제와도 직결되어 있음을 짐작할 수는 있다. 이것은 '응용 연구'가 '기초 연구'를 토대로 현실의 국제 관계 속에서 파생되는 여러 가지 문제(역사·문화적 방면)에서 특정 지구의 귀속권 문제와 그에 따라 제기될 수 있는 국경·영토 분쟁, 외교 관계, 관광 전략 등에 능동적이고 효율적으로 대응하기 위한 국가 논리 개발이라는 점에서 그렇다. 게다가 '응용 연구'의 성격은 중국변강사지연구센터에서 '응용 연구'의 구체적인 과제 항목을 의도적으로 공개하지 않고 있다는 점, '응용 연구'와 관련된 내용이 이미 부분적으로 알려졌다는 점에서도 입증된다. 중국 '동북공정'의 전모를 알려면 이 과제를 파악하는 것이 급선무이다. 그러나 '응용 연구'에 관한 중요 문건을 직접 입수하는 것이 대단히 곤란하다는 현실적 제약을 감안할 때, '대안적' 접근 방식이 절실하다.

이 책에서는 '대안적' 접근 방식으로 중국의 국제 문제 전문가 및 군사 전략가들의 진솔한 글들을 분석해서, 중국의 만주 및 한반도를 포함한 동북아 전략의 전모를 그려보았다. 구체적으로 말하면, 중국 전문가들이 파악하고 있는 한반도의 지정학적·전략적 가치, 한반도 통일이 중국에 미치는 손익損益, 한반도 통일에 대한 전망, 한반도 통일과 조선족 동태의 상관성, 중국의 부흥과 발전이 한반도에 미치는 손익, 향후 전개될 동북아 국제 관계에 대한 인식, 북·중 관계 및 한·중 관계의 인식과 전망, 중국의 한반도 전략, 중국이 바라는 동북아 당사국들의 역할 등을 차례로 살펴보았다.

중국 전문가들이 인식하는 한반도와 중국의 관계는 '순망치한脣亡齒寒'의 관계로서, 한반도는 동북아의 현상을 유지하고 미국을 견제하는 동시에 미·중 간의 완충 지대로서 중국에게는 중요한 전략적 요충지이다. 한반도의 평화 통일은 중국의 현대화 건설에 필요한 안정적인 평화 환경의 제공, 한·중 간의 경제 교류 촉진, 대만 문제 해결과 미·중 관계의 조정·개선, 대만의 독립 시도에 대한 타격, 중국에 대한 군사적 압력의 완화라는 측면에서 긍정적인 작용을 할 것으로 인식되고 있다. 반면에 한반도의 통일은 동북 영토 분쟁(즉 간도 문제)과 황해(서해) 경제 구역에 대한 이권 요구의 가능성, 동북 변경의 안정에 대한 부정적 영향과 그로 인한 중국의 전략적 배치상의 혼란 야기 가능성이라는 점에서 부정적인 작용도 할 것으로 인식되고 있다. 그렇지만 통일 후의 부강해진 한반도는 한반도에서의 미국과 일본의 위상을 저하시키는 반면에 중국과 맹우盟友가 될 가능성이 있다고 인식된다. 따라서 한국 주도로 통일되고 강대해진 한반도가 김정일 정권보다 중국에 더 보탬이 될 것으로 예측되고 있다.

그렇지만 일부 중국 전문가는 중국이 통일 한반도의 역량에 대해 위협감을 느낄 것으로 예측한다. 또한 통일 한반도가 조선족에 흡인력을 발휘하여 조선족의 자치 혹은 독립 요구를 촉발할 것을 우려하기도 한다. 일부는 통일 이후 미군의 항구적인 주둔 상황 이외에, 전략적 이익 분배를 둘러싼 미·중 갈등을 우려하여 한반도의 분단 상황 유지를 가장 합리적인 선택으로 간주한다. 게다가 어느 전문가는 한국 주도의 한반도 통일로 인한 미군의 중국 변경 주둔을 우려하여, 한국의 북한 합병을 저지해야 한다고 주장하기까지 한다.

그러면서도 중국 전문가들은 한반도 통일을 불가항력의 역사적 필연으로 인식하는 동시에 한국 주도의 통일을 확신한다. 그들은 통일 한반도가 동아시아의 핵심 국가로서 동북아 정세에 중대한 영향을 미칠 것으로 본다. 또한 그들은 통일 한반도(사실상의 통일 한국)가 중국 및 동북아의 평화와 안정에 유리한 '독립 자주적이고 중립적이며 비핵화非核化된 국가'로 남기를 희망한다.

중국 전문가들은 중국의 부흥이 한반도의 평화와 안녕의 회복, 자주 평화 통일의 추진 및 경제 발전과 번영에 도움이 될 것이고 한·중 양국 경제에 상보성相補性으로 작용할 것으로 본다.

그들은 미국의 동북아 전략이 미·일 군사 동맹을 바탕으로 중국과 러시아를 방어하고 미국의 전략적 우세를 유지하는 데 있다고 본다. 일본의 전략은 한국에 대한 전략적 우위를 확보하고 일·한 연합 체제를 통해 전략적 지위를 강화하는 것으로 인식한다. 러시아의 동북아 전략은 한반도의 혼란 정세를 야기하고 조종·이용해서 어부지리를 얻는 것으로 파악된다. 북한의 외교 전략은 생존 공간과 경제 원조를 쟁취하고 중국과의 관계 유지와, 러시아·일본·유럽과의 적극적인 관계 발전을 하는 것으로 요약된다.

북한과 중국의 관계에 대해서는 과거와 같은 혈맹이나 이념의 원칙이 아니라 국가 이익의 원칙에 부합하는 방향으로 외교 관계가 추구되어야 한다는 것이다. 중국 전문가들은 북한 정권에 대해 부정적으로 반응하면서도 북·중 관계의 중요성을 간과하지는 않는다. 그들에게 비친 북한은 미국을 견제하고 미·중 갈등을 완화시켜주는 완충 지대이자 동북 방어의 전초 기지로서의 의미를 갖는다.

중국 전문가들에게 비친 한국은 경제적 이익을 가져다줄 뿐만 아니라, 미국과 일본을 견제하는 전략 기지인 동시에 북한으로 하여금 더욱더 중국에 순종적이게 만드는 구실이 되고 있다. 그들은 한반도 통일이 주한 미군의 철수를 야기하고 통일 한국이 충동적인 북한보다 중국에 더 보탬이 될 것이라는 이유로, 한국과의 관계 발전과 한반도의 평화 통일의 촉진을 주장한다.

6자 회담에 대한 중국의 입장은, 그것이 한반도 문제에 대한 중국의 발언권과 위상을 제고시켜 주고, 중·미 간의 교류 강화 및 합작과 화해를 촉진시켜 주며 북한에 대한 중국의 영향력을 증대시켜 주므로 지속되어야 한다는 것이다. 중국의 동북아 전략은 한국·일본·대만으로 이어지는 포위망의 돌파, 한반도의 적대 세력 제압, 통일 후의 한반도를 '비핵화'된 '중립 국가'로 유도하는 것, 동북아에서의 일본의 작용을 최소화하고 통일 한반도의 역할을 제고시키며, 일본 경제를 주변화하고 일본의 대對중국 역량을 약화시키는 것, 한반도의 현존 상황 유지 및 북한이 미국에게 통제되지 않도록 보호하고 대만 수복을 앞당기는 것, 미국을 아시아에서 배척하기보다 상호 협조와 합작의 전략을 통해 다변화된 안전 틀을 구축하는 것 등이다. 실현 가능한 중국의 전략적 방안은 '중국이 미국과 한국 주도의 한반도 통일을 승인하고, 대신에 미국이 중국의 대만 통일을 승인케 하는 것'[9]이다.

중국 전문가가 요구하는 동북아 당사국들의 역할을 보면, 미·중·일·러 4강은 한반도가 강대국의 각축장이 되지 않도록 합작에 기초한 안전 틀을 만들고, 중·미 양국은 한반도의 중립화를 모색하고, 중국은 남·북한과 관련 당사국 사이의 교류와 북한의 개방 촉진을 통해 한반도의 평화 기반을 구축하고, 남·북한은 중·미 양국의 우려를 해소하고 자주적이고 중립적인 통일 국가를 실현하는 것이다.

결론적으로 위에서 언급한 중국 전문가들의 한반도 인식과 전략의 전모를 고찰해보면, 그리고 그러한 인식과 전략이 '동북공정'의 '응용 연구' 분야에 반영되고 있다고 유추해본다면, '동북공정'은 학술적 차원에서는 '방어적 전략'의 성격이 강하다고 할 수 있다. 그렇지만 한반도 및 동북아 국제 관계에 대한 인식과 전략적 차원에서는 향후의 한반도 정세와 동북아 국제 관계를 중국에 유리한 방향으로 재편해나가겠다는 중국 정부의 거시적이고 적극적인 전략 의지가 투영된 '잠재적 공세 전략'이라고 평가할 수 있을 것 같다. 한마디로 '동북공정'은 방어적 전략과 공세적 전략이 혼재된, 그러면서도 상황 여하에 따라 양자의 위상과 상호 작용이 달라질 수 있는, 현실적·전략적 탄력성을 지닌 중국의 '동북아 전략'이라고 규정할 수 있다.

중국의 '중화민족 대가정 만들기'의 전체 구도를 살펴볼 때, '동북공정'과 '동북진흥전략'은, 국민적·영토적 통합의 완성을 목표로 한 중국의 거시적 국가 전략인 '중화민족 대가정 만들기'의 한 귀퉁이(즉 동북 지구)를 떠받치고 있다고 할 수 있다. 구체적으로 말해 '동북공정'이 동북 지구에서 '중화민족 대가정 만들기'의 소프트웨어를 책임지고 있다면, '동북진흥전략'은 동북 지구에서 '중화민족 대가정 만들기'의 하드웨어를 책임지고 있다고 할 수 있다. '서부대개발'이 '중화민족 대가정 만들기'의 '서북판西北版'이라고 한다면, '동북공정'과 '동북진흥전략'은 모두 '중화민족 대가정 만들기'의 '동북판東北版'이라고 할 수 있다. 중국의 '중화민족 대가정 만들기'는 '서북판'인 '서부대개발'과 '동북판'인 '동북공정'과 '동북진흥전략'을 주축으로 추진되고 있고, 그 틀 속에서 양자는 상호 작용하면서 서로에게 영향을 미치고 있는 셈이다. 다시 말해 신강이나 티벳에서의 민족 문제와 동북에서의 민족 문제는 서로 맞물려 있기 때문에, 서북부 변강과 동북 변강에서의 '중화민족 대가정 만들기'는 각각 상보성을 띠면서 국가 전략상의 위상을 배가시켜주고 있는 것이다.

이러한 전략적 배치를 역사 방면에 적용시켜 볼 때, 중국 정부나 일부 학자들의 입장에서는, '통일적 다민족 국가론'이 이미 오래 전부터 서북부 변강에 적용되고 있었던 점에 비추어, 그 이론을 동북 변강에도 당연히 적용시켜야 한다고 보는 것이다. 이러한 의도 속에서 고구려와 그 뒤를 이은 발해가 중국의 역사에 귀속되어버린 것이다. 그래야만 역사 방면에서의 '중화민족 대가정 만들기'는 완정성完整性을 띠게 되는 것이다. 이러한 역사 논리가 성립되어야만 전략 방면에서의 '중화민족 대가정 만들기'도 탄력성을 지니게 되는 것이다.

전략 방면에서의 '중화민족 대가정 만들기'라는 각도에서 볼 때, '동북공정'은 중국 동북 지구 문제에만 국한된 국내 전략의 차원을 넘어, 국외의 한반도 및 동북아의 지정학적 정세 예측과 대비책을 포괄한 중국의 '동북아 전략'이기도 하다. 따라서 '동북공정'은 한반도 및 동북아 방면에서의 돌발 사태가 '중화민족 대가정 만들기'를 방해하지 않도록 사전에 조치하는 동시에 동북아의 지정학적 정세 변화를 중국의 국익에 부합하도록 대외 문제에 적극 개입하려는 중국의 '잠재적인 대외 공세 전략'이기도 하다.

이제까지의 논의를 살펴보면, '동북공정'을 "중국의 고구려사 빼앗기"나

단순한 '학술 문제'로 받아들이는 국내 일부 사람들의 인식이 매우 잘못되었다는 것을 알 수 있다. 되풀이 말하건대, 중국의 '동북공정'은 학술 문제 성격의 "고구려사 빼앗기" 차원을 훨씬 뛰어넘어, '중화민족 대가정 만들기'라는 중국 국가 전략의 일환으로 도출된 '동북판 중화민족 대가정 만들기'인 동시에, 한반도를 포함한 동북아의 지정학적 정세를 중국의 입맛대로 바꾸려는 대외 팽창적 성격을 띤 중국의 국제 전략이기도 하다.

한편 '중화민족 대가정 만들기'는 다음과 같은 점에서 '신중화주의'라고 규정할 수 있다. 즉 '신중화주의'의 특성으로, ㉠ '중화민족 대가정 만들기'의 일환으로 주창되고 있는 '사회주의 정신 문명 건설론'의 핵심 내용이 유가 문화의 가치를 비판적으로 계승하고 있다는 점, ㉡ 중화민족의 민족주의인 애국주의 역시 이질적 문화와 정서를 지닌 소수 민족에게 강제되고 있고 그들과 역사적·문화적·혈통적으로 궤를 같이 하고 있는 중국 주변 국가의 민족 정체성과 마찰을 야기하거나 배타성을 드러내면서 때로는 주변 민족과의 갈등까지 야기하고 있다는 점, ㉢ '중화민족의 대가정을 만들기' 위한 역사 이론으로서의 '통일적 다민족 국가론' 역시 중국 영토 내에 존재했던 모든 민족이나 역사를 자국의 민족과 역사로 귀속시킴으로써 중화민족 논리와 중화 질서 체계 논리에 입각한 '팽창적 문화주의'의 성격을 띠고 있다는 점, ㉣ '중화민족의 대가정을 만들기' 위한 민족 통합 정책인 '서부대개발' 역시 '개발'이라는 명분으로 대규모 한족의 이주, 애국주의 교육, 중화민족론의 고취, 한어문의 보급 등을 통해 서부 변강 민족을 중화민족(사실상 한족) 혹은 중화 문화 속에 융화시키려는 변형된 '대한족주의大漢族主義'의 속성을 띠고 있다는 점, ㉤ '동북진흥전략'이 '변지의 내지화'라는 전통적인 중화주의 논리를 계승해서 동북 지구를 발전시켜 확고부동한 중국의 강역으로 만들어 조선족을 포함한 다수의 동북 거주 소수 민족들을 중화민족으로 통합하려고 한다는 점, ㉥ '중화민족 대가정 만들기'의 동북판인 '동북공정' 역시 전통적 중화주의 논리인 책봉—조공 체계를 근거로, 혹은 '통일적 다민족 국가론'에 입각해서 한민족의 고대 역사와 민족을 자국의 역사와 민족으로 귀속시키는 등 역사적·문화적 패권주의를 드러내고 있다는 점 등을 지적할 수 있다.

결론적으로 중국의 '중화민족의 대가정 만들기'는 중화주의 전통을 비판적으로 계승하면서 청 제국이 옹유했던 각 민족의 단결을 바탕으로 중화민족의 화목한 대가정을 만들어 중화민족의 국가를 부흥시키고 국가의 주권을 확립하고 영토를 보전하고 양안兩岸을 통일시키는 동시에, 이를 바탕으로 주변 민족 국가에 대한 영향력을 극대화시키고 중국의 세계적 위상을 제고시키려는 거시적인 국가 전략이자 '신중화주의'라고 할 수 있다. 이것은 "과거의 영광에 대한 신념을 위대한 미래에의 비전에 직접적으로 얽어매는 형태"[10]로서, '회귀回歸적 민족주의restoration nationalism'[11]의 성격도 띠고 있다.

그렇다면 중국이 '중화민족의 대가정'을 만들려는 거시적인 전략과 그것의 일환으로 불거진 '동북공정' 문제 그리고 이와 관련된 한반도 문제의 인식과 대응 자세는 어떠해야 할까? 유럽식의 역사 인식 공유를 통한 해법의 모색은 가능할까? 중국의 '동북공정'식 역사 해석에 대해 어떻게 대처해야 할까?

국내에 한반도 전략가들이 즐비한 상황에서, 역사학자인 필자가 중국의 '동북공정'과 관련된 한반도 전략에 대해 필자 나름의 해법을 제시하는 것은 어불성설인지도 모른다. 따라서 필자는 먼저 동북아 사회와 유럽 사회의 차이점을 논하면서, 과연 동북아 사회가 유럽식의 역사 인식을 공유할 수 있는지에 관해서만 논의의 실마리를 풀어나가겠다.

일반적으로 유럽 사회의 경우, 고대에는 그리스·로마 문화를, 중세에는 기독교 문화를 보편적으로 공유하고 있다가 근대에 국민 국가로 갈라져버렸다. 그 결과 유럽인은 뿌리에 대한 공유 의식이 동북아에 비해 상대적으로 강하다. 반면에 동북아 사회는 애초부터 별개의 민족과 왕조 국가로 존재해왔기 때문에 뿌리에 대한 공유 의식이 거의 없다. 또한 유럽 사회에서는 침략 전쟁을 저지른 독일이 과거의 잘못을 사죄함으로써 상호 신뢰의 기반이 구축되어 있다. 이에 반해 동북아 사회에서는 일본의 침략 문제가 미해결 상태로 남아 있어 동북아 국가 상호간의 불신감이 농후하다. 게다가 유럽 사회의 경우 각국의 생활 수준이 비슷해서 배타성이나 우열감이 약하지만, 동북아 사회는 각국 간의 생활 수준 격차가 커서 강한 배타성을 띠고 있다. 동북아에서의 역사 인식의 공유는 많은 고뇌와 상호 이해를 필요로 한다.

결국 동북아 사회는 유럽 사회와는 다른 특수성을 지니고 있기 때문에, 동북아에서 역사 공동체를 형성하거나 공동의 역사 인식을 공유하는 것은 유럽처럼 용이하지 않다. 그런데도 동북아의 특수성을 무시하고 서양적 역사 인식을 동아시아 사회에 무비판적으로 적용시키면서 동양적 민족주의를 무조건 폄하하는 역사 인식은, 그 자체의 이론적 순수성에도 불구하고 자칫 '모든 사회가 유럽적인 역사 인식을 지녀야 한다'는 '서양사 보편주의'로 비난받을 소지가 있다.

시민 사회나 언론이 국가의 정책이나 공산당의 국가 이데올로기를 제대로 견제하지 못하는 중국의 현실을 고려해볼 때, 장기적인 관점에서 중화민족의 애국주의가 팽창주의 혹은 신新중화주의의 유혹에 빠지지 않도록 견제하는 데는 중국 민주주의의 견실한 성장이 필요하다. 왜냐하면 민주주의는 민족주의에 내재해 있는 민족적 자기 확대의 그 어떤 경향에 대해 하나의 견제가 될 수 있기 때문이다. 그렇지만 힘의 논리가 패권적으로 작동하는 국제 질서에서는 민주주의가 통제력을 제대로 발휘하지 못한다. 따라서 민주주의는 특정 국가의 팽창적인 민족주의를 제어하는 데 한계를 지닐 수밖에 없다.

그런데 중국의 국가 이데올로기로서 확고한 위상을 차지한 애국주의가 자칫 중화민족의 팽창주의로 전화될 경우, '동북공정'으로 불거진 동북아 역사 논쟁은 동북아의 평화를 해칠 우려가 있다. 특히 조선을 중국의 '속국屬國' 정도로 바라보는 전통적 조선관이 중국 사회에서 여전히 불식되지 않은 상황을 염두에 둔다면, 우리로서는 "중국이 강성해졌을 때 중화 민족주의가 쉽게 제국주의의 양상으로 나타났던" 역사적 경험에 주목할 필요가 있다.

그렇다고 중국의 '신중화주의'라고 할 수 있는 '중화민족 대가정 만들기'와 그것의 일환으로 도출된 '동북공정'을 비난만 해서는 안 될 것이다. 근대 이후 오랫동안 외세의 침략에 시달려온 중국의 입장에서 중국이 똑 같은 전철을 밟지 않으려고 하는 것은 어쩌면 당연한 일인지도 모른다. 게다가 개혁 개방 이후 사회주의 체제에 대한 회의감이 확산되고 일부 소수 민족의 분리 독립 운동이 지속되고 있는 상황에서, 중화민족의 단결을 주창하고 그것을 실현시키기 위해 각종 민족 정책을 취하는 것 역시 중국 입장에서는 당연하다고 할 수 있다. 주변 국가와의 역사적 분쟁을 해결하는 데 '역지사지易地思之의 지혜'가 필요한 것도 이 때문이다.

입장을 바꾸어 우리 역시 '애국'이라는 이름으로 주변 민족 국가를 자극하거나 역사 사실을 자의적으로 왜곡한 적이 없었는지, '동북아 역사 공동체'나 '동북아의 평화 구현'에 걸림돌이 되는 짓을 하지는 않았는지 되새김질할 때이다. 이 시점에서 절제되지 않은 '애국적' 행위는 또 다른 갈등을 야기할 뿐 문제를 더욱 어렵게 만들 것이다. '애국'은 '민족을 넘어선 공동체의 구현'이라는 거시적인 틀 속에서 작동할 때만 당위성을 획득할 수 있다. '배타적인 애국'은 공동체의 파국을 초래할 뿐이다.

역사 분쟁이 격화되는 이 시점에서, 우리는 다음과 같은 문제 제기에 한 번쯤 고민해볼 필요가 있을 것 같다. "역사를 국가 또는 민족을 단위로 해석해야 할 것인가, 아니면 세계 속의 인간 또는 자율적 개인을 단위로 해석해야 할 것인가?" "역사를 진보시키는 공간과 주체는 국가와 민족인가, 아니면 세계적으로 연대한 자율적인 개인인가?"[12]

주석

제1부 서설: 중국과 한반도, 어떻게 이해할 것인가?

1 이것은 '東北邊疆地區歷史與現狀系列研究工程', 즉 '중국 동북 변강Northeast Borderland의 역사와 현실에 관한 연속 연구 프로젝트'이다.

2 이러한 관점은 윤휘탁, 〈東北三省은 어떤 곳일까? 동아시아 질서재편의 중심축〉, 《월간 중앙》 2004년 3월호, 2004. 2, 별책 부록, 17~22쪽 참조.

3 송기호, 〈중국의 한국 고대사 빼앗기 공작〉, 《역사비평》 2003년 겨울호; 〈중국은 왜 고구려사를 삼키려 하는가〉, 《신동아》 2003년 9월호; 金賢淑, 〈고구려 붕괴 후 그 유민의 거취 문제〉, 한국고대사학회 편, 《韓國古代史研究》 제33집, 2004. 3; 최광식, 〈'東北工程'의 배경과 내용 및 대응방안: 고구려사 연구동향과 문제점을 중심으로〉, 《韓國古代史研究》 제33집, 2004. 3; 孔錫龜, 〈고구려의 영역과 평양천도 문제〉, 《韓國古代史研究》 제33집, 2004. 3; 朴京哲, 〈中國學界의 高句麗 對隋·唐 70年戰爭 認識의 批判的 檢討〉, 《韓國古代史研究》 제33집, 2004. 3; 趙法鍾, 〈中國學界의 東北古民族 및 古朝鮮研究動向과 問題點〉, 《韓國古代史研究》 제33집, 2004. 3; 윤휘탁, 〈중국의 '만주전략의 핵': 東北工程〉, 해외교포문제연구소 편, 《OK times : overseas Koreans times》 통권 제123호, 2004. 2; 具蘭憙, 〈한·일 발해사의 연구성과와 향후과제〉, 韓國敎員大學校 靑藍史學會 편, 《靑藍史學》 제9집, 2004. 1; 한규철, 〈발해의 고구려 역사 계승 문제〉, 《韓國古代史研究》 제33집, 2004. 3; 최광식, 〈중국의 고구려사 왜곡과 대응방안〉, 북한연구소 편, 《北韓》 통권 제388호, 2004. 4; 최국태, 〈고대사의 거울로 본 동북공정: 고구려 문화는 중국 문화와 전혀 다르다〉, 민족 21 편, 《남북이함께하는민족》 제21권, 통권 제37호, 2004. 4; 안병우, 〈고구려와 고려의 역사적 계승 관계〉, 《韓國古代史研究》 제33집, 2004. 3; 박홍신, 〈고구려사 문제 관련 우리 입장 및 대응 방안〉, 한국외교협회 편, 《외교》 제69호, 2004. 4; 박선영, 〈동북프로젝트의 핵심은 간도: 중국은 간도를 이렇게 본다〉, 경향신문사 편, 《뉴스메이커》 제13권 제7호, 통권 제561호, 2004. 2. 19; 이정훈, 〈충격! 한민족 북방史 통째 찬탈 기도: 중국 고구려사 편입 동북공정 숨은 속셈…3000년 역사 눈뜨고 빼앗길 것인가〉, 동아일보사 편, 《주간동아》 통권 제420호, 2004. 2. 5; 박민희, 〈'삼국 역사전쟁' 폭풍 속으로: '고

구려 되찾자, 학계 움직임 본격화… 동북아 공동의 역사인식에 나서야 한다는 주장〉, 한겨레신문사 편, 《한겨레21》 통권 제496호, 2004. 2. 19; 박현숙, 〈국가이익의 관점으로 꿰맞추라?: 90년대 초반부터 고구려사 편입 연구해온 중국…최근 역사왜곡 작업 초고속 진행〉, 《한겨레21》 통권 제496호, 2004. 2. 19; 송현석, 〈고구려사 흡수해 중국 천하 만든다: 제2차 고–당 전쟁: 중국의 국가전략과 동북공정〉, 《말》 통권 제212호, 2004. 2; 金明基, 〈中國의 "東北工程" 연구사업의 國際法上 違法性〉, 國際問題研究所 編, 《國際問題》 제35권 2호, 통권 제402호, 2004. 2; 이덕일, 〈"중국은 '東北工程'을 한국 보다 미국에 더 알리고 싶어한다": 김정일 정권 붕괴 후, 북한통치 주도권을 노린 사전 정지작업〉, 《月刊中央》 제30권 제2호, 통권 제339호, 2004. 2; 윤호우, 〈간도 문제 도외시하고 동북공정 대응할 수 있나": 고구려연구재단 설립 공청회…"동북아 같은 포괄적 명칭 사용해야〉, 경향신문사 편, 《뉴스메이커》 제13권 제8호, 통권 제562호, 2004. 2. 26; 서길수, 〈중국 동북공정의 최신 성과 분석과 한국의 대응방안: 《古代中國高句麗歷史續論》 2003년 10월을 중심으로: 동북아 고대사 전체를 다루는 종합적인 연구가 진행되어야 한다〉, 북한연구소 편, 《北韓》 통권 제387호, 2004. 3; 박선영, 〈동아시아 제압 가능한 전략 요새: 중국은 간도를 이렇게 본다〉, 경향신문사 편, 《뉴스메이커》 제13권 제8호, 통권 제562호, 2004. 2. 26; 김현미, 〈한국의 시각으로 '동북아史' 다시 쓴다: '중국판 문화 패권주의'와 정면대결〉, 《新東亞》 제47권 제3호, 통권 제534호, 2004. 3; 김인, 〈중국의 고구려 유적: 세계문화유산 등록과 동북공정〉, 漢陽大學校아태지역연구센터 편, 《아태지역동향》 통권 제151호, 2004. 8; 정재호, 〈동북공정: 그 현재적 의미와 한국 외교: '역사 지우기'는 新조공체제 부활, 패배주의 떨치며 대응 카드 내밀어야〉, 《月刊中央》 제30권 제9호, 통권 제346호, 2004. 9; 송재익, 〈중국의 역사왜곡과 고구려 군사전략〉, 合同參謀本部 편, 《合參》 제23호, 2004. 7; 신일철, 〈"동북공정은 일제 군국사관의 복제품!": 중국의 두 얼굴〉, 《주간조선》 통권 제1818호, 2004. 8. 26; 남문희, 〈고구려사 왜곡과 북핵문제 해법 찾기: 남북한 모두 경색 벗어나 '공조 전략' 세워야〉, 독립신문사 편, 《시사저널》 통권 제773호, 2004. 8. 19; 박성진, 〈중국에 분노한 한국 한국에 실망한 중국 최후의 선택은?: 잘 나가던 한·중 관계 비비 꼬인 '내막'〉, 독립신문사 편, 《시사저널》 통권 제773호, 2004. 8. 19; 이장훈, 〈동북공정: 속셈 바로보기: "통일 코리아의 조선족 싹 자르기… '간도 점유 부당하다'는 역공 긴요"〉, 《月刊中央》 제30권 제9호, 통권 제346호, 2004. 9; 박종진, 〈중국은 왜 고구려를 탐하는가: 동북공정 밀어붙이기는 '통일한국' 등 한반도 상황변화에 대비한 대외적 암수: 한반도–조선족 연계 끊고 통일 후 한·미·일·러 블록화 사전차단 포석도: 한·중 역사전쟁〉, 《주간한국》 통권 제2036호, 2004. 8. 26; 임을출, 〈"고구려사 왜곡, 무모한 충성경쟁": 동북아 학술세미나의 베이징 사회과학자들이 조심스럽게 털어놓는 '동북공정'에 대한 견해들〉, 《한겨레21》 통권 제525호, 2004. 9. 9; 李榮昊, 〈고구려의 '역사'와 동북아의 '현실'〉, 《창작과비평》 제32권 제2호, 통권 제124호, 2004년 여름호; 한영태, 〈중국의 '東北工程'과 고구려사 왜곡 대응〉, 國防大學校安保問題研究所 編, 《精神戰力研究》 제34호, 2004. 6; 박현숙, 〈'패권국가'의 기선제압용 도발!: 중국의 고구려사 왜곡은 결코 멈추지 않을 것…한반도 통일 뒤 동북지방 동요를 우려〉, 《한겨레21》 통권 제522호, 2004. 8. 19; 최광식, 〈중국의 고구려사 왜곡과 남북의 공동대응〉, 새얼문화재단 편, 《황해문화》 통권 제43호, 2004년 여름호; 김경은, 〈중화주의 망령 되살아났다: 중국이 고구려사 왜곡에 집착하는 까닭…북한 붕괴 이후 한반도 통일 시대 대비〉, 《뉴스메이커》 제13권 제33호, 통권 제587호, 2004. 8. 19; 김성환, 〈우리 시대의 민족주의는 불구이자 퇴행〉, 새움 편, 《비평과전망》 통권 제8호, 2004년 상반기; 朴政學, 〈동아시아 고대사의 열쇠 '치우천왕' 논쟁: "치우를 잃으면 고조선 역사도 사라진다"〉, 《新東亞》 제46권 11호, 통권 제530호, 2003. 11; 韓圭哲, 〈中國의 渤海史 研究〉, 《白山學報》 제67호, 2003. 12; 申瀅植, 〈中國의 '東北工程'의 虛實〉, 《白山學報》 제67호, 2003. 12; 윤휘탁, 〈韓·中, 高句麗·渤海史 衝突: 中國의 滿洲觀〉, 《주간조선》 2002년 9월 26일호; 윤휘탁, 〈中國의 愛國主義와 歷史敎育〉, 《중국사연구》 제18집, 2002. 5; 李仁哲, 〈중국의 고구려사 편입과 한국의 대응전략〉, 《白山學報》 제67호, 2003. 12; 고구려연구회 편, 《고구려의 정체성》, 고구려연구회 창립 10주년 기념 국제학술대회 논문집, 2004년 6월 28일; 고구려연구재단 편, 《한국사 속의 고구려의 위상》, 고구려연구재단 주최 국제학술대회 논문집, 2004년 9월 16일; 독립기념관 독립운동사연구소 편, 《한국 근대사와 고구려·발해 인식》, 광복 59주년 기념 학술대회 논문집, 2004년 8월 13일.

[4] 대표적인 것으로 박영민, 〈중국의 국가대발전 전략: '서부대개발' 계획의 내용과 전망〉, 《새시대정책광장》 통권 제4호, 2003. 7; 전황수, 〈중국의 서부대개발과 IT 정책〉, 《전자통신동향분석》 제18권 제6호, 2003. 12; 이중희, 〈장쩌민 시대의 소수 민족정책과 서부대개발〉, 《아시아연구》 제6권 제2호, 2003. 12; 박광득, 〈"서부대개발"의 현황과 문제점〉, 《대한정치학회보》 제10집 제2호, 2002. 10; 韓洪錫, 〈서부 대개발 전략과 중국정부의 과제〉, 《東北亞經濟研究》 제14권 제2호, 2002. 8; 李重熙, 〈중국의 서부대개발: 국가발전전략의 변화와 한계〉, 《現代中國研究》 제4집 제2호, 2002. 12; 김재기, 〈중국의 민족문제와 '서부대개발'〉, 《한국동북아논총》 제18집, 2001. 3; 朴相守, 〈중국의 지역경제발전과 서부지역의 投資環境 분석〉, 《東北亞經濟研究》 제12권 제2호, 2001. 2; 김정계, 〈중국 서부 대개발의 전략적 배경과 문제점〉, 《국가전략》 제7권 제2호, 2001. 6; 후지타 노리코, 〈중국의 '서

부대개발' 전략〉, 《極東問題》 제269집, 2001. 7; 朴壯載, 〈中國의 地域經濟 發展 現況과 西部大開發 政策의 意義〉, 《中國學研究》 제18집, 2000. 6; 尹輝鐸, 〈現代中國의 邊疆民族政策과 '國民國家' 完成하기〉, 《中國史研究》 제37집, 2005. 8을 들 수 있다. 최근 중국 정부에서는 '서부대개발' 홍보를 위한 홈페이지(http://www.xbdkf.com)를 운영하고 있다.

5 현재 중국의 '사회주의 정신 문명' 건설에 관한 연구로서 유일하게 눈에 띄는 것으로는 김광억의 글 〈현대중국의 민속부활과 사회주의 정신 문명화 운동〉, 서울대학교 비교문화연구소 편, 《比較文化研究》 창간호, 1993을 들 수 있다. '사회주의 정신 문명' 건설을 민속 의례의 측면에서 다루고 있는 이 글은, 그 건설 운동의 의도를 "문화 민족주의를 주창함으로써 국가 주도적으로 민족의 영광스러운 과거를 재현함과 동시에 민속을 개혁하려는 데"(220쪽)에 있는 것으로 파악하는 동시에, 그 운동을 "인민의 사적 영역으로 존재해왔던 민속 문화 부문을 국가의 통제 하에 놓으려는 작업"(221쪽)으로 규정하고 있다. 그러나 후술하겠지만, '사회주의 정신 문명' 건설은 단순히 문화적·민족적 차원을 뛰어넘어 물질 문명 건설에 따른 부작용을 최소화하는 동시에, 애국심 및 사회주의 체제에 대한 신념 고취를 통해 서구 세력의 견제에 맞서려는 경제적·정치적·전략적 차원에서도 추진되고 있다.

6 콩환쥔孔凡君은 중국 역사 속에서의 애국주의 전통과 그 특징을 국가의 통일과 주권의 수호, 문명의 창조로 규정하는 동시에, 애국주의가 중국의 현대화 및 통일의 동력이라고 주장하고 있다(〈중국의 애국주의, 현대화와 통일〉, 《民族主義와 社會主義》, 경기대 민족문제연구소, 1996, 243~269쪽). 콩환쥔이 주장하는 애국주의의 특징은 앞의 총론에서 언급한 '중화민족 대가정' 만들기의 논리와 유사함을 알 수 있다. 그의 글은 학술 논문이라기보다는 중국 정부의 선전 책자를 연상케 할 만큼 홍보성으로 일관하고 있다. 조선족 학자인 정신철鄭信哲은 중국 역사 속에서 드러난 애국주의 전통과 중국 민족주의의 역사적 추이를 분석하면서 애국주의 속에 내포된 민족주의적 요소를 밝히고 있다(〈중국의 애국주의와 민족주의〉, 위의 책, 《民族主義와 社會主義》, 67~77쪽).

그렇지만 상술한 두 논문은 모두 중국 정부가 표방하는 애국주의 관련 공식 문건이나 관련 책자·자료 등을 바탕으로 애국주의 교육의 등장 배경과 추이 분석에 그칠 뿐, 그것의 함의와 문제점, 중국 정부가 애국주의 교육의 기치 하에서 얻어내려는 진정한 의도, 애국주의 교육의 향후 전망 등에 관해서는 분석하지 못하고 있다. 이것은 어쩌면 현실 비판이 용이하지 않은 중국 학계의 현실과도 관련이 있는 것 같다. 국내에서는 아직껏 중국의 애국주의 교육에 관해 본격적인 연구가 이루어지지 않고 있다. 다만 최근 중국의 '동북공정' 문제를 계기로 애국주의가 '동북공정'의 출현 배경과 어느 정도 관련되었다는 사실이 알려지면서 애국주의에 관심을 기울이는 사람들이 조금씩 생겨나고 있다.

7 국내에서 '동북진흥전략'을 다룬 글로는 강승호, 〈중국의 동북진흥전략: 한중협력과의 관련성을 중심으로〉, 경남대 극동문제연구소 편, 《한국과국제정치》 제21권 제1호, 2005년 봄호, 191~220쪽이 유일하다. 그렇지만 이 글에서는 '동북진흥전략'을 단순히 경제 개발의 차원에서 한·중 경제 합작 측면에만 초점이 맞추어져 있다. 그 결과 '동북진흥전략'의 구체적인 2004~2005년도 부문별·산업별 목표 및 중점 사업 내용, 그것의 문제점, 조선족과의 관련성, 중국의 국가 발전 전략에서 차지하는 위상과 의미, '동남 연해 지구 우선 발전 정책' 및 '서부대개발'과의 차이점, 삼자의 상호 관계, 그것의 특징 등 '동북진흥전략'의 전모를 드러내는 것과는 거리가 멀다. 더욱이 이 글에서는 중국 중앙 정부나 지방 정부의 중요 관련 문건이나 주요한 중국의 1차 자료들, 각종 논문들을 전혀 이용하지 않은 채, 일본의 일부 연구서에 주로 의존하고 있을 뿐만 아니라, 관련 부분의 문헌적 출처도 제대로 명시되어 있지 않다.

8 王繼宣, 〈中華民族大家庭的歷史透視--中華民族凝聚力形成及其作用〉, 《青海社會科學》 1994년 제1기, 94~95쪽.

9 王小蘭, 〈人民論壇: 抗戰勝利昭示團結就是力量〉, 《人民日報》 2005년 8월 16일자 제4판.

10 艾斯海, 〈新疆政協主席艾斯海: 構建和諧新疆的思考〉, 《人民日報》 2005년 9월 27일자.

11 李忠杰, 〈建設一個和平發展, 文明進步的世界(2): 學習貫徹胡錦濤同志在紀念中國人民 抗日戰爭暨世界反法西斯戰爭勝利60周年大會上的重要講話〉, 《人民日報》 2005년 9월 23 일자 제9판.

12 지난 2000년 11월 실시된 제5차 인구 조사에 의하면 중국의 총 인구는 12억 6,583만 명 이다. 여기에는 홍콩특별행정구의 678만 명, 마카오특별행정구의 44만 명이 제외되어 있다. 이 가운데 소수 민족은 1억 643만 명으로 전체 인구의 8.41퍼센트, 한족은 11억 5,940만 명으로 91.59퍼센트이다. 주요 소수 민족의 인구 현황은 장족壯族 1,617.9만 명, 만주족滿族 1,068.2만 명, 회족回族 981.7만 명, 먀오족苗族 894만 명, 위구르족 839.9만 명, 투쟈족土家族 802.8만 명, 이족彝族 776.2만 명, 몽골족 581.4만 명, 티벳족 541.6만 명, 동족侗族 296만 명, 야오족瑤族 263.7만 명, 조선족 192.4만 명, 바이족白族 185.8만 명, 하니족哈尼族 144만 명, 하사크족哈薩克族 125만 명, 리족黎族 124.8만 명, 따이족傣 族 115.9만 명 등이다.

중국의 총 국토 면적은 959만 6,960㎢로 27개 성(5개 자치구 포함), 4개 직할시로 이뤄져 있다. 중국의 국토 면적은 한반도 면적의 43.45배, 남한 면적의 96.66배다. 그러나 전체 인구의 8퍼센트 선에 불과한 소수 민족의 집중 거주 지역은 611만 7,300㎢로 전 국토의

63.72퍼센트나 된다. 중국에는 현재 소수 민족 행정구로는 5개 자치구(內蒙古·寧夏回族·新疆위구르·西藏·廣西壯族自治區), 30개 自治州, 120개 自治縣(旗 포함), 1,256개의 民族自治鄕이 있다.

소수 민족이 각 성 인구의 10퍼센트를 넘는 곳은 내몽골자치구(총 인구 2,376만 명 가운데 20.76퍼센트인 493만 명), 요녕성遼寧省(4,238만 명의 16.02퍼센트), 호남성湖南省(6,440만 명의 10.21퍼센트), 광서장족자치구(4,489만 명의 17.29퍼센트), 귀주성貴州省(3,525만 명의 37.85퍼센트), 운남성雲南省(4,288만 명의 33.41퍼센트), 서장西藏티벳자치구(262만 명의 94.07퍼센트), 청해성青海省(518만 명의 45.51퍼센트), 영하회족자치구(562만 명의 34.53퍼센트), 신강위구르자치구(1,925만 명의 59.39퍼센트) 등 11곳이다. 이 가운데 소수 민족이 성 전체 인구의 절반을 넘는 곳은 분리 독립 운동이 일어나고 있는 서장자치구와 신강위구르자치구 두 곳이다(김태경, 〈"소련처럼 망할 수도"... 극심한 '해체 공포증', [특별기획-중화 패권주의 ④] 소수 민족 문제에 민감한 이유는〉, 《오마이뉴스》 2004년 10월 13일자).

[13] 〈關于歷史上民族歸屬與疆域問題的再思考--兼評"一史兩用"史觀〉, 《中國邊疆史地研究》 2000년 제2기, 1~2쪽.

[14] 尹輝鐸, 〈現代中國의 領土·民族·國家認識--統一的 多民族國家論과 그 限界--〉, 국사편찬위원회 편, 《한국사론》 제40집, 2004. 12, 323~379쪽 참조.

[15] 方山, 〈중국 서부대개발의 경제적 과제(2)〉, 극동문제연구소 편, 《극동문제》 제25권 제3호, 2003. 3, 134~135쪽.

[16] 이와 관련하여 중국사회과학원 산하의 '변강사지연구센터'에서는 '동북공정'의 '응용연구' 과제로 이 문제를 연구하고 있다. 그러나 연구 결과나 구체적인 연구 과제명은 대외비로 분류하여 공개를 하지 않고 있다. 대표적인 문건이 1998년 변강사지연구센터의 '當代中國邊疆系列調査硏究' 課題組가 작성한 〈朝鮮半島形勢的變化對東北地區穩定的衝擊〉, 1999년에 작성된 〈朝鮮半島形勢變化與東北邊疆穩定〉, 2001년에 작성된 〈朝鮮半島局勢的發展對東北邊疆地區的影響〉 등이다(이희옥, 〈동북공정 추진현황과 추진기관 실태〉, 《중국의 동북공정과 중화주의》, 서울: 고구려연구재단, 2005, 83~133쪽).

[17] 2000년 남북 정상 회담 이후 달라진 한반도 정세와 관련시켜, 국내 학계에서 중국의 한반도 전략에 관해 분석한 글로는 문흥호, 〈중국의 대외전략: 동북아 및 한반도정책을 중심으로〉, 《한국과국제정치》 제21권 제1호, 통권 제48호, 2005년 봄호; 유청재, 〈신시기 중국의 한반도 정책〉, 《통일로》 통권 제201호, 2005. 5; 金材澈, 〈중국의 "등장", 균형정책, 그리고 한반도〉, 《中蘇研究》 제27권 제4호, 통권 제100호, 2003·2004; 장공자, 〈21세

기 중국의 국가목표와 한반도 정책: 중국 중심의 평화유지에 중점을 두고 있다〉,《北韓》통권 제394호, 2004. 10; 金起燮, 〈주요 사건을 통한 중국의 대한반도 인식 연구: 군사적 개입을 중심으로〉,《論文集》제59집, 2004. 11; 홍면기, 〈중국의 부상과 북한의 위기: 중국 대한반도 정책의 딜레마〉,《統一政策硏究》제13권 제1호, 2004; 데이비드 샴바우David Shambaugh 著, 한윤선 譯, 〈한반도에 대한 중국의 장기전략〉,《통일로》통권 제178호, 2003. 6/《KDI북한경제리뷰》제5권 제4호, 2003. 4; 박치정, 〈중국의 대한반도 정책: 등거리 외교를 중심으로〉,《社會科學硏究》제16집, 2003. 3; 김소중, 〈중국의 한반도 정책과 남북관계〉,《社會科學硏究》제22집, 2003. 2; 정종욱, 〈정상회담 이후 중국의 한반도 정책〉,《東아시아硏究論叢》제12집, 2001. 12; 朴圭太, 〈중국의 한반도 정책: 현안에 대한 대응태도〉,《中國硏究》제21집, 2002. 12; 장공자, 〈21세기 중국의 국가전략과 한반도정책〉,《한국동북아논총》제7권 제3호, 통권 제24집, 2002. 9; 李泰桓, 〈中國의 韓半島 政策〉,《亞太Focus》제25집, 2002. 12; 金昭中, 〈중국의 한반도에 대한 정책〉,《中國學論叢》제14집, 2002. 12; 유동원, 〈중국의 대외정책: 對동북아정책과 한반도정책〉,《統一論叢》제14집, 2001. 12; 李丹, 〈강택민 시대 중국의 외교정책 기조와 대한반도 관계〉,《한국동북아논총》제7권 제1호, 통권 제22집, 2002. 3; 김소중, 〈중국의 한반도 정책과 남북관계〉,《統一問題硏究》제16집, 2002. 11; 한석희, 〈탈냉전 시기의 중국의 대한반도 정책: 중국의 국가이익과 주변안정, 그리고 한반도 정책〉,《연세사회과학연구》제7권, 2001. 11; 최춘흠, 〈남북한 정상회담과 중·러의 한반도 정책〉,《社會科學論集》제31집, 2000. 12; 이명수, 〈中國의 韓半島 政策: 中國의 韓半島 統一影響力〉,《사회과학논집》제11권 제2호, 2001; 蘇致馨, 〈북한 급변사태와 중국의 개입유형〉,《中國硏究》제20집, 2001. 12; 鄭鍾旭, 〈南北頂上會談 이후 中國의 韓半島 政策〉,《新亞細亞》제27집, 2001. 6; 조용관, 〈중국의 대한반도 정책〉,《北韓》제350집, 2001. 2; 오수열, 〈중국의 대한반도 정책과 우리의 대응방안〉,《통일전략》제1권 창간호, 2001. 12; 朴圭太, 〈人民日報의 한반도 관련 평론을 통해 본 中國의 한반도 안정정책〉,《中國硏究》제20집, 2001. 12; 이원봉, 〈중국의 한반도정책과 한국의 정책 방향〉, 경희대학교아태지역연구원 편,《亞太硏究》제7집, 2000. 12; 신상진, 〈중국의 대한반도정책: 통일과 안보문제에 대한 입장분석을 중심으로〉,《統一問題硏究》제16집, 2000. 4; 양청쒀 저, 김영화 譯, 〈중국의 대한반도정책〉,《평화논총》제4권 제1호, 2000. 6; 尹惠炳, 〈中國의 對韓半島 安保外交政策에 대한 硏究〉,《東明論文集》제22권 제1호, 2000. 12; 김영진, 〈중국의 대對한반도 정책〉,《東아시아硏究論叢》제11집, 2000. 12; 권무혁, 〈중·러의 한반도 정책〉,《統一問題硏究》제22집, 2000. 12 등이 있다.

18 이도운, 〈미·중 '물밑대화'〉, 《서울신문》 2005년 9월 9일자, 1면.

19 郭銳, 〈1. 중국인이 바라본 역사상의 한중 관계〉(이하에서는 〈1. 한중 관계〉라 약칭)의 1) 예치 체계.

20 四代重彈(가명), 〈9. 중국 군사 전략가가 구상한 한반도 전략〉(이하에서는 〈9. 한반도 전략〉이라 약칭).

21 陳峰君, 〈2. 중국인이 인식한 한반도의 전략적 가치〉(이하에서는 〈2. 전략적 가치〉라 약칭)의 1 항목.

22 如蒼生何(가명), 〈8. 한반도와 중국의 전략〉(이하에서는 〈8. 중국 전략〉이라 약칭)의 1 머리말.

23 위의 글, 〈2. 전략적 가치〉.

24 위의 글, 〈9. 한반도 전략〉.

25 周思明, 〈5. 한반도의 통일은 중국에 위협이 될 것인가〉(이하에서는 〈5. 위협이 될 것인가〉로 약칭).

26 木葉的蓮華(가명), 〈6. 한반도의 통일은 중국에 진짜 불리할까?〉(이하에서는 〈6. 불리할까?〉로 약칭).

27 田曉明, 〈4. 중국은 한반도의 변화를 어떻게 받아들일까?〉(이하에서는 〈4. 어떻게 받아들일까?〉로 약칭)의 1) 한반도 통일.

28 위의 글, 〈8. 중국 전략〉.

29 위의 글, 〈5. 위협이 될 것인가?〉.

30 위의 글, 《6. 불리할까?〉; 위의 글, 〈8. 중국 전략〉.

31 위의 글, 〈8. 중국 전략〉의 2) 외교.

32 李寒秋, 〈7. 중국인이 본 한반도의 통일 전망과 한국 민족주의의 미래〉(이하에서는 〈7. 민족주의의 미래〉로 약칭).

33 위의 글, 〈4. 어떻게 받아들일까?〉의 1) 한반도 통일.

34 위의 글, 〈2. 전략적 가치〉의 1) 항목.

35 위의 글, 〈9. 한반도 전략〉.

36 위의 글, 《6. 불리할까?〉.

37 위의 글, 〈2. 전략적 가치〉의 1) 항목.

38 앞의 글, 〈8. 중국 전략〉의 1) 머리말.

39 앞의 글, 〈5. 위협이 될 것인가?〉.

40 張璉瑰, 〈3. 중국의 부흥과 한반도〉(이하에서는 〈3. 중국의 부흥〉이라 약칭)의 1) 중국의

부흥이 한반도에 미치는 영향.

[41] 위의 글, 〈3. 중국의 부흥〉의 1) 항목.

[42] 앞의 글, 〈2. 전략적 가치〉의 2) 항목.

[43] 앞의 글, 〈8. 중국 전략〉의 4) 안전.

[44] 앞의 글, 〈7. 한국 민족주의의 미래〉.

[45] 앞의 글, 〈7. 한국 민족주의의 미래〉.

[46] 앞의 글, 〈7. 한국 민족주의의 미래〉.

[47] 앞의 글, 〈1. 한중 관계〉의 3) 냉전 체계.

[48] 이와 관련하여 심지어 어느 중국 전문가는 북한의 김정일 정권을 다음과 같이 평가한다. "우리들 중에 북한의 김가金家 정권에 대해 호감을 가진 사람은 거의 없을 것이다. 거의 대부분은 그들 가문이 역사의 쓰레기더미 속에 쳐 넣어지기를 희망한다. 이 점에 대해서는 의론의 여지가 거의 없다……. 김가 정권을 위해서 중국이 다시 전쟁에 휘말려 들어간다면, 그것은 거의 가치가 없는 짓이다"(앞의 글, 〈6. 불리할까?〉)

[49] 앞의 글, 〈6. 불리할까?〉.

[50] 앞의 글, 〈7. 한국 민족주의의 미래〉.

[51] 앞의 글, 〈7. 한국 민족주의의 미래〉.

[52] 앞의 글, 〈7. 한국 민족주의의 미래〉.

[53] 앞의 글, 〈6. 불리할까?〉.

[54] 앞의 글, 〈2. 전략적 가치〉.

[55] 앞의 글, 〈9. 한반도 전략〉.

[56] 앞의 글, 〈9. 한반도 전략〉.

[57] 앞의 글, 〈9. 한반도 전략〉.

[58] 앞의 글, 〈9. 한반도 전략〉.

[59] 앞의 글, 〈2. 전략적 가치〉.

[60] 앞의 글, 〈9. 한반도 전략〉.

[61] 앞의 글, 〈8. 중국 전략〉의 1) 머리말.

[62] 앞의 글, 〈7. 한국 민족주의의 미래〉.

[63] 앞의 글, 〈7. 한국 민족주의의 미래〉.

[64] 앞의 글, 〈9. 한반도 전략〉.

[65] 앞의 글, 〈8. 중국 전략〉의 4) 안전.

[66] 앞의 글, 〈7. 한국 민족주의의 미래〉.

[67] 앞의 글, 〈8. 중국 전략〉의 4) 안전.

[68] 앞의 글, 〈8. 중국 전략〉의 2) 외교.

[69] 앞의 글, 〈8. 중국 전략〉의 4)안전.

[70] 앞의 글, 〈8. 중국 전략〉의 4) 안전.

제2부 '중화민족 대가정'을 만들기 위한 국가 이데올로기

[1] 김광억, 〈현대중국의 민속부활과 사회주의 정신 문명화 운동〉, 서울대학교 비교문화연구소 편, 《比較文化硏究》 창간호, 1993, 208~209쪽.

[2] 宋仲福 · 趙吉惠 · 裵大洋 著, 《儒學在現代中國》, 鄭州: 中州古籍出版社, 1993, 325쪽. 공자孔子에 관한 전문적인 연구물로는 中華孔子硏究所 編, 《孔子硏究論文集》, 北京: 敎育科學出版社, 1987 참조.

[3] 위의 책, 《儒學在現代中國》, 326쪽.

[4] Edward Said, Orientalism, New York: Vintage, 1979, p. 3.

[5] 劉國光 · 汝信 主編, 《有中國特色的社會主義》, 北京: 中國社會科學出版社, 1993, 20쪽.

[6] 鄧小平, 〈解放思想, 實事求是, 團結一致向前看〉(1978. 12. 13), 中共中央文獻硏究室 編, 《三中全會以來--重要文獻選編》上, 長春: 吉林人民出版社, 1982, 22쪽.

[7] 〈貫徹調整方針, 保證安定團結〉(1980. 12. 25), 《鄧小平文選》 제2권, 武漢: 湖北人民出版社, 1994, 367쪽 참조.

[8] 鄧小平, 〈中國共産黨第十二次 全國代表大會開幕詞〉(1982. 9. 1), 《鄧小平文選》 제3권, 北京: 人民出版社, 1994, 2~3쪽 참조.

[9] 《중국 헌법》, 제19~24조.

[10] 〈中共中央關于社會主義精神文明建設指導方針的決議〉(1986. 9. 28), 有林 · 鄭新立 · 王瑞璞 主編, 《國史通鑒》 제4권(1976~1995), 北京: 當代中國出版社, 1996, 857~861쪽에 所收.

[11] 〈中共中央關于加强社會主義精神文明建設若干重要問題的決議〉(1996. 10. 10), 《人民日報》 1996년 10월 14일자, 1~2면에 所收. 이것의 의의는 〈認眞學習 提高認識〉, 《人民日報》 1996년 10월 16일자, 1면 참조.

[12] 〈兩個文明 一個目標〉, 《人民日報》 1996년 11월 2일자, 1면; 〈加强和改進思想政治工作〉, 《人民日報》 1999년 11월 9일자 참조.

[13] 앞의 문건, 〈中共中央關于社會主義精神文明建設指導方針的決議〉(1986. 9. 28), 857쪽; 〈一定要不斷發展社會主義精神文明〉, 《人民日報》 1997년 3월 28일자.

14 〈江澤民在中央精神文明建設指導委員會首次會議上指出〉,《人民日報》1997년 5월 27일자.

15 앞의 문건, 〈中共中央關于加强社會主義精神文明建設若干重要問題的決議〉(1996. 10. 10), 1면; 〈兩個文明 一個目標〉,《人民日報》1996년 11월 2일자, 1면; 〈一定要不斷發展 社會主義精神文明〉,《人民日報》1997년 3월 28일자.

16 〈兩個文明 一個目標〉,《人民日報》1996년 11월 2일자, 1면.

17 앞의 문건, 〈中共中央關于社會主義精神文明建設指導方針的決議〉(1986. 9. 28), 857~861 쪽 참조.

18 이것은 '사유신인四有新人'으로 불리기도 한다(〈建設文明的家園〉,《人民日報》1997년 9월 17일자).

19 앞의 문건, 〈中共中央關于加强社會主義精神文明建設若干重要問題的決議〉, 1면.

20 위의 문건, 〈中共中央關于社會主義精神文明建設指導方針的決議〉(1986. 9. 28), 857~861 쪽 참조.

21 앞의 문건, 〈中共中央關于加强社會主義精神文明建設若干重要問題的決議〉, 1면.

22 앞의 책,《儒學在現代中國》, 418~419쪽 참조.

23 앞의 문건, 〈中共中央關于社會主義精神文明建設指導方針的決議〉(1986. 9. 28), 859쪽.

24 앞의 문건, 〈中共中央關于加强社會主義精神文明建設若干重要問題的決議〉, 2면.

25 이 공약의 내용들은 中共北京市委宣傳部·首都精神文明辦公室·北京倫理學會 編, 《共創文明〈首都市民文明公約〉縱橫談》, 北京: 京華出版社, 1996, 1쪽 참조.

26 앞의 문건, 〈中共中央關于社會主義精神文明建設指導方針的決議〉(1986. 9. 28), 859쪽.

27 간략한 해석은 烏恩溥, 〈綜合傳統文化論〉, 中國孔子基金會·新加坡東亞哲學研究所 編,《儒學國際學術討論會論文集》上·下, 濟南: 齊魯書社, 1989, 511~516쪽 참조.

28 孫實明, 〈中華道德精神與"欲", "利"〉,《中國哲學史研究》1989년 제3기, 49쪽.

29 이와 관련하여 차이팡뤼蔡方鹿는 현대 사회의 발전 요소와 그것을 저해하는 유가적 전통 요소를 상호 대비시켜서 유가적 전통 문화의 찌꺼기로서, ① 봉건 계급 관념과 민주 정신의 충돌, ② 자연 경시, 기예技藝 배척의 관념과 과학 사상의 충돌, ③ 도덕 중시, 이익 경시의 가치관과 현대 사회의 생산력 발전 사이의 부조화, ④ 중농경상重農輕商과 상품 시장 경제 발전의 충돌, ⑤ 인치人治 전통과 법제 건설의 모순, ⑥ 봉건 군체群體 관념과 개성·창조 정신의 충돌, ⑦ 상고주의尚古主義 경향과 개척 정신의 충돌, ⑧ 순종·구동求同의 관념과 독립·경쟁 의식의 충돌, ⑨ 심사내수深思內修·중내경회重內 輕外의 정신과 공업功業을 세우려는 정신의 충돌 등을 제시하고 있다(김봉건 역,《유학—전통과 현대화》, 서광사, 1999, 281~290쪽). 버려야 할 유학 찌꺼기에 관해서는 張岱

年,〈文化體系及其改造〉,《中國哲學史研究》1989년 제3기, 4쪽; 黃中業·張本政,〈忠孝道德
評述〉,《中國哲學史研究》1985년 제2기, 3~12쪽; 嚴北溟,〈儒學在現代化中地位的思考〉,
앞의 논문집,《儒學國際學術討論會論文集》, 1391~1392쪽; 李錦全,〈儒家論人際關係的
矛盾兩重性思想〉, 앞의 논문집,《儒學國際學術討論會論文集》, 177~178쪽. 192쪽; 張
健·楊煥英,〈孔子教育思想在我國教育改革中的意義和作用〉, 앞의 논문집,《儒學國際
學術討論會論文集》, 1435쪽 등 참조.

30 韓達,〈"打倒孔家店"與評孔思潮〉, 앞의 논문집,《孔子研究論文集》, 416쪽.

31 嚴北溟,〈儒學在現代化中地位的思考〉, 앞의 논문집,《儒學國際學術討論會論文集》, 1400
쪽; 앞의 책,《儒學在現代中國》, 434쪽.

32 李寧,〈中國21世紀公民道德教育的特點〉, 韓國國民倫理學會 編,《21世紀 國民倫理教育
의 方向과 展望》(제8회 韓中 倫理學 國際學術會議 論文集), 2000. 7, 31쪽; 앞의 책,《儒
學在現代中國》, 433~434쪽.

33 앞의 책,《儒學在現代中國》, 416~418쪽.

34 潘富思·施昌東 著,《中國哲學論稿》, 重慶: 重慶出版社, 1984, 318~319쪽.

35 孫實明,〈中華道德精神與"欲", "利"〉,《中國哲學史研究》1989년 제3기, 43~49쪽; 위의
글,〈中國21世紀公民道德教育的特點〉, 31쪽.

36 조경란,〈중국의 전통과 근대에서 개체와 집단의 문제〉, 哲學研究會 編,《哲學研究》제
49집, 2000년 여름호, 20쪽.

37 劉國光·汝信 主編,《有中國特色的社會主義》, 北京: 中國社會科學出版社, 1993, 586쪽;
앞의 책,《儒學在現代中國》, 433~434쪽 참조.

38 錢遜,〈孔子德治思想淺析〉, 앞의 논문집,《孔子研究論文集》, 423쪽: 앞의 책,《儒學在現
代中國》, 416~418쪽.

39 陳啓智,〈孔孟研究的若干方法論問題〉, 앞의 논문집,《孔子研究論文集》, 457쪽.

40 위의 글,〈中國21世紀公民道德教育的特點〉, 32쪽; 앞의 책,《儒學在現代中國》, 422~423쪽.

41 이와 관련해서는 장쩌민이 1996년 10월 중공 14계屆 6중전회6中全會 폐막회에서 행한
연설(〈關于加强愛國主義教育〉,《人民日報》1997년 5월 11일자, 1면; 李嵐淸의 書面講話〈
百個中小學愛國主義教育基地命名〉,《人民日報》1996년 11월 2일자, 2면;《人民日報》評
論員,《好社會主義精神文明建設的基礎工程》,《人民日報》1997년 6월 15일자) 참조.

42 龐永紅,〈試論我國公民倫理道德教育〉, 韓國國民倫理學會 編,《21世紀 國民倫理教育의
方向과 展望》(제8회 韓中 倫理學 國際學術會議 論文集), 2000. 7, 300쪽; 앞의 책,《有中
國特色的社會主義》, 586쪽.

43 張健·楊煥英,〈孔子教育思想在我國教育改革中的意義和作用〉, 앞의 논문집,《儒學國際學術討論會論文集》, 1434쪽; 앞의 책,《儒學在現代中國》, 420~421쪽.

44 朱少華,〈孔子"貴和"思想之我見〉,《中國哲學史研究》1986년 제4기, 29~30쪽.

45 앞의 책,《儒學在現代中國》, 412쪽.

46 宇野重昭,〈20世紀中國と西歐文明の相互觸發〉, 宇野重昭·天兒慧 編,《20世紀の中國--政治變動と國際契機》, 東京: 東京大學出版會, 1994, 347쪽.

47 李錦全,〈儒學傳統能否適應現代化--兼對現代新儒家及反傳統派思想觀點的述評〉,《中國哲學史研究》1989년 제3기, 119쪽.

48 張豈之,〈儒學思想的歷史演變及其作用〉, 앞의 논문집,《儒學國際學術討論會論文集》318쪽.

49 村田雄二郎,〈中華ナショナリズムの現在〉,《世界》1993년 11월 호.

50 앞의 문건,〈中共中央關于社會主義精神文明建設指導方針的決議〉(1986. 9. 28), 858쪽.

51 앞의 문건,〈中共中央關于加强社會主義精神文明建設若干重要問題的決議〉, 1면.

52 앞의 문건,〈中共中央關于加强社會主義精神文明建設若干重要問題的決議〉, 1면.

53 Xiaomei Chen, Occidentalism, London: Oxford University Press, 1995의 "Introduction"(여기에서는 李勛相 역,〈옥시덴탈리즘〉, 架礴 宋基寅 神父 華甲紀念論叢刊行委員會 編,《歷史와 社會》別册, 현암사, 1997, 431쪽에서 인용).

54 森山昭郎,〈アメリカの現代中國研究:槪觀〉, 衛藤瀋吉 編,《現代中國政治の構造》, 東京: 日本國際問題研究所, 1982, 330쪽. 이와 유사한 관점의 글로는 Maurice Meisner의 글(Mao's China: A History of the People's Republic, N.Y. Free Press, 1977)을 들 수 있다.

55 조경란,〈중국의 전통과 근대에서 개체와 집단의 문제--새로운 공동체를 위한 시론적 접근〉, 哲學研究會 編,《哲學研究》제49집, 2000년 여름호, 3쪽.

56 景杉 主編,《中國共産黨大辭典》, 北京: 中國國際廣播出版社, 1991, 380쪽.

57 Quintin Hoare & Geoffrey Nowell Smith, *Selections from the Prison Notebooks of Antonio Gramsci,* International Publishers, New York, 1978(여기에서는 이상훈 역,《그람시의 옥중수고 II--철학·역사·문화편》, 거름, 1993, 164쪽에서 인용).

58 《人民日報》1997년 5월 30일자.

59 김교빈,〈문화열과 현대중국〉, 한국철학사상연구회 논전사분과 엮음,《현대중국의 모색--문화전통과 현대화 그리고 문화열》, 동녘, 1992, 19쪽.

60 1980년대 중반 이후 중국에서는 중국 문화의 한계와 위기를 느낀 학자들을 중심으로 중

국 문화에 대해 반성·비판·개조하자는 풍조가 대두하기 시작하였는데, 이것을 '문화 열文化熱'이라고 부른다.

61 李澤厚,〈中國大陸文化研究的發展趨勢〉,《中國論斷》제296기, 1988. 1, 73~80쪽.

62 대표적인 학자가 후웨이쉰傅偉勳이다. 그에 의하면 "중서中西의 대립과 체용體用의 경직된 사유 방식을 버리고 중서 문화를 적극적으로 교류시켜야 한다. 그래서 중서 문화를 서로 체용으로 삼아 변증법적 지양을 거쳐 현대화된 융합에 도달하도록 해야 한다"는 것이다(方克立,〈論中體西用與西體中用〉, 中國人民大學科學研究處組 編,《傳統文化與現代化》, 北京: 人民大學出版社, 1987); 여기에서는 한국철학사상연구회 논전사분과 엮음,《현대중국의 모색》, 동녘, 1992, 355쪽에서 인용.

63 한국철학사상사연구회 논전사분과 엮음,《현대중국의 모색――문화전통과 현대화 그리고 문화열》, 동녘, 1992; 동 논전사분과 엮음,《현대신유학 연구》, 동녘, 1994; 楊憲邦,〈傳統文化與社會主義新文化〉,《中國哲學史研究》1989년 제3기를 참조.

64 〈江澤民在中央黨校省部級干部進修班畢業典禮上强調〉,《人民日報》1997년 5월 30일자, 1면.

65 《新華月報》1987년 제4기, 68쪽.

66 樂國安·江國平,〈略論我國市場經濟運行初期的破壞性失範行爲〉,《南開學報》(哲社版) 1997년 제3기, 12~17쪽.

67 위의 글,〈略論我國市場經濟運行初期的破壞性失範行爲〉, 275쪽.

68 앞의 문건,〈中共中央關于加强社會主義精神文明建設若干重要問題的決議〉(1996. 10. 10) 에서는 그러한 현상을 우려하고 있다.

69 이상호,〈現代新儒學이란 무엇인가〉, 앞의 책,《현대 신유학 연구》, 10~11쪽.

70 王若水,〈關于馬克思主義的人的哲學〉,《文匯報》1986년 7월 17일자(여기에서는 全擇元,〈중국 사회주의 이념의 변화와 지속〉,《中蘇研究》제10권 제4호, 1986 / 7 겨울호, 45~46 쪽에서 재인용).

71 〈中央文明委召開全國電話會議 部署講文明樹新風活動〉,《人民日報》1997년 7월 16일자;〈牽動精神文明建設全局的大事〉,《人民日報》1997년 8월 18일자, 1면.

72 〈講文明樹新風 重建設抓效果〉,《人民日報》1998년 3월 13일자.

73 그람씨,《그람씨선집》제5권(1919), 24~25쪽(극동문제연구소 편,《극동문화》1985, 1784쪽 所收; 여기에서는 위의 글,〈중국 사회주의 이념의 변화와 지속〉, 44~45쪽에서 재인용.

74 신생활운동에 관해서는 Lloyd E. Eastman, *The Abortive Revolution: China under Nationalist Rule, 1927~1937*, Cambridge and London: Harvard University Press,

1974 참조.

[75] Daniel C. Lynch는 '체제 유지를 위한 사상 통제' 라는 각도에서, '사회주의 정신 문명' 건설이 1930년대에 장제쓰가 추진했던, 성공하지 못했던 "신생활운동"과 유사하다고 평가하고 있다. 그러나 그는 공산당 지도자들 사이에서의 입지 강화의 일환이라는 측면에서 정신 문명 건설을 파악하고 있다(Dilemmas of 'Thought Work' in Fin-de-Siecle China, The China Quarterly, 1999, pp. 198~201).

[76] Potter, J. and S. Potter, China's Peasants, Cambridge: Cambridge University Press, 1990.

[77] B. Anderson, Imagined Communities, London: Verso, 1983.

[78] 이종환,〈'12억 대륙 中혁명 물결' 경제 자신감 바탕 애국주의〉,《東亞日報》1999년 7월 19일자.

[79] 江澤民,〈關于加强愛國主義教育〉(1996. 10. 10),《人民日報》1997년 5월 11일자, 1면.

[80] 中國改革開放20年叢書 國家體改委研究所·中共中央黨校經濟研究中心 組編, 羅國杰 主編,《中國精神文明建設20年》, 鄭州: 中州古籍出版社, 1998, 85~86쪽.

[81] 江澤民,〈愛國主義和我國知識分子的使命〉(1990. 5. 3), 앞의 책,《中國精神文明建設20年》, 86~87쪽.

[82] 鄧小平,〈建設有中國特色的社會主義〉(1984. 6. 30),《鄧小平文選》第三卷, 北京: 人民出版社, 1994, 62~71쪽.

[83]〈中共中央關于引發〈愛國主義教育實施綱要〉的通知〉(1994. 8. 23), 앞의 책,《中國精神文明建設20年》, 919쪽, 922쪽.

[84]《人民日報》1996년 10월 14일자 및 中共中央文獻研究室 編,《十四大以來重要文獻選編》下, 北京: 人民出版社, 1999.

[85] 사회주의 정신 문명 건설의 함의·목적·문제점, 유교와의 관련성 등에 관해서는 尹輝鐸,〈中國의 社會主義 精神文明 建設과 儒家的 傳統文化〉,《中國現代史研究》제10집, 2000. 12, 91~124쪽 참조.

[86] 이 사실을 보여주는 또 다른 문헌으로는 앞의〈문제 결의〉이외에,〈加强學校黨建和精神文明建設〉,《人民日報》1997년 6월 12일자가 있다.

[87] 앞의 문건,〈中共中央關于加强社會主義精神文明建設若干重要問題的決議〉.

[88] 江澤民,〈關于加强愛國主義教育〉(1996. 10. 10),《人民日報》1997년 5월 11일자, 1면.

[89] 위의 연설문,〈關于加强愛國主義教育〉.

[90]〈江澤民在全國教育工作會議上發表重要講話强調 國運興衰系于教育 教育振興全民有責

〉, 《人民日報》 1999년 6월 16일자.

[91] 앞의 문건, 〈中共中央關于印發〈愛國主義教育實施綱要〉的通知〉, 920~921쪽.

[92] 鄭信哲, 〈중국의 애국주의와 민족주의〉, 《민족주의와 사회주의》, 경기대 민족문제연구소, 1996, 75쪽.

[93] 解放社 編, 《國際主義與民族主義》, 北京: 新華書店, 1949, 49쪽.

[94] 앞의 문건, 〈中共中央關于印發〈愛國主義教育實施綱要〉的通知〉, 920~921쪽.

[95] 앞의 문건, 〈中共中央關于印發〈愛國主義教育實施綱要〉的通知〉, 922~924쪽.

[96] 이것과 관련된 다른 참고 문건으로는 앞의 〈문제 결의〉 외에, 중공 중앙 및 국무원이 공포한 문건 〈關于深化教育改革全面推進素質教育的決定〉(1999. 6. 13), 《人民日報》 1999년 6월 17일자 참조.

[97] 앞의 글, 〈중국의 애국주의와 민족주의〉, 68쪽.

[98] 앞의 연설문, 〈關于加强愛國主義教育〉.

[99] 앞의 문건, 〈中共中央關于加强社會主義精神文明建設若干重要問題的決議〉, 2면.

[100] 앞의 문건, 〈中共中央關于印發〈愛國主義教育實施綱要〉的通知〉, 926쪽.

[101] 앞의 문건, 〈中共中央關于印發〈愛國主義教育實施綱要〉的通知〉, 925쪽.

[102] 人民日報評論員, 〈抓好社會主義精神文明建設的基礎工程〉, 《人民日報》 1997년 6월 15일자, 1면.

[103] 앞의 문건, 〈中共中央關于印發〈愛國主義教育實施綱要〉的通知〉, 928쪽.

[104] 앞의 문건, 〈中共中央關于印發〈愛國主義教育實施綱要〉的通知〉, 927쪽. 또한 〈國民經濟和社會發展第十個五年計劃綱要〉(2001. 3. 15)의 '제20장 思想道德建設'에서도 애국 열사 묘지 등 애국주의 교육 기지를 더욱 더 보호하고 증설할 것을 명시하고 있다(《人民日報》 2001년 3월 19일자).

[105] 현재 중국에서 애국주의 교육의 시범 기지 가운데 첫 번째로 손꼽히는 곳이 북경의 천안문광장이라고 한다(〈天安門廣場成爲愛國主義教育大課堂〉, 《人民日報》 1999년 4월 26일자).

[106] 앞의 문건, 〈中共中央關于加强社會主義精神文明建設若干重要問題的決議〉.

[107] 胡錦濤, 〈發揚偉大的愛國主義精神爲建設有中國特色社會主義努力奮鬪--在五四運動八十周年紀念大會上的講話〉(1999. 5. 4), 《人民日報》 1999년 5월 5일자.

[108] 趙紫陽, 〈在建設和改革的新時代進一步發揚五四精神〉(1989. 5. 3), 《人民日報》 1989년 5월 4일자.

[109] 〈抗戰館成爲愛國主義教育基地〉, 《人民日報》 1992년 12월 18일자.

110 〈圓明園成爲愛國主義教育大課堂〉, 《人民日報》 1992년 12월 21일자.

111 사회주의 물질 문명과 사회주의 정신 문명을 가리킨다.

112 〈洪湖愛國主義教育持之以恒〉, 《人民日報》 1996년 10월 27일자.

113 〈河南實驗小學採取多種有趣形式 對學生進行愛黨愛國教育〉, 《人民日報》 1992년 12월 25일자.

114 〈百個中小學愛國主義教育基地命名〉, 《人民日報》 1996년 11월 2일자.

115 앞의 문건, 〈中共中央關于印發〈愛國主義教育實施綱要〉的通知〉, 932쪽.

116 〈回歸凝集愛國心〉, 《人民日報》 1997년 6월 2일자.

117 〈回歸不忘國恥 致力振興中華――來自愛國主義教育示範基地的報告〉, 《人民日報》 1997년 6월 28일자.

118 人民教育出版社歷史室 編著, 《高級中學課本 中國近代現代史》 上册(必修)(이하에서는 《고교 근·현대사》라 약칭), 北京: 人民教育出版社, 1999.

119 人民教育出版社歷史室 編著, 《九年義務教育三年制初級中學教科書 中國歷史》 第三册 (이하에서는 《중학 역사》라 약칭), 瀋陽: 人民教育出版社, 1997, 31쪽, 34~36쪽.

120 人民教育出版社歷史室 編著, 《九年義務教育三年制初級中學 中國歷史》 第三册 教師 教學用書(이하에서는 《教學書》라 약칭), 瀋陽: 人民教育出版社, 1997.

121 윤택림, 〈탈식민 역사쓰기를 향하여―― '탈근대론' 적 역사해석 비판〉, 《역사비평》 2002 년 봄, 역사문제연구소, 84쪽.

122 李澤厚, 〈啓蒙과 救亡의 이중 변주〉, 김형종 역, 《중국 현대사상사의 굴절》, 지식산업 사, 1998, 47~48쪽.

123 《國民國家論の射程》, 尹大石 역, 《국민이라는 괴물》, 소명출판, 2002, 54쪽.

124 앞의 글, 〈啓蒙과 救亡의 이중 변주〉, 56~57쪽.

125 解放社編, 《國際主義與民族主義》, 新華書店, 1949, 49쪽.

126 앞의 연설문, 〈關于加强愛國主義教育〉. 이 점은 人民日報評論員, 〈把愛國主義教育得 更紮實更有效〉(《人民日報》 1996년 9월 28일자, 1면) 참조.

127 앞의 책, 《국민이라는 괴물》, 저자 서문, 8쪽.

제3부 '중화민족 대가정'을 만들기 위한 역사 이론

1 《中華民族凝聚力的形成與發展》 編寫組, 《中華民族凝聚力的形成與發展》, 北京: 民族出 版社, 2000; 田曉岫, 《中華民族發展史》, 北京: 華夏出版社, 2001; 趙政男, 《中國의 民族問 題》, 서울: 敎養社, 1988; 俸春華, 〈中華民族是多民族融合發展的結果〉, 《創造》 1997년 제

1기, 52쪽; 費孝通, 〈中華民族多元一體格局形成的特點〉, 《群言》(京) 1989년 제3기, 11쪽 참조.

2 尹輝鐸, 〈중국 학계의 영토·민족·국가 인식--통일적 다민족 국가론과 그 한계-〉, 한 국국사편찬위원회 편, 《韓國史論》 제40집, 서울: 국사편찬위원회, 2004. 12, 117쪽.

3 1954년 헌법 〈제3조〉. 이 내용은 1982년에 개정된 중화인민공화국헌법 〈서언〉에서도 재 확인되고 있다(http://www.ndcnc.gov.cn/datalib/2003/PolicyLaw/DL/DL-10943 및 DL- 10946 참조).

4 이강원, 〈중국 변강에서 민족과 공간의 사회적 구성〉, 《지리학논총》 별호 37, 2000, 299~302쪽.

5 여호규, 〈중국의 동북공정과 고구려사 인식체계의 변화〉, 《한국사연구》 126집, 2004. 9, 282쪽.

6 翁獨健, 〈序言〉, 朱紹侯 編, 《中國古代民族關係史研究》, 福州: 福建人民出版社, 1989, 1 쪽; 위의 논문, 〈중국의 동북공정과 고구려사 인식체계의 변화〉, 284~285쪽.

7 馬大正 等 외 지음, 조세현 번역, 《중국의 국경·영토 인식-20세기 중국의 변강사 연구》, 고구려연구재단, 2004, 191쪽, 405쪽.

8 《光明日報(京)》 2000년 1월 7일자, C③.

9 중국 공산당 기관지에서는 "민족 단결의 강화, 국가 통일의 공고화"라는 필요성에서 "통일 다민족 국가의 형성 및 진보 작용, 역사상 소수 민족의 상호 학습·흡수·의존, 중국의 변 강 개발 및 중국 문화 발전 과정에서의 소수 민족의 공헌" 등에 관한 연구의 중요성을 제시 하고 있다(陳理, 〈重視統一多民族國家歷史的研究〉, 《光明日報》(京) 2000년 1월 7일자).

10 尹輝鐸, 〈現代中國의 邊疆民族認識과 東北工程〉, 《역사비평》 2003년 겨울호 참조.

11 費孝通, 《中華民族多元一體格局》, 北京: 中央民族學院出版社, 1989 및 費孝通, 〈中華民 族多元一體格局形成的特點〉, 《群言》(京) 1989년 제3기 참조.

12 孫內民, 〈中華民族的歷史融合及其特點〉, 《社會科學戰線(長春)》 2000년 제6기, 144쪽.

13 林炎, 《中華民族的由來》, 上海: 永祥印書館, 1945, 1947; 木牧 等編著, 《中華民族大家園》, 西安: 未來出版社, 2001; 費孝通 主編, 《中華民族研究新探索》, 北京: 中國社會科學出版 社, 1991; 張鑫昌·王文光 著, 《中華民族發展簡史》, 昆明: 雲南人民出版社, 1996; 田曉岫 主編, 《中華民族》, 北京: 華夏出版社, 1991; 田曉岫, 《中華民族發展史》, 北京: 華夏出版 社, 2001 참조.

14 鄒逸麟, 〈中國多民族統一國家形成的歷史背景和地域特徵〉, 《歷史教學問題》 2000년 제1 기 및 趙永春, 〈關于中國歷史上疆域問題的幾點認識〉, 《中國邊疆史地研究》 2002년 제3

기 참조.

15 白壽彝, 〈論歷史的數學中存在的一個問題〉, 《光明日報》 1959년 7월 5일자.

16 張碧波, 〈中華疆域觀念與歷代邊疆政策-以東北邊疆爲例-〉, 《中國邊疆史地研究》 2004
년 제6기, 15쪽.

17 馬大正, 〈"中國邊疆通史叢書" 總序〉, 馬大正 主編, 《中國邊疆經略史》(中國邊疆通史叢
書), 鄭州: 中州古籍出版社, 2000, 7쪽.

18 馬大正, 위의 글, 〈"中國邊疆通史叢書" 總序〉, 8~12쪽.

19 馬大正, 위의 글, 〈"中國邊疆通史叢書" 總序〉, 12~15쪽.

20 馬大正, 위의 글, 〈"中國邊疆通史叢書" 總序〉, 16~17쪽.

21 〈前言〉, 위의 책 《中國邊疆經略史》, 1쪽.

22 翦伯贊, 〈關于處理中國史上的民族關係問題〉, 《中央民族學院學報》 1979년 제1·2기.

23 王玉哲, 〈中國古代史上的民族問題〉, 《南開大學學報》 1980년 제2기.

24 앞의 글, 〈中華疆域觀念與歷代邊疆政策――以東北疆域爲例〉, 16쪽.

25 孫進己, 〈我國統一多民族國家的形成和發展〉, 《史學集刊》(長春) 2001년 제3기, 11~12쪽.

26 孫進己, 〈我國歷史上民族關係的幾個問題〉, 《中國民族關係史研究》, 北京: 中國社會科學
出版社, 1984.

27 위의 글 〈中國古代史上的民族問題〉.

28 위의 글, 〈我國統一多民族國家的形成和發展〉, 13~14쪽.

29 翦伯贊, 〈關于處理中國史上的民族關係問題〉, 《中央民族學院學報》 1979년 제1·2기.

30 앞의 글, 〈我國統一多民族國家的形成和發展〉, 14쪽.

31 앞의 글, 〈我國統一多民族國家的形成和發展〉, 14쪽.

32 孫進己, 〈我國歷史上民族關係的幾個問題〉, 《中國民族關係史研究》, 北京: 中國社會科學
出版社, 1984.

33 葛劍雄, 《統一與分裂――中國歷史的啓示》, 北京: 三聯書店, 1994, 86쪽.

34 楊建新, 〈歷史上中國的疆域問題〉, 《中俄關係史論文集》, 蘭州: 甘肅人民出版社, 1979.

35 葛劍雄, 《中國歷代疆域的變遷》, 14~16쪽. 위의 책, 《統一與分裂――中國歷史的啓示》,
86~91쪽.

36 周偉洲, 〈歷史上的中國及其疆域, 民族問題〉, 《雲南社會科學》 1989년 제2기.

37 譚其驤, 〈歷史上的中國和中國歷代疆域〉, 《中國邊疆史地研究》 1991년 제1기.

38 譚其驤, 〈唐代羈縻州述論〉, 《紀念顧頡剛學術論文集》, 成都: 巴蜀書社, 1990.

39 앞의 글, 〈我國統一多民族國家的形成和發展〉, 15쪽.

[40] 張景全, 〈藩屬問題淺議〉, 《長白學圃》 1994년 제10기.

[41] 葉自成, 《地緣政治與中國外交》, 北京: 北京出版社, 1998, 序論.

[42] 邢玉林, 〈1989年~1998年中國古代疆域理論問題研究綜述〉, 《中國邊疆史地研究》 2001년 제1기, 94쪽.

[43] 毛振發 主編, 《邊防論》, 北京: 軍事科學出版社, 1996, 87~100쪽.

[44] 肖之興, 〈略論匈奴是中國古代的民族及其與中原王朝的關係〉, 《中國民族關係史研究》, 北京: 中國社會科學出版社, 1984.

[45] 앞의 글, 〈中國古代史上的民族問題〉.

[46] 呂振羽, 〈新疆和祖國的歷史關係〉, 《中國民族關係史論文集》, 北京: 民族出版社, 1981.

[47] 子元, 〈西藏地方與祖國的歷史聯系〉, 위의 논문집, 《中國民族關係史論文集》.

[48] 孫進己, 〈我國統一多民族國家的形成和發展〉, 《史學集刊》(長春) 2001년 제3기, 15쪽.

[49] 위의 글, 〈我國統一民族國家的形成和發展〉, 16쪽.

[50] 앞의 글, 〈中國古代史上的民族問題〉.

[51] 俸春華, 〈中華民族是多民族融合發展的結果〉, 《創造》 1997년 제1기, 52쪽.

[52] 위의 글, 〈中華民族是多民族融合發展的結果〉, 52쪽.

[53] 費孝通 主編, 《中華民族多元一體格局》, 北京: 中央民族大學出版社, 2003, 31~36쪽; 費孝通, 〈中華民族多元一體格局形成的特點〉, 《群言》(京) 1989년 제3기, 11쪽.

[54] 앞의 글, 〈中華疆域觀念與歷代邊疆政策--以東北邊疆爲例--〉, 18~19쪽.

[55] 楊永福·顏星, 〈論"華夏中心"觀對近代中國學習西方的影響〉, 《西北第二民族學院學報》 2002년 제1기, 5~7쪽 참조.

[56] 王俊拴, 〈中國古代夷夏觀的價值取向〉, 《貴州民族研究》 1999년 제1기, 46쪽.

[57] 《禮記》 王制.

[58] 위의 글, 〈中國古代夷夏觀的價值取向〉, 34쪽.

[59] 葛志毅, 〈論大一統與嚴夷夏之防〉, 《管子學刊》(淄博) 1997년 제1기, 68~70쪽; 胡克森, 〈論中國古代正統觀的演變與中華民族融合之關係〉, 《史學理論研究》(京) 1999년 제4기, 50~51쪽; 張鴻雁·傅兆君, 〈論傳統夷夏觀的演變及其對近代社會民族觀的影響〉, 《民族研究》(京) 1993년 제2기, 56~57쪽, 60쪽; 杜永吉·徐長安, 〈"天下觀"與"文化中國"的歷史建構〉, 《河北學刊》 제22권 제6기, 2002. 11, 140쪽; 〈龔留柱, 〈"王者無外"和"夷夏之防"〉, 《南道學壇》 제20권 제4기, 2000. 4, 1~5쪽;

[60] 姜建設, 〈夷夏之辨發生問題的歷史考察〉, 《史學月刊》 1998년 제5기, 16쪽.

[61] 앞의 글, 〈夷夏之辨發生問題的歷史考察〉, 17쪽.

62 鄒逸麟, 〈中國多民族統一國家形成的歷史背景和地域特徵〉, 《歷史敎學問題》 2000년 제1
기, 38쪽.

63 張博泉, 〈中華史論〉, 《民族硏究》(京) 1993년 제3기, 27쪽.

64 陳友氷, 〈十六國北魏時期的"華夏之辨"〉, 《史林》 2000년 제4기, 25쪽; 위의 글, 〈"天下觀"
與"文化中國"的歷史建構〉, 142쪽; 秦永洲, 〈東晉南北朝時期中華正統之爭與正統再造〉,
《文史哲》 1998년 제1기, 69~76쪽. 당시 동진인東晉人은 5호16국을 이적夷狄으로, 남조
인南朝人은 북조를 '색로索虜'로, 북조인은 남조인을 '도이島夷'・'이로夷虜' 등으로
매도하면서 자신을 '중국'으로 칭했다(위의 글, 〈中國多民族統一國家形成的歷史背景
和地域特徵〉, 38쪽; 陳友氷, 〈十六國北魏時期的"華夏之辨"〉, 25쪽).

65 李鴻賓, 〈論唐朝的民族觀念〉, 《內蒙古社會科學》(漢文版) 제22권 제5기, 2001년 제9기,
45~46쪽.

66 거란족은 황제黃帝・염제炎帝를 조상으로 여겼다["遼之先, 出自炎帝, 世爲審吉國", 《遼
史》太祖紀].

67 武玉環, 〈論契丹民族華夷同風的社會觀〉, 《史學集刊》(長春) 1998년 제1기, 12~14쪽; 위의
글, 《中華史論》, 33쪽; 齊春風, 〈論金朝華夷觀的演化〉, 《社會科學輯刊》 2002년 제6기,
110~114쪽; 李珍, 〈試論遼宋夏金時期的民族史觀〉, 《史學月刊》 2002년 제2기, 44~50쪽.

68 張國慶, 〈中國古代北方民族 '史學'的民族特色〉, 《龍江社會科學》(哈爾濱) 1996년 제1기,
67쪽.

69 앞의 글, 〈論傳統夷夏觀的演變及其對近代社會民族觀的影響〉, 61쪽.

70 앞의 글, 〈論中國古代正統觀的演變與中華民族融合之關係〉, 52~58쪽, 江湄, 〈元代 "正
統"之辨與史學思潮〉, 《中國史硏究》(京) 1996년 제3기, 40쪽; 앞의 글, 〈中國多民族統一
國家形成的歷史背景和地域特徵〉, 38쪽; 王曉淸, 〈宋元史學的 "正統之辨"〉, 《中州學刊》
1994년 제6기; 葉建華, 〈論元代史學的兩股思潮〉, 《內蒙古社會科學》 1991년 제2기; 앞의
글, 〈"天下觀" 與 "文化中國"的歷史建構〉, 142쪽 참조.

71 田毅鵬, 〈甲午戰爭與華夷觀念的崩壞〉, 《吉林師範學院學報》 1995년 제7기, 9~11쪽.

72 嚴亞明, 〈"師夷長技"與魏源的民族意識〉, 《寧夏社會科學》 2001년 제5기, 88~94쪽 참조.

73 郭雙林, 〈近代西方地理學東漸與傳統夷夏觀念的變異〉, 《中州學刊》 2001년 제2기, 140쪽.

74 楊思信, 〈試論傳統夷夏文化觀在晚淸的蛻變〉, 《中州學刊》 1998년 제4기, 109~110쪽.

75 蔣榮昌, 〈"中體西用"――漢語思想的百年團結上下〉, 《西南民族學院學報》(哲學社會科學
版) 제21권 제2・3기, 2000. 2・3, 38~42쪽, 46~52쪽; 嚴亞明, 〈洋務運動與民族意識的嬗
變〉, 《蘭州敎育學院學報》 2000년 제1기, 21~22쪽.

76
高强, 〈革命派與改良派關于"黃帝子孫"稱謂的岐爭〉, 《烟臺大學學報》(哲學社會科學版)
제15권 제3기, 2002. 7, 350~353쪽; 孫隆基, 〈淸季民族主義與黃帝崇拜之發明〉, 《歷史研
究》 2000년 제3기, 68~79쪽 참조.

77
朱義祿, 〈夷夏之辨與近代中國的頑固派〉, 《同濟大學學報》(社會科學版) 제12권 제5기
2001. 10, 41쪽.

78
앞의 글, 〈關于中國歷史上疆域問題的幾點認識〉, 2쪽.

79
鄒逸麟, 〈中國多民族統一國家形成的歷史背景和地域特徵〉, 《歷史教學問題》 2000년 제1
기, 38쪽.

80
馬大正 · 劉逖, 《二十世紀的中國邊疆研究》, 哈爾濱: 黑龍江教育出版社, 1997, 9쪽.

81
葛劍雄, 《中國歷代疆域的變遷》, 北京: 中共中央黨校出版社, 1991, 引言.

82
葛劍雄, 《統一與分裂――中國歷史的啓示》, 北京: 三聯書店, 1994, 29~34쪽.

83
《漢書》 卷96, 〈西域傳〉 下, 顔師古注; 趙永春, 〈關于中國歷史上疆域問題的幾點認識〉,
《中國邊疆史地研究》 2002년 제3기, 2쪽.

84
張博泉, 〈中華史論〉, 《民族研究》(京) 1993년 제3기, 27~34쪽, 46쪽 참조.

85
국체國體로서의 '중국'이라는 명칭이 외국과 서명한 외교 문서상에 처음으로 공식 출
현한 것은 1689년 체결된 '네르친스크조약'에서다(杜永吉 · 徐長安, 〈"天下觀"與"文化
中國"的歷史建構〉, 《河北學刊》 제22권 제6기, 2002. 11, 140쪽).

86
앞의 글, 〈中華疆域觀念與歷代邊疆政策――以東北邊疆爲例――〉, 12~13쪽.

87
張博泉 等, 《東北古代民族 · 考古與疆域》, 長春: 吉林大學出版社, 1998, 324쪽.

88
"諸戎飮食衣服, 不與華同, 貨幣不通, 言語不達", 《左傳》 襄公四十年.

89
앞의 글, 〈中華疆域觀念與歷代邊疆政策――以東北邊疆爲例――〉, 13쪽.

90
"九夷 八狄 七戎 六蠻, 謂之四海?", 《爾雅 · 釋地》.

91
앞의 글, 〈中華疆域觀念與歷代邊疆政策――以東北邊疆爲例――〉, 13쪽.

92
"夫先王之制, 邦內甸服, 邦外侯服, 侯衛賓服, 蠻夷要服, 戎狄荒服. 甸服者祭, 侯福者祀,
賓服者享, 要服者貢, 荒服者王. 日祭月祀時享歲貢終王, 先王之訓也.", 《國語 · 周語上》

93
앞의 책, 《二十世紀的中國邊疆研究》, 34-35쪽.

94
張碧波, 〈關于歷史上民族歸屬與疆域問題的再思考〉, 《中國邊疆史地研究》 2000년 제2기,
2쪽, 3~4쪽; 앞의 글, 〈中華疆域觀念與歷代邊疆政策――以東北邊域爲例〉, 14~15쪽.

95
張景賢, 〈論中國古代領土的形成〉, 《歷史與教學》 1998년 제5기.

96
劉宏煊, 《中國疆域史》, 武漢: 武漢出版社, 1995, 316~317쪽.

97
譚其驤, 〈歷史上的中國和中國歷代疆域〉, 《中國邊疆史地研究》 1991년 제1기.

98 앞의 책, 《中國歷代疆域的變遷》, 6~10쪽.

99 何瑜, 《寸寸河山寸寸金--面對着神聖的國土》, 杭州: 浙江人民出版社, 1994, 139~140쪽.

100 葛劍雄, 《中國歷史疆域的變遷》, 北京: 中共中央黨校出版社, 1991, 98~109쪽.

101 鄒逸麟, 〈中國多民族統一國家形成的歷史背景和地域特徵〉, 《歷史敎學問題》 2000년 제1기, 39쪽.

102 이상은 앞의 글, 〈中國多民族統一國家形成的歷史背景和地域特徵〉, 39~42쪽.

103 이상은 앞의 글, 〈中國多民族統一國家形成的歷史背景和地域特徵〉, 39~43쪽.

104 앞의 글, 〈中國多民族統一國家形成的歷史背景和地域特徵〉, 42~43쪽.

105 劉宏煊, 《中國疆域史》, 武漢: 武漢出版社, 1995, 6~9쪽, 緖論.

106 邱久榮, 《中國統一多民族國家的形成》, 瀋陽: 遼寧民族出版社, 1992, 8쪽, 209쪽.

107 앞의 책, 《中國疆域史》, 195~198쪽.

108 王宗維, 〈論秦漢統一多民族國家的形成鞏固和發展〉, 《西北大學學報》 1989년 제1기.

109 白壽彝, 〈關于 "統一的多民族國家"的幾點體會〉, 《史學史硏究》 1991년 제2기.

110 周偉洲, 〈歷史上的中國及其疆域, 民族問題〉, 《雲南社會科學》 1989년 제2기.

111 張博泉, 《中華一體論與中國地方史學》.

112 李大龍, 〈傳統夷夏觀與中國疆域的形成〉, 《中國邊疆史地硏究》 2004년 제1기, 2쪽.

113 위의 글, 〈傳統夷夏觀與中國疆域的形成〉, 2~3쪽.

114 鄒逸麟, 〈中國多民族統一國家形成的歷史背景和地域特徵〉, 《歷史敎學問題》 2000년 제1기, 38쪽.

115 앞의 글, 〈歷史上的中國和中國歷代疆域〉.

116 白壽彝 主編, 《中國通史》, 上海: 上海人民出版社, 1989, 79쪽.

117 邢玉林, 〈1989~1998年中國古代疆域理論問題硏究綜述〉, 《中國邊疆史地硏究》 2001년 제1기, 90쪽; 馬大正·劉逖, 《20世紀的中國邊疆硏究》, 哈爾濱: 黑龍江敎育出版社, 1997, 45쪽.

118 李大龍, 〈傳統夷夏觀與中國疆域的形成--中國疆域形成理論探討之一〉, 《中國邊疆史地硏究》 2004년 제1기, 1쪽에서 재인용.

119 譚其驤, 〈歷史上的中國和中國歷代疆域〉, 《中國邊疆史地硏究》 1991년 제1기.

120 李大龍, 〈傳統夷夏觀與中國疆域的形成--中國疆域形成理論探討之一〉, 《中國邊疆史地硏究》 2004년 제1기, 1쪽.

121 앞의 책, 《統一與分裂--中國歷史的啓示》, 39~40쪽.

122 徐亦亭, 〈對 "歷史上的中國"幾個問題的探討〉, 《北方文物》 1990년 제1기.

[123] 周偉洲, 〈歷史上的中國及其疆域, 民族問題〉, 《雲南社會科學》 1989년 제2기.

[124] 鄒逸麟, 〈中國多民族統一國家形成的歷史背景和地域特徵〉, 《歷史教學問題》 2000년 제1기, 38쪽.

[125] 앞의 글, 〈中華疆域觀念與歷代邊疆政策--以東北邊疆爲例--〉, 15쪽.

[126] 趙永春, 〈關于中國歷史上疆域問題的幾點認識〉, 《中國邊疆史地研究》 2002년 제3기, 1~2쪽.

[127] 앞의 글, 〈歷史上的中國和中國歷代疆域〉.

[128] 姜孟山, 〈高句麗史的歸屬問題〉, 《東北民族與疆域研究動態》 1999년 제3기.

[129] 張碧波, 〈關于歷史上民族歸屬與疆域問題的再思考〉, 《中國邊疆史地研究》 2000년 제2기, 2쪽, 4~5쪽.

[130] 앞의 글, 〈中華疆域觀念與歷代邊疆政策--以東北疆域爲例〉, 16쪽.

[131] 앞의 책, 《東北古代民族 · 考古與疆域》, 14쪽.

[132] 박문일(전 연변대학 총장), 〈조선족 역사학자들 '고구려사 왜곡' 첫 논박〉, 《한겨레》 2004년 9월 4일자(토), 9면.

[133] 顧頡剛, 〈中國邊疆學會宣言〉, 《中國邊疆學會宣言及會章》, 1941. 2.

[134] 吳文藻, 〈邊政學發凡〉, 《邊政公論》 제1권 제5 · 6기 合刊, 1942. 1.

[135] 吳長柱, 《邊疆問題論文集》, 臺灣國防研究院 影印出版, 1쪽.

[136] 앞의 책, 《20世紀的中國邊疆研究---門發展中的邊緣學科的演進歷程--》, 164쪽.

[137] 胡耐安, 《邊政通論》, 발행 기관 미상, 1960, 1쪽.

[138] 中國邊疆史地研究中心 主編, 《中國古代邊疆政策研究》, 北京: 中國社會科學出版社, 1990, 出版說明.

[139] 紐仲勳, 《中國邊疆地理》, 北京: 人民教育出版社, 1990, 1쪽.

[140] 馬大正 · 華立, 《古代中國的北部邊疆》, 呼和浩特: 內蒙古人民出版社, 1993.

[141] 邢玉林, 〈中國邊疆學及其研究的若干問題〉, 《中國邊疆史地研究》 1992년 제1기, 4쪽.

[142] 邢玉林, 《中國邊疆研究通報》 제1집, 烏魯木齊: 新疆人民出版社, 1994, 1쪽.

[143] 앞의 책, 《20世紀的中國邊疆研究---門發展中的邊緣學科的演進歷程--》, 2쪽.

[144] 厲聲 · 李國强 主編, 《中國邊疆史地研究綜述1989~1998》, 哈爾濱: 黑龍江教育出版社, 2002, 4쪽.

[145] 《現代漢語辭典》, 商務印書館, 1986, 64쪽.

[146] 《辭源》(修訂版, 合訂本), 商務印書館, 1987, 1683쪽.

[147] 《現代漢語辭典》, 商務印書館, 1997, 74쪽.

148 《蘇聯大百科辭典》, 1985, 1205쪽(馬大正, 〈"中國邊疆通史叢書"總序〉, 馬大正 主編, 《中國邊疆經略史》, 鄭州: 中州古籍出版社, 2000, 1쪽에서 재인용).

149 앞의 책, 《20世紀的中國邊疆研究----門發展中的邊緣學科的演進歷程--》, 2쪽.

150 여기에 관해서는 尹輝鐸, 〈中國學界의 領土·民族·國家認識--統一的 多民族國家論과 그 限界--〉, 국사편찬위원회 편, 《한국사론》 제40집, 2004. 12 참조.

151 중국변강사지연구센터의 홈페이지(www.chinaborderland.com) "논쟁점熱點聚焦" 항목(馬大正 정리).

152 중국변강사지연구센터의 인터넷 홈페이지의 "논쟁점熱点聚焦" 항목 및 위의 글, 〈"中國邊疆通史叢書"總序〉, 1~3쪽.

153 그런데 여기에서 주목해야 할 점은, 변강이 단순히 국내적인 민족 통합 대상으로서의 소수 민족 밀집 거주 지구와는 다른 의미를 띠고 있다는 것이다. 변강에 거주하는 변강 민족 역시 내지에 거주하는 소수 민족과는 다른 의미를 띠고 있다. 일반적으로 중국에서 '소수 민족'이라 하면 변강 지구의 소수 민족과 변강 지구가 아닌 지구의 소수 민족을 모두 지칭한다. 그런데 변강 지구가 아닌 지구의 소수 민족은 한족漢族의 상대적인 존재로서 기본적으로 국민적 통합의 대상 혹은 민족적 분열의 주체로서 주목을 받고 있다. 이에 비해 변강 지구의 소수 민족, 즉 '변강 민족'은 그러한 문제 이외에, 국경·영토·국제 관계·분리 독립 운동 문제 등과 연관된 존재로서 비쳐지고 있다. 따라서 중국 주변의 민족 국가와의 관련성 속에서 중국의 국제 관계나 전략, 국경·영토 문제 등을 둘러싼 중국의 국민적·영토적 통합을 논할 때, '소수 민족' 문제라는 용어보다는 '변강'의 개념이 반영된 '변강 민족 문제'라는 용어가 더 적합하다. 따라서 이 글에서는 소수 민족이라는 용어보다는 '변강 민족'이라는 용어를 주로 사용한다.

154 尹輝鐸, 〈中國學界의 領土·民族·國家 認識--統一的 多民族國家論과 그 限界--〉, 국사편찬위원회 편, 《한국사론》 제40집, 2004. 12, 323~383쪽 참조.

155 馬大正, 〈"中國邊疆通史叢書"總序〉, 馬大正 主編, 《中國邊疆經略史》, 鄭州: 中州古籍出版社, 2000, 4~21쪽 참조.

156 중국변강사지연구센터의 홈페이지 중 "논쟁점熱點聚焦" 항목(馬大正 정리).

157 馬大正·華立, 《古代中國的北部邊疆》, 呼和浩特: 內蒙古人民出版社, 1993.

158 王景澤, 〈中國"邊疆內地化"問題研究〉, 馬大正 主編, 《中國東北邊疆研究》, 北京: 中國社會科學出版社, 2003, 34~36쪽.

159 杜文忠, 〈邊疆的槪念與邊疆的法律〉, 《中國邊疆史地研究》 2003년 제4기, 5~6쪽.

160 위의 글, 〈中國"邊疆內地化"問題研究〉, 34~36쪽.

161 위의 글, 〈中國"邊疆內地化"問題硏究〉, 37~38쪽.

162 이인철, 〈중국 역사학자들의 세 가지 오류〉, 《동아일보》 2004년 8월 14일자.

제4부 '중화민족 대가정'을 만들기 위한 민족 통합 정책

1 劉厚生, 〈待可强東北邊疆史的硏究〉, 《中國邊疆史地硏究》 2001년 제1기, 20쪽.

2 상세한 연구 동향은 馬大正 · 劉逖, 《20世紀的中國邊疆硏究―――門發展中的邊緣學科的
演進歷程――》, 哈爾濱: 黑龍江敎育出版社, 1998; 윤휘탁, 〈중국의 '邊疆' 硏究動向과 '邊
疆' 認識――東北邊疆을 중심으로――〉, 《중국의 동북변강 연구동향》, 고구려연구재단,
2004. 11 참조.

3 馬大正, 〈關于邊疆硏究若干問題的思考〉, 《中國邊疆史地硏究》 2002년 제1기, 1~2쪽;

4 馬大正, 〈關于邊疆硏究若干問題的思考〉, 《中國邊疆史地硏究》 2002년 제1기, 1~2쪽.

5 이 발전 전략의 도출 배경에 관해서는 郭凡生 · 王偉, 《貧困與發展》, 杭州: 浙江人民出版
社, 1988, 122쪽 및 朴壯載, 〈중국의 지역경제 발전현황과 '서부대개발' 정책의 의의〉,
《중국학연구》 제18집, 2000. 6, 172쪽 참조. 동부에는 하북 · 광동 · 복건 · 강소 · 산동 · 요
녕 · 절강 · 해남성, 광서장족자치구, 북경 · 천진 · 상해시가 해당된다. 중부에는 하남 ·
호북 · 호남 · 안휘 · 강서 · 산서 · 길림 · 흑룡강성, 내몽골자치구가 해당된다. 서부에는
운남 · 귀주 · 사천 · 섬서 · 감숙 · 청해성, 영하회족 · 서장 · 신강위구르자치구, 중경시
가 해당된다. 황의각, 《중국의 지역경제》, 삼영사, 1998; 廷軍平, 《中國西部大開發的戰略
與對策》, 北京: 科學出版社, 2000, 6~9쪽; 杜平, 《西土取金: 西部大開發的政策背景與商業
機遇》, 北京: 中國言實出版社, 2000, 37~40쪽 참조. '서부대개발'의 대상 지역은 서부 지
구 이외에 내몽골자치구와 광서장족자치구가 포함되어 있다(박광득, 〈"서부대개발"의
현황과 문제점〉, 《대한정치학회보》 제10집 제2호, 2002. 10, 22쪽).

6 "발전 여건이 갖추어진 지역을 먼저 개발시켜 부유하게 한 뒤, 부유해진 지역이 낙후된
지역의 발전을 돕자"는 동부 연해 지역의 우선 발전 전략이다(徐錫興, 《1978년 이후의 중
국사영경제에 관한 연구》, 서울대학교, 1994, 19~20쪽; 최수웅, 《중국의 지역정책과 지역
경제 발전전략》, 대외정책연구원, 1994, 53~54쪽).

7 동부 연해 지역의 우선 발전 과제와, 전국이 소강小康 사회(중류의 생활 수준 단계)에 이
르러 동부 연해 지역이 중 · 서부 지역의 발전을 돕는 과제를 말한다(陳佳貴 外, 〈熱點中
的冷思考――論西部大開發戰略的理論與實踐〉, 《經濟管理》 제3호, 2000).

8 禹政夏, 〈關于中國西部考察的資料分析〉, 국민대 중국문제연구소 편, 《중국학논총》 제17

집, 2001. 2, 79~81쪽.

9 http://www.koreaemb.org.cn/trade/westpolicy.html; 앞의 글, 〈"서부대개발"의 현황과 문제점〉, 23쪽. 이 통계에는 중부의 내몽골자치구와 동부의 광서장족자치구는 제외되어 있다.

10 앞의 글, 〈關于中國西部考察的資料分析〉, 81쪽.

11 陳麗新, 〈西部大開發: 民族政策與社會發展〉, 《甘肅理論學刊》 2002년 제6기, 57쪽; 김재기, 〈중국의 민족문제와 '서부 대개발'〉, 《한국동북아논총》 제18집, 2001. 3, 153쪽.

12 傳桃生 編著, 《實施西部大開發的戰略思考》, 250쪽. 2002년 11~12월 외부 지역으로 유동하는 노동력 비중은 중부 53.7퍼센트, 서부 35.5퍼센트, 동부 14퍼센트였다(張曉輝, 〈西部農民工流動趨勢〉, 《發展》 2003년 제7기, 30쪽).

13 陳麗新, 〈西部大開發: 民族政策與社會發展〉, 《甘肅理論學刊》 2002년 제6기, 57쪽.

14 《人民日報》 1993년 6월 20일자.

15 중국 정부에서는 '서부대개발' 홍보를 위한 전문 사이트(http://www.xbdkf.com)를 운영하고 있다. '서부대개발'에 관한 국내 학계의 연구 동향에 관해서는 윤휘탁, 〈現代中國의 西部邊疆民族政策과 '國民國家' 完成하기〉, 《중국사연구》 제37집, 2005. 8, 249~251쪽 참조.

16 賀萍, 〈西部大開發對新疆民族關係的影響〉, 《實事求是》 2000년 제4기, 28쪽.

17 이것으로 매년 549억 위안元의 경제적 손실을 입고 있으며, 사막화된 면적은 약 262만 km²로 광동성 면적과 맞먹고 중국 전체 경지 면적의 두 배 이상에 달한다(《深圳特區報》 2000년 6월 18일자).

18 夏凌翔, 〈試論心理學在西部大開發中的應用〉, 《貴州教育學院學報》(社會科學版) 2002년 제1기, 42쪽.

19 張文木, 〈美國的石油地緣戰略與中國西藏新疆地區安全〉, 《戰略與管理》 1998년 제2기, 100~104쪽.

20 Z. 브레진스키는 중국의 서부와 접경해 있는 중앙 아시아는 21세기 미국의 세계 전략과 맞물려 있는 힘의 요충지로 보고 있다(Z. 브레진스키 지음, 김영섭 옮김, 《거대한 체스판: 21세기 미국의 세계전략과 유라시아》, 삼인, 2000).

21 앞의 글, 〈중국 서부 대개발의 전략적 배경과 문제점〉, 68쪽.

22 《조선일보》 2002년 12월 10일자; 《중앙일보》 2005년 10월 3일자, 8면.

23 이중희, 〈중국의 서부대개발: 국가발전전략의 변화와 한계〉, 《현대중국연구》 제4권 제2호, 2002. 2, 71쪽.

24 유진석, 《중국 IT산업의 현황과 전망》, 삼성경제연구소, 2001, 31~35쪽. 구체적인 조직
체계와 임무, 이론적 배경에 관해서는 이중희, 〈중국의 서부대개발〉, 《현대중국연구》 제
4권 제2호, 2002. 12, 49~52쪽; 박광득, 〈"서부대개발"의 현황과 문제점〉, 《대한정치학회
보》 제10집 제2호, 2002, 10, 25~27쪽 참조.

25 吳新平 외, 〈西部大開發與社會心理〉, 《兵團敎育學院學報》 2000년 제3기, 1쪽.

26 후지타 노리코, 〈중국의 '서부대개발' 전략〉, 극동문제연구소 편, 《극동문제》 제269집,
2001. 7, 130~131쪽.

27 하강 노동자란 소속 기업의 경영 악화 등의 사유에 의해 직장을 일시 떠나지만離休 현
근무 기업과의 노동 관계를 유지하면서 일정액의 하강 수당을 받는 노동자로서 사실상
실업 상태에 가깝다(이중희, 〈중국 국유기업의 노동개혁과 국가의 역할〉, 《중소연구》 제
24권 제1호, 105쪽).

28 〈西部發展大事記〉, 《互聯網周週刊》 2000년 4월 13일자; 앞의 글, 〈중국 서부대개발의 전
략적 배경과 문제점〉, 52쪽; 楊長春, 《中西部地區的對外開放》, 北京: 對外經濟貿易大學
出版社, 2000, 196쪽.

29 金炳鎬, 〈서부개발은 중국 현대화와 민족단결의 요체〉, 《한겨레신문》 2000년 7월 14일자.

30 陳麗新, 〈西部大開發: 民族政策與社會發展〉, 《甘肅理論學刊》 2002년 제6기, 57쪽.

31 이것의 역사적 의미는 한홍석, 〈서부 대개발 전략과 중국정부의 과제〉, 《동북아 경제연구》
제14권 제2호, 2002. 8, 59~60쪽; http://www.people.com.cn/GB/other4349/index.html
참조

32 앞의 글, 〈중국의 '서부대개발' 전략〉, 129~140쪽; 박영민, 〈중국의 국가대발전 전략〉,
《새시대정책광장》 제4호, 2003. 7, 78~79쪽; 白光 主編, 《西部大開發: 第一部 總體戰略部
署》, 北京: 中國建材工業出版社, 2000, 94~102쪽; 김재기, 앞의 글, 〈중국의 민족문제와
'서부 대개발'〉, 158~159쪽; 전황수, 〈중국의 서부대개발과 IT 정책〉, 《전자통신동향분
석》 제18권 제6호, 2003. 2, 88~89쪽; 앞의 글, 〈"서부대개발"의 현황과 문제점〉, 27~29
쪽; 朴壯載, 〈中國의 地域經濟 發展現況과 西部大開發 政策의 意義〉, 《중국학연구》 제18
집, 2000. 6, 178~186쪽 참조.

33 구체적 사례는 蔡雄, 〈西部大開發與廣西旅游扶貧〉, 《桂林旅游高等專科學校學報》 제11
권 제4기, 2000, 61쪽; 闓湜, 〈我國西部大開發的初期策略和旅游經濟發展的關係〉, 《廣東
行政學院學報》 제13권 제4기, 2001. 4, 71쪽 참조.

34 앞의 글, 〈西部大開發與廣西旅游扶貧〉, 61쪽.

35 《西藏日報》 2002년 3월 26일자.

[36] 朱曉明, 〈西部大開發中的西藏現代化〉, 《中國藏學》 2003년 제2기, 5~6쪽.

[37] 《中國統計摘要》 2003년판, 23쪽, 55쪽; 이중희, 〈장쩌민 시대의 소수 민족정책과 서부대개발〉, 《아시아연구》 제6권 제2호, 2003. 12, 89~90쪽에서 재인용.

[38] 위의 글, 〈장쩌민 시대의 소수 민족정책과 서부대개발〉, 91쪽

[39] 李祥妹 · 劉鍵, 〈西藏自治區農牧民人均純收入動態分析〉, 《山地學刊》 제21권 增刊2003. 12, 82쪽.

[40] 洛桑達杰, 〈淺談西藏農牧民增收緩慢的原因及其對策〉, 《西藏科技》 2004년 제10기, 25쪽.

[41] 위의 글, 〈淺談西藏農牧民增收緩慢的原因及其對策〉, 23쪽.

[42] 위의 글, 〈西藏自治區農牧民素質對收入的影響〉, 93쪽.

[43] 劉鍵 外, 〈西藏自治區農村經濟發展制約因素分析〉, 《山地學報》 제21권 增刊, 2003. 12, 88~89쪽.

[44] 賀萍, 〈西部大開發對新疆民族關係的影響〉, 《實事求是》 2000년 제4기, 28~29쪽.

[45] 馬躍月, 〈新疆民族經濟發展問題探討〉, 《經濟師》 2004년 제10기, 250쪽.

[46] 王雷 · 顏小華, 〈論西部大開發民族工作中的熱點問題〉, 《哈爾濱學院學報》 제24권 제2기, 2003. 2, 36쪽.

[47] 張全省, 〈西部大開發中的人民內部矛盾及對策研究〉, 《西藏民族學院學報》 2002년 제2기, 35쪽.

[48] 陳華, 〈試論西藏的人口與環境〉, 《西藏大學學報》 제16권 제3기, 2001. 9, 30~31쪽.

[49] 劉忠昌 · 任亞民, 〈關于實施西部大開發的戰略調整問題〉, 《哈爾濱市委黨校學報》 2000년 9월호, 9~10쪽.

[50] 1954년 10월 신강 지역의 안보, 경제 발전, 사회 안정을 목적으로 조직되었으며, 2001년 말까지 93만 명의 종업원과 그 가족을 포함해 245만 명을 거느리고 있다. 예하에 14개의 생산건설사生産建設師, 174개의 농목단장農牧團場, 1,805개의 공업 · 교통 · 상업 · 건축 관련 기업이 있다(http://www.huaxia.com/xjbt.html; 《民族詞典》, 上海: 上海辭書出版社, 1987, 1158쪽).

[51] 馬平, 〈西部大開發對當地民族關係的影向及對策〉, 《寧夏社會科學》 2001년 제2기, 39쪽.

[52] 中共新疆維吾爾自治區委組織部課題組, 〈關于正確認識和處理新形勢下新疆民族問題的調査報告〉, 《馬克思主義與現實》 2001년 제2기, 35쪽.

[53] 〈中國經濟體制改革以來, 省際人口遷移區域模式及其變化〉, 《人口與經濟》 2000년 제3기; 王穎, 〈人口流動與新疆民族關係初探〉, 《新疆社科論壇》 2002년 제1기, 56쪽.

[54] 신강 지구 한족 이주의 사례에 관해서는 Becquelin Nicolas, "Xinjiang in the

Nineties," *The China Quarterly*, no. 44, June 2000, p, 69, pp. 74~76 참조.

55 앞의 글, 〈人口流動與新疆民族關係初探〉, 57쪽, 65쪽; 薩茹拉・曹仁祥, 〈西藏自治區人 力資源開發問題探索〉, 《人口與經濟》 2003년 10월호, 19쪽.

56 〈西藏自治區黨委, 自治區人民政府關于大批調出進藏幹部,工人的請示報告〉, 中共西藏自 治區委員會政策研究室 編, 《西藏自治區重要文件選編》 上, 51쪽; 王力雄, 〈西藏問題的文 化反思〉, 《戰略與管理》 1999년 제5기, 49쪽.

57 《當代中國西藏人口》, 北京: 中國藏學出版社, 1992, 200쪽, 342쪽.

58 王樹新, 〈西藏自治區的人口遷移及遷移人口狀況分析〉, 《人口研究》 제28권 제1기, 2004. 1, 60~61쪽.

59 〈西藏人口的三大變化〉, 《中國西藏》(中文版) 2003년 제4기, 29쪽.

60 Hansen Halskov Mette, "The Call of Mao or Money? Han Chinese Settlers on China's South-western Borders," *The China Querterly*, no. 158, June 1999, pp. 394~413; 蘇欽, 〈西部大開發與民族區域自治〉, 《廣西民族學院學報》 제23권 제6기, 2001. 11, 64~65쪽.

61 앞의 글, 〈장쩌민 시대의 소수 민족정책과 서부대개발〉, 86~87쪽. 《中國民族年鑑》이나 《中國民族統計年鑑》 모두 소수 민족 자치구 내 각 민족의 구성 비율을 밝히지 않고 있 다. 이것은 소수 민족 지구로의 한족 이주가 정치적・민족적 문제를 야기할지도 모른다 는 우려에서 비롯된 듯하다.

62 실례로 최근 통계에 의하면, 신강위구르자치구 총 인구 1,600여 만 명 가운데 위구르족 은 720여 만 명(약 45퍼센트), 한족 570만 명(약 35.6퍼센트), 카쟈흐哈薩克族 110여 만 명 (약 6.9퍼센트), 회족回族 68만 명(약 4.3퍼센트), 몽골족 14만 명(약 0.9퍼센트), 키르기즈 柯爾克孜族 14만 명(약 0.9퍼센트), 타지크塔吉克族 3만 3,500명, 시버錫伯族 3만 3천여 명, 만족滿族 1만 8천 명, 우즈베크烏別克族 1만 5천 명, 따월達幹爾족 5,800여 명, 타 타르塔塔爾族 5천 명, 러시아인 8천여 명이었다(신강생산건설병단 홈페이지 http://www.huaxia.com/xjbt/xjjbt050.htm의 "민족 소개民族介紹" 항목에서 추출).

63 中共新疆維吾爾自治區委組織部課題組, 〈關于正確認識和處理新形勢下新疆民族問題的 調査報告〉, 《馬克思主義與現實》 2001년 제2기, 35쪽.

64 《조선일보》 2001년 5월 30일자.

65 《한겨레신문》 2000년 7월 14일자.

66 《中國靑年報》 2003년 6월 13일자; 《中國網》 2003년 6월 13일; 《長江日報》 2003년 7월 1일 자; 《中國網》 2003년 7월 1일.

67 앞의 글, 〈西藏自治區人力資源開發問題探索〉, 19쪽.

[68] 분리 독립 운동 세력에 대한 중국의 입장에 관해서는 앞의 글, 〈현대중국의 서부변강민족정책과 '국민국가' 완성하기〉, 268~269쪽 참조.

[69] 郭薇, 〈西部大開發與新疆民族工作〉, 《兵團黨校學報》 2000년 제3기, 15쪽.

[70] 尹輝鐸, 〈中國의 社會主義 精神文明 建設과 儒家的 傳統〉, 《中國近現代史研究》 제10집, 2000. 12, 91~124쪽 참조.

[71] 郭泰山, 〈從維護穩定與發展的大局出發做好新時期新疆的民族工作〉, 《新疆社會科學》 1996년 제3기, 16~17쪽.

[72] 劉小芳, 〈黨的宗敎政策在西藏實踐的回顧與思考〉, 《西藏民族學院學報》(哲學社會科學版) 제24권 제2기, 2003. 3, 23~24쪽, 26쪽.

[73] 嚴乃錦, 〈新時期西藏地方民族問題初探〉, 《西藏民族學院學報》 제25권 제5기, 2003. 9, 24~25쪽; 高學, 〈試論政治社會化對西藏社會穩定的作用〉, 《西藏民族學院學報》 제23권 제3기, 2002. 9, 19쪽, 21쪽.

[74] 費孝通, 〈中華民族的多元一體格局〉, 《北京大學學報》 1989년, 4쪽.

[75] 趙杰, 〈論新疆民族工作的理論創新〉, 《石河子大學學報》 제3권 제2기, 2003. 6, 13쪽.

[76] 余振貴, 〈重視研究西部大開發中的伊斯蘭敎現實問題〉, 《回族研究》 2002년 제1기, 61쪽.

[77] 王棣, 〈新時期新疆民族工作的歷史發展和特點的幾點思考〉, 《四川黨史》 1999년 제4기, 22쪽.

[78] 앞의 글, 〈新時期西藏地方民族問題初探〉, 22~23쪽.

[79] 賀萍, 〈關于新疆民族分裂主義的幾個問題〉, 《實事求是》 1997년 제1기, 23~24쪽; 賀萍, 〈論近代新疆民族分裂主義的歷史根源與國際背景〉, 《實事求是》 1997년 제6기, 69~70쪽.

[80] 原思明, 〈中共第一代領導集體關于西藏民族工作的思想〉, 《河南大學學報》 제43권 제4기, 2003. 7, 41~43쪽. 이것이 1975년의 헌법에 반영되면서 중국 소수 민족 정책의 대전환을 가져왔다(June Teufel Dreyer, "Ethnic Minorities in Mainland China Under Teng Hsiao-ping," Bih-jaw Lin and James, eds., Forcees for Change in Contemporary China, Taiwan: Institute of International Relations, 1985, pp. 59~60).

[81] 尹輝鐸, 〈中國의 社會主義 精神文明 建設과 儒家的 傳統〉, 《中國近現代史研究》 제10집, 2000. 12, 91~124쪽 참조.

[82] 앞의 글, 〈新時期西藏地方民族問題初探〉, 24~25쪽; 위의 글, 〈試論政治社會化對西藏社會穩定的作用〉, 19쪽, 21쪽.

[83] 夏凌翔, 〈試論心理學在西部大開發中的應用〉, 《貴州敎育學院學報》(社會科學版) 2002년 제1기, 41쪽.

84 朴壯載, 〈中國의 地域經濟 發展現況과 西部大開發 政策의 意義〉, 《中國學研究》 제18집, 2000. 6, 185쪽.

85 張天路, 〈西藏的人口與教育〉, 《中國西藏》 2003년 제4기, 31~32쪽.

86 앞의 글, 〈西藏自治區農牧民素質對收入的影響〉, 92쪽; 앞의 글, 〈西藏自治區農村經濟發展制約因素分析〉, 90쪽.

87 薩茹拉 · 曹仁祥, 〈西藏自治區人力資源開發問題探索〉, 《人口與經濟》 2003년 10월호, 19쪽; 金杰 · 郭東彬, 〈新世紀開發西藏人才資源的對策〉, 《西藏民族學院學報》 제25권 제6기, 41쪽.

88 馬躍月, 〈新疆民族經濟發展問題探討〉, 《經濟師》 2004년 제10기, 250쪽.

89 〈中共中央關于引發〈愛國主義教育實施綱要〉的通知〉(1994. 8. 23), 羅國杰 主編, 《中國精神文明建設20年》, 鄭州: 中州古籍出版社, 1998 所收.

90 費孝通, 〈中華民族多元一體格局形成的特點〉, 《群言》(京) 1989년 제3기, 11쪽; 費孝通 主編, 《中華民族多元一體格局》, 北京: 中央民族大學出版社, 2003, 31~36쪽.

91 藤星 · 王軍 主編, 《20世紀中國少數民族與教育--理論,政策與實踐》, 北京: 民族出版社, 2002, 335쪽.

92 陳鵬, 〈淺談外國民族政策中的語言政策〉, 《民族研究》 1987년 제3기.

93 奇斯欽, 〈少數民族語言文字在西部大開發中的地位和作用〉, 《前沿》 2002년 제12기, 123~124쪽.

94 劉婷婷, 〈從西部大開發的角度看民族師範學院的普通話教學〉, 《黔南民族師範學院學報》 2002년 제2기, 91쪽. 실례로 신강위구르자치구에서는 13개 민족 가운데 한어를 사용하는 만족滿族과 회족을 제외한 11개 민족이 독자적인 언어를 사용하고 있다(趙杰, 〈論新疆民族工作的理論創新〉, 《石河子大學學報》 제3권 제2기, 2003. 6, 9쪽).

95 위의 글, 〈論新疆民族工作的理論創新〉, 12쪽.

96 위의 글, 〈少數民族語言文字在西部大開發中的地位和作用〉, 126쪽.

97 앞의 글, 〈중국의 서부대개발: 국가발전전략의 변화와 한계〉, 71쪽. 동 · 서부의 반응에 관해서는 唐公昭 · 蕭少秋, 《西部大開發戰略指南》, 成都: 西南財經大學出版社, 2000, 304~323쪽; 陳耀, 《西部開發大戰略與新思路》, 北京: 中共中央黨校出版社, 2000, 212~218쪽; 陣春建, 《西部市場發育: 西部經濟實現大跨越的基礎》, 成都: 西南財經大學出版社, 2000, 288~298쪽; 張志銀 · 張鋒 · 侯書森, 《西部大開發投資手冊》, 北京: 經濟科學出版社, 2000, 25~28쪽; 姚懷山, 《投資西部實用指南》, 北京: 企業管理出版社, 2000, 83~200쪽 참조.

[98] World Today, Dec. 10, 2000.

[99] 박광득, 〈"서부대개발"의 현황과 문제점〉, 《대한정치학회보》 제10집 제2호, 2002. 10, 40쪽.

[100] 《한국일보》 2001년 4월 3일자.

[101] 앞의 글, 〈중국 서부 대개발의 전략적 배경과 문제점〉, 78~79쪽.

[102] 위의 글, 〈從西部大開發的角度看民族師範學院的普通話教學〉, 92쪽.

[103] 위의 글, 〈少數民族語言文字在西部大開發中的地位和作用〉, 125쪽.

[104] World Today, Dec. 28, 2000; 《국민일보》 2001년 8월 23일자.

[105] 앞의 글, 〈西部大開發對新疆民族關係的影響〉, 29쪽; 郭薇, 〈西部大開發與新疆民族工作〉, 《兵團黨校學報》 2000년 제3기, 15쪽.

[106] 張錫盛, 〈論西部大開發過程中少數民族權益的保障問題〉, 《思想戰線》 2001년 제1기, 8쪽.

[107] 앞의 글, 〈중국의 서부대개발: 국가발전전략의 변화와 한계〉, 72쪽.

[108] 曾坤生, 〈加快西部地區大開發的人力資源戰略〉, 《西部開發大戰略新思路》, 北京: 經濟科學出版社, 2001, 83~87쪽.

[109] 청해성의 문맹률은 43.62퍼센트이고 신강위구르자치구는 54.08퍼센트이고(郭志儀, 《面向新世紀的戰略抉擇――從新的視覺看西部大開發》, 北京: 民族出版社, 2001, 95~96쪽), 티벳자치구의 문맹률은 1990년의 44.17퍼센트에서 1999년의 32.15퍼센트로 낮아졌다(앞의 글, 〈西藏自治區人力資源開發問題探索〉, 19쪽).

[110] 앞의 글, 〈西部大開發對新疆民族關係的影響〉, 29~30쪽.

[111] 韓淸, 〈西藏自治區社會經濟發展戰略探討〉, 《西藏硏究》 1991년 제1기, 5쪽.

[112] 王力雄, 〈西藏問題的文化反思〉, 《戰略與管理》 1999년 제5기, 50쪽.

[113] 王小彬, 〈論新世紀初中國共産黨西藏工作的指導方針〉, 《西藏民族學院學報》 제25권 제1기, 2004. 1, 9쪽; 앞의 글, 〈중국의 민족문제와 '서부대개발': 정치경제적 배경과 딜레마〉, 160~161쪽; 朱硏, 〈對西藏自治區民族幹部工作的回顧與前瞻〉, 《中國藏學》 1995년 제3기, 30쪽.

[114] 위의 글, 〈對西藏自治區民族幹部工作的回顧與前瞻〉, 30쪽.

[115] 《중앙일보》 1998년 12월 15일 자; 앞의 글, 〈중국의 민족문제와 '서부대개발'〉, 161쪽; 滿宗洲·茅永福, 〈新疆民族分裂主義的活動及反分裂鬪爭應當主義的問題〉, 《新疆社科論壇》 1996년 제3기, 43쪽. 신강 위구르족 독립 단체 현황은 Raphael Israel, "A New Wave of Muslim Revivalism in Mainland China," Issues & Studies, vol. 33, no. 3, March 1997, pp. 21~41 참조.

[116] View World Bank Campaign Pages, http://savetibet.wego.com/go/wego(2001년 1

월 15일 검색); 상세한 내용은 앞의 글, 〈중국의 민족문제와 '서부 대개발' : 정치경제적 배경과 딜레마〉, 162쪽 참조.

[117] 워싱턴 【AFP=연합】 2000년 7월 8일자.

[118] Tibet Right Groups Ask BP Amoco to Stop PetroChina Gas Plan, http://www.savetibet.org/campaigns/eri-presscoverage001211.htm(2000년 12월 5일 검색); 앞의 글, 〈중국의 민족문제와 '서부대개발'〉, 163쪽.

[119] Tibetan Goverment In Extile Declares Oil Projects Harmful to Tibet, http://www.savetibet.org/campaigns/eri-ictpressrelease00092(2001년 1월 15일 검색); 앞의 글, 〈중국의 민족문제와 '서부대개발'〉, 163쪽.

[120] 王芳, 〈美國國會與西藏問題 1980~2003〉, 《國際觀察》 2004년 제2기, 20쪽.

[121] Bacquelin Nicolas, "Xinjiang in the Nineties," *The China Journal*, no. 44, 2000, p. 70.

[122] 앞의 글, 〈장쩌민 시대의 소수 민족정책과 서부대개발〉, 78~79쪽.

[123] 余振貴, 〈重視硏究西部大開發中的伊斯蘭敎現實問題〉, 《回族硏究》 2002년 제1기, 61쪽.

[124] 吳新平·王政愛·楊秀理, 〈西部大開發與社會心理〉, 《兵團敎育學院學報》 2000년 제3기, 1~2쪽.

[125] 위의 글, 〈西部大開發與社會心理〉, 2쪽.

[126] 위의 글, 〈西部大開發與社會心理〉, 2쪽.

[127] 박영민, 〈중국의 국가대발전 전략: 서부대개발 계획의 내용과 전망〉, 《새시대정책광장》 제4호, 2003. 7, 80~81쪽.

[128] 李俊峰, 〈加快西部開發的戰略對策〉, 《中央民族大學學報》(哲學社會科學版) 제27집2000, 23~24쪽; 앞의 글, 〈중국의 민족문제와 '서부대개발' : 정치경제적 배경과 딜레마〉, 159쪽에서 재인용.

[129] 王景澤, 앞의 글, 〈中國"邊疆內地化"問題硏究〉, 38쪽.

[130] 方山, 〈중국 서부대개발의 경제적 과제(1)〉, 극동문제연구소 편, 《극동문제》 제25권 제2호, 2003. 2, 144쪽.

[131] 앞의 글, 〈중국의 동북진흥전략: 한중협력과의 관련성을 중심으로〉, 193쪽; 歐永生, 〈"西部大開發"與"振興東北"的互補性〉, 《經濟師》 2004년 제3기, 117쪽; 〈溫家寶提出 中國經濟發展的"三極論"〉, 《中國鄕鎭企業》 2003년 제10기, 5쪽.

[132] 李桂榮, 〈振興東北老工業基地與西部大開發的互動效應硏究〉, 《生産力硏究》 2005년 제2기, 127쪽.

[133] 褚一純, 〈振興東北地區等老工業基地的戰略意義〉, 《安徽商貿職業技術學院學報》 2004

년 제3기, 14~15쪽.

134 〈中共遼寧省委·遼寧省人民政府關于印發〈遼寧老工業基地振興規劃〉的通知〉(이하 〈
遼寧規劃〉이라 약칭)(資料來源:《遼寧日報》 2005년 1월 19일자http://chinaeast.-
xinhuanet.com/2005-01-19/content-3587790.htm, 2쪽).

135 위의 글, 〈振興東北地區等老工業基地的戰略意義〉, 14쪽.

136 笑天, 〈西部開發東北振興比比看〉, 《西部大開發》 2004년 12월호, 19쪽.

137 遼寧省委宣傳部, 〈健在于切實轉換體制機制――學習胡錦濤同志重要講話的體會之四>
(lnsgdb@126.com).

138 〈東北振興關鍵詞〉, 《共産黨員》 2004년 제11기, 22쪽 참조.

139 李氷·劉淸恩·崔雅君, 〈振興東北老工業基地的幾點思考〉, 《工業技術經濟》 제23권 제2
기, 2004. 4, 10쪽; 앞의 글, 〈중국의 동북진흥전략: 한중협력과의 관련성을 중심으로〉,
196쪽; 王麗娜, 〈試論東北振興策略〉, 《山西財稅》 2004년 제9기, 15쪽.

140 楊秀英, 〈信息化與老工業基地改造〉, 《遼寧經濟》 2004년 제1기, 15쪽.

141 위의 글, 〈振興東北老工業基地的幾點思考〉, 10쪽.

142 王志潔, 〈關于振興東北老工業基地的幾點思考〉, 《呼倫貝爾學院學報》 제12권 제1기,
25쪽.

143 앞의 문건, 〈遼寧規劃〉, 2쪽; 吉林省人民政府, 〈振興吉林老工業基地規劃綱要〉(이하에
서는 〈吉林規劃〉이라 약칭)(資料來源:《振興東北網》(www.chinaeast.gov.cn 2005년 3
월 24일/http://chinaeast.xinhuanet.com/2005-03-24/cont ent-3934788.htm, 3쪽).

144 앞의 문건, 〈曹鳳岐敎授: 發展資本市場 振興東北經濟〉, 78쪽; 위의 글, 〈關于振興東北
老工業基地的幾點思考〉, 25쪽; 張旭·海湧, 〈構建新型文化形態: 東北振興的必然選
擇〉, 《長白學刊》 2004년 제4기, 103~105쪽.

145 참고로 1990년 동북 3성 도회지 실업자 수는 54.6만 명(2.2퍼센트)이었는데, 2001년 말
실업자 수는 111.16만 명(4.7퍼센트)으로 전국 도회지 실업률보다 높은 실정이다(楊振
忠 외, 〈東北振興問題的分析與豫測〉, 《天津商學院學報》 제24권 제4기, 2004. 7, 12쪽).

146 위의 글, 〈東北振興問題的分析與豫測〉, 11~12쪽.

147 楊秀英, 〈信息化與老工業基地改造〉, 《遼寧經濟》 2004년 제1기, 15쪽.

148 〈東北地區經濟轉型是個挑戰〉, 《中國經濟時報》 2003년 5월 12일자.

149 〈薄熙來省長在"東北振興戰略國際研討會"上的講話〉(2003. 12. 3(chanye
.cashq.ac.cn/html/36/68734.htm 9k/2004-03-01).

150 鄒德立·鄧彬彬, 〈如何處置銀行不良資産〉, 《北方經貿》 2004년 제7기, 86쪽.

151 〈動態(2) 東北老工業基地不良貸款情況和建議〉(資料來源: 《東北振興辦公室》2004년 3월 30일/http://chinaeast. xinhuanet.com/2004-03/30/content-3183451.htm).

152 앞의 글, 〈振興東北地區等老工業基地的戰略意義〉, 15쪽.

153 韓保江, 〈振興東北須先治"政府病"〉, 《瞭望新聞週刊》 제12기, 2004. 3. 22, 61쪽; 孔金平, 〈東北振興中的地方政府行爲調整〉, 《行政論壇》 2004년 3월호, 39쪽.

154 동북 지구 국유 기업의 문제에 관해서는 〈東北振興與國企改革政策創新〉, 《中國企業報》 2004년 9월 10일자 참조.

155 李氷 · 劉淸恩 · 崔雅君, 〈振興東北老工業基地的幾點思考〉, 《工業技術經濟》 제23권 제2기, 2004. 4, 10~11쪽; 黑龍江省人民政府, 〈黑龍江省老工業基地振興總體規劃〉(이하 〈黑龍江規劃〉이라 약칭)(資料來源: 《振興東北網》(www. chinaeast. gov.cn) 2004년 11월 18일자의 제1장 〈振興老工業基地的現實基礎〉의 2절 '存在的主要問題' http://chinaeast.xinhuanet.com/2004-11/18/content-3245049.htm); 王麗娜, 〈試論東北振興策略〉, 《山西財稅》 2004년 제9기, 15쪽; 趙曉秋, 〈東北振興的人才軟助〉, 《法律與生活》 2004년 제5기, 12~14쪽; 万學遠, 〈加大智力引進 服務東北振興〉, 《國際人才交流》 2004년 제11기, 24~25쪽.

156 위의 문건, 〈黑龍江規劃〉 제1장 〈振興老工業基地的現實基礎〉의 2절 '存在的主要問題'

157 앞의 문건, 〈曹鳳岐敎授: 發展資本市場 振興東北經濟〉, 78쪽.

158 실례로 1990년 요녕성 · 길림성 · 흑룡강성의 GNP 비중은 각각 5.5퍼센트 · 2.2퍼센트 · 3.7퍼센트였지만 2000년에는 각각 5.2퍼센트 · 2.1퍼센트 · 3.6퍼센트로 줄어들었다 (中國地圖出版社編制出版, 《中學敎師地圖集中國地圖分冊》, 北京: 中國地圖出版社, 2001, 24쪽).

159 자세한 내용은 〈東北振興戰略國際硏討會今日召開〉, 《遼寧日報》 2003년 12월 9일자 참조.

160 〈中國啓動一百個項目振興東北老工業基地〉(2003. 12. 6)(資料來源: 《中新社》 보도; 《聯合早報》 2003년 12월 6일자); 앞의 문건, 〈薄熙來省長在"東北振興戰略國際硏討會"上的講話〉; 〈東北振興戰略國際硏討會開幕 薄熙來作專題講話〉(資料來源: 《北國網》 2004년 11월 13일/www.panjin.gov.cn/...db-show.asp?...14k).

161 孫麗, 〈東北振興與東北亞區域合作的互動關係〉, 《遼寧大學學報》(哲學社會科學版) 제33권 제1기, 2005. 1, 28~29쪽.

162 孫麗, 〈東北振興與東北亞區域合作的互動關係〉, 《遼寧大學學報》(哲學社會科學版) 제33권 제1기, 2005. 1, 30~31쪽.

163 앞의 글, 〈중국의 동북진흥전략: 한중협력과의 관련성을 중심으로〉, 202쪽.

164 劉萍萍, 〈西部大開發與振興東北的政策趨向比較分析〉, 《四川經濟管理學院學報》 2005
년 제1기, 36쪽.

165 笑天, 〈西部開發東北振興比比看〉, 《西部大開發》 2004년 12월호, 20쪽.

166 楊振忠 외, 〈東北振興問題的分析與豫測〉, 《天津商學院學報》 제24권 제4기, 2004. 7, 11
쪽. '동북진흥전략' 이 출현하기까지의 배경과 과정에 관해서는 〈振興東北爲何出現東
三省熱中央冷的反差〉(資料來源 : 《南方網》 20004년 1월 16일
/http://www.gzms.southcn.com/finance/caijingshiping/200401160256.htm) 및 〈中
央政治局: 支持東北振興是一項重大戰略任務〉(資料來源:《新華網》 2003년 9월 29일 17:
52 참조.

167 〈張國寶在國新辦記者會上的講話(全文): 2004年振興東北等老工業基地戰略開局良好〉(2005. 3. 2)(資
料來源: 《新華網》 http://news.xinhuanet.com/video/2005-03/02/content-
2638389.htm, 1~2쪽).

168 鄧樹林, 〈從公平原則和國家安全間振興東北--對話振興東北之一〉, 《今日中國》 2004년
1월호, 13쪽.

169 褚一純, 〈振興東北地區等老工業基地的戰略意義〉, 《安徽商貿職業技術學院學報》 2004
년 제3기, 38쪽.

170 앞의 문건, 〈黑龍工規劃〉의 제2장 〈振興老工業基地的總體思路〉(http://chinaeast.xinhuanet.
com/2004-11/18/content-3245099.htm.)

171 董曉輝·張玉强, 〈論振興東北老工業基地的政治價値取向〉, 《長白學刊》 2004년 제1기,
85~86쪽.

172 廓振英, 〈關于振興東北經濟的幾個問題〉, 《經濟縱橫》 2004년 제4기, 23~24쪽. 100대 프
로젝트 목록은 ERINA, 《北東アジア經濟白書》(2004년판), 新瀉: 日本環東海硏究所,
2005, 12~17쪽 참조.

173 〈中國啓動一百個項目振興東北老工業基地〉(2003. 12. 6)(資料來源: 《중국 CCTV 국제채
널》 보도; 《聯合早報》 2003년 12월 6일자) '동북진흥전략' 의 자금원은 李愛華, 〈振興東
北的資金來源分析〉, 《企業硏究》 2004년 제7기, 71~73쪽 참조.

174 앞의 문건, 〈張國寶在國新辦記者會上的講話(全文): 2004年振興東北等老工業基地戰略
開局良好〉(2005. 3. 2), 5쪽.

175 〈國家發展改革委關于振興東北老工業基地高技術産業發展專項第一批高技術産業化項
目的通知〉(發改高技[2004]2057號)(http://chinaeast.xinhuanet.com/2004-
11/30/content-3308555.htm, 1~8쪽).

176 앞의 문건, 〈張國寶在國新辦記者會上的講話(全文): 2004年振興東北等老工業基地戰略 開局良好〉(2005. 3. 2), 7~11쪽.

177 〈國家發改委下達2005年老工業基地調整改造和重點行業構造調整國債投資計劃〉(資料來 源: 《振興東北網》 2005년 2월 4일/http://chinaeast.xinhuanet.com/2005-02- 04/content-3667404.htm, 1쪽).

178 앞의 문건, 〈遼寧規劃〉, 4쪽.

179 앞의 문건, 〈遼寧規劃〉의 제3장 〈遼寧老工業基地振興的發展重點〉(資料來源: 《振興東 北網》 2005년 1월 19일/http://chinaeast.xinhuanet.com/2005-01-19/content- 3587790.htm, 5~17쪽).

180 吉林省人民政府, 〈振興吉林老工業基地規劃綱要〉(이하에서는 〈吉林規劃〉이라 약칭)(資 料來源: 《振興東北網》 2005년 3월 24일/http://chinaeast.xinhuanet.com/2005-03- 24/content-3934788.htm, 5~6쪽); 앞의 글, 〈西部開發東北振興比比看〉, 20쪽.

181 〈吉林工業振興思路重點建設五代優勢産業基地〉(資料來源: 《振興東北網》 2004년 6월 3 일/http://chinaeast.xinhuanet.com/2004-06-03/content-3238694.htm, 1~2쪽); 앞의 문건, 〈吉林規劃〉의 제3장 〈産業布局〉(http://chinaeast. xinhuanet.com/2005-03- 24/content-3934788.htm, 6~10쪽).

182 2004년도 국가발전과개혁위원회가 정한 흑룡강성의 중점 진흥 항목에 관해서는 〈動 態(41) 國家發改委確認黑龍江一批重點項目〉(資料來源: 《振興東北辦公室》 2004년 8월 4 일/http://chinaeast.xinhuanet.com/2004-08/04/ content-3187267.htm, 1~2쪽) 참조.

183 앞의 문건, 〈黑龍江規劃〉의 제2장 〈振興老工業基地的總體思路 (http://chinaeast.xinhuanet.com/2004-11/18/ content-3245099.htm)의 제3절 '主要步 驟和目標'.

184 〈黑龍江規劃〉의 제3장 〈戰略重點和主要任務〉(http://chinaeast.xinhuanet.com/2004- 11/18/content- 3245168.htm).

185 앞의 문건, 〈張國寶在國新辦記者會上的講話(全文): 2004年振興東北等老工業基地戰略開 局良好〉(2005. 3. 2), 1~2쪽; 〈胡錦濤考察吉林: 全面實施老工業基地振興戰略 〉(BUSINESS.SOHU.COM 2004년 5월 20일/資料來源: 《東北新聞網》, 71~74쪽) 참조.

186 〈國務院振興東北辦關于印發〈振興東北地區等老工業基地2004年工作總結和2005年工作 要點〉的通知〉(國振辦政[2005]16號, 2005. 5. 18)(資料來源: 《振興東北網》 2005년 6월 13일 /http://chinaeast.xinhuanet.com/2005-06/13/content-4427545.htm, 2쪽); 〈動態(54) 中宣部全面部署加强對振興東北宣傳報導〉(資料來源: 《振興東北辦公室》 2004년 8월 26

일/http://chinaeast.xinhuanet.com/2004-08/26/content-3187416.htm).

187 위의 문건, 〈國務院振興東北辦關于印發〈振興東北地區等老工業基地2004年工作總結和
2005年工作要點〉的通知〉(國振辦政[2005]16號, 2005. 5. 18), 2쪽. 관련 사례는 〈振興東北
再成華商矚目焦點〉, 《人民日報》(海外版) 2004년 7월 19일자 참조.

188 상세한 내용은 〈2004年終振興東北一年間專題報道〉(資料來源:
http://chinaeast.xinhuanet.com/2004-12/27/content-3437790.htm, 1~4쪽) 참조.

189 상세한 내용은 《振興東北網》(www.chinaeast.gov.cn) 2004년 4월 15일
(http://chinaeast.xinhuanet.com/2004-04/ 15/content-3220824.htm, 1~3쪽) 참조.

190 〈張國寶: 振興東北的相關優惠政策將陸續出台〉(資料來源: 《중국 CCTV 국제뉴스채널》
2004년 3월 8일 14:48분 보도/http://www.cctv.com/news/china/20040308/101442.
shtml); 앞의 문건, 〈國務院振興東北辦關于印發〈振興東北地區等老工業基地2004年工
作總結和2005年工作要點〉的通知〉, 3~5쪽; 〈動態(30) 貫徹振興老工業基地戰略的實施
意見出台〉(資料來源: 《振興東北辦公室》2004년 7월 19일/
http://chinaeast.xinhuanet.com/2004-07/19/content -3186187.htm), 1~5쪽.

191 위의 문건, 〈國務院振興東北辦關于印發〈振興東北地區等老工業基地2004年工作總結和
2005年工作要點〉的通知〉, 6쪽.

192 〈國土資源部,國務院振興東北辦關于印發〈關于東北地區老工業基地土地和鑛山資源若
干政策措施〉的通知〉(國土資發[2005]91號)(資料來源: 《振興東北網》 2005년 6월 15일
/http://chinaeast.xinhuanet.com/2005-06/15/content -4446655.htm, 2~3쪽).

193 앞의 문건, 〈張國寶在國新辦記者會上的講話(全文): 2004年振興東北等老工業基地戰略
開局良好〉, 2005. 3. 2, 6쪽.

194 앞의 문건, 〈國務院振興東北辦關于印發〈振興東北地區等老工業基地2004年工作總結和
2005年工作要點〉的通知〉, 5~7쪽.

195 위의 문건, 〈國務院振興東北辦關于印發〈振興東北地區等老工業基地2004年工作總結和
2005年工作要點〉的通知〉, 7쪽.

196 〈東北振興與國企改革政策創新〉, 《中國企業報》2004년 9월 10일자.

197 앞의 기사, 〈東北振興與國企改革政策創新〉.

198 앞의 문건, 〈國務院振興東北辦關于印發〈振興東北地區等老工業基地2004年工作總結和
2005年工作要點〉的通知〉, 7~8쪽.

199 〈振興東北辦解讀振興東北等老工業基地05年工作要點〉(資料來源: 《新華網》2005년 6월
10일/http://chinaeast. xinhuanet.com/2005-06/10/content-4423070.htm, 2쪽).

200 앞의 문건, 〈曺鳳岐敎授: 發展資本市場 振興東北經濟〉, 78쪽.

201 劉萍萍, 〈西部大開發與振興東北的政策趨向比較分析〉, 《四川經濟管理學院學報》 2005
년 제1기, 37쪽.

202 〈國務院關于進一步推進西部大開發的若干意見(全文)〉(BUSINESS.SOHU.COM 2004년 3월
23일; 資料來源: 《新華網》http://business.sohu.com/2004/03/23/18/article219551849.shtml,
1쪽); 董曉輝·張玉强·孫淑秋, 〈西部開發與東北振興差異初探〉, 《振興老工業基地》 2004
년 제3기, 7쪽; 趙建軍, 〈西部大開發與中國經濟發展〉, 《青島大學師範學院學報》 제19권
제1기, 2002. 3, 54쪽.

203 앞의 글, 〈西部開發東北振興比比看〉, 19~20쪽.

204 위의 글, 〈西部開發與東北振興差異初探〉, 7쪽.

205 孫天琦·劉崴, 〈西部開發與東北振興: 兩大區域經濟結構的比較與支持政策的思考〉,
《河南金融管理幹部學院學報》 2004년 제6기, 68쪽; 앞의 글, 〈西部開發東北振興比比看
〉, 20쪽; 위의 글, 〈西部開發與東北振興差異初探〉, 7쪽.

206 앞의 글, 〈西部大開發與振興東北的政策趨向比較分析〉, 37쪽.

207 앞의 글, 〈西部開發東北振興比比看〉, 21쪽.

208 앞의 글, 〈西部大開發與振興東北的政策趨向比較分析〉, 37쪽.

209 麗娜, 〈試論東北振興策略〉, 《山西財稅》 2004년 제9기, 15쪽; 앞의 문건, 〈曺鳳岐敎授:
發展資本市場 振興東北經濟〉, 78쪽; 〈霍德發, 〈裝備製造業: 東北振興的優勢産業〉, 《長
白學刊》 2004년 제4기, 4~5쪽.

210 〈西部大開發和東北振興有何不同〉, 《內蒙古新聞網》 2004년 3월 9일 09:32("關閉窓口",
《中國青年報》).

211 앞의 글, 〈西部開發東北振興比比看〉, 21쪽.

212 〈關于進一步推進西部大開發的若干意見〉(BUSINESS.SOHU.COM 2004년 3월 23일)(資
料來源: 《新華網》 http://business.sohu.com/2004/03/23/18/article219551849.shtml,
1~2쪽).

213 〈振興東北政策將有實施細則 不影響西部大開發〉(BUSINESS.SOHU.COM 2004년 3월 9
일)(資料來源: 《證券時報》/ http://business.sohu.com/2004/03/09/41/article219-
354140.shtml, 1쪽).

214 앞의 글, 〈西部開發東北振興比比看〉, 23쪽.

215 李桂榮, 〈振興東北老工業基地與西部大開發的互動效應研究〉, 《生産力研究》 2005년 제2
기, 127쪽.

216 〈溫家寶提出中國經濟發展的"三極論"〉, 《中國鄕鎭企業》 2003년 10월, 5쪽.

217 龐躍輝, 〈東西聯動: 西部大開發合力論〉, 《西部大開發硏究》 2002년 제2기, 101쪽; 앞의 글, 〈振興東北老工業基地與西部大開發的互動效應硏究〉, 127쪽; 陳棟生, 〈東西合作: 西部大開發的推進器〉, 《財經問題硏究》 2002년 제6기, 46쪽.

218 歐永生, 〈"西部大開發"與"振興東北"的互補性〉, 《經濟師》 2004년 제3기, 117쪽; 앞의 글, 〈振興東北老工業基地與西部大開發的互動效應硏究〉, 127쪽.

219 李桂榮, 〈振興東北老工業基地與西部大開發的互動效應硏究〉, 《生産力硏究》 2005년 제 2기, 127쪽.

220 趙建軍, 〈西部大開發與中國經濟發展〉, 《靑島大學師範學院學報》 제19권 제1기, 2002. 3, 54쪽.

221 앞의 글, 〈西部開發與東北振興差異初探〉, 7쪽.

222 앞의 글, 〈西部開發東北振興比比看〉, 21쪽.

223 張國寶, 〈振興東北地區等老工業基地 加强東北亞區域交流與合作〉, 《中國經貿導刊》 2004년 제20기, 4쪽.

224 앞의 글, 〈중국의 동북진흥전략: 한중협력과의 관련성을 중심으로〉, 198쪽.

225 앞의 글, 〈東北三省은 어떤 곳일까? 동아시아 질서재편의 중심축〉, 17~22쪽.

226 宋冬林, 〈振興東北老工業基地的資金"入口"與市場"出口"〉, 《經濟與管理硏究》 2004년 제1기, 28~30쪽 참조.

제5부 중국의 '동북공정'과 한반도 · 한국사

1 山崎摠與 著, 《滿洲地名大辭典》, 東京: 國書刊行會, 1977, 826쪽.

2 위의 사전, 《滿洲地名大辭典》, 826쪽.

3 傅樂成 著, 辛勝夏 譯, 《中國通史》, 의정부: 우종사, 1987, 749쪽.

4 劉義棠, 《中國邊疆民族史》 下, 臺北: 中華書局, 1969, 649~650쪽.

5 尹輝鐸, 《日帝下 '滿洲國' 硏究--抗日武裝鬪爭과 治安肅正工作》, 一潮閣, 1996, 1쪽, 각 주 1) 참조.

6 稻葉岩吉, 〈滿洲國號의 由來〉, 朝鮮總督府 編, 《朝鮮》 제227호, 1934. 4, 102쪽.

7 陸建義, 〈滿洲名稱及劃分東,西,南,北滿的由來〉, 《東北地方史硏究》 1985년 제3기.

8 全海宗, 〈東北(滿洲)史에 대한 中國에서의 硏究〉, 《大韓民國學術院論文集》(人文社會科 學篇) 제29집, 1990, 169쪽.

9 위의 글, 〈滿洲名稱及劃分東, 西, 南, 北滿的由來〉, 29쪽.

10 尹輝鐸, 〈'邊地'에서 '內地'로: 中國人 移民과 滿洲(國)〉, 《中國史研究》 제16집 別冊 2001. 12, 37~40쪽.

11 상세한 내용은 위의 글, 〈'邊地'에서 '內地'로: 中國人 移民과 滿洲(國)〉, 37~80쪽 참조.

12 山室信一, 〈滿洲·滿洲國をいかに捉えるべきか〉, 《環》 2002년 10월호, 47~48쪽.

13 위의 글, 〈滿洲·滿洲國をいかに捉えるべきか〉, 51쪽.

14 尹輝鐸, 〈侵略과 抵抗의 사이에서: 日中 갈등의 틈바귀에 낀 在滿朝鮮人〉, 《韓國史學報》 제19집, 2005. 3, 299~326쪽 참조.

15 日本外務省亞細亞局 編, 《在滿朝鮮人槪況》, 東京: 同局, 1933, 2쪽.

16 滿鐵調査部 編, 《滿洲經濟年報》(1938年版), 東京: 1939, 412쪽. 참고로 1939년 12월 말까지는 3,633호가 거주하고 있었다(朝鮮總督府, 《朝鮮總督府施政年報》 제22권, 1939, 642쪽); 尹輝鐸, 《日帝下 '滿洲國' 研究--抗日武裝鬪爭과 治安肅正工作--》, 서울: 一潮閣, 1996, 274쪽.

17 滿鐵産業部 編, 《朝鮮人農業自由移民處理規定》(朝鮮人移民關係參考資料), 1937, 37쪽.

18 滿洲國通信社 編, 《滿洲開拓年鑑》, 1941, 292쪽; 關東軍司令部 編, 《鮮農取扱要綱》, 1938. 7. 27, 597쪽.

19 朴慶植, 《朝鮮人强制連行記錄》, 東京: 未來社, 1965, 50쪽.

20 編者未詳, 《滿洲人口統計(民族別)》(筆寫本, 吉林省社會科學院滿鐵資料館 분류기호 03203), 1942, 6~9쪽.

21 谷川雄一郎, 〈南滿東蒙條約と在滿朝鮮人--鴨綠江對岸地域西間島を中心として--〉, 《姜德相先生古稀退職記念 日朝關係史論集》, 東京: 新幹社, 2003, 642~643쪽.

22 〈鴨綠江右岸內地居住朝鮮人問題ニ關シ稟申ノ件〉, 外交史料館 所藏 《鴨綠江右岸淸國領土內在住韓國人朝鮮人ニ對スル淸國官憲ノ取扱方ニ關スル交涉幷ニ朝鮮人ノ狀況取調一件吉岡副領事出張ノ件》(分類番號 3-8-6-20-1에 所收). 여기에서는 谷川雄一郎, 〈南滿東蒙條約と在滿朝鮮人--鴨綠江對岸地域西間島を中心として--〉, 《姜德相先生古稀退職記念 日朝關係史論集》, 東京: 新幹社, 2003, 642쪽, 657쪽에서 재인용.

23 依田憙家, 〈滿洲における朝鮮人移民〉, 滿洲移民史研究會 編, 《日本帝國主義下の滿洲移民》, 東京: 龍溪書舍, 1976, 493쪽.

24 劉秉虎, 〈中國朝鮮族移住槪觀〉, 中國朝鮮族青年學會 編, 《中國朝鮮族移民實錄》, 延吉: 延邊人民出版社, 1992, 336~337쪽; 《盛京時報》 1932년 1월 14일자; 春田生, 〈慶城朝鮮人開拓民과 그 生活實態(一)〉, 《滿鮮日報》 1940년 8월 15일자, 4면; 허학선 가족, 앞의 자료

집 《中國朝鮮族移民實錄》, 124쪽; 鄭判龍, 〈고향을 떠나서〉, 위의 자료집 《中國朝鮮族移民實錄》, 261~262쪽; 外務省亞細亞局 編, 《支那及滿洲に於ける共産運動槪況》, 1932. 12, 1933, 239쪽; 韓洪九, 〈滿洲의 韓國民族解放運動과 中國共産黨--民生團事件을 中心으로〉, 韓國民族運動史學會 編, 《1930年代 滿洲地域 韓人獨立運動의 歷史的 性格〉, 《光復55周年紀念學術會議 論文集》, 2000. 9. 29, 69쪽; 堂本貞一, 〈事變後に於ける在滿朝鮮人の保護救濟施設に就て〉, 《朝鮮》 제106호, 1933. 8, 37~43쪽(여기에서는 玄恩柱, 〈1930年代의 滿洲移民에 대하여--營口安全農村 建設을 中心으로〉, 《白山學報》 제53호, 1999. 8, 287쪽에서 재인용).

25 中共東滿特委給中共中央的工作報告, 楊昭全 · 李鐵環 編, 《東北地區朝鮮人革命鬪爭資料滙編》, 瀋陽: 遼寧民族出版社, 1992, 361쪽.

26 〈支那二關スル外交政策ノ綱領〉, 日本外務省 編, 《日本外交年表幷主要文書(上)》, 東京: 原書房, 1978, 374~375쪽; 앞의 글, 〈'南滿東蒙條約'と在滿朝鮮人--鴨綠江對岸地域西間島を中心として--〉, 647쪽.

27 權立, 〈光復以前 中國居住 韓民族의 法的地位에 대하여〉, 汕耘學術文化財團 編, 《汕耘史學》 제4집, 1990. 9, 50쪽.

28 尹輝鐸, 〈侵略과 抵抗의 사이에서: 日中 갈등의 틈바귀에 낀 在滿朝鮮人〉, 《韓國史學報》 제19호, 2005. 3, 299~326쪽.

29 吉甲壽, 〈農村民族協和問題--특히 鮮農對滿農關係의 考察〉, 《滿鮮日報》 1940년 8월 30일자, 4면.

30 이하의 재만 조선인의 정체성과 민족적 위상에 관해서는 尹輝鐸, 〈'滿洲國'의 2等(國)公民, 그 實像과 虛像〉, 《歷史學報》 제169집, 2001. 3, 139~172쪽 참조.

31 위의 글, 〈'滿洲國'의 2等(國)公民, 그 實像과 虛像〉, 139~172쪽.

32 〈韓僑現況要記〉, 《臨政駐華代表團資料》(여기에서는 廉仁鎬, 《朝鮮義勇軍 硏究》, 國民大學校 大學院 國史學科 博士學位論文, 1994, 203~204쪽에서 재인용); 《韓僑事務》 1947년 제2기(여기에서는 權立, 〈중국조선족 반제 반봉건투쟁의 이중적 성격과 이중적 사명〉, 서굉일 · 東巖 編著, 《間島史新論》 下卷, 서울: 우리들의 편지사, 1993, 196쪽, 197쪽에서 재인용).

33 〈韓僑現況要記〉, 《臨政駐華代表團資料》(여기에서는 위의 논문, 《朝鮮義勇軍 硏究》, 203~204쪽에서 재인용).

34 《韓僑事務》 1947년 제2기(여기에서는 위의 글, 〈중국조선족 반제 반봉건 투쟁의 이중적 성격과 이중적 사명〉, 196쪽, 197쪽에서 재인용).

[35] 1982년 7월 현재 중국의 조선족은 176만 5,240명으로서 11번째로 큰 소수 민족이다. 이들 가운데 62.6퍼센트는 길림성에, 24.4퍼센트는 흑룡강성에, 11.2퍼센트는 요녕성에, 1.8퍼센트는 기타 지역에 살고 있다. 특히 조선족의 42.8퍼센트가 한반도의 5분의 1 정도인 연변에 살고 있다(崔昌來·陳通河·朱成華, 《延邊人口統計: 資料匯編》, 延吉: 延邊大學出版社, 1990; 金炳鎬, 《中國朝鮮族人口簡論》, 北京: 中央民族學院出版社, 1993, 18쪽). 1990년의 인구 조사에 의하면 192만 597명이었다(鄭判龍, 〈中國 朝鮮族과 南北關係〉, 조선대 동북아연구소 편, 《동북아연구》 1996년 1월호, 6쪽).

[36] 정신철, 《중국 조선족 그들의 미래는……》, 신인간사, 2000, 54~57쪽;

[37] 정판룡, 〈연변의 '문화대혁명'〉, 《풍랑》(조선민족발자취총서 7), 민족출판사, 1993, 307쪽; 《延邊大事記》, 延吉: 延邊大學出版社, 1990, 290쪽, 471쪽; 한상복·권태환, 《중국 연변의 조선족-사회의 구조와 변화》, 서울대학교출판부, 1993, 55쪽, 95쪽.

[38] 尹輝鐸, 〈滿洲國' 農村의 社會像: 複合民族構成體의 視覺에서 본 植民地 農村의 斷想〉, 《한국민족운동사연구》 제27집, 2001. 4, 각주 4) 참조.

[39] 국내 학계의 조선족 연구는 주로 조선족 사회의 형성, 조선족의 정체성과 사회 실태 등에 치중되어 있다.

[40] 田曉明, 〈如何應對朝鮮半島變化〉(2005. 8. 17), 《深圳熱線》〉大近視〉國際戰略 http://www.szonline.net/Channel/2005/200508/20050817/Preview.20050817-3.html.

[41] 中國社會科學院中國邊疆史地研究中心 "當代中國邊疆系列研究"課題組, 〈朝鮮半島形勢的變化對東北地區穩定的衝擊〉(1998. 9). 이 문건은 중국사회과학원 중국변강사지연구센터의 홈페이지(www.chinaborderland.com) 가운데 "邊疆總覽" → "中國邊界考察" → "吉林中朝邊界" 항목을 순서대로 클릭하면 나옴.

[42] 2004년 말 현재 중국사회과학원 원장은 천퀘이웬陳奎元으로 현재 전국정협全國政協 부주석을 맡고 있다.

[43] 동북변강사지연구센터의 인터넷 홈페이지 가운데 '동북공정' 란의 "課題項目" 및 "東北邊疆歷史與現狀系列研究課題指南"(2003년 3월 20일 수정)에 의한다.

[44] 이하의 "" 안의 내용은 중국변강사지연구센터 홈페이지 가운데 "熱點聚焦" 항목의 "고구려 문제"에 근거한다.

[45] 이 논리는 다음의 두 가지로 분류할 수 있다. 즉 ㉠ 고구려 수도가 평양으로 천도되기 이전의 역사는 정치 중심이 오늘날 중국 내에 존재했으므로 중국사로 귀속시키고, 천도 이후는 정치 중심이 한반도 북부에 있었으므로 한국사로 귀속시켜야 한다는 주장(孫義學 主編, 《世界中世紀史》, 北京: 人民敎育出版社, 1985; 譚其驤, 〈歷史上的中國和中國歷

代疆域〉, 《中國邊疆史地研究》 1991년 제1기; 張英, 〈고구려 귀속문제에 대한 중국학자의 관점〉, 《高句麗의 正體性》, 고구려연구회 창립 10주년 국제 학술 대회 발표 논문집, 2006. 6, 205쪽 참조), ⓒ 고구려 유민遺民의 4분의 3과 영토의 3분의 2는 중국이 역사적으로 계승했고 그 나머지는 한국이 역사적으로 계승했으므로, 고구려사는 기본적으로는 중국사이지만 부분적으로는 한국사이기도 하다는 주장이 그것이다(孫進己, 〈東北亞各國對高句麗土地, 人民, 文化的繼承〉, 高句麗研究財團 編, 《한국사 속의 고구려의 위상〉, 고구려연구재단 주최 제1차 국제 학술 회의 논문집, 2004. 9, 31~41쪽).

[46] 이러한 관점은 焦潤明, 〈解決邊界爭議的法理原則〉, 馬大正 主編, 《中國東北邊疆研究》, 北京: 中國社會科學出版社, 2003, 29~30쪽에서도 드러난다.

[47] 王洛林, 〈加强東北邊疆研究, 促進學科建設〉, 위의 책 《中國東北邊疆研究》, 4~5쪽.

[48] 2005년 7월 현재 동북공정영도소조의 부조장을 맡고 있음(〈高質量完成"東北工程"研究-- 專家委員會第五次會議在長召開〉, 《吉林日報》 2005년 7월 5일 자; http://www.chinajilin.com.cn/2004jilinnews/doc/2005-07-05/472.htm).

[49] 중국에서는 이 공정을 위한 홈페이지(http://www.china5000.cn/wenming/statics/duandai/)를 운영하고 있다.

[50] 앞의 글, 〈開展東北邊疆問題研究的幾個問題〉, 8~9쪽.

[51] 변강사지연구센터 홈페이지에서 "邊疆總覽"→"中國邊界考察"→"吉林中朝邊界" 항목을 순서대로 클릭하면 나옴..

[52] 全哲洙, 〈開展東北邊疆問題研究的幾個問題〉, 馬大正 主編, 《中國東北邊疆研究》, 北京: 中國社會科學出版社, 2003, 7~9쪽; 王洛林, 〈加强東北邊疆研究, 促進學科建設〉, 위의 책, 《中國東北邊疆研究》, 3~4쪽.

[53] '동북공정'의 2002년도 과제 가운데 '응용 연구', 즉 '향후 한반도 정세 변화에 대한 예측성 연구와 대비책 연구' 과제는 8개 항목이 책정되었고, 2003년도의 응용 연구 과제도 여러 항목이 책정되었다. 2004년도 이후의 과제 실태는 공개하지 않고 있다.

[54] 2003년 8월부터 중국 정부는 북한 붕괴에 따른 급속한 탈북자 증가에 대한 대비책으로 북한-중국 접경 지대의 경비 주체를 공안公安(경찰)에서 인민 해방군으로 교체했다고 한다(New York Times, Sep. 16, 2003; 《중앙일보》 2003년 9월 17일자; 김일영 · 백승주, 〈제8장 북한 붕괴시 통치주체 문제: 한국군의 역할 및 한계를 중심으로〉, 심지연 · 김일영 편, 《법적 쟁점과 미래의 전망 한미동맹 50년》, 서울: 白山書堂, 2004, 317~318쪽).

[55] 1990년대 중반에 나온 북한 붕괴 관련 시나리오에 관해서는 앞의 글, 〈제8장 북한 붕괴시 통치주체 문제: 한국군의 역할 및 한계를 중심으로〉, 334~352쪽 참조.

56 김태호, 〈미중의 북한 개입: 어디까지 이루어질까〉, 《전환기의 한반도 : 과제와 대응》통일경제연구협회 주최 비공개 통일경제정책워크숍 자료집, 2004. 8, 11쪽.

57 앞의 글, 〈미중의 북한 개입: 어디까지 이루어질까〉, 12쪽.

58 윤휘탁, 〈만주와 조선족을 다시보자!: 중국의 만주전략〉, 한겨레신문사 편, 《한겨레21》 제486호, 2003년 12월 4일, 32~34쪽.

59 윤휘탁, 〈'고구려사 뺏기' 중국의 노림수는, 한반도 유사시 중국의 북한 연고권 주장 명분 쌓기〉, 동아일보사 편, 《신동아》 2004년 9월호, 360~375쪽.

60 통일연구원 조민 선임연구원이 정범구 박사와 좌담한 내용. 즉 '동북공정'에 숨은 한반도 영토에 대한 야욕, [CBS 시사자키 오늘과 내일(98.1 MHz 월~토 오후 7시~9시)] "중국은 우리의 우방인가", 《CBS 뉴스》 2004. 8. 19(목) 13:40 《노컷뉴스》(www.nocutnews.co.kr).

61 New York Times, Sep. 16, 2003; 《중앙일보》 2003년 9월 17일자.

62 이와 관련하여 미국이 북한을 붕괴시키고 중국, 러시아와 공동 관리할 것이라고 예측하는 학자도 있다(日高義樹, 《アメリカは北朝鮮を核爆撃する》, 東京: 德間書店, 2003).

63 통일연구원 조민 선임연구원이 정범구 박사와 좌담한 내용.

64 김재환, 〈2004, 북한 붕괴되면 연고권은 중국에 있다? 한국이 통치 주체였다는 선례 없어 美·中이 주도권 행사할 수도〉, 《뉴스위크》 한국판 2004년 2월 4일자, 제615호; 김일영·백승주, 2004, 〈제8장 북한 붕괴시 통치주체 문제: 한국군의 역할 및 한계를 중심으로〉, 심지연·김일영 편, 《법적 쟁점과 미래의 전망 한미동맹 50년》, 백산서당, 2004, 321~366쪽.

65 國立東北大學研究室, 《東北通史》(國立東北大學研究室叢書), 1934; 《東北通史》上編, 四川: 三臺東北大學, 1941. 9.

66 耿鐵華, 《中國高句麗史》, 長春: 吉林人民出版社, 9~16쪽 참조.

67 顧銘學, 〈魏志高句麗傳考釋〉, 《學術研究叢刊》 1981년 제1기.

68 姜孟山·楊保隆, 〈試論高句麗族的源流及其早期國家〉, 《朝鮮史研究》 1983년 제5기.

69 〈"高句麗" 名稱由來及其民族形成〉, 《延邊大學學報》 1985년 제2기.

70 傅良云·楊暘, 《東北民族史略》, 長春: 吉林人民出版社, 1983.

71 朴京哲, 〈高句麗 '民族' 問題 認識의 現況과 課題〉, 《한국고대사연구》 제31집, 2003. 9, 67~109쪽 참조.

72 앞의 글, 〈高句麗 '民族' 問題 認識의 現況과 課題〉, 76~78쪽.

73 〈濊貊族小考〉, 《朝鮮學報》 제4집, 1953.

74 〈東北アジアの古代文化と濊人の民族的性格〉, 《古代東北アジア史研究》, 吉川弘文館,

1966.

75 〈東北貊族源流研究〉,《遼海文物學刊》1994년 제2기.

76 〈高句麗好太王時期的擴張活動〉,《通化師院學報》1996년 제1기.

77 〈高句麗史研究中的幾個問題〉,《高句麗歷史與文化研究》, 長春: 吉林文史出版社, 1997.

78 〈濊貊族概貌〉,《朝鮮史通訊》1981년 제3기.

79 〈高句麗民族的分布〉,《朝鮮史研究》1983년 제5기.

80 〈試論高句麗族的源流及其早期國家〉,《朝鮮史研究》1983년 제5기.

81 〈高句麗族源初探〉,《朝鮮史研究》1983년 제5기.

82 《東北地方史稿》, 長春: 吉林大學出版社, 1985.

83 《中國東北史》第一卷, 長春: 吉林文史出版社, 1987.

84 姜仁求·金英洙 譯,《高句麗簡史》, 韓國三省出版社, 1990.

85 《中國東北通史》, 長春: 吉林文史出版社, 1991.

86 〈高句麗民族的社會生活〉,《東北亞歷史與文化》, 瀋陽: 遼瀋書社, 1992.

87 〈東夷傳中的古高句麗資料辨析-兼談古高句麗的幾個問題〉,《延邊大學學報》1993년 제2기.

88 《東北民族源流》, 哈爾濱: 黑龍江人民出版社, 1987.

89 《東北歷代邊疆史》, 長春: 吉林人民出版社, 1981.

90 《東北民族史略》, 長春: 吉林人民出版社, 1983.

91 〈高句麗起源和建國問題探索〉,《求是學刊》1986년 제1기.

92 李宗勛,〈高句麗族源流略考〉,《中朝韓日關係史研究論叢》, 延吉: 延邊大學出版社, 1995.

93 〈古代高句麗同中原王朝的關係〉,《東疆學刊》1996년 제7기.

94 《東北古民族與東夷淵源關係考論》, 長春: 東北師範大學出版社, 1996.

95 《秦漢東北史》, 瀋陽: 遼寧人民出版社, 1994.

96 〈高句麗族源流略考〉,《中朝韓日關係史研究論叢》, 延吉: 延邊大學出版社, 1995.

97 〈高句麗族稱及其族屬考辨〉,《社會科學戰線》1992년 제1기.

98 〈'高句麗族屬探源'駁議〉,《高句麗研究文集》, 延吉: 延邊大學出版社, 1993.

99 《中國高句麗史》, 長春: 吉林人民出版社, 2002.

100 〈高句麗民族的探討〉,《博物館研究》1987년 제3기.

101 〈高句麗族屬探源〉,《學習與探索》1987년 제6기.

102 〈論南北朝時期高句麗王國的內外政策〉, 馬大正 主編,《中國東北邊疆研究》, 北京: 中國社會科學出版社, 2003, 168쪽.

103 李宗勛,〈高句麗族源流略考〉,《中朝韓日關係史研究論叢》, 延吉: 延邊大學出版社,

1995.

104 〈高句麗族源初探〉, 《朝鮮史研究》 1983년 제5기.

105 〈古代東北民族的分布(上,下)〉, 《東北地方史研究》 1985년 제2기, 1986년 제1기.

106 〈東北邊疆和朝鮮半島古代國族研究〉, 《中國邊疆史地研究》 2001년 제4기, 14쪽.

107 孫泓, 〈고구려 귀속에 관한 중국학자들의 연구에 대한 종합적 연구〉, 《高句麗의 正體性》(고구려연구회 창립 10주년 국제 학술 대회 발표 논문집), 2004. 6, 138~139쪽 참조.

108 張英, 〈고구려 귀속문제에 대한 중국학자의 관점〉, 《高句麗의 正體性》(고구려연구회 창립 10주년 국제 학술 대회 발표 논문집), 2004. 6, 205쪽.

109 譚其驤, 〈歷史上的中國和中國歷代疆域〉, 《中國邊疆史地研究》 1991년 제1기. 탄치상은 자신이 주편한 《中國歷史地圖集》 제2책의 서한西漢 시기 지도 속에 고구려를 중국 경내에 그려 넣었다가 이후에는 고구려를 당시의 중국 영토 밖에 그려 넣었다(《中國歷史地圖集》, 北京: 中國地圖出版社, 1982 참조).

110 위의 글, 〈고구려 귀속문제에 대한 중국학자의 관점〉, 205쪽.

111 위의 글, 〈고구려 귀속문제에 대한 중국학자의 관점〉, 206쪽.

112 〈兩漢時代的高句麗及其物質文化〉, 《遼海文物學刊》 1986년 창간호.

113 〈高句麗同中原王朝的關係〉, 《博物館研究》 1990년 제3기.

114 《東北民族史略》, 長春: 吉林人民出版社, 1983.

115 〈迎接時代春光的綻放再現歷史輝煌的篇章-耿鐵華《中國高句麗史》序-〉, 耿鐵華, 《中國高句麗史》, 長春: 吉林人民出版社, 2002. 1쪽.

116 〈高句麗起源和建國問題探索〉, 《求是學刊》 1986년 제1기.

117 〈我國歷史上的高句麗〉, 《中國青年報》 1986년 9월 26일자.

118 《中國東北史》 第一卷, 長春: 吉林文史出版社, 1987.

119 〈朱蒙與東明--高句麗始祖問題探索〉, 《遼寧大學學報》 1988년 제6기.

120 《中國東北通史》, 長春: 吉林文史出版社, 1991.

121 姜仁求 · 金英洙 譯, 《高句麗簡史》, 韓國三省出版社, 1990.

122 《秦漢東北史》, 瀋陽: 遼寧人民出版社, 1994.

123 〈高句麗好太王時期的擴張活動〉, 《通化師院學報》 1996년 제1기.

124 〈中原王朝對高句麗諸王的冊封〉, 《通化師院學報》 1996년 제1기.

125 《中國東北史》 第一卷, 長春: 吉林文史出版社, 1987.

126 《東北歷代邊疆史》, 長春: 吉林人民出版社, 1981.

127 〈隋煬帝征高句麗的幾個問題〉, 《高句麗歷史與文化報告》, 長春: 吉林文史出版社, 1997.

[128] 〈唐對高句麗的政策及其演變〉, 《通化師院學報》 1996년 제1기.

[129] 〈古代高句麗同中原王朝的關係〉, 《東疆學刊》 1996년 제7기.

[130] 〈唐朝對高句麗政策的形成與嬗變〉, 《東北亞研究》 1995년 제2기.

[131] 이때 '통일'의 의미는 수·당 왕조와 고구려 정권은 모두 같은 중화민족 정권이므로 이민족에 대한 '정복 전쟁'이 아니라 같은 민족 간의 '통일 전쟁'이었다는 관점의 반영이다(邊衆, 〈高句麗歷史研究的幾個問題〉, 중국 《光明日報》의 인터넷판 光明網(www.gmw.com.cn)의 2003년 6월 24일자 참조).

[132] 중국변강사지연구센터의 홈페이지에 탑재된 "當代中國邊疆系列研究"課題組, 〈朝鮮半島形勢的變化對東北地區穩定的衝擊〉, 1998. 9.

[133] 《遼海叢書》(東北叢刊 13) 전 5책, 1933~1936년 간행; 《渤海國志長編》, 華文書局, 千華山館, 1934.

[134] 宋基豪, 〈渤海史 研究 動向〉, 《渤海史研究論文集》, 白山資料院, 1989, 15쪽.

[135] 張高, 〈渤海國歷史研究的國際性〉, 《牡丹江師院學報》 1990년 제2기(孫進己·孫海 主編, 《高句麗渤海研究集成》 4(渤海 卷一), 哈爾濱: 哈爾濱出版社, 1997, 56쪽) 참조.

[136] 중국변강사지연구센터의 홈페이지에 탑재된 공모 과제를 참조 바람.

[137] 〈渤海族的興起與消亡〉, 《遼寧師院學報》 1979년 제4기.

[138] 〈從古代文獻看渤海國的族屬問題〉, 《求是學刊》 1980년 제3기.

[139] 〈渤海國的族屬問題〉, 《學習與探索》 1980년 제5기.

[140] 〈渤海大氏王室族屬新證〉, 《社會科學戰線》 1981년 제3기.

[141] 〈論渤海族源與大氏族屬問題〉, 《高句麗渤海研究集成》 제4권, 1997, 159~166쪽 所收.

[142] 〈論渤海族的形成與歸向〉, 《學習與探索》 1982년 제4기.

[143] 〈渤海靺鞨考〉, 《學習與探索》 1993년 제4기.

[144] 〈關于渤海史研究的幾個問題〉, 《渤海史學術討論會論文集》 1990(《高句麗渤海研究集成》 제4권, 23쪽); 〈試論唐代渤海國的族屬問題〉, 《瀋陽師院學報》 1982년 제1기.

[145] 〈有關渤海史的三個問題〉, 《學習與探索》 1982년 제6기(《高句麗 渤海研究集成》 제4권, 5쪽).

[146] 〈關于渤海史研究的幾個問題〉, 《渤海史學術討論會論文集》 1990(《高句麗渤海研究集成》 제4권, 25쪽).

[147] 〈關于渤海的若干民族問題〉, 《社會科學戰線》 1989년 제1기(《高句麗渤海研究集成》 제4권, 29쪽).

[148] 위의 글, 〈關于渤海的若干民族問題〉, 31쪽.

149 〈論渤海族源與大氏族屬問題〉, 《高句麗渤海研究集成》 제4권, 159~166쪽 所收.

150 《續日本紀》 卷三十二, 〈光仁天皇致文王書〉, 東京: 國書大系刊行會, 1973.

151 《續日本紀》 卷二十二, 東京: 國書大系刊行會, 1973. 이와 관련하여 8세기 일본의 지배
    층은 발해를 고구려의 후예로 인식하고 있었다고 한다(菅澤庸子, 〈古代日本における
    高麗の殘像――渤海背奈王氏を通して〉, 《史窓》 제47호, 1990).

152 《三國遺事》 卷一, 朝鮮史學會, 1973.

153 《舊唐書》 卷一九九下, 〈北狄傳〉.

154 《册府元龜》 卷九五九, 土風一, 中華書局, 1960.

155 《三國史記·新羅本紀》 卷十, 元聖王六年三月條.

156 《續日本紀》 卷十, 國史大系刊行會, 1973.

157 《舊唐書》 卷一九九下, 中華書局標點本.

158 《新五代史》 卷七十四, 四夷附錄.

159 〈關于渤海的若干民族問題〉, 《社會科學戰線》 1989년 제1기.

160 위의 글, 〈關于渤海的若干民族問題〉.

161 위의 글, 〈關于渤海的若干民族問題〉.

162 〈"南北國時代論" 糾謬〉, 《高句麗渤海研究集成》 제4권, 35~38쪽.

163 《渤海國志長編》 券十三 遺裔列傳.

164 《渤海簡史》, 哈爾濱: 黑龍江人民出版社, 1984.

165 〈渤海族的興起與消亡〉, 《遼寧師院學報》 1979년 제4기.

166 鈴木靖民, 〈일본에 있어서의 戰後 발해사 연구――연구의 동향과 과제――〉, 韓圭哲 외
    공저, 《渤海史의 綜合的 考察》, 고려대학교 민족문화연구원, 2000, 106쪽.

167 〈渤海的族源〉, 《學習與探索》 1982년 제5기.

168 〈渤海國是唐管轄下的地方民族政權〉(1981년 黑龍江省民族史討論會論稿).

169 〈靺鞨的發展和渤海王國的建立〉, 《吉林師大學報》 1979년 제3기.

170 黑龍江省檔案館 編, 《黑龍江沿革史講稿》, 50쪽.

171 〈渤海隸屬于唐朝〉, 《學習與探索》 1982년 제4기.

172 〈靺鞨族及"渤海國"〉, 《民族文化》 1983년 제1기.

173 張太湘, 〈唐代黑龍江地區的地方封建政權―渤海―〉, 《奮鬪》 1979년 제8기; 嚴聖欽,
    〈渤海國是我國少數民族建立的一個地方政權〉, 《社會科學輯刊》 1981년 제2기; 楊昭
    全, 〈渤海是唐王朝轄屬的少數族地方政權〉, 《求是學刊》 1982년 제2기; 莊嚴, 〈渤海
    是唐朝統轄下的地方民族政權〉, 《遼寧大學學報》 1982년 제4기.

174 〈關于渤海史研究的幾個問題〉, 《渤海史學術討論會論文集》 1990(《高句麗渤海研究集成》
제4권, 23쪽, 25쪽).

175 〈渤海都督府長史小考〉, 《北方論叢》 1982년 제2기.

176 〈唐朝渤海黑水兩都督府述略〉, 《歷史教學》 1980년 제3기.

177 〈渤海國史槪要一〉, 《齊齊哈爾師範學院學報》 1983년 제1기.

178 〈渤海是我國唐王朝轄屬的少數族地方政權〉, 《求是學刊》 1982년 제2기.

179 尹輝鐸, 〈現代中國의 領土·民族·國家 認識 -- '統一的 多民族國家論'과 그 限界 --〉
국사편찬위원회 편, 《한국사론》 제40집, 2004. 12 참조.

180 《한국일보》 2004년 6월 18일자, A17면.

181 朴文一, 〈關于在歷史上"中"與"外"的劃分問題之初見 -- 兼談高句麗史的歸屬問題 -〉, 《高
句麗歷史問題學術硏討會論文集》(중국 東北工程事務處延邊大學 中·朝·韓·日關係史
硏究所 공동 주최 발표 논문집), 2004년 8월 9일~10일(延吉市 延吉호텔에서 개최), 6쪽.

182 《晋書慕容傳》 卷二百二十. "咸康七年(341년)遷都龍城 率勁卒四万, 入白南陜, 以伐宇文,
高句麗...句麗, 百濟及宇文, 部之人, 皆兵勢所徙, 非如中國慕義而至, 咸有思歸之心"

183 《後漢書穢傳》 卷八十五. "穢及沃沮, 句驪, 本皆朝鮮之地也"; 《新唐書朱子奢傳》 卷一百
九十八. "太宗貞觀初, 高麗百濟同仁新羅, 連年兵不解, 新羅告急 帝假子奢員外散騎侍
郞, 持節諭旨, 平三國之憾"; 《舊唐書禮義之三》 卷二十三. "壬辰, 玄宗御朝勤...文武百
僚, 二王後, 孔子後, 諸方朝集使...高麗朝鮮王, 百濟帶方王, ...咸在位"; 《元史高麗傳》
卷二百八 "元樞密院臣議征高麗事...今之高麗, 乃古新羅, 百濟, 高句麗三國并而爲一"

184 《北史百濟傳》 卷九十四. "其人雜有新羅, 高麗, 倭等, 亦有中國人"

185 《三國史記》 卷三十四, 雜誌第三, 地理一條.

186 全哲洙, 〈開展東北邊疆問題研究的幾個問題〉, 馬大正 主編, 《中國東北邊疆研究》, 北
京: 中國社會科學出版社, 2003, 7~9쪽; 王洛林, 〈加强東北邊疆研究, 促進學科建設〉,
위의 책, 《中國東北邊疆研究》, 3~4쪽.

187 白壽彝, 〈關于中國民族關係史上的幾個問題〉, 《中國民族關係史研究》, 8쪽.

188 인민교육출판사력사실 편저, 《전일제보통고급중학교교과서필수과목 중국근대현대
사》 상권, 연길: 연변교육출판사, 2005년 6월 3쇄, 20~22쪽.

189 홍위병 연길시 홍색반란군 외, 《연변 당내의 자본주의 길로 나가는 가장 큰 집권과 주
덕해의 매국 죄상》, 연길: 1967. 7. 24, 1쪽; 이종석, 《북한-중국관계 1945~2000》, 중
심, 2001, 233쪽.

특별 부록: 중국 전문가들의 한반도 관련 글

[1] 浜下武志, 《朝貢體系と近代アジア》, 東京: 岩波書店, 1997.

[2] 黃枝蓮, 《東亞的禮義世界――中國封建王朝與朝鮮半島關係形態論》, 北京: 中國人民大學出版社, 1994, 代序.

[3] 王正毅, 《世界體系論與中國》, 北京: 商務印書館, 2000, 327쪽.

[4] 金景一, 〈淺論中國與朝鮮半島關係史的三個層面〉, 《東疆學刊》 2002년 제2기, 42~43쪽.

[5] 위의 책, 《世界體系論與中國》, 338~340쪽.

[6] 위의 책, 《世界體系論與中國》, 336쪽, 325쪽, 341쪽.

[7] 林琬徘, 〈朝韓峰會是天時地利人和〉, 《聯合早報》 2000년 6월 12일자.

[8] 金大中, 《21世紀的亞洲及其和平》, 北京: 北京大學出版社, 1994, 195~196쪽.

[9] 潘世新, 《投身亞太新合縱的韓國》, 臺北: 五南圖書出版公司, 1995, 76~77쪽.

[10] 위의 책, 《投身亞太新合縱的韓國》, 76~77쪽.

[11] 〈朝韓會談, 大國緊張〉, 《國際先驅論壇報》(美) 2000년 6월 15일자.

[12] 金大中, 〈兩韓有力自行解決問題〉, 《明報專訊》 2000년 6월 12일자.

[13] http://dailynews.muzi.com/tp/chinese/Koreasituation.shtml.

[14] 《조선일보》 2001년 3월 26일자.

[15] 《人民日報華南新聞》 2001년 4월 3일자.

[16] 《人民日報華南新聞》 2001년 10월 26일자, 제2판.

[17] 王飛凌, 〈冷戰以後中國的東亞的安全政策簡析〉, 《中國社會科學輯刊》 1995년 봄호.

[18] 陳峰君, 〈朝鮮半島和平統一: 中國樂見其成〉, 《東北亞研究》 2001년 제1기.

[19] 張公子, 〈중국 동삼성과 한반도 경제합작 구상〉, 《동북아논단》 2000년 제4기.

[20] 위와 같음.

[21] 《연합뉴스》 2000년 6월 13일자.

[22] 《夜光新聞》 2000년 6월 13일자.

결론: 중국과 한반도, 그 현재적 의미와 전망

[1] 조병한, 〈中國史上의 국가·세계 인식과 주변 민족〉, 《제47회 전국 역사학대회 발표논문집》, 2004. 5. 28~29, 34쪽, 44쪽.

[2] 斯大林, 〈民族問題和列寧主義〉, 中共中央馬克思, 恩格斯, 列寧, 斯大林著作編譯局 譯, 《斯大林全集》 제2권, 北京: 人民出版社, 1953~1956, 294쪽.

[3] 施正一 編, 《民族辭典》, 成都: 四川人民出版社, 1984, 57쪽.

4 龔學增, 〈中國的民族問題與中國共産黨〉,《民族研究》 2001년 제3기, 10쪽; 金炳鎬,《中國의 民族問題와 朝鮮族〉, 서울: 學古房, 1997, 31~32쪽.

5 《人民日報》 1999년 9월 30일자.

6 《新時期統一戰線文獻選編》(續編), 北京: 中共中央黨校出版社, 1997, 647~649쪽, 653쪽, 757쪽.

7 Professional Ethics and Civic Morals. tr. by C. Brookfield, N.Y.: The Fress Press, 1958, p. 72.

8 앞의 글, 〈振興東北地區等老工業基地的戰略意義〉, 38쪽.

9 이러한 해법과 관련하여, 미국의 군사 안보 전략가 토머스 바넷Thomas P. M. Barnett 미해군전쟁대학 교수가 자신의 저서 《The Pentagon's New Map Blueprint for Action: A Future Worth Creating》에서 제시하는 북한 문제 해법을 들여다볼 필요가 있다. "앞으로 5년 안에 미국·중국·일본·러시아가 공동으로 어떤 방식으로든 북한 김정일을 제거해 북한 문제를 해소한다. 2010년까지 권력 전면에 등장할 중국의 5세대 지도부가 김정일을 포기할 것이며, 한국은 4강의 대북 군사 개입 참여를 권유받겠지만 그에 대한 거부권은 인정받지 못할 것"이라고 단언했다. 이와 아울러 그는 "북한 문제를 해결하려면 중국의 협력을 얻어야 하며, 이를 위해서는 미·중 간의 갈등 요인이 되는 '대만 문제'를 미국이 중국에게 양보해야 한다"고 주장하였다(〈중국 5세대 지도부 김정일 포기할 것〉, 《중앙일보》 2005년 11월 8일자, 2면/《조선일보》 2005년 11월 8일자, A14).

10 Wang Gungwu, The Revival of Chinese Nationalism, International Institute for Asian Studies, Leiden, 1996.

11 Pankaj N. Mohan, "China's Nationalist Historiography of "Tongbuk Kongjong(東北工程)" and the Australian Response to Its Challenges", 2006 International Conference at Koguryo Research Foundation, p. 134.

12 김수행, 〈국민국가는 여전히 중요하다〉,《역사비평》 2002년 봄, 역사문제연구소, 142쪽.

新中華主義: 中國的 '构建中華民族大家庭' 与朝鮮半島

    中国正从清朝庞大的'多民族帝国'向着'近代国民国家'转换, 同时为了实现国民统合, 正在进行庞大的试验。但是传统的多民族国家清帝国与清帝国的继承者即近代多民族国家中国之间存在着容易被人忽视的巨大的历史断层。这就是在西方和日本帝国主义的侵略下, 以民族自觉为前提, 过去的中华帝国已经被改造为近代国民国家这一事实。今天的近代国民国家中国是拥有在其领土内的从清帝国接手过来的多数民族和其历史居住区域的多民族国家。现代中国追求的是通过反帝国主义、社会主义来达成多民族的国民统合, 从而将传统的多民族帝国改造为近代多民族国民国家。

    传统时代的王朝帝国没有主权和自觉性的民族概念, 国家和世界这两个概念的结合使其具有模糊的二重性。因此被中华秩序所序列化了的东亚国际秩序是处于以中国为中心, 随着现实力量关系, 国家的领域和外交关系不断变化流动的一种状态。就如传统的多民族清帝国面临边疆问题一样, 几乎全部继承了清帝国的版图的今天的中华人民共和国也面临着边疆的安定问题以及将边疆全部统合为中国疆域的问题。

    为了解决以上问题, 中国正在构建'中华民族大家庭'。'构建中华民族大家庭'并非建设近代国民国家, 而是将中国所有少数民族融合到中华民族中来, 形成一个巨大的共同体, 以民族团结为基础, 力图达到振兴中华民族, 树立国家主权和保全领土, 达成与台湾统一的宏大的国家战略。中国的'构建中华民族大家庭'通过中华民族间的友爱、和睦、和合、团结来解决改革开放以来激化的社会主义体制的弛缓现象以及民族矛盾, 同时也是以此来代替已经不能正常行使其功能的中国社会的理想理念即社会主义体制的一种宏大的民族战略。'构建中华民族大家庭'批判的继承中华主义传统, 力图重新振兴过去辉煌的中华民族国家, 从这一点来看, '构建中华民族大家庭'也可以被称为'新中华主义'。

    '构建中华民族大家庭'正全面展开, 政治思想方面的民族统合工作通过'社会主义精神文明建设论'和'爱国主义(教育论)'正在变为现实。历史方面的理论化工作则是以对'统一的多民族国家论'的定论化以及大势化为特征。经济、国际方面的实践性边疆民族统合政策则是继'西部大开发'以来的'东北振兴战略'。战略性、政治性上则是采取中国东北地区（满洲）与朝鲜半岛战略或是东北亚战略即'东北工程'。

'社会主义精神文明'建设的核心是培养具有社会主义信念、爱国主义、社会主义道德、先进的科学技术和文化素质的'社会主义公民'。特别是'社会主义道德'的核心价值就是批判的继承儒学道德纲目，重点是国家和人民的利益先于个人利益。而且中华民族整体的利益要优先于个别的少数民族的利益。但是在资本主义式的拜金主义价值观已经到处蔓延，对社会主义充满怀疑的中国社会现实下，强调放弃个人私欲，为人民和国家大义着想的'社会主义精神文明建设论'明显的缺乏现实说服力。

'爱国主义'是对社会主义理念的一种对应性质的意识形态。爱国主义与社会主义信念、集体主义一起构成'社会主义精神文明'的核心价值。1990年正式开始的爱国主义教育在国内鼓吹中华民族的团结和统一，振兴中国，在国外面对西欧列强的中国牵制和企图使中国体制崩溃的意图，将人民的爱国热情转化为对'中华民族大家庭'（即国家）的信念从而来维持强化体制。爱国主义主调是对民族、国家、祖国、集体、社会的忠诚、爱护、关心。中国的爱国主义除了国民国家的民族主义因素以外，还包含了对集团主义式的社会主义的感情，从这一点来看，也可以说这是'具有中国特色的国家主义'。

历史方面的国家、历史、（中华）民族的政体性确立问题开始抬头，'统一的多民族国家论'成了中国社会历史的主流。在历史学方面可以被称为'构建中华民族大家庭'的这一理论认为'现在中华人民共和国领土以内存在的所有民族以及其历史活动都是中国（中华）民族和中国历史，各王朝的疆域总和就是中国的疆域'。'统一的多民族国家论'是现代中国的疆域观、民族观、国家观、历史观互相结合起来形成的历史观，是被中国政府根据其现实需要加工了的国家主义历史观。这一理论随着现在的政治需要已经被贯彻到中国历史的全面，不仅如此，还犯了将流动的历史现象单纯化、划一化、规范化、现在化的错误。这一理论将各民族间的矛盾、冲突、对立、分裂现象缩小隐蔽起来，过大的夸张民族间的交流和融合。同时还主张这些民族（王朝）以前就有统一倾向。即好像这些民族以前就有'类似中华民族'的民族意识或政体性一样将其历史论理合理化。

另一方面'构建中华民族大家庭'超越了国家意识形态, 在现实的政策方面体现的是继东南沿海地区的优先发展战略以后的'西部大开发'和后来的'东北振兴战略'。'西部大开发'和'东北振兴战略'是为了达到国家的均衡发展, 缓解地区间民族间的差距, 将边疆民族变为'完全的中华民族', 将他们居住的边疆地区变为'完全的中国疆域', 从而实现地区（领土）民族间的统合, 来实现构建'中华民族大家庭'的中国的局部国家战略。

'西部大开发'是为了使东南沿海地区能持续发展下去, 将西部的资源和能源供给给这些地区, 同时也给东南沿海地区提供一块崭新的广阔市场。在西部的帮助下蓄积的东南沿海地区的发展成果被作为国家资金吸收后, 再投入到西部地区。东北地区为西部地区提供部分其缺乏的技术和人才, 西部地区向东北地区提供必要的市场。在这种地区间的交流和合作下, 推进了'东北振兴战略'。这样看来, 东南沿海地区首先发展, 然后'西部大开发', '东北振兴战略'相继实施, 以此为基础实现地区间的平衡协助性的发展, 同时又通过相互竞争来推动中国的地区间发展, 打到地区民族间的和合和解。

另一方面围绕中国东北地区和朝鲜半岛的历史问题和战略问题登场的是'东北工程'。'东北工程'不仅是'学术问题', 而且也是高扬中国的爱国主义传统, 维持中国国家的统一和安全, 领土主权的完结, 少数民族地区的安定和民族团结的'政治问题'和'战略问题'。这里所说的'政治问题'和'战略问题'指的是对将来可能出现的隔绝朝鲜半岛的影响, 阻止朝鲜族的朝鲜半岛进入和大规模离北者（难民）的东北地区进入以及今后朝鲜半岛的政局变化所作出的预测和预备对应措施。

'东北工程'的重点课题是针对预测和缓和朝鲜半岛的局势变化对中国东北地区社会安定所造成的影响和冲击, 掌握朝鲜族的动态, 确立政体性等建立各种预防措施, 预测随着朝鲜半岛的政局变化会带来的东北亚国家局势的变化, 使这一局势变化向着有利于中国方面的方向发展并为此制定相关方案。'东北工程'的次要课题是为了将伴随工程而来的政治性战略性的问题合理化处理, 开发研究相应的历史论理。'东北工程'并不是单纯的学术问题, 而是迫切的现实问题和政治性战略性问题, 是包括中国东北地区（满洲）和朝鲜半岛战略的'东北亚战略'。从学术性历史性的角度来看, '东北工程'与其说是'攻击性的战略', 不如说是'守卫式的战略'或是'防御式的战略'。但是将其与今后朝鲜半岛的政局变化以及东北亚国际秩序的变动来联系起来看时, 也可以说是一种'潜在性的攻击战略'。

据'中国的朝鲜半岛和东北亚问题专家所言, 朝鲜半岛既能维持现在东北亚的现象, 又能牵制美国, 是美国和中国间的缓冲地带, 对中国来说是一处非常重要的战略要地。朝鲜半岛的和平统一为中国的现代化建设提供必要的安定的和平环境, 促进韩中间的经济交流, 对解决台湾问题和美中关系改善、对打击台湾企图独立的意图、缓和对中国的军事压力等方面有着肯定性的作用。但是统一以后美国和日本在富强的朝鲜半岛中的地位会下降, 而中国有可能成为其盟友。因此韩国主导的统一强大的朝鲜半岛将会比金正日政权更对中国有帮助, 这是中国方面的专家的看法。

但是日本方面的中国专家担心统一的朝鲜半岛会发挥其吸引朝鲜族的力量, 诱发朝鲜族的自治或独立要求。部分专家担心统一以后美军会长久驻屯, 除此之外, 围绕战略利益分配, 美中之间会产生矛盾, 因此维持朝鲜半岛的分裂状态是最合理的选择。甚至有专家认为韩国主导的朝鲜半岛统一会导致美军的中韩边界驻屯, 应该阻止韩国的北朝鲜合并。而中国方面的大多数专家坚持认为朝鲜半岛统一是历史必然, 坚持韩国主导的统一。他们认为统一的朝鲜半岛将会成为东亚的核心国家, 对东北亚政局必定会起到重大的影响。同时他们也希望统一的朝鲜半岛（事实上的统一韩国）会是对中国和东北亚和平安定有利的'独立自主的中立性的非核化国家'。

从'构建中华民族大家庭'整体上来看, '东北工程'和'东北振兴战略'支撑着'构建中华民族大家庭'的一个边角。如果说'西部大开发'是'构建中华民族大家庭'的'西北版'的话, '东北工程'和'东北振兴战略'则是'构建中华民族大家庭'的'东北版'。由此看来, '东北工程'形成了'构建中华民族大家庭'的一角, 起到的是促成中华民族团结和统一的地区性的催化剂作用。从整体上来说, '社会主义精神文明建设论'和'爱国主义（教育论）', '统一的多民族国家论'而且'西部大开发'和'东北工程', '东北振兴战略'可以说是一种'新中华主义'。

찾아보기

인명 색인

신중화주의

◉ 2006년 6월 17일 초판 1쇄 발행
◉ 2009년 10월 16일 초판 3쇄 발행
◉ 글쓴이   윤휘탁
◉ 발행인   박혜숙
◉ 편집인   백승종
◉ 영업 및 제작   변재원
◉ 인쇄   백왕인쇄
◉ 제본   경일제책
◉ 용지   화인페이퍼
◉ 펴낸곳   도서출판 푸른역사
          주소 ⊙ 110-040 서울시 종로구 통의동 82
          전화: 02)720 · 8921(편집부) 02)720 · 8920(영업부)
          팩스: 02)720 · 9887
          E-Mail: 2007history@naver.com
          등록: 1997년 2월 14일 제13-483호

ⓒ 윤휘탁, 2007

ISBN   89-91510-27-2

· 잘못 만들어진 책은 교환해드립니다.